BON. N제
본

사회 · 문화

Contents
차례

개선문 ① 사회·문화 현상을 바라보는 관점

❶ 개념 압축 정리

▶ 빈칸에 알맞은 말을 고르시오.

관점	거시적 관점		미시적 관점
	기능론	갈등론	상징적 상호 작용론
강조점	㉠ (사회 구조 / 개인의 자율성) 강조		㉡ (사회 구조 / 개인의 자율성) 강조
의미	사회 각 부분은 ㉢ (상호 의존 / 계급 갈등)의 성향	사회 각 부분은 ㉣ (상호 의존 / 계급 갈등)의 성향	개인의 상황 정의, 의미 부여. 상호 작용에 관심을 둠
사회 문제	사회 문제는 ㉤ (사회 병리적 현상 / 사회 구조적 문제 / 개별 상호 작용의 결과)	사회 문제는 ㉥ (사회 병리적 현상 / 사회 구조적 문제 / 개별 상호 작용의 결과)	사회 문제는 ㉦ (사회 병리적 현상 / 사회 구조적 문제 / 개별 상호 작용의 결과)
불평등	㉧ (사회적 가치의 정당한 배분 / 지배 계급에 의한 불공정 배분)	㉨ (사회적 가치의 정당한 배분 / 지배 계급에 의한 불공정 배분)	개인 간의 상호 작용에 관심을 가짐
사회 규범	사회 구성원 전체가 합의한 규범	지배 계급의 이익 재생산의 도구	사회 규범은 중요하지 않음
단점	기존 질서 유지에 기여 및 급진적인 사회 변화를 설명하지 못함	사회적 협동과 조화, 유지를 설명하지 못함	사회 구조, 사회 제도 측면 소홀

❷ 빈출 선지 연습

▶ 다음 기출 선지가 맞으면 '○', 틀리면 '×'에 표시하시오.

01	기능론은 의미의 교환을 통한 공유된 경험의 세계를 강조한다.	○ / ×
02	기능론과 갈등론은 사회적 행위자의 주체적 능동성을 간과하는 경향이 있다.	○ / ×
03	상징적 상호 작용론은 사람들이 행위를 해석하고 정의하는 과정에 초점을 맞춘다.	○ / ×
04	기능론은 사회 구조에 대한 분석을 전제로 사회 현상의 의미를 이해한다.	○ / ×
05	갈등론은 사회의 각 부분이 상호 의존적인 관계라고 본다.	○ / ×
06	기능론은 사회의 안정보다 변동을 중시한다.	○ / ×
07	갈등론은 사회가 유기체와 유사한 특성을 지니고 있다고 본다.	○ / ×
08	상징적 상호 작용론은 사회 제도의 영향력을 중시한다.	○ / ×
09	갈등론은 사회 문제를 해결 가능한 일시적 불안정 상태로 본다.	○ / ×
10	기능론은 사회 문제를 구성원들이 부여하는 의미에 따라 다르게 해석된다고 본다.	○ / ×

❸ 고난도 기출 지문 연습

▶ 다음과 관련 있는 사회·문화 현상을 바라보는 관점을 쓰시오.

01

사회자 : 노인 소외의 원인에 대하여 말씀해 주십시오.
갑 : 급격한 사회 변동에 따라 가치관과 규범이 변화되고, 세대 간 관계도 새롭게 정의되었습니다. 사회 변화에 노인들이 적응할 수 있도록 지원하는 정책이 미비하여 노인들이 소외되는 것입니다.
을 : 가족 구성원들이 노인을 의존적인 존재로 여기고, 노인도 이를 수용하면서 스스로 위축될 수밖에 없습니다. 그러다 보니 자녀들과 원활한 의사소통을 하지 못해 노인이 소외되는 것입니다.
병 : 현대 사회에서는 경제력을 가진 사람들이 주도권을 갖게 됩니다. 부와 권력의 분배를 중년층이 좌우하면서 노인들의 능력이나 노력과 상관없이 사회적 역할에서 노인들을 배제해 그들이 소외되는 것입니다.

• 갑 : ( ) • 을 : ( ) • 병 : ( )

02

전통 사회에서 가족은 사회 구성원의 재생산, 양육과 교육, 경제 활동 등 다양한 기능을 수행하던 복합적 성격의 공동체였다. 그런데 현대 사회에서는 그 기능이 약화되면서 다양한 가족 문제가 발생하고 있다. 이러한 관점에 따르면, 가족 문제는 오른쪽 그림과 같이 표현할 수 있다.

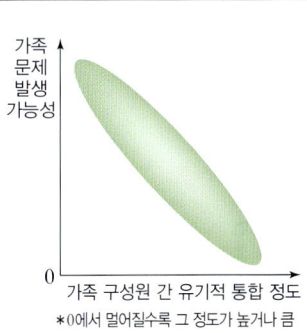

세로축: 가족 문제 발생 가능성
가로축: 가족 구성원 간 유기적 통합 정도
＊0에서 멀어질수록 그 정도가 높거나 큼

03

○○ 고민 게시판
원하는 대학에도 가도 좋은 직장도 갖고 싶은데 어떻게 해야 할까요?
└ Re : (갑) 열심히 공부하면 누구나 원하는 대학에 갈 수 있어요. 대학에서 높은 학점을 받고 실력을 쌓으면 자기 전공에 맞게 취업도 할 수 있어요. 이처럼 우리 교육이 인재를 양성해서 사회가 필요한 곳에서 배치하는 역할을 잘 수행하고 있으니 열심히 노력해 보세요.
　└ Re : (을) 그렇지 않아요. 솔직히 부유층 자녀들만 원하는 대학에 가고 좋은 직장을 갖는 거 아닌가요? 그렇지 않은 아이들은 좋은 대학에도 못가지만, 설령 가더라도 좋은 직장에는 취업하기 어려워요. 결국 교육은 가진 자들의 기득권을 유지하는 수단일 뿐이에요.

• 갑 : ( ) • 을 : ( )

정답 ❶ ㉠ 사회 구조 ㉡ 개인의 자율성 ㉢ 상호 의존 ㉣ 계급 갈등 ㉤ 사회 병리적 현상 ㉥ 사회 구조적 문제 ㉦ 개별 상호 작용의 결과 ㉧ 사회적 가치의 정당한 배분 ㉨ 지배 계급에 의한 불공정 배분 **❷** 01 × 02 ○ 03 ○ 04 ○ 05 × 06 × 07 × 08 × 09 × 10 × **❸** 01 갑 – 기능론, 을 – 상징적 상호 작용론, 병 – 갈등론 02 기능론 03 갑 – 기능론, 을 – 갈등론

개선문 ② 양적 연구와 질적 연구

❶ 개념 압축 정리

▶ 빈칸에 알맞은 말을 쓰거나 고르시오.

양적 연구	질적 연구	연구자의 가치 개입 및 가치 중립
문제 인식 및 주제 선정	문제 인식 및 주제 선정	• 연구자의 가치 ㉠ (개입 / 중립)
㉠ ( )		
연구의 설계	연구 설계	
자료 수집 방법 – ㉡ ( ), 실험법	자료 수집 방법 – 면접법, ㉢ ( )	• 연구자의 가치 ㉠ (개입 / 중립)
자료 분석	자료 해석	
㉣ ( )		
결론 도출	결론 도출	
㉤ ( )		• 연구자의 가치 ㉥ (개입 / 중립)

❷ 빈출 선지 연습

▶ 다음 기출 선지가 맞으면 '○', 틀리면 '×'에 표시하시오.

01	양적 연구 절차에는 개념의 조작적 정의가 이루어진다.	○ / ×
02	실험법은 방법론적 일원론에 기초하여 연구를 수행하였다.	○ / ×
03	양적 연구에서는 자료 분석 과정에서 연구자의 직관적 통찰이 강조된다.	○ / ×
04	면접법은 연구 가설을 검증하기에 적합한 자료 수집 방법이다.	○ / ×
05	양적 연구에서 표본이 대표성을 갖추지 못하면 연구 결과를 일반화하기 어렵다.	○ / ×
06	질적 연구에서는 귀납적 절차보다 연역적 절차를 우선시한다.	○ / ×
07	양적 연구는 연구 대상의 사회·문화적 맥락을 중시한다.	○ / ×
08	양적 연구는 방법론적 이원론에, 질적 연구는 방법론적 일원론에 기초한다.	○ / ×
09	양적 연구는 연구자의 감정 이입적 이해를 중시한다.	○ / ×
10	질적 연구는 통계 분석을 위해 계량화된 자료를 선호한다.	○ / ×
11	양적 연구는 연구 대상자의 의도 및 행위 동기를 심층적으로 이해하는 데 적합하다.	○ / ×
12	질적 연구는 변인 간의 관계 규명을 통한 법칙 발견을 목적으로 한다.	○ / ×
13	질적 연구의 자료 수집 단계에서 연구자의 주관적 가치는 개입될 수 있다.	○ / ×

❸ 고난도 기출 지문 연습

▶ 다음에 사용된 연구의 절차나 자료 수집 방법을 쓰시오.

01

갑은 청소년의 문화·예술 활동 참여와 학교생활 만족도 간의 관계를 연구하기 위해 "문화·예술 활동 참여가 활발한 청소년일수록 학교생활 만족도가 높을 것이다."라는 가설을 설정하였다. 이를 검증하기 위해 문화·예술 활동 참여 시간과 학교생활 만족도를 측정할 수 있는 다양한 문항으로 구성된 설문지를 제작하였고, △△지역에 거주하는 고등학생 500명을 대상으로 자료를 수집·분석하였다. 분석 결과, 문화·예술 활동 참여 시간이 많을수록 학교생활 만족도가 높은 것으로 나타났다. 이를 토대로 청소년의 활발한 문화·예술 활동이 학교생활 만족도를 높인다는 결론을 도출하였다.

• 연구 방법 : (   )   • 자료 수집 방법 : (   )

02

A 연구자는 변수를 섣불리 한정하지 않고 일상생활 속에서 연구 대상과 관련하여 눈에 띄는 모든 것들을 총체적으로 포착하려고 한다. 이와 달리 B 연구자는 연구 주제와 관련하여 자신이 선택한 변수만을 포착하고 그 외의 모든 변수는 제외한다. 연구하고자 하는 변수들을 단순화시켜야 그것들 간의 관계를 온전히 파악할 수 있다고 생각하기 때문이다.

• A 연구 방법 : (   )   • B 연구 방법 : (   )

03

갑은 '슬픈 감정이 상품의 구매 욕구에 미치는 영향'이라는 주제를 선정하고 연구를 진행하였다. 갑은 먼저 연구 대상자 100명을 선정하여 무작위로 50명씩 A, B 두 집단으로 나누었다. 이후 A 집단에게는 슬픈 감정을 일으키는 영상을, B 집단에게는 감정의 동요를 일으키지 않는 영상을 보여 주었다. 영상 시청이 종료된 후 두 집단에게 동일한 상품을 보여 주면서 상품 구매를 위하여 지불하고자 하는 금액을 묻자, A 집단이 B 집단에 비해 평균적으로 약 30% 높은 금액을 지불하겠다고 응답하였다.

• 연구 방법 : (   )   • 자료 수집 방법 : (   )

정답 ❶ ㉠ 가설 설정 ㉡ 질문지법 ㉢ 참여 관찰법 ㉣ 가설 검증 ㉤ 일반화 ㉥ 개입 ㉦ 중립 ㉧ 개입
❷ 01 ○ 02 ○ 03 × 04 × 05 ○ 06 × 07 × 08 × 09 × 10 × 11 × 12 × 13 ×
❸ 01 양적 연구 방법, 질문지법 02 A – 질적 연구 방법, B – 양적 연구 방법 03 양적 연구 방법, 실험법

개선문 ③ 사회화

❶ 개념 압축 정리

▶ 빈칸에 알맞은 말을 쓰시오.

내용과 시기	㉠	영유아기에 일어나는 기초적인 사회화
	2차적 사회화	영유아기 이후 1차적 사회화 내용을 심화시켜 전문화하거나 새로운 가치관과 문화 및 규범을 습득하는 과정
목적	재사회화	사회 변화나 새로운 환경에 적응하기 위해 새로운 문화 요소 및 가치관을 습득하는 과정
	㉡	미래에 속하게 되거나 속하기를 기대하는 집단에서 요구되는 행동 양식을 미리 학습
	㉢	새로운 문화 요소 및 행동 양식을 수용하기 위해 기존에 학습한 것을 버리는 과정
관점	기능론	사회화는 개인을 사회에 적응시켜 사회의 유지와 통합에 기여함
	㉣	사회화는 지배 계급의 이익 확대·재생산에 기여함
	㉤	사회화는 개인 간의 상호 작용을 통해 이루어짐
기관	1차적 사회화 기관	기초적인 사회화를 담당하는 기관 예) 가족, 또래 집단
	㉥	전문적인 지식이나 정보 등을 습득하게 되는 기관 예) 학교, 직장
	공식적 사회화 기관	사회화 자체가 목적인 기관
	㉦	사회화가 목적은 아니지만 역할 수행 과정에서 사회화가 이루어지는 기관
지위	귀속 지위	노력이나 능력과 무관하게 선천적으로 타고 났거나 자연스럽게 얻게 된 지위
	㉧	노력이나 의지를 통해 후천적으로 얻게 된 지위
역할	역할 행동	자신의 지위에 맞는 역할을 실제로 수행(역할 수행)
	㉨	한 개인에게 둘 이상의 역할의 충돌로 나타나는 심리적 갈등

❷ 빈출 선지 연습

▶ 다음 기출 선지가 맞으면 '○', 틀리면 '×'에 표시하시오.

01	미래에 속할 집단의 생활 규범을 미리 익히는 과정을 탈사회화라 한다.	○ / ×
02	노인과 할아버지는 모두 성취 지위이다.	○ / ×
03	학교는 2차적·공식적 사회화 기관이며, 가족은 1차적·비공식적 사회화 기관이다.	○ / ×
04	한 개인에게 둘 이상의 서로 다른 지위에 따른 역할을 수행할 때 충돌하는 현상을 역할 갈등이라고 한다.	○ / ×
05	보상과 제재는 역할에 따라 주어진다.	○ / ×

❸ 고난도 기출 지문 연습

▶ 다음에서 설명하는 사회화 관련 개념을 고르거나 쓰시오.

01

3학년 ㉠ 학생 갑, '자랑스런 인재상'에 선정

갑은 ㉡ 전교학생회장으로서 공약으로 제시한 내용을 잘 이행하였다. 그 공로를 인정받은 갑은 시상식에서 "청소년 단체의 가입 여부를 고민했었는데, 청소년 단체를 포기하고 학생회 활동에 집중한 것이 좋은 결과를 가져온 것 같습니다."라고 소감을 밝혔다.

◇◇고등학교 ㉢ 교사 을, ㉣ 교육부 장관 표창 수상

진로 체험 과정을 성공적으로 운영한 공로를 인정받아 표창을 받은 을은 "㉤ 아빠로서 자녀 양육에 더 참여하였으면 하는 ㉥ 아내의 바람과, 교사로서 학생 진로 지도에 더 힘써주기를 바라는 학교의 요구 사이에서 고민했던 한 해였습니다."라고 소감을 밝혔다.

• 성취 지위 : (㉠ / ㉡ / ㉢ / ㉣ / ㉤ / ㉥)
• 역할 갈등을 겪은 사람 : (갑 / 을)

02

갑은 교사가 되길 원하던 어머니의 희망대로 ㉠ 사회교육과에 진학하였다. 그러나 어릴 적부터 간절히 꿈꿔 온 미술 대학이 아니었기 때문에 갑은 점점 학업에 흥미를 잃고 강의에도 자주 ㉡ 결석하였다. 사범 대학을 계속 다닐지 말지 거듭 고민하던 갑은 두 학과의 교육 과정을 모두 이수할 수 있는 ㉢ 복수 전공제가 있다는 것을 알고 미술교육과의 강의를 듣기 시작하였다. 또한, 미술교육과 친구들이 추천한 ㉣ 교육 봉사 동아리에 가입하여 열심히 활동하였다. 이 과정에서 ㉤ 가르침의 보람을 느끼게 된 갑은 졸업식장에서 ㉥ 성적 최우수상을 받을 것을 기대하며 학과 공부에 매진하고 있다.

• 역할 행동에 대한 보상 : (㉠ / ㉡ / ㉢ / ㉣ / ㉤ / ㉥)

03

유명 연예인인 어머니의 반대에도 불구하고, 배우가 되고 싶었던 갑은 연예인 2세라는 것을 숨기고 ㉠ A인터넷 쇼핑몰에서 모델로 일하며 ㉡ 연기 학원에서 연기와 노래를 배우고 있었다. 갑은 스스로 인지도를 높이기 위해 시청자 평가단의 투표 결과에 따라 가수 데뷔가 결정되는 ㉢ TV 프로그램에 지원하여 치열한 경쟁을 통해 가수로 데뷔하였다. 인기가 높아지자 갑은 가수로 계속 활동할지 가수를 그만두고 계획했던 대로 배우로 전향해야 할지 고민이다.

• 1차적 사회화 기관 :   • 2차적 사회화 기관 :
• 공식적 사회화 기관 :   • 비공식적 사회화 기관 :

정답 ❶ ㉠ 1차적 사회화 ㉡ 예기 사회화 ㉢ 탈사회화 ㉣ 갈등론 ㉤ 상징적 상호 작용론 ㉥ 2차적 사회화 기관 ㉦ 비공식적 사회화 기관 ㉧ 성취 지위 ㉨ 역할 갈등 **❷** 01 × 02 × 03 ○ 04 ○ 05 × **❸** 01 성취 지위 – ㉠~㉥, 역할 갈등 – 을 02 ㉠, ㉥ 03 1차적 – 없음, 2차적 – ㉠, ㉡, ㉢, 공식적 – ㉡, 비공식적 – ㉠, ㉢

개선문 ④ 일탈 행동에 대한 이론

❶ 개념 압축 정리

▶ 빈칸에 알맞은 말을 쓰시오.

구분		일탈의 원인
(㉠) 이론	뒤르켐	급속한 사회 변동으로 인한 도덕적 혼란이나 무규범 상태에서 발생
	(㉡)	문화적 목표를 달성할 수 있는 제도적 수단이 충분치 않을 때 발생
차별 교제 이론		일탈 행동을 빈번하게 일으키는 사람들과 접촉하는 과정에서 일탈의 기술을 학습하고 일탈 동기를 (㉢)함
(㉣) 이론		1차적 일탈이 발생하면 이를 행한 사람에 대해 주위 사람들이 부정적 인식을 갖게 됨 → 일탈 행위자 스스로를 일탈자로 인식하고 부정적 자아를 갖게 됨

❷ 빈출 선지 연습

▶ 다음 기출 선지가 맞으면 'O', 틀리면 '×'에 표시하시오.

01	낙인 이론은 일탈 행동의 원인을 차별적 제재에서 찾는다.	O / ×
02	차별 교제 이론은 사회의 지배적 가치를 사회화하지 못한 사람이 일탈 행동을 저지른다고 본다.	O / ×
03	아노미 이론은 일탈에 대한 대책으로 사회적 합의를 통한 규범의 정립을 강조한다.	O / ×
04	일탈 행동을 규정하는 객관적 기준이 없다고 보는 것은 낙인 이론이다.	O / ×
05	뒤르켐의 아노미 이론은 목표와 수단의 괴리에서 일탈 행동의 원인을 찾는다.	O / ×
06	일탈 행동을 초래하는 사회 구조의 영향력을 강조하는 것은 낙인 이론이다.	O / ×
07	낙인 이론은 사회적 상호 작용을 통한 낙인 과정에 주목한다.	O / ×
08	기능론은 불평등한 사회 구조와 계급 간 갈등을 일탈 행동의 근본 원인으로 본다.	O / ×
09	"까마귀 노는 곳에 백로야 가지 마라."는 차별 교제 이론을 설명하는 데 유용하다.	O / ×
10	낙인 이론은 급속한 사회 변동으로 인한 규범의 부재가 일탈 행동을 야기한다고 본다.	O / ×
11	차별 교제 이론은 일탈 행동의 해결 방안으로 정상적인 사회 집단과의 상호 작용 촉진을 제시한다.	O / ×
12	낙인 이론은 최초 일탈보다 일탈 행동의 반복에 초점을 맞춘다.	O / ×

❸ 고난도 기출 지문 연습

▶ A~C에 해당하는 일탈 행동 이론에 대한 관점을 쓰시오. (단, A~C는 각각 아노미 이론, 차별 교제 이론, 낙인 이론 중 하나이다.)

01

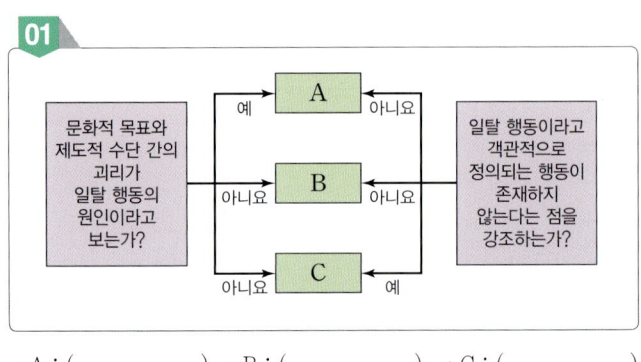

• A : ( ) • B : ( ) • C : ( )

02

질문	A	B	C
상호 작용을 통한 일탈의 발생에 초점을 두는가?	예	예	아니요
2차적 일탈이 발생하는 과정에 주목하는가?	예	아니요	아니요

• A : ( ) • B : ( ) • C : ( )

03

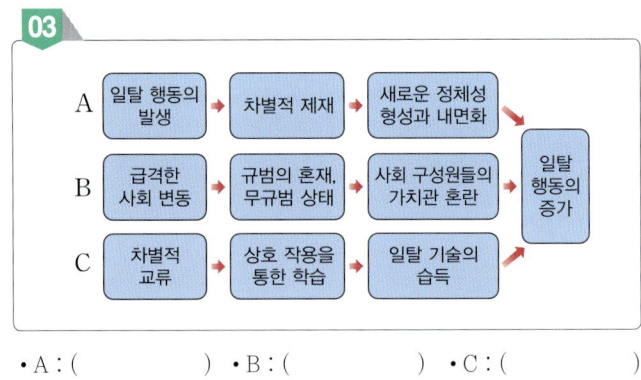

• A : ( ) • B : ( ) • C : ( )

개선문 ⑤ 문화의 변동

❶ 개념 압축 정리

▶ 빈칸에 알맞은 말을 쓰시오.

① 문화 변동의 요인

내재적 요인	외재적 요인
발명 ㉠	직접 전파 간접 전파 ㉡
↓	↓
내재적 변동	외재적 변동

② 문화 변동의 양상(강제성, 자발성 유무에 따라)

㉢	자발적 문화 접변

③ 문화 변동의 양상(변동 결과에 따라)

문화 변동	문화 공존	㉣

❷ 빈출 선지 연습

▶ 다음 기출 선지가 맞으면 '○', 틀리면 '×'에 표시하시오.

01	발명은 문화 변동의 내재적 요인에 해당한다.	○ / ×
02	발견은 존재하지 않던 문화 요소를 새롭게 만들어 내는 것을 의미한다.	○ / ×
03	문화는 다른 문화의 사람들과 직접적으로 접촉하지 않고도 전파될 수 있다.	○ / ×
04	서구식 병원과 한의원이 공존하는 것은 문화 융합의 사례이다.	○ / ×
05	외래문화 요소에서 영감을 얻어 새로운 문화 요소를 만든 것은 자극 전파의 사례이다.	○ / ×
06	문화의 다양성 보존에 유리한 것은 문화 동화이다.	○ / ×
07	문화 공존은 외래문화 요소가 변화되지 않은 상태로 공존한다.	○ / ×
08	이주민에 의한 문화 전파는 직접 전파의 사례에 해당한다.	○ / ×
09	문화 지체 현상은 급속한 문화 변동으로 인해 가치관이 붕괴되어 발생한다.	○ / ×
10	문화 융합은 자기 문화의 정체성이 상실된다.	○ / ×

❸ 고난도 기출 지문 연습

▶ A~C에 해당하는 개념을 쓰시오.

01

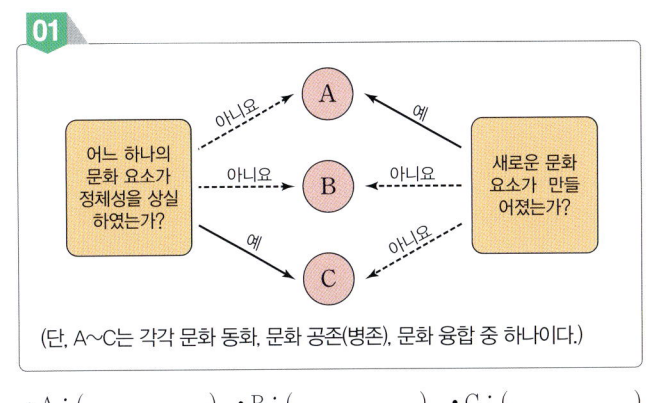

(단, A~C는 각각 문화 동화, 문화 공존(병존), 문화 융합 중 하나이다.)

• A : (　　　　)　• B : (　　　　)　• C : (　　　　)

02

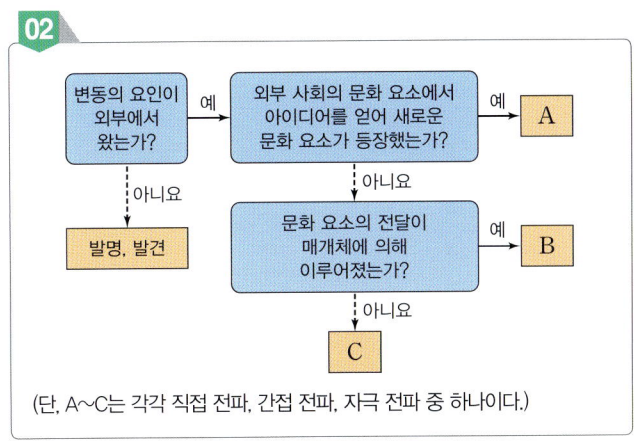

(단, A~C는 각각 직접 전파, 간접 전파, 자극 전파 중 하나이다.)

• A : (　　　　)　• B : (　　　　)　• C : (　　　　)

03

질문 \ 문화 변동의 요인	A	B	C
문화 변동의 내재적 요인인가?	예	아니요	예
존재하지 않던 새로운 문화 요소를 만들어 내었는가?	아니요	아니요	예

(단, A~C는 각각 발명, 발견, 직접 전파 중 하나이다.)

• A : (　　　　)　• B : (　　　　)　• C : (　　　　)

정답 ❶ ㉠ 발견 ㉡ 자극 전파 ㉢ 강제적 문화 접변 ㉣ 문화 융합　❷ 01 ○ 02 × 03 ○ 04 × 05 ○ 06 × 07 ○ 08 ○ 09 × 10 ×
❸ 01 A – 문화 융합, B – 문화 공존(병존), C – 문화 동화　02 A – 자극 전파, B – 간접 전파, C – 직접 전파　03 A – 발견, B – 직접 전파, C – 발명

개선문 ⑥ 계급론, 계층론

❶ 개념 압축 정리

▶ 빈칸에 알맞은 말을 쓰시오.

구분	계급론	계층론
기준	• 토지, 자본과 같은 생산 수단의 소유 여부 • 경제적 요인이 다른 모든 사회 불평등을 결정 • ㉠ (　　　　) 관점	• 경제적 요인, 사회적 요인, 정치적 요인 등 다양한 요인에 의해 사회 불평등이 발생함 • 다원론적 관점
특징	• 불연속적 · ㉡ (　　　　)으로 계급을 바라봄 • 계급에 대한 개인의 소속감이나 연대 의식 중시 • 계급 간의 지배와 피지배 관계로 인해 갈등과 대립이 불가피함	• 계층이 연속적이고 복합적으로 나타나는 서열화임을 강조 • 동일 계층에 속한 사람들 간의 계층 의식이 약함 • 현대 사회의 ㉢ (　　　　)을 설명하기에 적합

❷ 빈출 선지 연습

▶ 다음 기출 선지가 맞으면 'O', 틀리면 '×'에 표시하시오.

01	계급론은 불평등한 분배 상태를 이분법적으로 구분한다.	O / ×
02	계층론은 계급론과 달리 현대 사회의 지위 불일치 현상을 설명하기 용이하다.	O / ×
03	계층론은 서로 다른 경제적 위치에 있는 집단 간의 위계가 불연속적이라고 본다.	O / ×
04	계급론은 서로 다른 계층에 속한 구성원에 간에 적대감이 약하다고 본다.	O / ×
05	계층론은 사회 불평등 현상을 경제적 요인으로만 설명한다.	O / ×
06	계층론은 계층을 다원론적 관점에서 구분한다.	O / ×
07	계급론은 동일한 경제적 위치에 있는 집단 구성원이 갖는 강한 귀속 의식을 강조한다.	O / ×
08	계급론은 사회 불평등을 연속적인 서열로 바라본다.	O / ×
09	계급론은 계층론에 비해 사회 이동의 개방성이 크다고 본다.	O / ×
10	계급론은 계급 내부 구성원 간의 강한 귀속 의식을 설명하기 용이하다.	O / ×
11	계층론은 계급론과 달리 위계를 구분하는 기준이 다차원적이다.	O / ×
12	계층론과 계급론 모두 사회 불평등 현상에 경제적 요인이 작용한다고 본다.	O / ×
13	계층론은 계급론과 달리 이분화된 계급 구조를 설명하기 용이하다.	O / ×
14	계급론은 사회적 · 정치적 불평등이 경제적 불평등에 종속된 것으로 본다.	O / ×

❸ 고난도 기출 지문 연습

▶ 계급론과 계층론 중 A∼C에 해당하는 개념을 쓰시오.

01

A 이론은 생산 관계에 초점을 맞춘 B 이론의 경제 결정론적 시각을 비판한다. A 이론은 경제적 요소 외에 신앙, 윤리, 가치관 등 관념적인 요소가 인간의 행위와 사회의 구성, 그리고 역사에 큰 영향을 미치는 것으로 본다. 그래서 B 이론과 달리 A 이론은 경제적 차원인 계급, 사회적 차원인 신분, 권력적 차원인 파당의 세 가지 차원을 같이 고려하여 사회 불평등을 설명한다.

• A : (　　　　　　　) ・ B : (　　　　　　　)

02

개념	일반적 특징
A	수직 이동이 극히 제한적으로 나타난다고 본다.
B	불평등 구조 내에서 서열을 구분하는 기준이 다양하다.
C	계급 내부 구성원 간에 나타나는 강한 귀속 의식을 강조한다.

• A : (　　　) • B : (　　　) • C : (　　　)

03

A는 사회 구조 차원에서 볼 때, 부 · 명예 · 권력의 분배가 똑같은 원칙에 의해 결정되는 것은 아니라고 본다. 가령 명예의 분배는 시장의 작동 원리뿐만 아니라 사회적 관습이나 가치관에 의해서도 결정된다. 어떤 경우, 명예를 중시하는 사람들은 돈이 많다고 자랑하는 사람들을 멸시하기도 한다. 반면 B는 자본주의 사회의 불평등 구조 배후에는 자본, 기계, 원료 등 생산에 필요한 물질에 대한 소유 여부가 존재한다고 본다. 이를 소유한 집단은 그들의 이익을 정당화하는 관념을 마치 사회의 보편적 가치인 것처럼 모든 구성원에게 주입하고 있다.

• A : (　　　　　　　) ・ B : (　　　　　　　)

04

개념	계층의 구분 기준
A	경제적, 정치적, 사회적 요인을 종합하여 사회 계층을 상층, 중층, 하층으로 구분
B	생산 수단의 소유 여부를 기준으로 사회 계층을 지배층과 피지배층으로 구분

• A : (　　　　　　　) ・ B : (　　　　　　　)

개선문 **⑦ 사회 보장 제도**

❶ 개념 압축 정리

▶ 빈칸에 알맞은 말을 쓰시오.

구분	특징
사회 보험	• 금전적 지원을 원칙으로 함 • 소득 재분배 효과가 나타남 • 상호 부조의 원리를 기반으로 함 • 능력에 따라 비용을 부담 • 사전 예방적 성격을 가짐 • 모든 국민을 대상으로 ㉠ (　　　　　)을 원칙으로 함
공공 부조	• 금전적 지원을 원칙으로 함 • 사회 보험보다 소득 재분배 효과가 크게 나타남 • 생활이 어려운 국민을 대상으로 함 • ㉡ (　　　　　) 성격을 가짐 • 국가가 전액 재정 부담
사회 서비스	• ㉢ (　　　　　)을 원칙으로 함 • 공공 부문만이 아니라 민간 부문도 참여할 수 있음 • 부담 능력이 있는 국민은 수익자 부담을 원칙으로 하며, 일정 소득 수준 이하의 국민에 대한 비용의 전부 또는 일부를 국가와 지방 자치 단체가 부담함

❷ 빈출 선지 연습

▶ 다음 기출 선지가 맞으면 '○', 틀리면 '×'에 표시하시오.

01	사회 보험은 의무 가입 원칙이 적용되는 사회 보장 제도이다.	○ / ×
02	공공 부조에 비해 사회 보험은 사후 처방적 성격이 강한다.	○ / ×
03	공공 부조는 사회 보험과 달리 수혜자 부담 원칙이 적용되지 않는다.	○ / ×
04	사회 보험은 공공 부조와 달리 상호 부조의 원리가 적용된다.	○ / ×
05	사회 보험은 선별적 복지, 공공 부조는 보편적 복지의 성격이 강하다.	○ / ×
06	사회 서비스는 공공 부조와 달리 비금전적 지원을 원칙으로 한다.	○ / ×
07	공공 부조와 달리 사회 보험은 수혜자가 능력에 따라 비용을 부담한다.	○ / ×
08	사회 서비스는 국가와 지방 자치 단체가 비용을 전액 부담한다.	○ / ×
09	사회 보험은 생활 능력을 갖추지 못한 사람을 수혜 대상으로 한다.	○ / ×
10	공공 부조는 사회 보험에 비해 수혜 대상자의 범위가 작고 소득 재분배 효과가 크다.	○ / ×
11	사회 서비스는 대상자의 강제 가입을 원칙으로 한다.	○ / ×
12	공공 부조는 수혜 대상자 선정 과정에서 소득이 고려된다.	○ / ×

❸ 고난도 기출 지문 연습

▶ A~C에 해당하는 사회 보장 제도를 쓰시오.

01

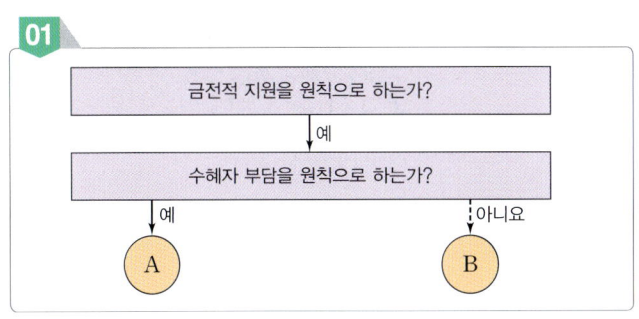

• A : (　　　　　)　　• B : (　　　　　)

02

구분	A	B	C
강제 가입을 원칙으로 하는가?	아니요	아니요	예
금전적 지원을 원칙으로 하는가?	아니요	예	예

• A : (　　　　) • B : (　　　　) • C : (　　　　)

03

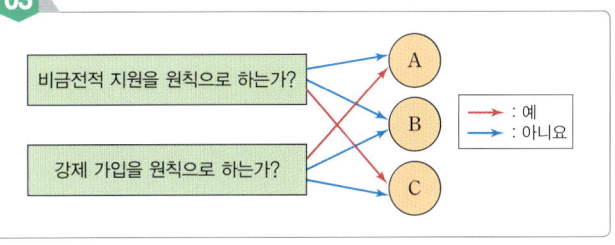

• A : (　　　) • B : (　　　) • C : (　　　)

04

제도	사례
A	소득, 건강, 주거, 사회적 접촉 등의 수준을 평가하여 선정된 65세 이상의 독거 노인에게 정기적인 안전 확인 및 정서적 지원, 보건 서비스 연계·조정, 생활 교육 지원 등을 하는 제도
B	사용자, 근로자 또는 자영업자 등이 공동으로 마련한 재원 노령에 따른 근로 소득 상실을 보전하기 위한 급여를 지급하는 제도
C	국가와 지방 자치 단체의 재정으로 65세 이상 노인 중 소득이 일정 수준 이하인 사람에게 생활 안정에 필요한 연금을 지급하는 제도

• A : (　　　) • B : (　　　) • C : (　　　)

정답 ❶ ㉠ 강제 가입 ㉡ 사후 처방적 ㉢ 비금전적 지원 ❷ 01 ○ 02 × 03 ○ 04 ○ 05 × 06 ○ 07 ○ 08 × 09 × 10 ○ 11 × 12 ○
❸ 01 A − 사회 보험, B − 공공 부조 　02 A − 사회 서비스, B − 공공 부조, C − 사회 보험 　03 A − 사회 보험, B − 공공 부조, C − 사회 서비스
04 A − 사회 서비스, B − 사회 보험, C − 공공 부조

개선문 ⑧ 정보 사회의 특징

❶ 개념 압축 정리

▶ 빈칸에 알맞은 말을 쓰시오.

특징	비교
정보 확산의 속도	정보 사회 > 산업 사회 > 농업 사회
관료제 조직 비중	㉠( ) > ㉡( ) > 농업 사회
비대면 접촉 비중	정보 사회 > 산업 사회 > 농업 사회
직업의 동질성	농업 사회 > 산업 사회 > 정보 사회
일터와 가정의 결합 정도	농업 사회 > ㉢( ) > ㉣( )
사회의 다원화 정도	정보 사회 > 산업 사회 > 농업 사회
기술 발전의 속도	정보 사회 > 산업 사회 > 농업 사회

❷ 빈출 선지 연습

▶ 다음 기출 선지가 맞으면 '○', 틀리면 '×'에 표시하시오.

01	농업 사회에 비해 산업 사회는 면대면 접촉의 비중이 높다.	○ / ×
02	산업 사회에 비해 정보 사회는 정보의 생산자와 소비자 간 구분이 뚜렷하다.	○ / ×
03	정보 사회는 산업 사회보다 직업의 동질성 정도가 높다.	○ / ×
04	사회 조직의 관료제화 정도는 산업 사회에 비해 정보 사회가 낮다.	○ / ×
05	구성원 간 익명성은 정보 사회에 비해 농업 사회에서 높게 나타난다.	○ / ×
06	쌍방향 미디어의 비중은 산업 사회보다 정보 사회에서 높게 나타난다.	○ / ×
07	산업 사회에 비해 정보 사회에서는 지식 산업의 부가 가치 총량이 크다.	○ / ×
08	정보 사회에 비해 산업 사회에서는 의사 결정의 분권화 정도가 낮다.	○ / ×
09	업무 방식의 표준화 정도는 정보 사회에 비해 산업 사회에서 낮다.	○ / ×
10	의사 결정의 분권화 정도는 산업 사회보다 정보 사회에서 높게 나타난다.	○ / ×
11	가정과 일터의 분리 정도는 정보 사회보다 산업 사회에서 높게 나타난다.	○ / ×
12	다품종 소량 생산 방식은 정보 사회에서 일반적으로 나타난다.	○ / ×

❸ 고난도 기출 지문 연습

▶ A~C는 각각 농업·산업·정보 사회 중 어디에 해당하는지 쓰시오.

01

기준 \ 구분	A	B	C
가정과 일터의 결합 정도	+	++	+++
사회의 다원화 정도	++	+++	+
사회 조직의 관료제화 정도	+++	++	+

* +의 개수가 많을수록 강함 내지 높음을 나타냄

• A : ( ) • B : ( ) • C : ( )

02

A 사회	B 사회
직장인 갑은 출근하지 않고 집에서 컴퓨터로 회사의 업무를 본다. 인터넷을 통해 직장 동료 및 협력 업체와 협의하며, 팀장 또는 CEO에게 직접 보고를 하는 등 다양한 업무를 처리한다.	직장인 을은 매일 아침 9시부터 오후 6시까지 자동차 제조 공장에서 일을 한다. 출근 후 업무 지시를 받아 하루 종일 컨베이어 벨트에 실려오는 자동차에 타이어를 장착하는 일을 수행한다.

• A : ( ) • B : ( )

03

A	1차 산업을 기반으로 하며, 혈연과 지연으로 맺어진 공동체 구성원 간의 전인격적 관계가 지배적이다.
B	정보와 지식이 중요한 자원으로 인식되고, 인간의 주요 활동이 디지털 기술을 기반으로 이루어진다.
C	기술과 조직의 합리성 원리를 도입하여 대량 생산과 대량 소비의 경제 체제가 중심이 된다.

• A : ( ) • B : ( ) • C : ( )

04

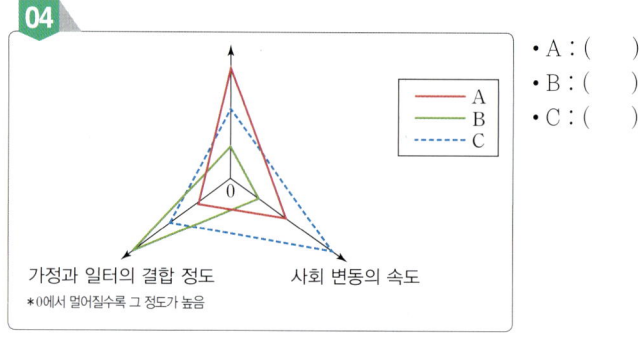

• A : ( )
• B : ( )
• C : ( )

가정과 일터의 결합 정도   사회 변동의 속도
*0에서 멀어질수록 그 정도가 높음

정답 ❶ ㉠ 산업 사회 ㉡ 정보 사회 ㉢ 정보 사회 ㉣ 산업 사회 ❷ 01 × 02 × 03 × 04 ○ 05 × 06 ○ 07 ○ 08 ○ 09 × 10 ○ 11 ○ 12 ○
❸ 01 A – 산업 사회, B – 정보 사회, C – 농업 사회 02 A – 정보, B – 산업 03 A – 농업 사회, B – 정보 사회, C – 산업 사회 04 A – 산업 사회, B – 농업 사회, C – 정보 사회

Structure
구성과 특징

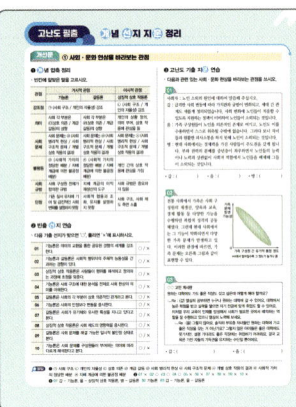

부록편

사회·문화에서 다루어지는 고난도 필출 주제를 8가지 선정하여 개념을 압축 정리하고, 빈출 선지를 ○ / ✕ 문제로 연습한 후, 고난도 기출 지문을 통해 핵심 개념을 보다 정확하게 이해할 수 있도록 하였습니다.

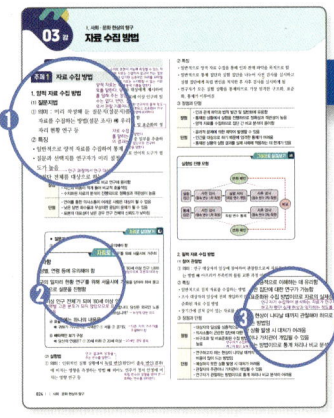

핵심 개념 정리

1. **내용 정리** : 2015 개정 교육 과정 교과서에서 시험에 출제될 가능성이 높은 주제를 선정하여 기본 개념과 중요 개념을 쉽고 보기 좋게 정리하였습니다.

2. **자료, 그래프로 살펴보기** : 다수의 교과서와 각종 시험에서 다룬 자료만을 골라 자세히 분석하고 정리하였습니다. 개념과 함께 관련지어 학습하세요.

3. **학생용 첨삭** : 개념 이해를 돕기 위해 핵심 개념과 어려운 용어를 쉽게 풀어서 첨삭으로 제공합니다.

핵심 개념 CHECK

1. 주제별 개념 정리 후, 곧바로 핵심 자료 등을 활용한 ○ / ✕ 문제를 통해 개념 이해 정도를 보다 정확하게 확인할 수 있도록 구성하였습니다. 이해가 부족한 부분은 바로 앞 핵심 개념 정리를 통해 확인하세요.

2. 실제 기출된 함정 선지를 활용하여 실전을 완벽하게 대비할 수 있도록 하였습니다.

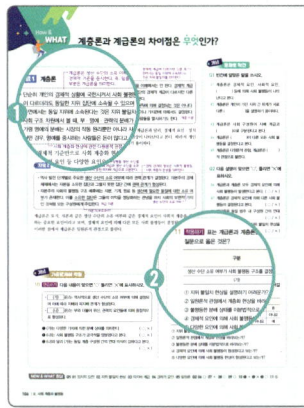

HOW & WHAT

1. 심화 자료를 통해 개념에서부터 문제 적용까지 한 번에 점검할 수 있는 자료 분석 코너입니다. 문제 풀이 교재에서 놓치기 쉬운 깊이 있는 자료 분석을 별도로 제공합니다.

2. [기출 자료로 확인] – [개념 문제로 확인] – [개념 기출문제에 적용]을 통해 자료 분석에서 문제 적용까지 단계적으로 개념을 확인할 수 있습니다.

기출+예상 문제로 주제 정복하기

1. **족집게 전략, 대표 문항** : 수능에서 출제 가능성이 가장 높은 대표 문항을 선별하여 출제 경향을 분석하고, 문제 접근 전략을 알려 줍니다. 또한 주요 개념의 출제 패턴이나 문제 풀이에 도움이 되는 방법을 한 줄 Tip으로 제시해 줍니다.

2. 기출 문항과 예상 문제를 모두 다루어 시험을 완벽하게 대비할 수 있도록 하였습니다. 특히 고난도 문항은 1등급을 갈랐던 문항을 제시하여 특수한 문항에도 잘 대처할 수 있도록 하였습니다.

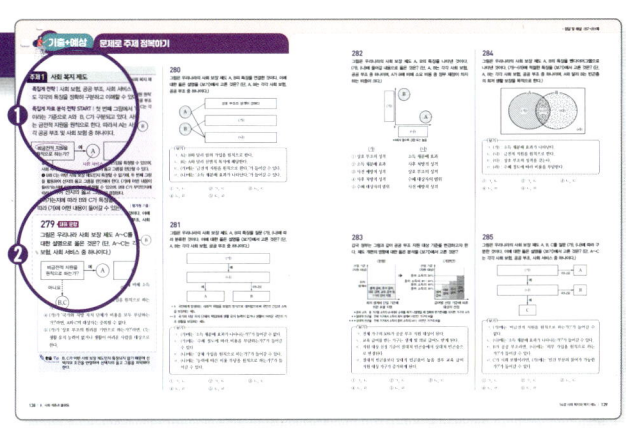

정답 및 해설편

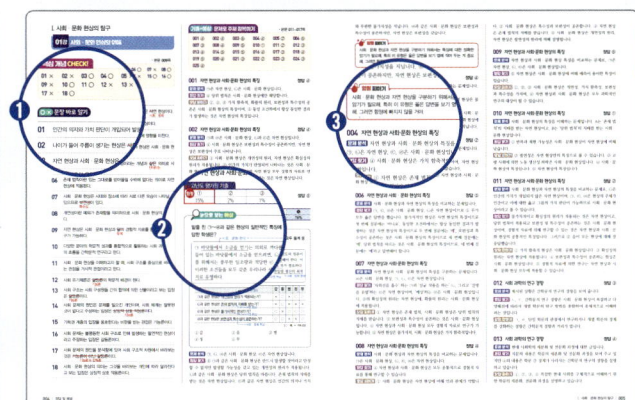

1. **○ / ✕ 문장 바로 알기** : ○ / ✕ 확인 문제의 경우 빠른 정답과 눈으로 확인하는 정답을 함께 수록하여 학습자의 학습 속도 조절을 용이하게 하였습니다. 학습자가 쉽게 이해하고 넘어간 경우 빠른 정답으로 확인하고 문제 풀이로 바로 넘어갈 수 있으며, 학습자가 개념 이해가 어렵다고 판단한 경우, 〈눈으로 보는 해설〉을 통해 정확하게 오개념을 잡아낼 수 있습니다.

2. **눈으로 보는 해설** : 문항 첨삭을 통해 해설을 빠르게 이해시켜 주는 시스템입니다. 자료 및 제시문 분석, 정답 설명, 오답 선지의 틀린 부분을 바로바로 확인할 수 있습니다.

3. **고난도 문항 해설** : 오답 선택지 선택률 15% 이상 또는 정답률 50% 이하의 문항을 선정하여 함정 선지와 함정을 피하는 방법을 알려 줍니다.

I 사회·문화 현상의 탐구

I 단원 PREVIEW - MIND MAP

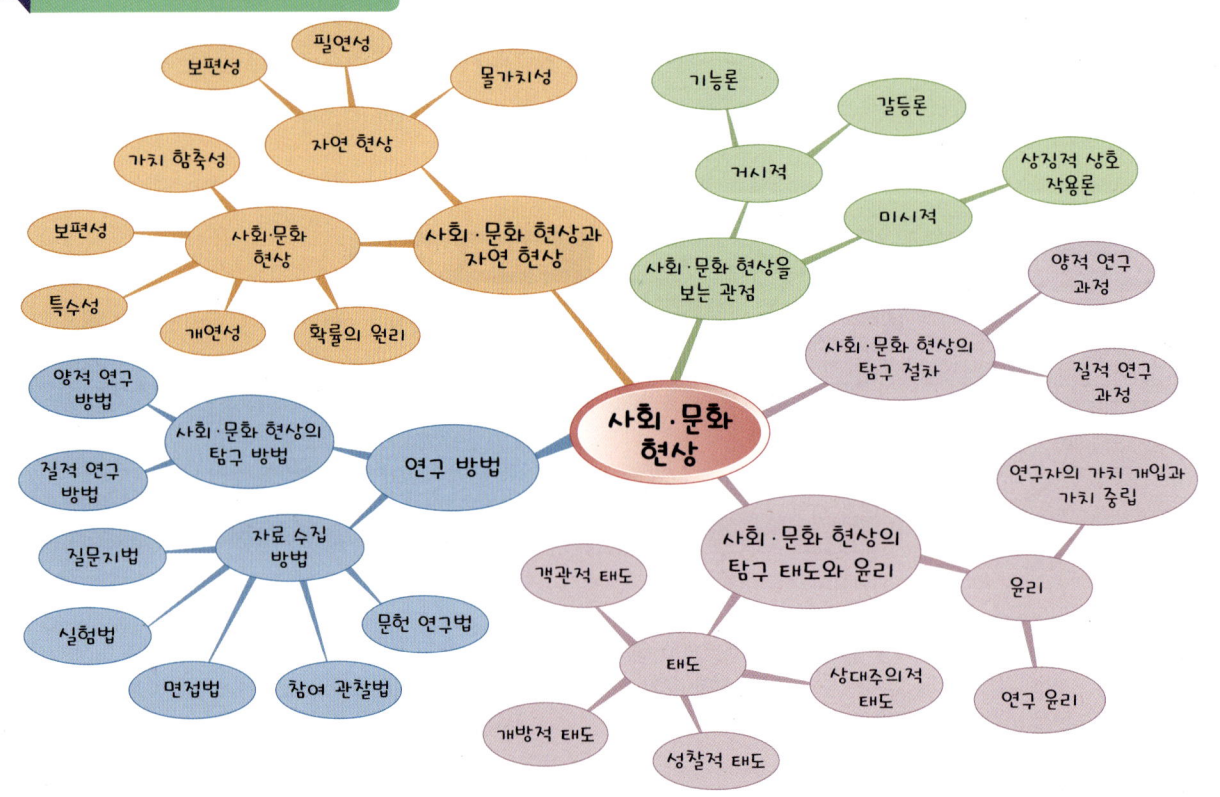

Ⅰ 단원 학습 SOLUTION

▶ 자연 현상과 사회·문화 현상 각각의 현상, 이론, 연구 방법의 공통점과 차이점을 구분할 수 있어야 한다.

자연 현상과 사회·문화 현상의 구분, 기능론·갈등론·상징적 상호 작용론의 구분, 양적 연구와 질적 연구의 구분, 자료 수집 방법의 구분 등 이러한 구분들을 해내는 것이 Ⅰ단원을 공부하는 중요한 목표이다. 이때, 유념할 점은 이들의 차이점만으로 문제가 출제되지 않는다는 것이다. 그러므로 이 내용을 제대로 이해하기 위해서는 차이점과 공통점을 함께 고려하여 각각의 특징을 구분할 수 있도록 한다.

▶ 고난도 문제는 특징을 직접 묻는 것이 아니라 질문을 통해 묻는 것이다.

각각의 현상 혹은 이론의 특징을 키워드로 분석하여 암기하는 것만이 학습의 끝이 아니다. 최근 출제 경향은 보기의 특징을 나열하고 옳고 그름을 묻는 문제가 아니라 질문을 만들어 "~을 구분할 수 있는 질문인가?"라고 묻거나 "~라는 질문에 '예'(또는 '아니요')라고 대답한다면 그것은 어떤 이론을 말하는가?"라고 묻는 문제가 출제되고 있다. 이를 이해하기 위해서는 단순한 암기가 아닌 질문에 대해 한 번 더 생각하는 깊이 있는 사고력이 요구된다.

01강 사회·문화 현상의 이해

주제1 자연 현상과 사회·문화 현상

1. 자연 현상과 사회 · 문화 현상의 의미와 상호 작용

(1) 자연 현상과 사회 · 문화 현상의 의미

① **자연 현상** : 인간의 의지 및 가치 판단과 무관하게 자연 발생적으로 나타나는 현상이며, 인간에게 나타난 현상 가운데 선천적 · 유전적 · 생리적 현상을 포함함
> 예 비가 내리는 현상, 봄이 되자 꽃이 피는 현상, 나이가 들어 주름이 생기는 현상 등

② **사회 · 문화 현상** : 인간의 의지 및 가치 판단에 의한 행동으로 나타나는 현상이며, 인간에게 나타난 현상 가운데 선천적 · 유전적 · 생리적 현상을 조절하기 위한 인위적인 행동을 포함함
> 예 비가 내리자 우산을 쓰는 모습, 주름살 방지 화장품을 바르는 모습 등

(2) 자연 현상과 사회 · 문화 현상의 상호 작용

① **공통점** : 자연 현상과 사회 · 문화 현상은 모두 인간 생활에 영향을 미침

② 자연 현상은 사회 · 문화 현상을 유발하는 원인이 되기도 하고, 사회 · 문화 현상은 자연 현상을 촉발시킬 수 있음

2. 자연 현상과 사회 · 문화 현상의 특징

> 독일어로 'sein' 법칙이라고 불리는데, 'sein'은 영어 'be' 동사와 같은 동사로 존재함을 나타낼 뿐이므로 가치 판단의 대상이 될 수 없고 있는 그대로를 받아들일 수밖에 없는 현상을 설명하는 법칙이다.

(1) 자연 현상의 특징

몰가치성	자연 현상은 인간의 의지나 가치의 개입 없이 자연 법칙에 의해 발생함
존재 법칙	자연 현상은 인간의 인식이나 가치 판단 여부와 관계 없이 사실 그대로 존재하며 인간은 이를 받아들일 수밖에 없음
인과 관계	• 확실성의 원리 : 자연 현상은 특정 조건에 따라 예외 없이 같은 결과가 나타나는 특징을 지님 • 필연성 : 원인이 주어지면 항상 같은 결과가 나타남 • 강한 인과 관계 : 사회 · 문화 현상에 비해 강한 인과 관계가 나타남
보편성	자연 현상은 일정 조건하에서 시대와 장소를 초월하여 동일한 현상이 발생함

> 예 경제 제도는 어느 사회에나 시장의 자유와 정부의 역할에 대한 가치관을 담은 경제 제도가 존재하지만 각각의 구체적인 모습은 차이점을 보인다. 또한 정부의 경제 안정화를 위한 많은 노력이 항상 같은 결과를 낳는 것은 아니기에 정부는 어려움을 겪게 된다.

(2) 사회 · 문화 현상의 특징

가치 함축성	사회 · 문화 현상은 사람들의 의지, 가치, 혹은 신념이 반영되어 나타남
당위 법칙	사회 · 문화 현상은 '마땅히 ~해야 한다' 혹은 '~하면 안 된다'와 같은 규범적 요구가 반영될 수 있으며 이를 통해 발생하거나 사라질 수 있음
인과 관계	• 확률성의 원리 : 사회 · 문화 현상은 같은 원인이라 해도 같은 결과가 나타날 확률적 가능성만을 갖고 있으므로 예외가 발생할 수 있음 • 개연성 : 사회 · 문화 현상은 확실하지는 않지만 그럴 가능성이 있는 원인과 결과의 관계성을 지님 • 약한 인과 관계 : 자연 현상에 비해 약한 인과 관계가 나타남
보편성과 특수성	사회 · 문화 현상의 경우 시대와 장소에 따른 차이 없이 항상 같은 모습을 보이는 보편성을 지니고 있지만 개별 사회의 맥락에 따라 각기 다른 모습을 보이는 특수성도 함께 지님

> 독일어로 'sollen' 법칙이라고 불리는데, 'sollen'은 영어 'should'와 같은 동사로 '~해야 한다' 또는 '~해서는 안 된다'와 같이 인간의 의지와 가치가 포함된 평가의 대상이 되는 현상을 설명하는 법칙이다.

(3) 자연 현상과 사회 · 문화 현상의 공통점

보편성	인과 관계	과학적 탐구의 가능성	경험적 자료의 수집 가능성

자연 현상과 사회 · 문화 현상 모두 보편적인 인과 관계를 지니고 있으므로 실험법 및 참여 관찰법과 같은 경험적 자료 수집 방법을 활용하여 현상의 원인을 분석하는 과학적 탐구가 가능함

자료로 살펴보기 🔍

■ 사회 · 문화 현상과 자연 현상과의 관계

▲ 벚꽃 축제

제시된 사진을 통해 봄이 되어 벚꽃이 피는 자연 현상이 지역 벚꽃 축제를 개최하는 사회 · 문화 현상에 영향을 미치고 있음을 파악할 수 있다. 이처럼 자연 현상과 사회 · 문화 현상은 서로 영향을 주고받는 관계로 자연 현상이 사회 · 문화 현상에 영향을 주기도 하고, 그 반대로 사회 · 문화 현상이 자연 현상에 영향을 미치는 경우도 있다.

주제2 사회 과학의 등장과 최근 연구 경향

1. 사회 과학의 등장 : 콩트(A. Comte)는 과학적 연구의 대상으로써 사회 현상을 바라보았으며, 사회학(sociology)라는 용어를 처음 사용함

2. 사회 과학의 흐름

(1) 세분화 및 전문화 : 현대 사회에 접어들면서 다양한 사회 현상을 분석하기 위해 세분화되고 전문화된 사회 과학 분야들이 만들어짐
> 예 사회학, 정치학, 경제학, 문화 인류학 등으로 분화되었으며, 사회학 내에서도 스포츠 사회학, 범죄 사회학 등의 분야로 세분화되어 심층적 연구를 진행함

(2) 간학문적 연구 : 실제 사회 · 문화 현상에 대한 분석은 분화된 전문 분야만의 노력으로는 이루어지지 못하므로 개별 학문의 성과를 종합하여 통합적 · 총체적인 이해를 도모하는 흐름이 나타남
> 예 입시 제도에 대한 문제를 분석하기 위해 정치적 · 경제적 · 사회적 · 역사적 · 문화적 요인을 함께 고려하는 모습

> 기능론, 갈등론, 상징적 상호 작용론의 공통점은 사회·문화 현상을 바라보는 관점이라는 데 있다. 사회·문화 현상의 원인을 분석하고 해결책을 도모함에 있어 개인을 독립적인 존재로 보지 않고 타인 또는 사회 구조와 관계를 맺고 상호 작용하는 존재로 인식하는 것이다.

주제3 사회·문화 현상을 바라보는 관점

1. 거시적 관점과 미시적 관점

거시적 관점	사회 · 문화 현상을 이해하고자 할 때, 개인의 자율적 의지보다는 사회 제도나 사회 구조와 같은 사회 체계의 영향력에 중점을 두고 현상을 바라보는 관점
미시적 관점	사회 · 문화 현상을 이해하고자 할 때, 사회 체계보다는 개인의 주관적인 상황 정의 및 의미 부여 과정과 개인 간의 상호 작용에 중점을 두고 현상을 바라보는 관점

> 사회 구조는 개인이 맺는 사회적 관계들을 유형화시키는 조직의 총체로, 사회 구성원의 행동을 규정하는 동시에 사회 구성원의 의지에 따라 변하기도 한다.

2. 거시적 관점

(1) 기능론 - 대표학자는 파슨스로 사회 유기체설을 바탕으로 사회 체계 이론을 주장하였다.

전제	• 사회는 하나의 살아 있는 유기체와 같이 각 부분들이 상호 의존적으로 사회 전체의 유지와 존속을 위해 기능함 • 배경 이론 : 사회 유기체론 ┐각 부분이 일정한 목적을 지향하면서 통일적으로 조직되어 　　　　　　　　　　　　　└전체의 생존과 유지를 위해 일정한 기능을 담당하는 조직체
주요 내용	• 사회의 본질 : 항상성을 지닌 유기체와 같이 사회는 조화, 안정, 균형, 질서 유지를 지향함 • 사회적 희소가치는 사회적으로 합의된 기준에 의해 배분됨 • 사회 제도(법, 교육, 종교 등) : 사회 전체 구성원의 합의에 의해 제정되고 시행됨 • 사회화 : 사회 구성원 전체가 합의한 규범을 전수함으로써 사회를 지속시킴 • 사회 문제(갈등) : 사회 문제는 전체 사회 구조가 아닌 개인 혹은 해당 분야의 책임으로 균형이 무너진 비정상적이고 일시적인 상황이며 사회는 균형을 회복하는 방향으로 움직임 • 사회 변동 : 변화되는 환경에 적응하거나 사회 문제를 개선해 나가는 등의 점진적인 변동이 일어남
비판	• 기득권 계층을 대변하는 보수적인 논리라는 비판 • 사회의 급격한 변동을 설명하기 곤란함

(2) 갈등론 - 대표학자는 마르크스이다.

전제	• 사회는 이해관계를 둘러싼 집단 간 대립과 갈등으로 이루어짐 • 배경 이론 : 계급 투쟁론 ┐갈등론의 시작은 마르크스 이론이며, 계급은 생산 수단의 소유 　　　　　　　　　　　　└여부에 따른 자본가와 노동자의 계급을 이야기한다.
주요 내용	• 사회의 본질 : 양립할 수 없는 계급 간 이해관계 차이로 인한 대립과 갈등이 사회 구조의 본질임 • 사회적 희소가치는 지배 집단이 사회 구조를 구성하여 그들에게 유리한 방식으로 배분함 • 사회 제도(법, 교육, 종교 등) : 지배 집단의 이익을 보호하고 계급 재생산의 수단으로서 활용됨 • 사회화 : 지배 집단의 가치를 전수하는 수단으로 활용됨 • 사회 문제 : 갈등은 불평등한 사회 구조 아래 필연적으로 발생할 수밖에 없으며 사회 변혁의 원동력임 • 사회 변동 : 불평등한 사회 구조에 대한 혁명적이고 급격한 변화가 필요하다는 입장
비판	• 사회 내부의 상호 의존, 사회적 합의, 질서와 안정 등을 설명하지 못함 • 다양한 사회 · 문화 현상을 지배 – 피지배의 관계로 지나치게 단순화함 ┐교육 제도를 논할 때, 기능론은 개인의 사회적 성공이 학 　　　　　　　　　　　　　　　　　└교 교육을 통한 개인의 노력 정도에 달려 있다고 보는 반 　　　　　　　　　　　　　　　　　　면, 갈등론은 가정 배경에 달려 있다고 본다.

3. 미시적 관점(상징적 상호 작용론) - 대표학자는 미드와 블루머이다.

전제	• 사회는 자율적 의지를 지닌 개인 간 상호 작용 과정을 통해 설명될 수 있음 • 인간은 자율성 및 능동성을 토대로 주변 환경에 대해 주관적으로 상황을 정의하고 의미를 부여하는 주체임
주요 내용	• 사회 · 문화 현상의 의미는 상황과 맥락에 따라 달라짐 • 사회화 : 타인과의 관계를 통해 문화 요소를 학습함 • 개인은 주어진 상황에 대해 자신이 지닌 주관적 가치, 상황 정의, 의미 부여의 과정을 상징을 통해 타인과 상호 작용함 • 사회 제도(법, 교육, 종교 등) : 개인 간 상호 작용이 지속되고 반복됨으로써 사회 규범이 형성됨 • 사회 문제(갈등) : 개인 간의 관계를 중심으로 원인과 해결책을 분석함
비판	• 개인 행위는 사회 구조와 제도 등에 영향을 받을 수 있음을 간과 • 사회 구조의 특성을 이해하는 데 한계가 있음

┐개인의 상황 판단을 시작으로 행위의 동기와 부여한 의
└미를 파악하는 것이 상징적 상호 작용론의 시작이다.

🔖 다음 설명이 맞으면 'O', 틀리면 'X'에 표시하시오.

01 인간의 의지와 가치 판단이 개입되어 발생한 현상은 자연 현상이다. 　○ ✕

02 나이가 들어 주름이 생기는 현상은 사회 · 문화 현상이다. 　○ ✕

03 자연 현상과 사회 · 문화 현상은 모두 인간 생활에 영향을 미친다. 　○ ✕

04 노후된 경유차 운행으로 인한 공기 질의 저하 현상은 사회 · 문화 현상이 촉발시킨 자연 현상으로 볼 수 있다. 　○ ✕

05 몰가치성이라는 개념은 가치 함축성이라는 개념과 같은 의미로 사용된다. 　○ ✕

06 존재 법칙이란 있는 그대로를 받아들일 수밖에 없다는 의미로 자연 현상에 적용된다. 　○ ✕

07 사회 · 문화 현상은 시대와 장소에 따라 서로 다른 모습이 나타날 수 있으므로 보편성이 있다. 　○ ✕

08 개연성이란 예외가 존재함을 의미하므로 사회 · 문화 현상의 특징이다. 　○ ✕

09 함정 자연 현상은 사회 · 문화 현상과 달리 경험적 자료를 통한 과학적 탐구가 가능하다. 　○ ✕

10 함정 다양한 분야의 학문적 성과를 통합적으로 활용하는 사회 과학 연구의 흐름을 간학문적 연구라고 한다. 　○ ✕

11 사회 · 문화 현상을 이해하고자 할 때, 사회 구조를 중심으로 바라보는 관점을 거시적 관점이라고 한다. 　○ ✕

12 사회 유기체론은 갈등론의 학문적 배경이 된다. 　○ ✕

13 사회 구조는 사회 구성원들 간의 합의에 의한 산물이라고 보는 입장은 갈등론이다. 　○ ✕

14 사회 문제의 원인은 문제를 일으킨 개인이며, 사회 체계는 잘못된 것이 없다고 주장하는 입장은 상징적 상호 작용론이다. 　○ ✕

15 기득권 계층의 입장을 옹호한다는 비판을 받는 관점은 기능론이다. 　○ ✕

16 사회 문제는 불평등한 사회 구조로 인해 발생하는 필연적인 현상이라고 주장하는 입장은 갈등론이다. 　○ ✕

17 함정 사회 문제의 원인을 분석함에 있어 사회 구조적 차원에서 바라보는 것은 기능론이 아닌 갈등론이다. 　○ ✕

18 사회 · 문화 현상의 의미는 그것을 바라보는 개인에 따라 달라진다고 보는 입장은 상징적 상호 작용론이다. 　○ ✕

How & WHAT 자연 현상과 사회·문화 현상의 공통점과 차이점은 무엇인가?

● 자료 자연 현상과 사회·문화 현상

> 철새는 계절에 따라 ⊙ 일정한 대형으로 무리 지어 이동한다. ⓒ 자신의 이익만을 좇아 이리저리 옮겨 다니는 사람을 지칭할 때 철새라는 말을 쓰지만, 철새의 이동 방식에는 과학적 원리와 지혜가 숨어 있다. 한 연구 팀이 철새에게 측정 장비를 달아 ⓒ 위치와 속도, 날갯짓 횟수 등을 분석한 결과, 'V자' 대형으로 날 때 ⓔ 앞선 새가 만드는 상승 기류로 인해 에너지 소모를 줄이는 효과가 있었다. 또한 철새들은 가장 힘이 드는 맨 앞자리를 번갈아 가며 비행하여 협력하는 것으로 나타났다.

(사회·문화 현상 — ⊙, 자연 현상 — ⓒ, 사회·문화 현상 — ⓒ, 자연 현상 — ⓔ)

제시된 지문의 밑줄 친 부분을 자연 현상과 사회·문화 현상으로 구분하고 그 특징을 파악하는 문제는 1번으로 출제되는 단골 주제이다.

❶ 자연 현상과 사회·문화 현상을 구분하자.

위 자료에서 ⊙과 ⓔ은 자연 현상, ⓒ과 ⓒ은 사회·문화 현상이다. 현상을 구분하는 방법은 <mark>밑줄 친 부분의 마지막 서술어에 주목하며 현상의 주체가 인간인지, 자연인지를 구분해야 하는 것</mark>이다. 예를 들어, ⊙의 경우 '이동'하는 주체는 인간이 아닌 철새이므로 자연 현상이고, ⓔ의 경우 '효과'를 발생시키는 것은 자연적으로 일어나는 현상이므로 자연 현상이다. 이에 반해, ⓒ의 '지칭'하는 것과 ⓒ의 '분석'하는 것의 주체는 모두 인간이므로 사회·문화 현상으로 보아야 한다.

❷ 자연 현상과 사회·문화 현상의 공통점과 차이점을 파악하자.

구분		자연 현상	사회·문화 현상
차이점	가치 개입	몰가치성	가치 함축성
		존재 법칙	당위 법칙
	인과 관계	확실성의 원리(필연성) 예외가 없음	확률의 원리(개연성) 예외가 존재
		보편성 (반복, 재현, 예측이 용이)	보편성과 특수성 공존 (반복, 재현, 예측이 어려움)
예시		• 건조한 날씨와 바람에 의한 자연 발화로 대형 산불이 발생했다. • 꽃향기를 맡은 벌들이 꽃 주변에 모여든다.	• 산불의 피해를 이재민들을 돕기 위한 모금 운동이 진행되고 있다. • 양봉업자가 꽃향기를 이용해 벌떼를 벌통으로 유인한다.
공통점		• 두 현상 모두 인간 생활에 영향을 미침 • 보편성, 인과 관계, 경험적 자료를 통한 과학적 검증이 가능함	

❸ 〈보기〉의 주어진 문장에 현상의 특징을 적용하여 옳고 그름을 구분하자.

> 보기
> ㄱ. ⊙과 같은 현상은 <mark>존재 법칙</mark>을 따른다. - 자연 현상
> ㄴ. ⓒ과 같은 현상은 <mark>경험적 자료</mark>를 바탕으로 연구할 수 있다. - 공통점
> ㄷ. ⓒ과 같은 현상은 <mark>인간의 가치</mark>가 반영되어 나타난다. - 사회·문화 현상
> ㄹ. ⓔ과 같은 현상은 <mark>같은 조건하에서는 항상 동일한 결과</mark>가 발생한다. - 자연 현상

위 〈보기〉에서 ⊙과 같은 자연 현상은 존재 법칙을 따르고, ⓒ과 같은 사회·문화 현상은 자연 현상과 더불어 경험적 자료를 바탕으로 연구할 수 있으며, ⓒ과 같은 사회·문화 현상은 인간의 가치가 반영되어 나타나고, ⓔ과 같은 자연 현상은 같은 조건하에서는 항상 동일한 결과가 발생한다.

● 개념 | 문제로 확인

Q1 빈칸에 알맞은 말을 고르시오.

01 '새가 날아간다.'라는 현상은 (자연 / 사회·문화) 현상이고, '나는 날아가는 새를 바라본다.'라는 현상은 (자연 / 사회·문화) 현상이다.

02 자연 현상과 사회·문화 현상 중에 인간의 가치가 개입되지 않는 현상은 (자연 / 사회·문화) 현상이다.

03 반복과 재현 및 예측이 용이한 현상은 (자연 / 사회·문화) 현상이다.

04 (자연 / 사회·문화) 현상은 보편성과 특수성이 공존한다는 측면에서 (자연 / 사회·문화) 현상과 구분된다.

05 (자연 / 사회·문화) 현상은 인과 관계를 찾을 수 있는 현상이다.

Q2 빈칸에 알맞은 말을 쓰시오.

06 자연 현상은 예외 상황이 거의 발생하지 않으므로 (　　　)의 원리에 지배를 받는다.

07 사회·문화 현상은 자연 현상과 달리 마땅히 그러해야 한다는 (　　　) 법칙이 적용된다.

08 자연 현상과 사회·문화 현상은 모두 (　　　) 자료를 통한 과학적 검증이 가능하다.

Q3 다음 내용이 맞으면 '○', 틀리면 '✕'에 표시하시오.

09 '철새가 이동'하는 현상은 존재 법칙을 통해 설명이 가능하다. (○ / ✕)

10 '사람이 다른 사람을 무엇인가로 지칭'하는 현상은 경험적 자료를 통해 연구할 수 있다. (○ / ✕)

11 '사람이 특정 현상을 분석'하는 현상은 인간의 가치가 반영되어 나타나는 현상이다. (○ / ✕)

12 '새가 날 때 발생하는 에너지의 흐름'은 같은 조건하에서는 항상 같은 양상을 보인다. (○ / ✕)

HOW & WHAT 정답 Q1 01 자연, 사회·문화 02 자연 03 자연 04 사회·문화, 자연 05 자연, 사회·문화 현상 Q2 06 확실성 07 당위 08 경험적 Q3 09 ○ 10 ○ 11 ○ 12 ○

주제 1 자연 현상과 사회·문화 현상

족집게 전략 | 수능에서 빈출 주제이므로 개념을 이해하고 문제에 적용되는 양상에 적응해야 한다. 문제 풀이 포인트 첫 번째는 현상 간의 공통점과 차이점을 정확히 구분지어 암기하는 것이며, 두 번째는 현실의 다양한 현상을 자연 현상과 사회·문화 현상으로 정확히 판별하는 것이다.

족집게 자료 분석 전략 START | 자연 현상과 사회·문화 현상에 대한 글이다.

┌─ 자연 현상

갈수록 심각해지고 있는 미세먼지에 인체가 노출되면 다양한 질환이 생길 수 있다. 특히 입자가 매우 작은 ㉠ 초미세먼지는 사람의 폐포까지 침투해 호흡기 질환을 일으킬 수 있다. 전문가들은 물을 수시로 마시고, 외출 시 ㉡ 분진용 특수 마스크를 착용하라고 조언한다.
└─ 사회·문화 현상

❶ ㉠의 밑줄은 '초미세먼지가 폐포까지 침투'까지 표시되어 있으므로 이는 자연 현상으로 보아야 한다.

❷ ㉡의 경우 '마스크를 착용'까지 밑줄이 그어져 있으므로 이는 인간의 의지가 반영된 사회·문화 현상이다.

001 대표 문항
| 평가원 기출 |

밑줄 친 ㉠, ㉡과 같은 현상을 일반적인 특징에 따라 구분하기 위해 (가), (나)에 들어갈 수 있는 질문으로 옳은 것은?

갈수록 심각해지고 있는 미세먼지에 인체가 노출되면 다양한 질환이 생길 수 있다. 특히 입자가 매우 작은 ㉠ 초미세먼지는 사람의 폐포까지 침투해 호흡기 질환을 일으킬 수 있다. 전문가들은 물을 수시로 마시고, 외출 시 ㉡ 분진용 특수 마스크를 착용하라고 조언한다.

질문\답변	예	아니요
(가)	㉠	㉡
(나)	㉡	㉠

① (가) : 가치 함축적인 현상인가?
② (가) : 확률의 원리가 적용되는가?
③ (가) : 보편성과 특수성이 공존하는가?
④ (나) : 당위 법칙이 적용되는가?
⑤ (나) : 동일 조건하에서 항상 동일한 결과가 발생하는가?

✏️ **한줄 Tip** 제시된 현상이 자연 현상인지, 사회·문화 현상인지 파악하고, 자연 현상과 사회·문화 현상의 차이점과 공통점을 정확히 알고 있어야 한다.

002
| 평가원 기출 |

밑줄 친 ㉠~㉣과 같은 현상의 일반적인 특징에 대한 설명으로 옳은 것은?

㉠ 초미세먼지 주의보가 연일 발령되고 있습니다. 초미세먼지 농도가 짙어지면 ㉡ 빛이 여러 방향으로 흩어지거나 먼지에 흡수돼 가시거리가 감소합니다. 이 현상은 습도가 높을수록 더욱 심해지는데, 그 이유는 ㉢ 대기 중 오염 물질이 수분을 흡수해 미세먼지가 증가하기 때문입니다. 운전자들은 가시거리를 감안해 ㉣ 차간 거리를 넉넉하게 유지하고 속도를 줄여 운전하는 것이 필요합니다.

* 가시거리 : 사람의 눈으로 구분할 수 있는 곳까지의 최대 거리

① ㉠과 같은 현상은 ㉢과 같은 현상과 달리 확실성의 원리가 적용된다.
② ㉡과 같은 현상은 ㉣과 같은 현상과 달리 인간의 가치가 반영되어 나타난다.
③ ㉢과 같은 현상은 ㉣과 같은 현상과 달리 경험적 자료로 연구할 수 있다.
④ ㉠과 같은 현상은 ㉡, ㉢과 같은 현상과 달리 보편성과 특수성이 공존한다.
⑤ ㉢과 같은 현상은 ㉡, ㉣과 같은 현상과 달리 존재 법칙의 지배를 받는다.

003 고난도 ↑
| 평가원 기출 |

밑줄 친 ㉠~㉣과 같은 현상의 일반적인 특징에 대한 질문에 모두 옳게 응답한 학생은?

㉠ 바닷물에서 소금을 얻기는 의외로 까다롭다. 3.5% 정도의 염분이 들어 있는 바닷물에서 소금을 얻으려면, ㉡ 염전을 조성해야 한다. 이를 위해서는 풍부한 일조량과 적당한 ㉢ 조수 간만의 차가 필요하다. 이러한 조건들을 모두 갖춘 우리나라 서해안은 ㉣ 천일염 생산의 최적지로 유명하다.

질문	갑	을	병	정	무
㉠과 같은 현상은 개연성의 원리가 적용되는가?	×	○	×	○	○
㉡과 같은 현상은 존재 법칙의 지배를 받는가?	×	○	×	×	×
㉢과 같은 현상은 몰가치적인 현상인가?	○	×	○	○	○
㉣과 같은 현상은 보편성과 특수성이 공존하는가?	○	○	×	×	○

(○ : 예, × : 아니요)

① 갑　　　　　② 을　　　　　③ 병
④ 정　　　　　⑤ 무

004

밑줄 친 ㉠~㉣과 같은 현상의 일반적인 특징에 대한 설명으로 옳은 것은?

"㉠ 2016~2018년 사이 백두산 주변에서 총 10회의 지진이 발생했다. 앞서 946년 대폭발했던 ㉡ 백두산은 한반도 전역을 1m 두께로 덮을 정도의 엄청난 화산재를 내뿜었다." 29일(현지 시각), 영국 밀턴케인즈에서 개최된 ㉢ 제4회 한·영 리서치 콘퍼런스에 참석한 김혁 북한 지진청 분과장은 "㉣ 백두산 땅 속의 밀도와 중력, 자기장 변화 등을 면밀히 기록하고 있다."며 이렇게 말했다.

① ㉠과 같은 현상은 당위 법칙의 지배를 받는다.
② ㉢과 같은 현상은 확실성의 원리가 적용된다.
③ ㉠과 같은 현상에 비해 ㉣과 같은 현상은 인과 관계가 분명하다.
④ ㉡과 같은 현상과 달리 ㉢과 같은 현상은 가치 함축적이다.
⑤ ㉡과 같은 현상은 ㉣과 같은 현상과 달리 특수성을 지닌다.

005

학생 갑~정 가운데 밑줄 친 ㉠, ㉡과 같은 현상의 일반적 특징을 구분할 수 있는 A와 B 질문에 대하여 옳게 말한 학생을 〈보기〉에서 고른 것은?

㉠ 참외는 노란 껍질을 제거하고 먹는 방법이 보편적이다. 하지만 이 방법과 다르게 참외는 껍질째 먹는 게 좋다고 한다. ㉡ 참외 껍질에는 항산화·항염증·항암 항균 작용을 하는 '플라보노이드'가 풍부하기 때문이다.

질문	답변 예	아니요
A	㉠	㉡
B	㉡	㉠

보기
갑 : "A에 당위 법칙이 적용되는가?가 들어갈 수 있어."
을 : "A에 인과 법칙이 적용되는가?가 적절해."
병 : "B에 옳고 그름을 판단할 수 있는가?라는 질문이 적절하지 않아."
정 : "B에는 보편성의 원리가 적용되는가?가 들어갈 수 있어."

① 갑, 을　　② 갑, 병　　③ 을, 병
④ 을, 정　　⑤ 병, 정

006

밑줄 친 ㉠~㉣과 같은 현상의 일반적인 특징에 대한 질문에 모두 옳게 응답한 학생은?

미국 메릴랜드대 물리학과 교수팀은 전자의 ㉠ '클라인 터널링 현상'을 관측하는 데 성공했다는 연구 결과를 네이처 20일자에 발표했다. 클라인 터널링 현상은 서로 다른 두 물질 사이에 분명히 장벽이 존재하지만 ㉡ 입자가 장벽에 튕겨나가지 않고 오히려 장벽이 없는 것처럼 통과하는 현상이다. 1929년 스웨덴 물리학자 ㉢ 오스카 클라인은 상대론적 양자역학계에서 이 현상이 일어날 것이라고 예측했다. 연구를 이끈 메릴랜드대 재료공학과 박○○ 연구원은 ㉣ "이 연구 결과를 양자 정보소자와 양자 센서 등 양자 컴퓨터 기술을 개발하는 데에도 활용할 수 있을 것"이라고 기대했다.

질문	갑	을	병	정	무
㉠과 같은 현상은 몰가치적인가?	×	○	×	×	×
㉡과 같은 현상은 동일한 조건에서는 항상 동일한 결과가 발생하는가?	○	×	×	○	○
㉢과 같은 현상은 보편성과 특수성이 공존하는가?	×	○	○	×	○
㉣과 같은 현상은 당위 법칙을 따르는가?	×	×	○	○	○

(○ : 예, × : 아니요)

① 갑　　② 을　　③ 병　　④ 정　　⑤ 무

007

| 평가원 기출 |

밑줄 친 ㉠~㉣과 같은 현상의 일반적인 특징에 대한 설명으로 옳은 것은?

성층권의 오존은 ㉠ 생명체에 영향을 미치는 자외선을 흡수하여 인간과 동식물의 생명을 보호해 주는 중요한 역할을 해. 또한 오존은 ㉡ 살균 작용을 하는 것으로 알려져 있어. 이 때문에 다양한 분야에서 활용되고 있어.

하지만 인체가 오존에 노출될 경우에는 오존이 ㉢ 호흡기와 눈을 자극해 질병을 유발하는데, 마스크로도 막을 수 없다고 해. 내일은 ㉣ 오존 농도가 '매우 나쁨' 수준을 보일 것으로 예상된다고 하니 외출을 자제해야 할 것 같아.

① ㉠과 같은 현상은 ㉡과 같은 현상과 달리 존재 법칙의 지배를 받는다.
② ㉡과 같은 현상은 ㉢과 같은 현상과 달리 보편성과 특수성이 공존한다.
③ ㉢과 같은 현상은 ㉣과 같은 현상과 달리 확실성의 원리가 적용된다.
④ ㉣과 같은 현상은 ㉡과 같은 현상과 달리 경험적 자료를 통해 연구할 수 있다.
⑤ ㉡, ㉣과 같은 현상은 ㉠, ㉢과 같은 현상과 달리 가치 함축적이다.

008

밑줄 친 ㉠~㉣과 같은 현상의 일반적인 특징에 대한 설명으로 옳은 것은?

네, □□대 연구팀은 ㉡ 미세먼지와 관련된 동물의 생태 환경에 녹지 공간이 미치는 영향을 분석한 결과, 연관성이 관찰됐다고 발표했습니다. ㉢ 조사 기간에 미세먼지 농도가 연평균 10㎍/㎥ 높아졌을 때 동물들의 질병 발병률은 평균 4.49% 증가한 것으로 분석되었습니다. 하지만, 동물들의 생태 공간 주변 녹지는 이런 위험을 상쇄시키는 효과가 있었는데, 특히 ㉣ 기관지 관련 질병의 경우 녹지가 가장 우거진 지역의 발병률이 7.46%로 녹지가 가장 적은 지역의 11.23%보다 크게 낮았습니다.

㉠ 미세먼지와 동물 생태의 관계에서 녹지가 미치는 영향에 대한 연구가 진행되고 있습니까?

① ㉠과 같은 현상은 ㉡과 같은 현상에 비해 인과 관계가 강하다.
② ㉡과 같은 현상은 ㉣과 같은 현상에 비해 보편성이 강하다.
③ ㉢과 같은 현상은 ㉡과 같은 현상과 달리 존재 법칙을 따른다.
④ ㉣과 같은 현상은 ㉠과 같은 현상과 함께 경험적 자료를 통해 연구할 수 있다.
⑤ ㉡, ㉢, ㉣과 같은 현상은 ㉠과 같은 현상과 달리 개연성의 원리에 의해 설명된다.

009

밑줄 친 ㉠~㉢과 같은 현상의 일반적인 특징에 대한 설명으로 옳은 것은?

○○일보

㉠ 야생 동물의 번식철인 요즘 고라니들도 부쩍 왕성하게 활동하고 있다. 해마다 이맘때만 되면 세종시의 한 지방 도로는 로드킬 당한 고라니들의 사체가 즐비한다.

㉡ 야생 동물이 무방비 상태로 도로에 뛰어들지 못하도록 생태 통로를 만들어 주어야 해.

맞아, 생태 통로를 만들기 위해서는 ㉢ 야생 동물이 도로에 나올 수밖에 없는 이유를 이해해야 해.

① ㉠과 같은 현상은 ㉡과 같은 현상과 달리 개연성을 가진다.
② ㉠과 같은 현상은 ㉢과 같은 현상과 달리 가치 함축적이다.
③ ㉡과 같은 현상은 ㉢과 같은 현상보다 보편성이 강조된다.
④ ㉠과 같은 현상은 ㉡, ㉢과 같은 현상과 달리 과학적인 연구의 대상이 될 수 있다.
⑤ ㉠과 같은 현상은 ㉡, ㉢과 같은 현상에 비해 미래에 나타날 결과에 대한 예측이 용이하다.

010

다음 A와 B는 자연 현상과 사회·문화 현상 중 하나이다. 이에 대한 설명으로 옳은 것은?

특징 \ 현상	A	B
지배 법칙	존재 법칙	당위 법칙
(가)	높음	낮음
(나)	있음	있음

① (가)에는 '반복과 재현 가능성'이 들어갈 수 있다.
② (나)에는 '인과 관계의 필연성'이 들어갈 수 있다.
③ A의 사례로는 고령 사회에 진입하면 노동 생산성이 떨어지는 현상을 들 수 있다.
④ A는 B와 달리 특수성과 보편성이 공존한다.
⑤ B는 A와 달리 몰가치성이 적용된다.

011

밑줄 친 ㉠~㉣과 같은 현상의 일반적인 특징을 고려하여 자신에게 주어진 질문에 모두 옳게 응답한 학생은?

앵커

㉠ 얼마 전 큰 산불에 대한 미흡한 대처로 많은 재산 피해가 있었죠? 이에 대해 산림청의 입장은 어떤가요?

산림청장은 12일 "㉡ 국토의 63.2%가 산림인 우리나라는 기후적, 지형·지질적, ㉢ 인위적 요인으로 산사태·산불·병해충 등 산림 재해 발생에 취약한 상황"이라며 "㉣ 산림은 잘 조성하는 것도 중요하지만 잘 유지되도록 하는 것도 중요하다."고 밝혔습니다.

기자

학생	질문	응답 ㉠	㉡	㉢	㉣
갑	가치 함축적 현상인가?	×	○	○	×
을	개연성의 원리가 적용되는가?	○	×	○	○
병	확실성의 원리에 적용을 받는가?	○	○	×	×
정	보편성과 특수성이 공존하는가?	○	×	×	×
무	경험적 자료에 의해 연구할 수 있는가?	○	○	×	×

(○ : 예, × : 아니요)

① 갑 　　　② 을 　　　③ 병
④ 정 　　　⑤ 무

주제2 사회 과학의 등장과 최근 연구 경향

족집게 전략 | 사회 과학의 연구 경향 문제는 사회 과학 연구의 두 가지 경향에 초점을 맞추어 출제된다. 하나는 세분화 및 전문화의 경향이며 또 다른 하나는 학문 간 경계가 사라지는 간학문적 연구의 경향인데 그 원인은 모두 현대 사회의 복잡성에 있으므로 제시문에서 말하고자 하는 바를 잘 분석해야 한다.

족집게 자료 분석 전략 START |

└→ 사회·문화 현상

- 사회자 : 저출산 대책을 말씀해 주세요.
- 경제학자 : 출산 전후 가계 소득 및 지출 항목의 변화를 살펴보려 합니다.
- 법학자 : 다자녀 가구 지원 관련 법률에 문제점은 없는지 살펴보려 합니다. └→ 통합적 해결책 제시
- 사회학자 : 출산 여성이 잃게 되는 사회적 지위에 대해 알아보려 합니다.
- 심리학자 : 일상생활 관찰을 통해 양육에 따른 심리적 부담을 알아보려 합니다.

❶ 현대 사회 문제에 대한 학문별 해결책을 들어보는 과정이다.
❷ '저출산'이라는 하나의 사회·문화 현상에 대한 해결책을 찾기 위해 경제학, 법학, 사회학, 심리학 분야의 전문가들이 함께 해결책을 강구하는 모습이다.
❸ 결과적으로 사회 과학 연구의 경향 가운데 간학문적 연구의 흐름을 보인다.

012 대표 문항
| 교육청 기출 |

그림은 현대 사회 과학의 연구 경향을 나타낸 것이다. 이에 대한 옳은 설명을 〈보기〉에서 고른 것은?

저출산 대책 토의

출산 전후 가계 소득 및 지출 항목의 변화를 살펴보려 합니다. — 경제학자

다자녀 가구 지원 관련 법률에 문제점은 없는지 살펴보려 합니다. — 법학자

심리학자

사회학자

출산 여성이 잃게 되는 사회적 지위에 대해 알아보려 합니다.

일상생활 관찰을 통해 양육에 따른 심리적 부담을 알아보려 합니다.

〈보기〉
ㄱ. 단일 학문의 관점에서 다양한 주제를 연구한다.
ㄴ. 사회·문화 현상의 복잡성과 다양성이 원인이다.
ㄷ. 인접 학문 간 유기적인 연구의 필요성으로 인해 나타났다.
ㄹ. 학문 간 상호 교류를 지양하여 개별 학문의 경계를 강화한다.

① ㄱ, ㄴ ② ㄱ, ㄷ ③ ㄴ, ㄷ ④ ㄴ, ㄹ ⑤ ㄷ, ㄹ

✎ **한줄 Tip** 간학문적 연구 경향과 학문의 세분화 및 전문화의 차이점을 우선 파악한 후 〈보기〉를 읽어내려 가자.

013

다음 글이 말하는 최근 사회 과학 연구의 경향에 대한 설명으로 옳지 않은 것은?

○○대학교 경영학과는 최근 8개의 미래 선도형 강의 체계를 구축하여 운영하고 있다. 8개 과정은 '경영 일반 과정', '4차 산업 경영 전문가 과정', '마케팅 전문가 과정', '인적 자원 관리 및 조직 개발 전문가 과정', '생산 운영 관리 및 경영 과학 전문가 과정', '재무 및 회계 전문가 과정', '경영 정보 시스템 전문가 과정', '창업 전문가 과정'으로 구성된다.

① 미래 사회 변화에 적응하기 위한 과정이다.
② 구체적인 교육 과정을 통해 전문가 양성을 목표로 한다.
③ 복잡한 현대 사회를 이해하기 위한 학문의 세분화 과정을 보여 준다.
④ 경영학이라는 학문 내에서 과정 간 경계를 허물고 융합적 인재를 양성하고자 한다.
⑤ 사회학 내에서 범죄 사회학, 스포츠 사회학 등의 분과 학문이 생겨나는 경향과 유사하다.

014

다음 글이 말하는 최근 사회 과학 연구의 경향에 대한 옳은 설명을 〈보기〉에서 고른 것은?

[2015 개정 통합 사회 교육 과정]
통합 사회는 인간, 사회, 국가, 지구 공동체 및 환경을 개별 학문의 경계를 넘어 통합적인 관점에서 이해하고, 이를 기반으로 기초 소양과 미래 사회의 대비에 필요한 역량을 함양하는 과목이다.

〈보기〉
ㄱ. 학문 간의 독립성을 중시한다.
ㄴ. 학문이 세분화되는 모습을 보여 준다.
ㄷ. 사회 현상의 복잡성과 다양성에 기인한다.
ㄹ. 사회 현상에 대해 종합적으로 접근하고자 한다.

① ㄱ, ㄴ ② ㄱ, ㄷ ③ ㄴ, ㄷ
④ ㄴ, ㄹ ⑤ ㄷ, ㄹ

주제3 사회·문화 현상을 바라보는 관점

족집게 전략 | 빈출 주제 가운데 하나이므로 개념을 정확히 이해하고 스스로 구조화시켜 암기해야 한다. 문제 풀이 포인트 첫 번째는 기능론, 갈등론, 그리고 상징적 상호 작용론의 공통점과 차이점을 파악하는 것이다. 특히 기능론과 갈등론의 공통점과 차이점은 빈번하게 함정으로 활용되므로 잘 이해하고 있어야 한다. 두 번째 포인트는 공통점과 차이점을 직접 묻는 문제보다는 '각각의 관점을 구분할 수 있는가?'의 형태를 통해 질문을 물을 수 있다는 점을 염두에 두고 개념 학습을 철저히 해야한다는 점이다.

족집게 자료 분석 전략 START | 사회를 바라보는 관점인 기능론, 갈등론, 상징적 상호 작용론을 구분하는 기준에 대한 그림이다.

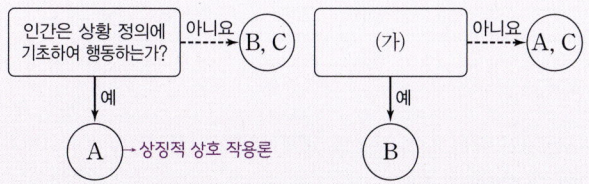

❶ 인간은 상황 정의에 기초하여 행동한다는 이론은 상징적 상호 작용론인데, 이를 통해 A는 상징적 상호 작용론이고, B와 C는 거시적 관점인 기능론이나 갈등론 중 하나임을 알 수 있다.

❷ (가)에 들어갈 질문을 통해 B와 C를 중 어느 하나를 구분할 수 있어야 하고, (가)에는 A와 C 모두에는 해당되지 않는 질문이 들어가야 한다.

---

015 대표 문항
| 교육청 기출 |

그림의 A~C에 대한 옳은 설명을 〈보기〉에서 고른 것은? (단, A~C는 각각 갈등론, 기능론, 상징적 상호 작용론 중 하나이다.)

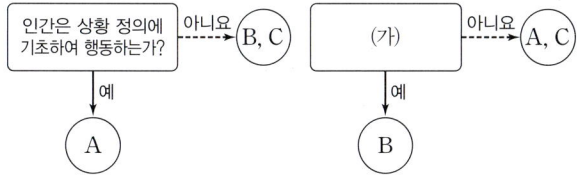

〈보기〉
ㄱ. A는 사회 구조적 관점에서 사회·문화 현상을 분석한다.
ㄴ. C가 사회 집단 간 상호 의존성을 강조한다면, (가)에 '사회 문제를 병리적 현상으로 보는가?'가 들어갈 수 있다.
ㄷ. (가)에 '사회 유기체설을 바탕으로 하는가?'가 들어가면, B는 사회가 본질적으로 균형을 지향한다고 본다.
ㄹ. (가)에 '사회 질서가 지배 집단의 필요를 반영하여 형성된다고 보는가?'가 들어가면, C는 기득권층의 이익을 대변하는 논리로 이용될 우려가 있다.

① ㄱ, ㄴ   ② ㄱ, ㄷ   ③ ㄴ, ㄷ
④ ㄴ, ㄹ   ⑤ ㄷ, ㄹ

✏️ **한줄 Tip** 하나의 질문으로 관점을 구분할 수 있다는 것은 둘의 차이점이라는 의미이며, 구분할 수 없다는 것은 둘의 공통점이라는 의미이다.

---

016 고난도↑
| 평가원 기출 |

사회·문화 현상을 바라보는 관점을 활용한 다음 게임에 대한 설명으로 옳은 것은?

〈게임의 규칙〉
• A 상자 안에 총 7장의 카드가 있다. 카드마다 점수를 부여하는데, 각 카드의 내용이 기능론, 갈등론, 상징적 상호 작용론 중 하나에만 해당하면 1점, 두 개에만 해당하면 2점, 세 개 모두에 해당하면 3점을 부여한다.
• A 상자에서 갑과 을은 카드를 3장씩 뽑는다. 단, 한 번 뽑은 카드는 A 상자에 다시 넣지 않는다.
• 3장의 카드로 획득한 총점이 높은 사람이 이긴다.

① 카드 3장의 조합으로 얻을 수 있는 최소 점수는 4점이다.
② 카드 3장의 조합으로 얻을 수 있는 최대 점수는 8점이다.
③ 기능론에 해당하는 내용이 있는 3장의 카드로 얻을 수 있는 최대 점수는 6점이다.
④ 상징적 상호 작용론에 해당하는 내용이 없는 3장의 카드로 얻을 수 있는 최대 점수는 5점이다.
⑤ 갑이 카드 1, 카드 5, 카드 6을 뽑았다면 을이 이길 수 있는 카드의 조합은 1가지이다.

017

다음 자료에 대한 설명으로 옳은 것은? (단, A~C는 각각 기능론, 갈등론, 상징적 상호 작용론 중 하나이다.)

• '개인의 행동은 지배 집단의 가치가 반영된 사회 규범에 의해 강제되는 것이라고 보는가?'라는 질문으로 A와 B를 구분할 수 있다.
• '개인의 행동이 개인 외부에서 독립적으로 작동하는 강제력에 의해 규제된다고 보는가?'라는 질문으로는 A와 C를 구분할 수 없다.

① A는 사회의 각 부분이 상호 의존적인 관계라고 본다.
② B는 사회의 안정보다 변동을 중시한다.
③ C는 사회가 유기체와 유사한 특성을 지니고 있다고 본다.
④ A, B는 C와 달리 사회 제도의 영향력을 중시한다.
⑤ A는 B, C와 달리 개인의 행동은 상황에 대한 주관적 해석에 기초하여 이루어진다고 본다.

018

사회·문화 현상을 바라보는 갑~병의 관점에 대한 설명으로 옳은 것은? (단, 갑~병은 기능론, 갈등론, 상징적 상호 작용론 중 하나이다.)

> 사회자: 최근 증가하고 있는 스마트폰 중독에 대한 의견을 말씀해 주십시오.
> 갑 : 스마트폰 중독을 관리해야 할 정보 통신 분야의 법과 제도가 제 역할을 못해 발생한 문제입니다. 해당 분야의 제도를 정비해야 합니다.
> 을 : 사회 제도는 제 기능을 다하고 있어요. 단지 스마트폰 중독에 빠진 개인에 대한 교육이 부족해 문제가 발생하고 있습니다. 중독에 빠진 개인들에 대한 재교육을 통해 해결할 수 있습니다.
> 병 : 스마트폰 중독자의 대부분은 스마트폰 외의 문화적인 자본을 지니지 못한 계층에서 발생하고 있어요. 이런 상황에서 중독자 개인들에게 책임을 물을 수 있을지 의문입니다.

① 갑의 관점은 을의 관점과 달리 행위 주체인 인간이 부여하는 의미를 중시한다.
② 을의 관점은 병의 관점과 달리 사회·문화 현상을 미시적 관점에서 바라본다.
③ 병의 관점은 갑의 관점과 달리 다양한 제도들이 상호 의존하는 관계에 주목한다.
④ 갑, 을의 관점은 병의 관점과 달리 사회·문화 현상을 유기체에 비유하여 설명한다.
⑤ 갑, 병의 관점은 을의 관점과 달리 사회적 희소가치 배분의 불평등 구조에 주목한다.

019

다음에 나타난 사회·문화 현상을 바라보는 관점에 대한 설명으로 옳은 것은?

> 편견과 차별은 타인에 대한 존중의 결여이다. '타인에 대한 존중'의 문화란 사회 제도로 가능하다기보다는 '아이를 갖고 싶어 하지만 아이가 없는 대학 동기 앞에서 육아가 화제가 되었을 때 신속하고 자연스럽게 화제를 돌리는 친구', '카페 옆자리에서 시끄럽게 소음을 내는 자폐 아동에게 무관심하다는 듯 아무렇지 않게 책으로 눈길을 돌리는 대학생'의 모습에서 출발한다. 그리하여 편견을 극복하는 단계에서 차별에 저항하는 단계로의 이행이 가능하며 궁극적으로 '존재, 그 자체로서 아름답고 존귀함'을 증명하고 획득하는 단계로 나아간다.

① 사회는 스스로 균형을 유지하려는 속성이 있다고 본다.
② 사회 유지에 필요한 기능의 상호 의존성에 관심을 둔다.
③ 희소가치를 둘러싼 집단 간 이해관계의 대립을 강조한다.
④ 사회 구조에 대한 분석을 전제로 사회 현상을 이해하고자 한다.
⑤ 사회적 행위자의 능동적 사고와 자율적 행위의 측면을 강조한다.

020

표는 사회·문화 현상을 바라보는 관점을 분류한 것이다. 이에 대한 설명으로 옳은 것은? (단, A~C는 각각 기능론, 갈등론, 상징적 상호 작용론 중 하나이다.)

질문	A	B	C
사회·문화 현상을 개인의 주관적 의미 해석에 초점을 맞춰 이해하는가?	○	×	×
사회 구조는 계급 간 갈등 관계로 이루어져 있는가?	×	○	×
(가)	×	×	○
(나)	○	×	×

(○ : 예, × : 아니요)

① A는 B와 달리 사회 구조와 체계가 개인에게 미치는 영향력에 대해 강조한다.
② B는 C와 달리 사회 문제의 해결을 위해 사회 제도의 개선을 강조한다.
③ C는 B와 달리 기존 사회 질서가 지배 집단의 이익 보호와 계급 재생산의 수단이 된다고 본다.
④ (가)에는 "사회가 스스로 균형을 유지하려는 속성을 지니는가?"가 적절하다.
⑤ (나)에는 "개인을 독립적인 존재가 아닌 사회적으로 상호 작용하는 존재로 인식하는가?"가 적절하다.

021

사회화를 바라보는 관점 A~C에 대한 옳은 설명을 〈보기〉에서 고른 것은? (단, A~C는 각각 기능론, 갈등론, 상징적 상호 작용론 중 하나이다.)

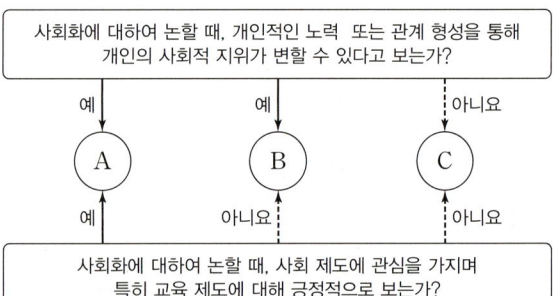

> **보기**
> ㄱ. A는 B와 달리 거시적 관점보다는 미시적 관점에서 사회화를 바라본다.
> ㄴ. B는 C와 달리 사회화를 타인과의 상호 작용을 통해 개인이 자아를 형성해 가는 과정으로 본다.
> ㄷ. C는 A와 달리 사회화를 통해 불평등한 사회 구조가 정당화된다고 본다.
> ㄹ. B, C는 A와 달리 개인이 지닌 자율성과 능동성을 부정한다.

① ㄱ, ㄴ　　② ㄱ, ㄷ　　③ ㄴ, ㄷ　　④ ㄴ, ㄹ　　⑤ ㄷ, ㄹ

022

사회·문화 현상을 바라보는 관점 (가)~(다)에 대하여 옳고 그름을 판별할 수 있는 진술을 〈보기〉에서 고른 것은?

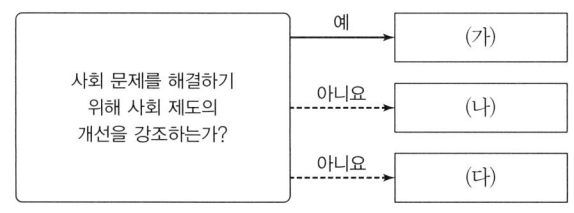

〈보기〉
ㄱ. (가)의 관점은 사회가 스스로 균형을 유지하려는 속성을 지닌다고 본다.
ㄴ. (나)의 관점은 개인이 상황에 부여한 의미에 기초하여 사회적 상황에 반응한다고 본다.
ㄷ. (다)의 관점은 사회가 구성 요소 간의 상호 의존적 관계 형성을 통해 질서와 안정을 이룬다고 본다.
ㄹ. (다)의 관점은 (가)의 관점과 달리 사회 문제가 계급 간 갈등에 의해 발생하는 것으로 이해한다.

① ㄱ, ㄴ   ② ㄱ, ㄷ   ③ ㄴ, ㄷ
④ ㄴ, ㄹ   ⑤ ㄷ, ㄹ

023

다음은 사회 불평등 현상을 바라보는 관점을 나타낸 자료이다. 이에 대한 설명으로 옳은 설명을 〈보기〉에서 고른 것은?

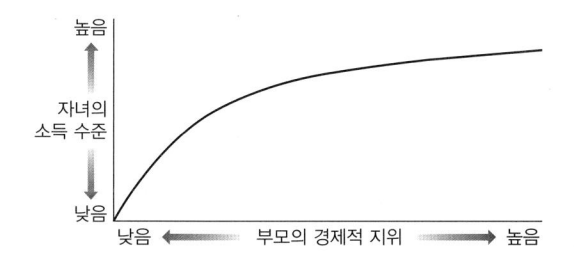

〈보기〉
ㄱ. 사회 불평등 현상은 개인 간 상호 작용을 통해 개인들에게 영향을 미친다는 관점의 근거가 된다.
ㄴ. 사회 불평등 현상을 보편적이지만 피해야 할 대상으로 보는 관점의 근거가 된다.
ㄷ. 위 연구는 사회 불평등이 사회적 희소 자원의 공정한 분배라는 관점을 반박하는 결론을 도출하게 된다.
ㄹ. 부모의 경제적 지위가 높아질수록 자녀의 소득이 증가하는 비율도 함께 높아진다.

① ㄱ, ㄴ   ② ㄱ, ㄷ   ③ ㄴ, ㄷ
④ ㄴ, ㄹ   ⑤ ㄷ, ㄹ

024

표는 질문자 갑~정의 질문을 통해 사회·문화 현상을 이해하는 관점 A~C를 구분한 것이다. 이에 대한 옳은 설명을 〈보기〉에서 고른 것은? (단, A~C는 각각 기능론, 갈등론, 상징적 상호 작용론 중 하나이다.)

질문자	질문	A	B	C
갑	인간을 능동적인 주체로 전제하는가?	아니요	아니요	예
을	사회 구성원의 주관적 상황 정의에 기초한 상호 작용을 중시하는가?	아니요	㉠	㉡
병	개인의 행위를 강제하는 사회 체계를 중시하는가?	아니요	예	예
정	갈등을 사회 변동의 원동력으로 보는가?	예	아니요	아니요

*단, 질문에 대해 '예' 또는 '아니요'로만 답할 수 있음

〈보기〉
ㄱ. 갑이 얻은 답변이 진실이라면 병이 얻은 답변 역시 진실일 수 있다.
ㄴ. 갑이 얻은 답변이 거짓이고 을이 얻은 답변이 진실이라면 ㉠과 ㉡은 같은 답변일 수 없다.
ㄷ. ㉠이 예, ㉡이 아니요이고 을이 얻은 답변이 모두 진실이라면, 진실의 답변을 얻은 질문자는 최대 두 명이다.
ㄹ. 정이 진실의 답변을 얻었다면 을의 질문을 통해 B와 C를 구분할 수 없다.

① ㄱ, ㄴ   ② ㄱ, ㄷ   ③ ㄴ, ㄷ
④ ㄴ, ㄹ   ⑤ ㄷ, ㄹ

025

그림은 사회·문화 현상을 바라보는 관점 A~C를 구분한 것이다. 이에 대한 설명으로 옳은 것은? (단, A~C는 각각 기능론, 갈등론, 상징적 상호 작용론 중 하나이다.)

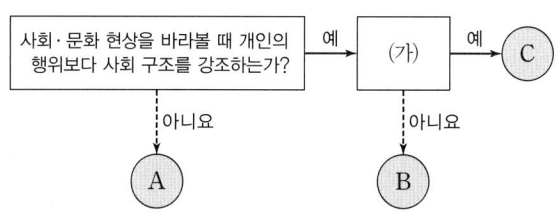

① A는 사회의 각 부분이 상호 의존적으로 연관되어 있다고 본다.
② (가)가 '사회적으로 공유된 가치와 합의를 중요시하는가?'라면, B는 C와 달리 인간을 자율성을 지닌 능동적 존재로 본다.
③ (가)가 '사회 구조를 지배와 피지배의 관계로 설명하는가?'라면, C는 B와 달리 집단 간의 대립을 균형 회복을 위한 일시적 과정으로 본다.
④ B가 사회 제도를 지배 집단의 이익을 위한 것으로 보는 관점이라면, (가)에는 '사회를 유기체와 같은 존재로 인식하는가?'가 들어갈 수 있다.
⑤ C가 사회는 스스로 균형을 유지하려는 속성을 지닌다고 보는 관점이라면, (가)에는 '사회적 갈등을 필연적 현상으로 이해하는가?'가 들어갈 수 있다.

02강 사회·문화 현상의 연구 방법

주제 1 양적 연구와 질적 연구

1. 사회·문화 현상의 과학적 탐구 방법

방법론적 일원론	• 사회·문화 현상의 특징 가운데 보편성과 인과 관계의 존재에 주목하며 연구 방법적으로는 자연 현상을 분석할 때 사용하는 수치화된 자료를 활용한 법칙 발견의 방법을 함께 적용할 수 있다는 논리 • 연구 방법: 양적 연구 방법, 실증적 연구 방법
방법론적 이원론	• 사회·문화 현상의 특징 가운데 인간의 신념과 가치를 내포한다는 점에 주목하며 연구 방법적으로는 자연 현상을 연구하는 방법과 다른 인간의 내면을 심층적으로 들여다볼 수 있는 방법이 필요하다는 논리 • 연구 방법: 질적 연구 방법, 해석적 연구 방법

자료로 살펴보기

■ 과학적 탐구 방법

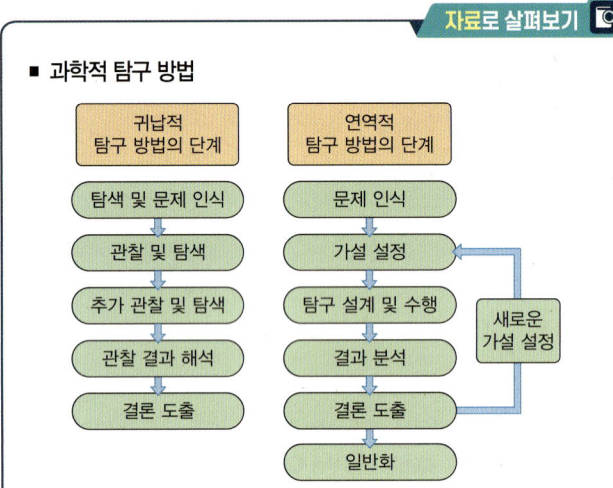

자연 현상을 연구하는 자연 과학의 탐구 방법은 크게 귀납적 방법과 연역적 방법으로 나눌 수 있다. 귀납적 방법의 경우 구체적인 사례들을 관찰한 후 그들의 관계를 해석하여 법칙을 도출하는 과정이며 연역적 방법은 잠정적인 결론인 가설을 설정하고 실험과 같은 탐구 방법을 활용해 결론을 도출하는 연구 방법이다. 이 탐구 방법은 사회·문화 현상을 연구할 때에도 적용된다. 방법론적 일원론을 따르는 양적 연구에서 가설을 설정하고 구체적인 사실을 통해 가설을 증명해가는 과정은 연역적 탐구가 적용된 예로 볼 수 있고, 다양한 자료 수집 방법을 통해 수집된 자료를 분석하여 결론을 내리는 과정은 귀납적 탐구 방법의 예라고 할 수 있다. 다만 양적 연구의 전 과정을 이룰 때에는 연역적 과정이라고 보는 것이 적절하다. 반면, 질적 연구 방법의 경우 가설 설정 없이 질적 자료를 수집하고 수집된 자료를 종합, 분석하여 결론을 도출하므로 귀납적 탐구 방법이 주로 활용되는 연구라고 할 수 있다.

2. 양적 연구 방법(실증적 연구 방법)

(1) 연구 목적과 전제

┌→ 수치로 측정하여 통계적 분석을 할 수 있는 자료, 정량적 자료라고도 한다.

연구 목적	계량화된 양적 자료의 수집 및 통계 분석을 통해 사회·문화 현상에 존재하는 관계성을 파악하여 법칙을 발견하고 일반화함으로써 미래를 예측하고자 함
전제	방법론적 일원론: 사회·문화 현상은 수치화·계량화하여 통계적으로 분석할 수 있음

(2) 특징

┌→ 개념의 조작적 정의란 추상적인 개념을 측정 가능한 구체적인 지표로 바꾸는 것을 의미한다.

주요 내용	• 대부분의 경우 가설을 설정하고 자료 수집 및 분석 과정을 통해 가설을 검증함으로써 사회·문화 현상을 파악하고자 함 ┌→ 주로 인과 관계를 서술하는 것으로 연구 목적과 내용에 적합하고 연구 과정을 통해 검증 가능해야 한다. • 추상적인 사회·문화 현상을 양적으로 수치화하기 위해서 개념의 조작적 정의 과정을 거침 • 사회·문화 현상을 수치화·계량화하여 현상 간의 인과 관계 또는 상관 관계를 밝히고자 함 • 연구하고자 하는 현상만을 드러내 분석함으로써 정확한 관계성을 밝히고자 함 • 연구 진행 과정에서 사실과 가치의 문제를 구분하여 객관적으로 분석하고자 함 • 연구자와 연구 대상의 분리를 통해 연구자의 가치를 개입시키지 않는 객관적 연구를 진행하고자 함
자료 수집 방법	• 질문지법, 실험법, 문헌 연구법 등
장점	• 계량화된 자료를 이용해 통계 분석을 진행하므로 정확도를 높일 수 있음 • 연구자의 주관 개입 가능성이 낮아 객관성을 높일 수 있음 • 통계 분석을 통해 관계성이 규명되므로 법칙 발견과 일반화에 유리하고 이를 통한 미래 예측 가능성을 높임
단점	• 수치화 및 계량화가 어려운 사회·문화 현상의 경우 한계가 있음 • 현상 간의 관계성을 밝히는 데 그치므로 인간 행위의 동기, 가치, 주관 등의 심층적 이해에는 한계가 있음
예시	• SNS 사용 빈도와 학업 성취도의 상관 관계 연구 • 지역에 따른 교육의 기회 비교 연구 등

자료로 살펴보기

■ 법칙과 일반화

일반적으로 질적 연구와 구분되는 양적 연구의 특징을 설명할 때 중요한 요소 중 하나가 법칙 발견 및 일반화의 용이성이다. 이 과정에서 법칙과 일반화라는 개념을 혼동하기 쉬운데, 이 둘은 각각 다른 의미를 갖고 있다. 법칙이란 현상들 간의 본질적인 연관성을 표현한 명제로써 다양한 경험적 분석을 통해 얻어낸 보편 타당한 결론을 의미한다. 반면, 일반화란 경험을 통해 얻어낸 법칙과 같은 특정한 현상 및 대상에 대한 사고나 연구의 결과를 그것과 유사한 대상에 적용하는 과정을 의미한다.

┌→ 양적 연구와 질적 연구의 공통점은 모두 과학적 탐구 절차라는 점이다. 양적 연구와 질적 연구 모두 사회·문화 현상에 대해 경험적 자료를 수집하여 객관적인 분석 및 해석 과정을 통해 설득력 있는 결론을 도출하는 과정이므로 과학적 탐구 절차라고 할 수 있다.

3. 질적 연구 방법(해석적 연구 방법)

(1) 연구 목적과 전제

┌→ 수치로 측정 불가능한 자료로, 정성적 자료라고도 한다.

연구 목적	자율성을 지닌 인간의 주관, 동기, 상황 정의 및 의미 부여 과정 등을 담은 질적 자료를 수집하고 이에 대해 해석함으로써 사회·문화 현상을 심층적으로 이해하고자 함
전제	방법론적 이원론: 사회·문화 현상은 주관적 가치와 자율성을 지닌 인간에 의해 발생하므로 수치화 및 계량화된 자료의 통계적 분석만으로는 깊이 있는 이해가 부족함

┌ 서로 다른 상황 맥락에 따라 다양하게 나타나는 개별적인 사회·문화 현상의
└ 의미를 행위 주체의 입장에서 이해할 수 있다.

(2) 특징

주요 내용	• 사회 · 문화 현상은 개별 상황 맥락 속에서 제대로 파악될 수 있으므로 보편적 법칙 발견이 목표가 될 수 없음 • 사회 · 문화 현상은 주관적 가치와 행위 동기를 갖는 인간에 의해 주관적으로 의미가 부여됨 • 사회 · 문화 현상은 개별 상황 속 개인의 동기, 주관, 상황 정의, 의미 부여의 과정 등을 이해하는 것이 중요함 • 연구 진행 과정에서 사실과 가치의 문제를 구분하지 않고 총체적으로 이해하고자 함 • 사회 · 문화 현상은 연구자의 직관적 통찰 및 감정 이입적 이해가 필요하므로 연구자와 연구 대상을 분리한 객관성이란 지켜지기 어려움
자료 수집 방법	• 면접법, 참여 관찰법, 문헌 연구법 등
장점	• 개인 내면을 분석함으로써 사회 · 문화 현상의 원인, 과정, 결과에 대한 심층적 이해가 가능함 • 상황 맥락적 요소에 주목하므로 현상을 종합적으로 이해할 수 있음
단점	• 현상이 발생한 개별 상황 맥락에 주목하므로 사회 · 문화 현상에 보편적으로 적용되는 법칙 발견이나 일반화에는 한계가 있음 • 연구자의 직관을 통해 해석하는 과정에서 주관적 가치관이 개입될 우려가 있음
예시	• 인터뷰를 통한 황혼 이혼 증가의 원인 연구 • 영유아 젖먹이 행동 관찰을 통한 사례 연구 등

현상 전체에 담겨 있는 의미를 꿰뚫어 보는 것으로, 연구자의 지식과 판단 능력에 의존하여 감각적으로 현상의 의미를 파악하는 것을 말한다.

┌ 질적 연구를 진행하는 과정에서 연구자의 직관적 통찰이 필요하다는 것이 연구자의
└ 주관적 가치 개입을 용인하는 것은 아니다. 양적 연구와 마찬가지로 질적 연구 역시 연구자의 자의적이거나 주관적인 해석을 배제하고 객관성을 갖기 위해 노력한다.

4. 양적 연구와 질적 연구의 상호 보완

목적	양적 연구는 사회 · 문화 현상에 보편적으로 적용되는 법칙을 발견하여 일반화시키는 데 장점이 있고, 질적 연구는 현상의 심층적인 해석에 장점이 있으므로 상호 보완적으로 활용이 가능함
예시	교통 법규 위반의 원인을 분석하기 위해 법규 위반자들에게 설문 조사를 실시하고, 위반의 경험이 있는 사람들을 대상으로 인터뷰를 진행함

자료로 살펴보기 🔍

■ 통합 연구

통합 연구의 사례로는 '청소년 지도사의 다문화 인식 증진 방안에 관한 연구'가 있다. 이 연구에 사용된 통합 연구의 모형은 다음과 같은 과정을 거쳤다. 먼저 1단계에서는 청소년 지도사를 대상으로 다문화 인식 실태를 알아보기 위하여 설문 조사를 실시하여 양적 자료를 수집하였다. 그리고 2단계에서는 1단계, 즉 양적 연구에서 도출된 결과를 바탕으로 청소년 지도사에게 청소년 지도사의 다문화 인식 증진 방안에 대해 심층 면접을 실시하여 질적 자료를 수집하였다. 마지막으로 설문 조사 및 심층 면접의 내용을 종합적으로 분석하여 연구의 결론을 제시하고 시사점을 제언하였다.
– 임한나, 「청소년 지도사의 다문화 인식 증진 방안에 관한 통합 연구」 –

통합 연구 방법은 혼합 연구라고도 하며, 양적 연구 방법 또는 질적 연구 방법만을 고집하지 않고 연구의 주제와 문제에 가장 적절한 연구 방법을 찾아 연구를 수행하는 것이다. 그뿐만 아니라 양적 연구 방법과 질적 연구 방법을 함께 사용함으로써 한 가지 방법만을 사용하여 얻은 연구 결과보다 더 나은 결과를 얻을 수 있도록 하는 제3의 연구 방법론이다.

핵심 개념 CHECK!

• 정답 및 해설 007쪽

✎ 다음 설명이 맞으면 'O', 틀리면 'X'에 표시하시오.

01 사회 · 문화 현상에 대한 과학적 탐구는 불가능하다.

02 사회 · 문화 현상을 수치화하여 분석할 수 있다고 보는 입장은 방법론적 일원론에 해당한다.

03 💣함정 방법론적 이원론은 사회 · 문화 현상 연구에 실증적 연구 방법을 활용한다.

04 귀납적 탐구 방법이란 가설을 설정하여 검증하는 방법을 말한다.

05 양적 연구를 단계별로 진행하다 보면 연역적 탐구 방법만을 활용하게 된다.

06 💣함정 사회 · 문화 현상의 보편성에 집중하여 법칙을 발견하고 일반화를 하고자 하는 연구 방법은 양적 연구 방법이다.

07 일반적으로 양적 연구 방법은 양적 자료를, 질적 연구 방법은 질적 자료를 주로 수집하여 연구를 진행한다.

08 사회 · 문화 현상 연구의 과정에서 사실과 가치의 문제는 구분할 수 있다고 보는 입장은 질적 연구에 해당한다.

09 사회 · 문화 현상들 간의 인과 관계 분석이 가능하다고 보고 관계성 연구에 집중하는 방법은 양적 연구이다.

10 연구자와 연구 대상을 분리하여 객관적인 연구가 진행될 수 있다고 보는 입장은 양적 연구를 주된 연구 방법으로 인식한다.

11 양적 연구는 질적 연구에 비해 연구자의 주관이 개입될 가능성이 낮다.

12 질적 연구는 현상의 심층적인 내면을 수치화하여 깊이 있는 분석을 진행한다.

13 사회 · 문화 현상은 상황 맥락 속에서 의미를 갖는다고 보는 입장은 양적 연구보다 질적 연구 방법을 선택할 것이다.

14 💣함정 같은 상황이 주어지더라도 개인마다 다르게 정의 내릴 수 있다고 보는 입장은 양적 연구 방법을 선호할 것이다.

15 질적 연구 방법은 연구자의 가치 개입을 용인하는 방법이다.

16 면접법과 참여 관찰법은 질적 연구의 대표적인 자료 수집 방법이다.

17 양적 연구와 질적 연구는 모두 과학적 탐구 방법이므로 상호 보완적으로 활용하여 현상을 연구할 수 있다.

양적 연구 방법과 질적 연구 방법은 어떻게 구분하는가?

자료 · 양적 연구 방법과 질적 연구 방법

(가) 구성원에게 물질적 성공이라는 가치를 고무시키는 사회에서 모두가 이러한 성공에 도달할 수 있는 합법적 수단을 갖는 것은 아니다. 그래서 제도적 수단이 제한적인 하층에서 범죄를 저지를 가능성이 높다. 이를 검증하기 위해서는 계층을 개념화하고 범죄를 유형화하여 이들 간의 상관 관계를 분석하는 ⑤ 연구 방법을 사용해야 한다. → 양적 연구

(나) 범죄도 학습의 산물이다. 친구나 가족으로부터 범죄 태도와 행동을 배운다. 특히 약물 범죄의 경우 약물에 대한 우호적 태도와 사용 기술이 요구되므로 경험자와의 연줄이 중요하다. 이를 파악하기 위해서는 심층 면접을 통해 약물 사용에 동조하고 함께하는 친구와의 연결망을 형성하는 과정을 이해할 수 있는 ⑥ 연구 방법을 사용해야 한다. → 질적 연구

❶ 제시된 자료가 양적 연구 방법인지 질적 연구 방법인지 구분하자.

연구 방법을 구분하기 위해서는 주어진 자료에서 적절한 키워드를 찾아내는 과정이 가장 중요하다. 위 자료에서 ⑤ 연구 방법의 경우 '상관 관계를 분석'한다는 키워드가 등장했으므로 양적 연구 방법이 적절한 연구 방법이 될 수 있다. 이에 반해 ⑥ 연구 방법은 '심층 면접'이라는 직접적인 자료 수집 방법이 나왔으므로 질적 연구 방법임을 알 수 있다.

❷ 양적 연구 방법과 질적 연구 방법의 특징을 파악하자.

구분	자연 현상과 사회·문화 현상의 연구 방법이 같은가?	
	네 → 양적 연구(실증적 연구)	아니요 → 질적 연구(해석적 연구)
특징	• 방법론적 일원론 • 수량화 및 계량화할 수 있는 양적 자료를 통한 연구 • 통계 분석에 용이 • 가설 설정 및 검증을 통한 변인 간의 관계 및 인과 법칙 발견에 용이	• 방법론적 이원론 • 질적 자료를 통한 맥락적 이해 • 현상에 대한 심층적 이해 • 연구자와 연구 대상 간의 정서적 교감 및 감정 이입을 통한 내용 이해 • 직관적 통찰을 통한 현상 이해
비판	• 피상적 연구에 그칠 가능성 • 심층적 이해가 어려움	• 법칙 발견 및 일반화 어려움 • 연구자의 주관 개입 가능성
사례	• 질문지법 : 학생들의 급식 만족도를 조사하기 위해 인터넷 설문 조사 진행 • 실험법 : 학생들의 학업 능력에 비타민 섭취가 미치는 영향 실험	• 면접법 : 산모들을 인터뷰하여 아기 낳는 순간의 심리적 변화를 연구 • 참여 관찰법 : 아프리카 부족민의 결혼문화에 대한 문화기술지 연구
공통점	• 모두 경험적 자료를 기반으로 진행하는 과학적 탐구 방법임 • 하나의 현상을 연구하기 위해 둘 모두를 사용할 수도 있음	

❸ 선택지 문장에서 연구 방법의 특징을 적용하여 옳고 그름을 구분하자.

① ⑤은 경험적 자료를 통해 연구 대상자의 가치나 태도를 객관적으로 파악하고자 한다. - 양적 연구 방법
② ⑥은 직관적 통찰을 통해 주로 인간 행위의 이면보다 행위 자체를 분석하고자 한다. → 양적 연구 방법
③ ⑤은 ⑥에 비해 연구 결과를 일반화할 수 있어 현상에 대한 예측력이 높다. - 양적 연구 방법
④ ⑥은 ⑤에 비해 연구자와 연구 대상자 간의 정서적 교감을 중시한다. - 질적 연구 방법
⑤ ⑤은 방법론적 일원론, ⑥과 같은 방법은 방법론적 이원론에 기초하고 있다.
→ 양적 연구 방법 → 질적 연구 방법

선택지에서 주어진 키워드를 근거로 옳고 그름을 판별할 수 있다. '가치나 태도를 객관적 파악', '일반화', '예측력', '방법론적 일원론' 등은 양적 연구 방법의 키워드이고, '직관적 통찰을 통한 행위 이면 분석', '정서적 교감', '방법론적 이원론' 등은 질적 연구의 키워드이다. 그러므로 위 보기들 가운데 옳지 않은 것은 ②번이다.

개념 · 문제로 확인

Q1 빈칸에 알맞은 말을 쓰거나 고르시오.

01 자연 현상과 사회·문화 현상의 연구 방법이 같다는 주장은 방법론적 (　　　)에 해당한다.

02 양적 연구 방법은 현상을 수치화할 수 있는 (　　　) 자료를 주로 수집하여 활용한다.

03 양적 연구와 질적 연구는 모두 (　　　) 자료를 통해 과학적 탐구를 진행하는 연구 방법이다.

04 현상에 대한 심층적, 맥락적 이해를 도모하는 연구 방법은 (양적 / 질적) 연구 방법이다.

05 법칙 발견 및 일반화의 가능성은 (양적 / 질적) 연구 방법에 비해 (양적 / 질적) 연구 방법이 더 높다.

Q2 다음 내용이 맞으면 'O', 틀리면 'X'에 표시하시오.

06 양적 연구 방법은 질적 연구 방법에 비해 현상의 내면을 이해하는 데 더 용이하다.
(O / X)

07 연구자의 주관 개입 가능성이 더 높은 연구 방법은 질적 연구 방법이다. (O / X)

08 질적 연구 방법은 연구자의 직관에 의한 분석이므로 과학적 탐구 방법이라고 할 수는 없다.
(O / X)

Q3 다음 질문에 알맞은 것을 〈보기〉에서 골라 쓰시오.

보기
① 프로 야구 팬클럽 회원의 충성도 분포 연구
② 한국과 일본의 세시풍속 의미에 대한 비교 연구
③ 동학 농민 운동에 나타난 민족 의식에 관한 연구
④ 현대 사회에서의 주술 행위에 대한 참여 관찰 연구
⑤ 도서 지역 주민들의 경제 행위에 대한 민속지적 연구

09 양적 연구 방법에 어울리는 연구 주제는?
(　　　　　　　　　)

10 질적 연구 방법에 어울리는 연구 주제는?
(　　　　　　　　　)

주제 1 양적 연구 방법과 질적 연구 방법

족집게 전략 | 빈출 주제이므로 개념 이해와 문제 풀이를 통해 출제의 양상을 이해하는 것이 필수적이다. 문제 풀이 포인트 첫 번째는 연구 방법 간의 공통점과 차이점을 명확히 아는 것이며, 포인트 두 번째는 다양한 연구 사례를 연습하며 양적 연구 방법과 질적 연구 방법으로 구분하는 것이다. 이 때, 중요한 것은 다음 강의 내용인 '자료 수집 방법'과 연계하여 함께 공부하는 것이 문제 풀이에 유용할 것이다.

족집게 자료 분석 전략 START | 연구 방법 파트의 출제 양상은 아래와 같이 공통점과 차이점을 구분하는 것이다.

질문	연구 방법	
질적 연구 ——————→	Ⓐ	Ⓑ
방법론적 이원론을 바탕으로 하는가?	예	아니요
(가)	아니요	예
(나)	예	아니요
(다)	㉠	㉡

→ 양적 연구

❶ 방법론적 이원론이라는 개념에 대해 '예'라고 대답한 A는 질적 연구 방법, '아니요'라고 대답한 B는 양적 연구 방법임을 알 수 있다.
❷ A와 B가 규정되었으므로 (가)~(다)에 들어갈 알맞은 질문은 예상 가능하다. 특히 (다)의 경우 질문과 답변을 함께 물을 것이므로 유의해서 풀이해야 한다.

026 ◀대표 문항

| 교육청 기출 |

다음 자료에 대한 분석으로 옳은 것은?

질문	연구 방법	
	A	B
방법론적 이원론을 바탕으로 하는가?	예	아니요
(가)	아니요	예
(나)	예	아니요
(다)	㉠	㉡

┌ 보기 ┐
ㄱ. A는 B와 달리 사실과 가치가 분리될 수 있음을 전제로 한다.
ㄴ. (가)에 '일반화나 법칙 정립을 목적으로 하는가?'가 들어갈 수 없다.
ㄷ. (나)에 '비공식적 자료와 감정 이입적 이해를 중시하는가?'가 들어갈 수 있다.
ㄹ. (다)에 '경험적 관찰을 통해 자료를 수집하는가?'가 들어가면, ㉠과 ㉡은 모두 '예'이다.

① ㄱ, ㄴ   ② ㄱ, ㄷ   ③ ㄴ, ㄷ
④ ㄴ, ㄹ   ⑤ ㄷ, ㄹ

✎ **한줄 Tip** 연구 방법에 대한 암기와 개념 이해를 바탕으로 각 연구 방법의 특징을 구분할 수 있는 질문을 이해하는 것이 필수!

027

| 교육청 기출 |

사회 · 문화 현상의 연구 방법 A, B의 일반적인 특징에 대한 옳은 설명을 〈보기〉에서 고른 것은?

연구자는 연구하려는 주제와 목적에 따라 A 또는 B를 선택한다. 사회 현상이 어떤 양상으로 나타나는지 행위 자체의 규칙성이 궁금하다면 계량화된 자료 분석에 의존하는 A가 적합할 것이다. 반면, 사회 현상이 왜 일어나는지 행위 이면의 의도가 궁금하다면 연구자의 직관적 통찰에 의존하는 B가 적합할 것이다.

┌ 보기 ┐
ㄱ. A는 객관적이고 정밀한 연구에 적합하다.
ㄴ. A에서는 B와 달리 경험적 자료를 바탕으로 연구한다.
ㄷ. A는 방법론적 일원론, B는 방법론적 이원론에 기초한다.
ㄹ. B에서는 A와 달리 인간의 행위를 내적 동기와 분리하여 연구한다.

① ㄱ, ㄴ   ② ㄱ, ㄷ   ③ ㄴ, ㄷ
④ ㄴ, ㄹ   ⑤ ㄷ, ㄹ

028

| 교육청 기출 |

(가), (나)에 들어갈 사회 · 문화 현상의 연구 방법에 대한 질문으로 옳지 않은 것은?

연구 방법	전제
A	사회 · 문화 현상에는 자연 현상과 달리 인간의 의도나 동기가 담겨 있으므로 자연 과학과는 다른 방법으로 연구해야 한다.
B	사회 · 문화 현상에는 법칙이 내재되어 있으므로 이를 밝혀내기 위해 자연 과학에서 사용하는 방법과 동일하게 연구해야 한다.

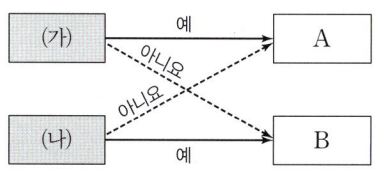

① (가) – 연구 대상자의 주관적 상황 인식을 중시하는가?
② (가) – 직관적 통찰과 감정 이입적 이해를 강조하는가?
③ (나) – 경험적 자료를 바탕으로 연구를 진행하는가?
④ (나) – 변수와 변수 간의 관계 파악을 목적으로 하는가?
⑤ (나) – 사회 · 문화 현상을 행위자의 동기나 가치와 엄격히 분리하는가?

029

다음 글의 연구자가 활용한 연구 방법에 대한 옳은 설명을 〈보기〉에서 고른 것은?

> 본 연구 결과 전체 집단에서 수면 만족도가 높은 집단에서의 학업 성취도는 학업 성취도가 높은 집단이 30.2%, 학업 성취도가 중간인 집단이 25.8%, 학업 성취도가 낮은 집단이 22.4%로 수면 만족도가 높은 집단에서 학업 성취도가 높게 나타나 수면 만족도가 학업 성취도에 중요한 요인이라는 사실을 알 수 있다.

〈보기〉
ㄱ. 사회 · 문화 현상과 자연 현상을 연구하는 방법은 본질적으로 같다고 본다.
ㄴ. 개념의 조작적 정의를 통해 사회 · 문화 현상을 계량화하여 분석하고자 한다.
ㄷ. 연구자의 직관적 통찰을 통해 사회 · 문화 현상을 이해하고자 한다.
ㄹ. 상황 맥락 속에서 사회 · 문화 현상이 지닌 의미에 대한 해석을 추구한다.

① ㄱ, ㄴ   ② ㄱ, ㄷ   ③ ㄴ, ㄷ
④ ㄴ, ㄹ   ⑤ ㄷ, ㄹ

030

다음에서 갑이 사용하고 있는 연구 방법에 대한 옳은 설명만을 〈보기〉에서 있는 대로 고른 것은?

> 갑 : 인터뷰에 응해 주셔서 감사합니다. 첫 질문으로 이번 연구의 주제는 무엇이었습니까?
> 사회학자 : 소비와 사회 참여의 관계에 대해 연구하고 싶었습니다. 소비에 집착할수록 공적 영역에 대한 참여가 낮아질 것이라는 생각 때문이었죠.
> 갑 : 신선하군요. 그런 주제를 선정한 이유가 있을까요?
> 사회학자 : 네, 제가 명동을 좋아하고 자주 나갑니다. 거기에 모인 수많은 젊은 사람들을 보며 사회를 떠올리죠. 그런데 문득 이 많은 젊은이들이 과연 공적 영역에 이토록 적극적으로 참여하고 있을까가 궁금해졌습니다.

〈보기〉
ㄱ. 연구 대상에 대한 연구자의 가치 개입 가능성이 크다는 단점이 있다.
ㄴ. 현상의 내면을 깊이 있게 이해하기 힘들다는 단점이 있다.
ㄷ. 통제되지 않은 상황에서 자료를 수집하는 것이 더 유리한 연구 방법이다.
ㄹ. 객관적이고 계량화된 자료를 통해 보편적인 법칙을 발견하는 것을 목적으로 한다.

① ㄱ, ㄴ   ② ㄱ, ㄷ   ③ ㄴ, ㄹ
④ ㄱ, ㄷ, ㄹ   ⑤ ㄴ, ㄷ, ㄹ

031

다음은 사회학자 갑의 연구를 요약한 것이다. 이에 대한 옳은 설명을 〈보기〉에서 고른 것은?

> • 주제 : ㉠ 유튜브 이용 시간과 학업 성취도의 관계 및 ㉡ 학생들의 유튜브 사용 인식 조사
> • 가설 : 유튜브 이용 시간이 길수록 학업 성취도가 낮을 것이다.
> • 자료 수집 대상 : ○○시 소재 10개 고등학교에서 선정한 3학년 학생 남여 1,000명
> • 자료 수집 방법 : ㉢ 설문 조사 후 각 학교에서 무작위로 선정한 학생들을 대상으로 ㉣ 인터뷰를 진행함

〈보기〉
ㄱ. ㉠은 ㉢보다는 ㉣을 통해 규명될 것이다.
ㄴ. ㉡은 ㉢과 ㉣의 방법 모두를 통해 분석할 수 있는 주제이다.
ㄷ. ㉢은 양적 자료의 수집과 통계 분석에 유리한 자료 수집 방법이다.
ㄹ. ㉣은 자연 현상과 사회 · 문화 현상의 본질이 같다고 보는 연구 방법에서 주로 활용된다.

① ㄱ, ㄴ   ② ㄱ, ㄷ   ③ ㄴ, ㄷ
④ ㄴ, ㄹ   ⑤ ㄷ, ㄹ

032

다음에 나타난 사회 · 문화 현상의 연구 방법 (가), (나)에 대한 설명으로 옳은 것은?

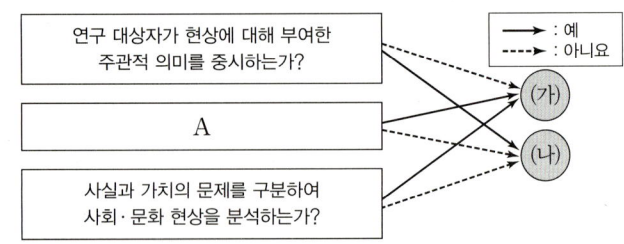

① (가)는 감정 이입과 직관적 통찰을 통한 이해를 중시한다.
② (나)는 사회 · 문화 현상 연구에 자연 과학적 연구 방법을 사용한다.
③ (가)는 (나)와 달리 경험적 자료를 중시한다.
④ (나)는 (가)와 달리 계량화된 자료의 통계적 분석을 중시한다.
⑤ A에는 'SNS 사용 빈도와 학업 성취도의 상관 관계를 연구하기에 적절한가?'가 들어갈 수 있다.

033

다음 연구자가 설명하는 연구 방법에 대한 옳은 설명을 〈보기〉에서 고른 것은?

> 본 연구는 빅데이터 연구 방법론의 정립을 위한 기초적 논의를 제공하고자 한다. 첫째, 빅데이터는 기존에 주로 질적 연구의 대상이던 사회 현상의 질적 측면을 유지·확대시켜 대량의 데이터 분석을 통해 통계적으로 접근하고 이해하도록 도와준다. 둘째, 빅데이터 분석은 다양한 상관성의 연결을 통해 현상의 원인뿐만 아니라 현상 그 자체를 파악할 수 있게 도와준다. 따라서 전통적으로 양적 연구가 취해온 변수 중심적-연역적 접근에 사례 중심적-귀납적 접근을 더하고 있다. 한편 연구자는 빅데이터 분석이 찾아내는 상관성이 허위일 가능성에 대해 깊이 주의하며 연구를 진행해야 한다.

〔보기〕
ㄱ. 양적 연구 방법이나 질적 연구 방법과는 전혀 다른 새로운 연구 방법을 제안한다.
ㄴ. 빅데이터를 통해 양적 연구 방법과 질적 연구 방법의 경계가 모호해진다.
ㄷ. 연구자는 빅데이터를 통해 수집한 자료의 신뢰성이 중요하다고 생각한다.
ㄹ. 빅데이터를 통해 귀납적 접근 방법은 양적 연구에, 연역적 접근 방법은 질적 연구에 적합한 연구 방법으로 변화한다.

① ㄱ, ㄴ   ② ㄱ, ㄷ   ③ ㄴ, ㄷ
④ ㄴ, ㄹ   ⑤ ㄷ, ㄹ

034

그림은 사회 과학 논문 (가), (나), (다)의 목차 일부이다. (가), (나), (다)에서 사용된 연구 방법에 대한 설명으로 옳지 <u>않은</u> 것은?

(가)	(나)	(다)
Ⅲ 연구 설계 • 자료 수집 : 참여 관찰법 Ⅳ 자료 수집 • 현상 관찰	Ⅲ 연구 설계 • 자료 수집 : 실험법 Ⅳ 자료 수집 • 실험 관찰	Ⅲ 연구 설계 • 자료 수집 : 면접법 Ⅳ 자료 수집 • 대화

① (가)에서는 (나)와 달리 연구자의 직관적 통찰이 활용된다.
② (나)에서는 (다)와 달리 변수 간의 관계를 검증하고자 한다.
③ (다)에서는 (가)와 달리 연구자와 연구 대상자 간의 상호 주관적 이해가 중시된다.
④ (나)에서는 (가), (다)와 달리 방법론적 일원론에 기초하여 연구가 진행된다.
⑤ (가), (나), (다)는 모두 과학적 연구 방법에 포함된다.

035

표는 사회·문화 현상을 연구하는 방법 A, B를 비교한 것이다. 이에 대한 옳은 설명을 〈보기〉에서 고른 것은?

구분	A	B
연구 목적	㉠	㉡
자료 수집 방법	㉢	㉣
한계	㉤	㉥

〔보기〕
ㄱ. ㉠이 '사회·문화 현상에 내재한 법칙 발견'이라면 ㉣에는 계량화된 자료를 수집하는 방법이 들어갈 수 있다.
ㄴ. ㉡이 '사회·문화 현상에 대한 심층적 이해'라면 ㉥에는 '객관적이고 정확한 연구의 어려움'이 들어갈 수 있다.
ㄷ. ㉢이 '질문지법'이라면 ㉤에는 '일반화 및 법칙 발견에 불리함'이 들어갈 수 있다.
ㄹ. A가 사회·문화 현상이 자연 현상과 본질적으로 다르다고 전제한다면 A는 B보다 일기나 편지와 같은 비공식적 자료를 중시할 것이다.

① ㄱ, ㄴ   ② ㄱ, ㄷ   ③ ㄴ, ㄷ
④ ㄴ, ㄹ   ⑤ ㄷ, ㄹ

036 고난도↗

사회·문화 현상의 연구 방법에 대한 아래 과제에서 갑~무가 속한 팀이 얻을 수 있는 최고의 점수는 몇 점인가?

> 과제 : 사회·문화 현상을 연구하는 방법을 구분할 수 있는 질문을 만드세요.
>
> 〈규칙〉
> • 양적 연구 방법인가를 묻는 질문은 1점
> • 질적 연구 방법인가를 묻는 질문은 2점
> • 두 연구 방법을 구분할 수 없는 질문은 -1점

질문자	질문
갑	사회·문화 현상의 규칙성을 발견하는 데 유용한가?
을	인간 행동의 주관적인 의미를 이해하는 데 적합한가?
병	과학적 방법을 통해 연구를 진행하는가?
정	자료 분석 과정에서 연구자의 감정 이입을 최대한 배제함으로써 객관성을 높이는가?
무	문화 기술지 연구에 적합한 방법인가?

① 2점   ② 3점   ③ 4점
④ 5점   ⑤ 6점

03강 자료 수집 방법

주제 1 자료 수집 방법

1. 양적 자료 수집 방법

(1) 질문지법

① 의미 : 미리 작성해 둔 질문지(설문지)를 조사 대상에게 제시하여 자료를 수집하는 방법(설문 조사) 예 우리나라 60세 이상 인구의 일자리 현황 연구 등

> 양적 자료는 수치로 표현이 가능해 측정할 수 있는 자료를 말한다. 양적 자료는 간결하게 알고자 하는 정보를 알려 주는 장점이 있지만 심층적인 의미를 파악할 수는 없다. 반면, 질적 자료는 수치화할 수 없는 자료로서 관찰 기록이나 사례 분석 기록을 말한다.

② 특징
- 일반적으로 양적 자료를 수집하여 통계 분석을 진행함
- 질문과 선택지를 연구자가 미리 설정하므로 구조화 및 표준화의 정도가 높음 ← 자료 수집 과정에 대한 연구자의 통제 정도를 말하는 것으로 구조화되고 표준화된 연구의 결과는 인과 관계 증명에 유리하다.
- 모집단 전체를 대상으로 하는 전수 조사와 대상자 중 일부를 추출하여 진행하는 표본 조사로 진행됨 ← 연구 과정에서 연구 대상으로 삼은 집단 전체를 말한다. / 모집단을 대표하는 집단으로 연구에 실제 참여하는 집단을 말한다.
- 질문지, 전화, 웹 페이지 등을 통해 이루어지므로 언어적 도구가 필요함(문자 및 음성)

③ 장점과 단점

장점	• 대량의 자료 수집에 용이함 • 통계 분석을 진행하므로 비교 연구에 용이함 • 시간과 비용이 적게 들어 비교적 효율적임 • 수치화된 자료의 분석이 진행되므로 정확성과 객관성이 높음
단점	• 언어를 통한 의사소통이 어려운 사람은 대상이 될 수 없음 • 낮은 답변 회수율과 무성의한 응답이 문제가 될 수 있음 • 표본의 대표성이 낮은 경우 연구 전체의 신뢰도가 낮아짐

자료로 살펴보기

■ 질문지 작성 시 유의 사항

① 표본의 대표성 : 지역, 성별, 연령 등에 유의해야 함

> '우리나라 60세 이상 인구의 일자리 현황 연구'를 위해 서울시에 거주하는 60세 이상 1000명을 대상으로 설문을 진행함

- 모집단은 '우리나라 60세 이상 인구 전체'가 되며 '60세 이상 인구 1,000명은 표본이 됨 → 이 경우 지역별 고른 분포가 되지 않았으므로 표본의 대표성에 문제가 있음

② 명확성을 지닌 문항 : 하나의 질문에는 하나의 내용을 담아야 하며 묻고자 하는 바를 정확히 물어야 함
예 운동을 얼마나 하십니까? → 기준 시간 필요

③ 답변 유도 방지
예 최근 외국인 노동자의 범죄 문제가 심각합니다. 당신은 외국인 노동자 체류 기간을 연장해야 한다고 생각하십니까? → 부정적 답변 유도

④ 포괄적인 보기 구성
예 귀하가 거주하시는 지역은? ① 서울 ② 경기도 → 다른 지역 거주자를 포괄해야 함

⑤ 배타적인 보기 구성
예 당신의 연령은? ① 20세 이하 ② 20세 이상 → 20세인 경우 중복

(2) 실험법

① 의미 : 인위적인 실험 상황에서 독립 변인(원인)이 종속 변인(결과)에 미치는 영향을 측정하는 방법 예 피아노 연주가 정서 안정에 미치는 영향 연구 등

← 연구 결과에 영향을 주는 변수를 말한다.
← 독립 변수의 영향을 받아 변화하는 변수를 의미한다.

② 특징
- 일반적으로 양적 자료 수집을 통해 인과 관계 파악을 목적으로 함
- 일반적으로 통제 집단과 실험 집단을 나누어 사전 검사를 실시하고 실험 집단에게 독립 변인을 처치한 후 사후 검사를 실시하게 됨
- 연구자가 모든 실험 상황을 통제하므로 가장 엄격한 구조화, 표준화, 통제가 이루어짐

③ 장점과 단점

장점	• 인과 관계 파악과 법칙 발견 및 일반화에 유용함 • 통제된 상황에서 실험을 진행하므로 정확성과 객관성이 높음 • 양적 자료를 수집하므로 집단 간 비교 분석이 용이함
단점	• 윤리적 문제에 의한 제약이 발생할 수 있음 • 인간을 대상으로 하기 때문에 엄격한 통제가 어려움 • 통제된 상황의 실험 결과를 실제 사회에 적용하는 데 한계가 있음

그래프로 살펴보기

실험법 진행 모형

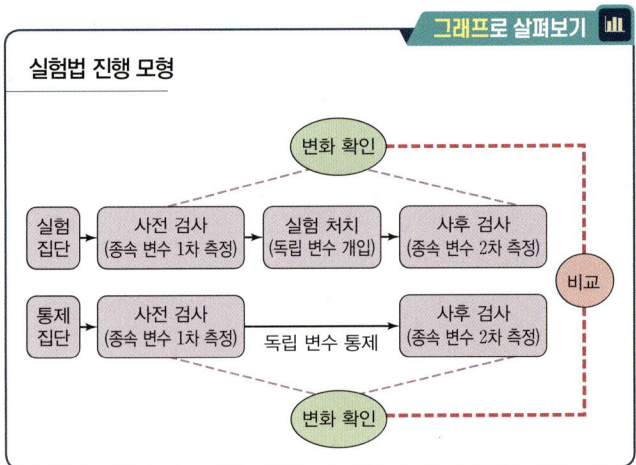

2. 질적 자료 수집 방법

(1) 참여 관찰법

① 의미 : 연구 대상자의 일상에 참여하여 관찰함으로써 자료를 수집하는 방법 예 아프리카 부족민의 물물 교환 과정 이해 등

② 특징
- 일반적으로 질적 자료를 수집하는 방법
- 조사 대상자의 일상에 전혀 개입하지 않으므로 가장 비구조화, 비표준화된 자료 수집 방법
- 장기간에 걸쳐 깊이 있는 자료를 수집하는 방법

③ 장점과 단점

장점	• 대상자의 일상을 심층적으로 이해하는 데 유리함 • 의사소통이 곤란한 집단에 대한 연구가 가능함 • 비구조화 및 비표준화된 수집 방법이므로 자료의 실제성이 가장 높음 ← 연구자가 수집하여 분석하는 자료가 연구하고자 했던 실제 현상과 일치하는 정도를 말한다.
단점	• 연구하고자 하는 현상이 나타날 때까지 관찰해야 하므로 시간과 비용이 많이 드는 방법임 • 예상하지 못한 상황 발생 시 대처가 어려움 • 관찰자의 주관이나 가치관이 개입될 수 있음 • 연구자가 관찰하는 방법이므로 통계 처리나 비교 분석이 어려움

(2) 면접법

① 의미 : 연구자가 대상자와 대면하여 질문과 응답을 통해 자료를 수집하는 방법 ⑩ 일탈 청소년의 심리 상태에 대한 심층 연구 등

② 특징

- 일반적으로 질적 자료를 수집하는 방법
- 상황에 따라 질문의 내용이나 형식 면에서 유연하게 적용할 수 있으므로 비구조화, 비표준화된 수집 방법
- 언어적 도구를 활용하여 진행함
- 연구자와 내담자 간의 신뢰 관계[라포(Rapport)]가 자료 수집에 큰 영향을 미침

③ 장점과 단점

장점	• 심층적 자료 수집이 가능함 • 문맹자에게도 실시할 수 있음 • 유연한 방법이므로 돌발 상황에 대처할 수 있음 • 라포를 통해 무성의한 응답을 방지할 수 있음
단점	• 시간과 비용이 비교적 많이 들어 다량의 자료 수집에는 불리함 • 주제에 부합하는 대상자를 선정하는 데 어려움 • 응답을 해석하는 과정에 연구자의 주관이나 가치관이 개입될 수 있음

3. 문헌 연구법

① 의미 : 과거의 연구자가 수집 및 분석하여 기록되어 있는 자료를 활용하는 방법

② 특징

- 양적 자료와 질적 자료 모두 수집할 수 있음
- 주로 2차 자료 수집용으로 활용함 → 1차 자료란 연구자가 질문지, 실험, 면접, 참여 관찰 등을 통해 직접 수집한 자료를 의미하며, 2차 자료란 논문, 책 등을 통해 획득한 선행 연구자의 자료를 말한다.
- 신문, 논문, 책 등 다양한 형태를 활용할 수 있음

③ 장점과 단점

장점	• 직접 조사하는 것보다 시간과 비용이 가장 적게 들어 효율적임 • 시간과 공간의 제약에서 자유로움 • 기존의 연구 동향과 성과를 파악할 수 있음
단점	• 연구 주제에 부합하는 자료를 찾기가 어려움 • 자료의 신뢰도가 낮다면 연구 결과의 신뢰도를 담보할 수 없음 • 문헌 해석 시 연구자의 주관이나 가치관이 개입될 수 있음

자료로 살펴보기 🔍

■ 자료 수집 방법

구분		경제성	계량화 가능성	언어적 도구	주관 개입 가능성	조작 및 통제 정도
양적 연구	질문지법	+	++	+	−	+
	실험법	−	++	−	−−	++
질적 연구	면접법	−	−	+	+	−
	참여 관찰법	−	−	−	+	−−

※ 문헌 연구법 : 경제성이 높고 언어적 도구를 사용해야 하며 주관 개입의 가능성이 높음

자료 수집 방법 활용 : 하나의 연구에서 둘 이상의 자료 수집 방법을 활용할 수 있고, 연구 대상자와 연구 주제 및 가용한 비용을 종합적으로 판단하여 자료 수집 방법을 결정한다.

✏️ 다음 설명이 맞으면 'O', 틀리면 'X'에 표시하시오.

01 수치로 표현되어 측정이 용이한 자료를 질적 자료라고 한다. ○ ✕

02 양적 자료는 질적 자료에 비해 심층적 연구에 유리하다. ○ ✕

03 설문을 통해 자료를 수집하고 통계 처리하는 방법은 질문지법이다. ○ ✕

04 의사소통이 불가능한 연구 대상자에게는 질문지법 활용이 불가능하다. ○ ✕

05 질문지법에서는 표본의 대표성이 연구 결과 전체의 신뢰도에 영향을 미친다. ○ ✕

06 질문지법에서 연구자는 자신의 가치관을 포함하여 바람직한 응답이 나올 수 있도록 질문을 구성한다. ○ ✕

07 실험법은 종속 변인이 독립 변인에 미친 영향을 파악하는 방법이다. ○ ✕

08 실험법은 법칙 발견과 일반화에 장점이 있다. ○ ✕

09 실험법에서 사전 검사는 실험 집단과 통제 집단 모두에게 시행된다. ○ ✕

10 질문지법에 비해 면접법은 연구자의 통제 정도가 더 높다. ○ ✕

⑪ 함정 면접법의 경우 무성의한 답변에 대해 대응하기 힘든 단점이 있다. ○ ✕

12 실험법과 달리 면접법은 연구 대상에 대한 심층적 이해가 가능하다. ○ ✕

13 면접을 통해 진솔한 응답을 얻기 위해서는 면접자와 대상자 간의 신뢰 관계(라포) 형성이 중요하다. ○ ✕

14 자료의 실제성은 참여 관찰법의 장점이다. ○ ✕

⑮ 함정 참여 관찰법의 경우 시간과 비용의 측면에서 효율적이다. ○ ✕

16 문헌 연구는 1차 자료를 활용하는 자료 수집 방법이다. ○ ✕

17 양적 자료와 질적 자료 모두를 수집할 수 있는 방법은 문헌 연구법이다. ○ ✕

18 연구자의 주관이 개입될 가능성이 더 높은 자료 수집 방법은 질문지법과 면접법이다. ○ ✕

19 질문지법, 면접법의 공통점은 언어를 사용한다는 데 있다. ○ ✕

20 한 연구에는 하나의 자료 수집 방법만을 활용할 수 있다. ○ ✕

개념 · 문제로 확인

자료 | 자료 수집 방법의 특징

A~D는 각각 질문지법, 실험법, 면접법, 참여 관찰법 중의 하나이다.

질문 ┌→ 면접법, 참여 관찰법 \qquad 자료 수집 방법	A	B	C	D
질적 자료를 수집하는 데 용이한가?	×	○	○	×
연구 대상자와의 언어적 상호 작용이 필수적인가?	×	×	○	○

→ 실험법 / → 참여 관찰법 / → 면접법 / → 질문지법 / → 질문지법, 면접법

(○ : 예, × : 아니요)

❶ **각 자료 수집 방법의 특징을 도표로 정리하여 이해하자.**

구분		경제성	계량화 가능성	언어적 도구	주관 개입 가능성	조작 및 통제 정도
양적 연구	질문지법	+	++	+	–	+
	실험법	–	++	–	– –	++
질적 연구	면접법	–	–	+	+	–
	참여 관찰법	–	–	–	+	– –

※ 문헌 연구법 : 경제성이 높고 언어적 도구를 사용해야 하며 주관 개입의 가능성이 높음

- **경제성** : 자료 수집 방법을 활용하는 데 필요한 시간과 비용, 그리고 노력의 정도를 뜻하는 개념으로 질문지법이 가장 경제적이지만 여기에 문헌 연구법이 추가된다면 문헌 연구법이 가장 높다.
- **계량화 가능성** : 양적 연구 방법은 질적 연구 방법에 비해 연구 과정과 결론 도출의 단계에서 수치화 및 계량화의 가능성이 현저히 높다.
- **언어적 도구** : 연구 진행 과정에 언어의 필요성 정도를 표현하는 것으로, 질문지법의 경우 대부분 문자로 진행되지만 음성을 통해 진행할 수도 있으며, 면접법의 경우 연구자와 대상 간의 대화를 통해 진행되므로 언어가 필수적인 도구로 활용된다. 또한 문헌 연구법의 경우 문자로 작성된 2차 자료를 해석하는 과정이므로 언어적 도구가 필수적이다.
- **주관 개입 가능성** : 연구자의 주관이 개입될 가능성은 양적 연구 방법에 비해 질적 연구 방법이 현저히 높은 양상을 보인다. 또한 문헌 연구법 역시 주어진 문헌에 대한 연구자의 해석이 필요한 과정이므로 이 역시 주관 개입 가능성이 높은 방법이다.
- **조작 및 통제 정도** : 조작과 통제의 가능성은 연구 방법의 구조화와 비례하며 자료의 실제성과는 반비례하는 모습을 보인다. 질문지를 미리 작성하는 질문지법과 실험 과정을 통제하는 실험법이 구조화, 조작, 통제의 정도가 강하다. 이에 반해 참여 관찰법의 경우 연구자가 개입하지 않은 채 진행되므로 조작 및 통제의 정도가 가장 낮고 자료의 실제성은 가장 높다.

이를 통해 A는 실험법, B는 참여 관찰법, C는 면접법, D는 질문지법임을 알 수 있다.

❷ **선택지로 주어진 문장에 연구 방법의 특징을 적용하여 옳고 그름을 구분하자.**

① A는 B보다 일상생활을 심층적으로 파악하기 어렵다.
② B는 C보다 예상치 못한 상황에 대한 통제가 용이하다.
③ C는 D보다 조사 대상자로부터 깊이 있는 답변을 유도하기 어렵다.
④ D는 A보다 대규모 집단을 대상으로 자료를 수집하기 어렵다.
⑤ A, D는 B, C보다 연구자의 편견이 개입될 가능성이 크다.

주어진 키워드를 통해 분석해 보면, '심층적 파악'은 실험법보다 참여 관찰법의 특징이며, '예상하지 못한 상황에 대한 통제'는 참여 관찰법의 단점이다. '깊이 있는 답변'과 '연구자의 편견 개입 가능성'은 질적 연구 방법의 특징이며 '대규모 집단'은 양적 연구의 장점이다.

Q1 빈칸에 알맞은 말을 고르시오.

01 질적 자료를 수집하여 분석하는 데 유리한 자료 수집 방법은 (질문지법 / 면접법)이다.

02 인과 관계 검증에 가장 유리한 자료 수집 방법은 변인을 통제하며 진행되는 (실험법 / 참여 관찰법)이다.

03 연구 과정에 언어가 필수적인 도구로 사용되지 않는 자료 수집 방법은 (질문지법 / 면접법 / 참여 관찰법)이다.

04 자료의 실제성은 낮지만 대규모 집단을 대상으로 경제적으로 자료를 수집할 수 있는 방법은 (질문지법 / 실험법 / 면접법 / 참여 관찰법)이다.

05 2차 자료에 대한 연구자의 해석을 통해 연구 동향을 파악할 수 있는 방법은 (질문지법 / 실험법 / 면접법 / 참여 관찰법 / 문헌 연구법)이다.

Q2 다음 내용이 맞으면 '○', 틀리면 '×'에 표시하시오.

06 양적 자료 수집 방법은 질적 자료 수집 방법에 비하여 연구자의 주관 개입 가능성이 높다. (○ / ×)

07 질적 연구 방법의 자료 수집 방법은 비교적 계량화가 유리한 모습을 보인다. (○ / ×)

08 하나의 연구에는 하나의 자료 수집 방법만이 사용될 수 있다. (○ / ×)

Q3 그림을 보고 물음에 답하시오. (단, A~C는 각각 면접법, 참여 관찰법, 질문지법 가운데 하나이다.)

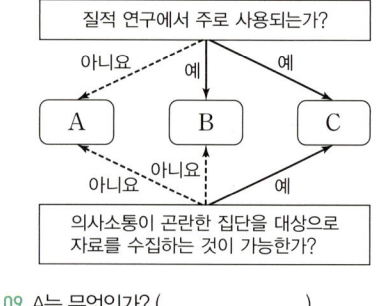

09 A는 무엇인가? ( )
10 B는 무엇인가? ( )
11 C는 무엇인가? ( )

HOW & WHAT 정답 **Q1 01** 면접법 **02** 실험법 **03** 참여 관찰법 **04** 질문지법 **05** 문헌 연구법 **Q2 06** × **07** × **08** × **Q3 09** 질문지법 **10** 면접법 **11** 참여 관찰법

주제 1 자료 수집 방법

족집게 전략 | 빈출 주제이므로 개념 이해와 문제 풀이를 통해 출제의 양상을 이해하는 것이 필수적이다. 문제 풀이 포인트 첫 번째는 자료 수집 방법 5가지의 특징을 정확히 구분하는 것이다. 이때, 특징 이해에 좋은 방법은 양적 연구 방법과 질적 연구 방법으로 나누어 공통점과 차이점을 암기해야 한다. 두 번째 포인트는 5가지를 도표로 그려 두고 장점과 단점에 따라 순위 표를 그려 보는 것이다. 여러 가지 특징에 따라 자료 수집 방법을 재분류할 수 있다면, 문제에 대한 적응도가 높아질 것이다.

족집게 자료 분석 전략 START | 자료 수집 방법에서는 언어적 도구 활용, 계량화 가능성, 자료의 실제성 등에 대한 구조화가 중요하다.

구분		주로 계량화된 자료를 수집하는 데 활용되는가?	
		예	아니요
(가)	예	A → 질문지법과 실험법에 해당한다.	B → 면접법과 참여 관찰법에 해당한다.
	아니요	C	D

❶ 위의 도표에서 A와 C는 양적 자료를 수집하는 방법, 즉 질문지법과 실험법이 적합하고, B와 D의 경우 질적 자료를 수집하는 면접법과 참여 관찰법 가운데 하나임을 알 수 있다.

❷ 양적 및 질적 자료 수집에 대한 분류가 되었으므로 (가) 질문에 대한 답변에 따라 분석한다면 A~D가 각각 어떤 자료 수집 방법인지 알 수 있다.

037 대표 문항
| 평가원 기출 |

다음은 자료 수집 방법 A~D를 분류한 것이다. 이에 대한 설명으로 옳은 것은? (단, A~D는 각각 면접법, 실험법, 질문지법, 참여 관찰법 중 하나이다.)

구분		주로 계량화된 자료를 수집하는 데 활용되는가?	
		예	아니요
(가)	예	A	B
	아니요	C	D

① (가)는 '인위적으로 통제된 상황에서 변수의 효과를 관찰하는 방법인가?'가 적절하다.
② (가)가 '언어적 상호 작용에 의한 자료 수집이 필수적인가?'라면 A는 질문지법, D는 참여 관찰법이다.
③ (가)가 '자료 수집 시 연구 대상자의 응답이 필수 요건인가?'라면 B는 면접법, C는 질문지법이다.
④ A가 질문지법이라면 (가)는 '다수를 대상으로 한 자료 수집에 주로 사용되는가?'가 적절하다.
⑤ B가 참여 관찰법이라면 (가)는 '연구자가 현상이 실제로 발생한 현지에 가서 연구해야 하는가?'가 적절하다.

✏️**한줄 Tip** 하나의 질문을 통해 자료 수집 방법을 구분할 수 있다면 그 질문은 둘의 차이점을 묻는 것이 되며, 구분할 수 없는 질문은 둘이 가진 공통적인 특성을 묻는 것이다.

038
| 평가원 기출 |

자료 수집 방법 A~C에 대한 옳은 설명을 〈보기〉에서 고른 것은? (단, A~C는 각각 질문지법, 면접법, 실험법 중 하나이며, 각 연구는 연구 내용에 가장 적합한 자료 수집 방법을 사용하였다.)

연구 내용	자료 수집 방법
폭력 예방 교육이 폭력성 감소에 미치는 효과를 교육 전후의 검사를 통해 측정	A
청소년 1,000명을 대상으로 비행 친구 교제 여부와 비행 간의 상관 관계 분석	B
가출 청소년의 가출 동기와 가출 후 생활 및 비행에 이르는 과정 이해	C

〈보기〉
ㄱ. A는 B와 달리 질적 자료를 수집하기에 용이하다.
ㄴ. B는 C에 비해 시간과 비용 측면에서 효율적이다.
ㄷ. C는 B에 비해 조사자의 주관적 가치가 개입될 가능성이 크다.
ㄹ. B는 A, C에 비해 자료 수집 상황에 대한 통제 정도가 높다.

① ㄱ, ㄴ ② ㄱ, ㄷ ③ ㄴ, ㄷ
④ ㄴ, ㄹ ⑤ ㄷ, ㄹ

039

다음 자료 수집 방법에 대한 옳은 설명을 〈보기〉에서 고른 것은?

SNS 활용이 자존감을 높이는 데 기여할 것이라는 가설을 검증하기 위해 아래와 같이 통제 집단과 실험 집단으로 대상 집단을 분류하여 실험을 진행한다.

┌── (가) 대상 집단 ──┐
| (나) 실험 집단 | (다) 통제 집단 |

〈보기〉
ㄱ. SNS 활용은 독립 변수, 자존감은 종속 변수로 볼 수 있다.
ㄴ. (가) 집단에 대해서는 실험 전에 종속 변수의 값을 측정해야 한다.
ㄷ. 실험을 위해 (나) 집단은 (다) 집단에 비해 자존감이 낮은 집단으로 구성한다.
ㄹ. 연구자가 실험을 통해 변화가 나타나기를 기대하는 집단은 (다)이다.

① ㄱ, ㄴ ② ㄱ, ㄷ ③ ㄴ, ㄷ
④ ㄴ, ㄹ ⑤ ㄷ, ㄹ

040

표는 자료 수집 방법 A~D의 일반적인 특징을 구분한 것이다. 이에 대한 설명으로 옳은 것은? (단, A~D는 각각 질문지법, 실험법, 면접법, 문헌 연구법 중 하나이다.)

구분 기준 \ 자료 수집 방법	A	B	C	D
주로 양적 자료를 수집하는 데 사용하는가?	×	×	○	○
연구자의 주관이 개입될 가능성이 높은가?	○	○	×	×
비교적 경제성이 높은 방법인가?	○	×	○	×

(○ : 예, × : 아니요)

① A는 B와 달리 조사 과정에서 언어를 활용해야 한다.
② C는 B에 비해 조사 대상자에 대한 감정 이입적 이해를 중시한다.
③ D는 C와 달리 표본의 대표성 확보가 중요하다.
④ A는 D에 비해 시간과 비용의 측면에서 경제적이라 할 수 있다.
⑤ A, B는 C, D와 달리 양적 자료보다 질적 자료를 수집하고 해석하는 데 유리하다.

041 고난도 ↑

| 평가원 기출 |

교사가 제시한 과제에 대해 옳게 검토한 학생을 고른 것은?

> **고등학생의 여가 활동 실태 조사**
>
> 1. 부모님 중 학력이 높은 분의 최종 학력은 무엇입니까?
>   ① 중졸 이하 ② 고졸 ③ 대졸 ④ 대학원졸
>
> 2. 여가 활동에 쓰는 시간은 얼마나 됩니까?
>   ① 0시간~1시간 미만 ② 1시간 이상~2시간 미만
>   ③ 2시간 이상~3시간 미만 ④ 3시간 이상
>
> 3. 여가 시간에는 주로 어떤 활동을 합니까?
>   ① 공연 관람 ② 동호회 활동 ③ SNS 활동
>   ④ 독서 ⑤ 여행 ⑥ 없음
>
> 4. 최근에 새롭게 접해 봤거나 앞으로 해보고 싶은 여가 활동은 무엇입니까? (1가지만 적어 주십시오.)
>   (   )

다음은 A 학생이 작성한 질문지 초안입니다. 지난 시간에 배운 질문지 작성법에 따라 이 질문지를 검토해 볼까요?

학생	문항	검토 내용
갑	1	특정 응답을 유도하고 있어요.
을	2	응답에 필요한 정보가 빠져 있어요.
병	3	선택지가 상호 배타적이에요.
정	1, 4	한 질문에서 두 가지 사항을 묻고 있어요.
무	2, 3	선택지가 포괄적이지 않아요.

① 갑 ② 을 ③ 병
④ 정 ⑤ 무

042

밑줄 친 ㉠~㉊에 대한 설명으로 옳은 것은?

> 갑은 '㉠ 주기적인 운동이 우울증 환자들의 ㉡ 우울증 개선에 미치는 영향'이라는 주제를 선정하고 연구를 진행하였다. 갑은 먼저 ㉢ 우울증 발현 빈도수가 비슷한 ㉣ 연구 대상자 100명을 선정하여 무작위로 50명씩 A, B 두 집단으로 나누었다. 이후 ㉤ A 집단은 주기적인 운동을 하도록 돕고, ㉥ B 집단은 운동을 하지 못하도록 처치한 후 실험을 진행했다. 실험 기간 종료 후 두 집단의 ㉊ 우울증 발현의 빈도수를 측정하자, A 집단이 B 집단에 비해 평균적으로 약 20% 개선된 것으로 나타났다.

① ㉠은 종속 변인이다.
② ㉡을 조작적으로 정의한 것은 ㉊이다.
③ ㉢을 통해 독립 변인의 영향을 사전에 확인한다.
④ ㉣은 모집단이다.
⑤ ㉤은 통제 집단, ㉥은 실험 집단이다.

043

밑줄 친 ㉠~㉣에 대한 옳은 설명을 〈보기〉에서 고른 것은?

> • 연구 주제 : 고등학생의 사교육비 지출액과 학업 성취도 간의 관계 연구
> • 연구 가설 : ㉠ 사교육비 지출이 많은 학생이 높은 학업 성취도를 보일 것이다.
> • 자료 수집
>   – 조사 대상 : ㉡ A 지역 남자 고등학생 1,000명
>   – 조사 내용 : ㉢ 한달 평균 사교육비, 주요 과목 내신 등급 평균, 학력 평가 등급 평균
>   – 자료 수집 방법 : ㉣ 질문지법
> • 자료 분석 결과
>
> | 사교육비 | 학업 성취도 평균 | |
> |---|---|---|
> | | 내신 | 학력 평가 |
> | 0 ~ 10만 원 미만 | 5.6 | 5.3 |
> | 10만 원 이상 ~ 30만 원 미만 | 3.4 | 3.5 |
> | 30만 원 이상 | 3.2 | 3.8 |

〔보기〕

ㄱ. 연구 결과를 통해 ㉠은 인용되었다.
ㄴ. ㉡으로 인해 연구의 신뢰도가 낮아질 수 있다.
ㄷ. ㉢은 종속 변인에 대한 조작적 정의에 해당한다.
ㄹ. ㉣은 연구 대상의 주관적 인식을 물을 수 있다.

① ㄱ, ㄴ ② ㄱ, ㄷ ③ ㄴ, ㄷ
④ ㄴ, ㄹ ⑤ ㄷ, ㄹ

044

그림은 자료 수집 방법 A~C를 도식화한 것이다. 이에 대한 옳은 설명을 〈보기〉에서 고른 것은? (단, A~C는 각각 면접법, 질문지법, 참여 관찰법 중 하나이다.)

- 연구 가능한 대상의 양을 기준으로 하면 A가 가장 많다.
- 질적 자료를 수집하는가로 구분한다면 B와 C는 구분할 수 없다.
- 조작 및 통제 정도를 기준으로 한다면 C가 가장 낮다.

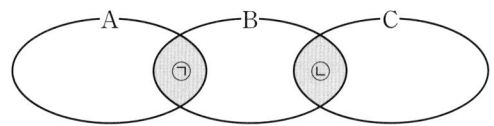

〔보기〕
- ㄱ. ㉠은 ㉡과 달리 '미리 질문을 준비하여 대상자에게 제시한다.'가 들어갈 수 있다.
- ㄴ. ㉠과 달리 ㉡에는 '경험적인 자료 수집에 장점이 있다.'가 들어갈 수 있다.
- ㄷ. A, B와 달리 C는 의사소통이 어려운 경우에도 사용할 수 있다.
- ㄹ. A, C에 비해 B는 시간과 비용 측면에서 효율적이다.

① ㄱ, ㄴ   ② ㄱ, ㄷ   ③ ㄴ, ㄷ
④ ㄴ, ㄹ   ⑤ ㄷ, ㄹ

045

다음에서 갑과 을이 수행한 연구에 대한 옳은 설명을 〈보기〉에 고른 것은?

"제 논문에는 A 지역 청소년의 욕설 사용 빈도에 대한 연구 결과가 나타나 있습니다. 청소년들을 대상으로 직접 설문 조사를 해본 결과 이들의 욕설 빈도는 다른 지역에 비해 매우 낮은 상황이었습니다."

"저도 제 논문을 쓰기 위해 갑님의 논문을 읽어 보았습니다. 하지만 제가 직접 A 지역의 청소년들을 학교와 PC방, 학원 앞, 식당 등지에서 살펴보았을 때 발견한 것은 다른 지역보다 더 많은 욕설을 사용하는 모습이었습니다."

갑   을

〔보기〕
- ㄱ. 갑의 연구는 실제성이 높은 자료를 수집하기에 용이한 방법이 사용되었다.
- ㄴ. 갑의 연구는 을의 연구에 비해 구조화된 도구로 자료를 직접 수집하는 방법이 사용되었다.
- ㄷ. 을의 연구는 1차 자료와 2차 자료를 수집하여 활용하는 방법이 함께 사용되었다.
- ㄹ. 갑의 연구에 비해 을의 연구가 내용을 일반화하는 데 더 유리하다.

① ㄱ, ㄴ   ② ㄱ, ㄷ   ③ ㄴ, ㄷ
④ ㄴ, ㄹ   ⑤ ㄷ, ㄹ

046

자료 수집 방법 A~D의 일반적인 특징에 대한 설명으로 옳은 것은? (단, A~D는 각각 문헌 연구법, 질문지법, 실험법, 참여 관찰법 중 하나이다.)

구분	사례
A	아프리카 부족민의 생활 방식을 연구하기 위해 직접 의례를 거쳐 부족의 일원이 되어 부족의 생활사를 경험하며 연구하였다.
B	케이팝(K-Pop)의 기원에 대해 연구하기 위해 1950년대 한국 가요에 대한 논문을 찾아보며 분석을 진행하였다.
C	아이들의 인내심이 향후 사회적 성공에 미치는 영향을 알기 위해 무작위로 아이들을 선발하여 주어진 사탕을 먹지 않고 참을 수 있는가를 관찰한 후 그들의 사회적 성공 여부를 추적하여 연구하였다.
D	교도소 출소자가 사회 적응 과정에서 겪는 어려움을 파악하기 위해 출소자 1,000명을 대상으로 정치·경제·문화적 어려움에 대해 질문지를 작성하여 응답을 얻었다.

① A는 B와 달리 1차 자료를 수집하는 데 사용된다.
② B는 C에 비해 실제성 높은 생생한 자료를 수집하기에 용이하다.
③ C는 D와 달리 조사자의 주관적 가치가 개입될 우려가 있다.
④ A는 B, C에 비해 수집된 자료를 통계적으로 처리하기에 용이하다.
⑤ D는 B, C에 비해 시간과 비용 측면에서 효율적이다.

047

자료 수집 방법 A~D의 일반적인 특징에 대한 옳은 설명만을 〈보기〉에서 있는 대로 고른 것은? (단, A~D는 각각 질문지법, 면접법, 참여 관찰법, 문헌 연구법 중 하나이다.)

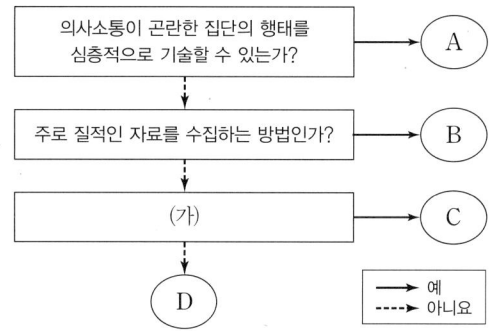

〔보기〕
- ㄱ. A는 B와 달리 구조화되지 않은 도구를 사용하여 자료를 수집한다.
- ㄴ. B는 C, D와 달리 연구 주제에 부합하는 대상자를 찾기 어려운 단점이 있다.
- ㄷ. (가)가 '연구자의 주관이나 가치 개입의 우려가 더 큰 방법인가?'라면 C는 2차 자료를 수집하는 방법이다.
- ㄹ. (가)가 '양적 자료를 수집할 수 있는 방법인가?'라면, D는 표본의 대표성이 중요한 방법이다.

① ㄱ, ㄴ   ② ㄴ, ㄷ   ③ ㄷ, ㄹ
④ ㄱ, ㄴ, ㄷ   ⑤ ㄴ, ㄷ, ㄹ

048

표는 자료 수집 방법 A~C의 특징을 비교한 것이다. 옳은 설명을 〈보기〉에서 고른 것은? (단, A~C는 각각 실험법, 면접법, 참여 관찰법 중 하나이다.)

질문	자료 수집 방법		
	A	B	C
(가)	예	아니요	아니요
(나)	아니요	예	예
자료 분석 및 해석의 과정에 연구자의 주관이 개입될 가능성이 높은가?	㉠	㉡	아니요

〈보기〉
ㄱ. ㉠과 ㉡은 서로 다른 답변일 수 있다.
ㄴ. (가)에 '자료 수집 과정에 언어가 필수적인가?'는 들어갈 수 있는 질문이다.
ㄷ. (나)에 '주로 질적 자료를 수집하기 위해 활용되는가?'는 들어갈 수 없는 질문이다.
ㄹ. (가)에 '예상하지 못한 상황 발생 시 대처가 어려운가?'가 들어간다면 (나)에는 '자료의 실제성이 높은가?'가 들어갈 수 있다.

① ㄱ, ㄴ
② ㄱ, ㄷ
③ ㄴ, ㄷ
④ ㄴ, ㄹ
⑤ ㄷ, ㄹ

049 고난도↑ | 평가원 기출 |

밑줄 친 ㉠~㉥에 대한 옳은 설명만을 〈보기〉에서 있는 대로 고른 것은?

연구자 갑은 타인의 기대가 있으면 이에 부응하는 쪽으로 행동이 변할 것이라는 가설을 세웠다. 이를 검증하기 위해 ○○기업 사원을 대상으로 ㉠ 업무 수행 능력 검사를 한 후, 각 부서에서 무작위로 ㉡ 20%의 사원을 선정하였다. 그 명단을 부장에게 주면서 ㉢ '업무 수행 능력 점수가 높은 사원들'이라고 믿게 하였고, 부장은 이들을 지속적으로 격려하였다. 1년이 지난 후 ㉣ 동일한 전체 사원을 대상으로 업무 수행 능력 검사를 실시하였다. 그 결과 명단에 속한 사원 집단이 ㉤ 다른 사원 집단보다 ㉥ 업무 수행 능력 점수의 향상 정도가 높았다.

〈보기〉
ㄱ. ㉠은 사전 검사를 통해 2차 자료를 수집하는 방법이다.
ㄴ. ㉣은 위의 가설을 검증하기 위해 필요한 과정이다.
ㄷ. ㉡은 실험 집단, ㉤은 통제 집단이다.
ㄹ. ㉢은 독립 변인, ㉥은 종속 변인이다.

① ㄱ, ㄷ
② ㄱ, ㄹ
③ ㄴ, ㄷ
④ ㄱ, ㄴ, ㄹ
⑤ ㄴ, ㄷ, ㄹ

050

자료 수집 방법 A~D의 일반적인 특징에 대한 설명으로 옳지 않은 것은? (단, A~D는 각각 질문지법, 면접법, 실험법, 참여 관찰법, 문헌 연구법이 들어갈 수 있다.)

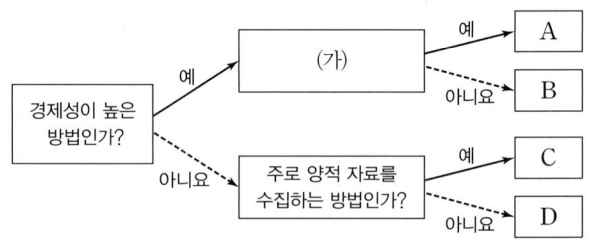

① (가)에 '무성의한 답변에 주의해야 하는가?'가 들어간다면 A와 B를 구분할 수 있다.
② (가)에 '2차 자료 분석을 통해 자료를 수집하는가?'가 들어간다면 B, C는 D에 비해 인과 법칙 발견이 용이하다.
③ C는 가장 엄격한 통제하에서 자료 수집이 이루어진다.
④ D는 C에 비해 연구하고자 하는 대상에 대해 심층적으로 이해하기 용이하다.
⑤ A, B는 C, D에 비해 연구자의 가치가 개입되기 쉽다.

051 고난도↑ | 평가원 기출 |

다음 연구에 대한 설명으로 옳은 것은?

야간 대학원을 다니며 석사 학위 논문을 준비하던 직장인 갑은 자신의 직장 동호회 활동 경험에서 아이디어를 얻어 직장인들의 ㉠ 회사 생활 만족도에 ㉡ 사내 동호회 활동이 미치는 영향을 알아보기 위한 연구를 진행하였다. 먼저 갑은 ㉢ 자신이 속한 직장의 전체 직원들 중 ㉣ 500명을 성별, 연령별, 직급별 비율에 따라 추출하였다. 그리고 이들을 대상으로 구조화된 질문지를 활용하여 급여 수준, 근무 환경, 직장 내 인간관계 등에 대한 만족도를 조사한 후, ㉤ 동호회 참여 집단과 ㉥ 미참여 집단으로 구분하여 자료를 분석하였다. 그 결과, 동호회 참여 집단의 만족도가 더 높게 나타났다.

① ㉠은 독립 변수, ㉡은 종속 변수이다.
② ㉢은 모집단, ㉣은 표본 집단이다.
③ ㉤은 실험 집단, ㉥은 통제 집단이다.
④ 주제 설정 및 자료 수집 단계에서 연구자의 가치가 배제되었다.
⑤ 연구 대상의 주관적 가치를 측정하여 규칙성을 도출할 수 있는 연구 방법이 사용되었다.

052

다음은 특정 연구에 사용할 자료 수집 방법에 대한 학생 갑~병의 의견이다. 이에 대한 옳은 설명을 〈보기〉에서 고른 것은?

사회·문화 수행평가

· 교사 : 여러분 팀의 연구 주제에 맞는 자료 수집 방법을 선택해 주세요. 단, 자료 수집 방법은 질문지법, 실험법, 면접법, 참여 관찰법 가운데 하나를 선택해 주셔야 합니다.

갑	"연구 대상의 언어를 이해할 수 없으므로 자료 수집 방법 선정에 신중해야 할 것 같습니다."
을	"연구 결과 제출일이 얼마 남지 않았고, 우리는 학생이라 연구 비용도 적어 걱정입니다."
병	"이 연구는 연구 대상과의 정서적 교감이 중요한 자료 수집 방법은 사용하기 힘들 것 같습니다."

┌─ 보기 ─────────────────────────────────┐
ㄱ. 갑, 을, 병의 말이 모두 진실일 경우 선택 가능한 자료 수집 방법이 존재한다.
ㄴ. 갑의 말이 진실이고, 을과 병의 말이 모두 거짓일 경우 선택 가능한 자료 수집 방법이 존재하지 않는다.
ㄷ. 갑의 말이 거짓, 을과 병의 말은 진실이라면 통계 처리가 용이한 자료 수집 방법을 사용할 수 있다.
ㄹ. 을의 말이 거짓, 갑과 병의 말은 진실이라면 자료의 실제성이 가장 높은 자료 수집 방법을 사용할 수 없다.
└──┘

① ㄱ, ㄴ   ② ㄱ, ㄷ   ③ ㄴ, ㄷ
④ ㄴ, ㄹ   ⑤ ㄷ, ㄹ

053

| 평가원 기출 |

자료 수집 방법 A~C의 일반적인 특징에 대한 설명으로 옳은 것은? (단, A~C는 각각 면접법, 질문지법, 참여 관찰법 중 하나이다.)

모둠별 연구 주제	교사 의견
분단 비용과 통일 비용에 대한 고등학생의 성별 인식 차이	계량화가 용이한 방법인 A를 활용해 연구해 보세요.
고등학생이 생각하는 남북통일의 의미	언어적 상호 작용이 필수적인 B를 활용하세요. 이때, 정서적 교감을 형성하는 것이 중요합니다.
고등학교 사회 수업에서 이루어지는 통일 교육의 실제	C를 활용하면 실제성이 높은 생생한 자료를 수집할 수 있습니다.

① A는 B에 비해 문맹자에게 사용하기에 유리하다.
② B는 A에 비해 자료 수집 과정에서 연구자의 주관이 개입될 가능성이 낮다.
③ B는 C에 비해 예상치 못한 상황을 통제하기가 곤란하다.
④ C는 A에 비해 일상을 심층적으로 파악하기에 용이하다.
⑤ B, C는 모두 양적 연구에서 주로 활용된다.

054

| 평가원 기출 |

다음 자료에 대한 옳은 분석만을 〈보기〉에서 있는 대로 고른 것은?

· 과제 : 교육 관련 연구를 위한 가설을 설정하고, 이를 검증하기 위해 필요한 자료를 3개만 수집하시오.

모둠	가설	적음
A	도시 지역은 농촌 지역보다 고등학교 졸업생의 대학 진학률이 높을 것이다.	· 농촌 지역과 도시 지역 각각의 고등학교 졸업생 수 · 농촌 지역에 거주 중인 대학생 수 · 도시 지역에 거주 중인 대학생 수
B	가구 소득이 높을수록 자녀 교육비에서 사교육비의 비중이 높을 것이다.	· 자녀가 있는 가구들의 가구별 소득액 · 가구별 자녀 교육비 지출액 · 가구별 자녀 사교육비 지출액
C	비수도권 지역 고등학교는 수도권 지역 고등학교보다 교사 1인당 학생 수가 적을 것이다.	· 수도권 지역과 비수도권 지역 각각의 고등학생 수 · 수도권 지역의 교사 수 · □ (가)

> 모든 모둠이 가설을 검증하기 위한 3개의 자료를 수집해 왔군요. B 모둠은 수집한 3개의 자료 모두가 가설 검증에 필요합니다. A 모둠은 2개, C 모둠은 1개의 자료가 가설 검증에 적합하지 않습니다.

┌─ 보기 ─────────────────────────────────┐
ㄱ. A 모둠에서 수집한 자료 중 '농촌 지역과 도시 지역 각각의 고등학교 졸업생 수'는 가설 검증에 적합하지 않은 것 중 하나이다.
ㄴ. B 모둠의 가설은 가정의 경제적 요인이 자녀 교육에 미치는 영향을 확인하는 데 활용될 수 있다.
ㄷ. A, C 모둠은 모두 교육적 측면에서 나타난 지역 간 차이를 확인하고자 한다.
ㄹ. (가)에는 '비수도권 지역의 교사 수'가 들어갈 수 있다.
└──┘

① ㄱ, ㄴ   ② ㄱ, ㄹ   ③ ㄴ, ㄷ
④ ㄱ, ㄴ, ㄹ   ⑤ ㄴ, ㄷ, ㄹ

04강 사회·문화 현상의 탐구 절차와 태도

주제 1 양적 연구와 질적 연구의 탐구 절차와 가치 중립

1. 양적 연구의 탐구 절차

문제 인식 및 연구 주제 선정	수치화된 자료를 통해 관계성을 밝힐 필요가 있는 현상에 대한 연구자의 문제 의식으로부터 주제 선정
가설 설정	• 연구 주제에 대한 잠정적인 결론 • 변인 간의 관계성에 대한 논리적인 설명
연구 설계	• 개념의 조작적 정의 : 추상적인 개념을 측정이 가능하도록 구체화된 개념으로 다시 정의함 • 연구 대상, 연구 기간 및 자료 수집 방법 결정
자료 수집	• 연구 설계에 따라 경험적인 자료를 수집하는 과정 • 양적 자료의 수집을 위해 주로 질문지법이나 실험법이 사용됨
자료 분석	• 주로 통계적 기법을 이용해 수집된 자료를 분석 • 독립 변인과 종속 변인 간의 관계를 파악하기에 편리한 표나 도표를 작성할 수 있음
가설 검증	자료 분석을 통해 가설의 수용(인용, 채택) 또는 기각 여부를 결정
결론 도출 및 일반화	• 변인 간의 관계성을 밝히며 결론을 도출함 • 다른 사회·문화 현상에 적용할 수 있도록 일반화의 과정을 거침

→ • 변인 간의 명확한 인과 관계가 드러나도록 서술되어야 한다.
　• 경험적 자료를 통해 과학적으로 검증 가능한 진술이어야 한다.

자료로 살펴보기

■ 개념의 조작적 정의

> 연구 주제 : 부와 행복의 상관 관계 연구

• '부' : 1인당 GDP를 측정한다.
• '행복' : 행복 지수를 통해 측정한다.
'부'와 '행복'이라는 추상적 개념을 양적 연구를 통해 확인하기 위해서는 수치화하여 측정 가능한 개념으로 다시 정의해야 한다. 그 과정을 개념의 조작적 정의라 한다.

→ 봉사와 인성의 관계 연구라면, '봉사'와 '인성'을 측정하기 위한 개념의 조작적 정의 과정이 필수적이다.

2. 질적 연구의 탐구 절차

문제 인식 및 연구 주제 선정	심층적인 이해가 필요한 사회·문화 현상에 대한 연구자의 문제 의식으로부터 주제 선정
연구 설계	• 연구 대상, 연구 기간 및 자료 수집 방법 결정 • 통계 분석을 중시하지 않으므로 개념의 조작적 정의는 하지 않음
자료 수집	• 질적 자료의 수집을 위해 주로 면접법이나 참여 관찰법이 사용됨 →사적인 차원에서 기록되거나 제작된 자료로 연구 대상의 주관적 세계 연구에 중요한 자료로 활용된다. • 공식적 자료와 함께 대상자의 사적인 일기, 낙서, 대화록 등 비공식적 자료가 유용하게 활용됨
자료 해석	연구자의 직관적 통찰과 감정 이입적 이해를 통해 자료를 해석함
결론 도출	주어진 상황에 대한 개별 연구 대상이 부여한 의미와 상황 정의 등에 대한 결론을 도출함

연구자의 경험과 통찰력을 통한 상황 판단 ┘　└ 연구자가 상대방의 입장이 되어 행위자의 행위가 갖는 의미를 이해하는 것을 의미한다.

자료로 살펴보기

■ 양적 연구와 질적 연구 절차 구분

문제 인식 및 연구 주제 선정	가설 설정	연구 설계	자료 수집	자료 분석	가설 검증	결론 도출 및 일반화

인간 행위의 심층적인 내면을 탐구하고자 하는 질적 연구의 경우 양적 연구와는 달리 가설 설정, 가설 검증, 일반화의 단계가 생략된다. 즉, 변인 간의 인과 관계를 바탕으로 법칙 발견이 필요하지 않으므로 가설을 설정하지 않으며, 소수를 대상으로 깊이 있는 내면을 탐구하는 과정이므로 일반화를 목적으로 하지 않는다.

3. 가치 개입과 가치 중립

양적 연구	질적 연구	연구자의 가치 개입 및 가치 중립
문제 인식 및 연구 주제 선정	문제 인식 및 연구 주제 선정	연구자의 가치 개입 : 연구자는 자신의 가치관을 개입하여 문제를 인식하고 주제를 선정하며 연구를 설계함
가설 설정		
연구 설계	연구 설계	
자료 수집	자료 수집	연구자의 가치 중립 : 자료를 수집하고 분석하여 결론을 도출하는 단계에서는 자료의 왜곡을 방지하기 위해 연구자의 가치관을 배제하여 진행함
자료 분석	자료 해석	
가설 검증		
결론 도출	결론 도출	
일반화		연구자의 가치 개입 : 연구자의 가치관에 따라 일반화를 진행함

자료로 살펴보기

■ 베버(M. Weber)의 가치 중립

베버에게 가치 중립은 두 가지 의미를 지닌다. 첫째, 가치 중립은 사회학자의 규범적 명령이다. 사회학자는 과학자로서의 역할에 입각한 과학 정신에 인도되어야지 결코 시민으로서의 역할에 의해 지배되어서는 안 된다. 둘째, 가치 중립은 사실과 가치의 분리를 뜻한다. 사회학자는 연구 과정에서는 가치 판단을 배제하고 철저히 사실 판단에만 입각해야 하고 존재 진술로부터 당위 진술을 끌어내서는 안 된다.

주제 2 연구자의 탐구 태도 및 연구 윤리

1. 사회·문화 현상 연구의 특성

(1) 연구자가 주관적 가치를 지니고 있으므로, 연구 대상인 사회·문화 현상으로부터 엄격히 분리하기 힘든 한계가 있음
(2) 사회·문화 현상의 특수성으로 인해 법칙 발견이 어려움
(3) 연구자의 관점에 따라 같은 현상에 대한 다양한 결론이 도출될 수 있음
(4) 연구자와 연구 대상의 문화권이 다른 경우 심층적 이해가 어려울 수 있음

2. 사회·문화 현상의 탐구 태도

성찰적 태도	• 현상의 발생 원인이나 결과는 물론 그 이면의 발생 원리에 대해 적극적이고 능동적으로 살펴보려는 태도 • 연구 진행 과정 중에 연구자가 스스로 연구 절차, 방법, 연구 윤리 등을 잘 지키고 있는지 반성해 보는 태도 • 사회·문화 현상의 발생 과정과 원인은 단순하지 않고 복잡하기 때문에 성찰적으로 접근하지 않으면 겉으로 드러나는 현상만을 보게 됨
객관적 태도	• 연구자 자신의 주관적 가치관, 편견, 이해관계 등을 배제하고 현상이 지니는 사실적 특성만을 있는 그대로 파악하려는 태도 • 연구자도 인간으로서 주관적 가치를 갖기 때문에 그것이 연구에 개입될 수 있음 • 객관적 태도가 지켜지지 않는 경우 연구 결과가 왜곡되어 연구의 신뢰도가 낮아질 수 있음
개방적 태도	• 자신의 주장이 잘못될 수 있음을 인정하고 자신에 대한 비판을 허용하는 태도 • 다른 주장의 제기 가능성을 인정하되, 그 주장 역시 경험적으로 검증되기 전까지는 하나의 가설로서 받아들이는 태도 • 과학적 연구의 결론 역시 잠정적인 진리이므로 새로운 주장의 제기 가능성을 인정하는 태도
상대주의적 태도	• 동일한 사회·문화 현상이라고 할지라도 시대와 장소의 맥락에 따라 다른 의미를 지닐 수 있음을 인정하고 연구하고자 하는 현상이 발생한 사회의 역사적·사회적 맥락과 배경을 고려하여 이해하려는 태도 • 제3자의 입장을 현상이 발생한 사회에 투영하여 이해하거나 특정 사회의 맥락을 다른 사회에 적용하여 해석하려는 시도를 지양하는 태도

자료로 살펴보기 🔍

■ 개방적 태도

▲ 케인즈

대공황이 발생하고 전 세계의 많은 경제학자들과 정치 지도자들은 케인즈(J. M. Keynes)에게 눈을 돌렸다. 그는 사회 보장 제도 확대와 공공사업을 통한 일자리 확충을 통해 유효 수요를 확보하며 대공황이라는 어두운 터널을 빠져나갔다. 이것이 스스로 '일반 이론'이라는 이름을 붙인 당시 경제 문제의 정답이었다. 하지만, 1970년대 각국은 불어난 사회 보장 제도로 인해 쌓인 빚을 감당하지 못했고 설상가상 OPEC은 석유 가격을 폭등시켰다. 다시 찾아온 경제 위기에 케인즈가 설 땅은 없었다. 그의 자리에 프리드먼(M. Friedman)과 하이예크(F. A. Hayek)의 신자유주의가 들어섰고, 각국은 자유화의 물결에 동참하며 경제 위기를 탈출해 갔다. 하지만 신자유주의 역시 빈부 격차라는 거대한 질문 앞에 정답이 되지는 못하고 있다.
따라서 우리는 진리는 무엇인가. 정답은 무엇인가. 그 해답을 찾기 전까지 우리는 늘 '개방적 태도'를 견지해야 한다.

3. 연구 윤리

연구 대상	• 사전 동의를 얻어야 하며, 사전 고지가 연구 결과에 영향을 미치는 경우 결과 발표 전에 동의를 구해야 함 • 연구 대상자의 인권 보호
연구 과정	• 연구 과정의 조작, 왜곡, 과장, 표절 등 금지 • 자료 수집, 해석, 결론 도출 과정의 가치 중립
연구 결과	• 연구 결과에 대한 왜곡, 축소, 과장 금지 • 연구 결과의 사회적 영향에 대한 책임

📝 다음 설명이 맞으면 'O', 틀리면 'X'에 표시하시오.

01 수치화된 자료를 수집하여 변인 간의 관계성을 탐구하는 절차는 양적 연구이다. O X

02 양적 연구 단계에서 연구 주제에 대한 잠정적인 결론 제시는 자료 분석 단계에 진행된다. O X

03 양적 연구 단계에서는 주로 질문지법이나 참여 관찰법 등이 활용된다. O X

04 (함정) 수치화된 개념을 주제에 맞게 포괄적인 의미로 다시 정의하는 과정을 개념의 조작적 정의라고 한다. O X

05 객관적 이해보다는 심층적 이해가 필요할 때에는 질적 연구 절차를 따른다. O X

06 직관적 통찰과 감정 이입적 이해는 질적 연구의 주요한 특징이다. O X

07 가설 설정 단계는 연구 대상자가 주어진 상황에 부여한 의미를 파악하기 위해 존재한다. O X

08 양적 연구와 다르게 질적 연구는 가설 설정 및 일반화의 단계가 존재하지 않는다. O X

09 문제 인식 및 주제 선정 단계에서는 연구자의 가치가 개입될 수 있다. O X

10 (함정) 가설을 설정하고 검증하는 단계에는 연구자의 가치가 개입되지 않아야 한다. O X

11 (함정) 결론을 도출하고 일반화하는 단계는 연구자의 가치 중립이 필요하다. O X

12 베버는 가치 중립의 의미를 사실과 가치의 분리로 보았다. O X

13 사회·문화 현상은 연구자와 연구 대상을 엄격히 분리할 수 있는 장점이 있다. O X

14 사회·문화 현상에는 특수성이 존재하므로 법칙을 발견하여 다양한 사회에 적용하기에 용이하다. O X

15 (함정) 자신의 연구 과정을 되돌아보는 태도는 객관적 태도이며, 연구자의 주관을 배제하는 태도는 성찰적 태도이다. O X

16 개방적 태도는 과학적 연구 결과라고 할지라도 반증 가능성을 인정하는 태도이다. O X

17 사회·문화 현상은 제3자의 시각이 아닌, 해당 현상이 발생한 사회의 맥락에서 연구되어야 한다. O X

18 연구 대상자에게는 반드시 연구 시작 전에 연구의 주제와 목적을 알려야 한다. O X

19 연구 과정에서 자신의 가설과 맞지 않는 자료는 어느 정도 배제할 수 있다. O X

사회·문화 현상의 연구 절차는 어떻게 파악하는가?

자료 양적 연구의 탐구 절차

① 연구자 갑은 ㉠ 고등학생의 건전한 인성 형성과 봉사 활동의 관계를 연구하기로 하였다.
② 이에 따라 가설을 세우고 이를 검증하기 위해
③ 고등학생 ㉡ 1,000명을 무작위로 추출한 후, ㉢ 타인 배려 정도, 관용 정신 정도를 지수화하여 ㉣ 조사하였다.
④ 그리고 조사 대상자를 ㉤ 봉사 활동 시간이 많은 A 집단과 적은 B 집단으로 나누어 그들의 응답을 분석해 보았다.
⑤ 그 결과, ㉥ 봉사 활동 시간이 타인 배려 정도에는 유의미한 영향을 미치는 것으로, 관용 정신 정도에는 거의 영향을 미치지 않는 것으로 나타났다.

제시된 자료는 양적 연구 방법의 절차를 보여 주는 대표적인 사례이다. 이를 통해 각 단계별 특징을 파악하고 구분하는 것이 출제의 포인트가 된다.

❶ 각 단계에 해당하는 연구 절차를 파악하고 각 단계의 특징을 찾아보자.

① 주제 선정	고등학생을 모집단으로 독립 변인인 봉사 활동이 종속 변인인 인성에 미치는 영향을 연구하고자 한다. ⇒ 연구자의 가치 개입 가능
② 가설 설정	가설이란 연구 주제에 관한 잠정적 결론을 말하는데 질적 연구에서는 생략된다. ⇒ 연구자의 가치 개입 가능
③, ④, ⑤ 연구 설계 자료 수집 자료 분석 가설 검증 결론 도출	• 연구 설계 : 연구 대상을 추출할 때에는 표본의 대표성을 반드시 고려해야 한다. '인성'이라는 추상적 개념을 '타인 배려 정도'와 '관용 정신 정도'로 구체화하는 조작적 정의의 과정이 나타난다. 또한 ④ 단계를 통해 자료 수집 방법은 질문지법임을 알 수 있다. ⇒ 연구자의 가치 개입 가능 • 자료 수집 및 자료 분석 : 질문지법을 활용하여 자료를 수집하고 봉사 활동 시간을 기준으로 자료를 분석했다. ⇒ 연구자의 가치 중립 • 가설 검증 : 가설의 내용이 나타나지 않았고, 자료 분석의 결과 두 변인 간의 관계성이 모호한 것으로 보이므로 가설의 수용, 기각 여부는 알 수 없다. ⇒ 연구자의 가치 중립 • 결론 도출 : 자료 분석 결과를 통해 결론을 도출한다. ⇒ 연구자의 가치 중립 • 일반화 : 제시된 자료에는 일반화의 과정을 찾을 수 없다. 질적 연구에서는 일반화의 단계가 생략된다. ⇒ 연구자의 가치 개입 가능

위에 등장한 질문지법 외에 실험법, 면접법, 참여 관찰법 등에 따라 연구의 절차는 달라지므로 ==연구 절차별 특징을 숙지하는 것에 더하여 자료 수집 방법에 따른 개념 정리를 잘 해두어야 다양한 문제 유형에 적응할 수 있다.==

❷ 연구 절차와 특징을 선택지에 적용하여 옳고, 그름을 구분하자.

① ㉠ 단계에서는 ==연구자의 가치 중립==이 요구된다.
② ㉡은 ==표본==으로, ㉤은 ==실험 집단==으로 선정된 것이다.
③ ㉢은 종속 변인을 ==조작적으로 정의==하는 과정이다.
④ ㉣은 ==사전 조사==를 통해 기존의 연구 동향을 파악한 것이다.
⑤ ㉥을 통해 갑의 ==가설==은 ==검증==되지 않았음을 알 수 있다.

위 선택지에서 주어진 키워드를 통해 연구 절차를 분석하면, ㉠은 연구 주제의 선정으로 연구자의 가치가 개입될 수 있다. 제시된 연구는 설문지를 통해 자료를 수집한 양적 연구로, 표본이나 실험 집단은 실험법에 해당되는 키워드이다. ③번에서 말하는 조작적으로 정의하는 과정은 ㉢에서 드러난다. ㉣은 가설 검증을 위한 조사 과정이며, 기존의 연구 동향을 파악하기 위한 것이 아니다. 기존의 연구 동향 파악을 위해서는 문헌을 분석하는 것이 일반적이다. ㉥을 통해 가설은 검증되었다. 다만, 가설이 수용된 것으로 보이지는 않는다. 이를 통해 ③번 보기를 제외한 모든 선택지는 옳지 않다.

개념 문제로 확인

Q1 빈칸에 알맞은 말을 고르거나 쓰시오.

01 연구 주제가 독립 변인과 종속 변인 간의 관계 연구라면 (양적 / 질적) 연구 절차에 따라 연구를 진행한다.

02 가설 설정 및 가설 검증, 그리고 일반화의 단계가 생략될 수 있는 연구 절차는 (양적 / 질적) 연구이다.

03 양적 연구 방법에서 가설 설정 단계란 연구자가 (   )인 결론을 내리는 것이다.

04 추상적인 개념을 구체적으로 수치화할 수 있는 자료로 재정의하는 과정을 개념의 (   )(이)라 한다.

05 양적 연구에서 표본을 추출할 때 표본이 모집단을 대표하는 정도가 중요한데, 이를 표본의 (   )(이)라 한다.

Q2 다음 내용이 맞으면 '○', 틀리면 '✕'에 표시하시오.

06 표본과 실험 집단, 통제 집단 등의 용어가 사용된다면 질문지법을 활용한 연구이다.
(○ / ✕)

07 가설과 결론이 일치하지 않는 경우 가설을 수용하여 결론을 도출한다. (○ / ✕)

08 양적 연구 절차라 해도 연구자의 가치를 개입시킬 수 있는 단계가 있다. (○ / ✕)

Q3 다음을 읽고 물음에 답하시오.

• 연구 주제 : 우리나라 어머니의 정서 표현과 자녀의 사회성 간의 관계
• 연구 가설 : 어머니의 긍정적인 정서 표현이 많을수록 자녀의 사회성이 높을 것이다.
• 조사 대상 : ○○시에 사는 어머니 500명과 자녀 850명
• 자료 수집 방법 : 질문지법

09 위 연구는 (양적 / 질적) 연구이다.

10 '어머니의 정서 표현'은 (독립 / 종속) 변인이다.

11 표본은 대표성을 띠고 (있다 / 있지 않다).

HOW & WHAT 정답 **Q1 01** 양적 **02** 질적 **03** 잠정적 **04** 조작적 정의 **05** 대표성 **Q2 06** ✕ **07** ✕ **08** ○ **Q3 09** 양적 **10** 독립 **11** 있지 않다.

034 | I. 사회·문화 현상의 탐구

주제 1 양적 연구와 질적 연구의 탐구 절차와 가치 중립

족집게 전략 | 주된 출제 개념은 양적 연구와 질적 연구의 절차적 특징, 그리고 연구자의 가치 개입 가능성에 있다. 문제 풀이 포인트 첫 번째는 실제 연구 사례를 절차와 연결지어 이해하는 것이고, 두 번째 포인트는 각각의 절차에서 강조되는 부분들, 예를 들면 개념의 조작적 정의, 표본의 대표성, 가설의 기각과 수용 여부 판단 등에 대해 정확히 이해하고 있어야 한다는 점이다.

족집게 자료 분석 전략 START | 구체적인 연구 절차에 대한 이해는 물론 실제 사례에 적용할 수 있어야 한다.

(가) 연구 주제 : 청소년들의 자아존중감과 진로 성숙도 간의 관계
(나) 연구 가설 : 자아존중감이 높은 청소년일수록 진로 성숙도가 높을 것이다.
(다) 조사 대상자 선정 : 전국의 남·여 고등학생 중 각각 1,000명씩을 무작위로 선정
(라) 자료 수집
　　－ 조사 방법 : 설문 조사
　　－ 질문 내용 : 자기 이해, 진로 탐색 경험 등
(마) 자료 분석 결과

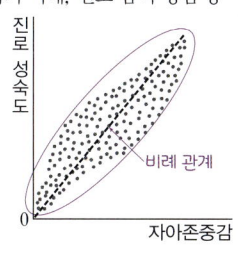

---

❶ 연구 절차에 대한 이해를 통해 모집단과 표본 집단을 구분하고 자료 분석의 결과가 의미하는 바를 명확히 이해해야 한다.
❷ 위 그래프는 두 변인 간의 비례 관계를 나타내므로 가설은 수용될 수 있다.

055 대표 문항 | 평가원 기출 |

다음 사회 조사 과정에 대한 설명으로 옳은 것만을 〈보기〉에서 있는 대로 고른 것은?

(가) 연구 주제 : 청소년들의 자아존중감과 진로 성숙도 간의 관계
(나) 연구 가설 : 자아존중감이 높은 청소년일수록 진로 성숙도가 높을 것이다.
(다) 조사 대상자 선정 : 전국의 남·여 고등학생 중 각각 1,000명씩을 무작위로 선정
(라) 자료 수집 － 조사 방법 : 설문 조사
　　　　　　　 － 질문 내용 : 자기 이해, 진로 탐색 경험 등
(마) 자료 분석 결과

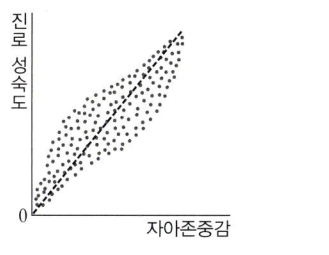

[보기]
ㄱ. (가)에서는 연구자의 가치가 개입된다.
ㄴ. (다)의 표본 집단은 모집단에 대한 대표성을 갖는다.
ㄷ. (가) 이후 (라) 이전에서 개념의 조작적 정의가 이루어진다.
ㄹ. (마)에 따라 (나)는 채택되어 일반화할 수 있다.

① ㄱ, ㄴ　　　② ㄱ, ㄷ　　　③ ㄴ, ㄹ
④ ㄱ, ㄷ, ㄹ　　　⑤ ㄴ, ㄷ, ㄹ

✏️ **한줄 Tip** 연구자의 가치 중립, 표본의 대표성, 그리고 개념의 조작적 정의는 연구 절차 관련 문제에 필수 개념이야!

056 | 평가원 기출 |

다음 연구에 대한 옳은 설명을 〈보기〉에서 고른 것은?

- 연구 주제 : 중·고등학생의 게임 몰입이 주변 사람과의 대화에 미치는 영향
- 연구 가설
　〈가설 1〉 게임을 적게 할수록 부모와 대화는 많을 것이다.
　〈가설 2〉 (가)
- 자료 수집
　－ 조사 방법 : 중·고등학생 1,000명을 무작위 선정하여 설문 조사
　－ 조사 내용 : ㉠ 게임 시간 정도, ㉡ 부모와 대화 정도, 친구와 대화 정도
- 자료 분석 결과 : 자료 분석 결과는 아래 표와 같고, 부모와 대화 정도 및 친구와 대화 정도는 게임 시간 정도에 따라 통계적으로 유의미한 차이가 있는 것으로 나타났다.

(단위 : 명)

대화 정도	게임 시간 정도	많음	중간	적음
부모와 대화 많음	친구와 대화 많음	78	100	120
	친구와 대화 적음	52	70	80
부모와 대화 적음	친구와 대화 많음	172	100	A
	친구와 대화 적음	48	B	C

*무응답이나 복수 응답 없음　**A+B+C=3A

[보기]
ㄱ. 게임을 많이 한 집단은 실험 집단, 게임을 적게 한 집단은 통제 집단이다.
ㄴ. 분석 결과에 따르면 ㉠과 ㉡은 양(+)의 관계이다.
ㄷ. 부모와 대화 정도가 적다는 응답자가 친구와 대화 정도가 적다는 응답자보다 많다.
ㄹ. (가)가 '게임을 적게 할수록 친구와 대화는 많을 것이다.'라면, 〈가설 2〉는 기각된다.

① ㄱ, ㄴ　　　② ㄱ, ㄷ　　　③ ㄴ, ㄷ
④ ㄴ, ㄹ　　　⑤ ㄷ, ㄹ

057

|평가원 기출|

(가), (나)가 적용되어야 할 연구 단계로 옳은 것만을 〈보기〉에서 있는 대로 고른 것은?

연구자는 사회 현상의 연구 과정에서 가치 개입과 가치 중립의 문제에 직면한다. 연구자는 학문적 객관성을 위해 가급적 (가) 을/를 지켜야 한다. 하지만 연구 과정에서 어떠한 가치 판단도 전제하지 않는 연구는 불가능하므로 (나) 이/가 용인되는 단계도 있다.

〈보기〉
ㄱ. (가) - 개념을 측정 가능하도록 조작적으로 정의한다.
ㄴ. (가) - 수집된 자료를 통해 가설의 진위 여부를 확인한다.
ㄷ. (나) - 자료 수집 방법으로 질문지법을 선택한다.
ㄹ. (나) - 독립 변수와 종속 변수 간의 잠정적 관계를 설정한다.

① ㄱ, ㄴ   ② ㄱ, ㄹ   ③ ㄴ, ㄷ
④ ㄱ, ㄷ, ㄹ   ⑤ ㄴ, ㄷ, ㄹ

058

|평가원 기출|

밑줄 친 ㉠~㉥에 대한 설명으로 옳은 것은?

연구 주제 : 다문화 교육이 고등학생의 다문화 수용성에 미치는 영향
• 가설 설정 – ㉠ 가설 : 다문화 교육을 받은 고등학생이 받지 않은 고등학생에 비해 다문화 수용성이 높을 것이다.
• ㉡ 자료 수집 – 연구 참여에 동의한 ○○고등학교 학생 60명을 무작위로 각각 30명씩 A, B 두 집단으로 나누고, 두 집단 모두를 대상으로 다문화 수용성 지수를 측정하는 ㉢ 설문 조사를 실시함 – ㉣ A 집단에는 다문화 교육을 3개월 간 실시하고, ㉤ B 집단에는 다문화 교육을 실시하지 않음 – 이후 A, B 두 집단 모두를 대상으로 다문화 수용성 지수를 측정하는 ㉥ 설문 조사를 실시함
• ㉦ 자료 분석 – 수집한 자료를 분석한 결과, 가설을 채택함
• ㉧ 결론 – 고등학생의 다문화 수용성 제고를 위해서는 다문화 교육을 실시해야 한다.

① ㉠에서 독립 변인은 '다문화 교육의 효과'이다.
② ㉢에서 1차 자료를, ㉥에서 2차 자료를 수집하였다.
③ ㉣은 실험 집단, ㉤은 통제 집단이다.
④ ㉦에 따르면, ㉤은 ㉣과 달리 다문화 수용성이 낮아졌다.
⑤ ㉡→㉦→㉧으로 가는 과정은 연역적이다.

059

다음 연구에 대한 분석 및 추론으로 옳지 <u>않은</u> 것은?

연구 보고서			
			연구자 : 갑
주제 선정	(가)	가설 설정	(나)
연구 대상	○○시 소재 10개 중고등학교 선정 후 학교별 4학년 2개 학급씩 무작위 추출		
자료 수집	설문지	가설 검증	가설 채택
결론 도출 및 일반화	청소년의 민주 시민 의식을 높이기 위해서 사회 참여의 기회를 늘리고, 다양한 사회 참여 프로그램을 개발해 나갈 것을 제언하였다.		

① 연구 결과를 청소년에게 일반화하기 힘들다.
② 방법론적 일원론에 입각한 연구 방법을 사용하였다.
③ 자료 수집 이전에 개념의 조작적 정의가 이루어졌을 것이다.
④ (가)의 설정 단계에서는 연구자의 가치가 개입될 수 있다.
⑤ (나)에는 "민주 시민 의식이 높은 청소년일수록 사회 참여 경험이 더 많을 것이다."가 들어갈 수 있다.

[060~061] 다음 글을 읽고 물음에 답하시오.

갑은 ㉠ "개인 행동의 변화를 가져오는 것은 개인의 자율적인 가치 판단의 변화보다 주변 환경에 의한 영향이 더 클 것이다."라는 가설을 검증하기 위해 연구를 시작했다. A 지역의 쓰레기 무단 투기 장소 앞을 지나는 ㉡ 주민 1,000명을 대상으로 자신이 ㉢ 쓰레기 무단 투기를 줄인다면 ㉣ 두 가지 이유(자신의 가치 판단 / 주변 환경) 중 어떤 것이 더 큰 영향을 줄 것인지를 설문 조사를 통해 자료를 수집했다. 또한 이와 별도로 동일 대상을 무작위로 ㉤ 500명씩 2개 집단으로 분류하고 시점을 나누어 자료를 수집했는데, 해당 장소에 "쓰레기 무단 투기를 하지 말아주세요."라는 문구를 본 집단보다 ㉥ 해당 장소를 깨끗이 치우고 꽃을 심어둔 것을 본 집단의 쓰레기 무단 투기 비율이 크게 줄어들었다. 이런 연구 과정을 통해 갑은 가설을 검증하고 결론을 제시했다. 더불어 갑은 ⓐ 사람들은 자신의 행동에 영향을 주는 요인을 정확히 알지 못한다는 것을 부가적으로 파악했다고 밝혔다.

060

갑의 연구 방법에 대한 옳은 설명을 〈보기〉에서 고른 것은?

〈보기〉
ㄱ. 갑의 연구 방법은 방법론적 일원론에 기초한다.
ㄴ. 갑의 연구 결과는 일반화할 수 있다.
ㄷ. 갑이 사용한 자료 수집 방법은 서로 다른 결론을 도출해 낸다.
ㄹ. ㉠의 설정 단계와 ⓐ의 도출 단계에서 갑의 가치가 개입될 수 있다.

① ㄱ, ㄴ   ② ㄱ, ㄷ   ③ ㄴ, ㄷ   ④ ㄴ, ㄹ   ⑤ ㄷ, ㄹ

061

밑줄 친 ㉠~㉅에 대한 설명으로 옳은 것은?

① 설문 조사 분석 결과에 의해 ㉠은 채택된다.
② ㉠에서의 '행동의 변화'는 '쓰레기 무단 투기 감소'로 조작적 정의되었다.
③ ㉢은 독립 변수이고, ㉣은 종속 변수이다.
④ ㉤은 ㉡과 달리 표본이며, 실험 집단은 ㉥만 해당된다.
⑤ ㉅은 ㉠을 연역적 과정을 통해 일반화한 것이다.

062 고난도↑

다음 연구에 대한 옳은 설명만을 〈보기〉에서 있는 대로 고른 것은?

- 연구 주제: 청소년의 가정 내 책 보유와 국어 능력의 상관 관계
- 연구 가설
  〈가설 1〉 가정에 책을 많이 갖고 있는 학생이 적은 학생들보다 더 많은 책을 읽을 것이다.
  〈가설 2〉 책을 많이 읽는 학생이 적게 읽는 학생보다 수능 시험 국어 영역의 등급이 높을 것이다.
  〈가설 3〉 가정에 책을 많이 갖고 있는 학생이 적은 학생들보다 수능 시험 국어 영역의 등급이 높을 것이다.
- 자료 수집
  − 조사 방법: ㉠ 수능을 치른 고등학교 3학년생 1,000명을 무작위로 선정하여 질문지를 통한 조사 실시
  − 조사 내용: ㉡ 가정 내 책 보유 권수, ㉢ 한 달 평균 읽은 책의 수, ㉣ 수능 시험 국어 영역의 등급
- 자료 분석 결과 : 분석 결과는 아래 표와 같고, 가정 내 책 보유 정도와 국어 영역 학업 성취도는 통계적으로 유의미한 차이가 있는 것으로 나타남

(단위 : %)

가정 내 책 보유 권수	책을 많이 읽음		책을 적게 읽음	
	국어 등급 높음	국어 등급 낮음	국어 등급 높음	국어 등급 낮음
많음	28	A	B	4
적음	10	14	C	23

* A=4C=2B이다.

〈보기〉
ㄱ. 구조화된 도구를 활용하여 자료를 수집하였다.
ㄴ. ㉠으로 인하여 표본의 대표성이 확보되었다.
ㄷ. ㉡~㉣은 모두 개념의 조작적 정의에 해당한다.
ㄹ. 분석 결과는 〈가설 1〉, 〈가설 2〉, 〈가설 3〉을 지지하는 근거가 된다.

① ㄱ, ㄷ　　　　② ㄴ, ㄷ　　　　③ ㄴ, ㄹ
④ ㄱ, ㄴ, ㄹ　　⑤ ㄱ, ㄷ, ㄹ

063

밑줄 친 ㉠~㉅에 대한 설명으로 옳은 것을 〈보기〉에서 고른 것은?

연구자 갑은 ㉠ 자존감에 소득 수준과 선한 삶의 태도가 미치는 영향을 연구하고자, 전국의 30세 이상 성인 중 1,000명을 대상으로 설문 조사를 하였다. 분석 결과 자아 존중감 지수는 ㉡ 월평균 수입 정도와 정(+)의 관계이지만, ㉢ 봉사 활동에 참여하는 횟수와는 ㉣ 관련성이 없는 것으로 나타났다. 연구자 을은 고등학생들의 학교생활에 대해 참여 관찰을 실시한 결과 ㉤ 자존감이 높은 학생이 학급 회장 및 부회장 등 리더의 역할을 더 많이 수행하는 것으로 나타났다. 두 연구 결과를 종합하여, 병은 ㉥ 학생의 가계 소득 수준이 높을수록 학교에서 리더가 될 확률이 높다고 결론지었다.

〈보기〉
ㄱ. ㉠은 갑의 연구에서, ㉤은 을의 연구에서 종속 변수에 해당한다.
ㄴ. ㉡, ㉢은 갑의 연구에서 독립 변인에 대한 조작적 정의이다.
ㄷ. ㉣로 보아 갑은 가설 검증에 성공했다.
ㄹ. ㉥은 병이 연역적 연구 과정을 통해 도출한 타당한 결론이다.

① ㄱ, ㄴ　　　　② ㄱ, ㄷ　　　　③ ㄴ, ㄷ
④ ㄴ, ㄹ　　　　⑤ ㄷ, ㄹ

064

다음 연구에 대한 옳은 설명을 〈보기〉에서 고른 것은? (단, (가)~(라)는 연구 과정을 순서 없이 나열한 것이다.)

A	휴전선과 남해안 인근 주민들을 인터뷰하며 그들의 주관적인 생각을 빠짐없이 기록함
B	휴전선 인근 지역(A)에 거주하는 주민들과 남해안 지역(B)에 거주하는 주민 각각 100명씩을 대상으로 연구를 진행함
C	B 지역 주민들과 달리 A 지역 주민들이 남북 평화에 거는 기대감에 대해 훨씬 구체적이고 현실적으로 설명함. 평화에 대한 기대를 걸 수밖에 없는 A 지역의 맥락을 파악하게 됨
D	남북 협상 이후 정치적 변화에 대한 휴전선 인근 주민들과 남해안 지역 주민들의 기대감을 심층적으로 비교하기로 함

〈보기〉
ㄱ. 수량화된 자료를 수집하여 활용하였다.
ㄴ. A 지역 주민들은 실험 집단, B 지역 주민들은 통제 집단이 된다.
ㄷ. 계량화하기 어려운 인간 행위의 의미를 직관적 통찰을 통해 파악하였다.
ㄹ. D − B − A − C 순서로 연구가 진행되었다.

① ㄱ, ㄴ　　　　② ㄱ, ㄷ　　　　③ ㄴ, ㄷ
④ ㄴ, ㄹ　　　　⑤ ㄷ, ㄹ

065

밑줄 친 ⊙~⊎에 대한 설명으로 옳은 것은?

갑은 중학교 학생들의 ⊙ 학업 성취도에 ⓒ 규칙적인 식사가 미치는 영향을 알아보기 위한 ⓒ 연구를 진행하였다. 이를 위해 ⓔ ○○ 지역 중학생들 중 무작위로 추출한 500명을 대상으로 설문 조사를 실시하였다. ⓜ 수집된 자료를 분석한 결과, 아래와 같은 그래프를 그릴 수 있었고, 갑은 이에 따라 ⓗ 결론을 도출하였다.

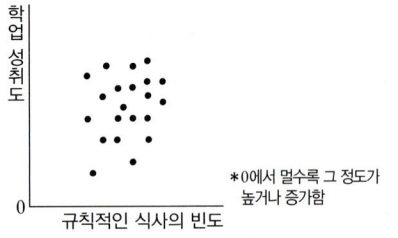

*0에서 멀수록 그 정도가 높거나 증가함

① ⊙은 독립 변수, ⓒ은 종속 변수이다.
② ⓒ은 질적 연구 방법에 기초하였다.
③ ⓔ에 대한 연구 결과를 모집단에 일반화할 수 있다.
④ ⓜ에서 ⓗ을 도출하는 과정은 귀납적이다.
⑤ ⓗ은 독립 변수와 종속 변수가 음(−)의 관계에 있음을 설명할 것이다.

066

밑줄 친 ⊙~ⓢ에 대한 설명으로 옳은 것을 〈보기〉에서 고른 것은?

'지역의 경제력과 범죄율 간의 상관 관계'를 파악하기 위해 갑은 ⊙ '특정 지역의 경제력이 떨어질수록 범죄율이 높아진다.'라는 가설과 ⓒ '범죄율이 높아지면 해당 지역의 경제력이 떨어진다.'라는 서로 다른 가설을 세웠다. 갑은 ⓒ 전국의 시 규모 지역들 가운데 30곳을 무작위로 선정하여 ⓔ 최근 30년간의 강력 범죄율과 ⓜ GDP 통계 자료를 수집하여 ⓗ 분석했다. 그 결과, 갑은 두 가설 중 전자만을 수용하는 ⓢ 결론을 내릴 수 있었다.

〔보기〕
ㄱ. ⓒ은 대표성이 부족한 실험 집단이다.
ㄴ. ⓔ은 ⊙ 가설의 종속 변수와 ⓒ 가설의 독립 변수를 조작적으로 정의한 것이다.
ㄷ. ⓗ을 위해 활용한 자료 수집 방법은 질적 연구와 양적 연구 모두에 활용할 수 있다.
ㄹ. ⓢ에서는 특정 지역의 경제 성장을 위해 범죄율을 낮추어야 한다는 갑의 주장이 들어갈 수 있다.

① ㄱ, ㄴ ② ㄱ, ㄷ ③ ㄴ, ㄷ
④ ㄴ, ㄹ ⑤ ㄷ, ㄹ

주제 2 연구자의 연구 태도 및 연구 윤리

족집게 전략 | 연구 윤리 부분의 문제 유형은 특정 연구 사례의 진행 과정을 나열하고 과정상의 문제점을 파악하는 것이 주를 이룬다. 특히 '연구 대상자에게 연구 내용을 사전 또는 사후에 고지해야 할 의무'에 관한 문제가 자주 출제되므로 유의하자. 또한 이 주제는 연구 절차 및 연구 태도와 연관되어 출제되므로 앞부분의 개념 학습을 단단히 해야겠다.

족집게 자료 분석 전략 START | 연구 윤리를 구체적인 사례에 적용할 수 있어야 한다.

연구자 갑은 '자동차의 외관에 대한 판단이 운전자 행동에 미치는 영향'을 주제로 해외 연구자가 새롭게 개발한 연구 설계를 활용하여 연구를 진행하였다. 도로에서 각각 경차와 중·대형차로 주변 차량보다 느리게 달리면서 뒤차가 추월을 시도할 때까지 걸린 시간을 기록하고 뒤차의 추월 상황과 차량 번호를 녹화하였다. 그리고 자신의 예상에 합하는지의 여부와 상관없이 모든 기록과 동영상을 분석하였다. 이를 종합하여 보고서를 작성하면서 연구 설계를 마치 자신이 만든 것처럼 기술하였다. 이후 연구 결과가 사회의 관심을 받자 언론사의 요청으로 원본 영상을 제공하였다. →자의적 선별 없음

└─목적 외 사용, 연구 대상과 동의 없음, 사적 보호 없음

❶ 자료를 읽기 전에 선택지를 먼저 읽은 후에 연구 진행 과정에 따라 연구 윤리에 어긋나는 부분을 찾는다.
❷ 이 자료에서 연구자 갑의 문제점은 첫째, 연구 대상의 개인 정보를 보호하지 못했고, 둘째, 연구 대상으로부터 동의를 구하지 않았으며, 셋째, 수집한 자료를 연구 외의 목적으로 사용하였고, 넷째, 타인의 연구 결과를 표절 또는 도용했다는 점 등으로 볼 수 있다.

067 ◀대표 문항 | 평가원 기출 |

다음 연구 사례를 연구 윤리 측면에서 평가한 것으로 가장 적절한 것은?

연구자 갑은 '자동차의 외관에 대한 판단이 운전자 행동에 미치는 영향'을 주제로 해외 연구자가 새롭게 개발한 연구 설계를 활용하여 연구를 진행하였다. 도로에서 각각 경차와 중·대형차로 주변 차량보다 느리게 달리면서 뒤차가 추월을 시도할 때까지 걸린 시간을 기록하고 뒤차의 추월 상황과 차량 번호를 녹화하였다. 그리고 자신의 예상에 합하는지의 여부와 상관없이 모든 기록과 동영상을 분석하였다. 이를 종합하여 보고서를 작성하면서 연구 설계를 마치 자신이 만든 것처럼 기술하였다. 이후 연구 결과가 사회의 관심을 받자 언론사의 요청으로 원본 영상을 제공하였다.

① 연구 대상자의 사적인 정보를 보호하였다.
② 연구 대상자의 자발적 참여 기회를 보장하였다.
③ 수집한 자료를 연구 이외의 목적으로 사용하지 않았다.
④ 다른 연구자가 수행한 연구를 활용하면서 출처를 밝혔다.
⑤ 원하는 결과를 얻기 위한 자의적인 자료 선별을 하지 않았다.

 한줄 Tip 자의적 자료 선별이란 연구자의 가설 또는 예상에 부합하는 자료만을 분석하여 결론을 도출했다는 것을 의미하죠.

068
|평가원 기출|

다음에서 공통적으로 나타나는 사회·문화 현상의 탐구 태도에 대한 진술로 가장 적절한 것은?

> • 사회학자의 임무는 어떤 사회·문화 현상에 대해 정확하게 보고하는 것이다. 사회학자의 보고에는 그의 취향이나 선호가 반영되지 않아야 한다.
> • 사회학의 연구 대상은 경험한 것이나 경험할 수 있는 것에 한정되어야 한다. 또한 사회학자는 인간의 삶과 행위의 관찰 과정에서 제3자의 관점을 취해야 한다.

① 사회·문화 현상을 보는 관점이 다양할 수 있음을 인정해야 한다.
② 사회·문화 현상의 탐구 시 주관적 가치와 이해관계를 배제해야 한다.
③ 사회·문화 현상의 탐구 시 해당 사회의 문화적 맥락을 고려해야 한다.
④ 사회·문화 현상의 복잡성을 인정하고 이면의 원인 파악을 위해 노력해야 한다.
⑤ 사회·문화 현상에 대한 연구 결과가 사회에 미칠 수 있는 영향을 고려해야 한다.

069

다음 사례를 연구 윤리 측면에서 적절하게 평가한 것만을 〈보기〉에서 있는 대로 고른 것은?

> • 갑은 비만인들에게 추가 좌석 요금을 부가하기로 했던 □□항공사의 정책에 대한 시민들의 인식을 연구하였다. 몸무게가 국민 평균 수치에 가까운 시민들을 대상으로 조사하여 해당 자료를 면밀히 분석한 후 70% 이상의 시민들이 해당 추가 요금제에 찬성한다는 결과를 발표했다. 이후 많은 항공사에서 요청하여 갑은 연구 대상이 되었던 시민들의 개인 정보와 연구 결과를 제공하였다.
> • 을은 메신저 어플인 ◇◇앱의 사내 이사로서 ◇◇앱이 청소년의 교우 관계에 미치는 영향에 대한 연구를 진행했다. SNS 관련 어플을 사용하고 있는 모든 청소년들 가운데 무작위로 설문을 실시한 후 ◇◇앱에 대한 긍정적인 답변만을 선별하여 ◇◇앱이 청소년들의 교우 관계에 긍정적인 영향을 미치고 있다고 결과를 발표했다.

〈보기〉
ㄱ. 자료 수집 단계에서 갑은 을과 달리 의도적으로 왜곡된 자료 수집을 하였다.
ㄴ. 자료 분석 단계에서 을은 갑과 달리 고의로 자료를 선별하여 분석하였다.
ㄷ. 결과 발표 단계에서 갑, 을 모두 자신의 이익을 추구하기 위해 분석 결과의 일부를 은폐하여 발표하였다.
ㄹ. 을은 갑과 달리 수집한 자료를 연구 외의 목적으로 유출하였다.

① ㄱ, ㄴ   ② ㄱ, ㄹ   ③ ㄷ, ㄹ
④ ㄱ, ㄴ, ㄷ   ⑤ ㄴ, ㄷ, ㄹ

070

다음에서 강조하는 사회·문화 현상의 탐구 태도로 적절한 것을 〈보기〉에서 고른 것은?

> 대공황이 발생하고 전 세계의 많은 지도자들은 케인즈(J. M. Keynes)에게 눈을 돌렸다. 그는 사회 보장 제도와 공공사업을 통한 일자리 확충으로 유효 수요를 확보하며 대공황이라는 어두운 터널을 빠져나갔다. 이것이 스스로 '일반 이론'이라는 이름을 붙인 당대의 정답이었다. 하지만 1970년대 각국은 불어난 사회 보장 제도로 인해 쌓인 빚을 감당하지 못했고 설상가상 OPEC은 석유 가격을 폭등시켰다. 다시 찾아온 경제 위기에 케인즈가 설 땅은 없었다. 그의 자리에 프리드먼(M. Friedman)과 하이예크(F. A. Hayek)의 신자유주의가 들어섰고, 각국은 자유화의 물결에 동참하며 경제 위기를 탈출해 갔다. 하지만 신자유주의 역시 빈부 격차라는 거대한 질문 앞에 정답이 되지는 못하고 있다.

〈보기〉
ㄱ. 자신의 연구에 오류나 한계점은 없는지 늘 고민해 보아야 한다.
ㄴ. 사회적 맥락을 고려하여 사회·문화 현상을 연구해야 한다.
ㄷ. 자신의 연구에 대한 비판과 지적을 겸허하게 수용해야 한다.
ㄹ. 과학적인 연구 결과일지라도 반증에 의한 새로운 주장의 가능성을 인정해야 한다.

① ㄱ, ㄴ   ② ㄱ, ㄷ   ③ ㄴ, ㄷ
④ ㄴ, ㄹ   ⑤ ㄷ, ㄹ

071
|평가원 기출|

갑, 을이 강조하는 연구 윤리에 대한 옳은 설명을 〈보기〉에서 고른 것은?

 연구자는 연구 목적과 절차, 연구가 미칠 수 있는 영향 등을 연구 대상자에게 공지하고 자료 수집에 대하여 허락을 받아야 합니다.

갑

 연구자는 정직한 방법으로 자료를 수집해야 하며, 의도한 결론을 이끌어 내기 위해 자료를 왜곡하여 분석해서는 안 됩니다.

을

〈보기〉
ㄱ. 공동 연구 성과를 단독 연구 성과로 발표하는 것은 갑이 강조하는 연구 윤리에 어긋난다.
ㄴ. 연구 대상자에게 연구 참여에 대한 동의를 받지 않는 것은 갑이 강조하는 연구 윤리에 어긋난다.
ㄷ. 연구 의뢰자의 이익을 위해 자료를 조작하여 분석하는 것은 을이 강조하는 연구 윤리에 어긋난다.
ㄹ. 갑은 자료 분석 단계에서, 을은 연구 결과 발표 단계에서 지켜야 할 연구 윤리를 강조하고 있다.

① ㄱ, ㄴ   ② ㄱ, ㄷ   ③ ㄴ, ㄷ
④ ㄴ, ㄹ   ⑤ ㄷ, ㄹ

Ⅱ 개인과 사회 구조

Ⅱ단원 PREVIEW - MIND MAP

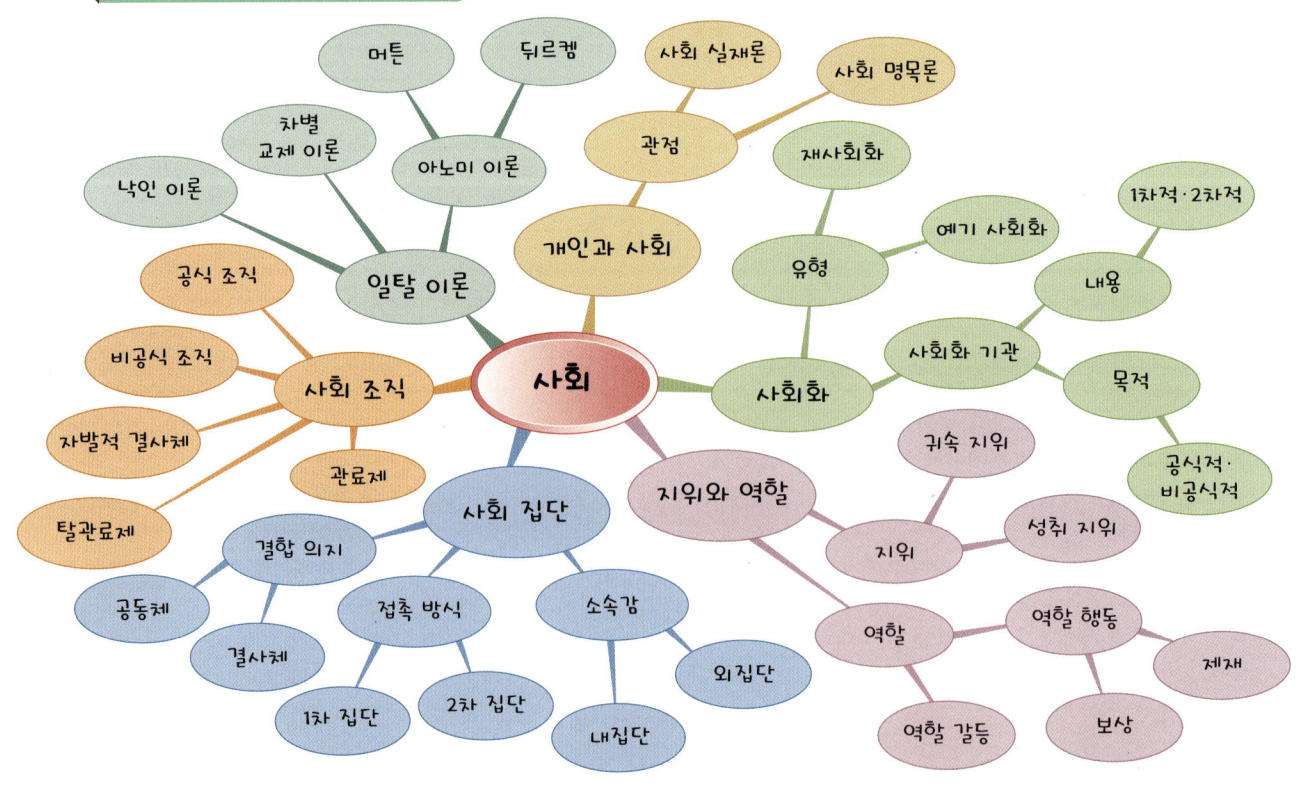

II단원   학습 SOLUTION

▶ 일탈 이론에 대한 출제 비율이 상당히 높다.

II단원에서 가장 빈출되는 주제가 일탈 이론이다. 일탈 이론에 대해 학습하는 것은 어렵지 않지만, 다양한 도표를 통해 일탈 이론의 개념과 특징을 비교하는 유형으로 출제되고 있으며, 도표 해석을 얼마나 빠르고 정확하게 하느냐가 관건이 될 수 있기 때문에 반복적으로 훈련하도록 하자.

▶ 다양한 사회 집단을 분류하는 문제가 사회화와 연결지어 출제될 수 있다.

과거에는 사회화 주제와 사회 집단을 분류하는 문제가 단독으로 출제되기도 했으나, 최근에는 제시문에 따라 특정 사회 집단이 어떠한 사회화 기관으로 분류되는지까지 연결짓는 문제가 출제되고 있다. 5강에서 사회화와 사회화 기관에 대한 개념을 정확히 학습하고 6강에서 다양한 사회 집단을 분류하는 방법에 대해 꼼꼼하게 정리하도록 하자.

05강 사회적 존재로서의 인간

주제 1 사회 구조와 개인

1. 사회 구조

의미		사회적 관계 속에서 개인이 일정한 행동을 통해 상호 작용을 하도록 정형화되고 안정화된 틀
형성 과정		사회적 행동 → 사회적 상호 작용 → 지속적 상호 작용 → 사회적 관계 → 사회 구조 개인이 맺는 타인 혹은 집단과의 상호 작용이 반복되어 형성된 일정한 관계이다.
특징	지속성	사회 구조는 구성원의 변화와 관계없이 지속됨
	안정성	사회 구조에 의해 정형화된 상호 작용을 통해 구성원들은 안정적인 사회적 관계를 유지함
	변동 가능성	사회 구조는 저항하는 개인들에 의해, 혹은 장기적인 관점에서 사회 구성원들의 행동 양식, 가치, 규범 등의 변화에 의해 성격이 달라질 수 있음
	강제성	사회 구조는 개인들의 의지와 관계없이 특정 행위를 하도록 구속하는 힘이 있음
기능		• 사회 구성원 간의 상호 작용 과정에서 예측 가능성을 높여 원활한 사회적 관계를 맺을 수 있게함 • 사회 구성원의 행위를 장려하거나 제약할 수 있음

자료로 살펴보기

■ 사회 구조 형성 과정

사회적 행동	사회적 상호 작용	사회적 관계	사회 구조
특정 행위자가 다른 행위자에게 영향을 미치는 행동	둘 이상의 사람이나 집단이 사회적 행동을 교환함으로써 서로 영향을 주고 받는 과정	사회적 상호 작용이 지속해서 반복되어 형성된 일정한 행위 방식	일정한 사회적 관계에서 지위나 역할에 따라 상호 의존적으로 관계하는 개인이 행동할 수 있는 범위나 행동 양식의 사회적 정의나 틀

2. 사회 구조를 바라보는 관점

거시적 관점	기능론	• 사회 구조는 사회 구성원 전체의 합의에 의해 만들어짐 • 사회 구조는 사회의 통합과 안정에 기여함 • 사회 구조의 하위 요소들은 상호 의존하며 균형을 이루고 있음 • 사회 문제의 원인은 사회 구조가 아닌 개인 혹은 해당 분야의 제도에 있으므로 제도의 개선을 통해 해결 가능함
	갈등론	• 사회 구조의 본질은 지배 계급과 피지배 계급 간의 갈등이며, 지배 계급에게 유리하게 구조화됨 • 사회 안정은 지배 계급이 사회 구조를 독점하고 피지배 계급을 억압함으로써 가능함 • 사회 문제의 원인은 개인이 아닌 사회 구조 자체에 있으므로 사회 구조의 개혁적인 변혁이 필요함
미시적 관점	상징적 상호 작용론	• 사회 구조가 개인의 행위를 구속한다는 데 동의하지 않음 • 사회 현상은 개인의 자율적 의지에 의해 발생하므로 사회 구조의 영향력은 적음

자료로 살펴보기

■ 사회를 바라보는 관점과 사회 구조의 변화

거시적 관점으로 사회를 바라보는 기능론과 갈등론 모두 사회 구조의 변화 가능성에 대해서는 대체로 동의한다. 하지만 변화의 속도와 방법에 대해서는 큰 간극이 존재하는데, 기능론적 입장에서 바라보는 사회 구조의 변화는 시대 변화에 맞추어 사회 제도를 수정해가는 과정에서 일어나는 점진적인 변화를 의미한다. 이와는 달리, 갈등론적 입장에서의 사회 구조의 변화는 사회 구조 자체의 모순을 해결하기 위한 급진적인 변혁을 의미하며 현대 사회는 그 가능성을 내포하고 있다고 본다.

3. 개인과 사회의 관계를 바라보는 관점

(1) 사회 실재론

① 사회와 개인 : 사회는 개인의 총합 이상이며 개인으로 환원될 수 없는 독자적인 성질을 지님 → 사회는 개인 외부에 실제로 존재함

② 주요 내용
• 개인보다 사회가 우위에 있음
• 개인의 이익보다는 사회 전체 공익을 중시함
• 개인의 행위는 사회에 의해 구속됨
• 사회 현상을 분석하기 위해서 개인보다는 사회 구조와 사회 제도를 이해해야 함
• 사회 문제의 원인은 개인이 아닌 잘못된 사회 구조나 사회 제도에 있으므로 해결을 위해서는 구조와 제도를 개선해야 함

③ 관련 이론 : 사회 유기체설, 전체주의

④ 장점 : 사회 구조가 개인 행위에 미치는 영향 분석이 가능함
└ 개인의 선택과 행동은 민족, 국가와 같은 사회 전체를 위하여만 존재한다는 이념이다.

⑤ 단점
• 개인의 자율적 판단에 의해 일어나는 사회 현상을 설명할 수 없음
• 전체주의적 사고를 강조하며 사회를 위한 개인의 희생을 정당화하는 수단으로 악용될 수 있음

(2) 사회 명목론

① 사회와 개인
• 사회는 개인의 총합이며 이름뿐인 존재임
• 사회는 개인들의 목표 달성을 위한 수단일 뿐임
• 개인은 자율적 의지를 통해 선택과 행동을 할 수 있는 존재임

② 주요 내용
• 개인이 사회보다 우위에 있음
• 공익보다 개인의 이익과 권리 보장을 중시함
• 개인의 자율적 행위와 판단이 모여 사회가 됨
• 사회 현상을 분석하기 위해서는 사회 구조나 제도가 아닌 개인의 자율적 의지를 이해해야 함
• 사회 문제의 원인은 사회 구조가 아닌 개인의 의식에 있으므로 의식 개혁을 통해 문제를 개선할 수 있음

③ 관련 이론 : 개인주의, 자유주의, 사회 계약설
└ 국가나 사회는 시민 개개인의 의지로 맺은 계약에 의해 만들어진 산물이다.

④ 장점 : 능동적인 존재로서의 개인을 통해 사회 현상을 이해할 수 있음

⑤ 단점
• 개인에 대한 사회 구조의 영향력을 간과함
• 극단적인 개인주의에 빠져 사회 현상을 왜곡하여 이해할 수 있음
└ 모든 사회적 상황에서 개인이 최우선이며 개인만을 기준으로 판단해야 한다고 보는 입장을 말한다.

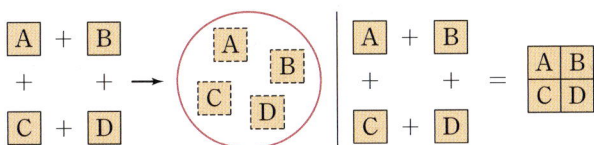

그래프로 살펴보기

사회 실재론과 사회 명목론

A	+	B						A	+	B		
+		+	→		A			+		+	=	A B
C	+	D			C D	B		C	+	D		C D

* A~D는 개인임

▲ 사회 실재론　　　　　　　　　　　　　　▲ 사회 명목론

사회 실재론에서 말하는 사회는 A~D 개인들의 합보다 더 큰 형태로 실제 존재하며 점선인 개인들에 비해 분명한 실선으로서 존재한다. 이에 반해 사회 명목론에서는 A~D 개인들의 총합이 사회일 뿐이므로 사회에는 개인들 외의 공간이 표현되지 않는다.

(3) 사회 실재론과 사회 명목론의 조화

① 이론의 한계
- 사회 실재론은 실생활에서 벌어지는 개인 간의 다양한 상호 작용에 대해 이해하지 못함
- 사회 명목론은 사회 현상의 원인에 대해 사회의 영향력과 개인의 자유 의지를 명확히 구분하지 못함

② 사회와 개인 : 사회 구조는 개인의 삶에 영향을 미치기도 하지만 개인은 자유 의지를 바탕으로 사회 구조를 변화시키는 주체가 되기도 함

③ 조화 : 사회 실재론과 사회 명목론의 조화로운 관점 필요

자료로 살펴보기

■ 조화로운 관점

□□스포츠 신문	2019년 ○월 ○○일

유럽 최고의 축구 클럽을 가리는 챔피언스 리그 결승전에서 레드 축구팀이 화이트 축구팀을 2 대 0으로 이기고 세계 최고 축구 클럽의 명예를 가져갔다. 붉은색의 강렬한 유니폼으로 잘 알려진 레드팀은 감독의 전술과 전략을 선수들이 잘 수행해 주었을 뿐만 아니라 감독이 미처 예상하지 못한 돌발 상황에도 팀원들 각자가 개인 능력을 발휘해 위기를 관리하며 우승을 일구어 냈다.

위 기사의 축구팀을 하나의 사회로 본다면, 팀의 전술과 전략을 선수들이 잘 따르며 팀이 경기 전체를 잘 운영해 나간 부분은 사회 실재론적 관점으로 이해할 수 있고, 돌발 상황에 대한 선수들의 자율적인 대처는 사회 명목론적 관점으로 볼 수 있다. 이렇게 현실 사회는 사회 실재론과 명목론을 조화롭게 활용할 때 더욱 잘 이해된다.

주제 2 　인간의 사회화

1. 사회화 의미와 특징　주로 언어적 상호 작용, 보상과 처벌 및 모방과 동일시의 경험을 통해 이루어진다.

의미	사람이 타인, 사회 집단, 또는 매체와의 사회적 상호 작용을 통해 사회생활에 필요한 여러 문화 요소를 습득하고 가치 및 규범 등을 내면화하는 과정　→ 개인에 흡수되어 자기화되는 현상이다.
특징	• 평생에 걸쳐 진행됨 • 시대와 사회에 따라 사회화의 내용과 방식은 다양함 • 사회화의 차이는 해당 사회의 문화 차이에서 비롯됨

2. 사회화 기능

개인적 차원	• 사회 구성원으로서의 행동 양식 내면화 • 자아 정체성 및 사회 구성원으로서의 소속감 형성
사회적 차원	• 문화의 공유 및 세대 간 전승 • 사회 유지, 존속 및 통합에 기여

3. 사회화 유형

내용과 시기	1차적 사회화	영·유아기에 일어나는 기초적인 사회화로 자아 정체성 형성과 인성의 형성에 영향을 미침 예 유아기 부모님으로부터 모국어 습득
	2차적 사회화	영·유아기 이후 1차적 사회화 내용을 심화시켜 전문화하거나 새로운 가치관과 문화 및 규범을 습득하는 과정 예 인강을 통해 사회·문화를 공부하는 학생
목적	재사회화	사회 변화나 새로운 환경에 적응하기 위해 새로운 문화 요소 및 가치관을 습득하는 과정 예 새로운 모델의 휴대 전화 사용법을 익히는 직장인
	예기사회화	미래에 속하게 되거나 속하기를 기대하는 집단에서 요구되는 행동 양식을 미리 학습하는 과정 예 미국 유학 가기 전 영어를 공부하는 학생
	탈사회화	새로운 문화 요소 및 행동 양식을 수용하기 위해 기존에 학습한 것을 버리는 과정 예 한국인과 결혼한 외국인이 기존 문화를 버리고 한국의 문화를 따르는 모습

자료로 살펴보기

■ 사회화의 유형

'영국으로 유학을 떠나기 위해 영어를 공부하며 우리말 사용은 줄이는 모습' 위 하나의 사례 안에는 재사회화, 예기 사회화, 탈사회화의 과정이 모두 녹아있다. 이렇게 사회화 유형은 동시에 일어날 수 있다.

4. 사회화 과정

구분	사회화 내용	대표적 사회화 기관
유아기	기본적 욕구 충족 및 정서적 반응 방식 습득	가족
아동기	언어, 규칙, 가치관 습득	가족, 또래 집단
청소년기	지식과 기술 습득, 진로 및 직업 선택	학교, 또래 집단, 대중 매체
성년기	새로운 지식과 기술, 생활 양식 습득	직장, 대중 매체

비슷한 연령대로 이루어진 친밀한 집단을 말한다.

5. 사회화를 바라보는 관점

기능론	• 사회화는 개인을 사회에 적응시켜 사회의 유지와 통합에 기여함 • 사회화의 내용과 방법은 사회적 합의에 의해 만들어짐 • 사회화되지 않은 개인은 사회 문제의 원인이 됨
갈등론	• 사회화는 지배 계급의 이익 확대, 재생산에 기여함 • 사회화의 내용과 방법은 지배 계급에게 유리하게 결정됨 • 지배 계급 중심의 사회화 과정을 거부하는 개인을 사회 문제로 규정하는 것은 지배 계급임 • 사회화 과정의 개선을 위해서 사회 구조의 개혁이 이루어져야 함
상징적 상호 작용론	• 사회화는 개인 간의 상호 작용을 통해 이루어짐 • 개인은 자신에 대한 타인의 생각을 거울삼아 자신을 비추어 보고 자아 개념을 형성함 • 개인은 자신에게 중요한 타자와 사회에서 각인된 일반화된 타자의 모습을 염두에 두고 이에 반응하며 자아를 형성함

핵심 개념 CHECK!

6. 사회화 기관 : 사회화에 영향을 미치는 사회적 관계 또는 기관

사회화 내용 수준	1차적 사회화 기관	1차적 사회화가 이루어지는 기관 ⑩ 가족, 또래 집단 등
	2차적 사회화 기관	2차적 사회화가 이루어지는 기관 ⑩ 회사, 학교, 대중 매체 등
형성 목적	공식적 사회화 기관	사회화 자체가 목적인 기관 ⑩ 학교, 평생 교육원 등
	비공식적 사회화 기관	사회화가 목적은 아니지만 역할 수행 과정에서 사회화가 이루어지는 기관 ⑩ 회사, 대중 매체 등

자료로 살펴보기

■ 대표적인 사회화 기관

구분	사회화의 내용(수준 시기)

설립 목적	1차적 사회화 기관
	: 인성, 선천적 능력 배양
	
	비공식적 사회화 기관 가족, 또래 집단 공식적 사회화 기관
	: 다른 목적 : 목적이
	            회사, 대중 매체 사회화
	         (정당, 시민 단체) 학교
	2차적 사회화 기관
	: 전문적 기술, 인지적 능력, 지식 배양

7. 사회적 지위와 역할

(1) 지위 : 한 개인이 사회 또는 집단 내에서 차지하는 위치

특징	• 개인은 둘 이상의 지위를 가질 수 있음 • 개인의 지위는 시간과 장소에 따라 달라질 수 있음	
종류	귀속 지위	노력이나 능력과 무관하게 선천적으로 타고 태어났거나 자연스럽게 얻게 된 지위 ⑩ 딸, 노인 등
	성취 지위	노력이나 의지를 통해 후천적으로 얻어낸 지위 ⑩ 대학생, 남편 등
	⇨ 현대 사회는 전통 사회와 달리 개방적 사회 구조를 통해 지위의 수가 확대되고 성취 지위가 강조됨	

(2) 역할 : 개인의 지위에 따라 사회적으로 기대되는 행동 양식

역할 행동	• 자신의 지위에 맞는 역할을 실제로 수행(역할 수행) • 사회적 기대에 부합하면 보상을, 어긋나면 제재를 받음	
역할 갈등	의미	한 사람에게 요구되는 둘 이상의 지위 충돌 현상
	양상	• 두 가지 이상의 지위가 충돌하여 발생하는 갈등 • 한 가지 지위 내 두 가지 이상의 역할이 충돌하여 발생하는 갈등
	해결	• 개인적 해결책 : 가치관을 바로 세우고 우선순위를 정하여 해결 • 사회적 해결책 : 역할의 우선순위에 대한 사회적 합의 도출 및 한 사람이 여러 역할을 수행할 수 있는 제도적 보완책 마련

🖊 다음 설명이 맞으면 'O', 틀리면 'X'에 표시하시오.

01 사회 구조는 지속적인 사회적 상호 작용의 산물이다. ○ ×

02 안정성은 사회 구성원들이 사회적 상호 작용 과정에서 예측 가능성을 높여 준다. ○ ×

03 사회 현상은 개인의 자유 의지에 의해 발생한다는 입장은 기능론적 관점으로 볼 수 있다. ○ ×

04 사회 구조가 사회적 합의에 의해 형성되었다고 보는 입장은 상징적 상호 작용론이다. ○ ×

05 사회 유기체설은 개인보다 사회가 우위에 있다는 사회 실재론의 배경 이론이 되었다. ○ ×

06 함정 사회 현상을 바라볼 때 개인 간의 상호 작용보다는 사회 구조를 바라보아야 한다는 입장은 사회 실재론에 가깝다. ○ ×

07 사회 명목론적 관점에서 볼 때, 사회는 개인으로 환원할 수 없는 성질이 있다. ○ ×

08 전체주의적 사고에 빠질 수 있는 위험이 있는 논리는 사회 명목론보다는 사회 실재론이다. ○ ×

09 팀 스포츠에서 개인의 기량이 뛰어난 팀이 이길 것이라고 말하는 사람은 사회 실재론자로 볼 수 있다. ○ ×

10 현대 사회를 설명함에 있어 사회 실재론보다는 사회 명목론이 더 적절하다. ○ ×

11 사회화는 태어남과 동시에 시작되어 평생에 걸쳐 진행된다. ○ ×

12 모방과 동일시는 사회화의 주요한 형태이다. ○ ×

13 사회화는 문화를 전승함으로써 사회를 유지시키고 통합시키는 데 기여한다. ○ ×

14 1차적 사회화는 재사회화와 같은 개념으로 활용될 수 있다. ○ ×

15 재사회화와 탈사회화는 동시에 진행될 수 없는 특징이 있다. ○ ×

16 함정 사회화 내용은 지배 계급의 이익 재생산에 유리한 것이라는 주장은 갈등론적 관점에 가깝다. ○ ×

17 학교는 1차적, 공식적 사회화 기관에 해당한다. ○ ×

18 한 개인은 둘 이상의 지위와 둘 이상의 역할을 가질 수 있다. ○ ×

19 근대 이후 현대 사회는 귀속 지위가 사라지고 성취 지위가 개인들을 규정한다. ○ ×

20 보상과 제재는 사회적 역할에 대한 긍정과 부정 평가에 따라 주어진다. ○ ×

개인과 사회의 관계를 바라보는 관점의 특징은 무엇인가?

자료 사회 실재론과 사회 명목론

(가) 개인의 선택이란 사실은 스스로의 의지로 이루어지는 것이 아니다. 개인은 끈에 매달린 꼭두각시 인형처럼 **사회가 규정하는 방식에 구속**된다. → 사회 실재론

(나) 우리가 사회라고 부르는 것은 단지 **'사람들의 집합'**을 다르게 표현한 것에 불과하며, 개인은 꼭두각시 인형과 달리 상황을 변화시킬 수 있는 선택의 주체이다. → 사회 명목론

제시된 자료를 통해 개인과 사회의 관계를 바라보는 관점인 사회 실재론과 사회 명목론을 구분할 수 있는가가 출제의 포인트이다. **관점을 구분하는 기준은 개인을 '자유 의지를 지닌 선택의 주체인가'에 있다.** 이 질문에 대하여 '예'라고 답변할 수 있다면 '사회 명목론'의 입장이고, '아니요'라고 대답한다면 '사회 실재론'의 입장이다.

❶ 관점을 구분하기 위해 각 관점이 갖고 있는 특징을 파악하자.

구분	사회 실재론	사회 명목론
개인과 사회의 관계	사회 > 개인의 합	사회 = 개인의 합
	사회의 구속성 강조	개인의 자율성 및 능동성 강조
이론적 배경	사회 유기체설	사회 계약설
분석 내용	사회 구조, 체계, 제도, 규범, 조직	개인의 동기, 목적, 주관, 의식, 인식, 의미 부여, 상황 정의
한계	전체주의에 빠질 수 있음	극단적 개인주의에 빠질 수 있음
현실	현실의 사회·문화 현상은 사회 구조와 제도적 측면의 영향력과 함께 개인의 자율성이 조화되어 일어남	

- 개인과 사회의 관계 : 사회 실재론은 사회 구조와 제도 등의 영향력이 개인의 자율적 의지보다 크다고 보는 입장인 반면, 사회 명목론은 사회 구조란 개인의 총합에 지나지 않는 허상일 뿐이라고 생각하며 개인의 자율적 의지를 분석해야 한다는 입장이다.
- 이론적 배경 : 사회 유기체설은 개인과 개인이 조직하는 사회의 각 부분은 사회 전체를 위해 기능하고 있다고 전제하므로 사회가 독립적으로 존재한다는 사회 실재론의 배경 이론이 된다. 반면, 사회 계약설의 경우 국가와 사회는 개인들의 필요에 의해 계약을 맺어 만들어진 산물이라는 논리를 가지고 있으므로 사회 명목론의 배경 이론이 된다.
- 분석 내용 : 사회 실재론과 명목론은 사회의 구속성과 개인의 자율성을 각각 강조하고 있기 때문에 연구 대상은 사회 구조와 개인의 주관적 의식으로 달라진다.
- 한계 : 사회 실재론을 강조하다 보면 사회 전체를 위해 개인의 희생을 강요하는 전체주의에 빠질 수 있는 반면, 사회 명목론을 강조하다 보면 사익만을 중요시하여 공익에 피해를 줄 수 있다.

❷ 선택지에 구체적인 내용에 관점의 특징을 대입하며 옳고 그름을 구분하자.

① (가)는 사회 문제의 해결책으로 **개인의 의식 개선**을 강조한다.
② (나)는 사회가 **개인의 외부에 존재하는 실체**라고 본다.
③ (가)는 (나)와 달리 사회는 **개인의 속성으로 환원**될 수 없다고 본다.
④ (나)는 (가)와 달리 **사회가 개인에 우선**한다고 본다.
⑤ (가), (나) 모두 **개인은 사회 구조와의 관련 속에서만 존재 의미**를 지닌다고 본다.

'개인의 의식 개선'을 강조하는 관점은 '사회 명목론'이며, '사회는 개인의 외부에 존재하는 실체', '사회는 개인의 속성으로 환원될 수 없는 속성', '사회가 개인에 우선', '개인은 사회 구조와의 관련 속에서만 존재 의미' 등의 문장은 '사회 실재론'을 설명한다.

개념 문제로 확인

Q1 빈칸에 알맞은 말을 고르시오.

01 개인과 사회의 관계에서 사회는 개인의 총합과 같다고 보는 입장은 (사회 실재론 / 사회 명목론)이다.

02 사회 실재론은 개인의 자율성과 사회의 구속성 가운데 (개인의 자율성 / 사회의 구속성)을 더 강조한다.

03 사회는 독립된 실체가 없는 이름뿐인 존재라고 보는 입장은 (사회 실재론 / 사회 명목론)이다.

04 사회 유기체설을 이론적 배경으로 삼고 있는 관점은 (사회 실재론 / 사회 명목론)이다.

05 전체주의로 빠질 위험이 있는 이론은 (사회 실재론 / 사회 명목론)이다.

06 극단적 개인주의에 빠질 위험이 있는 이론은 (사회 실재론 / 사회 명목론)이다.

Q2 다음 내용이 맞으면 'O', 틀리면 'X'에 표시하시오.

07 사회 실재론은 사회 문제 해결을 위해 사회 구조의 개선보다는 개인의 의식 개선을 강조한다. (O / X)

08 사익이 공익보다 중요하다고 보는 입장은 사회 실재론보다는 사회 명목론에 가깝다. (O / X)

09 실제 사회·문화 현상은 사회 실재론과 사회 명목론을 조화롭게 적용할 때 바르게 이해할 수 있다. (O / X)

Q3 아래 글은 사회 실재론과 사회 명목론 가운데 어느 관점에 해당하는가?

개인의 생애는 무엇보다도 사회 공동체에서 전통에 대한 적응이다. 사람은 태어난 순간부터 자기 출생지의 관습에 따라 행동하고 경험을 이루어 나간다. 사람이 성장하면서 그 문화의 활동에 참여할 능력이 생기면 그 문화의 관습이 자신의 습성으로, 그 문화의 신앙이 자신의 신앙으로 되며, 그 문화가 거부하고 있는 것은 자신도 그것을 삼가게 된다.

( )

HOW & WHAT 정답 **Q1 01** 사회 명목론 **02** 사회의 구속성 **03** 사회 명목론 **04** 사회 실재론 **05** 사회 실재론 **06** 사회 명목론 **Q2 07** × **08** O **09** O **10** 사회 실재론

05강 사회적 존재로서의 인간 | **045**

How & WHAT

사회화와 관련된 개념에는 무엇이 있는가?

● 자료 1 사회화를 바라보는 관점 분석

사회화가 사회의 유지와 통합에 기여한다고 보는 기능론적 관점에 해당한다. 이 관점에서 사회화의 내용은 사회 전체 구성원의 합의에 의해 만들어진 것으로 간주된다.

> 사회화는 개인이 사회에 적응하기 위해 사회적 요구를 학습하는 과정입니다. 이는 사회의 유지와 통합에 기여합니다.

갑

> 사회적 요구에 지배 집단의 가치가 반영되어 있습니다. 사회화를 통해 현재의 불평등한 구조가 교묘하게 정당화될 뿐입니다.

을

사회화는 불평등을 지속하기 위한 수단이라는 의견이므로 갈등론으로 볼 수 있다. 이 입장에서는 사회화의 내용을 지배 집단만의 가치가 반영된 것으로 본다.

둘은 모두 사회화를 거시적 관점에서 바라보고 있으므로 개인 간 상호 작용에 초점을 두고 파악하는 상징적 상호 작용론과는 구분되는 주장이다.

● 자료 2 사회화와 관련된 개념 분석

장발장은 (조카)를 위해 빵을 훔친 죄로 (교도소)에 들어갔다. 그는 출소한 이후 사람들로부터 냉대를 받는다. (신부)의 도움으로 갱생의 길을 걷던 그는 불미스런 일에 휘말려 (그를 체포했던) 자베르 (경감)에게 다시 쫓기는 신세가 되고 만다. 신분을 숨긴 채 살면서 사업에 성공하고, 작은 도시의 시장까지 지내게 된다. (시장)으로서 사람들에게 (존경을 받던) 그는 다른 사람이 자기 대신 누명을 쓰게 되자 죄책감에 (고민)하다 결국 자신이 장발장임을 밝힌다.

- '조카' : 귀속 지위
- '신부', '경감', '시장' : 성취 지위
- '존경을 받던' : 장발장의 역할 행동에 대한 보상
- '고민' : 역할 갈등으로 볼 수 없는 개인적인 고민
- '교도소' : 공식적 사회화 기관, 2차적 사회화 기관
- '그를 체포했던' : 자베르 경감의 역할 행동

● 개념 문제로 확인

Q1 빈칸에 알맞은 말을 쓰시오.

01 사회화가 사회의 유지와 통합에 기여한다는 관점은 (기능론 / 갈등론 / 상징적 상호 작용론)이다.

02 사회화의 내용은 사회 지배 계급의 논리를 반영하고 있다고 보는 입장은 (기능론 / 갈등론 / 상징적 상호 작용론)이라고 할 수 있다.

03 사회화의 구조적인 기능과 갈등보다는 개인 간의 관계에서 일어나는 사회화 과정에 대해 관심을 갖는 관점은 (기능론 / 갈등론 / 상징적 상호 작용론)이다.

04 학교, 운전 면허 학원, 교도소 등은 (공식적 / 비공식적 / 1차적 / 2차적) 사회화 기관이라고 한다.

05 후천적 사회화 과정을 통해 획득할 수 있는 지위를 (귀속 / 성취) 지위라고 한다.

Q2 다음 내용이 맞으면 '○', 틀리면 '×'에 표시하시오.

06 가족은 1차적이며 공식적인 사회화 기관이다. (○ / ×)

07 조카와 신부, 시장 등의 지위는 모두 성취 지위로 볼 수 있다. (○ / ×)

08 보상과 제재는 역할이 아닌 역할 행동에 주어진다. (○ / ×)

● 개념 기출문제에 적용

09 [연습하기] 아래 ㉠~㉺ 가운데 성취 지위와 공식적 사회화 기관을 골라 쓰시오.

기자

> □□영화제에서 ㉠ 신인상을 받으셨습니다. 영화계에 입문한 계기는 무엇입니까?

영화배우 갑

> ○○대학 시절 인문학부의 ㉡ 공연 관람 동아리 활동을 통해 ㉢ 연극배우가 되겠다고 결심을 하였습니다. 졸업 후, ㉣ ◇◇대학 연극학과에 합격하였지만 영화 오디션을 통해 주연으로 발탁되어 입학을 포기하고 영화배우가 되었습니다.

기자

> 올해 새로운 대중 영화에 출연하셨고 △△ 독립 영화제 ㉤ 집행 위원장까지 맡으셨는데요. 어려운 점은 없나요?

영화배우 갑

> 독립 영화제의 홍보에 힘쓸지, 제가 출연한 영화의 홍보에 힘쓸지 ㉺ 고민이 큽니다.

❶ 성취 지위 :
❷ 공식적 사회화 기관 :

10 [적용하기] 9번 자료의 밑줄 친 ㉠~㉺에 대한 설명으로 옳은 것은?

① ㉠은 갑의 역할에 대한 보상이다.
② ㉡과 ㉣은 모두 공식적 사회화 기관이다.
③ ㉢과 ㉤은 모두 갑의 성취 지위이다.
④ ㉣에서 갑은 재사회화를 경험하였다.
⑤ ㉺은 갑의 역할 갈등이다.

HOW & WHAT 정답 Q1 01 기능론 02 갈등론 03 상징적 상호 작용론 04 공식적, 2차적 05 성취 06 × 07 × 08 ○ 09 ❶ 성취 지위 : ㉢, ㉤ ❷ 공식적 사회화 기관 : ㉣ 10 ⑤

046 | Ⅱ. 개인과 사회 구조

주제 1 **주제 1 개인과 사회를 바라보는 관점**

족집게 전략 | 빈출 주제이므로 개념 이해와 문제 풀이를 통해 출제의 양상을 이해하는 것이 필수적이다. 특히 이 단원의 내용은 앞에서 공부한 거시적·미시적 관점과 기능론, 갈등론, 상징적 상호 작용론의 개념과 함께 구조화하여 학습하는 것이 좋다. 거시와 미시라는 큰 틀에서 이론을 학습하게 되면 뒤에 이어지는 사회화에 대한 관점을 공부함에 있어 유용한 지점들이 많이 생길 것이다. 문제 풀이 포인트는 사회 실재론과 사회 명목론의 강조점을 잘 파악하는 것이며, 이를 통해 지문에 생소한 용어가 나오더라도 적용을 잘 할 수 있어야겠다.

족집게 자료 분석 전략 START | 사회 실재론과 명목론을 구분해 주는 특성을 잘 파악해 두는 것이 문제 풀이의 첫걸음이다.

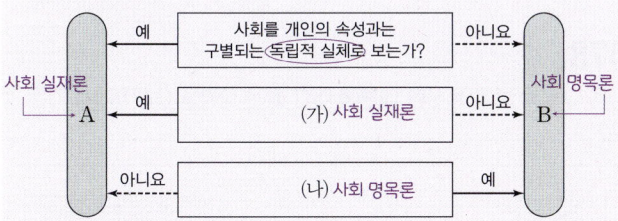

❶ 위의 도표에서 첫 번째 박스 질문을 통해 A와 B의 관점은 파악된다. 사회를 독립적 실체로 보는 A는 사회 실재론, 그렇지 않은 B는 사회 명목론이 된다.
❷ (가) 질문은 사회 실재론은 '예'라고 대답해야 하며, 사회 명목론은 '아니요'라고 대답할 내용이어야 하며, (나)는 그와는 반대되는 대답을 유도하는 질문이어야 한다.

072 ◀ 대표 문항 | 교육청 기출 |

그림은 개인과 사회의 관계를 바라보는 관점 A, B를 구분한 것이다. 이에 대한 옳은 설명을 〈보기〉에서 고른 것은?

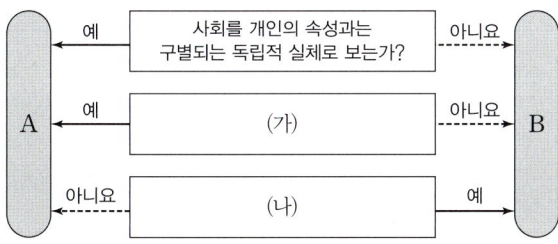

〈보기〉
ㄱ. A는 사회가 개인의 총합에 불과하다고 본다.
ㄴ. B는 개인이 사회를 변화시킬 수 있는 자율성을 지닌 주체라고 본다.
ㄷ. (가)에는 '개인의 사고와 행동에 미치는 사회 구조의 영향력을 강조하는가?'가 들어갈 수 있다.
ㄹ. (나)에는 '사회 문제의 발생 원인을 개인적 측면보다 제도적 측면에서 찾는가?'가 들어갈 수 있다.

① ㄱ, ㄴ   ② ㄱ, ㄷ   ③ ㄴ, ㄷ   ④ ㄴ, ㄹ   ⑤ ㄷ, ㄹ

✎ **한줄 Tip** 사회를 개인의 총합으로 보고 개인을 자율성이 있는 존재로 본다면 사회 명목론으로 볼 수 있고, 사회 구조의 영향력과 제도를 강조한다면 사회 실재론으로 볼 수 있다.

073

사회학자 A와 개인과 사회의 관계를 바라보는 관점 (가), (나)에 대한 설명으로 가장 옳은 것은?

사회학자 A는 "우리는 세상을 있는 그대로 보는 것이 아니라, 우리가 보는 대로 세상이 존재한다."고 말했다. A는 세상이 상호 작용하는 사람들의 의식 속에서 구성된다고 보는 [(가)] 관점과 개인의 작은 행위도 결국은 사회적인 상황의 산물이라고 보는 [(나)] 관점을 대체할 제3의 입장으로, 사회와 개인의 유기적 관계를 바탕으로 사회는 개인의 해석을 통해 만들어진다는 '사회 구성론'을 제시하면서 명성을 얻었다.

① (가)의 관점은 (나)의 관점과 달리 사회에 대한 개인의 불가항력성을 강조한다.
② (나)의 관점은 (가)의 관점과 같이 사회가 개인의 외부에 존재하는 독자적 실체라고 본다.
③ (가)의 관점은 (나)의 관점과 달리 개인에게 영향을 끼치는 사회 제도의 힘을 중시한다.
④ (나)의 관점은 (가)의 관점과 같이 사회 현상을 개인 행위로 환원하여 설명할 수 있다고 본다.
⑤ 사회학자 A는 (가)와 (나)의 관점 모두 사회 구조와 개인을 독립적으로 이해하고 있다고 주장할 것이다.

074

다음 글에서 부각되는 개인과 사회의 관계를 보는 관점에 부합하는 진술을 〈보기〉에서 고른 것은?

정부 기관이 국내 300개 기업 인사 담당자를 대상으로 실시한 '직장 내 괴롭힘 금지법에 대한 기업 인식' 조사 결과에 따르면 '직장 내 괴롭힘 근절을 위해 금지법 시행이 필요하다고 보는가'를 묻는 질문에 응답 기업의 87.7%가 '그렇다'고 답했다. 다만 기업들은 직장 내 괴롭힘을 근절하기 위해선 법적 조치보다 기업 문화를 개선하는 것이 더 시급하다고 인식하고 있었다. 기업 95.7%가 '법적 조치보다 기업 문화 개선이 우선'이라고 답했고 '법적 조치가 기업 문화 개선보다 우선'이라는 응답은 3.0%에 그쳤다. 직장 내 괴롭힘의 주요 원인은 세대 간 인식 차이이므로 직장 내 세대 간 인식 개선을 통해 수평적 기업 문화를 만들어야 한다는 것이다.

〈보기〉
ㄱ. 사회는 개인의 외부에 실제로 존재한다.
ㄴ. 사회는 개인의 자율적인 의지에 의해 형성된다.
ㄷ. 사회는 개인의 총합으로서 개인으로 환원될 수 있다.
ㄹ. 사회 문제의 해결을 위한 법적, 제도적 개선을 거부한다.

① ㄱ, ㄴ   ② ㄱ, ㄷ   ③ ㄴ, ㄷ
④ ㄴ, ㄹ   ⑤ ㄷ, ㄹ

075

| 평가원 기출 |

다음 글에 나타난 개인과 사회의 관계를 바라보는 관점에 부합하는 진술만을 〈보기〉에서 고른 것은?

> 나는 누군가의 자식이거나 사촌 또는 이모이다. 나는 어떤 단체의 구성원이자 도시의 시민이며 이 나라의 국민이다. 나는 내 가족, 내 도시, 내 나라의 역사로부터 적절한 기대와 의무를 물려받는다. 우리는 누구나 특정한 사회적 정체성을 지닌 사람으로서 자신을 둘러싼 환경을 이해한다.

보기
> ㄱ. 개인은 사회에 의해 구조화된 행동을 한다.
> ㄴ. 개인의 속성은 사회의 속성이 반영된 결과이다.
> ㄷ. 개인의 자율적인 의지에 의해 사회가 형성된다.
> ㄹ. 사회 현상은 개인의 행위나 심리 상태로 환원된다.

① ㄱ, ㄴ ② ㄱ, ㄷ ③ ㄴ, ㄷ ④ ㄴ, ㄹ ⑤ ㄷ, ㄹ

076

| 교육청 기출 |

다음 글에 나타난 개인과 사회의 관계를 바라보는 관점에 부합하는 진술만을 〈보기〉에서 고른 것은?

질문 \ 관점	A	B
사회가 개인의 외부에 독립적으로 실재한다고 보는가?	㉠	㉡
(가)	아니요	예

A는 사회가 개인의 행동을 통제하기 때문에 사회 현상을 이해하기 위해서는 개별 행위자들의 특성을 파악하기보다 사회 자체가 갖고 있는 원리와 법칙을 찾아야 한다고 본다.

① ㉠은 '아니요', ㉡은 '예'가 적절하다.
② A는 B와 달리 사회 규범은 개인이 옳다고 믿기에 존재한다고 본다.
③ B는 A와 달리 전체를 위한 개인의 희생을 정당화할 우려가 있다.
④ 사회 문제의 해결책으로 A는 의식 개혁, B는 제도 개선을 강조한다.
⑤ (가)에는 "사회를 개인으로 환원하여 설명할 수 있다고 보는가?"가 적절하다.

077

다음 글에 나타난 개인과 사회의 관계를 바라보는 관점에 부합하는 진술만을 〈보기〉에서 고른 것은?

> ○○부족의 성인식이 행해지는 장소에서는 사람들을 열광시키는 일종의 전류가 발생한다. 사람들이 율동에 맞추어 구호를 외치고 노래를 부르는 가운데 발생한 전류는 사람들을 평상시와 다르게 행동하게 하고 생각하게 만드는 외적인 힘으로 작용한다. 이러한 힘은 집합적인 감정을 발생시키고, 이에 따라 사람들은 일체감과 소속감을 확인한다.

보기
> ㄱ. 개인의 능동성이 사회의 구속성보다 우선한다.
> ㄴ. 사회 계약설이 배경 이론이 될 수 있다.
> ㄷ. 개인은 오직 사회 속에서 존재의 의미를 갖는다.
> ㄹ. 사회 현상은 개인적 요인보다 사회적 요인으로 설명되어야 한다.

① ㄱ, ㄴ ② ㄱ, ㄷ ③ ㄴ, ㄷ
④ ㄴ, ㄹ ⑤ ㄷ, ㄹ

078

다음 그림을 보고 토론한 내용에 대한 옳은 설명을 〈보기〉에서 고른 것은?

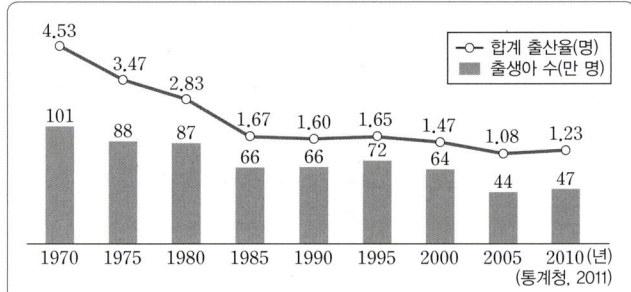

(통계청, 2011)

갑 : 이 현상은 출산을 더 이상 의무라고 생각하지 않는 현대인들이 늘어나 서로 상호 작용하며 출산에 대한 새로운 가치관을 추구하고 있기 때문입니다.

을 : 그렇다면 현대 사회에서는 우리 사회가 고수해 오던 전통적인 가족 제도가 제 역할을 해 주지 못해서 저출산이라는 문제가 생긴 것으로 이해할 수 있겠네요.

병 : 그렇게만 볼 수는 없는 것이 경제적으로 윤택한 사람들은 여전히 많은 자녀를 출산하고 있습니다. 이에 반해 저소득으로 인해 사회 다양한 분야에서 약자의 위치에 있는 사람들은 그렇지 못합니다.

정 : 맞아요. 출산률이 낮아지는 시점은 주택 가격이 높아지고 취업률이 낮아지는 시점과 일치합니다.

보기
> ㄱ. '사회 문제의 해결책으로 개인의 의식 개선보다 제도의 개선을 강조하는가?'라는 질문으로 갑과 을을 구분할 수 있다.
> ㄴ. '사회 구조가 개인의 행위를 구속하는가?'라는 질문으로는 을과 병을 구분할 수 없다.
> ㄷ. 병, 정은 갑, 을과 달리 사회를 개인으로 환원할 수 없다고 보는 입장이다.
> ㄹ. '사회 문제 해결 과정에서 사회 구조의 유지와 변혁 가운데 무엇을 지향하는가?'라는 질문으로 을과 정을 구분할 수 없다.

① ㄱ, ㄴ ② ㄱ, ㄷ ③ ㄴ, ㄷ
④ ㄴ, ㄹ ⑤ ㄷ, ㄹ

주제 2 인간의 사회화

족집게 전략 | 빈출 주제이므로 사회화 단원에 등장하는 다양한 개념을 구조화하여 학습할 필요가 있다. 우선 사회화를 바라보는 관점의 경우 I 단원부터 공부해왔던 기능론, 갈등론, 상징적 상호 작용론의 연장선상에서 이해할 수 있고, 기관은 기관의 목적과 사회화 내용을 기준으로 이해해야 한다. 또한 사회화의 유형, 지위, 역할에 관련된 문항의 경우 실제 사례에 적용하여 이해할 수 있는 능력을 길러야 한다.

족집게 자료 분석 전략 START | 실제 사회·문화 현상을 통해 개념을 구분하고 분석할 수 있는가를 테스트하는 문항이 자주 출제된다.

> ┌─ 예기 사회화
> • IT 회사의 앱 <u>개발 팀장</u>인 갑은 자신이 개발한 앱으로 인해 많은 부와 명예를 누리고 있다. 갑은 첫 출산을 앞두고 예비 부모 교실에 참석하면서 <u>남편과 자녀 양육 분담을 계획</u>하였다. 하지만 남편의 갑작스러운 해외 발령으로 자녀 양육에 대해 남편과 갈등을 겪었다. 역할 행동(수행)에 대한 보상 ┌─ 역할 갈등 ✕
> • 가난한 집안의 장남인 을은 원하던 회사에 합격해 <u>입사 전 신입 사원 연수</u>를 받았다. 입사 이후 회사 생활에 회의를 느낀 을은 회사를 계속 다닐지 창업을 할지 <u>고민</u>하다가, 동료와 함께 창업 후 경영인상을 수상하는 등 <u>기업의 대표로서</u> 승승장구하고 있다.
> └─ 보상

❶ 위 글에서 판단할 수 있는 요소는 지위, 역할, 역할 수행, 보상, 역할 갈등, 사회화 기관, 사회화의 유형 등이다. 글에 대한 종합적인 판단력이 필요하다.

❷ 특히 문제에서 오답으로 출제되는 보기는 '역할 갈등'에 대한 판단과 '보상'이 역할에 주어진 것인지, 역할 수행의 결과로써 주어진 것인지에 대한 판단이다. 개념에 대한 완벽한 이해 위에 사례에 대하여 정확히 판단할 수 있을 것이다.

079 ◀대표 문항
| 평가원 기출

다음 사례에 대한 옳은 분석만을 〈보기〉에서 있는 대로 고른 것은?

> • IT 회사의 앱 개발 팀장인 갑은 자신이 개발한 앱으로 인해 많은 부와 명예를 누리고 있다. 갑은 첫 출산을 앞두고 예비 부모 교실에 참석하면서 남편과 자녀 양육 분담을 계획하였다. 하지만 남편의 갑작스러운 해외 발령으로 자녀 양육에 대해 남편과 갈등을 겪었다.
> • 가난한 집안의 장남인 을은 원하던 회사에 합격해 입사 전 신입 사원 연수를 받았다. 입사 이후 회사 생활에 회의를 느낀 을은 회사를 계속 다닐지 창업을 할지 고민하다가, 동료와 함께 창업 후 경영인상을 수상하는 등 기업의 대표로서 승승장구하고 있다.

> ┌보기┐
> ㄱ. 갑은 을과 달리 역할 수행에 따른 보상을 받았다.
> ㄴ. 을은 갑과 달리 성취 지위와 귀속 지위에 따른 역할 갈등을 경험하였다.
> ㄷ. 갑, 을 모두 예기 사회화를 경험하였다.
> ㄹ. 갑, 을 모두 비공식적 사회화 기관에서 일하고 있다.

① ㄱ, ㄴ　　② ㄱ, ㄷ　　③ ㄷ, ㄹ
④ ㄱ, ㄴ, ㄹ　　⑤ ㄴ, ㄷ, ㄹ

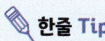 **한줄 Tip**　미래에 속하게 될 집단의 생활 양식을 미리 배우는 것을 예기 사회화라 부르며, 배움이 목적은 아니지만 부수적인 효과로 배움이 생기는 기관이라면 비공식적 사회화 기관이 된다.

080
| 교육청 기출

사회화를 바라보는 갑, 을의 관점에 대한 옳은 설명을 〈보기〉에서 고른 것은?

사회화는 개인이 타인과의 상호 작용을 통해 자아를 형성하는 과정이라고 보아야 해.

사회화는 개인을 사회에 적응·통합시켜 사회화를 유지하는 데 필수적인 요소야.

갑　　　　　　　　　　을

> ┌보기┐
> ㄱ. 갑은 사회화 과정에서 개인의 능동성을 강조한다.
> ㄴ. 갑은 사회화가 기존의 권력 구조를 재생산한다고 본다.
> ㄷ. 을은 사회화의 내용이 사회적으로 합의되었다고 본다.
> ㄹ. 갑과 달리 을은 미시적 관점에서 사회화를 바라보고 있다.

① ㄱ, ㄴ　　② ㄱ, ㄷ　　③ ㄴ, ㄷ
④ ㄴ, ㄹ　　⑤ ㄷ, ㄹ

081 고난도↑
| 평가원 기출

밑줄 친 ㉠~㊅에 대한 설명으로 옳은 것은?

> 부부 소방관인 갑과 갑의 ㉠ 남편은 큰 화재를 진압한 공로가 인정되어 정부로부터 ㉡ 표창을 받았고, 여러 ㉢ 방송사로부터 출연 요청도 받았다. 방송 출연을 원했던 갑의 남편과 달리 세간의 이목이 집중되는 것이 부담스러웠던 갑은 남편과 ㉣ 갈등을 겪기도 했으나, ㉤ 막내딸의 중재로 화해하고 결국 부부가 방송에 출연하였다. 현재 갑은 남편의 정년퇴직을 기념하기 위해 부부 동반 해외여행을 준비 중이고, 막내딸은 오랜 시간 준비해 온 ㉥ 소방 공무원 채용 면접 시험을 앞두고 있다. 갑은 자신의 응원을 기대하는 막내딸의 면접일과 해외여행 기간이 겹쳐 어떻게 해야 할지 ㊅ 고민 중이다.

① ㉠과 ㉤은 모두 귀속 지위이다.
② ㉡은 ㉠으로서의 역할 행동에 대한 보상이다.
③ ㉢은 2차적 사회화 기관이자 공식적 사회화 기관이다.
④ ㉥은 ㉤의 예기 사회화에 해당한다.
⑤ ㊅은 ㉣과 달리 갑의 역할 갈등에 해당한다.

082

다음은 어느 학자의 주장이다. 이 학자가 동의할 진술로 가장 적절한 것은?

기업의 인재상	'글로벌 환경하에서 전문 지식과 프로 근성을 갖고, 올바른 가치관, 창의와 도전 정신으로 조직 구성원과 상호 협력하여 맡은 바 임무를 완수하는 국제화된 인재'

현대 자본주의 사회의 교육이란 기업이 요구하는 인재를 길러 내는 과정에 지나지 않는다. 교육을 통해 자본가의 이익 증대를 위해 잘 활용될 수 있는 노동자를 양성하는 교육이 과연 바람직한 것인가?

① 교육 제도는 계급 간 대립 구도를 해체한다.
② 사회화의 내용은 구성원 모두가 합의한 것이다.
③ 의무 교육은 노동자의 요구에 부응하기 위해 도입되었다.
④ 산업 사회의 학교는 창의성과 자율성 증진에 중점을 두었다.
⑤ 사회화는 지배 집단의 이익에 부합하는 방식으로 이루어진다.

083

다음 글의 학자 A와 B가 사회화에 대해 가질 것으로 예상되는 관점에 대한 옳은 설명을 〈보기〉에서 고른 것은? (단, A와 B는 각각 기능론자 또는 갈등론자 중 하나이다.)

사회 철학자 A는 지식이 곧 권력이라고 말한다. 판사가 지닌 법적 지식과 의사가 지닌 의학적 지식은 피고인과 환자에게는 목숨을 결정짓는 권력이지만 법 용어와 의학 용어는 대중의 귀에 쉽게 와 닿지 않는다. 대중들은 판사와 의사가 설명하는 말을 겨우 알아듣고 지시를 따를 뿐이다. 반면, 사회학자 B는 현대 사회 지식인의 역할이 사회 시스템을 통해 대중에게 지식의 메커니즘을 스스로 분석할 수 있는 무기를 제공하는 일이 되었다고 주장한다. 이제 대중은 판사와 의사 없이도 지식을 얻는 방법을 배워 상황을 판단하고 미래를 예측함으로써 사회가 안정된다고 주장한다.

〔보기〕

ㄱ. A는 B와 달리 사회화의 내용이 사회 전체 구성원이 합의한 것이라 주장할 것이다.
ㄴ. B는 A와 달리 사회화가 사회 통합에 기여하는 역할을 긍정적으로 생각할 것이다.
ㄷ. A는 B와 같이 사회화를 현재의 불평등한 구조를 정당화하는 수단으로 간주할 것이다.
ㄹ. '사회화를 사회 구조가 아닌 개인 간 관계의 산물인가?'라는 질문으로는 A와 B를 구분할 수 없을 것이다.

① ㄱ, ㄴ   ② ㄱ, ㄷ   ③ ㄴ, ㄷ
④ ㄴ, ㄹ   ⑤ ㄷ, ㄹ

084

다음은 심리학자 갑의 주장이다. 이 학자가 동의할 진술을 〈보기〉에서 고른 것은?

심리학자 갑은 어떤 아이로 길러내는가에 대한 대답은 집 밖의 규칙이 아닌 집 안의 규칙, 즉 부모들의 양육 방법에서 찾을 수 있다고 주장하며 '조절하는' 부모와 '통제하는' 부모의 차이를 설명한다. 조절한다는 말은 나이에 따라 한계를 분명히 하고, 아이들이 스스로 선택하며 실수를 통해 배우도록 허락함으로써 자율성과 자신감을 키우도록 돕는 행동을 말한다. 반면에 통제한다는 말은 복종에 큰 가치를 두고 특정한 결과가 나오도록 아이를 이끌며, 대화는 좀처럼 나누지 않는다는 말이다. 처벌하고 평가를 내리며, 기한을 정해 압박하거나 아이의 죄책감을 자극해 스스로 순종하게 만든다. 이런 모든 행위는 아이의 자신감에 상처를 준다.

〔보기〕

ㄱ. 부유한 계층의 자녀가 자신감을 갖고 성장할 확률이 높다.
ㄴ. 아이의 자율성을 키워줄 수 있는 양육 문화가 필요하다.
ㄷ. 학교 교육은 아이들의 자율성을 키우는 데 부정적인 영향을 준다.
ㄹ. 아이의 행동을 통제하고 조절하는 타자가 아이의 성장에 중요한 영향을 미친다.

① ㄱ, ㄴ   ② ㄱ, ㄷ   ③ ㄴ, ㄷ
④ ㄴ, ㄹ   ⑤ ㄷ, ㄹ

085

밑줄 친 ㉠~㉆에 대한 설명으로 옳은 것은?

복권 1등에 당첨되어 ㉠ 10억여 원을 수령한 한 40대 남성 갑의 이야기가 화제입니다. ㉡ 노숙자 신분이었던 갑은 복권 당첨금으로 한식 프랜차이즈 사업을 시작하여 업계 10위 ㉢ 기업으로 성장시켰고 다수의 ㉣ TV 프로그램에 출연하다 급기야 ㉤ 대통령 표창까지 받았습니다. 갑은 현재 일본 시장으로의 ㉥ 사업 확장을 계획하고 있지만, 최근 한국 정부와 일본 정부의 관계 악화로 인해 사업 확장을 계속 진행해야 할지 ㉆ 고민에 빠져 있습니다.

① 갑은 ㉠을 예기 사회화에 활용하였다.
② ㉡은 갑의 능력이나 노력과 무관하게 자연스럽게 얻게 된 지위이다.
③ ㉣은 ㉢과 달리 2차적, 비공식적 사회화 기관에 해당한다.
④ ㉤은 ㉥과 달리 갑의 역할 행동에 대한 보상이다.
⑤ ㉆은 갑의 역할 갈등에 해당한다.

086

〈자료 1〉의 밑줄 친 ㉠~㉤을 〈자료 2〉에 대입할 때 옳은 진술만을 〈보기〉에서 있는 대로 고른 것은?

〈자료 1〉

㉠ 방송사 기자가 되는 꿈을 꾸며 ㉡ 고등학교에 다니던 갑은 부모님의 교통사고로 인해 당장 돈을 벌어야 하는 상황에 처했다. ㉢ 주민 센터와 구청에서 제공되는 도움으로는 동생 둘과 함께 생활하는데 많이 부족해 ㉣ 신문 배달 아르바이트를 공부와 병행했다. 동생들 밥을 챙겨주고 설거지를 할 때면 예전에 화목했던 ㉤ 가족 생각에 눈물을 훔치고 만다.

〈자료 2〉

질문 \ 사회화 기관	(가)	(나)	(다)	(라)
1차적 사회화가 일어나는가?	○	×	×	○
사회화를 목적으로 설립되었는가?	×	×	○	○

(○ : 예, × : 아니요)

보기

ㄱ. ㉠과 ㉡은 (다)에 해당한다.
ㄴ. ㉢과 ㉣은 (나)에 해당한다.
ㄷ. ㉤은 (가)에 해당한다.
ㄹ. ㉠~㉤ 가운데 (라)에 해당하는 기관은 없다.

① ㄱ, ㄴ ② ㄴ, ㄷ ③ ㄷ, ㄹ
④ ㄱ, ㄷ, ㄹ ⑤ ㄴ, ㄷ, ㄹ

087 고난도

| 평가원 기출 |

밑줄 친 ㉠~㉦에 대한 설명으로 옳은 것은?

㉠ 영화배우 갑은 극중 인물과의 동일시를 위해 극중 인물의 삶을 직접 체험하는 것으로 유명하다. 몸이 불편한 화가 역할을 위해 촬영 전부터 휠체어에서 생활하거나 북미 지역의 원주민 역할을 위해 ㉡ 직접 사냥한 고기만으로 식사를 하기도 하였다. 한번은 영화 속 원수인 상대 배우에게 실제로 적대감을 드러내 동료에게 ㉢ 비난을 받기도 하였다. ㉣ 배역에 대한 지나친 몰입으로 촬영이 끝난 후에 극심한 ㉤ 정체성의 혼란을 겪은 갑은 돌연 은퇴를 선언하였다. 그는 ㉥ 영화 제작사 임원 자리 제안을 거절하고 화가가 되겠다며 ㉦ 예술 대학원에 입학하였다.

① ㉠, ㉣은 모두 갑의 성취 지위이다.
② ㉡은 ㉠으로서 갑의 역할 행동이다.
③ ㉢은 갑의 역할에 대한 제재이다.
④ ㉤은 갑이 경험한 역할 갈등이다.
⑤ ㉥, ㉦은 모두 공식적 사회화 기관이다.

088

밑줄 친 ㉠~㉥에 대한 옳은 설명을 〈보기〉에서 고른 것은?

교사 : "㉠ 대학 탐방 장소 자유롭게 결정해 주세요."
갑 : "내가 가보고 싶은 곳은 A 대학인데 ㉡ 회장 생각은 어때?"
을 : "음.. 나도 A 대학이 괜찮은데, 이번 대입 설명회 때 A 대학 ㉢ 입학 사정관님이 오신다니까 B 대학은 어떨까?"
병 : "아! 난 내 희망 전공 때문에 A 대학에 직접 가보고 싶은데, B 대학에서 일하는 ㉣ 삼촌이 대학 탐방 때 꼭 와서 같이 밥 먹자더라고, ㉤ 고민이야."
정 : "그럼 우리 같이 병이랑 B 대학 가자. B 대학 인근에 멋진 ㉥ 방송국도 있어."

보기

ㄱ. ㉠은 ㉥과 같이 공식적 사회화 기관이자 2차적 사회화 기관이다.
ㄴ. ㉡은 을의 역할에 대한 보상이다.
ㄷ. ㉢은 ㉣과 달리 후천적으로 획득되는 지위이다.
ㄹ. ㉤은 갑의 역할 갈등이다.

① ㄱ, ㄴ ② ㄱ, ㄷ ③ ㄴ, ㄷ
④ ㄴ, ㄹ ⑤ ㄷ, ㄹ

089

밑줄 친 ㉠~㉦에 대한 설명으로 옳은 것은?

갑은 생활 속에서 소재를 찾아 출연자들의 서툰 생활을 다루는 모습을 프로그램으로 만드는 ㉠ 예능국 PD이다. 어느 날 갑은 동료 ㉡ 작가인 을과 함께 새로운 예능 프로그램의 주제인 산촌 생활을 담을 강원도에 방문하기로 하였다. 갑은 ㉢ 강원도의 여러 지역에 대한 정보를 검색하고, 을은 답사를 위한 여러 서적을 ㉣ 인터넷 서점을 통해 구입하였다. 여러 지역을 답사하며 장소 섭외를 두고 갑과 을은 잠시 ㉤ 갈등을 겪었지만, 장소를 찾아내어 프로그램 장소를 섭외하여 이런 갈등을 해결하였다. 갑의 새로운 프로그램은 높은 시청률을 보이며, 시청자들에게 호평을 받았고 갑은 ㉥ 올해의 예능 PD상을 수상하였고, 갑과 을은 새로운 ㉦ 방송국에 동시에 높은 연봉으로 이적하게 되었다.

① ㉠은 ㉡과 달리 성취 지위이다.
② ㉢은 갑과 을의 재사회화이다.
③ ㉤은 갑과 을 간에 역할 갈등이다.
④ ㉥은 갑의 역할 행동에 대한 보상이다.
⑤ ㉦은 ㉣과 달리 공식적 사회화 기관이다.

06강 사회 집단과 사회 조직

주제1 사회 집단의 분류

1. 사회 집단
(1) **의미** : 둘 이상의 사람이 소속감과 공동체 의식을 가지고 지속적인 상호 작용을 하는 모임
(2) **성립 요건**
① 2명 이상의 구성원 : 개개인은 사회 집단이 아님
② 지속적인 상호 작용 : 같은 버스에 탄 사람은 사회 집단으로 볼 수 없음
③ 소속감과 공동체 의식

> 남성이나 여성, 청소년, 노인과 같이 성별이나 나이 등에 따라 구분되는 사람들의 집합체는 엄밀한 의미에서 사회 집단으로 보지 않는다. 이들은 특정한 속성만을 공유할 뿐이며, 지속적이고 유형화된 상호 작용을 하지 않는 '범주(category)'에 해당한다.

2. 사회 집단의 분류
(1) **구성원 간 접촉 방식에 따른 분류(쿨리의 분류)**

1차 집단	• 친밀한 대면 접촉과 전인격적인 관계가 형성되는 집단 • 도덕이나 관습 등에 기초한 비공식적 통제가 일반적으로 나타남 예) 가족, 또래 집단 등
2차 집단	• 수단적 만남과 간접적·형식적 접촉이 이루어지는 집단 • 규칙이나 법률 등에 기초한 공식적 통제가 일반적으로 나타남 예) 회사, 정당 등

> 사람들 간의 접촉이 개인 내면의 상태와는 상관없이 겉으로 드러나는 것만으로 이루어지는 형태를 말한다.

(2) **결합 의지에 따른 분류(퇴니스의 분류)**

공동 사회	• 구성원의 의지나 선택과 무관하게 자연 발생적으로 결합된 집단 • 결합 자체가 목적, 구성원 간의 친밀하고 정서적인 상호 관계 예) 가족, 또래 집단, 촌락 공동체 등
이익 사회	• 구성원의 의지와 선택에 의해 형성된 집단 • 이해관계를 바탕으로 특정 목적 달성을 위한 수단으로 결합 예) 학교, 회사, 시민 단체 등

(3) **소속감에 따른 분류(섬너의 분류)**

내집단	• 자신이 소속되어 있으면서 소속감과 공동체 의식을 갖고 있는 집단 • 자아 정체성 형성, 판단과 행동의 기준으로 작용 예) 우리 집, 우리 학교 등
외집단	• 자신이 소속되어 있지 않으면서 이질감과 적대감까지도 가질 수 있는 집단 • 내집단 결속의 필요성을 인식하도록 작용 예) 경기 중의 상대 팀, 전쟁 중의 적국 등

자료로 살펴보기
■ **준거 집단**
• 한 개인이 자신의 가치나 태도, 행동의 기준으로 삼는 집단
• 준거 집단과 소속 집단의 일치 : 만족감과 안정감, 자신감 등을 얻을 수 있으며 적극적인 공동체 의식을 가지게 됨
• 준거 집단과 소속 집단의 불일치 : 상대적 박탈감을 느낄 수 있으며, 소속 집단에 대해 불만을 갖거나 비협조적인 태도를 보이게 됨

주제2 사회 조직의 유형

1. 사회 조직
(1) **의미** : 사회 집단 중 목표와 경계가 뚜렷하고, 구성원의 지위와 역할이 명확하며, 목적 달성을 위한 공식적 규범과 절차가 체계적으로 규정된 집단
(2) **특징** : 사회 집단에 비해 구성원이 지위와 역할의 구분이 명확, 조직의 공식적 목표와 과업 달성을 기준으로 구성원을 평가, 공식적인 규범과 절차를 통해 구성원들의 행동을 통제 등

2. 공식 조직과 비공식 조직
(1) **공식 조직**

의미	• 구성원의 지위와 책임이 명확히 규정되고, 정해진 절차에 의해 특정 목적을 달성하기 위한 조직 • 일반적으로 사회 조직은 공식 조직을 의미함
특징	• 공식적인 규범을 통해 구성원들을 통제함 • 형식적이고 수단적인 인간관계가 지배적임 • 조직의 공식적 목표와 과업 달성을 기준으로 구성원들을 평가함 • 일반적인 사회 집단에 비해 구성원의 지위와 역할이 명확하게 구분됨

(2) **비공식 조직**

의미	공식 조직에 속한 구성원들이 조직 내에서 구성원 간의 친밀한 인간관계에 바탕을 두고 형성한 조직
특징	• 비공식 조직은 반드시 공식 조직 내의 구성원들이 조직해야 함 • 성격적으로는 자발적 결사체에 포함되어 있음 • 공식 조직과 달리 전인격적인 관계나 친밀감이 나타남
순기능	• 구성원의 만족감과 사기 증진 • 공식 조직 내에서의 긴장감과 소외감 해소 • 조직의 효율성 향상
역기능	• 공식 조직과의 목표가 다를 때 공식 조직의 효율성을 저해할 수 있음 • 개인적인 친분 관계가 공식 조직의 업무나 인사에 부정적인 영향을 끼칠 수 있음

그래프로 살펴보기
공식 조직과 비공식 조직

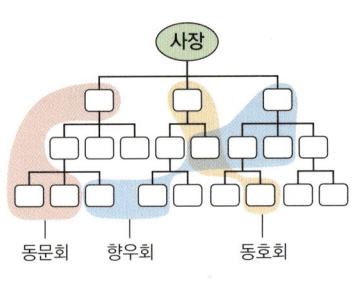

공식 조직 내의 비공식 조직 비공식 조직은 공식 조직의 구성원으로 이루어지며, 공식 조직과 상호 보완적 관계에 있다.

3. 자발적 결사체

(1) 내용

의미	공통의 관심사나 목표를 가진 사람들이 자발적으로 형성한 집단
등장 배경	• 개인들의 관심사와 사회적 욕구의 증대 • 이해관계의 다양화 및 복잡화
특징	• 가입과 탈퇴가 자유로우며 조직 활동에 대한 성원의 열의가 높음 • 1차 집단의 성격이 강한 집단도 있고, 2차 집단의 성격이 강한 집단도 있음 • 조직 목표에 대한 구성원의 신념이 뚜렷함 • 형태가 다양하고 유연한 조직 운영이 가능함

(2) 종류

친목 집단	구성원 간 취미나 여가를 공유하고 친밀감과 유대감을 갖기 위해 형성된 집단 예 조기 축구회, 동호회 등
이익 집단	• 구성원의 이익을 추구하기 위해 조직된 집단 • 2차 집단의 성격이 강하게 나타나며, 공식 조직의 성격도 동시에 갖고 있음 예 노동조합, 의사 협회, 약사 협회 등
시민 단체	• 공공의 이익을 추구하기 위해 조직된 집단 • 이익 집단과 마찬가지로 2차 집단의 성격이 강하게 나타나며, 공식 조직의 성격도 동시에 갖고 있음 예 환경 단체, 인권 단체

그래프로 살펴보기 📊

사회 집단과 사회 조직

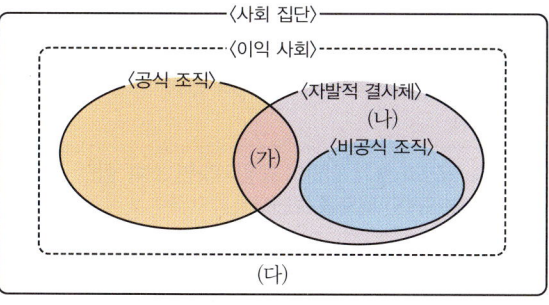

공식 조직, 자발적 결사체, 비공식 조직은 모두 선택에 의해 결합된 집단으로 이익 사회에 해당하고, 모든 비공식 조직은 자발적 결사체이기 때문에 자발적 결사체 내에 포함된다. 그림의 (가)는 공식 조직이면서 자발적 결사체인 경우로 시민 단체나 노동조합 등이 이에 해당한다. 그림의 (나)는 비공식 조직과 공식 조직에 해당하지 않는 자발적 결사체로 지역 동호회를 그 예로 들 수 있다. 그림의 (다)는 이익 사회가 아닌 사회 집단으로 공동 사회이다.

주제3 관료제와 탈관료제

1. 관료제

┌─ 관료제(bureaucracy)는 '사무용 서랍이 달린 큰 책상'을 뜻하는 'bureau'와 '통치'를 뜻하는 그리스어 'Kratia'가 결합한 합성어이다. 관료제는 '관료에 의한 지배'를 뜻한다.

(1) **의미** : 구성원 간의 서열화된 위계를 바탕으로 명시적인 규범과 절차를 갖춘 대규모 조직의 효율적 운영을 위한 운영 원리

(2) **등장 배경** : 근대 산업화 이후 조직 규모가 확대되면서 대규모 조직의 효율적 관리 방안에 대한 필요성이 증대됨

---

(3) **특징**
└─ 근속 연수나 나이가 증가함에 따라 급료가 오르고 조직 내의 지위가 함께 높아지는 제도이다.

과업의 전문화	효율적인 업무 처리를 위해 각각의 구성원들이 분담한 일을 처리함
위계의 서열화	권한과 책임의 정도에 따라 조직 내 지위가 서열화되어 있음 → 구성원들의 권한과 책임 소재가 분명
지위 획득의 공평한 기회 보장	일정한 기준에 따른 공개 경쟁을 통한 지위 획득 및 지위 상승
규약과 절차에 따른 업무 수행	문서화된 규약과 절차에 따라 표준화된 업무 수행 → 이로 인하여 구성원이 교체되더라도 안정적인 과업 수행이 가능함
경력에 따른 보상	구성원들의 경험을 중시하여 연공서열에 따라 임금 및 승진 등의 보상이 이루어짐

(4) **기능**
→ 목적과 수단이 뒤바뀌는 현상, 즉 목적을 달성하기 위한 수단이 목적 자체가 되어 버린 현상을 말한다.

순기능	• 효율성 : 과업의 전문화로 효율적 업무 수행 가능 • 안정성 : 문서화된 규약과 절차에 따라 업무 수행 • 지속성 : 구성원이 바뀌더라도 지속적 업무 수행 가능 • 권한과 책임의 명확화 : 책임 소재가 분명함
역기능	• 목적 전치 현상 : 규약과 절차의 강조에 따른 현상 • 인간 소외 현상 : 분업화된 일의 반복에 따른 현상 • 변화에 대한 낮은 대응력 : 경직된 조직 구조로 인해 변화에 유연하게 대처하기 어려움

2. 탈관료제
→ 특정한 과업을 수행하기 위해 전문가로 팀을 조직하여 과업을 수행하는 조직 형태이다.

(1) **의미** : 관료제에서 벗어나 구성원의 창의성과 자율성을 보장하는 새로운 조직 형태 예 팀제, 네트워크형 조직

(2) **등장 배경** : 창의성이 요구되는 정보 사회로 진입함에 따라 경직성을 지닌 관료제의 한계가 드러남
└─ 조직의 핵심 업무를 중심으로 각각의 독립적인 부서가 상호 유기적 관계를 유지하면서 부서 간 수평적인 의사소통이 이루어지는 조직 형태이다.

(3) **특징**

수평적 조직 체계	의사 결정 권한의 분산 및 개인의 창의성 발휘 조건 형성
유연한 조직 구조	규칙과 절차에 얽매이지 않고, 환경 변화에 유연한 대처와 신속한 의사 결정 가능
능력에 따른 보상	연공서열보다는 구성원의 능력과 업적에 따른 보상 중시
중간 관리층의 역할 비중 감소	신속한 의사 결정을 위해 중간 관리층의 비중과 역할이 감소됨

그래프로 살펴보기 📊

관료제와 탈관료제

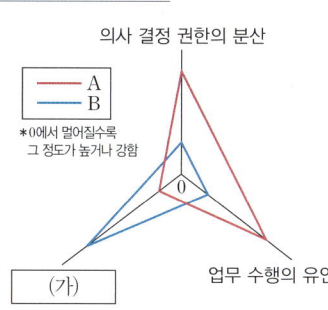

A는 탈관료제이고, B는 관료제이다. 관료제는 업무의 표준화, 하향식 의사 결정, 부서 간 경계의 엄격화 측면에서 보다 정도가 강하며, 탈관료제는 의사 결정 권한이 분산되어 있고, 유연한 업무 수행이 가능하며, 환경 변화에 보다 용이하게 대처할 수 있다. 그러나 두 제도의 이러한 속성은 절대적인 것이 아니라 상대적인 것으로 이해해야 한다.

• 정답 및 해설 019~020쪽

핵심 개념 CHECK!

🖋 다음 설명이 맞으면 'O', 틀리면 'X'에 표시하시오.

01 사회 집단은 반드시 둘 이상의 사람으로 구성되어야 한다. O X

02 가족과 또래 집단은 사회 집단이 될 수 없다. O X

03 2차 집단은 과업을 위한 간접적이고 수단적인 만남이 중심이 되는 집단이다. O X

04 1차 집단은 2차 집단에 비해 가입과 탈퇴가 자유롭다. O X

05 1차 집단에서는 공식적 제재가 일반적으로 적용된다. O X

06 함정 내집단이 되려면 반드시 해당 집단에 대한 소속감과 공동체 의식을 느껴야 한다. O X

07 외집단으로 인해 내집단 구성원의 결속력이 강화되는 효과가 나타날 수 있다. O X

08 함정 쿨리는 구성원의 결합 의지에 따라 사회 집단을 구분했다. O X

09 함정 공동 사회는 구성원의 본능적 의지에 의해 자연 발생적으로 형성된 집단이다. O X

10 이익 사회는 협동심보다 경쟁심이 보편적으로 강하게 나타난다. O X

11 공동 사회는 이익 사회에 비해 가입과 탈퇴가 상대적으로 자유로운 편이다. O X

12 함정 섬너는 구성원 간의 접촉 방식과 친밀도에 따라 사회 집단을 구분했다. O X

13 1차 집단은 직접적인 대면 접촉과 친밀감을 바탕으로 결합한 집단이다. O X

14 2차 집단은 1차 집단에 비해 비공식적 통제가 주로 나타난다. O X

15 학교, 회사, 정당 등은 1차 집단보다는 2차 집단의 사례에 가깝다. O X

16 함정 준거 집단은 반드시 현재의 소속 집단이 아니어야만 한다. O X

17 준거 집단과 소속 집단이 일치하게 되면 상대적 박탈감을 느낄 수 있다. O X

18 이익 집단은 자발적 결사체의 사례로 볼 수 있다. O X

19 자발적 결사체 중 공식 조직의 성격을 동시에 지니고 있는 사례는 없다. O X

20 직장 내에 있는 등산 모임은 공식 조직에 해당한다. O X

21 비공식 조직은 공식 조직의 효율성을 저해하는 데에만 영향을 준다. O X

22 함정 시민 단체는 공동 사회이면서 공식 조직에 해당한다. O X

23 1차 집단은 전인격적 인간관계를 바탕으로 형성된다. O X

24 비공식 조직은 친밀감과 공통의 관심사를 중심으로 생겨난다. O X

25 함정 자발적 결사체는 1차 집단과 2차 집단의 성격이 공존한다. O X

26 비공식 조직은 구성원의 지위와 책임이 명확하게 정해져 있다. O X

27 함정 이익 사회는 집단의 결합 자체가 집단 형성의 목적이라고 볼 수 있다. O X

28 함정 노동조합은 사회 집단 중 과업 지향적인 조직에 해당한다. O X

29 이익 사회의 대표적 사례로 기업과 정당을 들 수 있다. O X

30 공동 사회는 공동의 신념 및 관습이 집단 구성의 바탕이다. O X

31 함정 모든 자발적 결사체는 사회의 보편적 이익 달성을 목적으로 한다. O X

32 함정 공동 사회는 선택적 의지에 따라 인위적으로 형성된다. O X

33 소속 집단과 준거 집단이 불일치하면 소속 집단에 비협조적인 태도를 보인다. O X

34 함정 관료제와 탈관료제는 모두 효율적인 업무 처리를 지향하는 조직 운영 원리이다. O X

35 탈관료제는 관료제에 비해 상대적으로 수평적 조직 체계를 지향하는 조직 운영 원리이다. O X

36 탈관료제의 의사 결정은 하향식 의사 결정 방식을 따른다. O X

37 탈관료제의 조직 운영 원리는 정보 사회의 특성을 반영하고 있다. O X

38 업무의 표준화, 부서 간 경계의 엄격화 등은 관료제의 특징이다. O X

39 함정 조직에서 업무 능력이 높지 않고 무능한 사람이 승진하는 사례가 나타날 수 있는 가능성은 탈관료제가 관료제보다 높다. O X

40 관료제는 탈관료제에 비해 환경 변화에 유연하게 대처할 수 있다. O X

다양한 사회 집단의 비교 문제는 어떻게 풀까?

자료 | 사회 집단의 종류 분석하기

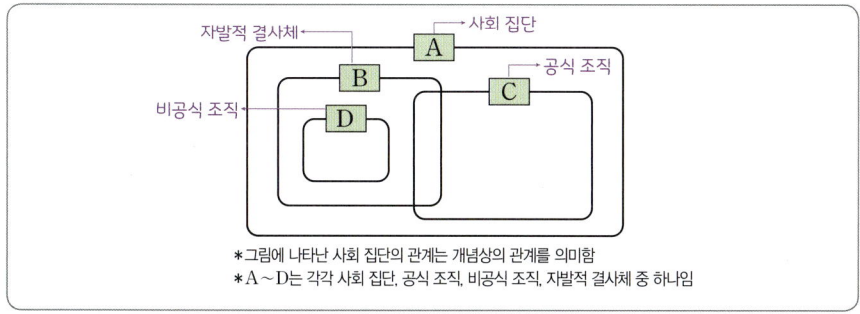

*그림에 나타난 사회 집단의 관계는 개념상의 관계를 의미함
*A~D는 각각 사회 집단, 공식 조직, 비공식 조직, 자발적 결사체 중 하나임

❶ 다양한 사회 집단을 특성에 따라 범주화시켜야 한다.

위 자료의 두 번째 단서 조항에는 사회 집단, 공식 조직, 비공식 조직, 자발적 결사체가 제시되어 있다. 이 중 특성상 가장 넓은 범주에 해당하는 것은 바로 '사회 집단'이다. 따라서 **A는 사회 집단이 된다**.

❷ 사회 조직의 특징을 정확히 알고 비교·분석해야 한다.

종류	특징
공식 조직	구성원의 지위와 책임이 명확하게 규정되고, 정해진 절차에 의해 특정 목적을 달성하기 위한 조직
비공식 조직	공식 조직의 구성원들 중 조직 내에서 구성원 간의 친밀한 인간관계의 형성이나 자아실현 등을 목적으로 자발적으로 형성한 사회 집단
자발적 결사체	공통의 관심사나 목표를 가진 사람들이 자발적으로 결성한 집단 • 모든 비공식 조직은 자발적 결사체에 속한다. • 시민 단체나 노동조합, 이익 집단은 자발적 결사체의 성격과 공식 조직의 성격을 모두 가지고 있다.

이에 따르면 **B는 자발적 결사체, C는 공식 조직, D는 비공식 조직이 된다**.

❸ 〈보기〉의 ㄱ~ㄹ의 성격을 정확히 파악하여 A~D와 연결시켜 보자.

┌─ 보기 ─
ㄱ. **공식 조직 내**에서 **친밀감과 공통의 관심사**를 중심으로 생겨난 집단
ㄴ. **둘 이상의 사람**이 **소속감**을 가지고 **지속적인 상호 작용**을 하는 집단
ㄷ. 가입과 탈퇴가 자유롭고 공통의 목표를 가진 사람들이 **자발적으로 만든 집단**
ㄹ. 구성원의 지위와 역할이 명확히 규정되고 정해진 절차에 의해 **특정 목적을 달성**하기 위한 조직
└────

ㄱ은 '공식 조직 내에서' 친밀감과 공통의 관심사를 중심으로 형성된 집단이기 때문에 '비공식 조직'에 해당한다. 따라서 D에 해당한다.

ㄴ은 사회 집단의 전형적인 설명이다. 이는 A~D 모두에서 나타나는 특징이므로 가장 넓은 범주인 A에 해당한다.

ㄷ은 가입과 탈퇴가 자유롭다는 점, 공통의 목표를 가진 사람들이 '자발적으로' 만든 집단이라는 점에서 '자발적 결사체'에 해당한다. 이는 비공식 조직인 D를 아우르는 개념이므로 이보다 더 넓은 범위인 B에 해당한다.

ㄹ은 지위와 역할이 명확히 규정된다는 점, 정해진 절차에 의해 특정 목적을 달성하기 위해 존재한다는 점에서 '공식 조직'에 해당한다. 따라서 C에 해당한다.

개념 | 문제로 확인

Q1 빈칸에 알맞은 말을 고르시오.

01 회사나 군대는 (공식 조직 / 비공식 조직)에 해당한다.

02 프로 야구팀의 팬클럽은 (비공식 조직 / 자발적 결사체)에 해당한다.

03 대학 내의 동아리는 (공식 조직 / 비공식 조직)에 해당한다.

04 시민 단체는 자발적 결사체와 (공식 조직 / 비공식 조직)의 성격을 지니고 있다.

05 (공식 조직 / 비공식 조직)에서는 전인격적 인간관계보다 수단적 인간관계가 더 뚜렷하게 나타난다.

Q2 다음 내용이 맞으면 '○', 틀리면 '✕'에 표시하시오.

06 자발적 결사체에서는 주로 공식적인 규범을 통해 구성원들을 통제한다. (○ / ✕)

07 이익 집단은 자발적 결사체와 비공식 조직의 성격을 동시에 지니고 있다. (○ / ✕)

08 공식 조직에서는 구성원의 지위와 책임이 명확하게 보장된다. (○ / ✕)

09 자발적 결사체는 성격에 따라 1차 집단의 특성이 강한 집단도 있고 2차 집단의 특성이 강한 집단도 있다. (○ / ✕)

10 대학에서 만들어진 특정 고등학교의 동창 모임은 비공식 조직의 사례이다. (○ / ✕)

11 비공식 조직은 공식 조직과 목표가 다를 때 비공식 조직의 효율성을 저해할 수 있다. (○ / ✕)

HOW & WHAT 정답 **Q1** 01 공식 조직 02. 자발적 결사체 03 비공식 조직 04 공식 조직 05 공식 조직 **Q2** 06 ✕ 07 ✕ 08 ○ 09 ○ 10 ○ 11 ✕

주제 1 사회 집단의 분류

족집게 전략 | 사회 집단의 분류는 학자들의 분류 방법에 따라 다양하게 구분될 수 있다. 같은 사회 집단이라도 분류 방법에 따라 정답이 다르게 나타날 수 있음에 유의하자!

족집게 자료 분석 전략 START | 다양한 분류 방법에 따른 사회 집단의 구분을 나타낸 자료이다.

> • A와 B는 구성원 간의 접촉 방식에 따라 분류한 것으로 A(→1차 집단)는 구성원들이 대면 접촉을 통해 전인격적인 관계를 맺는 집단이다.
> • C와 D는 구성원의 결합 의지에 따라 분류한 것으로 C(→이익 사회)는 구성원의 선택 의지에 의해 결합된 집단이다.
> • E(→자발적 결사체)는 다원화된 현대 사회에서 공통 관심과 목표를 가진 사람들이 자발적으로 결성한 집단이다.

❶ 사회 집단의 분류 기준을 파악하여 집단을 구분한다.
❷ 구성원 간의 접촉 방식에 따른 분류는 1차 집단과 2차 집단을 분류할 수 있고, 특히 대면 접촉을 통한 관계는 1차 집단이다.
❸ 결합 의지에 따른 분류는 공동 사회와 이익 사회로 구분할 수 있는데 특히 선택 의지에 의해 결합된 집단은 이익 사회이다.
❹ 공통의 관심사나 목표를 가진 사람들이 자발적으로 결성한 집단은 자발적 결사체의 의미이다.

090 대표 문항 | 평가원 기출 |

사회 집단과 사회 조직의 유형 A~E에 대한 설명으로 옳은 것은?

> • A와 B는 구성원 간의 접촉 방식에 따라 분류한 것으로 A는 구성원들이 대면 접촉을 통해 전인격적인 관계를 맺는 집단이다.
> • C와 D는 구성원의 결합 의지에 따라 분류한 것으로 C는 구성원의 선택 의지에 의해 결합된 집단이다.
> • E는 다원화된 현대 사회에서 공통 관심과 목표를 가진 사람들이 자발적으로 결성한 집단이다.

① A에서는 B와 달리 특정 목적을 달성하기 위한 인간관계가 주로 나타난다.
② D에서는 E와 달리 구성원의 가입과 탈퇴가 자유롭다.
③ A, D에서는 모두 형식적 인간관계가 주로 나타난다.
④ B, C에서는 모두 법적 제재보다 관습적 제재가 주로 적용된다.
⑤ 시민 단체와 이익 집단은 모두 C이면서 E에 속한다.

한줄 Tip 제시된 자료에서 사회 집단과 사회 조직을 분류하는 기준과 키워드를 찾는 것이 중요하다.

091 | 평가원 기출 |

다음은 연예인 갑의 주간 일정표이다. 밑줄 친 ㉠~㉥에 대한 설명으로 옳은 것은?

> 월 : ㉠ 소속된 기획사의 봉사 동아리 회원들과 봉사 활동 참가
> 화 : ㉡ ○○방송국의 예능 프로그램 녹화
> 수 : ㉢ 국세청의 모범 납세자 시상식 참여
> 목 : 어머니 생신 축하를 위한 ㉣ 가족 모임 참석
> 금 : ㉤ △△대학교 총학생회 주관 축제 행사 공연
> 토 : ㉥ 연예인 야구단 시합 참가

① ㉠과 ㉡은 갑의 내집단이다.
② ㉢과 ㉥은 자발적 결사체이다.
③ ㉣과 ㉤은 1차 집단이다.
④ ㉢, ㉤은 ㉠과 달리 공식 조직이다.
⑤ ㉣, ㉥은 ㉡과 달리 공동 사회이다.

092 | 교육청 기출 |

그림에 나타난 사회 집단 A~F에 대한 설명으로 옳지 않은 것은?

사회 집단의 유형은 어떻게 구분할 수 있을까요?
소속감을 기준으로 소속감이 있는 A와 그렇지 않은 B로 구분할 수 있어요.
결합 의지를 기준으로 본질적 의지에 바탕을 둔 C와 선택적 의지에 바탕을 둔 D로 구분할 수 있어요.
접촉 방식을 기준으로 전인격적 접촉이 이루어지는 E와 수단적 접촉이 이루어지는 F로 구분할 수 있어요.

① 자신이 소속된 집단은 모두 A이다.
② A와 B 간의 갈등은 A 안에서의 결속을 강화시킬 수 있다.
③ C는 공동 사회, D는 이익 사회이다.
④ F에 해당하는 집단은 모두 D에 해당한다.
⑤ F에서는 E와 달리 구성원에 대한 공식적 통제가 일반적이다.

093

사회 집단의 종류를 구분한 다음 표에 대한 옳은 설명을 〈보기〉에서 고른 것은?

학자 – 기준	종류
퇴니스 – ㉠	(가), (나)
ⓐ – ㉡	1차 집단, 2차 집단
ⓑ – 소속감	내집단, 외집단

〔보기〕
ㄱ. ⓐ는 쿨리, ⓑ는 섬너이다.
ㄴ. ㉠은 결합 의지, ㉡은 사회화 기능의 유무이다.
ㄷ. (가)의 예시가 회사라면, (나)는 가족이다.
ㄹ. 비공식적 제재 방식을 통한 통제는 주로 2차 집단에서 이루어진다.

① ㄱ, ㄴ   ② ㄱ, ㄷ   ③ ㄱ, ㄹ
④ ㄴ, ㄷ   ⑤ ㄷ, ㄹ

094 고난도↑

다음 자료를 읽고 ㉠~㉣에 대한 옳은 설명만을 〈보기〉에서 있는 대로 고른 것은? (단, ○○기업의 구성원은 한 개의 동아리에만 소속될 수 있다.)

직장인들의 사내 동아리 활동을 연구하는 갑은 ○○기업의 ㉠ △△동아리 부원 10명을 대상으로 동아리 활동에 대해 어떤 생각을 가지고 있는지 조사하였다. 스스로 지원해서 △△동아리에 들어온 10명의 부원 중 ㉡ 8명은 △△동아리 활동에 만족하고 있었지만, ㉢ 2명은 △△동아리에 대해 '우리 동아리'라는 느낌을 가지고 있지 않으며 △△동아리를 지원한 것을 후회하고 있고 동아리 모임에도 불참하고 있었다. 대신 이 2명은 같은 기업의 ㉣ ◇◇동아리를 심리적으로 동일시하면서 ◇◇동아리의 동아리 모임을 모방하고 있었는데, 이들의 이러한 행동은 △△동아리와 ◇◇동아리 구성원 모두로부터 배척당하고 있었다.

〔보기〕
ㄱ. ㉠은 ㉡, ㉢에게 소속 집단이다.
ㄴ. ㉡에게 ㉠은 내집단이다.
ㄷ. ㉢에게 ㉠과 ㉣은 모두 준거 집단으로 작용했을 것이다.
ㄹ. ㉣은 ㉡에게 외집단이지만 ㉢에게는 내집단이다.

① ㄱ, ㄴ   ② ㄱ, ㄹ   ③ ㄷ, ㄹ
④ ㄱ, ㄴ, ㄷ   ⑤ ㄴ, ㄷ, ㄹ

095

밑줄 친 ㉠~㉣에 대한 옳은 설명만을 〈보기〉에서 고른 것은?

다른 형제들과 달리 크고 볼품없이 태어난 갑은 다른 ㉠ 형제들에게 구박을 받고 결국 고향을 뛰쳐나오게 된다. 그러다 마음 착한 할머니를 만난 갑은 할머니의 손자로 입양되어 ㉡ 가족으로 살게 되지만, 그 집에서도 원래 할머니의 가족들의 괴롭힘으로 거리를 방황한다. 할머니 집도 나오게 된 갑은 TV에 나오는 ㉢ 공군의 모습을 보고 자기도 그들과 같았으면 얼마나 좋을까라고 생각하게 된다. 이에 갑은 공군이 되겠다는 새로운 목표를 갖고 하늘을 날 수 있는 방법을 가르쳐 주는 ㉣ 비행 학교에 입학한다.

〔보기〕
ㄱ. ㉠은 ㉣과 달리 인간관계 자체를 목적으로 하는 집단이다.
ㄴ. ㉡은 갑에게 내집단이면서 2차 집단으로 작용하였다.
ㄷ. ㉢은 갑에게 준거 집단이면서 소속 집단으로, 소속 집단에 대한 만족감을 높여 주는 집단이다.
ㄹ. ㉣은 갑에게 소속 집단이면서 내집단이다.

① ㄱ, ㄴ   ② ㄱ, ㄷ   ③ ㄱ, ㄹ
④ ㄴ, ㄷ   ⑤ ㄷ, ㄹ

096

다음은 어느 가족의 주간 일정표이다. 밑줄 친 ㉠~㉺에 대한 옳은 설명만을 〈보기〉에서 있는 대로 고른 것은?

〈가족 구성 – 회사원 갑, 사회 운동가 을, 고등학생 병〉

요일	가족 구성원	일정
월	갑	◇◇회사 ㉠ 노동조합 조합원 총회
화	을	○○ 환경보호 ㉡ 시민 연대 정기 모임
금	갑	◇◇회사 ㉢ 총무부 회식 참석
토	을	병의 학교 ㉣ 학부모 친목 모임
토	병	㉤ 학급 친구의 아버님 장례식 참석
일	갑, 을, 병	㉺ 가족과 함께 야구 경기 시청

〔보기〕
ㄱ. ㉠, ㉤은 모두 공식 조직 내의 공식 조직이다.
ㄴ. ㉢, ㉣은 선택 의지에 의해 자연 발생적으로 형성된다.
ㄷ. ㉡은 2차 집단, 자발적 결사체, 공식 조직, 이익 사회의 성격을 모두 가지고 있다.
ㄹ. ㉺은 ㉣에 비해 가입과 탈퇴가 비교적 자유롭다.

① ㄱ, ㄴ   ② ㄱ, ㄹ   ③ ㄷ, ㄹ
④ ㄱ, ㄴ, ㄹ   ⑤ ㄴ, ㄷ, ㄹ

주제 2 사회 조직의 유형

족집게 전략 | 꾸준히 출제되고 있는 주제 중 하나이다. 다양한 사회 조직의 유형을 제시문에 나온 사례에 맞게 분류할 줄 알아야 하며, 앞선 주제인 사회 집단의 분류뿐 아니라 사회화 및 역할 관련 주제와도 접목시켜 출제되는 경우가 많으니 반드시 정리하도록 하자.

족집게 자료 분석 전략 START | 제시된 ㉠~㉧을 선지의 설명과 비교하며 올바르게 해석하였는지 확인해 보아야 한다.

> ┌─── 아직 아님
>
> ㉠ 아이돌 그룹의 멤버가 되기를 꿈꾸어 왔던 갑은 신인 아이돌 그룹 ㉡ ☆☆☆☆의 팬클럽을 결성하여 회장으로 활동하였다. 학교 친구들과 ㉢ 댄스 모임을 만들어 꾸준히 연습하던 갑은 방송사의 음악 경연 프로그램에 참가하였지만 ㉣ 예선 탈락의 아픔을 맛보았다. 이에 좌절하지 않고 더욱 분발한 갑은 마침내 ㉤ △△ 기획사에서 개최한 ㉥ 공개 오디션에 합격하였고, 솔로 가수로 데뷔하여 큰 인기를 얻었다. 최근 갑은 무의탁 노인을 대상으로 봉사하는 ㉦ ◇◇ 단체의 홍보 대사로 위촉되어 공연을 하는 등 재능 기부로 나눔을 실천하는 데 앞장서고 있다.
>
> └─ 역할 행동에 대한 보상   시민 단체, 자발적 결사체

❶ ㉠은 갑의 준거 집단이 맞지만 아이돌 그룹에 소속되어 있지는 않으므로 내집단으로 볼 수 없다.

❷ ㉡의 팬클럽은 자발적 결사체이자 이익 사회에 해당한다.

❸ ㉦은 시민 단체, 즉 공식 조직의 성격을 함께 갖고 있는 자발적 결사체이기 때문에 전인격적 인간관계보다는 수단적 인간관계가 더 뚜렷이 나타난다고 볼 수 있다.

❹ ㉥은 2차 집단이자 공식 조직의 성격이 모두 나타나지만, ㉢은 두 가지가 모두 나타나지 않는다. 오히려 1차 집단이자 비공식 조직의 성격이 나타난다.

❺ ㉣은 갑의 역할 '행동'에 대한 제제이고, ㉥은 갑의 역할 '행동'에 대한 보상이다.

---

097 대표 문항 | 평가원 기출 |

밑줄 친 ㉠~㉦에 대한 설명으로 옳은 것은?

> ㉠ 아이돌 그룹의 멤버가 되기를 꿈꾸어 왔던 갑은 신인 아이돌 그룹 ㉡ ☆☆☆☆의 팬클럽을 결성하여 회장으로 활동하였다. 학교 친구들과 ㉢ 댄스 모임을 만들어 꾸준히 연습하던 갑은 방송사의 음악 경연 프로그램에 참가하였지만 ㉣ 예선 탈락의 아픔을 맛보았다. 이에 좌절하지 않고 더욱 분발한 갑은 마침내 ㉤ △△ 기획사에서 개최한 ㉥ 공개 오디션에 합격하였고, 솔로 가수로 데뷔하여 큰 인기를 얻었다. 최근 갑은 무의탁 노인을 대상으로 봉사하는 ㉦ ◇◇ 단체의 홍보 대사로 위촉되어 공연을 하는 등 재능 기부로 나눔을 실천하는 데 앞장서고 있다.

① ㉠은 갑의 준거 집단이자 내집단이다.

② ㉡은 자발적 결사체이자 이익 사회이다.

③ ㉦은 전인격적 인간관계를 바탕으로 한다.

④ ㉢과 ㉥은 모두 2차 집단이자 공식 조직이다.

⑤ ㉣과 ㉥은 각각 갑의 역할에 대한 제재와 보상이다.

✎ **한줄 Tip** 다양한 사회 집단들의 차이점과 공통점을 알고, 정리하는 것이 포인트야!

---

098 | 평가원 기출 |

표는 자발적 결사체 A~C를 질문 (가)~(다)의 응답에 따라 분류한 것이다. 이에 대한 설명으로 옳은 것은? (단, A~C는 각각 친목 집단, 이익 집단, 시민 단체 중 하나이다.)

질문 응답	예	아니요
(가)	B	A, C
(나)	A, B, C	–
(다)	A, C	B

① (가)에는 '가입과 탈퇴가 자유로운가?'가 들어갈 수 있다.

② (나)에는 '본질 의지에 의해 자연 발생적으로 형성된 집단인가?'가 들어갈 수 있다.

③ (다)에는 '공통의 관심사나 목표를 가지고 결성한 집단인가?'가 들어갈 수 있다.

④ A와 C가 각각 시민 단체와 친목 집단 중 하나라면, (가)에는 '사회 다원화에 기여하는가?'가 들어갈 수 있다.

⑤ B가 친목 집단이라면, (다)에는 '과업 지향적인 집단인가?'가 들어갈 수 있다.

---

099 | 평가원 기출 |

다음은 어느 가족의 주간 일정표이다. 이에 대한 옳은 설명만을 〈보기〉에서 있는 대로 고른 것은?

> **우리 가족 주간 일정**
>
> | 갑(교사) | 을(회사원) | 병(중학생) |
> |---|---|---|
> | 화 : 교육청 출장 | 월 : 사내 야구 동호회 경기 참가 | 수 : 청소년 봉사 단체 정기 모임 참석 |
> | 수 : 대학원 수업 참석 | 수 : 노동조합 조합원 총회 참석 | 금 : ㉡학급 소풍 참가 |
> | 금 : 지역 ㉠ 시민 단체 대표자 회의 참석 | 토 : 가족 외식 | 토 : 가족 외식 |
> | 토 : 가족 외식 | | |

〈보기〉

ㄱ. ㉠, ㉡은 선택적 의지에 의해 형성되는 이익 사회이다.

ㄴ. 갑, 을은 병과 달리 자발적 결사체에 소속되어 있다.

ㄷ. 을, 병은 갑과 달리 비공식 조직에 소속되어 있다.

ㄹ. 갑~병 모두 공동 사회와 공식 조직에 소속되어 있다.

① ㄱ, ㄴ   ② ㄱ, ㄹ   ③ ㄴ, ㄷ

④ ㄱ, ㄷ, ㄹ   ⑤ ㄴ, ㄷ, ㄹ

100

다음은 회사원 갑의 주간 일정표 중 일부이다. 이에 대한 옳은 설명만을 〈보기〉에서 있는 대로 고른 것은?

금요일	토요일	일요일
• ㉠ 회사 영업부 회의	• ㉡ 사내 미술 동호회 벽화 그리기 봉사 • ㉢ 종친회 총회 참여	• ㉣ 지역 야구 동호회 시합 • ㉤ 가족과 영화 관람

〈보기〉

ㄱ. ㉠은 공식 조직이면서 1차 집단의 성격을 지닌다.
ㄴ. ㉡과 ㉢은 이익 사회이면서 자발적 결사체이다.
ㄷ. ㉣과 ㉤은 모두 합리적, 선택적 의지에 따라 구성된다.
ㄹ. 일요일과 달리 토요일에는 비공식 조직에서의 활동이 있다.

① ㄱ, ㄷ   ② ㄴ, ㄹ   ③ ㄴ, ㄷ
④ ㄱ, ㄴ, ㄹ   ⑤ ㄱ, ㄷ, ㄹ

101

| 평가원 기출 |

그림은 사회 집단의 범주를 도식화한 것이다. (가)~(다)에 해당하는 사례로 가장 적합하게 연결된 것은?

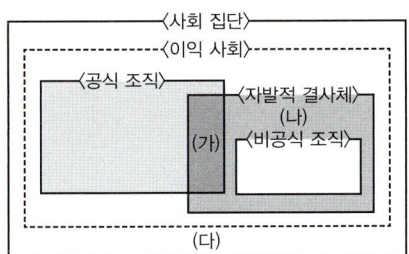

*(나)는 비공식 조직이 아닌 자발적 결사체이다.

	(가)	(나)	(다)
①	회사	교내 동호회	친족
②	시민 단체	지역 산악회	가족
③	이익 집단	사내 동아리	동호회
④	노동조합	지역 축구회	종친회
⑤	학교	군대	향우회

[102~103] 다음은 사회 집단 A~D를 특징 및 성격에 따라 분류한 것이다. 그림을 보고 물음에 답하시오. (단, A~D는 각각 공동 사회, 공식 조직, 자발적 결사체, 비공식 조직 중 하나이다.)

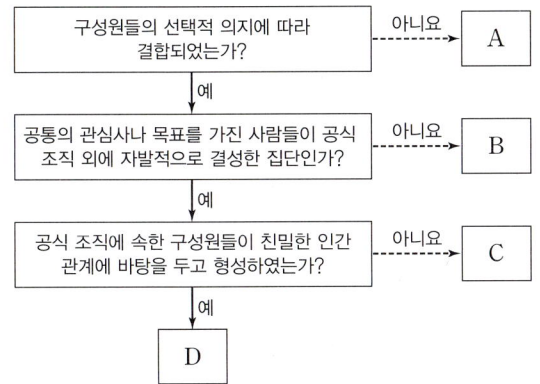

102

그림에 대한 옳은 설명을 〈보기〉에서 고른 것은?

〈보기〉

ㄱ. A에 비해 B, D는 목적적·수단적 가치를 중시한다.
ㄴ. A와 C에서는 전인격적 인간관계가 나타날 수 있다.
ㄷ. D는 2차 집단의 성격이 두드러지게 나타난다.
ㄹ. A는 C, D에 비해 구성원의 가입과 탈퇴가 어렵다.

① ㄱ, ㄴ   ② ㄱ, ㄷ   ③ ㄴ, ㄷ
④ ㄴ, ㄹ   ⑤ ㄷ, ㄹ

103

A~D에 들어갈 사회 집단의 구분으로 가장 적절한 것은?

	A	B	C	D
①	가족	인권 단체	주식 회사	구민 조기 축구회
②	가족	주식 회사	노동조합	고등학교 학생회
③	친족	대학교	친목 집단	시청 내 산악회
④	또래 집단	주식 회사	시민 단체	고등학교 총동문회
⑤	또래 집단	노동조합	고등학교 교무부	주식 회사

104 고난도↑

| 평가원 기출 |

사회 집단 및 조직의 유형 A~F에 대한 설명으로 옳은 것은?

• 사회 집단은 사회 구성원의 결합 의지에 따라 A, B로 구분되고, 접촉 방식에 따라 C, D로 구분된다. 모든 C는 B에 해당하며, D에서의 인간관계는 전인격적이다.
• E는 목표가 명확하고 구조화된 상호 작용이 이루어지는 사회 조직이다. F는 E를 전제로만 존재하며, E의 효율성을 높이는 순기능이 있지만 파벌을 조성하는 역기능도 있다.

① A에서는 형식적·수단적 인간관계가 일반적이다.
② C에서는 비공식적 제재가 일반적이다.
③ B에 해당하는 모든 사회 집단은 E에도 해당한다.
④ 모든 자발적 결사체는 F에 해당한다.
⑤ A~F에 해당하는 집단은 모두 준거 집단이 될 수 있다.

주제 3 관료제와 탈관료제

족집게 전략 | 상대적으로 빈번히 출제되는 개념은 아니며, 출제가 되어도 관료제와 탈관료제의 차이점을 비교하는 것은 어렵지 않기 때문에 두 개념의 특징을 확실히 이해하도록 하자!

족집게 자료 분석 전략 START | 다양한 분류 방법에 따른 관료제와 탈관료제의 구분을 나타낸 자료이다.

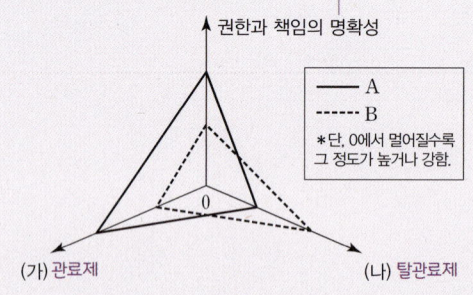

❶ 권한과 책임의 명확성은 관료제에서 더 뚜렷하게 나타나는 특징이므로 A는 관료제임을 알 수 있다.

❷ (가)와 (나)는 각각 관료제와 탈관료제의 특징이 더욱 뚜렷하게 나타나는 성질이 명시되어야 한다.

105 대표 문항 | 교육청 기출 |

그림에 대한 설명으로 옳은 것은? (단, A, B는 각각 관료제와 탈관료제 중 하나이다.)

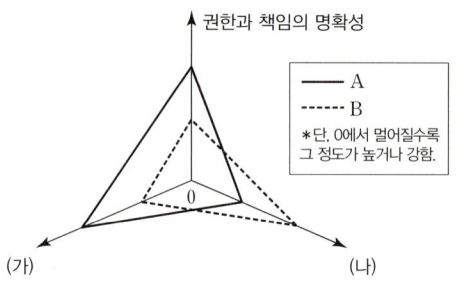

① A는 B에 비해 업적에 따른 보상을 더 중시한다.
② A는 B와 달리 정보 사회의 특성을 반영하고 있다.
③ A, B 모두 조직 운영의 효율성을 추구한다.
④ (가)에는 '조직 운영의 유연성'이 들어갈 수 있다.
⑤ (나)에는 '업무의 표준화'가 들어갈 수 있다.

✎ **한줄 Tip** 관료제와 탈관료제의 개념을 정확하게 알고 선택지를 분석하는 것이 중요해!

106 | 평가원 기출 |

사회 조직 유형 (가), (나)의 일반적 특징을 다음과 같이 비교할 때, A와 B에 들어갈 적절한 질문만을 〈보기〉에서 있는 대로 고른 것은? (단, (가)와 (나)는 각각 관료제와 탈관료제 중 하나이다.)

질문	사회 조직 유형	
	(가)	(나)
경력보다 업무 성과를 고려한 차등적 보상을 중시하는가?	아니요	예
A	예	아니요
B	아니요	예

보기
ㄱ. 효율적인 과업 수행을 지향하는가?
ㄴ. 의사 결정 권한의 집중보다 분산을 지향하는가?
ㄷ. 조직의 운영에서 유연성보다 안정성을 중시하는가?
ㄹ. 규약에 따른 과업 수행보다 창의적 과업 수행을 중시하는가?

	A	B		A	B
①	ㄱ	ㄴ, ㄹ	②	ㄱ, ㄷ	ㄴ, ㄹ
③	ㄴ, ㄹ	ㄱ, ㄷ	④	ㄷ	ㄱ, ㄹ
⑤	ㄷ	ㄱ, ㄴ, ㄹ			

107 | 평가원 기출 |

(가), (나)의 일반적인 특징에 대한 설명으로 옳지 않은 것은?

A 기업의 조직 운영 방식은 [(가)]의 대표적 사례이다. 부장급 이상 임원만 100명이며, 직위에 따라 권한과 책임이 다르다. 출퇴근 시간과 업무 절차는 회사가 정한 규정을 따라야 한다. 승진과 보수는 경력과 직급에 따라 결정된다. 반면 B 기업의 조직 운영 방식은 [(나)]의 대표적 사례이다. 업무의 성격이나 상황에 따라 여러 팀을 구성하여 운영한다. 팀 내 구성원의 관계는 수평적이며 세부적인 업무는 절차와 내용도 자체적으로 결정할 수 있다. 승진과 보수는 개인별 능력과 업적에 따라 결정된다.

① (가)는 무사안일주의로 인한 비효율성이 나타날 가능성이 크다는 비판을 받는다.
② (나)는 외부 환경 변화에 유연하게 대처하기가 용이하다.
③ (가)에서는 (나)와 달리 공식적 통제 방식으로 갈등을 해결한다.
④ (나)에서는 (가)에 비해 상향식 의사 결정과 수평적 의사소통이 더 중시된다.
⑤ (나)에서는 (가)에 비해 업무 결정권이 분산되며 구성원의 창의성이 발휘되기가 더 용이하다.

108

밑줄 친 ㉠~㉢에 대한 옳은 설명만을 〈보기〉에서 있는 대로 고른 것은?

> ㉠ 근대 산업화 이후 대규모 조직을 효율적으로 관리할 수 있는 조직 운영 방식이 필요해졌다. 하지만 시간이 지남에 따라 기존의 운영 방식에 여러 가지 ㉡ 역기능이 나타났고, 정보 사회에 발맞추어 구성원의 창의력과 자율성을 보장하려는 ㉢ 새로운 조직 형태가 생겨나게 되었다.

┌─ 보기 ─
ㄱ. ㉠의 특징인 위계의 서열화는 조직 구성원들의 창의력 저하를 가져올 수 있다.
ㄴ. ㉠은 과업의 전문화를 통해 조직 전체 업무에 대한 구성원들의 이해 정도를 높였다.
ㄷ. ㉡의 목적 전치 현상은 지나친 규약과 절차의 강조로 인해 오히려 본래의 조직 목표 달성이 방해받는 현상이다.
ㄹ. ㉢에서는 의사 결정 권한을 집중시켜 구성원들 개인의 업무 재량권이 많아졌다.
└─

① ㄱ, ㄷ　　　　② ㄴ, ㄷ　　　　③ ㄷ, ㄹ
④ ㄴ, ㄷ, ㄹ　　　⑤ ㄱ, ㄷ, ㄹ

109

표는 조직 운영 원리인 A와 B를 질문에 따라 구분한 것이다. 이에 대한 옳은 설명을 〈보기〉에서 고른 것은? (단, A와 B는 관료제와 탈관료제 중 하나이다.)

질문	A	B
연공서열에 따른 승진과 보수를 중시하는가?	아니요	예
공식적인 통제 방식으로 갈등을 해결하는가?	㉠	㉡
(가)	㉢	㉣

┌─ 보기 ─
ㄱ. ㉠과 ㉡은 모두 '예'이다.
ㄴ. A는 주로 상명하복(上命下服)식 의사 결정 구조를 보인다.
ㄷ. A는 B보다 외부 환경 변화에 유연하게 대처할 수 있다.
ㄹ. '조직 운영의 효율성을 강조하는가?'가 (가)에 들어가면 ㉢은 '예', ㉣은 '아니요'이다.
└─

① ㄱ, ㄴ　　　　② ㄱ, ㄷ　　　　③ ㄴ, ㄷ
④ ㄴ, ㄹ　　　　⑤ ㄷ, ㄹ

110

표는 조직 운영의 원리 A와 B를 비교한 것이다. 이에 대한 옳은 설명만을 〈보기〉에서 있는 대로 고른 것은? (단, A, B는 각각 관료제와 탈관료제 중 하나이다.)

구분	A	B
의사 결정	하향식	상향식
관리 방식	규칙 중심	과업 중심

┌─ 보기 ─
ㄱ. A에 비해 B는 2차적 인간관계가 지배적이다.
ㄴ. A는 B에 비해 연공서열보다는 업적이 중시된다.
ㄷ. B는 조직의 결성과 해체가 신축적이기 때문에 조직 운영의 안정성이 저하될 수 있다.
ㄹ. B는 능력에 따른 보상 체계를 중시하면서 효율성이 높을 것이다.
└─

① ㄱ, ㄷ　　　　② ㄴ, ㄷ　　　　③ ㄷ, ㄹ
④ ㄴ, ㄷ, ㄹ　　　⑤ ㄱ, ㄷ, ㄹ

111

다음 표에 대한 옳은 설명만을 〈보기〉에서 있는 대로 고른 것은? (단, A, B는 관료제와 탈관료제 중 하나이다.)

질문	A	B
위계의 서열화가 뚜렷한가?	아니요	예
인간관계가 수단적 만남과 간접적 접촉이 이루어지는 조직인가?	㉠	㉡
개인의 창의성과 자율성을 최대한 보장하려고 노력하는가?	㉢	㉣
(가)	예	아니요

┌─ 보기 ─
ㄱ. ㉠과 ㉡모두 '예'가 들어가야 한다.
ㄴ. ㉢은 '아니요', ㉣은 '예'가 들어가야 한다.
ㄷ. (가)에는 '환경 변화에 유연한 대처와 신속한 의사 결정이 가능한가?'가 들어갈 수 있다.
ㄹ. B와 달리 A는 정해진 절차에 따라 특정 목적을 달성하기 위한 공식 조직이다.
└─

① ㄱ, ㄷ　　　　② ㄴ, ㄷ　　　　③ ㄷ, ㄹ
④ ㄴ, ㄷ, ㄹ　　　⑤ ㄱ, ㄷ, ㄹ

일탈 행동에 대한 이론

1. 일탈 행동의 의미와 특징

의미	한 사회에서 일반적으로 받아들여지고 있는 사회적 규범이나 기대에 어긋나는 행위 혹은 행동
특징 (상대성)	• 시대와 장소에 따라, 가치관의 변화에 따라 일탈 행동에 대한 판단 기준은 다름 • 같은 행동이라도 상황에 따라 일탈 행동으로 판단될 수도 있고, 정상적인 행동으로 판단될 수도 있음

→ 1970년대 우리나라에서는 장발과 미니스커트 착용을 풍기 문란의 하나로 규정하고 경찰이 이를 단속하였다.

2. 일탈 행동의 발생 원인

(1) 일탈 행동이 발생하는 원인은 생물학적 측면, 심리적 측면과 같은 개인적 요인과 사회적 환경이나 사회 구조 등 사회적 요인에서 찾을 수 있음

(2) 과거에는 일탈 행동의 발생 원인으로 개인적 요인을 강조하였다면, 오늘날에는 사회적 요인에 대한 관심도가 증대되고 있음

(3) **일탈 행동의 발생 원인에 대한 다양한 관점** : 기능론, 갈등론, 상징적 상호 작용론

→ 범죄는 법을 위반하는 행위를 의미한다. 범죄는 일탈 행동에 속하지만, 모든 일탈 행동이 범죄인 것은 아니다. 예를 들어, 다른 사람을 때리는 것은 범죄로 법적인 처벌을 받지만, 손윗사람에게 반말하는 것은 비교적 가벼운 제재를 받는다.

3. 일탈의 영향

(1) 긍정적 영향
① 사회 변동의 원동력으로 작용하기도 함
② 사회 문제를 표출함으로써 이에 대한 대책을 마련할 수 있는 기회 제공
③ 일탈 행동에 대처하는 과정에서 일탈 방지를 위한 사회적 합의나 대안 도출

(2) 부정적 영향
① 개인의 삶이 황폐화되고 사회적 자원이 낭비됨
② 사회 구성원들의 규범 준수 동기나 의지 약화
③ 사회 조직의 해체나 사회 질서의 붕괴로 인한 사회 불안정 초래

4. 일탈 행동을 설명하는 다양한 **이론**

'아노미'는 프랑스의 사회학자 뒤르켐이 그의 저서 『자살론』에서 처음 사용한 개념이다. 문자적 의미는 "규범이 없다."라는 뜻을 지닌다. 뒤르켐은 아노미 상태가 심화된 사회에서는 사회 내의 결속력이 약화하고 심하면 사회 조직이 와해될 수 있다고 보았다.

(1) 아노미 이론
① 뒤르켐의 아노미 이론

발생 배경	• 급속한 사회 변동으로 인해 기존의 지배적인 사회 규범이 약화되고 새로운 가치관이 미처 정립되지 못했거나 기존의 규범과 새로운 규범이 혼재된 상태 • 이러한 도덕적 혼란이나 무규범 상태를 '아노미'라고 하며, 이 아노미 상태에서 일탈 행동이 발생한다고 보는 입장
사례	산업화 단계로 접어들며 대도시로의 인구 유입, 분업, 개인의 고립 등과 같은 급격한 사회 변동의 발생 → 이 과정에서 규범과 역할이 혼란을 겪게 되고 욕구를 통제하지 못하게 되며 일탈 발생
대책	기존 사회 규범의 통제력을 회복하거나 새로운 가치관의 확립

② 머튼의 아노미 이론

발생 배경	• '문화적 목표'와 '제도적 수단'이 일치하지 않는 상태 • 문화적 목표를 달성할 수 있는 제도적 수단이 충분하게 제공되지 않은 상태에서 비합법적 수단으로 목표를 달성하려고 할 때 일탈이 발생한다고 봄
사례	A국에서 구체제의 붕괴 이후 물질적 풍요와 경제적 성공을 가장 중요한 가치로 여기는 경제 지상주의가 확산 → 그러나 A국의 산업 기반은 경제적 성공의 기회를 충분히 제공해 주지 못함 → 이런 상황이 A국 국민들에게 범죄나 일탈의 가능성을 한층 높임
대책	문화적 목표를 이룰 수 있는 제도적 수단의 확대 또는 마련

③ 아노미 이론의 한계 : 일탈의 원인을 사회 구조 속에서 파악하여 개인들 간의 상호 작용이 일탈 행동의 발생에 미치는 영향력을 간과함

그래프로 살펴보기

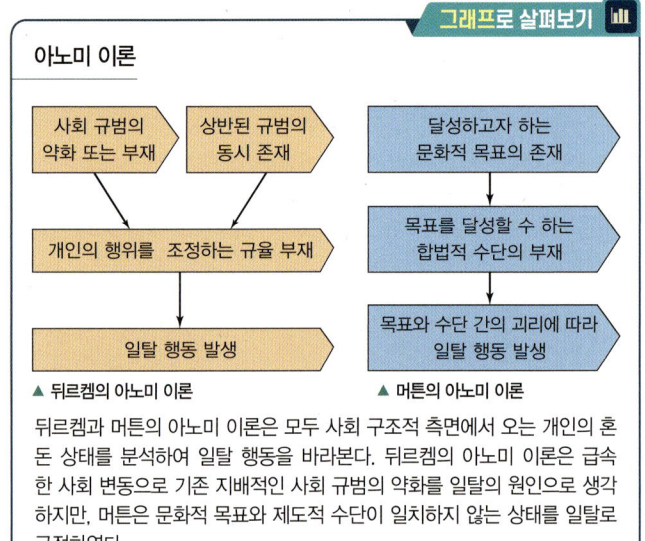

아노미 이론

▲ 뒤르켐의 아노미 이론 　　　　　▲ 머튼의 아노미 이론

뒤르켐과 머튼의 아노미 이론은 모두 사회 구조적 측면에서 오는 개인의 혼돈 상태를 분석하여 일탈 행동을 바라본다. 뒤르켐의 아노미 이론은 급속한 사회 변동으로 기존 지배적인 사회 규범의 약화를 일탈의 원인으로 생각하지만, 머튼은 문화적 목표와 제도적 수단이 일치하지 않는 상태를 일탈로 규정하였다.

(2) 낙인 이론

발생 배경	• 특정 개인이나 집단이 일탈자로 규정되는 과정과 사회적 여건에 주목함 • 일탈을 규정하는 객관적 기준이 없다고 봄 • 사람들이 일탈 행동을 하는 이유는 사회적으로 특정한 행위를 일탈로 규정하고 이러한 행위를 한 사람을 일탈자로 낙인을 찍기 때문이라고 봄 • 1차적 일탈이 발생하면 이를 행한 사람에 대하여 주위 사람들이 부정적 인식을 갖게 됨 → 일탈 행위자 스스로 일탈자로 인식 및 부정적 자아의 형성 → 2차적 일탈의 발생
사례	경범죄로 전과자가 된 사람이 주위의 따가운 시선(사회적 낙인) 때문에 사회의 적응 및 개과천선을 포기하고 다시 범죄자가 되는 사례
대책	사회적 낙인에 대한 신중한 접근
한계	• 최초의 일탈이나 범죄의 원인을 설명하지 못함 • 두 사람이 일탈자라는 낙인을 동일하게 받았음에도 한 사람은 일탈을 계속하고 다른 사람은 일탈을 하지 않은 경우를 설명하지 못함

자료로 살펴보기 🔍

■ **낙인 이론이 설명하는 일탈에 이르는 길 — 일탈적 정체성과 2차적 일탈**

낙인 이론은 일탈을 개인 또는 집단의 특성이 아니라 일탈자와 비일탈자 간의 상호 작용 과정으로 해석한다. 누구나 때로는 일탈적 행동을 할 수 있지만, 대부분 가볍고 일시적이며 쉽게 감추어질 수 있다. 이를 '1차적 일탈'이라 한다. 1차적 일탈은 모르는 채 지나가는 것이 대부분이며, 당사자도 자신을 일탈자로 생각하지 않는 경우가 많다. 그러나 이러한 일탈 행동이 일단 발견되고 세상에 알려지면 그 개인은 일탈자로 낙인찍히고, 다른 사람들은 그를 일탈자로 대하기 시작한다. 결과적으로 일탈자로 낙인찍힌 사람들은 그 낙인을 받아들이게 된다. 그리고 이에 따라 일탈자로서의 새로운 정체성을 형성하고 그에 따라 행동하기 시작한다. 결국 일탈이 습관화될 수 있는데, 이를 '2차적 일탈'이라고 한다. 예를 들어, 범죄를 저질러 교도소에 수감되었다가 형을 마치고 전과자로 낙인찍혀 나온 사람은 공식적이든 비공식적이든 취업과 같은 중요한 사회적 기회 획득에서 차별을 받곤 한다. 이럴 경우, 그들은 자신을 전과자로 인식하고, 다시 범죄의 길로 빠져들 가능성이 있다.

– 권태환 외, 『사회학의 이해』 –

1차적 일탈과 2차적 일탈 : 일시적으로 발생하고 특별히 문제시되지 않는 일탈 행동을 1차적 일탈이라 하고, 1차적 일탈로 인해 낙인이 찍혀 일탈 행동을 습관화되고 반복되어 나타나는 일탈 행동을 2차적 일탈이라 한다.

(3) 차별 교제 이론 ┌ 맹모삼천지교(孟母三遷之敎) : 맹자가 어릴 적에 집 주변에서 보고 들은 것을 따라 하며 노는 것을 보고, 맹자의 어머니는 무덤 옆에서 살다가 시장 옆으로 이사하고, 시장 옆에서 다시 서당 옆으로 이사를 하였다.

발생 배경	• 일탈은 타인과의 상호 작용 과정에서 학습된다고 봄 • 일탈 행동을 빈번하게 일으키는 사람들과 접촉하는 과정에서 일탈의 기술을 학습하고 일탈 동기를 내면화하며, 이를 정당화하는 태도까지 학습하게 됨 • 일탈 행동의 발생 가능성은 개인이 주로 어떤 사람들과 상호 작용을 하느냐에 따라 달라진다고 봄
사례	범죄로 인해 교도소에 수감된 사람이 교도소에서 다른 수감자들과 어울리는 동안 범죄 행동에 대해 우호적인 태도를 공유하게 되거나 새로운 범죄 기술을 배우게 된 사례
대책	• 일탈자와의 접촉 차단 • 정상적인 사회 집단과의 교류 촉진 등
한계	• 일탈 행위자와 장기간 접촉해도 일탈자가 되지 않은 경우를 설명하지 못함 • 우연적이고 충동적인 범죄를 설명하지 못함

자료로 살펴보기 🔍

■ **일탈 행동의 발생 원인**

(가) 가정에서 주로 생활하던 아이가 성장하여 학교에 가면 다양한 부류의 친구를 접하게 된다. 그 과정에서 소위 말하는 '문제아'를 친구로 사귀게 되면 일탈을 행하게 된다.

(나) 처음부터 '문제아'가 따로 있는 것이 아니다. 교사나 주변 학생들이 '문제아'라고 손가락질하면 평범한 학생도 '문제아'로 인식되어 정상적인 학교생활에서 소외되고 배제되어 일탈을 행하게 된다.

(다) 우리 사회는 학업 성적과 대학 입시만을 지나치게 강조하는 반면, 학업 부진 학생들에게 적절한 방안을 제시하지 못하고 있다. 이 때문에 그 학생들이 학업을 포기하고 일탈을 행하게 된다.

청소년이 문제가 되는 일탈에 대해 (가)에 나타난 일탈 이론은 차별 교제 이론, (나)에 나타난 일탈 이론은 낙인 이론, (다)에 나타난 일탈 이론은 아노미 이론이다.

✏️ **다음 설명이 맞으면 '○', 틀리면 '×'에 표시하시오.**

01 뒤르켐의 아노미 이론은 지배적인 규범의 약화 혹은 붕괴 상태에서 일탈 행동이 발생한다고 보았다. ○ ×

02 같은 행동일지라도 일탈 행동으로 판단되는 기준은 시대와 사회에 따라 달라질 수 있다. ○ ×

03 일탈 행동은 비난, 처벌 등 사회적 제재의 대상이 되지는 않는다. ○ ×

04 함정 선거에 이기기 위한 금품 지급, 시험에서의 부정 행위 등은 낙인 이론의 사례이다. ○ ×

05 뒤르켐의 아노미 이론은 문화적 목표와 제도적 수단 간의 괴리를 아노미라고 본다. ○ ×

06 함정 차별 교제 이론은 일탈자와의 상호 작용을 통해 일탈 행동의 학습이 일어난다고 본다. ○ ×

07 낙인 이론은 신중한 낙인의 중요성을 강조함으로써 일탈을 해결할 수 있다고 본다. ○ ×

08 뒤르켐의 아노미 이론은 무규범 상태를 일탈 행동의 원인으로 강조한다. ○ ×

09 낙인 이론은 부정적 자아의 형성이 일탈 행동의 원인이라고 본다. ○ ×

10 함정 차별 교제 이론은 차별적 제재를 일탈 행동의 원인이라고 본다. ○ ×

11 낙인 이론은 범죄 이해를 위해 사람들에 의해 특정 행동이 범죄로 간주되는 맥락을 파악해야 한다고 본다. ○ ×

12 일탈의 원인으로 과거에는 사회적인 요인을 강조했으나 오늘날에는 개인적인 요인을 강조한다. ○ ×

13 머튼의 아노미 이론은 타인들과의 상호 작용을 통해 일탈이 발생한다고 본다. ○ ×

14 2차적 일탈 행동 발생에 초점을 두는 것은 낙인 이론이다. ○ ×

15 차별 교제 이론은 일탈 집단과의 교류를 일탈의 원인으로 본다. ○ ×

16 일탈 행동이 사회화 과정을 거친다고 보는 것은 낙인 이론의 입장이다. ○ ×

17 함정 사회적 합의를 통한 결속력 강화를 일탈 행동의 해결 방안으로 제시하는 것은 기능론의 입장이다. ○ ×

18 함정 낙인 이론은 타인의 부정적 시선을 내면화한 결과 일탈 행동을 반복한다고 본다. ○ ×

19 불법적인 방법을 통해서라도 목표를 달성하고자 하는 사례는 머튼의 아노미 이론에 가까운 사례이다. ○ ×

다양한 일탈 이론들의 공통점과 차이점은 무엇인가?

자료1 아노미 이론

> (가) 산업화 단계로 접어들면서 대도시로의 인구 유입, 분업, 개인의 고립 등을 특징으로 하는 변화가 나타난다. 이 과정에서 ==사람들은 규범과 역할의 혼란을 겪게 되고 욕구를 통제하지 못하게== 되면서 일탈을 저지른다. - 뒤르켐
> (나) 경제적 성공을 강조하는 문화를 구성원 모두가 공유하는 사회에서 제도화된 수단이 부족한 특정 계층은 성공에 어려움을 겪게 된다. 따라서 이들은 ==불법적인 방법을 통해서라도 성공하려고 시도==함으로써 일탈 행동을 하게 된다. - 머튼

기능론적 관점을 바탕으로 하는 아노미 이론은 뒤르켐의 아노미 이론과 머튼의 아노미 이론으로 나뉜다. 제시문의 (가)는 뒤르켐의 아노미 이론을, (나)는 머튼의 아노미 이론을 의미한다.

자료2 차별 교제 이론

> 개인이 법 위반에 우호적인 태도를 가진 사람들과 밀접한 관계를 맺으면서 일탈을 저지를 수 있다. 일탈은 개인이나 사회의 특성에서 비롯되는 것이 아니라 ==개인이 경험한 학습 과정의 결과==로 나타난다.

상징적 상호 작용론적 관점을 바탕으로 하는 차별 교제 이론은 일탈을 '정상적인 사회화의 결과'로 인식한다. 이는 '잘못된 사회화' 또는 '사회화의 실패'를 일탈의 원인으로 지적하는 기능론적 관점과 대비되는 특성이다.

자료3 낙인 이론

> 일탈은 특정 행위에 대한 ==사회적 반응에 의해 규정==되며, 그러한 사회적 반응의 결과 행위자가 일탈자로서의 정체성을 형성할 때 지속적인 일탈로 이어진다.

차별 교제 이론과 같이 상징적 상호 작용론적 관점을 바탕으로 하는 낙인 이론은 다른 이론들과 달리 일탈을 규정하는 객관적 기준이 없다고 보는 것이 가장 큰 특징이다. 특정한 행동 자체가 일탈로 규정된다기보다는 그러한 행동에 대한 주변의 인식이 일탈의 여부를 결정한다고 본다.

개념 | 문제로 확인

Q1 빈칸에 알맞은 말을 쓰시오.

01 뒤르켐의 아노미 이론은 (　　　　) 과정에서 나타나는 아노미 상황을 일탈의 원인으로 본다.

02 머튼의 아노미 이론은 문화적 목표와 (　　　) 간의 괴리를 일탈의 원인으로 본다.

03 차별적 교제 이론은 타인과의 (　　　)을 통해 일탈이 학습된다고 본다.

04 차별 교제 이론은 일탈에 대한 대책으로 일탈자와의 접촉을 (　　　)하고, 정상적인 사회 집단과의 교류를 (　　　)해야 한다고 본다.

05 낙인 이론은 일탈 행동을 규정하는 객관적 (　　　)이 없다고 본다.

Q2 다음 내용이 맞으면 '○', 틀리면 '×'에 표시하시오.

06 뒤르켐의 아노미 이론은 일탈에 대한 대책으로 불평등한 사회 구조의 개선을 제시한다. (○ / ×)

07 머튼의 아노미 이론은 일탈에 대한 대책으로 문화적 목표의 향상을 강조한다. (○ / ×)

08 차별 교제 이론은 일탈을 잘못된 사회화의 결과로 본다. (○ / ×)

09 낙인 이론은 일탈 행동 그 자체보다 그에 대한 주변의 인식을 더욱 중요시한다. (○ / ×)

개념 | 기출문제에 적용

10 연습하기 물음에 맞게 (가), (나), (다)에 표시하시오.

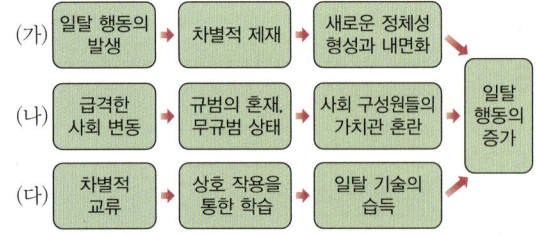

❶ 일탈에 대한 대책으로 사회 규범의 통제력 회복을 강조한다. ((가) / (나) / (다))
❷ 일탈 행동을 사회화의 결과로 본다. ((가) / (나) / (다))
❸ 일탈을 규정하는 객관적 기준이 없다고 본다. ((가) / (나) / (다))

11 적용하기 10번 자료를 보고 (가)~(다)의 일탈 이론에 대한 설명으로 옳은 것은?

① (가) 이론은 차별적인 접촉이 일탈을 학습하는 계기가 된다고 본다.
② (나) 이론은 일탈에 대한 대책으로 사회적 합의를 통한 규범의 정립을 강조한다.
③ (다) 이론은 일탈 행동이 문화적 목표와 제도적 수단 간의 괴리에서 비롯된다고 본다.
④ (나) 이론은 (가) 이론과 달리 일탈을 규정하는 객관적인 기준이 존재하지 않는다는 것을 전제로 한다.
⑤ (다) 이론은 (나) 이론과 달리 불평등한 사회 구조와 계급 갈등으로 일탈 행동이 발생한다고 본다.

HOW & WHAT 정답 Q1 01 급격한 사회 변동 02 제도적 수단 03 상호 작용 04 차단, 촉진 05 기준 Q2 06 × 07 × 08 × 09 ○ 10 ❶ (나) ❷ (다) ❸ (가) 11 ②

주제 1 일탈 행동에 대한 이론

족집게 전략 | 중요한 사회학적 이론으로서 수능에 매번 출제되는 주제이다. 다양한 학자들에 따른 일탈 행동에 대한 이론을 정확히 이해하고, 이를 사회·문화 현상을 바라보는 관점과도 연결 지어 이해할 수 있는 능력이 필요하다.

족집게 자료 분석 전략 START |

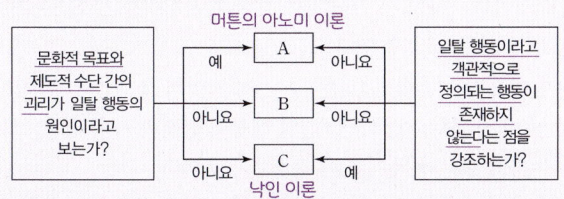

그림의 A~C는 각각 낙인 이론, 아노미 이론, 차별 교제 이론 중 하나이다.

❶ 문화적 목표와 제도적 수단 강의 괴리가 일탈 행동의 원인이라고 보는 이론은 아노미 이론이다. 그러므로 A는 아노미 이론이다.
❷ 객관적으로 정의되는 행동이 존재하지 않는다고 생각하는 이론은 낙인 이론이다. 그러므로 C는 낙인 이론이다.
❸ B는 차별 교제 이론이 된다.
❶+❷+❸ 따라서 A는 아노미 이론, B는 차별 교제 이론, C는 낙인 이론이다.

112 대표 문항

| 평가원 기출 |

일탈 이론 A~C에 대한 설명으로 가장 적절한 것은? (단, A~C는 각각 낙인 이론, 아노미 이론, 차별 교제 이론 중 하나이다.)

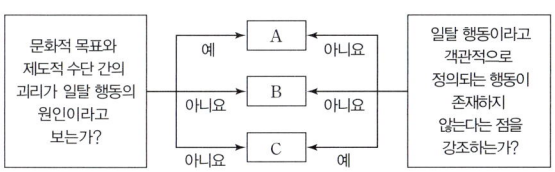

① A는 법 위반에 대한 우호적 가치의 습득을 일탈 행동의 원인으로 본다.
② B는 불평등한 사회 구조와 그로 인한 집단 간의 갈등을 일탈 행동의 원인으로 본다.
③ C는 사소한 사회적 무질서를 방치하는 것이 더 큰 일탈 행동을 초래한다고 본다.
④ B와 달리 A는 일탈 행동에 대한 규정을 신중하게 할 필요가 있음을 강조한다.
⑤ C와 달리 B는 일탈 행동의 해결 방안으로 정상적인 사회 집단과의 상호 작용 촉진을 제시한다.

✏️ **한줄 Tip** 각 일탈 이론 간의 공통점과 차이점을 알고 이를 정확히 분석하는 능력이 중요해!

113 고난도↗

| 평가원 기출 |

표는 일탈 이론 A~C를 질문에 따라 구분한 것이다. 이에 대한 옳은 설명만을 〈보기〉에서 있는 대로 고른 것은? (단, A~C는 각각 낙인 이론, 아노미 이론, 차별 교제 이론 중 하나이다.)

이론＼질문	(가)	(나)	(다)
A	예	아니요	아니요
B	아니요	아니요	예
C	아니요	예	아니요

〈보기〉
ㄱ. A가 아노미 이론, B가 차별 교제 이론이라면, "타인들과의 상호 작용이 일탈 발생 과정에 미치는 영향을 중시하는가?"는 (다)에 적절하다.
ㄴ. B가 낙인 이론, C가 아노미 이론이라면, "일탈자와의 접촉 차단을 일탈에 대한 대책으로 보는가?"는 (가)에 적절하다.
ㄷ. (가)가 "사회 규범의 통제력 회복을 일탈에 대한 대책으로 보는가?"라면, "일탈의 원인으로 구조적인 요인을 강조하는가?"는 (나)에 적절하다.
ㄹ. (가)가 "일탈 행동에 대한 부정적 반응을 일탈의 원인으로 보는가?"이고, (다)가 "문화적 목표에 도달할 기회 제공을 일탈에 대한 대책으로 보는가?"라면, C는 차별 교제 이론이다.

① ㄱ, ㄴ
② ㄴ, ㄷ
③ ㄴ, ㄹ
④ ㄱ, ㄴ, ㄹ
⑤ ㄱ, ㄷ, ㄹ

114

다음은 일탈을 설명하는 사회학자 갑의 이론이다. 다음 자료에 대한 옳은 분석만을 〈보기〉에서 고른 것은?

모든 사람이 때로는 일탈적으로 행동할 수 있다. 그것은 대개 경미하고 일시적이다. 그러나 이것이 일단 발견되고 세상에 알려지면, 그 개인은 일탈 행위자로 규정되고 정상인과 구분지어 취직이나 기타 사회적 기회에서 차등 대우를 받는다. 그때 그는 스스로를 '일탈자'로 인식하게 되어 지속적으로 일탈 행위를 하게 되는 것이다.

〈보기〉
ㄱ. '1차적 일탈'은 대부분 의식적으로 이루어진다.
ㄴ. 갑은 일탈이 행위 자체보다 행위 발생의 상황과 여건에 따라 규정된다고 볼 것이다.
ㄷ. 개인이 낙인을 받아들인 이후에 생긴 새로운 자아에 의한 일탈 행동은 습관화되기 쉽다.
ㄹ. 갑은 사회를 볼 때에도 인간의 신체에 비유하며 각 부위가 서로 의존하며 상호 작용하고 있다고 볼 것이다.

① ㄱ, ㄴ
② ㄱ, ㄷ
③ ㄴ, ㄷ
④ ㄴ, ㄹ
⑤ ㄷ, ㄹ

115

| 평가원 기출 |

일탈 행동을 바라보는 (가)~(다)의 이론적 관점에 대한 설명으로 옳은 것은?

사회 계층과 범죄율 간에 부(−)의 관계가 나타난다는 주장에 대해 다음과 같은 견해들이 제시되고 있다.
(가) 부를 획득하기 위한 합법적 수단은 계층에 따라 차등 분포되어 있다. 하위 계층은 상위 계층에 비해 문화적 목표와 합법적 수단 간 불일치로 인한 긴장의 정도가 더 커서 일탈 행동을 할 가능성이 높다.
(나) 일탈자로 규정되는 과정에서 규범 위반 여부보다 더 중요한 변인은 개인의 사회적 위치에 따른 차별적 반응이다. 즉, 하위 계층에 보다 엄격한 규범이 적용되고, 이들이 일탈자로서의 정체성을 형성하면서 일탈 경력이 강화된다.
(다) 일탈 행동이 하위 계층의 부적응에서 기인하거나 사회의 차별적 반응의 결과라는 주장에는 문제가 있다. 일탈 행동은 반사회적 행동 성향을 지닌 타인들과 지속적으로 대면 접촉한 결과이다. 일탈에 동조하는 가치, 태도, 행위에 노출된 결과, 일탈을 위한 동기 부여와 기술 습득이 이루어진다.

① (가)의 관점은 불평등한 사회 구조와 계급 간 갈등을 일탈 행동의 근본 원인이라고 본다.
② (나)의 관점은 일탈 행동이 비행 집단과의 교류로 인해 비롯된 것이라고 본다.
③ (다)의 관점은 사회의 지배적인 규범이 약화되거나 해체될 때 일탈 행동이 증가한다고 본다.
④ (나)의 관점은 (가)의 관점과 달리 일탈 행동의 원인을 거시적 관점에서 바라본다.
⑤ (다)의 관점은 (가)의 관점과 달리 일탈 행동을 타인과의 상호 작용의 산물로 본다.

116

그림은 질문 (가), (나)로 일탈 행동 A~C를 구분한 것이다. 이에 대한 설명으로 가장 적절한 것은? (단, A~C는 각각 아노미 이론, 차별 교제 이론, 낙인 이론 중 하나이다.)

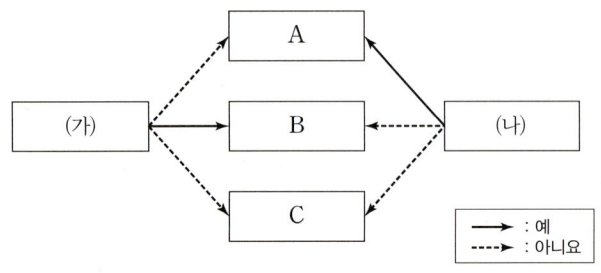

① (가)가 '일탈 행동이 사회화의 결과인가?'이고, (나)가 '일탈 행동은 규범과 역할이 혼란스러운 상황에서 발생하는가?'이면, B는 일탈에 대한 객관적인 기준이 없다고 볼 것이다.
② A가 차별 교제 이론이고 B가 아노미 이론이라면, A에 비해 C는 목표와 수단의 괴리가 초래한 일탈 행동을 설명하는 데 용이하다.
③ A가 차별 교제 이론이고 (가)가 '차별적 규제가 일탈 행동의 원인인가?'이면, (나)에는 '일탈자에 대한 재사회화를 강조하는가?'라는 물음이 들어갈 수 있다.
④ B가 아노미 이론이고 (나)가 '부정적 자아의 형성을 일탈 행동의 요인이라고 보는가?'라면, '일탈 행동이 급격한 사회 변동으로 야기된다고 보는가?'는 (가)에 적절한 물음이다.
⑤ C가 낙인 이론이고 (가)가 '일탈 행동이 사회 구조의 영향을 받는다고 보는가?'이면, (나)에 '목표 달성을 위한 수단 제공이 일탈의 해결책인가?'라는 물음이 들어갈 수 있다.

117

| 평가원 기출 |

갑~병의 대화에 나타난 일탈 이론에 대한 설명으로 옳은 것은?

사회자 : 범죄로 인해 수감되었던 사람들 중 일부는 왜 다시 범죄를 저지르게 될까요?
갑 : 교도소에서 수감자들과 어울리는 동안 범죄 행동에 대해 우호적인 태도를 공유하게 되고, 때로는 함께 지내던 수감자들로부터 범죄 기술을 배우게 되기 때문이지요.
을 : 범죄는 사회적으로 권장되는 목표와 이를 달성하기 위한 합법적 수단 간의 괴리로부터 야기되는 긴장 때문에 발생하는데, 출소 후에도 여전히 그와 같은 상황에 놓인 이들이 범죄를 반복하게 되지요.
병 : 교도소에서 나온 후에 주위로부터 지속적으로 따가운 시선을 받게 되어 스스로를 일탈자로 인식하면서 다시 범죄를 저지르게 되지요.

① 갑의 이론은 일탈 행동의 원인을 사회 통제의 강화에서 찾는다.
② 을의 이론은 일탈 행동의 구조적 원인보다는 일탈자가 되어 가는 내면적 과정에 초점을 둔다.
③ 병의 이론은 특정 행위를 일탈 행동으로 규정하는 객관적 기준이 있다고 본다.
④ 갑, 병의 이론은 타인들과의 상호 작용이 일탈 발생 과정에 미치는 영향을 중시한다.
⑤ 병의 이론은 갑, 을과 달리 최초의 일탈을 방치하면 또 다른 일탈로 이어진다고 본다.

118

다음 (가), (나)에 대한 분석으로 가장 적절한 것은?

> (가) 사회학의 이론인 A는 시카고 학파의 도시 사회학의 주장과 함의를 공식적인 명제의 체계로 옮겨 놓은 것인데, 범죄 행위는 타인과의 상호 작용에서 학습되고, 특히 친밀한 개인적 집단 내에서 커뮤니케이션 과정에서 학습된다고 보았다.
>
> (나) 갑은 사회 초년생 때 저지른 절도로 인해 20년의 징역형을 살고 출소했다. 을은 착실하게 살기로 마음먹었으나, 그동안 세상은 너무나도 빠르게 변해 을이 젊은 시절 배워 두었던 기술은 무용지물이 되었다. 생계에 큰 어려움이 닥친 을은 또 다시 절도를 저지르게 되었다.

① (가)는 일탈 행위에 대해 사회 구조가 미치는 영향력을 간과할 수 있다.

② (가)는 (나)와 달리 일탈 행동을 쉽게 구분할 수 없다고 볼 것이다.

③ (가)와 (나)는 기능론을 전제로 하는 이론이다.

④ (나)는 (가)와 달리 일탈 행동에 대한 판단 기준이 상대적이라고 볼 것이다.

⑤ 을은 스스로를 '전과자'로 인식하게 되어 2차 범죄 행위를 저지를 것이다.

119

다음 글에서 부각되고 있는 일탈 행동들을 방지하기 위한 적절한 대책만을 〈보기〉에서 있는 대로 고른 것은?

> 해마다 '묻지마 범죄'가 늘어나는 추세이다. '묻지마 범죄'는 피해 대상이 특정되어 있지 않아, 언제 어디서 일어날지 예상할 수 없는 중대한 범죄이다. 대부분의 '묻지마 범죄'는 경제적 또는 정신적 취약 계층 중 범죄 전력이 있는 사람들에 의해 저질러진다. 이들은 더 나은 삶을 위한 의지를 가지고 노력하지만 경기 불황과 고용 불안에 의해 좌절하게 된다. 또한 파워 엘리트의 부도덕한 행위에 대해서는 묵인하고, 본인들의 행위들에 대해 차별적으로 제재를 받는 상황 속에서 경제적 취약 계층들은 사회적 기회를 박탈당하고, 본인과 사회에 대해 불신을 가지게 된다. 이러한 사회 속에서 범죄는 쉽게 발생하고 반복될 수밖에 없다.

〈보기〉

ㄱ. 지속적인 상담을 통해 긍정적인 자아를 형성할 수 있도록 지원해야 한다.

ㄴ. 일탈 행동에 대한 신중한 정의와 접근을 지양해야 한다.

ㄷ. 경제적 곤란을 겪는 사람들을 대상으로 한 생활비 지원 및 일자리 제공 정책을 시행해야 한다.

ㄹ. 사회의 혼란을 바로잡을 수 있는 새로운 규범을 확립해야 한다.

① ㄱ, ㄴ 　　② ㄱ, ㄷ 　　③ ㄴ, ㄷ

④ ㄱ, ㄴ, ㄷ 　　⑤ ㄴ, ㄷ, ㄹ

120

| 평가원 기출

그림은 일탈 이론 A~C를 구분한 것이다. 이에 대한 설명으로 옳은 것은? (단, A~C는 각각 낙인 이론, 뒤르켐의 아노미 이론, 차별 교제 이론 중 하나이다.)

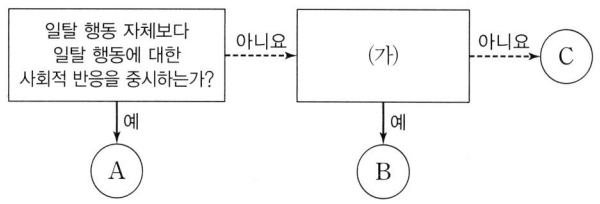

① A는 문화적 목표에 도달할 수 있는 제도적 수단의 제공을 일탈 행동의 해결 방안으로 본다.

② B가 새로운 가치관의 확립으로 일탈 행동을 줄일 수 있다고 본다면, (가)에는 '일탈 행동을 규정하는 객관적 기준이 존재한다고 보는가?'가 들어갈 수 있다.

③ C가 일탈 행동을 학습의 산물로 본다면, (가)에는 '사회 불평등 구조의 개혁을 통해 일탈 행동을 완화할 수 있다고 보는가?'가 들어갈 수 있다.

④ (가)가 '일탈 행동에 우호적인 집단과의 교류 차단을 일탈 행동에 대한 해결 방안으로 보는가?'라면, C는 일탈자로서의 자아 정체성 형성이 반복적인 일탈 행동의 원인이라고 본다.

⑤ (가)가 '급격한 사회 변동이 일탈 행동을 야기한다고 보는가?'라면, A, C 모두 타인과의 상호 작용이 일탈 행동의 발생 과정에 미치는 영향을 중시한다.

121

| 평가원 기출

일탈 이론 A~C에 대한 설명으로 옳은 것은? (단, A~C는 각각 낙인 이론, 머튼의 아노미 이론, 차별 교제 이론 중 하나이다.)

> • 갑은 일탈 행동이 주변 일탈자와의 상호 작용 속에서 학습되는 것이라고 보는 A에 근거하여 비행 청소년의 교우 관계와 비행 간의 관계를 분석하였다.
>
> • 을은 일탈자에 대한 사회적 반응에 주목하여 일탈 행동의 반복 현상을 설명하는 B에 근거하여 비행 청소년이 일탈 행동 이후 경험한 주변 사람의 반응을 조사하였다.
>
> • 병은 일탈 행동이 문화적 목표와 적법한 수단 사이에 괴리가 존재할 때 발생한다고 보는 C에 근거하여 사회적 긴장으로 인해 청소년이 느끼는 좌절감이 비행으로 연결되는 과정을 관찰하였다.

① A는 일탈 행동을 계급 갈등의 산물로 본다.

② B는 규범을 위반한 행동이 모두 일탈로 규정되는 것은 아니라고 본다.

③ C는 일탈자의 부정적 자아 형성 과정에 초점을 맞춘다.

④ B는 C와 달리 일탈 행동을 사회적 병리 현상으로 인식한다.

⑤ C는 A와 달리 일탈 행동이 사회화되는 과정에 주목한다.

Ⅲ 문화와 일상생활

Ⅲ단원 PREVIEW - MIND MAP

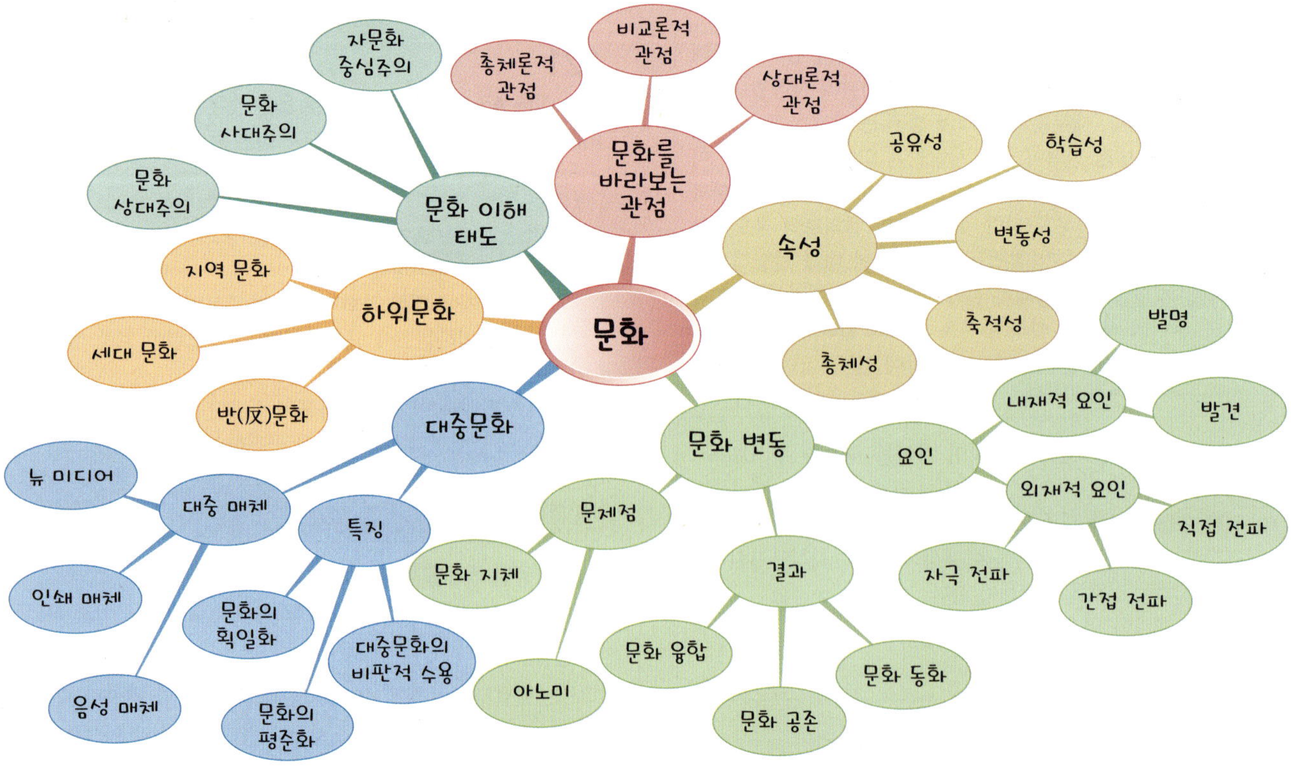

문화

- 문화를 바라보는 관점
  - 총체론적 관점
  - 비교론적 관점
  - 상대론적 관점
- 속성
  - 공유성
  - 학습성
  - 변동성
  - 축적성
  - 총체성
- 문화 이해 태도
  - 자문화 중심주의
  - 문화 사대주의
  - 문화 상대주의
- 하위문화
  - 지역 문화
  - 세대 문화
  - 반(反)문화
- 대중문화
  - 대중 매체
    - 뉴 미디어
    - 인쇄 매체
    - 음성 매체
  - 특징
    - 문화의 획일화
    - 문화의 평준화
    - 대중문화의 비판적 수용
- 문화 변동
  - 문제점
    - 문화 지체
    - 아노미
  - 결과
    - 문화 융합
    - 문화 공존
    - 문화 동화
  - 요인
    - 내재적 요인
      - 발명
      - 발견
    - 외재적 요인
      - 직접 전파
      - 간접 전파
      - 자극 전파

08강	주제 1 문화의 의미	· 좁은 의미의 문화　　· 넓은 의미의 문화 · 보편성과 특수성　　· 문화 요소
문화의 이해	주제 2 문화의 속성	· 학습성　　· 공유성　　· 전체성(총체성) · 변동성　　· 축적성
	주제 3 문화를 이해하는 태도	· 자문화 중심주의　　· 문화 사대주의 · 문화 상대주의　　· 극단적 문화 상대주의
	주제 4 문화를 바라보는 관점	· 비교론적 관점　　· 총체론적 관점 · 상대론적 관점

| 09강 | 주제 1 주류(전체) 문화와 하위문화 | · 주류(전체) 문화　· 하위문화　· 지역 문화
· 세대 문화　　· 청소년 문화　· 반(反)문화
· 1960년대 히피 문화 |
| 현대 사회의
다양한 문화 양상 | 주제 2 대중문화 | · 대중문화　　· 대중문화의 순기능과 역기능 |

| 10강 | 주제 1 문화 변동의 요인 | · 내재적 요인　　· 발명　　· 발견
· 외재적 요인　　· 직접 전파
· 간접 전파　　· 자극 전파 |
| 문화 변동의
양상과 대응 | 주제 2 문화 변동의 양상 | · 강제적 문화 접변　· 자발적 문화 접변
· 문화 융합　· 문화 동화　· 문화 공존
· 문화 지체 현상　· 아노미 |

▶ **문화의 속성을 정확히 찾는 문제가 나올 수 있음에 유념하자.**

제시문을 통해 문화의 속성을 찾아내는 문제가 출제되고 있다. 문화의 속성을 학습하는 것 자체는 이론적으로 어렵지 않지만, 제시문의 어느 부분이 어떠한 문화의 속성에 해당하는지를 찾기는 쉽지 않다. 반복된 기출문제 및 예상 문제 풀이로 이 부분을 단단히 다져 놓을 필요가 있다.

▶ **문화 변동 요인과 결과를 응용한 도표 분석 문제가 나올 수 있다.**

최근 모의고사 및 수능에서 문화 변동의 요인과 결과를 함께 찾는 문제가 변별력 있게 출제되고 있다. 또한 이 부분은 최근 다양한 도형 등을 이용해 문화 변동의 결과를 찾는 도표의 형태로 출제되고 있어 각별히 주의를 필요로 하는 부분이기도 하다.

08강 문화의 이해

주제 1 문화의 의미

> 문화(culture)라는 개념은 라틴어의 '(밭)을 경작하다, 가꾸다' 등을 의미하는 'cultura'에서 나온 것이다. 즉 문화는 원래의 자연을 가꾸어 만든 산물 또는 그러한 행위 양식을 의미한다.

1. 좁은 의미의 문화 : 고상하거나 세련된 것, 고급스러운 것, 예술·교양 등 특별한 의미를 지닌 생활 양식을 가리킬 때 사용됨 ⑩ 문화인, 문화 공연, 문화 상품, 문화생활, 문화재 등

2. 넓은 의미의 문화 : 한 사회나 집단에서 나타나는 언어, 의식주, 가치 및 규범을 가리킬 때 사용됨 ⑩ 민족 문화, 대중문화, 청소년 문화, 지역 문화 등

3. 문화의 보편성과 특수성

(1) **보편성** : 언어, 혼인 및 가족 제도 등과 같이 모든 사회에서는 공통적으로 나타나는 문화 요소나 문화적 특징이 존재한다는 성질

(2) **특수성** : 각 사회마다 서로 다른 언어, 서로 다른 혼인 및 가족 제도의 유형이 존재하듯이 각 사회는 자신들이 처한 자연환경과 역사적 배경 속에서 고유한 문화를 형성한다는 성질

자료로 살펴보기 🔍

■ 문화의 유형과 문화 요소의 종류

① 문화의 유형

물질문화		사람들이 삶을 영위하기 위해 만들고 사용하는 인공물과 그것을 제작 및 사용하기 위한 기술
비물질 문화	제도 문화	구성원들의 행동을 통제하고 사회를 유지하기 위해 만들어진 각종 규범 및 제도
	관념 문화	한 사회의 문화유산을 전달하는 언어와 지식, 사회적 행위 양식을 규정하는 사상이나 가치

② 문화 요소의 종류

물질 문화	기술	자연을 인간 생활에 유용한 형태로 변화시키는 양식 → 인간의 욕구를 충족시키는 기능을 수행
비물질 문화	언어	• 사회 구성원 간의 의사소통을 위한 수단 • 의사를 표현하고 정보를 전달할 수 있게 함
	상징	추상적 의미를 구체적으로 드러내기 위한 매개물 → 의미 전달, 문화 전수 수단
	예술	• 인간의 창의력과 아름다움을 표현하는 활동 • 인간의 감정이나 상상을 공유하는 기능을 수행함
	가치	• 바람직함에 대한 평가 기준이나 지향하는 목표 • 사회 구성원의 판단과 행동 선택에 영향을 줌
	규범	한 사회의 구성원이 공유하는 행위 기준이나 규칙 → 사회 질서 유지의 기능을 수행함

주제 2 문화의 속성

1. 학습성 : 문화는 선천적·유전적으로 나타나는 행동이 아니라 사회의 구성원과의 상호 작용을 통해 후천적으로 학습되는 생활 양식임

특징	개인의 사회적 행동이 문화적 환경 속에서 형성되고 변화될 수 있음을 보여 줌 → 본능에 따른 행동은 문화가 아님

사례	한국인으로 태어나 성장한 아이는 웃어른에 대한 예절과 존칭어 등을 배움

2. 공유성 : 문화는 한 사회의 구성원 다수가 공통적으로 가지고 있는 생활 양식임

특징	사회 구성원의 사고와 행동의 동질성을 형성하여 타인의 행동을 예측하고 이해할 수 있게 해 줌으로써 원활한 사회적 상호 작용을 가능하게 함
사례	동네에서 '함 사세요!'라는 소리를 들으면 우리나라 사람들은 이웃집의 자녀가 곧 결혼할 것이라고 생각함

3. 총체성(전체성) : 문화는 여러 구성 요소들이 상호 유기적으로 결합된 하나로서의 총체이므로 부분이 아닌 전체로서 의미를 갖는 생활 양식임

특징	한 사회의 문화 요소 간 상호 연관성으로 인해 한 부분(요소)의 변동은 다른 부분(요소)의 연쇄적인 변동을 초래함
사례	우리 민족의 음식 문화는 우리나라의 기후, 조상들의 종교적 신념, 가족에 대한 전통적 관념 등과 밀접하게 연관되어 있음

4. 변동성 : 문화는 시간이 흐르면서 그 형태나 내용, 의미가 변화하는 생활 양식임

특징	새로운 환경에 적응하기 위해 인간이 끊임없이 변화를 추구함으로써 나타남
사례	훈민정음의 자음은 원래 17자였으나 지금은 14자만 사용됨

> 인간의 문화는 말과 문자를 통해 한 세대에서 다음 세대로 전승되고 시간이 지남에 따라 새로운 요소가 추가되어 풍부해진다.

5. 축적성 : 문화는 세대 간 전승되면서 새로운 요소가 추가되어 점점 더 풍부해지는 생활 양식임

특징	문화가 발전할 수 있는 원동력이 되며, 인간의 문화와 기타 동물의 후천적으로 학습된 행동을 구별해 주는 기준이 됨
사례	단순히 절여 먹던 김치에 고추 등의 양념들이 추가되면서 오늘날에는 우리나라의 김치 문화가 더 풍부해짐

주제 3 문화를 이해하는 태도

1. 자문화 중심주의 : 자기 문화의 우수성을 지나치게 강조한 나머지 다른 문화를 부정적으로 여기고 낮게 평가하는 태도

순기능	자기 문화에 대한 자부심과 집단 내의 일체감을 강화시켜 사회 통합에 기여하고, 고유한 전통문화 계승 및 보전에 유리함
역기능	타 문화에 대한 이해와 수용을 어렵게 함. 국수주의에 빠져 국제적 고립을 초래하거나 문화 제국주의적 문화 이식을 시도하여 문화적 마찰을 발생시킬 수 있음
사례	중국인의 중화사상, 흥선 대원군의 쇄국 정책, 제국주의 국가의 식민 지배 등

> 자기 나라의 역사·전통·정치·문화 등 국민적 특수성만을 가장 우수한 것으로 믿고 유지·보존하며 남의 나라 것을 배척하는 주의이다.

> 세계에서 중국 문화가 최고이며, 중국을 중심으로 하여 모든 것이 이루어진다는 중국의 민족 사상이다.

> 강력한 커뮤니케이션을 장악한 국가의 상품, 유행 등의 문화가 저발전 국가로 유입되고 종속 국가의 시장은 지배 국가의 문화에 대한 수요와 소비를 창출하고 발전시키는 종속 시장이 된다는 것이다.

문화 절대주의는 어느 한 기준에 맞추어 다른 문화를 평가하기 때문에 고유한 특성이나 상대적 가치를 인정하지 않는 문화 상대주의와 대립되는 개념이다. 유형으로는 자문화 중심주의, 문화 사대주의가 있다.

2. 문화 사대주의 : 다른 문화의 우수성을 내세워 자기 문화의 가치를 낮게 평가하는 태도

순기능	자기 문화의 낙후성을 개선하고, 선진 문물 수용에 기여함
역기능	자기 문화의 정체성이나 주체성을 상실할 우려가 있고, 고유 문화가 소멸되거나 외래문화에 종속될 수 있음
사례	조선 시대 소중화사상, 외국 상품에 대한 맹목적인 선호

└→중국의 주변 국가가 자국을 중화 문화의 정통을 계승한 나라로 인식하는 관념이다.

3. 문화 상대주의 : 문화를 우열 평가가 아닌 이해의 대상으로 간주하며, 각 문화를 해당 사회의 역사적 배경과 사회적 맥락을 고려하여 이해하고 존중하려는 태도

순기능	타 문화를 바르게 이해함으로써 문화의 다양성을 보존하는 데 기여할 수 있고, 현대 다문화 사회를 이해하는 데 적합함
역기능	극단적 문화 상대주의로 치우칠 경우 인류의 보편적 가치를 훼손할 우려가 있음

4. 극단적 문화 상대주의 : 문화 상대주의를 극단적으로 주장하며 다른 문화에 대해서는 어떠한 판단도 하지 말고 인정하고 존중해야 한다는 태도

역기능	인간의 존엄성을 침해하거나 인간에게 고통을 주는 관습과 제도까지 문화 상대주의적 관점에서 인정할 수 있는 위험이 있음
사례	일부 국가 및 부족의 식인 풍습이나 명예 살인도 인정해 주어야 한다는 관점

주제 4 문화를 바라보는 관점

1. 총체론적 관점 └→ 문화의 각 구성 요소는 상호 유기적 관계를 맺으면서 하나로서의 전체를 이루고 있음을 전제로 한다.

연구 방법	문화의 각 구성 요소가 갖는 의미를 다른 문화 요소 및 전체와의 유기적인 관련 속에서 파악함
의의	문화 현상을 부분적인 측면에서 바라봄으로써 편협하고 왜곡된 이해가 초래되는 것을 방지하는 데 기여함

2. 비교론적 관점 └→ 각 사회의 문화는 보편성과 특수성을 동시에 지니고 있음을 전제로 한다.

연구 방법	서로 다른 문화를 비교하면서 개별 문화가 가진 공통점과 차이점을 연구함
의의	자기 문화를 보다 객관적이고 명료하게 이해할 수 있음

3. 상대론적 관점 └→ 문화는 그것이 발생한 사회의 역사적·환경적·사회적 맥락 속에서 의미와 가치를 지님을 전제로 한다.

연구 방법	각 사회 구성원들이 처한 사회적·문화적·역사적 입장에서 해당 문화가 가지고 있는 고유한 의미를 파악함
의의	서로 다른 문화가 가진 고유한 의미를 파악함으로써 인류 사회에서 문화 다양성이 갖는 가치를 인식하는 데 기여함

✎ 다음 설명이 맞으면 'O', 틀리면 'X'에 표시하시오.

01 좁은 의미의 문화란 한 사회 구성원이 공유하는 모든 생활 양식을 말한다.　　O X

02 넓은 의미의 문화는 후천적으로 학습한 모든 것을 의미한다.　　O X

03 좁은 의미의 문화에는 평가적 의미를 내포하고 있다.　　O X

04 문화생활의 '문화'는 넓은 의미이다.　　O X

05 문화는 보편성과 특수성을 모두 가지고 있다.　　O X

06 나라마다 다른 결혼 문화는 문화의 보편성의 사례이다.　　O X

07 문화의 변동성은 문화는 한 사회 구성원 다수가 가지는 공통적인 생활 양식이라는 의미이다.　　O X

08 문화의 변동성은 기존 문화 요소가 사라지거나 새로운 요소가 만들어진다는 것이다.　　O X

09 결혼 이민자가 다문화 가정을 지원하는 기관을 통해 우리나라의 전통 예절을 배우는 것은 문화의 축적성에 속한다.　　O X

10 문화의 공유성은 특정 상황에서 상대방이 어떻게 행동할지 예측하게 해 준다.　　O X

11 문화의 학습성은 문화가 사회화 과정을 통해 선천적으로 습득된다고 본다.　　O X

12 문화의 축적성은 문화가 다음 세대로 전승되어 쌓인다고 본다.　　O X

13 상대론적 관점은 자문화의 장단점을 객관적으로 파악하게 해 준다.　　O X

14 비교론적 관점은 문화를 부분이 아닌 전체로 파악해야 한다고 본다.　　O X 【함정】

15 상대론적 관점은 모든 문화는 고유한 가치를 지닌다고 본다.　　O X

16 총체론적 관점은 문화가 가진 보편성과 특수성을 이해하는 데 용이하다.　　O X

17 문화 사대주의는 국수주의를 불러일으킬 수 있다는 역기능이 있다.　　O X

18 문화 상대주의는 자신의 문화를 기준으로 다른 문화를 평가한다.　　O X

19 자문화 중심주의는 문화 향유자의 입장에서 문화를 이해하고자 한다.　　O X 【함정】

20 문화 절대주의는 문화의 우열을 정하는 기준이 존재한다고 본다.　　O X

문화의 속성을 구분하는 방법은 무엇일까?

자료 1 문화의 공유성 → 공유성은 해당 사회 구성원 대다수가 공통적으로 이해하고 생각하는 생활 방식을 의미한다.

> 베트남 사람들은 다른 사람의 집을 방문할 때 맨발로 집에 들어가야 한다고 생각한다. 양말을 신으면 그 집이 불결하다는 의미로 이해되기 때문이다.

베트남 사람들이 다른 집에 방문할 경우 맨발로 들어가야 한다고 생각하는 것은 문화를 공유하고 있기 때문이다. 다른 사람의 행동을 통해 생각의 추측을 가능하게 하는 것이 공유성이다.

자료 2 문화의 공유성과 학습성

> 공유성
> • 미국 남서부의 주니족은 절제의 미덕을 중시한다. 남에게 해를 끼치지 않기 위해 어릴 때부터 집단의 행동 규범을 따라야 하고 개인적인 권위나 카리스마를 내세울 수 없다. 아이들은 일상생활 속에서 원한, 억눌림, 야심, 야망 등이 없이 자란다. 어른이 되어도 그들은 권력 의지가 없다. ← 학습성
> • 베네수엘라와 브라질의 국경 부근에 사는 야노마모족에게 근본적이고 중요한 관심사는 "누가 진짜 인간인가?"라는 것이다. 그들은 스스로를 '진짜로 문명화된' 유일한 존재라고 생각하며, 외부인들을 '야만적' 존재로 간주한다. 선조들로부터 구전되어 오는 그들의 기원 신화에 따르면, 최초로 창조된 사람은 야노마모족이며, 그 외의 다른 사람들은 모두 열등한 존재이다. ← 공유성
> ← 학습성

제시된 두 사례에서 공통적으로 공유성과 학습성이 부각되고 있다. 이처럼 부각되는 속성을 찾는 문제가 일반적이며, 속성이 하나일 경우도 있으나 두 개가 제시될 수도 있으므로 주의해야 한다.

자료 3 변동성, 전체성, 축적성

> 초기의 그리스 알파벳은 페니키아 알파벳으로부터 영향을 받아 만들어졌다. 하지만 모음이 없어서 다른 나라의 문자 중 일부를 모음으로 가져오고 기존의 문자를 변형하기도 하면서 초기와는 다른 그리스 알파벳이 완성되었다. 이후에 그리스 알파벳은 문학, 역사, 철학 등에 영향을 주었고, 오랜 세월에 걸쳐 인류 문화를 다양하고 풍부하게 하는 데 기여하였다. → 변동성 → 전체성
> → 축적성

제시된 자료에서 '기존 문자를 변형하여 초기와는 다른 문자를 완성했다는 것'에서 변동성을 파악할 수 있으며, '문자가 문학, 역사, 철학 등 문화 요소 간에 상호 밀접한 관련을 통해 영향을 주었다'는 부분에서 전체성을 파악할 수 있다. 축적성은 문화 요소가 추가되어 풍부해지는 것으로 '풍부'라는 키워드를 통해 축적성을 도출할 수 있다.

개념 문제로 확인

Q1 빈칸에 알맞은 말을 쓰시오.

01 문화는 한 사회 구성원 다수가 ( )적으로 가지고 있는 생활 양식이다. 이런 속성을 공유성이라고 한다.

02 문화는 선천적·유전적으로 나타나는 행동이 아니라 ( )적으로 학습되는 생활 양식이다. 이런 속성을 학습성이라고 한다.

03 문화의 변동성이란 문화는 시간이 흐르면서 그 형태나 내용, 의미가 ( )한다는 의미이다.

04 문화의 속성 중 ( )은 여러 구성 요소들이 상호 유기적으로 결합된 하나로 전체로서 의미를 갖는다는 것이다.

05 문화는 세대 간 전승되면서 새로운 요소가 ( )되어 점점 더 ( )해진다. 이러한 속성을 축적성이라고 한다.

Q2 다음 내용이 맞으면 '○', 틀리면 '✕'에 표시하시오.

06 문화가 시간이 흐르면서 그 형태 등이 변화하는 것은 학습성이다. (○ / ✕)

07 문화의 전체성은 한 부분의 변화가 다른 부분의 변화를 함께 일으키는 것을 의미한다. (○ / ✕)

08 문화의 공유성은 인간의 문화와 다른 동물의 학습된 행동을 구별해 주는 역할을 한다. (○ / ✕)

개념 기출문제에 적용

09 연습하기 물음에 맞게 (가), (나), (다)에 표시하시오.

(가)	여러 문화 요소들이 상호 유기적인 연관성을 맺으면서 하나의 체계를 이룬다.
(나)	사회 구성원이 공통으로 가지고 있는 생활 양식이다.
(다)	하나의 문화 요소가 시간이 흐르면서 그 의미와 형태가 변화한다.

❶ 문화의 공유성에 대한 설명이다. ((가) / (나) / (다))
❷ 문화의 전체성(총체성)에 대한 설명이다. ((가) / (나) / (다))
❸ 문화의 변동성에 대한 설명이다. ((가) / (나) / (다))

10 적용하기 9번의 자료 (가)~(다)에 해당하는 문화의 속성에 대한 옳은 진술만을 〈보기〉에서 있는 대로 고른 것은?

> 〈보기〉
> ㄱ. (가)는 서로 다른 문화 체계를 구분하는 기준이 된다.
> ㄴ. (나)는 사회 구성원 간에 원활한 상호 작용의 토대가 된다.
> ㄷ. (다)의 사례에는 2월에 꽃다발을 들고 다니는 사람들을 보면서 졸업식을 떠올리는 현상이 해당된다.
> ㄹ. 스마트폰의 확산으로 인해 나타난 대학생들의 일상생활 변화는 (가), (다) 모두에 해당되는 사례이다.

① ㄱ, ㄷ   ② ㄱ, ㄹ   ③ ㄴ, ㄹ
④ ㄱ, ㄴ, ㄷ   ⑤ ㄴ, ㄷ, ㄹ

HOW & WHAT 정답 Q1 01 공통 02. 후천 03 변화 04 총체성 05 추가, 풍부 Q2 06 ✕ 07 ○ 08 ✕ 09 ❶ (나) ❷ (가) ❸ (다) 10 ③

문화를 이해하는 태도는 어떻게 구분할까?

자료 문화 이해 태도

다음은 문화 이해 태도 A~C를 설명하기 위해 교사가 제시한 자료이다. A~C에 대한 설명으로 옳은 것은? → 자문화 중심주의, 문화 사대주의, 문화 상대주의

→ 문화의 우열 평가는 부적절하다는 태도이다.

구분	필자의 문화 이해 태도가 드러난 자료
문화 상대주의 → Ⓐ	갑국의 암소 숭배 문화를 미개하게 보는 것은 옳지 않다. 그 문화도 갑국 사람들이 주어진 환경에 적응하면서 만들어 낸 나름의 의미를 지닌 생활 방식이기 때문이다.
문화 사대주의 → Ⓑ	일부 우리나라 사람들은 시대에 뒤떨어진 전통문화를 고수하려는 경향이 있다. 이는 을국의 선진 문화를 받아들일 수 있는 기회를 차단하므로 바람직하지 않다. → 전통문화 고수는 선진 문화를 차단하는 태도이다.
자문화 중심주의 → Ⓒ	우리나라 사람들은 밥그릇을 밥상에 놓고 조용히 식사를 한다. 그런데 병국 사람들은 밥그릇을 들고 심지어 소리까지 내며 교양 없게 식사를 한다. → 다른 문화를 저평가한다.

제시된 자료의 설명을 토대로 A~C 각각의 문화를 이해하는 태도를 찾아본다.

❶ 자료 순서대로 해당 자료의 주요 키워드를 통해 문화 이해의 태도를 찾아보자.

위 자료를 순서대로 살펴보면 A는 갑국의 암소 숭배 문화에 대해 미개하게 보는 것, 즉 '우열 평가를 하는 것'은 옳지 않다고 설명하고 있다. 또한 갑국 사람들이 주어진 환경에 적응하면서 만들어 낸 '나름의 의미'를 지닌 생활 방식이기 때문이라는 근거에서도 해당 사회의 맥락을 고려한 태도임을 알 수 있다. (문화 상대주의)

B는 일부 우리나라 사람들에 대해 '시대에 뒤떨어진' 전통문화를 고수하려는 경향이 있다고 함으로써 전통문화를 '저평가'하려는 태도를 볼 수 있다. 또한 을국의 '선진 문화를 받아들일 수 있는 기회'라고 함으로써 을국의 문화를 '고평가'하려는 태도 역시 볼 수 있다. (문화 사대주의)

C는 병국 사람들이 밥그릇을 들고 심지어 소리까지 내며 '교양 없게' 식사를 한다고 함으로써 병국 사람들의 식사 문화에 대해 '저평가'하려는 태도를 볼 수 있으며, 앞서 진술한 우리나라의 조용한 식사 문화와 비교 대조함으로써 상대적으로 우리나라 문화를 높게 평가했음을 알 수 있다. (자문화 중심주의)

❷ 선택지를 해석하자.

① A는 B에 비해 타 문화 수용에 적극적이다. - 문화 사대주의(B)
② B는 A에 비해 자문화의 정체성 보존에 유리하다. - 문화 사대주의는 문화 상대주의보다 불리
③ B는 C와 달리 국수주의를 초래할 우려가 있다. - 자문화 중심주의(C)
④ C는 A와 달리 문화 다양성 유지에 기여한다. - 문화 상대주의(A)
⑤ B, C는 A와 달리 문화 간 우열이 존재한다고 본다.

① 타 문화 수용에 대해 적극적인 것은 문화 사대주의인 B이다. 문화 사대주의적 관점을 가지면 적극적으로 선진 문물을 수용하여 문화 발전에 일부 도움을 주기도 한다.
② 문화 사대주의인 B는 특정 문화를 무조건 숭상하거나 선호하는 등의 편견으로 자문화 정체성 보존에 A인 문화 상대주의보다 불리하다.
③ 국수주의란 자기 나라의 문화 등 국민적 특수성만을 가장 우수한 것으로 믿고 남의 나라 것을 배척하는 태도로, C인 자문화 중심주의에서 초래할 수 있는 문제점이다.
④ 다른 문화를 있는 그대로 인정하고 존중할 때 문화 다양성이 유지될 수 있으므로 문화 상대주의인 A에 적합한 설명이다.
⑤ 문화 간에 우열이 있다고 보는 태도는 문화 사대주의와 자문화 중심주의이며, 문화 상대주의는 문화 간에 우열이 없다고 보는 태도이다.

개념 문제로 확인

Q1 알맞은 문화 이해 태도를 고르시오.

01 (자문화 중심주의 / 문화 사대주의 / 문화 상대주의)는 자문화의 정체성이나 주체성을 상실할 우려가 있다.

02 (자문화 중심주의 / 문화 사대주의 / 문화 상대주의)는 극단적 문화 상대주의로 치달을 우려가 있다.

03 (자문화 중심주의 / 문화 사대주의 / 문화 상대주의)는 외래문화의 가치를 인정하지 않는 경향이 있다.

04 (자문화 중심주의 / 문화 사대주의)는 자국의 고유한 전통문화 계승 및 보존에 유리하다.

05 (자문화 중심주의 / 문화 사대주의 / 문화 상대주의)는 문화를 평가의 대상으로 간주한다.

Q2 다음 내용이 맞으면 '○', 틀리면 '×'에 표시하시오.

06 문화 상대주의는 모든 문화가 나름의 의미를 지녔다고 본다. (○ / ×)

07 문화 사대주의는 다른 나라의 문화보다는 전통문화를 고수하려는 경향이 있다. (○ / ×)

08 자문화 중심주의는 다른 나라의 문화에 대해 교양없다고 평가할 수 있다. (○ / ×)

09 문화 사대주의는 타 문화 수용에 적극적이다. (○ / ×)

10 문화 상대주의는 문화 다양성 유지에 기여한다. (○ / ×)

11 문화 상대주의는 문화 간 우열이 존재한다고 본다. (○ / ×)

HOW & WHAT 정답 **Q1** 01 문화 사대주의 02 문화 상대주의 03 자문화 중심주의 04 자문화 중심주의, 문화 사대주의 05 자문화 중심주의, 문화 사대주의 **Q2** 06 ○ 07 × 08 ○ 09 ○ 10 ○ 11 ×

주제 1 문화의 의미

족집게 전략 | 단독으로 출제되지는 않지만 대신 문화의 다른 주제와 연계하여 출제될 확률은 높다. 문화가 가진 넓은 의미와 좁은 의미를 정확하게 이해하면 어렵지 않게 해결할 수 있는 주제에 속한다.

족집게 자료 분석 전략 START | 문화의 넓은 의미와 좁은 의미를 대화의 형태로 제시한 자료이다.

좁은 의미 → 문화는 문학, 미술, 음악 작품 등에서 나타나는 인간의 사고 및 표현의 뛰어난 정수(精髓)만을 의미하는 것입니다.

제 생각은 다릅니다. 문화는 각 사회의 환경 적응 과정의 산물로서 그 사회의 총체적인 생활 양식을 의미하는 것입니다. ← 넓은 의미

갑   을

❶ 갑은 문화란 문학, 미술, 음악 등의 작품에서 나타나는 것들 '만을' 의미한다고 했으므로 문화의 의미를 '좁게' 보고 있다. 즉, '좁은 의미의 문화'를 제시했다고 볼 수 있다.

❷ 을은 문화는 각 '사회의 총체적인 생활 양식'을 의미한다고 진술했으므로 문화의 의미를 '넓게' 보고 있다. 즉, '넓은 의미의 문화'를 제시했다고 볼 수 있다.

❸ 더 나아가 넓은 의미의 문화(을)는 좁은 의미의 문화(갑)을 포함한다는 것 또한 염두에 두고 문제를 해결하도록 하자.

122 대표 문항 | 교육청 기출 |

그림은 문화의 의미에 관한 갑, 을의 대화이다. 이에 대한 옳은 설명을 〈보기〉에서 고른 것은?

문화는 문학, 미술, 음악 작품 등에서 나타나는 인간의 사고 및 표현의 뛰어난 정수(精髓)만을 의미하는 것입니다.

제 생각은 다릅니다. 문화는 각 사회의 환경 적응 과정의 산물로서 그 사회의 총체적인 생활 양식을 의미하는 것입니다.

갑   을

보기

ㄱ. 갑은 문화를 평가의 대상이 아닌 이해의 대상으로 본다.
ㄴ. 갑은 문화를 정신적, 예술적으로 높은 수준에 도달한 것으로 인식한다.
ㄷ. 인간의 모든 행동은 을이 말하는 문화에 포함된다.
ㄹ. 을이 말하는 문화는 '청소년 문화'에서의 문화와 같이 넓은 의미의 문화에 해당한다.

① ㄱ, ㄴ   ② ㄱ, ㄷ   ③ ㄴ, ㄷ   ④ ㄴ, ㄹ   ⑤ ㄷ, ㄹ

✎ **한줄 Tip** 제시된 자료에서 문화의 의미를 넓게 보고 있는지, 좁게 보고 있는지를 재빨리 파악하는 것이 포인트야!

123 | 평가원 기출 |

밑줄 친 ㉠~㉤에 대한 옳은 설명을 〈보기〉에서 고른 것은?

갑국에는 다양한 ㉠ 이민자 집단의 문화가 존재한다. 그중 일부는 갑국의 보편적인 문화로 자리 잡았다. 그 대표적인 사례를 음식과 ㉡ 음악에서 찾을 수 있다. 한때 토마토소스는 '마녀의 피'라고 불리며 ㉢ 문화인이라면 먹어서는 안 되는 야만적인 식재료로 간주되었으나, 오늘날 갑국에서 토마토소스를 사용한 ㉣ 요리는 누구나 즐겨 먹는 음식이 되었다. 하층 계급 이민자들의 정서를 표현하고 있어 ㉤ 과거 대다수 사람들이 저속하다고 여기던 재즈(Jazz)와 블루스(Blues)도 주류 음악과 융합하여 변형되면서 갑국의 대중음악으로 자리 잡았다.

보기

ㄱ. ㉠은 갑국의 주류 문화에 대항하는 반문화이다.
ㄴ. ㉢에서 '문화'는 넓은 의미, ㉤에서 '문화'는 좁은 의미로 사용되었다.
ㄷ. ㉡은 물질문화, ㉣은 비물질문화에 해당한다.
ㄹ. ㉤은 문화가 고정되어 있지 않고 변화하는 것임을 보여 준다.

① ㄱ, ㄴ   ② ㄱ, ㄷ   ③ ㄴ, ㄷ
④ ㄴ, ㄹ   ⑤ ㄷ, ㄹ

124 | 교육청 기출 |

갑과 을의 대화에 대한 설명으로 옳은 것은?

시대와 사회를 막론하고 특정 집단 구성원들끼리만 공유하는 ㉠ 언어 문화는 늘 있었습니다. 최근에는 많은 10대들이 ㉡ *급식체를 사용함으로써 그들만의 집단 연대 의식을 형성하고 이를 강화합니다.

급식체는 세대 간 소통을 단절시키고 우리 언어를 파괴합니다. ㉢ 스마트폰의 사용이 급식체 확산의 주범인 만큼, ㉣ 문화 시민의 품격에 맞는 스마트폰 활용이 이루어지도록 언어 예절 교육을 실시해야 합니다.

 갑   을

*급식체 : 급식을 먹는 세대들이 자주 사용하는 문제라고 해서 붙은 명칭으로 초·중·고등학생 사이에서 사용되는 언어를 일컬음

① 갑은 ㉡이 해당 문화를 공유하는 집단 구성원인 소속감 고취에 기여한다고 본다.
② 을은 ㉡이 다른 유형의 문화 요소들과 상호 연관되어 있음을 부정하고 있다.
③ 갑은 을과 달리 ㉡을 반문화로 인식하고 있다.
④ ㉠에서 '문화'는 좁은 의미, ㉣에서 '문화'는 넓은 의미로 사용되었다.
⑤ ㉡과 ㉢ 모두 물질문화이다.

125

다음 갑과 을의 대화에 나타난 ㉠, ㉡에 대한 옳은 설명만을 〈보기〉에서 있는 대로 고른 것은?

> 갑 : 인도인 친구를 사귀게 되었는데, 서로의 일상 ㉠ 문화도 다르고 말도 잘 통하지 않아서 가까워지기 어려운 것 같아. 더 가까워질 수 있는 좋은 계기가 없을까?
>
> 을 : 친해지는 데에는 역시 ㉡ 문화생활이 최고 아니겠어? 발리우드 영화를 보고, 인도식 음식을 먹으러 가면 좋을 것 같아. 인도의 식사법을 미리 알아 가면 더 좋을 거야!

보기

ㄱ. 기침을 할 때 손으로 입을 가리는 행위는 ㉠에 해당한다.
ㄴ. ㉡은 '문명'과 같이 어느 사회에서나 존재한다.
ㄷ. ㉠은 ㉡과 달리 보편성과 특수성을 함께 가지고 있다.
ㄹ. ㉡은 ㉠과 달리 특별한 의미의 생활 양식을 의미한다.

① ㄱ, ㄴ   ② ㄱ, ㄹ   ③ ㄴ, ㄷ
④ ㄱ, ㄷ, ㄹ   ⑤ ㄴ, ㄷ, ㄹ

126

문화의 의미와 관련지어 볼 때, 다음 ㉠~㉢에 사용된 '문화'에 대한 옳은 설명을 〈보기〉에서 고른 것은?

> • 클래식 악기 하나 정도 다루는 것은 ㉠ 문화생활의 필수이다.
> • ㉡ 문화란 지식, 신앙, 예술, 도덕, 법률, 관습 등 인간이 사회의 구성원으로서 획득한 능력 또는 습관의 총체이다.
> • 우리나라에서 개고기를 식용하는 것은 우리 사회의 역사적 맥락에서 보면 자연스러운 음식 ㉢ 문화의 하나일 뿐이다.

보기

ㄱ. ㉠에는 평가의 의미가 포함되었다.
ㄴ. 넓은 의미의 문화로 사용된 것은 ㉡과 ㉢이다.
ㄷ. 문화를 지식이나 기술의 발전 단계로 보는 것은 ㉢보다 ㉡이다.
ㄹ. ㉡와 달리 ㉠, ㉢은 자연환경에 인위적인 힘을 가한 후천적인 인간 행위의 결과이다.

① ㄱ, ㄴ   ② ㄱ, ㄷ   ③ ㄴ, ㄷ
④ ㄴ, ㄹ   ⑤ ㄷ, ㄹ

127

밑줄 친 ㉠, ㉡에 대한 설명으로 옳은 것은?

> 갑 : 나는 어제 TV에서 청소년 ㉠ 문화를 보여 주는 프로그램을 봤어. 너와 함께 보고 싶었는데, 너는 어제 무엇을 했니?
>
> 을 : 나는 어제 가족과 함께 영화관에 갔어. 오랜만에 가족끼리 ㉡ 문화생활을 하니깐 참 좋더라고.

① ㉠은 ㉡의 의미를 포함하지 않는다.
② ㉠은 '문화 상품권'과 같은 범주의 의미로 사용된다.
③ ㉡은 '동양 문화'와 같은 범주의 의미로 사용된다.
④ ㉡은 '세련된 것'과 같은 의미로 사용되었다.
⑤ ㉡은 ㉠과 달리 생활 양식의 총체를 의미한다.

128

(가), (나)에 나타난 문화의 의미에 대한 설명으로 옳지 않은 것은?

> (가) 갑국 학생들은 정해진 등교 시간에 맞추어 등교하며, 종소리에 따라 수업이 진행되며, 학교가 지정해 준 교복을 입고 생활하는 '문화'를 보이고 있다.
>
> (나) 을국에서는 과거 제국주의 시절 '문화'가 '미개'와 대비되는 의미로 사용되어 더욱 진보한 것을 의미하기도 했으며, 오늘날에는 공연이나 예술 등의 분야만을 가리키는 용어로 사용된다.

① (가)의 문화는 대중문화에서의 '문화'와 같은 의미로 사용되었다.
② (나)에서의 '문화'는 고급스럽고 세련된 것이다.
③ (가)보다 (나)에서의 문화가 더 좁은 의미로 사용되었다.
④ (가)에서의 '문화'는 (나)에서의 '문화'를 포함하지 않는다.
⑤ (가), (나)의 문화는 인간 행위 중 선천적 · 유전적 행위를 제외한 결과에 해당한다.

129

| 평가원 기출 |

밑줄 친 ㉠~㉤에 대한 옳은 설명만을 〈보기〉에서 있는 대로 고른 것은?

> 파르테논 신전은 ㉠ 고대 아테네인들의 지혜가 오랜 기간 집약되어 형성된 ㉡ 건축 문화의 대표 사례입니다. 신전의 바닥과 윗부분은 수평으로 지어지지 않았는데, 그 이유는 착시 효과를 통해 멀리서 수평처럼 보이도록 의도했기 때문입니다. 이를 통해 당시 아테네인의 ㉢ 기술 수준이 상당히 높았음을 알 수 있습니다. 아울러 이 거대한 신전의 규모는 당시 아테네의 힘을 보여 주며, 신전을 장식하는 조각들은 뛰어난 ㉣ 예술 작품이라 평가받고 있습니다.

> 결국 ㉤ 파르테논 신전은 아테네의 국력과 기술력, 그리고 뛰어난 예술 정신이 결합되어 만들어진 결과네요.

보기

ㄱ. ㉠은 문화가 전승되면서 더욱 풍부해짐을 보여 준다.
ㄴ. ㉡의 문화는 '문화 시설'에서의 문화와 같은 의미이다.
ㄷ. ㉢은 물질문화, ㉣은 비물질문화에 해당한다.
ㄹ. ㉤은 각 문화 요소들이 서로 연결되어 하나의 전체로서 존재함을 보여 준다.

① ㄱ, ㄷ   ② ㄴ, ㄷ   ③ ㄴ, ㄹ
④ ㄱ, ㄴ, ㄹ   ⑤ ㄱ, ㄷ, ㄹ

주제 2 문화의 속성

족집게 전략 | 꾸준히 출제되고 문화 관련 단원 중 난이도가 있는 문항으로 출제될 가능성이 높은 주제이다. 다섯 가지 문화의 속성과 그 특징을 정확하게 알고 있어야 하며, 자료의 형태로 출제되어 해당 자료에 나타난 문화적 속성을 정확히 찾아내야하는 것이 어려울 수 있기 때문에 확실한 개념 학습과 반복된 기출문제 풀이가 요구된다.

족집게 자료 분석 전략 START |

❶ ㉠은 과거에 없던 임산부 카드가 현재에 생겼다는 것을 설명하고 있으므로 '문화의 변동성'을 의미하는 문장으로 볼 수 있다.

❷ ㉡은 임산부 카드를 보고 '노약자석에 앉아도 임산부 카드 덕분에 오해받지 않겠다.'라는 '사회적 약속'에 대해 설명하고 있으므로 '문화의 공유성'을 의미하는 문장으로 볼 수 있다.

---

130 대표 문항
| 평가원 기출 |

밑줄 친 ㉠, ㉡에 해당하는 문화의 속성에 대한 옳은 설명을 〈보기〉에서 고른 것은?

〔보기〕
ㄱ. ㉠은 문화의 각 요소가 상호 연관되어 있음을 보여 준다.
ㄴ. ㉠은 기존의 문화 요소가 소멸되거나 새로운 문화 요소가 나타나기도 함을 보여 준다.
ㄷ. ㉡은 문화가 세대 간 전승을 통해 복잡하고 다양해짐을 보여 준다.
ㄹ. ㉡은 문화를 통해 상대방의 행동을 예측하고 그에 대응하여 사회 질서 유지에 기여할 수 있음을 보여 준다.

① ㄱ, ㄴ ② ㄱ, ㄷ ③ ㄴ, ㄷ ④ ㄴ, ㄹ ⑤ ㄷ, ㄹ

✏️ **한줄 Tip** 문화가 가진 속성들을 정확하게 알고 제시된 자료를 분석하는 것이 포인트야!

131
| 평가원 기출 |

(가)~(마)에 대한 학생들의 발표 내용으로 옳지 <u>않은</u> 것은?

🔍
○ 과제 : 모둠별로 주어진 각각의 다른 '문화의 속성'을 설명하는 데 적합한 주제를 조사하시오.
○ 모둠별로 제출한 조사 주제

구분	문화의 속성	조사 주제
1	(가)	조선 시대의 음식에 영향을 준 당시의 유교 문화와 농경 문화
2	(나)	우리나라 청소년 특유의 언어에 대한 청소년과 성인 간 이해 양상의 차이
3	(다)	우리나라의 민간 신앙이 복잡해지고 풍부해진 과정
4	변동성	(라)
5	학습성	(마)

○ 교사의 평가 : 모든 모둠이 해당 문화의 속성을 설명하는 데 적합한 조사 주제를 선정했음

① 갑 : (가)는 문화 요소들의 연쇄적인 변동을 설명하기에 용이해요.
② 을 : (나)로 인해 사회 구성원 간의 행동을 이해하고 예측할 수 있어요.
③ 병 : (다)는 인류 문명의 발달을 가능하게 하는 바탕이 돼요.
④ 정 : (라)에 들어갈 내용으로 '서로 다른 나라에서 자란 일란성 쌍둥이 형제의 사고방식 차이 비교'가 적절해요.
⑤ 무 : (마)에 들어갈 내용으로 '결혼 이주 여성의 거주 지역별 사투리 사용 실태'가 적절해요.

132
| 평가원 기출 |

다음 두 사례에 공통으로 부각된 문화의 속성에 대한 옳은 설명만을 〈보기〉에서 고른 것은?

• 외국에서 활약하고 있는 운동 선수 갑은 처음에는 현지 언어를 사용하지 못해 어려움을 겪었으나, 틈틈이 현지 언어를 공부하였고 지금은 능숙해져 팀 동료들과 자유롭게 대화를 나눌 수 있게 되었다.
• 스마트폰이 보편화되면서 정치, 경제, 문화 등 다양한 분야의 변화가 나타났다. 스마트폰 사용을 꺼리던 을도 스마트폰을 먼저 사용하기 시작한 친구로부터 사용법을 배워 잘 활용할 수 있게 되었다.

〔보기〕
ㄱ. 전승된 문화에 새로운 요소가 추가되어 풍부해진다.
ㄴ. 개인의 사회적 행동은 사회화 과정을 통해 형성된다.
ㄷ. 새로운 특성이 추가되거나 기존의 특성이 소멸되기도 한다.
ㄹ. 선천적인 것이 아니라 후천적인 학습 과정을 통해 습득된다.

① ㄱ, ㄴ ② ㄱ, ㄷ ③ ㄴ, ㄷ ④ ㄴ, ㄹ ⑤ ㄷ, ㄹ

133

다음 글에서 강조된 문화의 속성에 대한 옳은 진술을 〈보기〉에서 고른 것은?

우리는 '제임스 와트가 주전자 주둥이에서 김이 솟는 것을 보고 영감을 얻어 증기 기관을 발명했다.'는 말을 흔히 듣는다. 그러나 이 멋진 이야기는 불행히도 허구일 뿐이고, 실제로는 와트가 토머스 뉴커먼의 증기 기관을 고치던 중 새로운 증기 기관을 만들 아이디어를 얻게 된 것이다. 그리고 뉴커먼의 증기 기관도 실은 영국인 토머스 세이버리가 1698년에 특허를 받은 증기 기관의 뒤를 이은 것이었다. 어떤 기술이 정교하게 발달하여 완성되기 위해서는 기존의 기술 정보와 업적이 누적되어야만 가능한 것이다.

┌─〈보기〉─
ㄱ. 문화는 선천적으로 주어지는 것이다.
ㄴ. 문화는 전승되는 과정에서 새로운 요소가 축적되어 더 풍부해진다.
ㄷ. 문화는 그 문화를 공유하는 사람들이 안정적으로 일상생활을 영위하는 데 기여한다.
ㄹ. 문화는 시간이 흐르면서 그 형태나 의미가 변화한다.

① ㄱ, ㄴ 　　② ㄱ, ㄷ 　　③ ㄴ, ㄷ
④ ㄴ, ㄹ 　　⑤ ㄷ, ㄹ

135 고난도↑

다음 사례에서 찾아볼 수 있는 문화의 속성에 대한 옳은 설명만을 〈보기〉에서 있는 대로 고른 것은?

2015년 케이블 채널에서 격동의 1980년대 후반, 대한민국의 여러 가정의 이야기를 다룬 드라마가 반영되면서 할머니부터 손주까지 TV 앞으로 불러 모으고 있다. 특히 극중 찰떡궁합 개그 콤비였던 A양과 B씨의 "반갑구만, 반가워요!"라는 인사법은 대중들의 새로운 인사법으로 대부분의 사람들이 새로운 인사법으로 사용될 정도로 이슈가 되고 있다. 또 그 외에도 1980년대 당시 유행했던 유행어들을 보여 주며 시청자들이 그 시절을 떠올릴 수 있도록 하는 매개체가 됐다. 한편 1980년대를 직접 살아가지 않았던 오늘날의 청소년들도 해당 드라마를 보며 그때의 유행어를 따라 해보는 모습도 활발히 나타나고 있다.

┌─〈보기〉─
ㄱ. 본능에 따른 행동은 문화가 될 수 없다.
ㄴ. 문화는 사회 구성원의 사고와 행동의 동질성을 형성한다.
ㄷ. 한 문화 요소의 변동은 다른 문화 요소의 연쇄적인 변동을 초래한다.
ㄹ. 문화는 세대 간 전승되면서 점점 더 풍부해지는 생활 양식이다.

① ㄱ, ㄴ 　　② ㄴ, ㄹ 　　③ ㄷ, ㄹ
④ ㄱ, ㄴ, ㄷ 　　⑤ ㄱ, ㄷ, ㄹ

134

다음 ㉠~㉢은 서로 다른 문화의 속성을 보여 주는 사례들이다. 이에 대한 옳은 설명만을 〈보기〉에서 있는 대로 고른 것은?

㉠ 우리나라의 김치는 원래 소금 절임 형태였으나 임진왜란 이후 전래된 고추가 가미되면서 오늘날 다양한 김치가 나타나고 있다.
㉡ 아마존 남비콰라족에서는 아이가 젖을 떼기 전까지 부모들이 강물에서 목욕을 하지 않는다. 그래서 씻지 않고 더러운 채 지내는 부부를 보면 주민들은 그 집에 아이가 태어났다고 생각한다.
㉢ 인도에서 소를 잡아먹지 않는 이유는 종교적으로 소를 성스럽게 여기는 것과 농경 사회에서 유용한 노동력으로 사용되었다는 점에 기인한다.

┌─〈보기〉─
ㄱ. ㉠에서 문화는 상징 체계를 통해 세대 간에 전승된다.
ㄴ. ㉡에서 문화는 서로 다른 사회를 구분하는 기준이 된다.
ㄷ. ㉢의 사례에서 문화는 부분들이 모여 전체로서 하나의 체계를 이룬다.
ㄹ. ㉠, ㉡과 달리 ㉢은 문화의 특수성으로 인해 나타난다.

① ㄱ, ㄴ 　　② ㄱ, ㄷ 　　③ ㄱ, ㄴ, ㄷ
④ ㄱ, ㄷ, ㄹ 　　⑤ ㄴ, ㄷ, ㄹ

136

다음 글에서 부각되는 문화의 속성에 대한 옳은 설명을 〈보기〉에서 고른 것은?

설 연휴 전 제주도는 이사로 곳곳이 분주한 모습이다. 제주의 전통적 이사철인 '신구간' 때문이다. 신구간이란 지상에서 인간사를 관장하던 신들이 한 해 임무를 마치고 하늘로 올라가 비어 있는 기간을 뜻하는 제주도 세시풍속으로, 예로부터 제주도민들은 신구간에 이사를 해야만 불운이 발생하지 않는다고 믿었다. 올해 신구간은 지난해보다 빨라진 설 연휴와 기간이 겹치면서 사실상 일주일 빠르게 신구간이 시작되고 있으며, 이삿짐 센터들은 밀려드는 예약에 눈코 뜰 새 없이 바빠졌다. 수요가 급증하면서 제주 지역 아파트 값이 폭등하려는 조짐을 보이자 이를 막기 위한 각종 대책들도 마련되고 있다.

┌─〈보기〉─
ㄱ. 문화는 부분이 아닌 전체로서의 의미를 갖는다.
ㄴ. 문화는 서로 다른 문화 체계를 구분하는 기준이 된다.
ㄷ. 후대에 문화가 계승되면서 보다 풍부한 요소를 갖게 된다.
ㄹ. 개인의 사회적 행동은 문화적 환경 속에서 형성되고 변한다.

① ㄱ, ㄴ 　　② ㄱ, ㄷ 　　③ ㄴ, ㄷ
④ ㄴ, ㄹ 　　⑤ ㄷ, ㄹ

주제 3 문화를 이해하는 태도

족집게 전략 | 수능을 포함한 각종 시험의 단골로 출제되는 주제이다. 문화를 이해하는 태도 3가지(자문화 중심주의, 문화 사대주의, 문화 상대주의)의 특징과 개념을 확실하게 알고 있다면 어떠한 문제도 해결할 수 있으니 개념을 탄탄히 학습하자!

족집게 자료 분석 전략 START | 문화를 이해하는 태도에 따라 갑~병이 대화를 나눈 자료이다.

자문화 중심주의   문화 사대주의

한 사회의 문화는 그 자체의 의미와 가치에 따라 이해해야 해.

내가 속한 사회의 문화를 기준으로 다른 문화에 대해 판단하는 것은 자연스럽고 바람직한 태도야.

우리 문화보다 우월한 선진국의 문화를 적극적으로 수용해서 낙후된 우리 문화의 수준을 향상시켜야 해.

문화 상대주의
갑   을   병

❶ 갑은 한 사회의 문화는 그 자체의 의미와 가치에 따라 이해해야 한다고 보았으므로 문화 상대주의적 태도를 갖고 있다고 봐야 한다.

❷ 을은 '내가 속한 사회의 문화를 기준으로' 다른 문화에 대해 판단. 즉 '평가'할 수 있다고 했으므로 자문화 중심주의적 사상을 가지고 있다고 보아야 한다.

❸ 병은 '우리 문화보다 우월한' 선진국의 문화를 적극적으로 수용해야 한다는 점과 '낙후된 우리 문화'의 수준을 향상시켜야 한다고 했으므로 문화 사대주의적 사상을 가지고 있다고 보아야 한다.

137 ◀대표 문항▶ | 평가원 기출 |

문화를 이해하는 갑~병의 태도에 대한 설명으로 옳은 것은?

한 사회의 문화는 그 자체의 의미와 가치에 따라 이해해야 해.

내가 속한 사회의 문화를 기준으로 다른 문화에 대해 판단하는 것은 자연스럽고 바람직한 태도야.

우리 문화보다 우월한 선진국의 문화를 적극적으로 수용해서 낙후된 우리 문화의 수준을 향상시켜야 해.

갑   을   병

① 갑의 태도는 문화 제국주의로 변질될 가능성이 높다.
② 을의 태도는 모든 문화가 동등한 가치를 지닌다고 본다.
③ 병의 태도는 자기 문화에 대한 객관적 이해를 가능하게 한다.
④ 갑의 태도와 달리 병의 태도는 특정 문화를 기준으로 문화의 우열을 판단한다.
⑤ 을의 태도와 달리 병의 태도는 다문화 사회에서 문화 갈등을 초래할 수 있다.

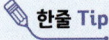 **한줄 Tip** 문화를 이해하는 태도에 대한 개념과 그 특징 및 장단점을 정확하게 이해하고 적용하는 것이 포인트야!

138 | 평가원 기출 |

갑~병이 가진 문화 이해 태도에 대한 설명으로 옳은 것은?

> 갑 : △△지역 ○○ 부족은 가족이 죽으면 장례 비용을 마련할 때까지 몇 년 동안 시신을 집안에 두었다가 나중에 매장하는 풍습이 있어. 이러한 풍습은 시신이 잘 썩지 않는 △△ 지역의 자연적 조건과 장례를 성대하게 치를수록 내세에 더 좋은 곳으로 간다는 ○○ 부족의 믿음에서 비롯된 것으로 이해할 수 있어.
> 을 : 우리나라처럼 조상을 양지바른 곳에 모시고 묘를 잘 관리하는 전통에 비추어 볼 때, 조상의 시신을 방치하는 것은 조상에 대한 모독일 뿐만 아니라 비위생적이라고 생각해. ○○ 부족의 장례 문화는 바뀌어야지.
> 병 : 내가 알고 있는 A국에서는 이미 화장(火葬)이 보편적인 장례 풍습으로 정착되었어. 화장은 토지 낭비를 막고 시신을 위생적으로 관리할 수 있는 선진적인 장례 문화야. ○○ 부족이나 우리에게 남아 있는 매장 풍습은 하루 빨리 화장으로 완전히 대체되어야 해.

① 갑의 태도는 을의 태도와 달리 문화 간에 우열이 존재한다고 본다.
② 을의 태도는 갑의 태도에 비해 타 문화 수용에 적극적이다.
③ 을의 태도는 병의 태도에 비해 문화의 다양성 확보에 유리하다.
④ 병의 태도는 을의 태도와 달리 집단 구성원의 결속력을 높이는 데 기여한다.
⑤ 을, 병의 태도는 모두 특정 사회의 문화를 기준으로 타 문화를 평가할 수 있다고 본다.

139 | 교육청 기출 |

그림은 문화 이해 태도를 구분한 것이다. 이에 대한 설명으로 옳은 것은? (단, A와 B는 각각 문화 상대주의, 자문화 중심주의 중 하나이다.)

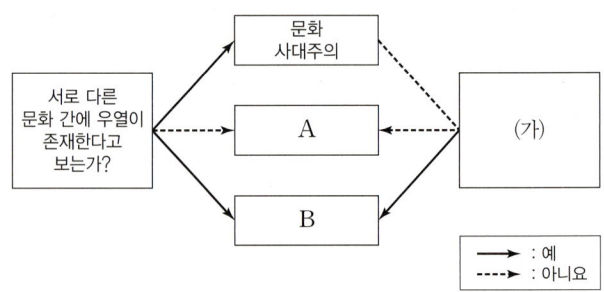

① A는 문화 제국주의로 이어질 우려가 있다.
② A는 문화를 이해의 대상이 아닌 평가의 대상으로 간주한다.
③ B는 타 문화를 그 사회의 맥락 속에서 파악한다.
④ B는 자기 문화에 대한 정체성과 집단 내의 일체감을 강화한다.
⑤ (가)에는 '문화의 다양성 보존에 기여하는가?'가 들어갈 수 있다.

140

다음 대화에서 나타난 갑~병의 문화 이해의 태도에 대한 추론 및 평가로 가장 적절한 것은?

> 갑(A국 국민) : TV에서 거위 간과 말고기를 식탁에 올리는 B국의 음식 문화는 동물을 학대하는 야만 행위입니다. 우리나라의 고상한 음식 문화를 좀 배웠으면 합니다.
> 을(B국 국민) : A국도 다를 바 없습니다. 썩은 나무 속에 사는 애벌레를 산채로 먹는 음식 문화가 무엇이 고상합니까? A국이야말로 야만적이며, 우리 문화가 훨씬 더 고상한 음식 문화입니다.
> 병(C국 국민) : 다들 그만하세요. 누가 무엇을 어떻게 먹든지 그 사람들의 음식 문화를 함부로 비난해서는 안 됩니다. 그런 음식 문화를 갖게 된 데에는 그 나라만의 고유한 이유가 있다고 생각합니다.

① 갑의 태도는 자국 문화에 대한 자부심을 갖고 있지는 않다.
② 을의 태도는 문화 간 우열 평가가 어렵다고 본다.
③ 병의 태도는 극단적 문화 상대주의에 부합한다.
④ 을의 태도는 문화 사대주의의 입장에서 갑의 태도는 자문화 중심주의를 비판하고 있다.
⑤ 병의 태도와 달리 갑, 을의 태도는 문화 다양성을 저해할 수 있다.

141

갑~병의 문화 이해 태도에 대한 옳은 설명을 〈보기〉에서 고른 것은?

> "○○국에는 범죄자에 대한 처벌 수단 중에 태형(笞刑)이 있다고 합니다."
>
> 갑 : ○○국은 역시 미개한 나라이군. 우리나라의 선진 문화를 ○○국에 전파해 주어야겠어.
> 을 : 아니야. 저런 풍습도 그 국가의 역사적 맥락에서 이어져 온 고유한 문화야. 있는 그대로 이해하고 존중해주는 것이 옳아.
> 병 : 다른 나라의 문화를 존중하고 이해해야 하는 것은 맞지만, 저런 풍습은 보편적 가치인 인권을 침해하는 요소로서 용인되어서는 안 돼.
>
> ○ ○ ○ ○ ● ○ ○ ○

> ┌ 보기 ┐
> ㄱ. 갑은 자문화 중심주의적 태도를 지니고 있다.
> ㄴ. 을은 문화를 상대적인 것으로 보고 있다.
> ㄷ. 병의 태도는 세계화 시대에 어울리지 않는다.
> ㄹ. 갑과 달리 을은 문화 다양성 보존에 부정적이다.

① ㄱ, ㄴ   ② ㄱ, ㄷ   ③ ㄴ, ㄷ
④ ㄴ, ㄹ   ⑤ ㄷ, ㄹ

142

다음에 나타난 갑과 다른 을의 문화 이해의 태도에 대한 설명으로 옳은 설명을 〈보기〉에서 고른 것은?

> 최근 젊은 층 사이에서 '할로윈 데이'를 기념하는 행사가 유행하고 있다. 할로윈 데이는 매년 10월 31일 미국 전역에서 유령이나 괴물 분장을 하고 즐기는 축제로, 우리나라에도 알려지며 각종 분야에서 널리 활용되고 있다. 이에 대해 갑은 할로윈 데이처럼 시끄럽고 저속한 서양 문화는 사라져야 한다고 말하면서 우리나라의 '단오'나 '정월 대보름'같은 품격 있는 전통 명절을 지켜야 한다고 말했다. 반면 할로윈 데이 행사에 참석한 대학생 을은 "기존의 전통문화는 너무 고리타분하고 재미가 없다. 할로윈 데이처럼 신나고 즐거운 서양의 문화가 우리나라에 앞으로도 많이 정착되었으면 좋겠다."고 말했다.

> ┌ 보기 ┐
> ㄱ. 특정 문화를 기준으로 문화의 우열을 판단하고자 한다.
> ㄴ. 다른 국가의 제국주의적 문화 이식 시도를 받아들이기 쉽다.
> ㄷ. 자기 문화의 낙후성을 개선할 수도 있으나 주체성을 상실할 수 있다.
> ㄹ. 적극적으로 선진 문물을 받아들여 사회 통합과 문화 발전에 기여할 수 있다.

① ㄱ, ㄴ   ② ㄱ, ㄷ   ③ ㄴ, ㄷ
④ ㄴ, ㄹ   ⑤ ㄷ, ㄹ

143

다음 글에 언급된 특정 문화를 바라보는 저자의 태도에 부합하는 진술로 가장 적절한 것은?

> 전족은 중국에서 6세 이하 여자 아이의 발을 인위적으로 묶어 성장하지 못하게 한 풍습으로 20세기까지 거의 1,000년 간 지속되었다. 어릴 때부터 발이 곪고 뼈가 휘는 고통을 겪는 가운데 발의 크기는 10~15cm 정도를 넘지 않게 되었고 전족을 한 여성은 똑바로 걷기도 어렵게 되었다. 하지만 작은 발은 남성들에게 중요한 미의 기준이었으며, 전족을 하지 않은 여성은 결혼하기도 힘들었다. 전족은 여성의 움직임을 제한하여 남성으로부터 도망가지 못하게 할 목적이었다는 유래가 있을 정도로 오랜 기간 중국 여성의 삶에 큰 부정적 영향을 끼쳐 왔다.

① 문화 상대주의의 입장에서 해당 문화는 정당화될 수 있다.
② 문화에 대한 평가는 그 문화 자체의 기준에 의해 이루어져야 한다.
③ 문화적 다양성에 기여할지라도 가치 판단의 대상에서 배제될 수는 없다.
④ 해당 사회의 역사적 경험과 문화적 환경에 의해 형성되는 보편적 가치가 훼손되고 있다.
⑤ 당시 사회에 통용되던 생활 양식은 모두 그 나름의 가치가 있으므로 그것에 대해서는 어떠한 판단도 할 수 없다.

주제 4 문화를 바라보는 관점

족집게 전략 | 문화를 이해하는 관점은 빈출되었던 주제이다. 수능에서 문화를 이해하는 태도와 문화 이해의 관점 중 한 가지는 반드시 출제될 것이라고 생각하고, 문화 이해의 관점들의 종류와 특징을 정확하게 이해한 후 암기하여 문제에 적용시켜야 한다.

족집게 자료 분석 전략 START | 문화 연구의 관점에 따라 갑과 을의 연구 사례를 분류한 자료이다.

> ○ 여가 문화를 연구하던 갑은 A국과 B국의 <u>프로야구 응원 문화</u>를 조사했다. 조사 과정에서 A국이 개인적으로 응원을 하는 반면, B국은 치어 리더를 중심으로 관중이 집단적으로 응원을 하는 특징이 있다는 점에 주목했다. → **비교론적 관점**
> ○ 장례 문화를 연구하던 을은 시신을 바로 땅에 묻지 않고 풀 같은 것으로 덮는 임시 무덤인 초분(草墳)을 조사했다. 조사 과정에서 초분이 자연환경적인 원인 및 민간 신앙과 어떻게 관련되어 있는지에 주목했다. → **총체론적 관점**

❶ 갑은 프로야구 응원 문화를 통해 A국과 B국의 문화를 비교하고 있으며, 그 결과 A국과 B국이 가진 특징을 각각 분석하여 이해하고 있으므로 '비교론적 관점'을 가지고 있다고 볼 수 있다.

❷ 을은 장례 문화를 연구하면서 임시 무덤인 '초분'이 해당 사회의 자연환경적 원인 및 민간 신앙과 어떻게 관련되어 있는지, 즉 '연관성'에 주목했기 때문에 '총체론적 관점'을 가지고 있다고 볼 수 있다.

144 대표 문항 | 평가원 기출 |

갑, 을이 가진 문화 이해의 관점에 대한 옳은 설명을 〈보기〉에서 고른 것은?

> ○ 여가 문화를 연구하던 갑은 A국과 B국의 프로야구 응원 문화를 조사했다. 조사 과정에서 A국이 개인적으로 응원을 하는 반면, B국은 치어 리더를 중심으로 관중이 집단적으로 응원을 하는 특징이 있다는 점에 주목했다.
> ○ 장례 문화를 연구하던 을은 시신을 바로 땅에 묻지 않고 풀 같은 것으로 덮는 임시 무덤인 초분(草墳)을 조사했다. 조사 과정에서 초분이 자연환경적인 원인 및 민간 신앙과 어떻게 관련되어 있는지에 주목했다.

보기
ㄱ. 갑의 관점은 서로 다른 문화 간의 공통점과 차이점을 파악하고자 한다.
ㄴ. 을의 관점은 다양한 문화 요소를 전체적인 맥락에서 이해하고자 한다.
ㄷ. 갑의 관점은 을의 관점과 달리 모든 문화는 고유한 가치를 지닌다고 본다.
ㄹ. 을의 관점은 갑의 관점과 달리 자문화를 객관적으로 인식하는 데 효과적이다.

① ㄱ, ㄴ ② ㄱ, ㄷ ③ ㄴ, ㄷ ④ ㄴ, ㄹ ⑤ ㄷ, ㄹ

✎ **한줄 Tip** 문화를 연구하는 관점 대한 개념과 그 특징 및 장단점을 정확하게 이해하고 적용하는 것이 포인트야!

145 | 평가원 기출 |

다음에서 강조하는 문화 이해의 관점에 대한 설명으로 가장 적절한 것은?

> 특정 문화 현상의 의미를 이해하기 위해서는 그 문화 현상이 해당 사회의 문화적 전통과 사회적 맥락에 의해 형성된 것임을 고려해야 한다. 독수리에게 죽은 이의 시체를 먹게 하는 장례 문화처럼 외부인에게 낯설고 이상하게 보이는 문화 현상도 그 사회 나름의 합리적인 근거를 지니고 있기 때문이다.

① 다른 문화를 거울삼아 자기 문화를 파악하는 데 유용하다.
② 문화를 단절 없이 연속적으로 발전하는 과정으로 파악한다.
③ 문화를 문명과 동일시하면서 문화 요소 간의 연관성을 강조한다.
④ 해당 문화를 향유하는 사회 구성원의 관점에서 문화의 의미를 파악한다.
⑤ 보편적 문화 현상을 바탕으로 특정 문화 현상의 객관적 의미를 파악한다.

146 | 교육청 기출 |

갑, 을이 가진 문화 이해의 관점에 대한 설명으로 옳은 것은?

한국, 중국, 일본의 음식 문화를 조사하여 세 나라 음식 문화 간의 공통점과 차이점을 연구할 계획이야.

우리나라 전통 음식 문화가 농경 생활, 신분 제도, 무속 신앙 등과 어떻게 연관되어 있는지 연구할 생각이야.

갑   을

① 갑의 관점은 자기 문화의 관점에서 다른 사회의 문화를 이해하고자 한다.
② 을의 관점은 특정 문화 요소의 의미를 전체와의 관련 속에서 파악하고자 한다.
③ 갑의 관점은 을의 관점과 달리 문화 향유자의 입장에서 문화를 이해하고자 한다.
④ 을의 관점은 갑의 관점과 달리 자기 문화를 객관적으로 이해하는 데 기여한다.
⑤ 갑의 관점은 총체론적 관점, 을의 관점은 상대론적 관점이다.

147

다음 글에 나타난 문화 연구의 관점에 대한 설명으로 가장 적절한 것은?

> 한국, 중국, 일본은 모두 수저를 사용하고 있다. 하지만 그것을 사용하는 빈도와 방식에는 차이가 있다. 중국은 젓가락이 중심이지만 숟가락도 간혹 사용한다. 일본은 주로 젓가락을 사용하고 국물이 있는 경우 그릇 채 마시는 것을 기본으로 한다. 한국은 밥과 국을 먹을 때는 주로 숟가락을, 반찬을 먹을 때는 젓가락을 사용한다.

① 문화 간의 우열을 가리려는 것은 아니다.
② 자문화 중심주의의 입장에서 다른 문화를 평가한다.
③ 문화적 다양성은 문화 간 발전 수준의 차이 때문에 생겨난다.
④ 문화는 각 사회의 맥락에서 고유한 가치가 있다는 상대성을 전제로 한다.
⑤ 문화 현상을 부분에만 집중하여 파악할 때 나타날 수 있는 편협하고 왜곡된 이해를 막아 준다.

148

다음은 수업의 한 장면이다. 갑과 을이 지니고 있는 문화 연구의 관점에 대한 설명으로 옳은 것은?

> 교사 : '한국의 장례 문화'에 대한 조사 계획을 발표해 봅시다.
> 갑 : 저는 한국과 미국의 장례 문화의 공통점과 차이점을 비교하여 한국의 장례 문화의 특징을 살펴볼 예정입니다.
> 을 : 저는 한국의 장례 문화 중 '무덤'과 관련된 자연환경적 요인과 민간 신앙 등을 알아볼 예정입니다.

① 갑은 문화의 전체와 부분을 비교하며 연구할 것이다.
② 갑은 자기 문화의 관점에서 다른 사회의 문화를 이해하고자 한다.
③ 갑과 달리 을은 문화의 보편성과 특수성을 파악하고자 한다.
④ 을은 특정 문화 요소의 의미를 전체와의 관련 속에서 파악하고자 한다.
⑤ 을의 연구는 한국의 장례 문화에 대해 객관적인 이해를 가능하게 할 것이다.

[149~150] 다음 자료를 보고 물음에 답하시오.

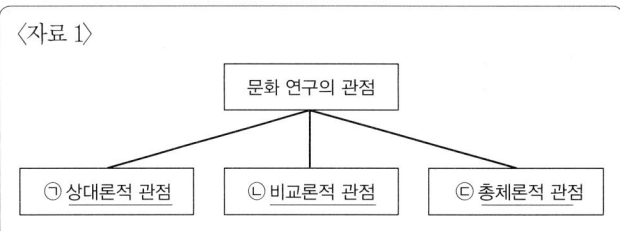

〈자료 1〉

〈자료 2〉
결혼 제도를 보면 우리나라에서는 일부일처제만을 법으로 인정하고 있는데, 갑국에서는 일부다처제를 인정하고 있으며, 을국에서는 일처다부제가 나타나고 있다. 갑국의 일부다처제는 갑국의 종교를 전파하기 위한 전쟁으로 많은 남성들이 희생되어 발생한 과부들을 구제하고 대를 잇기 위한 방편이었다. 그리고 을국의 일처다부제는 식량 부족으로 인해 여자아이를 어렸을 때 살해하는 관습을 가지고 있어 여자가 절대적으로 부족한 현상에 대한 하나의 반응이었다. 이렇게 각 사회는 서로 다른 환경과 상황에 적응해 가면서 나름대로의 독창적인 생활 양식을 개발해 왔다.

149

〈자료 2〉에 나타난 문화 연구의 관점을 ○, ×로 표시한 것으로 가장 적절한 것은?

	㉠	㉡	㉢
①	○	○	○
②	○	○	×
③	×	○	○
④	○	×	×
⑤	×	×	○

150

〈자료 1〉의 ㉠~㉢에 대한 옳은 설명을 〈보기〉에서 있는 대로 고른 것은?

> **보기**
> ㄱ. ㉠은 절대적인 기준을 통한 문화의 평가를 비판한다.
> ㄴ. ㉡을 통해 자기 문화를 객관적으로 이해할 수 있다.
> ㄷ. ㉢의 결여는 문화 현상에 대한 편협한 이해를 초래한다.
> ㄹ. ㉠, ㉡, ㉢은 문화 요소가 지닌 특수성의 파악에 용이하다.

① ㄱ, ㄴ
② ㄴ, ㄷ
③ ㄷ, ㄹ
④ ㄱ, ㄴ, ㄷ
⑤ ㄱ, ㄴ, ㄷ, ㄹ

09강 현대 사회의 다양한 문화 양상

주제 1 주류 문화와 하위문화

1. 주류 문화와 하위문화

(1) **주류 문화(전체 문화, 지배 문화)** : 한 사회 내에서 구성원 대부분이 공유하는 문화

① 특징 : 한 사회의 구성원들은 오랫동안 함께 생활하면서 대체로 같은 문화를 공유하며, 사회의 일반적이고 주요한 생활 양식의 특징을 보여 줌

② 사례 : 동양에서 쌀로 밥을 지어 먹는 것, 태국 사람이 손을 합장하듯이 모으면서 고개를 숙이며 인사하는 것

(2) **하위문화** : 한 사회 내에서 특정 집단의 구성원들 또는 특정 영역의 사람들만 공유하는 문화

① 특징

• 주류 문화의 범주를 어떻게 규정하느냐에 따라 하위문화의 범주가 상대적으로 결정됨

• 주류 문화 속에는 수많은 하위문화가 존재하며, 사회가 다원화될수록 많아짐 → 사회 구성원의 이해관계와 생활 양식, 가치 등이 다양해지는 현상을 의미한다.

• 사회의 복잡화에 따른 다양한 사회 집단의 출현으로 현대 사회에서는 많은 하위문화가 나타나고 있음

• 일반적으로 전체 사회가 추구하는 가치에 부합하는 성격을 갖지만, 전체 사회의 저항하는 반(反)문화의 성격을 지닐 수도 있음

② 기능

순기능	• 주류 문화에서 누릴 수 없는 다양한 문화적 욕구 충족의 기회를 제공함 • 주류 문화에 역동성, 다양성을 제공하여 주류 문화의 획일성을 방지하는 데 기여 • 새로운 문화 창조와 변화에 기여함 • 같은 하위문화를 공유하고 있는 집단 내에서 구성원들의 정체성을 형성하고 소속감 및 연대 의식을 강화시켜 주는 데 기여함
역기능	서로 다른 하위문화를 가진 집단 간의 대립과 갈등을 초래할 수도 있어 사회 통합을 저해할 우려가 있음

자료로 살펴보기

■ 주류 문화와 하위문화의 상대성

주류 문화와 하위문화는 기준점에 따라서 상대적으로 정의된다. 예를 들어, 세대 문화는 한국 문화의 입장에서 보면 하위문화가 되지만, 청소년 문화 입장에서 보면 주류 문화의 성격을 지닌다. 또 다른 예로, 이민자 문화는 한국 문화의 입장에서 보면 하위문화가 되지만, 재한 일본인들의 문화 입장에서 보면 주류 문화가 된다.

2. 다양한 하위문화

(1) **지역 문화** : 전체 사회를 구성하는 다양한 지역 내에서 나타나는 고유한 생활 양식

형성	각 지역 사람들이 서로 다른 자연환경, 역사적 배경, 사회적 상황 등에 적응하는 과정에서 형성됨

→ 공통의 체험을 기반으로 하여 공통의 의식이나 풍속을 전개하는 일정 폭(幅)의 연령층으로 생물학적 관점에서 보면, 아이가 성장하여 부모의 일을 계승할 때까지의 기간으로서 약 15~30간을 표준으로 한다.

기능	• 지역의 고유성을 보존하고 지역 주민의 정체성, 유대감, 연대 의식 형성 • 지역 축제 활성화와 지역 관광 상품 개발로 지역 경제와 국가 경제 성장에 기여

(2) **세대 문화** : 공통의 경험을 바탕으로 형성된 일정 범위의 연령층이 공유하는 문화

양상	현대 사회의 급격한 사회 변동으로 세대를 구분하는 연령의 범위가 좁아지면서 세대 갈등이 심해지고, 이는 사회 통합을 저해할 수 있음
특징	• 같은 세대 속하는 사람들의 정체성, 일체감 형성 기여 • 다른 세대의 경험이나 사고를 이해하지 못하면 세대 갈등 유발
사례	청소년 문화(한 사회의 청소년에 해당하는 연령대 인구가 독자적으로 공유하는 문화로서 세대 문화의 한 유형으로, 미래 지향적, 변화 지향적, 충동적, 소비 지향적인 특징이 있음)

(3) **반(反)문화** : 한 사회의 구성원 대다수가 향유하고 있는 지배적인 문화에 대해 저항하고 적극적으로 도전하는 문화로, 하위문화의 일종

특징	• 기존의 지배적인 문화를 내면화하지 못한 젊은 연령층에서 주로 나타남 • 시대와 사회에 따라 반문화에 대한 기준이 달라짐
기능	• 순기능 : 기존의 주류 문화를 대체하면서 사회 변동을 야기하기도 하고, 사회 문제가 무엇인지 알려 주는 역할을 해 사회 발전의 계기를 제공함 • 역기능 : 기존 주류 문화에 저항하는 성격을 지니기 때문에 사회 혼란 및 사회 갈등을 초래하기도 함
사례	비행 청소년 집단 문화, 극단적 종교 문화, 1960년대의 미국 히피 문화

→ 1960~1970년대에 미국에서 발달한 문화로, 당시 미국 안팎의 혼란과 부정의, 전쟁, 지나친 물질주의 등을 비판하는 문화였다.

주제 2 대중문화

1. 대중문화의 의미와 형성

→ 일정한 연령에 달하면 어떤 조건에 따른 제한 없이 선거권을 주는 제도이다. 이는 모든 사람이 제한 없이 시민권을 누리게 됨으로써 시민 사회 형성의 기준으로 삼기도 한다.

(1) **의미** : 한 사회 내에 존재하는 다양한 집단을 초월하여 대다수의 사회 구성원인 대중이 공유하면서 향유하는 문화

(2) **형성 배경 및 확산 과정**

① 산업화로 인한 대량 생산 체제의 형성으로 다수가 동시에 누릴 수 있는 공통의 문화가 보급되고, 보통 선거 제도의 도입으로 인하여 대중의 정치적·사회적 지위가 향상됨

② 의무 교육 제도의 도입으로 인하여 대중의 지적 수준이 향상되고, 대중 매체의 발달로 인하여 대중문화가 활발하게 생산되고 보급됨

2. 대중문화의 특징

(1) **일방향성** : 개인의 특성이나 욕구와 무관하게 일방적으로 영향력을 행사함

(2) **획일성** : 모든 사람이 동시에 동일한 문화 요소를 접함으로써 개성이 상실될 우려가 있음

(3) **상업성** : 기업들이 문화 상품을 통해 이윤을 추구하는 과정에서 상업화됨

3. 대중문화의 기능

순기능	• 오락 및 여가의 기회를 제공하여 삶의 활력소가 됨 • 고급문화를 대중화하여 평균적인 문화 수준이 향상됨 • 시민 의식의 성숙과 문화 민주주의 정착에 기여함
역기능	• 문화의 상업화, 획일화를 조장할 우려가 있음 • 지나친 상업성의 추구로 대중문화가 질적으로 저하될 수 있음 • 권위주의 정부의 대중 조작 수단으로 악용될 수 있음

4. 대중 매체와 대중문화

(1) **대중 매체의 의미** : 현대 사회를 구성하는 불특정 다수, 즉 '대중'을 상대로 정보 전달의 매개 역할을 하는 수단

(2) **대중문화와의 관계** : 모든 사람이 동시에 동일한 문화 요소를 접함으로써 개성이 상실될 우려가 있음

(3) **대중 매체의 유형**

인쇄 매체	신문, 잡지, 서적 등 문자 언어나 그림 등 인간의 시각에 의존하는 정보를 조직화하여 전달하는 매체
음성 매체	라디오, 음반 등 인간의 청각에 의존하는 정보를 조직화하여 전달하는 매체
영상 매체	TV, 영화 등 시각 정보와 청각 정보 등의 수단을 종합적으로 활용하여 조직화한 정보를 전달하는 매체
뉴 미디어	인터넷, 누리소통망(SNS), 블로그 등 정보 통신 기술을 바탕으로 시청각적인 정보를 종합적으로 전달하는 정보 사회의 새로운 매체 →최근 트위터, 페이스북, 라인 등과 같은 소셜 네트워크 서비스(Social Network Services/Sites, SNS)가 사회적으로, 학문적으로 관심의 대상으로 급부상하고 있다.

5. 대중문화 수용의 바람직한 자세

(1) 대중문화는 긍정적인 측면과 부정적인 측면이 모두 있으므로 대중들이 비판적으로 인식하고 수용해야 함

(2) 대중문화의 지나친 상업성을 경계해야 함

(3) 수동적인 문화의 소비자에 머무르지 말고 건강한 대중문화 형성을 위한 적극적 생산자 역할을 수행해야 함

■ 대중 매체의 속성 비교

구분	비교
정보 전달의 신속성	뉴 미디어 > 음성·영상 매체 > 인쇄 매체
정보 전달의 전문성 및 신뢰성	인쇄 매체 > 음성·영상 매체 > 뉴 미디어
정보 전달의 동시성	음성 매체, 영상 매체, 뉴 미디어 > 인쇄 매체
정보 획득(=수용, 소비)의 동시성	음성 매체, 영상 매체 > 뉴 미디어, 인쇄 매체

• 정보 전달의 동시성 : 정보가 대중 매체를 통해 동일한 시기에 전달되는 정도로, TV, 라디오, 뉴 미디어는 전파나 인터넷을 통해 일시에 같은 정보를 전달하므로 정보 전달의 동시성이 높다고 할 수 있다.

• 정보 수용의 동시성 : 해당 정보를 대중 매체를 통해 동일한 시기에 받아들이는 정도로, TV나 라디오는 해당 수신기를 시청하고 있는 사람들에게 비교적 동시에 정보가 전달되지만, 신문이나 인터넷은 개인에 따라 정보를 열람하는 시간 차가 발생하기 때문에 정보 수용의 동시성이 낮다고 볼 수 있다.

✎ 다음 설명이 맞으면 '○', 틀리면 '✕'에 표시하시오.

01 주류 문화는 한 사회 구성원 대부분이 공유하는 문화를 의미한다. ○ ✕

02 하위문화는 한 사회 내의 일부 구성원만이 공유하는 문화이다. ○ ✕

03 (함정) 하위문화의 총합은 주류 문화가 된다. ○ ✕

04 하위문화는 주류 문화에 다양성과 역동성을 부여한다. ○ ✕

05 청소년 문화와 노인 문화는 주류 문화의 대표적 사례이다. ○ ✕

06 급격한 사회 변동은 하위문화를 더욱 다양하고 풍부하게 하는 데 영향을 미친다. ○ ✕

07 비슷한 일정 범위의 연령층이 공유하는 문화를 세대 문화라고 한다. ○ ✕

08 (함정) 청소년 문화는 충동적이고 모방적인 성향이 드러나기도 한다. ○ ✕

09 반문화는 사회 갈등의 원인이라는 부정적 특성만 존재한다. ○ ✕

10 (함정) 반문화는 주류 문화의 변동을 유도하여 새로운 문화 형성의 계기를 마련하기도 한다. ○ ✕

11 급격한 사회 변동에 따라 세대를 구분하는 연령의 범위가 넓어지고 있다. ○ ✕

12 대중문화는 다수의 사람들이 즐기고 누리는 문화를 말한다. ○ ✕

13 대중문화는 대중 매체의 보급과 관련이 없다. ○ ✕

14 (함정) 대중문화는 기존 상류층들만이 누릴 수 있었던 고급문화를 일반인들도 누릴 수 있게 해 주었다는 긍정적 측면이 있다. ○ ✕

15 대중문화는 점점 생산자와 소비자 간의 경계가 약화되고 있다. ○ ✕

16 대중문화를 비판적으로 수용하되, 대중문화의 상업성은 경계할 필요가 없다. ○ ✕

17 (함정) 대중 매체 중 정보 전달의 신속성은 인쇄 매체가 가장 높다. ○ ✕

18 대중문화는 사람들의 사고나 행동을 다양화할 수 있다는 비판을 받는다. ○ ✕

19 영상 매체는 인쇄 매체 및 음성 매체와 일정 특징을 공유하고 있다. ○ ✕

20 (함정) 반문화나 하위문화는 시대와 사회에 따라 상대적으로 규정된다는 성격을 지니고 있다. ○ ✕

현대 사회 다양한 문화의 공통점과 차이점은 무엇인가?

개념 | 자료로 확인

자료 1 주류 문화

→ 하위문화가 대중 매체의 보급으로 주류 문화가 되었다.

> 인터넷 및 스마트폰의 보급으로 누구나 온라인 게임을 손쉽게 접할 수 있게 되었다. 이제 온라인 게임은 청소년뿐 아니라 중장년층 및 노년층까지 전 세대가 즐기는 대중적 문화가 되었다.

주류 문화는 '전체 문화'라고도 불리며 해당 사회 전체의 사람들이 공통적으로 향유하는 문화를 말한다. 그러나 '사회 전체'를 어디까지 범주화하는지가 상대적이기 때문에 주류 문화와 하위문화를 개념 짓는 것은 상대적이다. 또한 시대와 상황에 따라 하위문화였던 것이 전체 문화로 거듭날 수도 있기 때문에 또 다른 의미에서 상대적이라고 볼 수 있다.

자료 2 하위문화

→ 청소년 언어 문화

> 최근 청소년들은 그들끼리만 통하는 언어를 사용한다. 인터넷 용어를 축약하여 표현하거나, 자음만으로 의사를 표현하는 등의 방법으로 신조어와 은어를 만들어 사용한다.

하위문화는 전체 사회 내의 특정 집단만이 향유하는 문화로서, 보통은 반문화의 성격을 띠지는 않는다. 그러나 때로는 반문화의 성격을 띤 하위문화도 있을 수 있다.

자료 3 반(反)문화

→ 반문화 성격

> 초창기 록(Rock)음악은 미국 젊은이들의 전유물이었다. 젊은이들은 기성세대의 물질주의와 전통적 가치관에 저항하는 록 음악을 만들어 불렀다. 록 음악 공연 중 젊은이들은 춤추며 소리를 질러고, 당시의 기성세대들은 이러한 젊은이들의 행동을 이해할 수 없었다.

반문화는 하위문화 중 전체 사회에 도전하고 저항하는 문화를 말한다. 그러나 반문화는 기존 주류 문화에 저항하기 때문에 사회 혼란을 초래하기도 하지만, 기존 주류 문화를 대체하면서 사회 변동을 가져오기도 하고 그 사회가 가지고 있는 문제가 무엇인지 알려 주어서 사회를 발전시키는 긍정적 측면 또한 지니고 있다.

개념 | 문제로 확인

Q1 빈칸에 알맞은 말을 쓰거나 고르시오.

01 한 사회의 구성원 대부분이 공유하는 문화를 (　　) 문화라고 한다.

02 한 사회 내에 존재하는 다양한 집단을 단위로 하여 나타나는 문화를 (　　)문화라고 한다.

03 주류 문화의 범주를 어떻게 규정하느냐에 따라 하위문화의 범주가 (　　)적으로 결정된다.

04 반문화는 한 사회의 구성원 대다수가 향유하고 있는 지배적 문화에 대해 저항하는 문화로서 (　　)문화의 일종이다.

05 하위문화는 사회가 다원화되고 복잡해질수록 (　　).

06 대중문화와 비교해 볼 때 청소년 문화는 (주류 문화 / 하위문화)이지만, 중학교 청소년 문화와 비교해 볼 때 청소년 문화는 (주류 문화 / 하위문화)이다.

Q2 다음 설명이 맞으면 '○', 틀리면 '×'에 표시하시오.

07 주류 문화 속에는 수많은 하위문화가 존재한다. (　○ / ×)

08 모든 하위문화는 주류 문화에 대해 저항하고 적극적으로 도전한다. (　○ / ×)

09 반문화는 사회 문제를 알려주어 사회 발전의 계기를 제공하기도 한다. (　○ / ×)

개념 | 기출문제에 적용

10 연습하기 **물음에 맞게 A, B, C에 표시하시오.**

구분	A	B	C
한 사회 내에서 일부 구성원들만 공유하는 문화인가?	예	예	아니요
한 사회의 지배적인 문화를 거부하거나 저항하는 문화인가?	예	아니요	아니요

❶ 전체 사회의 구성원들이 공통적으로 향유하는 문화이다. (A / B / C)
❷ 전체 사회의 문화와 대립하는 문화이다. (A / B / C)
❸ 특정 집단만이 향유하며, 반문화의 성격이 없는 문화이다.
(A / B / C)

11 적용하기 **10번 자료의 A~C의 일반적인 특징에 대한 설명으로 옳은 것은? (단, A~C는 각각 주류 문화, 반문화, 반문화의 성격이 없는 하위문화 중 하나이다.)**

① A는 B와 달리 기존의 지배적인 문화를 대체하기도 한다.
② B는 A와 달리 주류 집단에 의해 일탈로 규정되기도 한다.
③ A를 공유하는 구성원은 C의 문화 요소 중 일부를 공유한다.
④ A, B는 C와 달리 해당 문화를 향유하는 구성원들 공통의 정체성 형성에 기여한다.
⑤ B, C는 A와 달리 사회에 따라 상대적으로 규정된다.

주제 1　주류 문화와 하위문화

주제 1　주류 문화와 하위문화

족집게 전략 | 단순히 주류 문화와 하위문화의 관계 혹은 특징만으로 단독 출제되는 경우는 드물지만, 주류 문화와 하위문화의 관계에 대해서는 정확하게 알아 둘 필요가 있다.

족집게 자료 분석 전략 START | 주류 문화와 하위문화의 관계에 대해 정확하게 이해하고만 있다면 자료를 해석하거나 정답을 찾는 것은 어렵지 않다.

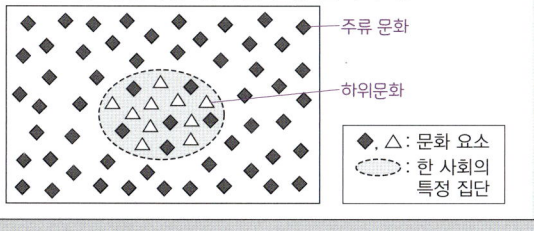

❶ 도식을 보면, 점선으로 된 원 범위 밖까지 분포하는 ◆이 바로 '주류 문화'임을 알 수 있다.

❷ 반면 점선으로 된 원 범위 안에만 분포하는 △은 특정 집단만이 공유하는 '하위문화'임을 알 수 있다.

❸ 한편 특정 집단 안에도 주류 문화 요소인 ◆이 존재하는 것을 볼 수 있는데, 아무리 특정 집단이라고 해도 주류 문화의 요소를 일부 공유하는 경우가 많다. ⑩ 한글을 사용하는 우리나라의 폭주족 집단

151 대표 문항 　　| 평가원 기출 |

다음 자료에 제시된 (가), (나) 문화에 대한 설명으로 옳지 않은 것은?

학습 주제 : (가) 문화와 (나) 문화
학습 내용
　○ 한 사회의 문화는 공유 수준과 범위에 따라 (가) 문화와 (나) 문화로 구분할 수 있다.
　○ 그림에서 ◆를 공유하는 문화는 (가) 문화이고, △를 공유하는 문화는 (나) 문화이다.

◆, △ : 문화 요소
⬭ : 한 사회의 특정 집단

① 사회가 다원화되고 복잡해질수록 (나) 문화는 다양해진다.

② (나) 문화는 한 사회에서 문화 갈등의 원인이 되기도 한다.

③ 사회 변화에 따라 (나) 문화는 (가) 문화가 되기도 한다.

④ 한 사회 내에 있는 모든 (나) 문화의 총합이 (가) 문화이다.

⑤ (나) 문화는 (가) 문화와 다른 독특한 가치와 규범을 갖기도 한다.

> 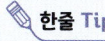 **한줄 Tip**　주류 문화는 하위문화의 총합이 아니라는 점과 하위문화를 통해 주류 문화의 다양성이 증대된다는 사실을 기억하는 것이 중요해!

152 고난도↑ 　　| 교육청 기출 |

표에 대한 옳은 분석을 〈보기〉에서 고른 것은? (단, A국에는 갑~병 지역만 존재하며, 세 지역의 인구는 비슷하다.)

〈A국에 존재하는 음식 문화 요소〉

구분	갑 지역	을 지역	병 지역
T 시기	a, b	a, c	a, d
T+1 시기	a, b, c	a, c	a, c, d

> **보기**
> ㄱ. T 시기에 a는 A국의 전체 문화 요소이다.
> ㄴ. T+1 시기에 b는 A국의 하위문화 요소이다.
> ㄷ. T 시기보다 T+1 시기에 A국의 음식 문화 요소가 많다.
> ㄹ. T+1 시기보다 T 시기에 A국의 세 지역 간 음식 문화의 동질성이 강하다.

① ㄱ, ㄴ　　　② ㄱ, ㄷ　　　③ ㄴ, ㄷ
④ ㄴ, ㄹ　　　⑤ ㄷ, ㄹ

153 　　| 교육청 기출 |

밑줄 친 ㉠, ㉡에 대한 설명으로 가장 적절한 것은?

> 갑국의 엘리트층은 유서 깊은 사립 학교들에서 교육받으면서 그 학교들 특유의 억양을 학습하며, 성인이 되어서도 학창 시절부터 몸에 밴 ㉠ 독특한 억양을 사용한다. 이외에도 갑국에는 지역 및 계층에 따라 ㉡ 다양한 방언이 존재하며, 특정 방언으로 말을 하는 것이 그 사람의 출신 지역이나 계층을 나타내는 지표로 여겨진다.

① ㉠은 국민 전체의 일체감을 높이는 데 기여한다.

② 모든 ㉡의 총합은 전체 문화이다.

③ ㉠은 ㉡과 달리 사회 집단을 구분하는 기준이 될 수 있다.

④ ㉡은 ㉠과 달리 지배적인 문화에 저항하는 문화에 해당한다.

⑤ ㉠, ㉡은 모두 한 사회의 문화적 다양성을 보여 준다.

154

다음 글에 나타난 청소년의 문화의 특징으로 적절하지 <u>않은</u> 것은?

> 한국 사회의 청소년들은 집단적인 기성세대 문화와 달리 대부분 새롭고 독특한 것에 대한 기호를 가지고 있으며 개인주의적인 방향으로 나아가고 있다. 새로움에 대한 추구는 자신의 취향이 남과 다른 독특함을 가지고 있다는 데서 오는 즐거움과도 관련된다. 물론 이러한 '남다름'은 또래 정체성을 부정하는 것이 아니라, 또래 집단의 동질성은 유지하면서 색다르고 새로운 것을 추구하고자 하는 것이다. 더 나아가 개인주의적 공간을 즐기면서도 집단적 연대를 강조하는 청소년들의 모습들도 찾아볼 수 있다.

① 기성세대와 구별되는 세대 문화이다.
② 주류 문화와 구별되는 독자성이 있다.
③ 비슷한 연령층 집단의 영향을 받는다.
④ 전체로서의 문화는 공유하고 있지 않다.
⑤ 또래 집단을 통해 준거 집단을 형성한다.

155

표는 하위문화의 유형을 구분한 것이다. (가)~(라)에 대한 옳은 설명을 〈보기〉에서 고른 것은?

구분	특징	사례
지역 문화	(가)	(나)
세대 문화	(다)	7080 문화
(라)	집단 간 갈등을 조장할 수 있다.	비행 청소년 문화

〈보기〉
ㄱ. (가)에는 '주류 문화와 다소 다른 문화를 향유함으로써 정체성을 강화해 나간다.'가 들어갈 수 있다.
ㄴ. (나)에는 '축제 문화, 방언 문화' 등이 들어갈 수 있다.
ㄷ. (다)에는 '과거에 비해 오늘날 더욱 다양하게 나타난다.'가 들어갈 수 없다.
ㄹ. (라)는 주류 문화와의 상호 보완적 관계를 갖는다.

① ㄱ, ㄴ   ② ㄱ, ㄷ   ③ ㄴ, ㄷ
④ ㄴ, ㄹ   ⑤ ㄷ, ㄹ

156

다음 두 사례에 공통적으로 적용할 수 있는 문화 관련 개념만을 〈보기〉에서 있는 대로 고른 것은?

> (가) 블루스는 미국으로 끌려와 노동하던 흑인 노예들이 아프리카 전통 음악을 유럽의 음악과 접목시켜 만든 음악이다. 미시시피강 유역의 델타 지역에서 시작된 블루스는 시카고에서는 재즈로 발전하였으며, 멤피스로 옮겨 가 로큰롤을 탄생시켰다.
> (나) 탱고는 아르헨티나의 수도 부에노스아이레스의 '보카'라는 지역의 음악이다. 중남미의 민속적인 음악 요소와 아프리카의 리듬적인 요소, 그리고 유럽의 춤곡으로부터 영향을 받은 음악으로 1920년대 초반까지만 하더라도 아르헨티나의 지배 계급에 의해 천박한 문화라고 멸시받았다.

〈보기〉
ㄱ. 하위문화   ㄴ. 반문화
ㄷ. 대중문화   ㄹ. 주류 문화

① ㄱ   ② ㄱ, ㄴ   ③ ㄱ, ㄷ
④ ㄱ, ㄴ, ㄷ   ⑤ ㄱ, ㄴ, ㄹ

157

| 교육청 기출 응용 |

(가), (나) 문화에 대한 설명으로 가장 적절한 것은?

> (가) 최근 2030세대는 이전의 젊은 세대에 비해 현재를 중시하는 삶의 방식을 보인다. 이들은 미래에 투자하기보다는 현재의 행복과 즐거움을 위해 소비하는 경향이 강하다. 이는 "You only live once(당신의 삶은 한 번뿐이다.)."의 줄임말로 '욜로(YOLO)' 현상으로 설명되기도 한다.
> (나) 키덜트(Kidult)족은 유년 시절에 즐기던 장난감이나 만화 등에 향수를 느껴 이를 다시 찾는 성인들을 가리킨다. '정신적 퇴행'이라는 부정적 뉘앙스로 인해 이들의 문화는 소수의, 미성숙한, 비주류 문화로 간주되기도 하지만, 최근에는 이들을 겨냥한 다양한 마케팅 전략이 등장하고 있다.

① (가)를 주류 문화의 사례가 될 수 없다.
② (가)는 (나)와 달리 하위문화에 해당한다.
③ (가), (나) 모두 기존의 주류 문화를 완전히 대체하였다.
④ (나)는 공통의 경험을 통해 형성되는 일종의 세대 문화로 볼 수 있다.
⑤ (나)는 (가)에 비해 주류 문화에 대한 비판적 태도를 중시한다.

158 고난도↑

| 평가원 기출 |

밑줄 친 A, B 문화의 일반적인 특징에 대한 설명으로 옳은 것은?

> 문화는 사회마다 다를 뿐 아니라 같은 사회 내에서도 다양한 양상으로 나타난다. 한 사회 내의 특정 집단 구성원들만이 공유하는 문화가 있는데, 이를 A 문화라고 한다. 또한 주류 문화에 반대하고 적극적으로 도전하는 양상을 보이는 B 문화도 있다. B 문화는 때로는 지배 집단에 의해 일탈로 규정되기도 한다.

① 모든 A 문화의 총합은 전체 문화이다.
② 사회가 복잡해질수록 A 문화는 전체 문화로 수렴되는 경향을 보인다.
③ B 문화는 전체 문화와 공통 요소를 가지고 있다.
④ A 문화는 사회의 변동을, B 문화는 사회의 안정을 지향한다.
⑤ A 문화는 사회에 따라 상대적으로, B 문화는 사회에 상관없이 절대적으로 규정된다.

159

| 평가원 기출 |

밑줄 친 '이 문화'에 대한 설명으로 옳지 않은 것은?

> 이 문화의 대표적인 사례로 1960년대 미국을 중심으로 등장한 후 여러 나라로 퍼져 나간 청년 문화를 들 수 있다. 이 청년 문화는 기존 사회 제도에 동조하지 않고, 도덕이나 이성보다는 자연스럽고 자유로운 감성과 즐거움을 추구했다. 이 청년 문화를 추구하는 이들은 긴 머리에 맨발로 다니거나 샌들을 신고, 여러 색깔의 천으로 옷을 만들어 입었다. 또한 베트남 전쟁 참전을 위한 징집을 거부했다.

① 사회 변화를 견인하는 역할을 하기도 한다.
② 지배 집단에 의해 일탈 문화로 규정되기도 한다.
③ 전체 문화에 다양성과 역동성을 제공하기도 한다.
④ 해당 집단 구성원의 욕구 해소에 기여하기도 한다.
⑤ 전체 사회 구성원의 문화 공유성을 높이기도 한다.

160

다음 글에 나타난 문화에 대한 분석으로 옳은 설명만을 〈보기〉에서 있는 대로 고른 것은?

> 할랄 음식은 무슬림들이 먹을 수 있도록 허용된 음식을 일컫는다. 양, 소, 닭, 해산물, 야채, 과일, 곡류 등을 포함한다. 반대로 하람 음식은 금지되는 음식이라는 뜻으로 돼지고기, 파충류, 곤충류 등을 말한다. 할랄 음식과 하람 음식의 구분은 제조 과정에서도 엄격하게 적용된다. 무슬림들은 양, 소, 닭 등 허용된 육류라고 하더라도 '다비하'라고 부르는 종교적 율법에 따라 도살, 처리, 가공을 거치지 않았다면 소비하지 않는다. 우리나라에서 할랄 음식은 소비자들에게 생소하지만, 최근 국내 무슬림 인구가 꾸준히 증가하면서 이들을 위한 배려를 찾아볼 수 있게 되었다. 서울에 위치한 A 대학교에서는 일주일에 3회 정도 할랄 인증을 받은 식품을 사용한 메뉴를 제공하고 있다. 불고기 김치 볶음밥, 치킨 야키소바, 쇠고기 짜장 컵밥 등 메뉴도 다양하다.

〈보기〉
ㄱ. 무슬림 지역에서 할랄 음식을 주류 문화로 볼 수도 있다.
ㄴ. 할랄 음식 문화는 우리나라에서 반문화에 해당한다.
ㄷ. A 대학교는 주류 문화와 하위문화를 모두 인정하고 있다.
ㄹ. 무슬림들이 돼지고기를 먹지 않는 것은 주류 문화에 대한 저항으로 설명할 수 있다.

① ㄱ, ㄴ   ② ㄱ, ㄷ   ③ ㄴ, ㄹ
④ ㄱ, ㄷ, ㄹ   ⑤ ㄴ, ㄷ, ㄹ

161

다음 사례에 대한 옳은 설명을 〈보기〉에서 고른 것은?

> 음악 장르의 하나인 A는 대형 기획사가 주도하는 상업적 주류 음악과는 달리 독립 소자본으로 설립한 레이블에서 제작한 음악을 말한다. A는 소수 뮤지션들의 전유물이었고, 상업화나 자본에 종속되지 않는 독특한 음악 세계를 실현하는 A를 알아주던 사람들은 과거에 거의 없었다. A는 '인기 없고 팔리지 않는 괴상한 음악'으로 치부되며 소수 마니아층 사이의 끈끈한 동질성과 연대 의식으로 그 명맥을 유지하였다. 인터넷 시대로 변모하고 자체적으로 저비용의 홈 레코딩 시스템이 가능해지자 A는 '새로운 음악'으로 재평가받고 있으며, A 관련 뮤지션들도 지상파 방송에 등장하기 시작했다.

〈보기〉
ㄱ. A는 반문화적 성격이 강하다.
ㄴ. A와 같은 문화는 특정 집단의 정체성을 형성한다.
ㄷ. 특정 집단의 문화가 기존의 주류 문화를 대체하고 있다.
ㄹ. A와 같은 문화는 전체 사회의 문화적 다양성에 기여하는 효과가 있다.

① ㄱ, ㄴ   ② ㄱ, ㄷ   ③ ㄴ, ㄷ
④ ㄴ, ㄹ   ⑤ ㄷ, ㄹ

[162~163] 다음 표는 질문에 따라 A~C를 구분한 것이다. 물음에 답하시오. (단, A~C는 각각 주류 문화, 반문화, 반문화의 성격이 없는 하위문화 중 하나이다.)

질문	A	B	C
사회 구성원의 다수가 공유하는 문화인가?	예	아니요	아니요
한 사회의 지배적인 문화에 저항하거나 대립하는 문화인가?	아니요	아니요	예

162

A~C에 대한 설명으로 옳은 것은?

① A는 B와 C의 총합을 의미한다.
② B의 증가는 전체 사회의 문화적 다양성의 원천이다.
③ 지역 문화와 세대 문화는 C의 사례이다.
④ B, C는 A와 달리 상대적으로 규정된다.
⑤ 1960년대의 히피 문화는 B에 가장 가깝다고 볼 수 있다.

163

B, C의 공통점만을 〈보기〉에서 있는 대로 고른 것은?

┌─ 보기 ┐
ㄱ. A로 변할 수 있다.
ㄴ. A와 공통의 문화 요소를 가진다.
ㄷ. 해당 집단 구성원들의 소속감을 강화시킨다.
ㄹ. 전체 사회의 문화적 다양성과 역동성을 높일 수 있다.
└──────┘

① ㄱ, ㄴ   ② ㄷ, ㄹ   ③ ㄱ, ㄷ, ㄹ
④ ㄴ, ㄷ, ㄹ   ⑤ ㄱ, ㄴ, ㄷ, ㄹ

164

| 평가원 기출 |

다음 자료에 대한 설명으로 옳은 것은?

(가) 청소년들이 자신들만의 ㉠ 은어와 속어를 사용하는 이면에는 기성세대에 대한 저항감이 숨어 있다. 기성세대가 만들어 놓은 ㉡ 문화적 환경에 대해 거부하고 또래 간 유대감을 강화하기 위한 도구로 청소년들은 은어와 속어를 사용한다.

(나) 청소년들은 ㉢ 정보 통신 기술의 발전으로 형성된 정보 사회에 기성세대보다 빠르게 적응한다. 사이버 공간 속 청소년의 언어는 ㉣ 또래만의 문화적 특징이 반영된 것이어서 기성세대의 언어와는 차이가 있다. 이러한 ㉤ 청소년의 언어문화는 청소년이 성장하면서 자연스럽게 기성세대의 언어문화가 된다.

① ㉠, ㉢은 모두 비물질 문화에 해당한다.
② ㉡의 '문화'는 ㉤의 '문화'와 달리 좁은 의미로 사용되었다.
③ ㉣이 강화되면 ㉤은 기존의 주류 문화에 동화된다.
④ (가)에는 (나)와 달리 하위문화의 반문화적 성격이 부각되어 있다.
⑤ (가), (나)에는 모두 하위문화가 전체 문화로 대체되는 과정이 나타나 있다.

주제 2 대중문화

족집게 전략 | 대중문화 자체가 단독으로 출제되는 빈도는 낮은 편이지만, 대중 매체와 연계되어 출제되기도 하고 대중문화가 지닌 속성에 대해 다른 문화 주제의 문제와 연계하여 선지로 등장할 수 있으므로 개념을 정확하게 이해하는 것이 중요하다.

족집게 자료 분석 전략 START | 제시문이 대중문화 중 어떠한 특성에 초점을 맞추어 서술되었는지를 파악해야 한다.

┌─────────────────────────────┐
│   ┌→ 전통문화   │
│ ○ 자신들의 일상생활이 반영된 이미지를 새겨 넣은 직조 공예품을 사용하며 살아오던 남아메리카의 원주민은 이제 뉴욕 현대 미술관의 주문에 따라 피카소, 클레, 미로의 그림을 직조한 공예품을 납품하며 살아가고 있다. ┌→ 전통문화   └→ 상업 자본 │
│ ○ 하루의 일을 즉흥적으로 표현하던 카리브 군도 원주민의 칼립소 음악은 복합 문화 기업이 주도하는 음악 산업으로 인해 라이브를 전제로 하는 즉흥성을 버리고 서구 소비자의 취향에 맞는 녹음과 방송을 통한 음악으로 변하고 있다. └→ 상업 자본 │
└─────────────────────────────┘

❶ 첫 번째 사례는 남아메리카의 원주민들이 자신의 일상을 담아낸 공예품에 관한 이야기이다. 이 공예품은 상업 자본을 만나 뉴욕으로 진출했다.
❷ 두 번째 사례는 카리브 군도 원주민들이 자신의 일상을 표현한 노래에 관한 이야기이다. 이 칼립소 음악은 상업 자본을 만나 변화하고 있다.
❶+❷ 전통의 문화가 상업 자본을 만나 대중문화가 된 사례이다.

165 ◀ 대표 문항

| 평가원 기출 |

다음 두 사례에 공통적으로 나타난 변화를 설명한 진술로 가장 적절한 것은?

• 자신들의 일상생활이 반영된 이미지를 새겨 넣은 직조 공예품을 사용하며 살아오던 남아메리카의 원주민은 이제 뉴욕 현대 미술관의 주문에 따라 피카소, 클레, 미로의 그림을 직조한 공예품을 납품하며 살아가고 있다.
• 하루의 일을 즉흥적으로 표현하던 카리브 군도 원주민의 칼립소 음악은 복합 문화 기업이 주도하는 음악 산업으로 인해 라이브를 전제로 하는 즉흥성을 버리고 서구 소비자의 취향에 맞는 녹음과 방송을 통한 음악으로 변하고 있다.

① 세계화의 영향으로 전통문화의 고유성이 강화되고 있다.
② 고급문화에 대한 접근성이 높아져 문화가 대중화되고 있다.
③ 대중문화의 상업화로 인해 문화의 질적 저하가 가속화되고 있다.
④ 특정 지역의 삶을 담아내던 문화가 대중을 위한 상품으로 변화되고 있다.
⑤ 미디어 환경의 변화로 생산자와 소비자 간 소통의 장이 더욱 다양해지고 있다.

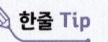 **한줄 Tip** 대중문화의 특징을 정확히 알고 제시문과 선택지에 따라 적용하는 능력이 중요해!

166
| 평가원 기출 |

다음 두 사례에 대한 공통적인 설명으로 가장 적절한 것은?

- 힙합 음악계에서 사용되다가 청년층의 문화로까지 새롭게 확산되고 있는 '스왜그(swag)'라는 용어는 과시를 하거나 허세를 부리는 행위를 가리킨다. 이러한 행위는 지나치게 자신을 내세우는 태도가 타인을 비하하는 언행으로 이어지는 경우가 있어서 비판을 받기도 하지만, 스왜그는 자유분방함과 개성을 지향하는 젊은이들에게 큰 호응을 얻고 있다.
- 최근 등장한 '스낵 컬처(snack culture)'라는 용어는 출퇴근이나 휴식 시간 등을 이용하여 웹 드라마, 웹툰 등을 즐기는 것을 가리킨다. 스낵 컬처는 휴대용 스마트 기기의 대량 보급과 함께 간편하게 즐길 거리를 찾는 소비자들이 증가하면서 나타난 현상이다. 그러나 상업주의와 결합하여 즉흥적이고 자극적인 소비를 조장할 수 있다는 비판을 받기도 한다.

① 대중문화 안에 존재하는 반문화의 사례를 보여 준다.
② 대중문화 영역에서 발생한 문화 지체 현상을 지적한다.
③ 지나친 상업주의로 인한 대중문화의 질적 저하 문제를 지적한다.
④ 특정 집단의 문화가 기존의 주류 문화를 대체하는 현상을 보여 준다.
⑤ 일부 구성원들이 공유하는 생활 양식이 문화 다양성에 기여할 수 있음을 보여 준다.

167
| 교육청 기출 |

대중문화에 대한 다음 주장과 견해를 달리하는 진술을 〈보기〉에서 고른 것은?

대중문화는 성별, 연령, 계층, 직업에 구별 없이 모든 대중이 이해하고 즐길 수 있어야 한다. 대중문화는 시, 음악, 무용, 드라마, 미술 등의 다양한 예술 형식을 취하고 있지만, 예술 작품의 본질적인 미를 제공해 주지도 못하면서 불필요한 소비를 유도하기 위해 화려한 겉치장을 하고 있을 뿐이다.

┌ 보기 ┐
ㄱ. 대중문화는 사람의 개성을 획일화·평준화시킨다.
ㄴ. 대중문화는 대중의 무비판적·수동적 태도를 조장한다.
ㄷ. 대중문화는 많은 정보를 제공하여 선택의 기회를 넓힌다.
ㄹ. 대중문화는 정신적 위안을 제공하고 삶의 활력소가 된다.

① ㄱ, ㄴ   ② ㄱ, ㄷ   ③ ㄴ, ㄷ
④ ㄴ, ㄹ   ⑤ ㄷ, ㄹ

168

다음 글을 통해 파악할 수 있는 대중문화의 역기능으로 가장 적절한 것은?

방송가에서 '저품격 드라마'가 논란이 되고 있다. '저품격 드라마'란 일반적인 삶에서는 일어나기 힘든 자극적인 상황이나 일들을 소재로 개연성 없이 극을 이끌어 가는 드라마를 말한다. 저품격 드라마의 가장 큰 특징은 과도하게 설정된 사건과 캐릭터, 쉴 새 없이 엎치락뒤치락하는 빠른 전개로 자극을 주고 궁금증을 유발하는 것이다. 이로 인해 시청자들은 욕을 하면서도 멍하니 채널을 고정하게 된다. 자연스레 시청률은 올라가고 해당 콘텐츠 앞뒤로 광고 판매율과 단가도 올라간다. 방송사는 저품격 드라마를 편성한다는 이유로 업계와 대중의 비난을 감수해야 한다. 그래도 돈벌이를 위해서는 이 정도 되는 센 카드가 없으니 지속적으로 생산할 수밖에 없다. 국내 드라마는 건전하면 시청률이 낮고 광고를 유치하지 못하면 제작에 투자하지 못하는 악순환의 덫에 갇혀 있다.

① 대중문화가 대중 조작 수단으로 악용된다.
② 지나친 상업주의로 인해 선정적인 문화가 양산된다.
③ 왜곡된 정보를 제공하여 대중에게 편견을 갖게 한다.
④ 대중의 비판적 의식을 약화시켜 현실 도피로 유도한다.
⑤ 자본에 의한 문화의 질적 저하를 초래할 가능성이 높다.

169

대중문화를 보는 (가), (나), (다) 입장에 대한 옳은 설명을 〈보기〉에서 고른 것은?

(가) 예전에는 귀족들만이 교향곡을 감상하고 시를 낭송하는 등 소위 고급문화를 공유했다. 그러나 이제 원하는 사람은 누구나 CD, 텔레비전, 인터넷 등을 통해 언제 어디서나 유명한 교향곡과 시를 감상할 수 있다.

(나) 거리에는 수많은 젊은이들이 비슷한 옷을 입고 머리 모양을 하고 다닌다. '유행에 뒤떨어진다.'는 말을 듣지 않기 위해서라면 개성의 자유는 언제라도 무시해 버릴 수 있는 것처럼 보인다.

(다) 대중문화는 대중이 오락이나 개인적인 관심사 등에 집중하게 함으로써 현실로부터 도피하도록 이끈다. 게다가 사회의 지배 세력이 강조하는 가치나 신념 등이 은연중에 혹은 의도적으로 대중문화에 삽입되기도 한다.

┌ 보기 ┐
ㄱ. (가)는 대중문화가 질적으로 저하됨을 지적하고 있다.
ㄴ. (나)에서의 대중문화는 문화의 획일화를 초래한다.
ㄷ. (다)에서의 대중문화는 대중의 탈정치화를 조장한다.
ㄹ. (가)~(다)는 모두 대중문화의 역기능을 보여 준다.

① ㄱ, ㄴ   ② ㄱ, ㄷ   ③ ㄴ, ㄷ
④ ㄴ, ㄹ   ⑤ ㄷ, ㄹ

170

대중문화를 바라보는 (가)의 입장을 통해 (나)의 입장을 비판한 것으로 옳은 것은?

(가) 프로듀서(producer)와 컨슈머(consumer)의 조합으로 탄생한 '프로슈머(prosumer)'는 대중이 중심이 되는 생산 라인을 구축하게 한다. 일반 소비자를 대상으로 모집한 프로슈머들은 직접 생산 과정에 자신들의 의사를 반영하고 이 과정에서 직접 문화 콘텐츠를 생산하는 데 일조한다. 또한 그렇게 생산된 상품, 콘텐츠를 자신이 소유한 개인 매체를 이용하여 전달하기까지 한다. 이제 소비자의 반응에 냉담한 생산자는 이른바 '대박'을 치기 어려워졌다.

(나) 대중 매체는 그 규모와 비용이라는 특성상 대중이 임의로 문화를 제작하고 유포하는 것이 쉽지 않으며, 이로 인해 특정 생산 권력이 대중의 취향을 임의로 조정하는 문제가 발생한다. 드라마에 등장하는 연인들의 마스코트는 현실 속 내 사랑을 단단히 이어 주는 매개체가 되어 불티나듯 팔려 나가고 광고주와 기업주는 자신의 주머니를 채우며 또 다른 아이템을 찾는 데 매진한다.

① 대중문화는 여가 문화로서 기능하며, 삶의 활력소를 제공해 줄 수 있다.
② 대중문화는 단순히 지배 계급의 이데올로기가 아닌 정치적 각축의 장이다.
③ 오늘날의 대중문화는 고급문화와 구별이 무의미할 정도로 수준이 높아졌다.
④ 뉴 미디어의 발달로 생산자와 소비자 간 소통의 장이 더욱 다양해지고 있다.
⑤ 대중문화는 다양한 집단을 초월하여 불특정 다수가 공유하며 향유할 수 있다.

171

다음 글을 통해 추론할 수 있는 내용으로 가장 적절한 것은?

오늘날 텔레비전 방송은 더 이상 한 나라의 국경 안에서만 머무르지 않는다. 동일한 내용이 인공위성을 타고 전 세계에 동시에 전달됨으로써 문화의 대량 생산을 가져오고 있다. 한때는 낯설고 멀리 떨어져 존재했던 문화들도 이제는 텔레비전 화면을 통해 일일이 우리에게 전달됨으로써 빠르게 일상생활의 관행이 되어 가고 있으며, 사람들은 문화를 접하고 그것에 동화됨으로써 정형화된 행동을 하기도 한다.

① 대중문화는 문화의 획일화를 방지하는 데 기여한다.
② 정보 통신의 발달로 인해 문화의 다양성이 실현된다.
③ 대중 매체의 발달과 대중문화의 형성은 관련성이 적다.
④ 문화의 세계화는 문화의 질적 저하를 초래한다.
⑤ 현대 사회에서는 동시다발적인 문화 변동이 나타난다.

172

| 평가원 기출 |

그림은 대중 매체의 유형 A, B의 특징을 비교한 것이다. 이에 대한 설명으로 옳은 것은? (단, A, B는 각각 인쇄 매체, 뉴 미디어 중 하나이다.)

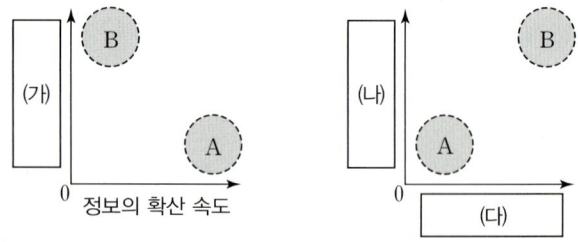

*0에서 멀수록 빠름 또는 높음

① A는 B에 비해 정보 확산의 시공간적 제약이 크다.
② B는 A와 달리 정보의 동시적 전달이 가능하다.
③ (가)에는 '정보 재가공의 용이성'이 들어갈 수 있다.
④ (나)에는 '시청각 정보 제공의 용이성'이 들어갈 수 있다.
⑤ (다)에는 '정보 생산자와 소비자 간 경계의 명확성'이 들어갈 수 있다.

173 고난도

| 평가원 기출 |

다음 자료에 대한 설명으로 옳은 것은? (단, A와 B는 각각 신문과 뉴 미디어 중 하나이다.)

표는 시민들을 대상으로 매체의 이용률과 신뢰도를 조사한 결과와 각 매체의 특징을 제시한 것이다. 각 매체별 이용률은 뉴스를 접하기 위해 이용한다고 응답한 사람의 비율(복수 응답 가능)이며, 신뢰도는 매체에 대한 신뢰도 점수(100점 만점)의 평균값이다.

매체	특징	이용률(%)	신뢰도(점)
A	심층적인 정보 전달에 유리함	31	49
텔레비전	(가)	94	66
B	양방향 정보 전달에 유리함	75	25
라디오	(나)	20	38

① A는 시각 정보 또는 청각 정보를 활용하는 다른 모든 매체들보다 신뢰도가 높다.
② B는 텔레비전보다 정보의 생산자와 소비자 간의 경계가 뚜렷하다.
③ (가)에는 '정보 전달의 동시성이 높음', (나)에는 '시각 정보를 제공할 수 있음'이 적절하다.
④ 이용률 대비 신뢰도는 청각 정보만 전달하는 매체가 인쇄 매체보다 높다.
⑤ 뉴 미디어를 이용한다고 응답한 비율에 비해 나머지 세 가지 매체를 함께 이용한다고 응답한 비율이 높다.

174

표는 대중 매체 A, B의 특징을 나타낸 것이다. 이에 대한 설명으로 옳은 것은? (단, A, B는 각각 음성 매체와 뉴 미디어 중 하나에 해당한다.)

대중 매체	특징
A, B	음성 정보 제공이 가능하다.
A	(가)
B	정보 수용자와 생산자 간 경계가 모호하다.

① A는 시각 정보의 전달에 유리하다.
② A는 B보다 정보의 복제와 재가공이 쉽다.
③ A는 B보다 정보의 비동시적 소비가 더 용이하다.
④ B가 A보다 정보 유통에 소요되는 시간이 더 길다.
⑤ (가)에는 '영상 정보의 제공이 불가능하다.'가 들어갈 수 있다.

175

그림은 대중 매체 A, B의 상대적인 특징을 구분한 것이다. 이에 대한 옳은 설명을 〈보기〉에서 고른 것은? (단, A, B는 각각 인쇄 매체, 영상 매체 중 하나이다.)

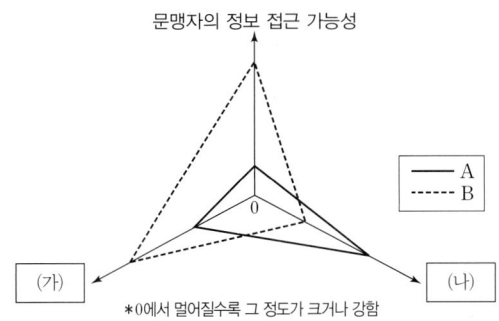

*0에서 멀어질수록 그 정도가 크거나 강함

〈보기〉
ㄱ. A보다 B는 정보 전달의 동시성이 높다.
ㄴ. A는 B보다 정보의 심층성이 크다.
ㄷ. (가)에는 '정보 확산의 시공간적 제약'이 적절하다.
ㄹ. (나)에는 '소비자의 정보 획득의 동시성'이 적절하다.

① ㄱ, ㄴ   ② ㄱ, ㄷ   ③ ㄴ, ㄷ
④ ㄴ, ㄹ   ⑤ ㄷ, ㄹ

176

다음 표는 대중 매체 A~C를 비교한 것이다. 이에 대한 질문에 모두 옳게 응답한 학생은? (단, A~C는 각각 신문, TV, 인터넷 중 하나이다.)

구분	A	B	C
복합 감각 정보 제공이 용이한가?	아니요	예	예
정보 수용의 동시성이 높은가?	㉠	예	㉡
정보 사회에서 새롭게 등장한 매체인가?	아니요	㉢	㉣

질문	갑	을	병	정	무
A는 B와 C에 비해 심층적인 정보 전달에 유리한 매체이다.	×	○	○	○	×
㉠은 '아니요', ㉡은 '예'가 적절하다.	×	×	○	×	×
B가 C보다 정보의 복제와 재가공이 쉬운 매체이다.	×	○	×	×	×
㉢은 '예', ㉣은 '아니요'가 적절하다.	○	○	×	×	×

① 갑   ② 을   ③ 병   ④ 정   ⑤ 무

177

표는 각 대중 매체의 유형을 특징에 따라 분류한 것이다. 이에 대한 옳은 설명만을 〈보기〉에서 있는 대로 고른 것은? (단, A~D는 각각 인쇄 매채, 음성 매체, 영상 매체, 뉴 미디어 중 하나이다.)

대중매체	구분할 수 있는 질문	구분할 수 없는 질문
A, B	정보 복제 및 재가공이 가장 유리한 매체인가?	–
B, C	심층적인 정보 전달에 가장 유리한 매체인가?	–
C, D	(가)	청각 정보의 전달이 가능한가?

〈보기〉
ㄱ. A와 B는 시각 정보 제공이 가능하다.
ㄴ. B는 D에 비해 문맹자의 정보 접근이 용이하다.
ㄷ. A는 C에 비해 정보 확산의 신속성이 높다.
ㄹ. (가)에는 '정보 수용의 동시성이 높은가?'가 들어갈 수 있다.

① ㄱ, ㄴ   ② ㄱ, ㄷ   ③ ㄷ, ㄹ
④ ㄱ, ㄴ, ㄹ   ⑤ ㄴ, ㄷ, ㄹ

10강 문화 변동의 양상과 대응

주제 1 문화 변동의 요인

1. 문화 변동

(1) **문화 변동의 의미** : 새로운 문화 요소의 등장이나 다른 문화 체계와의 접촉을 통해 한 사회의 문화 체계에 변화가 나타나는 현상

(2) **문화 변동의 요인** → 전화기, 비행기 등과 같은 물질적인 것은 물론, 계몽주의와 같은 사상이나 가치관도 새롭게 만들어질 수 있다.

① **내재적 요인** : 한 사회의 내부에서 새롭게 등장하여 그 사회의 문화 체계에 변동을 초래하는 요인

발명		존재하지 않았던 기술이나 사물 등을 새롭게 만들어 내는 행위나 그 결과물
	1차	기존에는 존재하지 않았던 문화 요소를 새롭게 만들어 내는 것 ⑩ 활의 발명, 바퀴의 발명 등
	2차	기존에 존재했던 문화 요소를 활용하여 새로운 문화 요소를 만들어 내는 것 ⑩ 활을 이용한 현악기의 발명, 바퀴를 이용한 수레의 발명 등
발견		이미 존재하고 있었지만 알려지지 않았던 사물이나 원리 등을 찾아내는 행위나 그 결과물 ⑩ 불, 전기, 페니실린 등

→ 발견은 이미 존재하고 있었지만 알려지지 않았던 것을 찾아내는 것을 가리킨다. 불이나 바이러스, 만유인력의 법칙 등을 찾아낸 것이 발견의 예라고 할 수 있다.

② **외재적 요인(문화 전파)**

• 의미 : 다른 사회의 문화 체계와 접촉하거나 교류한 결과 다른 문화 요소가 전해져 문화 변동을 초래하는 요인

• 문화 전파의 유형 → 접촉적 변동은 외재적 변동이라고도 한다.

직접 전파	문화 요소를 제공하는 사회와 그것을 수용하는 사회 구성원들 간의 직접적인 접촉 과정에서 문화 요소가 전달되어 정착되는 현상 ⑩ 중국으로부터 전해진 한자 등
간접 전파	사람들 간의 직접적인 접촉이 아닌 서적, 텔레비전, 인터넷 등의 매개체를 통해 간접적으로 문화 요소가 전달되어 정착되는 현상 ⑩ 인터넷 영상을 통해 국내 아이돌 가수의 음악이 해외로 전파되는 것 등
자극 전파	다른 사회의 문화 요소에서 아이디어를 얻어 새로운 문화 요소의 발명이 이루어지는 것 ⑩ 신라 시대 이두 문자 등

자료로 살펴보기 🔍

■ 문화 변동의 요인

751년 7월, 고구려 출신 당나라 장군 고선지는 군사를 이끌고 현재의 카자흐스탄 탈라스강 근처에서 이슬람군과 전투를 벌였고, 크게 패하였다. 이때 수만 명의 당나라 병사가 포로로 붙잡히게 되었는데, 그들 중에는 종이를 만드는 제지 기술자가 포함되어 있었다. 이렇게 탈라스 전투는 중국의 제지술이 이슬람 세계에 퍼지게 되는 직접적인 계기가 되었다. 당시 양가죽을 말려 두드린 양피지를 주로 사용하던 중동 지역에는 굉장한 신상품이 나타난 셈이었다. 제지술의 전래로 이슬람 제국의 문학과 학문은 크게 발달하였다. 제지술은 훗날 이집트를 거쳐 유럽에 전파되었다.

― ○○신문, 20○○. 10. 31. ―

전쟁으로 인해 제지술이 유럽에 전파된 사례이다. 이처럼 전쟁을 통해 붙잡힌 포로가 제지술을 전파한 경우는 직접 전파로 인한 문화 변동 요인에 해당한다.

주제 2 문화 변동의 양상

1. 문화 변동 요인의 소재에 따른 구분

(1) **내재적 변동** : 발명이나 발견 등에 의해 등장한 새로운 문화 요소가 사회 구성원들에 의해 수용되고 문화 체계 속에 확산되면서 나타나는 문화 변동

(2) **외재적 변동(문화 접변)** : 서로 다른 사회가 비교적 장기간에 걸쳐 접촉하면서 문화 전파 등에 의해 문화 요소의 교류가 이루어짐으로써 문화 체계에서 나타나는 문화 변동

2. 강제성 및 자발성에 따른 구분

(1) **자발적 문화 접변** : 스스로의 필요에 의해 외부 사회의 새로운 문화 요소를 자연스럽게 수용하여 이루어지는 문화 변동

⑩ 한국인들이 일상적인 복장으로 전통 한복 대신 서구의 복식을 받아들인 것

(2) **강제적 문화 접변** : 수용자가 거부함에도 불구하고 정복이나 식민 지배와 같은 강제력에 의해 외부 사회의 문화 요소가 이식되는 문화 변동

⑩ 일제 강점기의 창씨개명, 신사 참배 강요 등

3. 변동 결과에 따른 구분(문화 접변의 결과)

(1) **문화 동화(문화 대체)** : 한 사회의 문화가 다른 사회의 문화 체계 속에 흡수되어 정체성을 상실하는 현상

⑩ 아메리카 인디언 부족들이 백인 문화와 접촉하면서 자기 문화를 상실한 것

(2) **문화 병존(문화 공존)** : 서로 다른 사회의 문화가 한 사회의 문화 체계 속에서 나란히 존재하는 현상

⑩ 우리나라에 불교, 개신교, 천주교 등이 종교 문화로서 함께 존재하고 있는 것

(3) **문화 융합** : 외래문화와 기존의 문화가 결합하여 새로운 성격을 가진 제3의 문화가 나타나는 현상

⑩ 멕시코 토착 인디언의 전통과 에스파냐의 정복 문화가 만나서 나타난 메스티소 문화

그래프로 살펴보기 📊

문화의 변동과 결과

■ 는 ● 와 ◆ 가 혼합되어 나타난 새로운 문화이다.

자료로 살펴보기 🔍

■ 문화 변동의 요인과 양상

① 문화 변동의 요인

내재적 요인	외재적 요인
발명 발견	직접 전파 간접 전파 자극 전파
↓	↓
내재적 변동	외재적 변동

② 문화 변동의 양상(강제성 및 자발성 유무에 따라)

강제적 문화 접변	자발적 문화 접변

③ 문화 변동의 양상(변동 결과에 따라)

문화 동화	문화 공존	문화 융합

4. 새로운 문화에 대한 대응 양상

(1) 새로운 문화에 대한 수용

① 외부 사회로부터 전파되거나 새롭게 등장한 문화 요소를 긍정적으로 평가하여 자기 문화의 발전을 위해 필요하다고 인식할 경우 자기 사회의 문화 체계 속에 정착시킴

② 일반적으로 비물질문화보다 물질문화의 경우 자연스럽고 적극적인 수용이 이루어질 가능성이 높음

(2) 새로운 문화에 대한 거부

① 외부 사회로부터 전파되거나 새롭게 등장한 문화 요소가 사회 통합에 장애가 된다고 평가되거나, 자기 문화의 정체성을 훼손할 위험이 있다고 인식되는 경우 그것을 거부하여 전통문화를 유지하려 함

② 일반적으로 강제적 문화 접변이 시도되는 경우에 나타날 가능성이 있음

5. 문화 변동으로 인한 문제점

(1) **문화 충격 및 정체성의 혼란** : 급격하게 유입되는 새롭고 이질적인 문화를 무분별하게 수용하고 추종하면 자기 문화의 고유한 정체성을 상실할 수 있음 ┌ 인간의 욕구 충족을 위한 도구, 기술 등을 말한다.

(2) **문화 지체** : 물질문화의 빠른 변동 속도를 비물질문화의 변동 속도가 뒤따르지 못하여 나타나는 문화 요소 간의 부조화 현상으로 여러 가지 사회 문제를 초래할 수 있음

(3) **아노미** : 급격한 문화 변동으로 인해 기존의 전통적인 규범의 통제력이 약화되고 붕괴되었으나, 이를 대체할 새로운 규범이 미처 확립되지 않아 사회적 혼란이 발생할 수 있음 ┌ 인간의 정신세계를 표현하거나 사고와 행동의 기준을 제시해 주는 종교, 제도 등을 말한다.

6. 문화 변동으로 인한 문제의 대처 방안

(1) **문화 충격 및 정체성의 혼란** : 우리 문화에 대한 자부심과 긍지를 가지고, 문화 변동에 대처하는 적극적이고 능동적인 자세 필요 → 필요한 문화 요소는 적극 수용, 정체성 훼손 우려가 있는 문화 요소는 거부하거나 변형

(2) **문화 지체** : 새로운 가치나 규범 확립

(3) **아노미** : 사회 구성원의 합의에 따른 새로운 규범 확립

핵심 개념 CHECK!

• 정답 및 해설 035~036쪽

✎ 다음 설명이 맞으면 '○', 틀리면 '×'에 표시하시오.

01 발명은 문화 변동의 내재적 요인이다. ○ ×

02 자극 전파는 문화 변동의 외재적 요인으로, 발견의 속성을 포함하고 있다. ○ ×

03 발명은 이미 존재하고 있는 문화 요소를 찾아내는 것을 말한다. ○ ×

04 문화 전파는 한 사회가 다른 사회와 교류하거나 접촉하는 과정에서 나타난다. ○ ×

05 함정 인쇄물, 텔레비전 등과 같은 매체를 매개로 일어나는 전파는 간접 전파에 해당한다. ○ ×

06 목화솜이 중국에서 우리나라로 전해진 것은 직접 전파에 해당한다. ○ ×

07 이미 존재하던 문화 요소를 응용해 새 문화 요소를 만드는 것은 1차적 발명에 해당한다. ○ ×

08 함정 발명과 발견으로 인해 일어나는 문화 변동을 외재적 변동이라고 한다. ○ ×

09 외재적 변동은 두 문화 체계가 장기간에 걸쳐 접촉함으로써 일어나며, 문화 접변이라고도 한다. ○ ×

10 무력에 의한 정복이나 식민 통치로 인한 문화 변동은 강제적 문화 접변의 사례에 해당한다. ○ ×

11 자발적 문화 접변은 수용자가 수동적으로 외래 문화를 받아들이는 것을 말한다. ○ ×

12 문화 동화는 서로 다른 문화가 한 사회 문화 체계 속에서 고유한 성격을 잃지 않고 함께 존재하는 것을 말한다. ○ ×

13 문화 동화는 강제적 문화 접변의 결과로만 나타날 수 있다. ○ ×

14 고려 시대 원나라 사신들에 의해 원의 풍속이 들어오게 된 것은 간접 전파의 사례에 해당한다. ○ ×

15 김치 파스타, 라이스 버거의 사례는 문화 공존에 해당한다. ○ ×

16 전통 혼례와 서양식 결혼식이 우리 문화 안에 함께 존재하는 것은 문화 공존의 사례에 해당한다. ○ ×

17 함정 문화 융합은 자기 문화의 문화적 정체성이 상실될 우려가 있다. ○ ×

18 비물질문화의 변동 속도가 물질문화의 변동 속도를 따라잡지 못하는 것을 문화 지체라고 한다. ○ ×

19 문화 동화 현상은 문화의 다양성을 실현하는 데 도움이 된다. ○ ×

20 세계화로 인해 문화 변동이 전 세계적으로 확산되어 이루어지고 있다. ○ ×

문화 변동의 요인과 양상의 문항은 어떻게 해결할까?

◆자료 문화 변동의 요인과 양상

> ┌→ 직접 전파
> 많은 사람들이 햄버거는 미국에서 시작되었다고 생각한다. 하지만 일설에 따르면, 햄버거는 아시아의 기마 민족인 ㉠타타르족으로부터 유래되어 14세기경 오늘날의 독일 지역을 거쳐, 이후 ㉡미국으로 건너가 대중화된 것이라고 한다. 타타르족은 ㉢말안장 밑에 고기 조각을 넣고 말을 달리면 말
> └→ 자발적 문화 접변
> 안장의 충격으로 고기가 부드럽게 다져진다는 사실을 알게 되었다. 그들은 그렇게 해서 연해진 고기에 각종 양념을 쳐서 먹곤 했다. 이후 미국에서 ㉣빵 사이에 다진 고기를 넣는 요리법이 더해지면서 ㉤타르르족의 음식과 다른 형태를 띤 지금의 햄버거가 탄생하여 여러 나라에 보급되었다. 우
> └→ 문화 융합
> 리나라에는 해방 후 들어온 ㉥미군에 의해 햄버거가 전해졌다. 이후 햄버거를 즐겨 먹는 한국인이
> └→ 직접 전파
> 늘어나면서 빵 대신 밥을 이용한 ㉦라이스 버거와 같은 새로운 메뉴가 개발되기도 하였다.
> └→ 문화 융합(밥 + 햄버거)

주어진 자료를 바탕으로 문화 변동의 요인과 양상을 종합적으로 구분하고 해석하는 문제이다. 밑줄 친 부분의 문화 변동이 어떠한 요인 혹은 양상에 해당하는지 이해하는 것이 중요하다.

❶ 문화 접변의 결과에 대해 파악해야 한다.

구분	자기 문화의 정체성	문화 접변의 결과
문화 공존	상실하지 않음	A+B = A and B
문화 동화	정체성을 상실함	A+B = B *A : 전통문화 요소, B : 외래문화 요소
문화 융합	상실하지 않음	A+B = C

❷ 〈자료〉의 밑줄 친 부분의 문화 변동과 선택지를 하나하나 매칭해 보자.

> ① ㉠은 직접 전파, ㉥은 간접 전파의 사례이다. - 직접 전파
> ② ㉡은 강제적 문화 접변의 사례이다. - 자발적 문화 접변에 가깝다.
> ③ ㉢은 ㉣과 달리 자극 전파의 사례이다. - ㉢은 발견의 사례이다.
> ④ ㉤은 문화 동화의 사례이다. - 문화 융합의 사례
> ⑤ ㉦은 문화 융합의 사례이다. - A + B = C

㉠ '타타르족으로부터 유래되어 14세기경 오늘날의 독일 지역을 거쳐'라는 부분에 대해 ①번 선지에서 직접 전파의 사례라고 설명했는데, 14세기 당시 햄버거가 위와 같은 경로로 이동하여 전래되었으므로 직접 전파의 사례로 볼 수 있다. 또한 ㉥에서 우리나라에 햄버거가 전해진 것 또한 해방 후 들어온 미군에 의해서이므로 역시 직접 전파의 사례로 볼 수 있다. 그러나 ①번 선지에서 ㉥은 간접 전파의 사례라고 제시했으므로 옳지 않은 설명이다.

㉡ '미국으로 건너가 대중화된 것'이라는 자료에 대해 ②번 선지에서는 강제적 문화 접변의 사례라고 설명했는데, '대중화(popularization)'에서 popular은 '인기'의 의미를 가지고 있으므로 해당 사회 구성원들이 스스로 좋아했다는 의미라고 볼 수 있다. 따라서 강제적 문화 접변의 사례라고 보긴 어렵다. 오히려 자발적 문화 접변의 사례라고 보는 것이 더 가깝다.

㉢ '말안장 밑에 고기 조각을 넣고 말을 달리면 그 충격으로 고기가 부드럽게 다져진다.'는 사실을 알게 된 것은 '발견'에 해당한다. ㉣ 빵 사이에 다진 고기를 넣는 요리법이 더해졌다는 부분은 기존 요리법에 미국의 요리법이 결합된 '문화 융합'에 해당한다. 따라서 ③번 선지에서 설명한 자극전파의 사례는 둘 다 아니다.

㉤에서 타타르 족의 음식과는 다른 형태를 띤 지금의 햄버거가 탄생했다는 부분 역시 ③번에서 설명한 바와 같이 '문화 융합'에 해당한다. 따라서 ④번의 문화 동화의 사례로 볼 수 없다.

㉦의 라이스 버거는 외국의 햄버거 문화와 우리의 밥 문화가 결합된 문화 융합의 사례이다.

개념 문제로 확인

Q1 다음 빈칸에 알맞은 말을 쓰시오.

01 한 사회의 내부에서 새로운 문화 요소를 만들어 내는 것을 (   )(이)라고 한다.

02 이미 존재하고 있지만 알려지지 않은 것을 찾아내는 것을 (   )(이)라고 한다.

03 (   )는 두 문화 간의 직접적인 접촉에 의해 일어나는 전파를 말한다.

04 (   )는 인쇄물, 텔레비전, 인터넷 등과 같은 매체를 매개로 일어나는 전파를 말한다.

05 (   )는 다른 사회의 문화 요소에서 아이디어를 얻어 새로운 문화 요소를 발명하는 것을 말한다.

Q2 다음 내용이 맞으면 '○', 틀리면 '×'에 표시하시오.

06 발명은 문화 변동의 외재적 요인이다.
(○ / ×)

07 문화 융합은 기존의 문화적 정체성을 상실하지 않는다.
(○ / ×)

08 인터넷 동영상을 통한 문화 전파는 자극 전파에 해당한다.
(○ / ×)

09 이민 사회에 적응하려는 노력은 자발적 문화 접변에 해당한다.
(○ / ×)

10 내재적 변동은 두 문화 체계가 장기간 접촉함으로써 변동이 일어나는 것이다.
(○ / ×)

11 우리나라가 일제 강점기에 겪은 일본식 성명 강요 등은 강제적 문화 접변에 해당한다.
(○ / ×)

HOW & WHAT 정답 Q1 01 발명 02 발견 03 직접 전파 04 간접 전파 05 자극 전파 Q2 06 × 07 ○ 08 × 09 ○ 10 × 11 ○

주제 1~3 문화 변동의 요인 및 양상

족집게 전략 | 최근 Ⅲ단원에서 전체적으로 가장 빈출되는 주제이다. 앞서 학습했던 문화 변동의 다양한 요인과 다양한 양상을 연결 지어 출제되고 있으며, 도식이나 도형 등의 다양한 표현 방법으로 자료를 만들어 수험생들로 하여금 쉽게 도출해 낼 수 없게 만들고 있다. 각 개념에 대한 정확한 이해를 바탕으로 최대한 빠른 시간 내에 자료를 해석하고 선지를 고르는 것이 전략이다.

족집게 자료 분석 전략 START | 〈자료 1〉은 문화 변동의 요인을 질문과 대답에 맞추어 배열한 것이고, 〈자료 2〉는 이에 따른 갑~병국의 문화 변동 양상을 도식으로 나타낸 것이다.

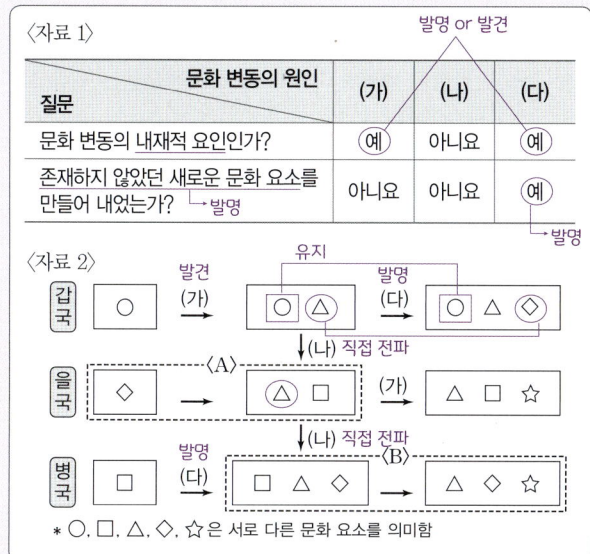

❶ 〈자료 1〉에서 '문화 변동의 내재적 요인인가?'라는 질문에 '아니요'라고 대답한 (나)는 직접 전파에 해당한다. '존재하지 않았던 새로운 문화 요소를 만들어 내었는가?'라는 질문에 '예'라고 대답한 (다)는 발명에 해당한다. 따라서 (가)는 발견이다.

❷ 〈자료 2〉에서 A를 보면 을국 고유의 문화 요소인 ◇가 사라지고 갑국에게서 직접 전파인 (나)의 영향을 받아 △가 들어왔음을 확인할 수 있다. ▢은 요인을 알 수는 없지만, 을국 내부에서 새롭게 생겨난 문화 요소로 추정할 수 있다.

❸ 〈자료 2〉에서 B를 보면 병국 고유의 문화 요소인 ▢이 사라졌으며, 요인을 알 수는 없지만, 병국 내부에서 ☆이 새롭게 생겨났음을 추정할 수 있다.

178 대표 문항

| 평가원 기출 |

다음 자료에 대한 옳은 분석만을 〈보기〉에서 있는 대로 고른 것은?

〈자료 1〉은 문화 변동의 요인을 (가)~(다)로 분류한 것이며, 〈자료 2〉는 갑~병국의 문화 변동 과정을 도식화한 것이다. 단, (가)~(다)는 각각 발견, 발명, 직접 전파 중 하나이며, 제시된 것 이외의 다른 문화 변동은 없다.

〈자료 1〉

질문 \ 문화 변동의 요인	(가)	(나)	(다)
문화 변동의 내재적 요인인가?	예	아니요	예
존재하지 않았던 새로운 문화 요소를 만들어 내었는가?	아니요	아니요	예

〈자료 2〉

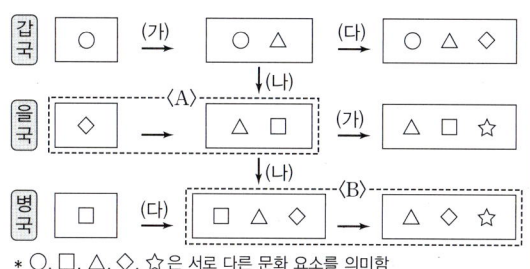

* ○, ▢, △, ◇, ☆은 서로 다른 문화 요소를 의미함

보기

ㄱ. A, B에는 모두 문화 요소의 추가 및 소멸 과정이 포함되어 있다.
ㄴ. 갑국에서 발명으로 나타난 문화 요소는 병국에서도 나타났다.
ㄷ. 갑국에서 (가)로 인해 나타난 문화 요소는 (나)로 인해 병국으로 전달되었다.
ㄹ. 을국에는 병국에서와 달리 자국의 문화 요소와 갑국의 문화 요소가 공존하고 있다.

① ㄱ, ㄴ　　　② ㄱ, ㄹ　　　③ ㄷ, ㄹ
④ ㄱ, ㄴ, ㄷ　　　⑤ ㄴ, ㄷ, ㄹ

✎ **한줄 Tip** 문화 변동의 요인, 문화 변동의 양상을 정확하게 이해하고 자료를 해석하는 것이 포인트야!

179

| 평가원 기출 |

그림은 문화 변동 요인 ㉠~㉤을 구분한 것이다. 이에 대한 설명으로 옳은 것은? (단, ㉠~㉤은 각각 발견, 발명, 직접 전파, 자극 전파, 간접 전파 중 하나이다.)

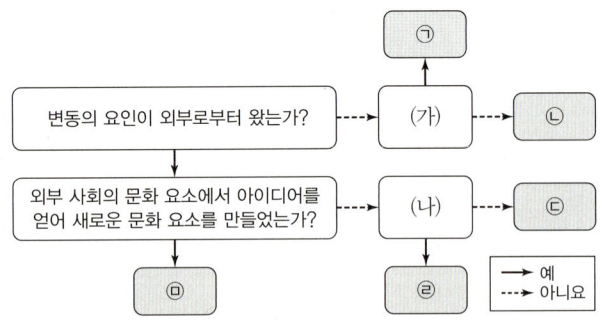

① (가)가 '존재하지 않던 문화 요소를 새롭게 만들어냈는가?'라면, 인쇄술은 ㉡의 사례에 해당한다.
② (나)가 '문화 요소가 매체에 의해 전달되었는가?'라면, 통신 기술이 발달할수록 ㉣을 통한 문화 변동이 더 용이하게 나타날 수 있다.
③ ㉠의 사례로 활을 들 수 있다면, (가)는 '존재하고 있었으나 알려지지 않았던 문화 요소를 찾아냈는가?'가 적절하다.
④ ㉢의 사례로 전쟁을 통해 유럽에 전파된 설탕을 들 수 있다면, (나)는 '문화 요소의 전달이 직접 이루어졌는가?'가 적절하다.
⑤ ㉤의 사례로 외국인 선교사에 의해 종교가 전래된 것을 들 수 있다.

180

다음에 나타난 (가)와 (나)의 사례에 대한 옳은 설명을 〈보기〉에서 고른 것은?

(가) 한국인 가수 갑의 뮤직비디오가 세계적으로 유행을 일으키고 있다. 많은 외국인들이 갑의 뮤직비디오에 나오는 안무를 따라 하고 있으며, 해외 각종 방송에서 패러디의 대상이 되는 등 인기를 얻고 있다.
(나) A국은 B국과의 전쟁에서 패했다. 을은 A국의 여성으로, 승전국인 B국에 공녀로 끌려가게 되었지만 이내 B국 황제의 눈에 들어 왕비가 되었다. 때문에 B국에서는 을이 들어온 A국의 화장품, 의복 등이 유행하게 되었다.

〔보기〕
ㄱ. (가)는 자극 전파의 사례에 해당한다.
ㄴ. (가)의 갑은 교역을 통해 자신의 문화를 전파했다.
ㄷ. (나)의 문화 전파가 산업화 이전에는 가장 일반적이었다.
ㄹ. (나)의 을은 직접 A국의 문화 요소를 B국에 가져왔다.

① ㄱ, ㄴ   ② ㄱ, ㄷ   ③ ㄱ, ㄹ
④ ㄴ, ㄷ   ⑤ ㄷ, ㄹ

181

다음 글에 나타난 A 교수의 주장으로 가장 적절한 것은?

정보 통신 기술의 발달은 이질적인 문화들 간의 접촉을 과거에 비해 보다 활발하게 만들었고, 이제 한 문화가 다른 문화로부터 완전히 고립되어 존재하는 것은 거의 불가능하다. 이러한 양상에 대하여 A 교수는 우려를 표하고 있다. A 교수는 미국·유럽·일본이라는 세 꼭짓점으로 문화 흐름이 집중되는 삼각 구도가 진행되고 있다고 말한다. 전 세계 예술계에서는 영화, 방송, 음반, 마케팅 등을 확보한 초국적 문화 복합 기업이 주도하는 현상을 보인다. 문화 복합 기업은 영화뿐만 아니라 비디오 게임, 테마파크, 만화, 티셔츠 등 무수히 많은 소비 제품을 동일하게 제작하여 전 세계에 보급한다. 다양한 취향의 문화, 새로운 아티스트의 출현, 예술 장르의 발전이 위협받고 있으며, 궁극적으로는 우리 삶의 행복 추구권과 문화적 기본권이 위협받고 있다.

① 직접 전파를 통한 문화 교류가 활발해지고 있다.
② 이질적인 문화 간의 갈등이 발생할 가능성이 높다.
③ 문화 전파로 인해 획일적인 문화가 양산되고 있다.
④ 대중 매체를 통해 인류의 보편적 가치가 확산되고 있다.
⑤ 강대국의 대중문화에 의한 문화 전파가 일어나고 있다.

182

다음 글에 나타난 문화 변동에 대한 분석으로 옳은 설명만을 〈보기〉에서 있는 대로 고른 것은?

15~16세기의 유럽에서 만들어진 금속 활자는 책의 인쇄와 대량의 지식 유포를 가능하게 하였고, 이로 인해 유럽 사회에서는 새로운 지적 혁명과 문화적 부흥이 이루어졌다. 그런데 최초의 금속 활자는 유럽이 아니라 13세기 고려의 것이다. 고려에서 최초의 금속 활자가 만들어질 수 있었던 이유는 인쇄술을 발전시켜 중요한 문서와 자료를 오랫동안 보관하려고 했기 때문이다. 하지만 서양과 다른 문화적 맥락의 차이로 인해 고려가 만든 최초의 금속 활자는 책과 지식의 대량 보급으로 이어지지는 않았고, 이로 인한 심대한 사회적 변화를 초래하지 않았다.

〔보기〕
ㄱ. 전파에 의해 등장한 15~16세기 유럽의 금속 활자는 문화 체계를 변화시켰다.
ㄴ. 13세기 고려의 금속 활자는 존재하지 않았던 문화 요소를 만들어낸 '발명'에 해당한다.
ㄷ. 15~16세기 유럽과 달리 13세기 고려에서는 새로운 문화에 대한 거부가 일어났을 것이다.
ㄹ. 15~16세기 유럽과 달리 13세기 고려에서는 금속 활자로 인한 내재적 변동이 일어나지 않았을 것이다.

① ㄱ, ㄴ   ② ㄴ, ㄷ   ③ ㄴ, ㄹ
④ ㄱ, ㄴ, ㄷ   ⑤ ㄴ, ㄷ, ㄹ

183 고난도↑

표는 문화 변동 요인의 유형을 구분한 것이다. (가)~(라)에 대한 옳은 설명만을 〈보기〉에서 있는 대로 고른 것은?

문화 변동 소재 \ 창조 여부	창조	비(非)창조
외부	(가)	(나)
내부	(다)	(라)

〈보기〉
ㄱ. (가)의 사례는 훈민정음의 사례보다 체로키 문자의 사례에 가깝다고 볼 수 있다.
ㄴ. 인터넷 방송 영상을 보고 세계 음식 제조법을 학습하는 것은 (나)의 사례로 적합하지 않다.
ㄷ. (다)에서의 창조는 타 문화 요소에 대한 아이디어 획득 없이도 이루어질 수 있다.
ㄹ. 에디슨의 전구와 탈레스의 전기 사례는 모두 (라)에 해당한다.

① ㄱ, ㄴ ② ㄱ, ㄷ ③ ㄷ, ㄹ
④ ㄱ, ㄴ, ㄹ ⑤ ㄴ, ㄷ, ㄹ

185
| 평가원 기출 |

그림은 문화 변동 요인 A~E를 구분한 것이다. 이에 대한 설명으로 옳은 것은? (단, A~E는 각각 발견, 발명, 간접 전파, 자극 전파, 직접 전파 중 하나이다.)

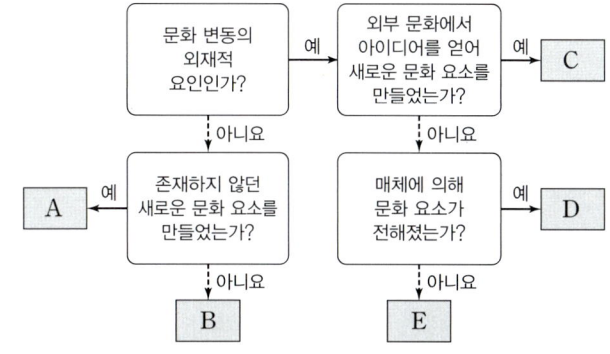

① 물질문화, 비물질문화 모두 A를 통해 만들어질 수 있다.
② 특정 종교의 창시는 B의 사례이다.
③ 상호 인적 교류가 없는 집단들 간에는 D를 통한 문화 변동이 이루어질 수 없다.
④ D와 달리 E는 C의 원인이 될 수 있다.
⑤ A, B와 달리 C, D, E는 문화 지체 현상을 초래할 수 있다.

184
| 평가원 기출 |

그림은 갑국과 교류한 A~C국의 문화 변동 양상과 결과를 나타낸 것이다. 이에 대한 분석으로 가장 적절한 것은?

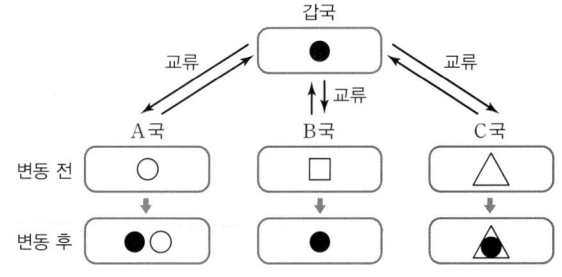

*□안의 기호는 각국의 문화 요소이며, ▲는 ●와 △가 혼합되어 나타난 것임.

① A국의 문화 변동 결과에 해당하는 사례로는 서양의 결혼 예식과 전통 폐백 의례가 결합된 현재 한국의 결혼식을 들 수 있다.
② B국의 문화 변동 결과는 자발적이 아닌 강제적 문화 접변에 의해 나타났다.
③ C국의 문화 변동 결과에 해당하는 사례로는 한국에서 전통 시장과 별도로 온라인 쇼핑몰이 자리 잡은 것을 들 수 있다.
④ A, C국에서는 문화 접변 후에도 자문화 요소가 유지되고 있다.
⑤ A, B국에서는 C국과 달리 외래문화 요소를 수용하였다.

186
| 평가원 기출 |

그림의 (나) 지역에서 나타날 수 있는 문화 접변 결과인 A~E에 대한 설명으로 가장 적절한 것은?

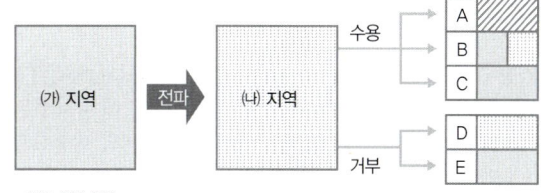

*□ □ ▨는 문화 요소이다.

① A는 전파된 문화 요소가 수용 지역의 문화 체계 안에서 그대로 정착하여 하나의 특질로 나타난 결과이다.
② B는 (가) 지역 문화 요소보다 (나) 지역 문화 요소가 우수하다고 인식될 때 주로 나타난다.
③ C는 외래문화가 전통문화 체계 속으로 흡수되어 나타난 결과이다.
④ D는 문화 접변을 통해 (나) 지역에서 (가) 지역 문화 요소에 대한 이질감이 완화됨을 보여 준다.
⑤ E는 강제적 문화 접변 과정을 통해 문화가 대체되었음을 보여 준다.

187

| 평가원 기출 |

다음 사례에 대한 옳은 설명을 〈보기〉에서 고른 것은?

- A국이 B국을 정복하여 문화 이식 정책을 시행한 결과, B국에서는 A국 언어가 널리 쓰이게 되면서 B국 언어를 더 이상 사용하지 않게 되었다.
- A국에 유학하여 A국 언어를 학습한 C국의 상류층 자녀들은 귀국 후에도 A국 언어를 사용하였다. 이후 A국 언어가 확산되면서 C국에서는 A국 언어도 널리 쓰이게 되었다.

〔보기〕
ㄱ. B국에서는 외재적 요인에 의한 문화 변동이 일어났다.
ㄴ. C국에서는 강제적 문화 접변이 나타났다.
ㄷ. B국에서는 문화 동화, C국에서는 문화 공존이 나타났다.
ㄹ. B국에서는 직접 전파, C국에서는 간접 전파로 인한 문화 변동이 일어났다.

① ㄱ, ㄴ   ② ㄱ, ㄷ   ③ ㄴ, ㄷ
④ ㄴ, ㄹ   ⑤ ㄷ, ㄹ

188

문화 변동에 대한 다음 영화의 사례에 대한 옳은 설명을 〈보기〉에서 고른 것은?

영화 '동주'에는 시인 윤동주와 독립운동가 송몽규의 일대기가 그려진다. 당시 일본의 민족 문화 말살 정책으로 인해 윤동주는 '히라누마 도쥬', 송몽규는 '소무라 무케이'라는 일본의 이름으로 강제 개명되고 만다. 이처럼 당시 우리나라의 일제 강점기 시대에는 일본으로 하여금 우리 민족의 정체성을 없애기 위해 일본의 성명을 따르게 하는 강제적 문화 이식 정책이 전체적으로 시행되었다.

〔보기〕
ㄱ. 제시된 상황에서는 문화적 복고 운동이 일어날 수 있다.
ㄴ. 외부의 강제적인 힘에 의해 문화 변동이 일어나고 있다.
ㄷ. 일본식 이름은 일제의 문화 요소와 우리 문화 요소가 공존한 사례의 해당한다.
ㄹ. 최근 급속히 확산되고 있는 한류 문화 역시 위와 같은 문화 변동의 양상에 해당한다.

① ㄱ, ㄴ   ② ㄱ, ㄷ   ③ ㄴ, ㄷ
④ ㄴ, ㄹ   ⑤ ㄷ, ㄹ

189

(가), (나)에 나타난 문화 변동에 대한 분석으로 옳은 설명만을 〈보기〉에서 있는 대로 고른 것은?

(가) 서아시아 지역의 종교 의식에 사용되던 커피가 유럽에 전해져 일반인의 기호품으로 대중화되었다. 우리나라의 경우, 한국 전쟁 이후 미군 기지에서 흘러나온 대량의 인스턴트 커피가 다방에서 판매되기 시작하면서 일반인들도 이를 애호하게 되었다.

(나) 이슬람으로 무장한 아랍인들은 사산조 페르시아를 멸망시키면서 광대한 이슬람 제국을 건설하였다. 그러나 유목 생활과 부족 중심의 아랍인들은 방대한 영토를 유지할 수 있는 제도와 지식을 갖추지 못하였기에 사산조 페르시아의 행정 제도를 비롯한 다양한 문화적 경험들과 지식들을 적극적으로 수용해 기존의 생활 양식을 전면적으로 교체하였다.

〔보기〕
ㄱ. (가), (나)는 문화 접변이 나타났다.
ㄴ. (가)는 (나)와 달리 외재적 문화 변동에 해당한다.
ㄷ. (나)의 문화 변동은 문화 요소 제공자의 필요에 의한 것이다.
ㄹ. (나)에서는 문화 동화가 나타나고 있다.

① ㄱ, ㄷ   ② ㄱ, ㄹ   ③ ㄴ, ㄷ
④ ㄱ, ㄷ, ㄹ   ⑤ ㄴ, ㄷ, ㄹ

190

(가)~(다)의 사례에 해당하는 문화 접변의 결과 중 옳은 설명을 〈보기〉에서 고른 것은?

질문＼문화 접변의 결과	(가)	(나)	(다)
제3의 문화 요소가 새롭게 형성되는가?	예	아니요	아니요
자기 문화의 정체성을 상실하는가?	아니요	아니요	예
서로 다른 문화 요소가 한 사회 안에서 나란히 공존하는가?	아니요	예	아니요

〔보기〕
ㄱ. (가)와 달리 (나)는 문화 다양성 보존에 기여한다.
ㄴ. 자문화의 정체성이 약한 사회에서는 (가)보다 (다)가 나타날 가능성이 높다.
ㄷ. (가)는 문화 융합, (나)는 문화 동화, (다)는 문화 공존이다.
ㄹ. (가), (나), (다)는 모두 문화 변동의 요인이 외부에 있는 경우이다.

① ㄱ, ㄴ   ② ㄱ, ㄷ   ③ ㄷ, ㄹ
④ ㄴ, ㄹ   ⑤ ㄷ, ㄹ

191

다음은 문화 접변의 결과 A~C를 질문에 따라 구분한 것이다. 이에 대한 옳은 설명을 〈보기〉에서 고른 것은? (단, A~C는 각각 문화 동화, 문화 병존, 문화 융합 중 하나이다.)

- '제3의 문화 요소가 나타났는가?'는 A와 B를 구분할 수 없는 질문이다.
- '자국의 고유한 문화의 정체성을 상실하였는가?'는 A와 C를 구분할 수 없는 질문이다.
- ___(가)___ 는 B와 C를 구분할 수 없는 질문이다.

〔보기〕

ㄱ. A는 문화 병존이다.
ㄴ. A, C와 달리 B는 외래문화의 자발적 수용을 통해서 나타날 수 있다.
ㄷ. A~C는 직접 전파와 간접 전파 모두에 의해 나타날 수 있다.
ㄹ. '서로 다른 문화 요소 간의 접촉으로 한 나라의 문화 요소가 완전히 상실되었는가?'는 (가)에 들어갈 수 있다.

① ㄱ, ㄴ   ② ㄱ, ㄷ   ③ ㄴ, ㄷ
④ ㄴ, ㄹ   ⑤ ㄷ, ㄹ

192 | 평가원 기출 |

그림은 문화 변동 요인 A~D를 분류한 것이다. 이에 대한 설명으로 옳은 것은? (단, A~D는 각각 발명, 직접 전파, 간접 전파, 자극 전파 중 하나이다.)

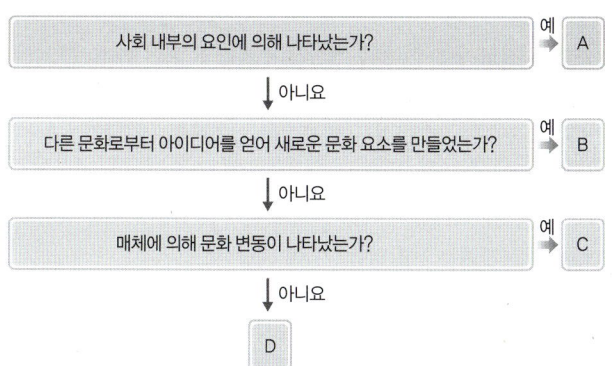

① 다른 나라 기성 종교의 교리와 체계를 응용하여 신흥 종교를 창시한 사례는 A에 해당한다.
② 한류 드라마의 인기로 한국어를 배우려는 외국인이 늘어난 사례는 B에 해당한다.
③ 독일에서 구텐베르크가 인쇄 기술을 만들어 자국 내 지식 보급에 기여한 사례는 C에 해당한다.
④ 서아시아 지역에서 종교 의식에 사용되던 커피가 유럽에 전해져 일반인의 기호품으로 대중화된 사례는 D에 해당한다.
⑤ 미국에서 배구가 처음 고안된 사례는 A, 미국인 선교사가 한국 청년들에게 처음 배구를 지도한 사례는 C에 해당한다.

193

밑줄 친 ㉠~㉣에 대한 옳은 설명만을 〈보기〉에서 있는 대로 고른 것은?

A는 갑국 사람들이 가장 즐겨 먹는 을국의 요리이다. 과거 ㉠ 갑국의 수도사들이 을국에 유학을 간 일이 있었는데, 그때 갑국으로 A가 들어왔다는 설이 유력하다. ㉡ 이후 갑국에서는 전국에 A 문화가 없는 지역이 없을 정도가 되었다. 한편 갑국에는 과거부터 전통적으로 즐겨 먹던 B가 있었다. B는 과거 ㉢ 갑국이 병국의 지배를 받았을 때 병국 사람들이 갑국 사람들에게 자국의 음식을 강제로 도입하려 했음에도 고수되었던 음식이다. B는 오랜 조리 시간과 정성을 들려 만들어 먹었던 음식으로서 그동안 갑국 사람들에게 많이 애용되었으나, ㉣ 빠르게 변화하는 현대 사회에서 B를 찾는 갑국 사람들은 더 이상 없다.

〔보기〕

ㄱ. ㉠에서 갑국과 을국의 문화 변동 요인을 알 수 있다.
ㄴ. ㉡은 직접 전파에 의한 자발적 문화 접변의 사례로 볼 수 있다.
ㄷ. ㉢은 강제적 문화 접변 시도로 인해 문화 동화가 일어난 사례에 해당한다.
ㄹ. ㉣은 자발적 문화 접변으로 인해 문화 동화가 일어난 결과로 볼 수 있다.

① ㄱ, ㄴ   ② ㄴ, ㄷ   ③ ㄴ, ㄹ
④ ㄱ, ㄴ, ㄷ   ⑤ ㄴ, ㄷ, ㄹ

194 | 평가원 기출 |

다음 〈자료 1〉의 A~D에 해당하는 문화 변동의 요인을 〈자료 2〉의 (가)~(라)에 옳게 연결한 것은? (단, A~D는 각각 발견, 발명, 직접 전파, 자극 전파 중 하나이다.)

〈자료 1〉
- B, D를 통해 기존에 없었던 문화 요소가 창조된다.
- B, C는 A, D와 달리 타 문화와의 접촉으로 발생한다.

〈자료 2〉
갑국의 선조들은 자연에서 광물을 ___(가)___ 하였고, 이를 활용하여 금속 그릇을 ___(나)___ 하였다. 이 금속 그릇은 갑국의 상인들에 의해 을국에 ___(다)___ 되었다. 이 과정에서 을국 사람들은 갑국의 금속 그릇에서 아이디어를 얻어 새로운 금관 악기를 만들게 되었는데, 이는 ___(라)___ 의 사례로 볼 수 있다.

	(가)	(나)	(다)	(라)			(가)	(나)	(다)	(라)
①	A	B	C	D		②	A	D	C	B
③	B	C	A	D		④	B	D	C	A
⑤	D	A	C	B						

195

| 평가원 기출 |

다음 자료는 문화 변동의 요인과 갑국, 을국의 문화 변동 양상을 나타낸 것이다. 이에 대한 분석으로 옳은 것은?

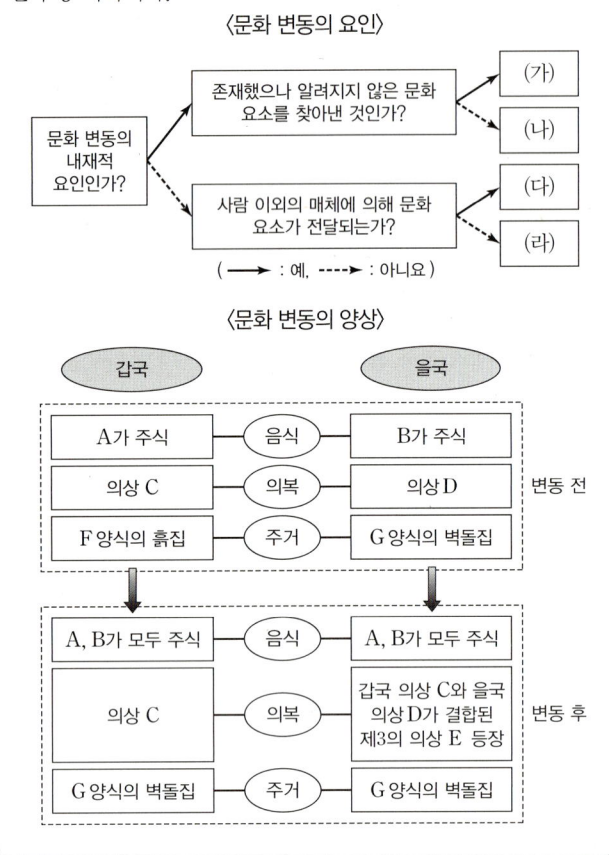

갑국과 을국은 (가)~(라)로 인한 문화 변동을 겪었으며, 이외에 다른 문화 변동은 없었다. 양국은 상호 교류 이외에 제3국과의 교류는 없었다. 단, (가)~(라)는 각각 발명, 발견, 직접 전파, 간접 전파 중 하나이다.

〈문화 변동의 요인〉

문화 변동의 내재적 요인인가? → 존재했으나 알려지지 않은 문화 요소를 찾아낸 것인가? → (가) / (나)

→ 사람 이외의 매체에 의해 문화 요소가 전달되는가? → (다) / (라)

(——→ : 예, ----→ : 아니요)

〈문화 변동의 양상〉

갑국		을국	
A가 주식	음식	B가 주식	변동 전
의상 C	의복	의상 D	
F 양식의 흙집	주거	G 양식의 벽돌집	
A, B가 모두 주식	음식	A, B가 모두 주식	변동 후
의상 C	의복	갑국 의상 C와 을국 의상 D가 결합된 제3의 의상 E 등장	
G 양식의 벽돌집	주거	G 양식의 벽돌집	

① (가)는 발명, (나)는 발견, (다)는 간접 전파, (라)는 직접 전파이다.
② 갑국은 변동 후 음식 분야에서 자문화의 정체성이 상실되었다.
③ 을국은 변동 후 의복 분야에서 문화 융합이 나타났다.
④ 갑국의 의복 분야와 을국의 음식 분야에서 각각 (가) 또는 (나)로 인해 변동 후 새로운 문화 요소가 나타났다.
⑤ 갑국과 을국 모두 변동 후 주거 분야에서 (다) 또는 (라)로 인해 문화 동화가 나타났다.

196 고난도↑

| 평가원 기출 |

자료를 통해 문화 변동 사례를 분석한 것으로 옳은 것은? (단, A~C는 각각 간접 전파, 자극 전파, 직접 전파 중 하나이고, (가)~(다)는 각각 문화 공존, 문화 동화, 문화 융합 중 하나이다.)

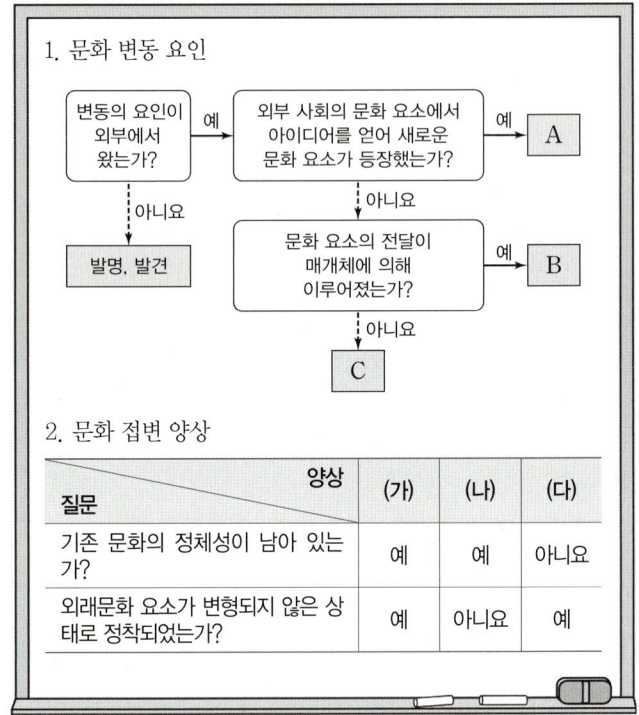

1. 문화 변동 요인

변동의 요인이 외부에서 왔는가? → 예 → 외부 사회의 문화 요소에서 아이디어를 얻어 새로운 문화 요소가 등장했는가? → 예 → A

↓ 아니요

발명, 발견

문화 요소의 전달이 매개체에 의해 이루어졌는가? → 예 → B

↓ 아니요

C

2. 문화 접변 양상

질문 ＼ 양상	(가)	(나)	(다)
기존 문화의 정체성이 남아 있는가?	예	예	아니요
외래문화 요소가 변형되지 않은 상태로 정착되었는가?	예	아니요	예

① 다른 나라의 종교 교리와 체계를 응용하여 만든 신흥 종교가 기존 종교를 대체한 사례는 A에 의한 (가)에 해당한다.
② 새로운 정보 통신 기술을 개발하여 자국의 첨단 매체 발달에 기여한 사례는 B에 의한 (나)에 해당한다.
③ 케이팝(K-Pop)의 인기로 외국인이 한국어를 배우러 한국에 와서 정착하는 사례는 B에 의한 (다)에 해당한다.
④ 자국을 식민 지배한 나라의 언어와 자국의 전통 언어를 공용어로 사용하는 사례는 C에 의한 (가)에 해당한다.
⑤ 이웃 나라의 특정 음료가 교역을 통해 들어와 자국민이 즐겨 마시는 음료 중 하나가 된 사례는 C에 의한 (나)에 해당한다.

197

그림은 갑국과 A~D국의 문화 교류와 문화 변동을 나타낸 것이다. 문화 변동 결과에 대한 옳은 분석을 〈보기〉에서 고른 것은?

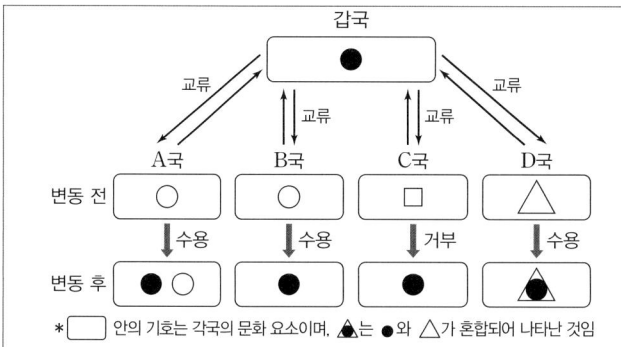

〈보기〉
ㄱ. A와 B국에서는 갑국의 문화 요소가 그대로 정착하였다.
ㄴ. B국에서는 C국과 달리 갑국의 문화 체계로 흡수되었다.
ㄷ. C국에서는 A국과 달리 강제적 문화 접변이 시도되었을 가능성이 크다.
ㄹ. D국의 사례는 다른 나라 종교의 교리를 응용하여 새로운 종교를 창시한 사례에 해당한다.

① ㄱ, ㄴ   ② ㄱ, ㄷ   ③ ㄴ, ㄷ
④ ㄴ, ㄹ   ⑤ ㄷ, ㄹ

198

표는 문화 접변의 결과 A, B, C를 비교한 것이다. 이에 대한 설명으로 옳은 것은?

구분	A	B	C
의미	새로운 문화 요소와 기존의 문화 요소가 동시에 존재하는 현상	(나)	한 사회의 문화가 다른 사회의 문화에 흡수되어 정체성을 잃는 현상
사례	(가)	멕시코 토착 인디언의 전통과 에스파냐의 정복 문화가 만나 나타난 메스티소 문화	(다)

① (가)에는 인도의 불교 문화와 서양의 문화가 만나 인도의 간다라 지방에 나타난 간다라 미술이 해당된다.
② (나)에는 '외래문화 요소가 기존 문화 요소와는 독립성을 가지면서 동시에 존재하는 현상'이 적절하다.
③ (다)에는 우리나라에 불교, 개신교, 천주교 등이 함께 존재하는 것이 적절하다.
④ A, B 모두 문화 접변 이후에도 자문화 요소가 유지된다.
⑤ A, C 모두 매개체에 의한 문화 전파의 결과로만 나타난다.

[199~200] 다음 자료를 보고 물음에 답하시오.

〈자료 1〉은 문화 변동의 요인을 (가)~(다)로 분류한 것이고, 〈자료 2〉는 갑, 을, 병 세 국가 간의 상호 교류를 통한 문화 변동 과정을 도식화한 것이다. 단, (가)~(다)는 각각 발견, 직접 전파, 자극 전파 중 하나이며, 제시된 것 이외의 다른 문화 변동 요인과 다른 국가는 없다.

〈자료 1〉

질문 \ 양상	(가)	(나)	(다)
문화 변동의 외재적 요인인가?	아니요	예	예
타 문화로부터 아이디어를 얻어 새로운 문화 요소가 만들어졌는가?	아니요	아니요	예

〈자료 2〉

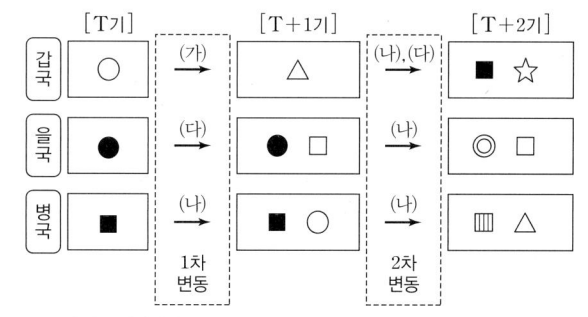

*1, 2차 변동 시에 각각의 문화 요소는 한 국가에만 전파됨
**T+1기의 모든 문화 요소는 T+2기에 다른 하나의 나라로 전파됨
***○, ●, □, ■, △, ☆은 서로 다른 문화 요소를 의미함
****◎은 ○와 ●가 결합하고, ▦는 □와 ■가 결합하여 나타나는 제3의 문화 요소임

199

(가)~(다)에 대한 설명으로 옳은 것은?

① 불, 자동차는 (가)의 사례이다.
② (가)는 (다)가 되기 위한 필수 요소이다.
③ (나)와 달리 (다)는 물질문화의 변동에 영향을 준다.
④ (가)가 항상 문화 변동을 유발하는 것은 아니다.
⑤ (가), (나)는 다른 국가와의 직접적인 접촉을 통해 나타난다.

200

〈자료 2〉에 대한 옳은 분석으로 옳지 않은 것은?

① T기의 갑국 문화 요소는 을국의 문화 융합에 영향을 주었다.
② 을국은 1차 변동과 2차 변동에서 모두 병국의 영향을 받았다.
③ 1차 변동으로 갑국에서 나타난 문화 요소는 2차 변동을 통해 병국에 전파되었다.
④ T+1기의 ●는 2차 변동에서 갑국의 자극 전파와 을국의 문화 융합에 모두 영향을 주었다.
⑤ 1차 변동에서 자극 전파된 문화 요소는 2차 변동에서 갑국의 자극 전파에 영향을 주었다.

IV 사회 계층과 불평등

IV단원 PREVIEW - MIND MAP

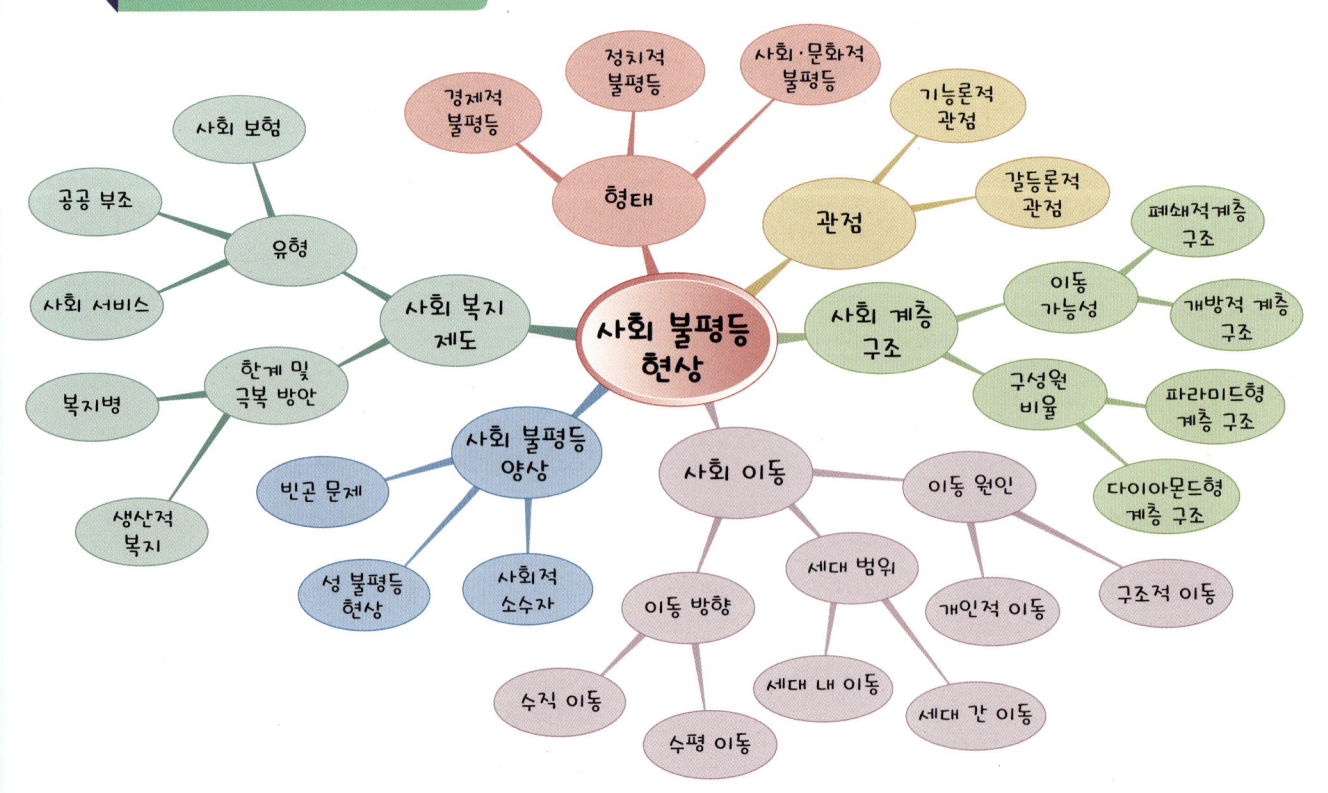

11강 사회 불평등 현상의 이해	**주제 1** 사회 불평등 현상	• 경제적 불평등 • 정치적 불평등 • 사회·문화적 불평등 • 기능론 • 갈등론
	주제 2 사회 계층화 현상	• 사회 계층화 현상 • 계급론 • 계층론

12강 사회 이동과 사회 계층 구조	**주제 1** 사회 계층 구조	• 폐쇄형 계층 구조 • 개방형 계층 구조 • 피라미드형 계층 구조 • 다이아몬드형 계층 구조 • 모래시계형 계층 구조 • 타원형 계층 구조
	주제 2 사회 이동	• 수평 이동 • 수직 이동 • 개인적 이동 • 구조적 이동

13강 다양한 사회 불평등 현상	**주제 1** 사회적 소수자 및 성 불평등	• 사회적 소수자 • 적극적 차별 시정 조치 • 성 불평등 • 유리 천장
	주제 2 빈곤	• 절대적 빈곤 • 상대적 빈곤 • 최저 생계비 • 중위 소득

14강 사회 복지와 복지 제도	**주제 1** 사회 복지 제도	• 사회 보험 • 공공 부조 • 사회 서비스 • 보편적 복지 • 선별적 복지
	주제 2 생산적 복지	• 생산적 복지 • 근로 장려금

IV단원 학습 SOLUTION

▶ 고난도 도표 풀이 문항이 출제될 수 있는 단원이다. 이에 대비하자.

기존에 고난도 문항으로 출제되었던 세대 간 계층 이동에 관련된 도표 분석 문제와 최근에는 추가적으로 사회 보장 제도 또는 여성 관련 주제와 통계 자료를 결합하여 새로운 도표 분석 문제가 출제되고 있다. 통계 자료의 수치가 갖는 의미를 능숙하게 해석할 수 있도록 도표 해석의 주요 원리를 정리하고, 반복적으로 연습해야 한다.

▶ 출제 비중이 높은 단원으로 기본에 충실하며 학습하자!

사회 불평등 현상에 관한 이론 또는 관점 문제, 우리나라의 사회 보장 제도 문제, 세대 간 계층 이동 도표 분석 문제! 최빈출 주제는 완벽하게 개념부터 심화까지 꼭 나온다고 생각하고 관련 내용을 확실하게 익혀 두어야 한다. 추가적으로 절대적 빈곤과 상대적 빈곤의 개념도 잘 확인해 두자!

11강 사회 불평등 현상의 이해

자료로 살펴보기

주제 1 사회 불평등 현상

1. 사회 불평등 현상

(1) **의미** : 사회 구성원 간에 학력, 소득, 지위, 권력 등 사회적 희소가치의 소유 정도나 접근 기회에 차이가 나타나는 현상

(2) **발생 요인**

① 개인적 요인 : 사회가 요구하는 능력이나 조건을 갖춘 정도의 차이

② 사회적 요인 : 사회 구조적으로 존재하는 사회 구성원 간 사회적 희소가치 획득 기회의 차이

(3) **다양한 영역의 사회 불평등**

경제적 불평등	• 소득이나 재산 등 경제적 가치가 차등 분배됨으로써 나타나는 불평등 • 가장 일반적이고 전형적 불평등
정치적 불평등	정치 참여 기회가 계층에 따라 차등됨에 따라 나타나는 권력의 소유와 행사에 있어서의 불평등
사회·문화적 불평등	• 사회적 위신이나 명예, 건강, 여가 생활 등과 같은 사회·문화적 자원의 차등 분배에 따른 불평등 • 경제적 불평등이나 정치적 불평등에 비해 잘 드러나지 않는 경향이 있음

→ 사회·문화적 불평등은 다른 불평등과 달리 잘 드러나지 않는다는 특징이 있다.

2. 사회 불평등 현상을 이해하는 관점

→ 갈등론은 분배 기준이 지배 집단의 이익을 반영한다고 보는 반면, 기능론은 사회 구성원의 동의를 바탕으로 분배 기준이 형성되었다고 본다.

(1) **기능론** - 사회 불평등은 사회의 유지와 발전을 위해 불가피한 현상이다.

발생 원인	사회 전체의 필요에 의해 결정되는 직업별·사회적 역할의 중요도 및 기여도에 따른 차등 보상
배분 기준	개인의 노력, 능력, 업적 등 사회 전체적으로 합의된 정당한 기준
사회적 기능 및 평가	• 개인에게 성취 동기를 부여하고 구성원 간 경쟁을 유발함으로써 사회가 효율적으로 작동하는 데 기여함 • 각 지위나 직업을 담당하는 데 필요한 능력을 갖춘 인재들이 적재적소에 배치됨으로써 사회 전체의 효율성이 향상될 수 있음 • 사회 불평등은 보편적이고 불가피한 현상으로서 사회 유지와 발전에 기여하는 한 불평등은 존재해야 함

(2) **갈등론** → 사회 불평등은 불공정한 것으로 사회 구조의 개혁을 통해 해결해야 한다.

발생 원인	지배와 피지배 관계의 유지 및 계급 재생산을 위해 지배 집단이 만든 분배 구조
배분 기준	권력, 재산, 가정 배경 등 지배 집단만의 합의가 반영되고 지배 집단에게 유리한 기준
사회적 기능 및 평가	• 사회적 희소가치가 개인의 능력과 무관하게 분배됨으로써 피지배 집단 구성원의 계층 상승을 억압함 • 불평등한 계층 구조를 재생산하거나 고착화함으로써 사회적 갈등과 대립 관계를 형성하는 요인이 됨 • 사회 불평등은 보편적인 현상일지는 몰라도 불가피하지는 않으며 제거해야 할 현상임 • 불평등이 존재하지 않는 사회를 만들기 위해 사회 구조를 변혁해야 함

■ **사회 불평등을 바라보는 기능론과 갈등론의 공통점과 차이점**

공통점	기능론과 갈등론 모두 사회 불평등 현상을 보편적인 현상으로 인식한다.
차이점	• 기능론은 사회 구성원의 직업에 따른 사회적 기여 정도에 차이가 크다고 보는 반면, 갈등론은 차이가 적다고 본다. 따라서 기능론은 사회적으로 더 중요한 사람들에게 더 많은 사회적 희소가치가 배분되어야 한다고 보는 반면, 갈등론은 지배 집단이 자신들에게 유리한 특정 직업에 대해 더 높은 가치를 부여하고 더 많은 사회적 희소가치를 배분한다고 본다. • 기능론은 사회적 희소가치의 배분 과정에 개인의 능력과 노력 같은 요소가 중요한 기준이 된다고 보는 반면, 갈등론은 개인의 능력과 노력에 의한 사회적 기여 정도보다는 지배 집단의 구성원인가와 같이 가정 배경에 의해 사회적 희소가치가 차등적으로 배분된다고 본다.

주제 2 사회 계층화 현상

1. 사회 계층화 현상

(1) **의미** : 한 사회 내 사회 구성원 간 불평등이 일정한 요인에 따라 범주화됨에 따라 사회 불평등 현상이 일정한 틀이나 체계를 갖추어 나타나는 현상

(2) **양상**

① 시대와 사회를 초월하여 계층화는 일반적으로 나타나는 현상

② 그 요인과 범주화되는 양상은 시대와 사회에 따라 다양하게 나타남

2. 사회 계층화 현상에 관한 대표적 이론

(1) **계급론**

개념	계급은 생산 수단을 둘러싸고 나타나는 위계 구조에서 공통의 위치를 차지하는 사람들의 집합체임
구분 기준	• 토지, 자본과 같은 생산 수단의 소유 여부 • 경제적 요인이 다른 모든 사회 불평등을 결정 • 일원론적 관점
특징	• 지배 계급(부르주아, 지주, 자본가 등), 피지배 계급(프롤레타리아, 소작농, 노동자 등)으로 계급 구분 • 계급 간의 지배와 피지배 관계로 인해 갈등과 대립이 불가피함 • 불연속적·이분법적으로 계급을 바라봄 • 사회 이동의 가능성이 매우 제한되어 있음을 강조함 • 계급에 대한 개인의 소속감이나 연대 의식, 즉 계급 의식을 중시함 • 계급 간 생산 수단을 둘러싼 갈등 및 대립 관계가 사회 변혁의 원동력이라고 봄
대표 학자	마르크스(Marx, K.)

→ 계급 의식이 중시됨에 따라 다른 계급에 대해서는 적대 의식을 가지게 된다.

(2) 계층론

개념	계층은 다양한 요인에 의해 공통의 서열상 위치를 갖는 사람들의 집합체임
구분 기준	• 계급, 위신, 권력상의 위치 • 경제적 요인, 사회적 요인, 정치적 요인 등 다양한 요인에 의해 사회 불평등이 발생함 • 다원론적 관점
특징	• 단순히 상층, 중층, 하층으로 구분하거나 보다 세분화할 수 있음 • 각 계층의 구분은 단순한 분류의 의미만을 지님 • 다양한 요인에 의한 희소가치의 불평등한 분배 상태를 범주화하여 설명함 • 계층이 연속적이고 복합적으로 나타나는 서열화임을 강조함 • 동일 계층에 속한 사람들 간의 계층 의식이 미약하고 다른 계층에 대해 적대감이 약하다고 봄 • 다원화된 현대 사회의 불평등을 범주화하여 설명하기에 적합함 • 현대 사회의 지위 불일치 현상을 설명하기에 적합함
대표 학자	베버(Weber, M.)

경제적으로 부를 많이 축적하였으나 사회적 위신은 매우 낮은 경우와 같이 개인이 가진 지위 간 위계가 다른 경우를 의미한다. 현대 사회에서 주로 나타나고 있다.

그래프로 살펴보기 📊

사회 계층화 현상에 대한 설명 : 계급론과 계층론

▲ 경제적 요인에 의해 구분된 자본주의 사회의 계급

▲ 경제적 · 사회적 · 정치적 요인이 고려된 계층

계급론은 사회 계층을 지배 계급인 자본가와 피지배 계급인 노동자로만 구분하여 바라보는 반면, 계층론은 재산 · 위신 · 권력과 같이 여러 가지 기준으로 상층 · 중층 · 하층과 같이 세분화하여 사회 계층을 바라보고 있다.

3. 사회 계층화 현상의 변화

(1) 전통 사회

① 특징 → 전통 사회에서는 귀속 지위를 중심으로 사회 계층이 형성되었다.
• 가문 및 혈통, 성별 등 출신 배경이나 선천적 요인에 의해 결정된 개인의 신분이 사회 계층화 현상의 주요 요인이 됨
• 개인의 능력이나 업적에 의한 사회 이동이 매우 어려운 폐쇄적 계층 구조를 이룸
② 사례 : 조선 시대의 신분 제도, 인도의 카스트 제도 등

(2) 근대 이후 사회

① 특징 → 현대 사회에서는 성취 지위를 중심으로 사회 계층이 나디니고 있다.
• 신분 제도의 폐지로 인하여 개인의 능력과 업적, 성취 등과 같은 후천적 요인이 사회 계층화 현상의 주요 요인이 됨
• 개인의 능력이나 업적에 의해 사회 이동이 가능한 개방적 계층 구조를 이룸
② 사례 : 현대 자유 민주주의 사회 등

핵심 개념 CHECK!

• 정답 및 해설 040쪽

다음 설명이 맞으면 'O', 틀리면 '×'에 표시하시오.

01 기능론은 사회적 희소가치가 개인의 사회적 기여도와 무관하게 분배된다고 본다. O ×

02 함정 기능론은 성취 동기와 차등 분배 사이에 정(+)의 관계가 있다고 본다. O ×

03 기능론은 개인의 능력과 차등 분배 사이에 정(+)의 관계가 있다고 본다. O ×

04 갈등론은 차등적인 보상이 사회 유지를 위해 필요하다고 본다. O ×

05 갈등론은 사회적 희소가치의 분배 기준이 불공정하다고 본다. O ×

06 갈등론은 직업의 중요성이 사회 전체적 합의를 바탕으로 한다고 본다. O ×

07 기능론은 개인의 귀속적 요인이 불평등에 미치는 영향이 작다고 본다. O ×

08 함정 갈등론과 달리 기능론은 사회 불평등 현상을 보편적 현상으로 본다. O ×

09 계급론은 사회 · 경제적 위치에 따른 집단 내 연대 의식을 강조한다. O ×

10 계층론은 사회 불평등 현상을 연속선상에 서열화된 것으로 본다. O ×

11 계급론은 사회 계층 구조가 궁극적으로 양분화된다고 본다. O ×

12 계급론은 개인이 가진 권력이나 사회적 위신이 서로 불일치할 수 있다고 본다. O ×

13 계급론은 다차원적 측면에서 사회 불평등 현상을 파악한다. O ×

14 함정 계급론과 계층론 모두 사회 불평등 현상의 원인으로 경제적 요인을 고려한다. O ×

15 계급론은 생산 수단의 소유 여부에 따른 차이를 강조한다. O ×

16 계층론은 사회 불평등 현상을 연속적으로 구분되어 있는 상태로 본다. O ×

17 계급론은 사회 불평등 현상의 발생 원인을 다원론적 관점으로 본다. O ×

18 계급론은 동일한 계층적 위치에 속한 구성원 간의 귀속 의식을 강조한다. O ×

19 계급론은 수직 이동이 극히 제한적으로 나타난다고 본다. O ×

20 계층론은 이분화된 계급 구조를 설명하기 용이하다. O ×

계층론과 계급론의 차이점은 무엇인가?

자료 1 계층론

> 계급론은 생산 수단의 소유 여부라는 경제적 기준을 중시한다. 즉, 밑줄 친 부분은 계급론을 의미한다.

> 경제적 계급이 다르지만 다른 측면에서는 동일 지위에 소속된다는 것은 지위 불일치를 의미한다.

- 단순히 개인의 <u>경제적 상황에 국한시켜서 사회 불평등 현상을 이해해서는 안 된다. 경제적 계급이 다르더라도 동일한 지위 집단에 소속될 수 있으며 지위 집단의 경제적 계급이 다르지만 다른 측면에서는 동일 지위에 소속된다는 것은 지위 불일치</u>를 의미한다.
- 사회 구조 차원에서 볼 때, 부·명예·권력의 분배가 똑같은 원칙에 의해 결정되는 것은 아니다. 가령 명예의 분배는 시장의 작동 원리뿐만 아니라 사회적 관습이나 가치관에 의해서도 결정된다. 어떤 경우, 명예를 중시하는 사람들이 돈이 많다고 자랑하는 사람들을 멸시하기도 한다. 계층 이론

> └ 사회 계층화 현상에 관한 다원론적 관점

계층론은 경제적 기준만으로 사회 계층화 현상을 설명하는 계급론과 달리, 경제적 요인·정치적 요인·사회적 요인 등 다양한 요인으로 사회 계층화 현상이 나타난다고 본다. 따라서 개인이 가진 지위 간 위계가 다른 지위 불일치 현상을 설명하기 용이하다.

자료 2 계급론

> 계급론은 사회 구성원을 생산 수단을 소유한 지배 계급과 생산 수단을 소유하지 못한 피지배 계급으로 구분한다.

> 권력 관계의 형성은 사회적 불평등, 사회 계층의 현상을 의미한다.

- 역사 발전 단계별로 주요한 <u>생산 수단의 소유 여부에 따라 권력 관계가 결정된다.</u> 자본주의 경제 체제에서는 자본을 소유한 집단과 그렇지 못한 집단 간에 <u>권력 관계가 형성된다.</u>
- 자본주의 사회의 불평등 구조 배후에는 자본, 기계, 원료 등 <u>생산에 필요한 물질에 대한 소유 여부가 존재한다.</u> 이를 소유한 집단은 그들의 이익을 정당화하는 관념을 마치 사회의 보편적 가치인 것처럼 모든 구성원에게 주입한다. 계급 이론

> 생산 수단의 소유 여부

> └ 자본가(부르주아)

계급론은 토지, 자본과 같은 생산 수단의 소유 여부와 같은 경제적 요인이 사회적 계층을 결정하는 중요한 요인이라고 보며, 경제적 요인에 의해 다른 모든 사회 불평등이 결정된다고 본다. 이러한 점에서 계급론은 일원론적 관점으로 불린다.

개념 문제로 확인

Q1 빈칸에 알맞은 말을 쓰시오.

01 계층론은 경제적 요인, 사회적 요인, (　　　) 등에 의해 사회 불평등이 나타난다고 본다.

02 계층론은 개인이 가진 지위 간 위계가 서로 다른 (　　　　)을 설명하기 용이하다.

03 계급론은 사회 구성원이 지배 계급과 (　　　　)으로 구분된다고 본다.

04 계급론은 (　　　　)이 다른 모든 사회 불평등을 결정한다고 본다.

05 계층론은 다원론적 관점, 계급론은 (　　　) 적 관점으로 불린다.

Q2 다음 설명이 맞으면 'O', 틀리면 'X'에 표하시오.

06 계급론과 계층론 모두 경제적 요인에 의해 사회 불평등이 발생한다고 본다. (O / X)

07 계층론은 경제적 요인에 의해 다른 사회 불평등이 결정된다고 본다. (O / X)

08 계급론은 동일 범주 내 구성원 간의 연대 의식을 강조한다. (O / X)

09 계층론은 현대 사회의 지위 불일치 현상을 설명하기 용이하다. (O / X)

개념 기출문제에 적용

10 연습하기 다음 내용이 맞으면 'O' 틀리면 'X'에 표시하시오.

- (가) 은/는 역사적으로 생산 수단의 소유 여부에 의해 결정되며 이에 따라 지배와 피지배 관계가 형성된다.
- (나) 은/는 부와 더불어 위신, 권력의 요인들에 의해 중첩적으로 형성된다.

❶ (가)는 다양한 가치에 의한 분배 상태를 의미한다. (O, X)
❷ (나)는 사회 불평등 구조가 궁극적으로 양분된다고 본다. (O, X)
❸ (나)와 달리 (가)는 동일 계층 구성원 간의 연대 의식이 강하다고 본다. (O, X)

11 적용하기 표는 계급론과 계층론은 구분한 것이다. (가)에 들어갈 질문으로 옳은 것은?

구분	개념	
	A	B
생산 수단 소유 여부가 사회 불평등 구조를 결정하는가?	예	아니요
(가)	아니요	예

① 지위 불일치 현상을 설명하기 어려운가?
② 일원론적 관점에서 계층화 현상을 바라보는가?
③ 불평등한 분배 상태를 이분법적으로 바라보는가?
④ 경제적 요인에 의해 사회 불평등이 형성된다고 보는가?
⑤ 다양한 요인에 의해 사회 불평등 현상이 형성된다고 보는가?

HOW & WHAT 정답 Q1 01 정치적 요인 02 지위 불일치 현상 03 피지배 계급 04 경제적 요인 05 일원론 Q2 06 ○ 07 × 08 ○ 09 ○ 10 ❶ × ❷ × ❸ ○ 11 ⑤

족집게 전략 | 사회 불평등 현상을 설명하는 관점에는 기능론과 갈등론이 있다. 기능론은 사회 불평등 현상의 정당성을 설명하는 이론이다.

족집게 자료 분석 전략 START | 제시된 자료의 내용이 기능론과 갈등론 중 어디에 부합되는지 찾아보자.

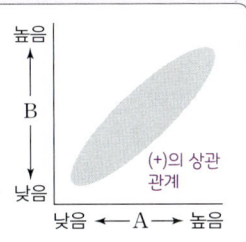

사회에서 가치 있다고 생각하는 자리를 <u>자격 있는 사람으로 채우기 위해서는 더 많은 보상을 제공해야 한다. 따라서 사회 불평등 현상은 어느</u> 사회에서나 나타난다. 이를 그림으로 표현하면 오른쪽과 같다. 기능론←

❶ 기능론은 개인의 능력과 역량 및 이에 따른 사회적 기여에 따라 사회적 희소가치가 차등 분배됨에 따라 사회 구성원에게 열심히 노력하고자 하는 성취 동기를 제공한다고 본다. 즉, 기능론은 차등 보상은 능력 있는 사람이 더 열심히 일하도록 만듦으로써 사회의 발전에 기여한다고 본다. 제시문은 기능론에 입장에 부합하고 있다.

❷ A와 B는 양의 상관 관계를 보이고 있다. 기능론에서는 차등 분배가 이루어질수록 개인의 성취 동기가 높아진다고 본다. 이 경우 '차등 분배'와 '성취 동기'는 양(+)의 상관 관계에 해당한다.

---

201 [대표 문항] | 평가원 기출 |

다음은 사회 불평등 현상을 바라보는 관점을 나타낸 자료이다. 이에 대한 설명으로 옳은 것은?

사회에서 가치 있다고 생각하는 자리를 자격 있는 사람으로 채우기 위해서는 더 많은 보상을 제공해야 한다. 따라서 사회 불평등 현상은 어느 사회에서나 나타난다. 이를 그림으로 표현하면 오른쪽과 같다.

① 사회 불평등 현상을 보편적이지만 제거해야 할 대상이라고 본다.
② 사회적 지위나 직업에는 중요도에 따른 위계 체제가 존재한다고 본다.
③ 지배 집단과 피지배 집단 간의 대립 관계에서 사회 불평등 현상을 이해한다.
④ A가 '부모의 경제적 지위'라면, B는 '자녀의 사회적 성공 가능성'이 적절하다.
⑤ A가 '희소가치의 균등 분배 수준'이라면, B는 '개인의 성취 동기'가 적절하다.

✏️ **한줄 Tip** 기능론은 희소가치의 차등 분배가 개인에게 성취 동기를 부여하고 우리 사회의 발전에 긍정적 영향을 미치기 때문에 정당하다고 본다.

202

표는 사회 불평등 현상을 바라보는 관점 A, B를 구분한 것이다. 이에 대한 옳은 설명을 〈보기〉에서 고른 것은?

구분	A	B
발생 원인	직업별 사회적 역할의 기여도 차이	–
가치 분배 기준	(가)	–
기능 및 한계	–	(나)

〈보기〉
ㄱ. A는 B에 비해 사회 불평등의 불가피성을 강조한다.
ㄴ. B는 A와 달리 희소가치의 분배 기준이 사회적 합의의 결과임을 강조한다.
ㄷ. (가)에는 '개인의 노력 및 업적'이 들어갈 수 있다.
ㄹ. (나)에는 '가정 배경과 같은 현실적 영향 간과'가 들어갈 수 있다.

① ㄱ, ㄴ   ② ㄱ, ㄷ   ③ ㄴ, ㄷ
④ ㄴ, ㄹ   ⑤ ㄷ, ㄹ

203

밑줄 친 ㉠에 나타난 사회 불평등 현상을 바라보는 관점에 부합하는 적절한 주장을 〈보기〉에서 고른 것은?

A 기업은 그동안 회사의 영업 이익 목표치를 초과하여 영업 이익을 달성할 경우 초과 이익의 일정 비율은 전 직원에서 균등하게 성과급으로 배분하였다. 그러나 올해부터 직업 개인별 업무 기여도를 S, A, B로 구분한 다음, 기여도에 따라 차등적으로 성과급을 배분하고 있다. A 기업은 이와 같은 ㉠ 성과급 분배 방식 개선을 통해 직업들의 업무 능력이 향상될 것으로 기대하고 있다.

〈보기〉
ㄱ. 차등 분배는 구성원의 성취 동기를 자극한다.
ㄴ. 사회적 희소가치는 개인의 능력과 무관하게 분배된다.
ㄷ. 가치의 배분 기준은 사회 전체적으로 합의된 정당한 기준이다.
ㄹ. 사회적 희소가치의 분배 기준은 지배 집단의 이익을 반영한다.

① ㄱ, ㄴ   ② ㄱ, ㄷ   ③ ㄴ, ㄷ
④ ㄴ, ㄹ   ⑤ ㄷ, ㄹ

204

표는 사회 불평등 현상을 바라보는 관점 A, B를 질문에 따라 구분한 것이다. 이에 대한 설명으로 옳은 것은?

질문	A	B
사회 불평등 현상은 보편적 현상인가?	(나)	(다)
기능적 중요도에 대한 정의는 사회 전체적 합의를 기반으로 하는가?	예	아니요
(가)	아니요	예

① A는 사회 불평등을 극복해야 할 대상으로 본다.
② B는 희소가치가 사회적 기여도와 비례하여 분배된다고 본다.
③ B와 달리 A는 사회 불평등이 성취 동기를 자극한다고 본다.
④ (가)에는 '사회 불평등을 능력의 차이에 따른 서열화로 보는가?'가 들어갈 수 있다.
⑤ (나)에는 '예', (다)에는 '아니요'가 들어갈 수 있다.

205

다음 대화에서 을의 주장을 뒷받침하기에 적절한 사례를 〈보기〉에서 고른 것은?

> 갑 : 우리 사회의 부유층과 빈곤층을 비교해 보면 사실 당사자가 게으르고 능력이 부족하여 빈곤층인 경우는 많지 않아. 사회 구조적 영향으로 개인의 노력에도 불구하고 빈곤으로 추락한 경우가 많아.
> 을 : 난 갑의 의견에 동의하지 않아. 우리 사회는 개인의 능력과 업적에 따라 차별적으로 보상이 이루어지고 있고, 이러한 과정을 통해 사회 전체적으로 능률과 경쟁력이 높아지고 있어.

〈보기〉
ㄱ. 어려운 가정 환경을 극복하고 대기업 CEO가 된 사례
ㄴ. 여성이라는 이유로 차별 대우를 받아 승진에서 누락된 사례
ㄷ. 경영 미숙으로 인해 기업의 부도로 CEO에서 노숙자로 전락한 사례
ㄹ. 가난으로 인해 공부를 포기하고 아르바이트를 전전하는 사례

① ㄱ, ㄴ   ② ㄱ, ㄷ   ③ ㄴ, ㄷ
④ ㄴ, ㄹ   ⑤ ㄷ, ㄹ

206

다음에 나타난 갑국과 을국에 대한 옳은 설명을 〈보기〉에서 고른 것은?

> 갑국은 출신 성분에 따라 귀족, 평민, 노비의 신분이 정해지고 있다. 귀족, 평민, 노비가 할 수 있는 일은 정해져 있기 때문에 어느 집안에서 태어나느냐에 따라 정해진 신분이 곧 계층이 되고 있다. 반면 을국은 경제적 요인에 의해 계층이 결정되고 있다. 10여 년 전 신분제를 폐지하면서 시장 경제 체제를 수용한 을국에서는 과거에는 노비였지만 사업 수완을 발휘하여 많은 돈을 벌어 상층이 된 사례가 있는 반면, 과거에는 귀족이었지만 이제는 구걸을 하며 연명하는 사례도 다수 나타나고 있다.

〈보기〉
ㄱ. 갑국의 사례는 불평등을 바라보는 관점 중 기능론에 부합한다.
ㄴ. 갑국에서는 귀속 지위, 을국에서는 성취 지위가 중시되고 있다.
ㄷ. 을국에서는 갑국에 비해 사회 불평등의 정도가 높게 나타나고 있다.
ㄹ. 개인의 능력에 따른 사회적 희소가치의 분배 가능성은 갑국보다 을국에서 높다.

① ㄱ, ㄴ   ② ㄱ, ㄷ   ③ ㄴ, ㄷ
④ ㄴ, ㄹ   ⑤ ㄷ, ㄹ

207

(가)는 사회 불평등을 바라보는 관점을 그림으로 나타낸 것이고, (나)는 (가)의 관점에 반대하는 입장을 그림으로 나타낸 것이다. 이에 대한 설명으로 옳은 것은?

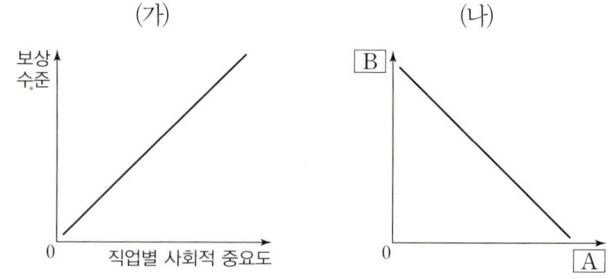

① (가)는 사회 불평등의 원인이 개인보다 불평등 구조에 있다고 본다.
② (가)는 개인의 귀속적 요인이 불평등에 미치는 영향이 크다고 본다.
③ (나)는 사회적 희소가치의 분배 기준이 공정하다고 본다.
④ (나)는 직업별 사회적 중요도가 사회 전체의 필요와 무관하게 결정된다고 본다.
⑤ A가 균등 분배 수준이라면, B에는 사회 발전 가능이 들어갈 수 있다.

208

다음은 사회 불평등 현상을 바라보는 관점을 설명하기 위해 교사가 제시한 자료이다. 이 관점에 대한 설명으로 옳은 것은?

축구 선수 ○○○은 수많은 청소년들에게 희망이 되고 있다. 가난한 집안에서 태어나 제대로 된 교육을 받지 못했지만, 누구보다 열심히 연습하고 노력한 끝에 국가 대표로 선출되고, 이후 유럽의 프로리그까지 진출한 ○○○은 이번에 A 구단에 입단하면서 5년간 150억 원의 연봉을 받기로 계약하였다. 눈물 젖은 빵을 먹으며 노력한 결과 이제는 대한민국에서 가장 고액 연봉을 받는 선수가 된 것이다.

① 사회 불평등 현상의 부정적 기능을 강조한다.
② 사회 불평등이 보편적이나 극복해야 할 대상으로 본다.
③ 성취 동기와 희소가치의 차등 분배 사이에 정(+)의 관계가 있다고 본다.
④ 부모의 계층과 자녀의 경제적 지위 사이에 정(+)의 관계가 있다고 본다.
⑤ 사회 불평등이 개인과 사회의 기능이 최대한으로 발휘되는 것을 저해한다고 본다.

209

| 평가원 기출 |

다음 대화에서 사회 · 문화 현상을 바라보는 갑, 을의 관점에 대한 설명으로 옳은 것은?

성 역할 분담은 남성이 가부장적인 지배 질서를 유지하기 위해 여성의 역할을 육아와 가사 노동의 틀 안에 묶어 둔 결과야. (갑)

아니야, 남성은 직장 일을 하고, 여성은 가사를 맡는 식으로 성 역할을 상호 보완적으로 분담하는 것은 사회적 필요에 의한 자연스러운 현상이야. (을)

① 갑의 관점은 사회 규범이 지배 집단의 합의를 통해 형성된다고 본다.
② 을의 관점은 사회적 상호 작용을 통한 의미 부여를 중시한다.
③ 갑의 관점은 을의 관점과 달리 사회가 스스로 균형을 유지하려는 속성을 지닌다고 본다.
④ 을의 관점은 갑의 관점과 달리 사회화가 현재의 불평등한 구조를 정당화하는 수단이라고 본다.
⑤ 갑, 을의 관점은 모두 개인의 행위에 미치는 사회 구조의 영향을 간과한다.

210

| 평가원 기출 |

다음에서 사회 · 문화 현상을 보는 갑~병의 서로 다른 관점에 대한 설명으로 가장 적절한 것은?

갑 : 산업 현장에서 로봇의 활용이 증가하는 것은 첨단 산업 비중이 높아지면서 정밀한 작업을 요하는 정보 사회로의 변화에 대응하기 위한 구성원들의 요구 때문이야.
을 : 내 생각에는 산업 현장에 로봇을 도입하는 것은 초기 부담은 크지만 직원의 인건비 부담을 줄일 수 있어 장기적으로 더 유리하다고 기업가들이 판단했기 때문이다.
병 : 하지만 산업 현장에서 사용되는 로봇은 기업가의 이익을 위한 수단일 뿐. 직원들은 일자리를 빼앗겨 실업자로 전락하고 결국 빈곤 가구의 비율만 높아질 거야.

① 갑의 관점은 사회의 안정보다 변동을 중시한다.
② 을의 관점은 희소가치를 둘러싼 집단 간 이해관계의 대립을 강조한다.
③ 병의 관점은 인간 행동의 동기에 대한 의미와 해석을 중시한다.
④ 을의 관점은 갑의 관점과 달리 인간이 이익을 추구하는 존재임을 강조한다.
⑤ 병의 관점은 갑의 관점과 달리 사회 구조의 영향력을 중시한다.

211

| 평가원 기출 |

사회 불평등을 바라보는 관점 A, B에 대한 설명으로 옳은 것은?

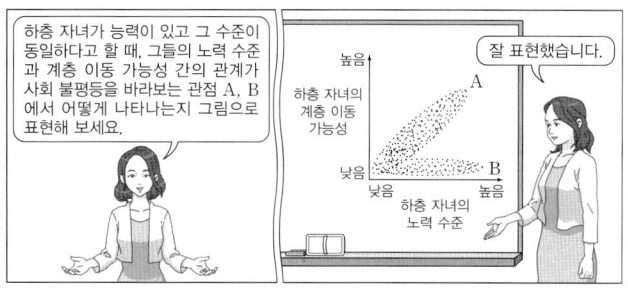

① A는 희소가치가 개인의 사회적 기여도와 무관하게 분배된다고 본다.
② A는 희소가치의 분배 수준이 균등해질수록 사회적 효율성이 낮아진다고 본다.
③ B는 개인의 성취 동기와 희소가치의 차등 분배 수준 사이에 정(+)의 관계가 있다고 본다.
④ B는 희소가치의 차등 분배 수준과 사회 갈등 정도 사이에 부(-)의 관계가 있다고 본다.
⑤ A는 부모의 계층과 자녀의 사회적 성공 가능성 사이에 정(+)의 관계가 있다고 보고, B는 무관하다고 본다.

주제 2 사회 계층화 현상

족집게 전략 | 사회 계층화 현상을 설명하는 이론에는 계층론과 계급론이 있다. 계급론과 계층론 각각의 특징을 바탕으로 공통점과 차이점을 도출할 수 있어야 한다.

족집게 자료 분석 전략 START | 불연속적으로 계층화 현상을 설명하는 이론은 계급론, 연속적으로 계층화 현상을 설명하는 이론은 계층론이다. 그림은 계급론과 계층론의 공통점인 (나)와 계급론에 해당하는 특징인 (가), 계층론에 해당하는 특징인 (다)를 나타내고 있다.

○ A : 불연속적 이분법적 관계로 계층화 현상을 설명한다. - 계급론
○ B : 연속적·서열적 관계로 계층화 현상을 설명한다. - 계층론

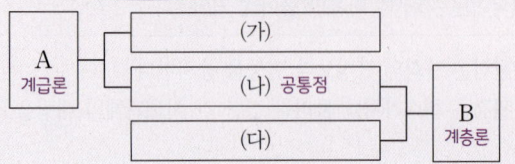

분석 | (가) 계급론에만 해당하는 특징에는 '동일 범주 구성원 간의 연대 의식 강조', '경제적 요인이 다른 모든 사회 불평등을 결정' 등이 있다.
(나) 계급론 및 계층론에 공통적으로 해당하는 특징으로, 계급론 및 계층론 모두 경제적 요인이 사회 불평등을 결정한다고 본다. 다만, 계급론은 경제적 요인에 의해서만, 계층론은 경제적 요인뿐만 아니라 다른 요인도 불평등에 영향을 미친다고 본다.
(다) 계층론에만 해당하는 특징에는 '현대 사회의 지위 불일치 현상의 설명 용이', '다른 계층에 대한 적대 의식이 약함' 등이 있다.

212 대표 문항 | 평가원 기출 |

다음 자료는 사회 계층화 현상에 대한 두 이론 A, B의 공통점과 차이점을 나타낸 것이다. (가)~(다)에 들어갈 수 있는 내용으로 옳은 것은?

○ A : 불연속적·이분법적 관계로 계층화 현상을 설명한다.
○ B : 연속적·서열적 관계로 계층화 현상을 설명한다.

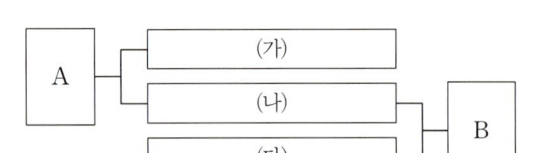

① (가) - 동일 계층 집단 구성원 간의 연대 의식을 강조한다.
② (가) - 현대 사회의 다양한 계층 분화를 설명하기에 용이하다.
③ (나) - 경제적 불평등이 정치적 불평등을 결정한다고 본다.
④ (다) - 사회 계층화 현상의 원인을 단일 요인으로 설명한다.
⑤ (다) - 사회 계층화 현상에서 귀속적 요인의 영향력을 중시한다.

✎ **한줄 Tip** (나)에는 계층론과 계급론의 공통점이 들어가야 한다. 계층론과 계급론 모두 경제적 요인이 사회 불평등을 결정하는 요인이라고 본다!

213

표는 사회 계층화 현상을 설명하는 이론 A, B에 해당하는 특징만을 나타낸 것이다. 이에 대한 옳은 설명을 〈보기〉에서 고른 것은?

A	B
○ 사회 계층을 지배와 지피배의 관계로 설명한다. ○ 생산 수단의 소유 여부를 기준으로 계층을 구분한다.	○ 연속적·복합적으로 사회 계층을 구분한다. ○ (가)

〈보기〉
ㄱ. A에 비해 B는 지위 불일치 현상을 설명하기 용이하다.
ㄴ. B에 비해 A는 동일 계층 구성원 간의 귀속 의식을 강조한다.
ㄷ. A와 B 모두 사회 계층 구조가 궁극적으로 양분된다고 본다.
ㄹ. (가)에는 '사회 불평등의 원인으로 경제적 요인을 고려한다.'가 들어갈 수 있다.

① ㄱ, ㄴ
② ㄱ, ㄷ
③ ㄴ, ㄷ
④ ㄴ, ㄹ
⑤ ㄷ, ㄹ

214 고난도↑

사회 계층화 현상을 설명하는 이론 A, B에 대한 설명으로 옳은 것은?

A는 경제 결정론적 시각이라는 평가를 받는 B에 대비되는 이론으로 경제적·사회적·정치적 요인 등 다양한 요인으로 계층을 구분하고 있다. 반면, B는   (가)   (이)라는 평가를 받는 A에 대비되는 이론으로   (나)

① A는 일원론적 관점에서 사회 계층을 바라본다.
② B는 경제적 요인이 사회적 요인에 종속된다고 본다.
③ A는 B와 달리 계층을 연속적·서열적으로 구분한다.
④ (가)에는 '불평등한 분배 상태를 이분법적으로 구분한다.'가 들어갈 수 있다.
⑤ (나)에는 '현대 사회의 지위 불일치 현상을 설명하기 적절하다.'가 들어갈 수 있다.

215

표는 사회 계층화 현상을 설명하는 이론 A, B를 질문에 따라 구분한 것이다. 이에 대한 옳은 설명을 〈보기〉에서 고른 것은?

질문	A	B
생산 수단의 소유 여부를 기준으로 계층을 구분하는가?	예	아니요
(가)	아니요	예
(나)	예	아니요

〈보기〉
ㄱ. A에 비해 B는 사회 계층을 구분하는 기준이 다양하다.
ㄴ. B와 달리 A는 경제적 요인을 계층 형성의 원인으로 강조한다.
ㄷ. (가)에는 '서로 다른 계층 간의 위계가 연속적이라고 보는가?'가 들어갈 수 있다.
ㄹ. (나)에는 '다원론적 관점에서 사회 계층화 현상을 바라보는가?'가 들어갈 수 있다.

① ㄱ, ㄴ   ② ㄱ, ㄷ   ③ ㄴ, ㄷ
④ ㄴ, ㄹ   ⑤ ㄷ, ㄹ

216

다음 대화에 대한 옳은 설명을 〈보기〉에서 고른 것은?

교사 : 계급론과 계층론의 차이에 대해 발표해 보겠습니다.
갑 : 계층론은 계급론과 달리 이분법적 개념입니다.
을 : 계층론은 계급론에 비해 현대 사회의 지위 불일치 현상을 설명하기 용이합니다.
병 : 계층론은 계급론과 달리 집단 구성원 내 귀속 의식을 강조합니다.
교사 : ㉠한 명의 학생만 정확히 이야기하였습니다.

〈보기〉
ㄱ. ㉠에 해당하는 학생은 을이다.
ㄴ. 갑은 계급의 특징을 계층의 특징으로 이해하고 있다.
ㄷ. 을은 지위 불일치의 의미를 오해하고 있다.
ㄹ. 병은 계급 의식의 의미를 정확히 이해하고 있다.

① ㄱ, ㄴ   ② ㄱ, ㄷ   ③ ㄴ, ㄷ
④ ㄴ, ㄹ   ⑤ ㄷ, ㄹ

217

다음 대화에 나타난 사회 계층화 현상을 바라보는 갑과 을의 관점에 대한 설명으로 옳은 것은? (단, 갑과 을은 계층론과 계급론 중 하나의 측면에서 계층화 현상을 바라본다.)

사회자 : 우리 사회의 사회 계층화 현상에 대해 설명 부탁드립니다.
갑 : 인류의 역사를 돌아보면 생산 수단을 둘러싼 계급 간의 갈등은 지속적으로 나타나고 있습니다. 생산 수단을 독점한 집단은 지배적 지위를 확보한 반면, 그렇지 못한 집단은 생산 수단을 독점한 집단에게 노동을 제공하며 지배를 받고 있습니다. 이러한 관계가 계층화 현상으로 나타나고 있는 것입니다.
을 : 생산 수단의 소유만으로 모든 사회 계층화 현상을 설명할 수는 없다고 생각합니다. 생산 수단 이외에도 여러 가지 요인이 사회 계층의 형성에 영향을 미치고 있습니다.

① 갑의 관점은 다원론적으로 계층을 설명한다.
② 갑의 관점은 사회 계층화가 필수적 현상임을 강조한다.
③ 을의 관점은 이분법적 구분으로 사회 계층화 현상을 설명한다.
④ 을의 관점은 동일 계층에 속한 구성원 간의 연대 의식을 강조한다.
⑤ 갑의 관점과 을의 관점 모두 사회 계층화의 원인을 희소가치의 차등 분배에서 찾는다.

218

다음 자료에 대한 옳은 설명을 〈보기〉에서 고른 것은?

• 사회 계층화 현상을 설명하는 이론은 ㉠사회 계층화를 연속적 현상으로 바라보는 입장과 ㉡불연속적 현상으로 바라보는 입장으로 구분된다.
• 사회 계층화 현상을 설명하는 이론 중 하나인 A 개념은 생산 수단의 소유 여부에 따라 A를 구분하는 반면, B 개념은 다양한 요인에 따라 B를 구분한다.

〈보기〉
ㄱ. ㉠은 일원론적 입장으로 A를 구분한다.
ㄴ. ㉠은 서로 다른 B 간에 적대감이 약하다고 본다.
ㄷ. ㉡은 동일한 A에 속한 구성원 간의 연대 의식을 강조한다.
ㄹ. ㉡은 서로 다른 B 간에 관계를 지배와 피지배로 이해한다.

① ㄱ, ㄴ   ② ㄱ, ㄷ   ③ ㄴ, ㄷ
④ ㄴ, ㄹ   ⑤ ㄷ, ㄹ

219

표는 계급론과 계층론을 질문 (가)~(라)에 따라 구분한 것이다. 이에 대한 옳은 설명을 〈보기〉에서 고른 것은?

질문	계급론	계층론
(가)	예	아니요
(나)	아니요	예
(다)	예	예
(라)	A	B

┌─ 보기 ─────────────────────────────────┐
ㄱ. (가)에는 '경제적 요인에 의한 계층화를 인정하는가?'가 들
   어갈 수 있다.
ㄴ. (나)에는 '다원론적 관점에서 사회 계층화를 설명하는가?'가
   들어갈 수 있다.
ㄷ. (다)에는 '지위 불일치 현상을 설명하기 적절한가?'가 들어
   갈 수 있다.
ㄹ. (라)에 '계층을 불연속적 관계로 이해하는가?'가 들어간다면
   A는 '예', B는 '아니요'이다.
└──────────────────────────────────────┘

① ㄱ, ㄴ   ② ㄱ, ㄷ   ③ ㄴ, ㄷ
④ ㄴ, ㄹ   ⑤ ㄷ, ㄹ

220

사회 계층화 현상을 설명하는 이론 A, B에 대한 설명으로 옳은 것은?

┌──┐
갑국의 사회 계층은 마치 물과 기름과 같이 이분법적으로 구분되
어 있으며, 중간 계층이란 존재하지 않고 있다. 반면, 을국의 사
회 계층은 스펙트럼과 같이 연속적으로 다양한 기준에 의해 나타
나고 있다. 사회 계층화 현상을 설명하는 이론 중 갑국의 상황은
A로, 을국의 상황은 B로 설명하기 적절하다.
└──┘

① A는 불평등 요인의 복합성을 강조한다.
② A는 경제적 위치에 따른 귀속 의식을 중시한다.
③ B는 사회 불평등의 원인을 일원론적으로 이해한다.
④ B는 생산 수단의 소유 여부가 모든 불평등 구조를 결정한다고 본다.
⑤ A와 달리 B는 사회 계층을 지배층과 피지배층으로 구분한다.

221

〈자료 2〉는 〈자료 1〉에 나타난 사회 계층화 현상을 설명하는 이론 (가), (나)의 공통점과 차이점을 나타낸 것이다. 이에 대한 옳은 설명을 〈보기〉에서 고른 것은?

┌─ 〈자료 1〉 ──────────────────────────────┐

구분	(가)	(나)
계층 구분 기준	생산 수단의 소유 여부	계급, 위신, 권력 등 다양한 요인

〈자료 2〉

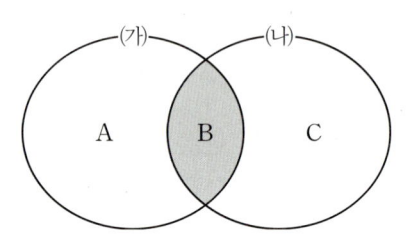

└──────────────────────────────────────┘

┌─ 보기 ─────────────────────────────────┐
ㄱ. A에는 '일원론적 관점으로 사회 계층을 설명한다.'가 적절하다.
ㄴ. B에는 '지위 불일치 현상을 설명하기 용이하다.'가 적절하다.
ㄷ. B에는 '경제적 요인을 계층화의 원인으로 본다.'가 적절하다.
ㄹ. C에는 '사회 계층을 이분법적으로 구분한다.'가 적절하다.
└──────────────────────────────────────┘

① ㄱ, ㄴ   ② ㄱ, ㄷ   ③ ㄴ, ㄷ
④ ㄴ, ㄹ   ⑤ ㄷ, ㄹ

222

| 평가원 기출 |

밑줄 친 'A 이론'에 대한 옳은 설명을 〈보기〉에서 고른 것은?

┌──┐
사회 불평등 현상을 설명하는 A 이론은 생산 수단의 소유 여부와
더불어 소득이나 부의 크기도 계급을 결정하는 요인으로 본다.
그러나 소득이나 부의 크기는 계급 관계의 산물일 뿐, 계급을 구
분하는 요인은 아니다. 또한 A 이론에서 사회 불평등을 구성하는
요인으로 보는 지위나 파당도 기본적으로 계급 관계에 의해 규정
될 뿐이며, 그 자체로는 독자적인 기원을 가지지 못한다.
└──┘

┌─ 보기 ─────────────────────────────────┐
ㄱ. 지위 불일치 가능성을 인정한다.
ㄴ. 다차원적 측면에서 사회 불평등 현상을 파악한다.
ㄷ. 동일 집단 구성원 간의 강한 연대 의식을 강조한다.
ㄹ. 사회 불평등 현상을 불연속적으로 구분되어 있는 상태로 본다.
└──────────────────────────────────────┘

① ㄱ, ㄴ   ② ㄱ, ㄷ   ③ ㄴ, ㄷ
④ ㄴ, ㄹ   ⑤ ㄷ, ㄹ

223
| 평가원 기출 |

그림은 질문 (가)~(다)에 따라 사회 불평등 현상을 설명하는 이론 A, B를 구분한 것이다. 이에 대한 옳은 설명을 〈보기〉에서 고른 것은? (단, A, B는 각각 계급 이론, 계층 이론 중 하나이다.)

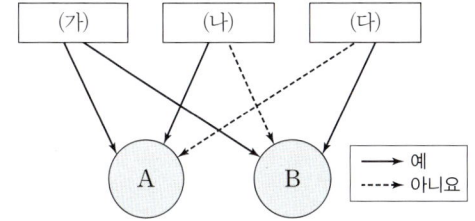

[보기]
ㄱ. (가)에는 '사회 불평등 현상의 원인으로 경제적 요인을 고려하는가?'가 들어갈 수 있다.
ㄴ. A가 계층 이론이라면, (나)에는 '사회 불평등 현상을 불연속적인 위계화로 파악하는가?'가 들어갈 수 있다.
ㄷ. A가 계급 이론이라면, (다)에는 '사회 불평등 현상의 발생 원인을 다원론적 관점으로 보는가?'가 들어갈 수 있다.
ㄹ. B가 계층 이론이라면, (나)에는 '지위 불일치 현상을 설명하기에 적합한가?'가 들어갈 수 있다.

① ㄱ, ㄴ   ② ㄱ, ㄷ   ③ ㄴ, ㄷ
④ ㄴ, ㄹ   ⑤ ㄷ, ㄹ

224
| 평가원 기출 |

사회 불평등 현상을 설명하는 이론 A, B의 입장을 고려하여 자신에게 주어진 질문에 대한 응답을 모두 옳게 한 학생은?

A는 자본주의 체제에서 돈, 기계, 원료 등과 같은 생산 수단의 소유 여부를 기준으로 사회 불평등 현상을 설명한다. 한편 B는 사회 불평등의 층위가 사회적·정치적 차원에서도 발생한다고 주장하며, 현대 사회에서 나타나는 다양한 차원의 불평등을 근거로 제시한다.

학생	질문	A의 입장	B의 입장
갑	사회 계층이 연속적으로 서열화되어 있다고 보는가?	×	○
을	계층 간 수직 이동이 극히 제한적이라고 보는가?	×	○
병	경제적 요인에 의해 계층화가 발생한다고 보는가?	○	×
정	동일한 계층에 속하는 구성원 간의 연대 의식이 강하다고 보는가?	×	○
무	한 사람의 지위가 계층화의 여러 차원에 따라 달라질 수 있다고 보는가?	○	×

(○ : 예, × : 아니요)

① 갑   ② 을   ③ 병   ④ 정   ⑤ 무

225
| 평가원 기출 |

다음은 사회 불평등 현상을 설명하는 이론이다. 이에 대한 옳은 설명을 〈보기〉에서 고른 것은?

생산 수단의 '소유'와 '소유의 결여'가 계급의 위치를 결정하는 기본적 요인임을 인정한다. 하지만 노동 시장에서 능력의 차이를 초래하는 소유의 종류나 기술, 신용, 자격 등도 계급 분화에 영향을 준다. 또한 개인이 다른 사람으로부터 받는 존경이나 개인이 누리는 명예, 위신에 의한 지위 집단 등도 사회 불평등 현상의 또 다른 차원으로 작동한다.

[보기]
ㄱ. 중간 계급의 존재를 부정한다.
ㄴ. 경제적 위치에 따른 집단 내 연대 의식을 강조한다.
ㄷ. 사회 불평등에서 위계를 결정하는 기준이 다원적이다.
ㄹ. 사회 불평등 현상을 연속선상에 서열화된 것으로 본다.

① ㄱ, ㄴ   ② ㄱ, ㄷ   ③ ㄴ, ㄷ
④ ㄴ, ㄹ   ⑤ ㄷ, ㄹ

226 고난도
| 평가원 기출 |

표는 베버의 계층론을 근거로 갑~병의 주관적 계층 의식과 실제 계층을 조사한 결과이다. 이에 대한 분석으로 옳은 것은?

〈주관적 계층 의식〉

구분	재산	권력	위신
상층	을	갑, 병	갑
중층	갑, 병	-	을, 병
하층	-	을	-

〈실제 계층〉

구분	재산	권력	위신
상층	을, 병	갑, 병	갑, 병
중층	-	을	-
하층	갑	-	을

① 을은 주관적 계층 의식과 실제 계층이 모두 일치한다.
② 병은 경제적, 사회적 측면 모두에서 자신의 계층적 위치를 실제보다 낮게 평가한다.
③ 갑과 을은 계급적 연대 의식을 공유하고 있다.
④ 실제 계층에서 갑과 을의 권력 차이는 재산 차이에서 비롯된다.
⑤ 실제 계층에서 갑~병 모두에게 지위 불일치 현상이 나타난다.

Ⅳ. 사회 계층과 불평등

사회 이동과 사회 계층 구조

주제 1 **사회 계층 구조**

1. 의미와 특징

(1) **의미** : 한 사회에서 희소한 자원이 불평등하게 배분되고, 그러한 불평등이 지속되어 일정한 형태로 고정된 구조

(2) **특징**

① 구속성 : 사회 성원들의 삶의 기회, 생활 양식, 사고방식 등에 영향을 미침

② 지속성 : 한 번 형성된 계층 구조는 제도화된 형태로서 오랜 기간 유지됨

2. 유형

(1) **계층 이동 가능성에 따른 구분**

폐쇄적 계층 구조	• 계층 간 이동이 엄격하게 제한된 계층 구조 • 봉건적 신분 사회의 계층 구조로 전근대 사회에서 지배적임 • 서로 다른 계층 간 혼인이나 교류가 엄격히 제한되며, 귀속 지위가 중시됨 • 계층 질서를 위협하지 않는 수평 이동은 통제하지 않음
개방적 계층 구조	• 계층 간 이동 가능성이 열려 있는 계층 구조 • 현대 민주 사회의 계층 구조로 근대 이후에 확산됨 • 서로 다른 계층 간 혼인이나 교류에 제한이 없으며, 성취 지위가 중시됨 • 수직 이동, 수평 이동이 자유롭게 나타남

그래프로 살펴보기

개방적 계층 구조와 폐쇄적 계층 구조

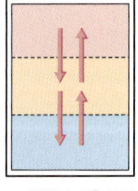 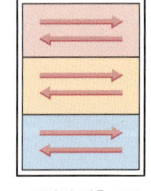

▲ 폐쇄적 계층 구조　▲ 개방적 계층 구조

피라미드형 계층 구조가 폐쇄적 계층 구조, 다이아몬드형 계층 구조가 개방적 계층 구조인 것은 아니다. 개방적 계층 구조의 가장 중요한 기준은 계층 간 구성 비율이 아니라 수직 이동의 가능성 여부이다.

⌐ 피라미드형 계층 구조라 하더라도 수직 이동이 활발하게 나타날 경우 개방적 계층 구조에 해당한다.

(2) **계층 구성원의 비율에 따른 구분**

피라미드형 계층 구조	• 하층의 비율이 가장 높고, 상층의 비율이 가장 낮은 계층 구조 • 봉건적 신분 사회에서 주로 나타남 • 소수의 상층이 희소 자원을 독점하고 다수의 하층을 지배하고 통제함 • 소외된 하층의 비율이 가장 높아 사회 구조의 변화를 추구하는 시도가 나타날 수 있음
다이아몬드형 계층 구조	• 중층의 비율이 상층과 하층의 비율보다 높은 계층 구조 • 근대 이후의 산업 사회에서 주로 나타남 • 산업화 이후 직업이 분화되고, 사회 복지 제도의 확충으로 인해 중층의 비율이 높아지면서 나타남 • 현 상태의 유지를 지향하는 중층의 비율이 가장 높아 사회 안정이 실현되는 데 기여함

그래프로 살펴보기

피라미드형 계층 구조와 다이아몬드형 계층 구조

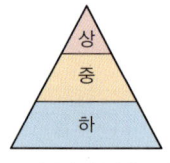 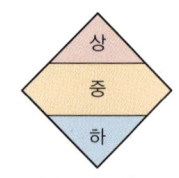

▲ 피라미드형 계층 구조　▲ 다이아몬드형 계층 구조

피라미드형 계층 구조에 비해 다이아몬드형 계층 구조는 중층의 비율이 높다. 안정을 지향하는 중층의 비율이 높음에 따라 다이아몬드형 계층 구조는 피라미드형 계층 구조에 비해 사회 통합에 유리하며, 사회의 안전성이 보다 높다.

(3) **불평등 정도에 따른 계층 구조**

① 완전 불평등형 : 사회 모든 구성원들의 계층적 지위가 하나의 수직선 위에 존재하는 계층 구조

② 부분 불평등형 : 하층의 비율이 가장 높고 계층적 지위가 높아지면서 계층 구성원의 비율이 줄어드는 계층 구조(피라미드형 계층 구조)

③ 부분 평등형 : 상층, 중층, 하층 중 중층의 비율이 다른 계층에 비해 높은 구조(다이아몬드형 계층 구조)

④ 완전 평등형 : 사회 모든 구성원들이 하나의 계층 형성

(4) **정보 사회의 계층 구조** ── 정보에 접근하거나 정보를 소유하고 활용할 수 있는 능력 등의 측면에서 발생하는 정보 불평등 현상

모래시계형 계층 구조	• 중층의 비율이 가장 낮고 소수의 상층과 다수의 하층으로 구성되는 계층 구조 • 정보 격차 등으로 인해 중층의 비율이 현저히 낮아질 경우 초래될 수 있는 정보 사회의 계층 구조 • 중층에서 몰락한 사람들의 상대적 박탈감이 증가하고, 소외되어 왔던 하층의 불만이 표출되면서 극심한 사회 혼란이 나타날 수 있음
타원형 계층 구조	• 계층 간 소득 격차가 감소하여 중층이 대다수를 차지함 • 기존에 하층이었던 사람들이 중층이 될 기회가 많아져 중층의 비율이 높아질 경우 나타날 수 있는 정보 사회의 계층 구조 • 사회적 희소가치의 배분 상태에 대한 불만이 작아 사회 안정을 실현하는 데 매우 유리함

그래프로 살펴보기

모래시계형 계층 구조와 타원형 계층 구조

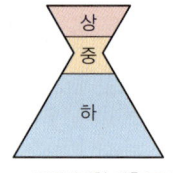 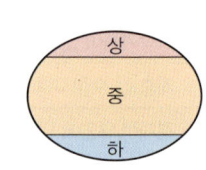

▲ 모래시계형 계층 구조　▲ 타원형 계층 구조

모래시계형과 타원형 계층 구조의 가장 큰 차이는 중층의 비율이다. 중층의 비율이 높을수록 사회 통합에 유리한 반면, 중층의 비율이 낮을수록 사회 양극화에 따른 문제가 초래될 수 있다.

주제 2 사회 이동

1. 의미와 특징

(1) **의미** : 사회 계층 구조에서 한 개인이나 집단이 어떤 사회적 지위로 부터 다른 사회적 위치로 이동하는 현상

(2) **양상** : 전근대 사회보다 근대 사회에서, 농촌 사회보다 도시 사회에서 더욱 뚜렷하게 나타나며, 사회 이동이 활발할수록 사회 성원의 성취 욕구가 높아지고 사회 발전과 사회 통합이 용이함

2. 유형

(1) 이동 방향에 따라

수평 이동	• 의미 : 동일한 계층 내에서 다른 직업을 갖거나 소속을 옮기는 등의 이동 • 특징 : 계층적 위치에 변화 없음 • 사례 : 1학년 담임교사 → 2학년 담임교사
수직 이동	• 의미 : 한 계층에서 다른 계층으로 상승하거나 하강하는 이동 • 특징 : 계층적 위치가 변화하며, 상승 이동과 하강 이동으로 구분됨 • 사례 : 교사 → 교장(상승 이동), 대기업 CEO → 노숙자(하강 이동)

(2) 이동 원인에 따라

개인적 이동	• 의미 : 노력이나 능력 등 개인적 요인에 의해 계층적 위치가 변화하는 이동 • 사례 : 교사 → 교장
구조적 이동	• 의미 : 전쟁, 혁명, 산업화 등의 사회 변동으로 인해 기존의 사회 구조가 변화하면서 개인이나 집단의 계층적 위치가 변화하는 이동 • 사례 : 혁명으로 신분 제도가 폐지되어 노비에서 평민으로 이동

(3) 이동 범위에 따라

┌ 일반적으로 개인의 사회 진출 시 계층과 중장년 시기의 계층을 비교하여 판단한다.

세대 내 이동	• 의미 : 개인의 한 생애 내에서 나타나는 사회 이동 • 사례 : 식당 아르바이트생에서 식품업체 사장으로 성장
세대 간 이동	• 의미 : 두 세대 이상에 걸쳐 계층적 위치가 변화하는 이동 • 사례 : 빈농의 자녀가 대기업 CEO로 성장

└ 일반적으로 한 개인의 성장기 부모의 계층과 중장년 시기의 계층을 비교하여 판단한다.

3. 바람직한 계층 구조

(1) 바람직한 계층 구조

개방적 계층 구조	후천적 요인에 따른 사회 이동 가능성이 높아야 사회 구성원의 사회에 대한 소속감과 성취 동기를 유발할 수 있음
다이아몬드형 계층 구조	사회적 희소가치가 비교적 평등하게 분배되어 있는 다이아몬드형 계층 구조의 경우 계층 간 대립 가능성이 낮고, 사회 통합 및 안정의 가능성이 높음

(2) 바람직한 계층 구조 형성을 위한 방안

① 능력과 노력에 따라 교육을 받을 수 있도록 교육의 기회 균등 보장

② 빈곤층 구성원이라도 노력을 통해 사회 이동을 할 수 있도록 소득 재분배 정책 및 빈곤층 지원 정책의 강화

③ 장애인 등 사회적 약자에 대한 배려 강화

✎ 다음 설명이 맞으면 'O', 틀리면 'X'에 표시하시오.

01 폐쇄적 계층 구조는 계층 간 이동이 엄격하게 제한된 계층 구조이다. O X

02 개방적 계층 구조에 비해 폐쇄적 계층 구조는 귀속 지위가 중시된다. O X

03 폐쇄적 계층 구조는 오늘날 민주 사회에서 주로 나타난다. O X

04 하층의 비율이 높고 상층의 비율이 가장 낮은 계층 구조는 피라미드형 계층 구조이다. O X

05 함정 피라미드형 계층 구조에 비해 다이아몬드형 계층 구조는 사회 통합에 유리하다. O X

06 함정 근대 이후 산업 사회에서는 다이아몬드형 계층 구조가 주로 나타나고 있다. O X

07 피라미드형 계층 구조에 비해 다이아몬드형 계층 구조는 개방적 계층 구조에 해당한다. O X

08 정보 사회에 대하여 비관하는 사람들은 모래시계형 계층 구조의 등장을 예상한다. O X

09 타원형 계층 구조는 모래시계형 계층 구조에 비해 사회 안정 실현에 불리하다. O X

10 모래시계형 계층 구조는 심각한 사회 양극화 문제를 초래할 수 있다. O X

11 타원형 계층 구조에 비해 모래시계형 계층 구조는 계층 간 소득 격차가 작다. O X

12 동일 계층 내에서 나타나는 사회 이동을 수평 이동이라고 한다. O X

13 개인적 요인에 의해 개인의 계층적 위치가 변화하는 이동은 구조적 이동이라 한다. O X

14 전쟁, 혁명 등에 따른 사회 이동은 구조적 이동에 해당한다. O X

15 이동 방향에 따라 사회 이동은 구조적 이동과 개인적 이동으로 구분된다. O X

16 한 개인의 생애 내에서 나타나는 사회 이동을 세대 내 이동이라고 한다. O X

17 부모의 계층과 자녀의 계층이 다른 경우는 세대 내 이동에 해당한다. O X

18 개방적 계층 구조와 다이아몬드형 계층 구조는 바람직한 계층 구조에 해당한다. O X

19 선천적 요인에 의한 사회 이동 가능성이 높아야 구성원의 성취 동기가 유발된다. O X

20 함정 사회 통합과 안정의 가능성이 높아지기 위해서는 다이아몬드형 계층 구조가 적절하다. O X

계층 구조의 유형 및 세대 간 이동은 어떻게 파악할까?

→ A 사회에서 부모 중층-자녀 상층 12%, 부모 하층-자녀 상층 5%, 부모 하층-자녀 중층 18%는 상승 이동한 경우이고, 부모 상층-자녀 중층 16%, 부모 상층-자녀 하층 4%, 부모 중층-자녀 하층 8%는 하강 이동한 경우이다.

· 자료

⟨A 사회⟩ (단위 : %)

부모＼자녀	상층	중층	하층 (상승 이동)	계
상층	5	12	5	22
중층	16	30	18	64
하층	4	8	2	14
계 (하강 이동)	25	50	25	100

⟨B 사회⟩ (단위 : %)

부모＼자녀	상층	중층	하층 (상승 이동)	계
상층	15	1	3	19
중층	2	28	28	58
하층	1	2	20	23
계 (하강 이동)	18	31	51	100

B 사회에서 부모 중층-자녀 상층 1%, 부모 하층-자녀 상층 3%, 부모 하층-자녀 중층 28%는 상승 이동한 경우이고, 부모 상층-자녀 중층 2%, 부모 상층-자녀 하층 1%, 부모 중층-자녀 하층 2%는 하강 이동한 경우이다.

계층 이동 문제 해결의 가장 첫 번째 단계는 위 표와 같이 부모 세대와 자녀 세대 간 계층별 구성 비율을 확인하는 것이다. 이를 통해 부모 세대의 상층·중층·하층 비율, 그리고 자녀 세대의 상층·중층·하층 비율을 알 수 있다. 그리고 부모 세대 계층과 자녀 세대 계층을 비교함으로써 세대 간 이동의 여부를 확인할 수 있다.

❶ 부모 세대와 자녀 세대의 계층 구조의 유형 파악
- A 사회에서 ==부모 세대의 경우== 중층의 비율이 상층과 하층의 비율보다 높은 다이아몬드형 계층 구조가 나타나고 있다. ==자녀 세대의 경우==에도 중층의 비율이 상층과 하층의 비율보다 높은 ==다이아몬드형 계층 구조==가 나타나고 있다.
- B 사회에서 ==부모 세대의 경우== 하층의 비율이 가장 높고 상층의 비율이 가장 낮은 ==피라미드형 계층 구조==, 자녀 세대의 경우 ==다이아몬드형 계층 구조==가 나타나고 있다.

❷ 세대 간 이동 비율의 확인
세대 간 이동은 부모 세대의 계층과 자녀 세대의 계층이 다른 경우이다.
- A 사회에서 부모는 상층이나 자녀는 중층 또는 하층인 경우, 부모는 중층이나 자녀는 상층 또는 하층인 경우, 부모는 하층이나 자녀는 상층 또는 하층인 경우가 이에 해당하며 전체 중 63%가 세대 간 이동을 하였다. 반면, 전체 중 37%는 세대 간 계층이 대물림되었다.
- B 사회의 경우 전체 중 37%가 세대 간 이동하였으며, 전체 중 63%는 부모 세대의 계층과 자녀 세대의 계층이 동일하게 나타나고 있다.

·개념   문제로 확인

Q1 빈칸에 알맞은 말을 쓰시오.

01 하층의 비율이 가장 높고, 상층의 비율이 가장 낮은 계층 구조는 (   )이다.

02 중층의 비율이 상층과 하층의 비율보다 높은 계층 구조는 (   )이다.

03 부모 세대 계층 대비 자녀 세대의 계층이 높은 경우는 세대 간 (   ) 이동이다.

04 부모 세대 계층 대비 자녀 세대의 계층이 낮은 경우는 세대 간 (   ) 이동이다.

05 한 계층에서 다른 계층으로 상승하거나 하강하는 이동을 (   ) 이동이라 한다.

Q2 다음 설명이 맞으면 '○', 틀리면 '×'에 표하시오.

06 다이아몬드형 계층 구조는 피라미드형 계층 구조에 비해 사회 통합에 유리하다.
(○ / ×)

07 부모 세대와 자녀 세대 간 계층 이동이 활발한 사회는 폐쇄적 계층 구조이다. (○ / ×)

08 부모 세대와 자녀 세대 간 계층이 동일한 경우는 계층이 대물림된 경우이다.
(○ / ×)

09 피라미드형 계층 구조는 다이아몬드형 계층 구조에 비해 사회 통합의 필요성이 낮다.
(○ / ×)

·개념   기출문제에 적용

10 [연습하기] 위에 자료를 보고 다음 설명이 맞으면 '○', 틀리면 '×'에 표시하시오.

❶ A 사회에서 빈곤이 대물림된 비율은 전체의 2%이다. (○. ×)

❷ A 사회는 폐쇄적 계층 구조에서 개방적 계층 구조로 변화하였다.
(○. ×)

❸ A 사회에서 수직 이동을 경험한 비율은 전체의 37%이다. (○. ×)

❹ A 사회에서 세대 간 하강 이동보다 세대 간 상승 이동이 많다.
(○. ×)

11 [적용하기] 위에 제시된 표에 대한 옳은 분석을 〈보기〉에서 고른 것은?

〈보기〉
ㄱ. A 사회에서 부모가 중층인 사람 중에서 세대 간 계층이 고착화된 비율은 A 사회에서 60%이다.
ㄴ. B 사회에서 부모 세대 계층 대비 부모와 자녀의 계층 불일치 비율은 하층이 가장 크다.
ㄷ. B 사회는 A 사회에 비해 세대 간 수직 이동이 활발하다.
ㄹ. A, B 사회 모두 부모 세대의 계층 구조에 비해 자녀 세대의 계층 구조에서 사회 통합의 필요성이 높다.

① ㄱ, ㄴ   ② ㄱ, ㄷ   ③ ㄴ, ㄷ   ④ ㄴ, ㄹ   ⑤ ㄷ, ㄹ

HOW & WHAT 정답 Q1 01 피라미드형 02 다이아몬드형 03 상승 04 하강 05 수직 Q2 06 ○ 07 × 08 ○ 09 × 10 ❶ ○ ❷ × ❸ × ❹ ○ 11 ①

기출+예상 문제로 주제 정복하기

주제 1-2 사회 계층 구조와 사회 이동

족집게 전략 | 계층 이동 표 문항은 부모 세대와 자녀 세대 간 계층 이동 표를 완성하는 것이 가장 중요하다.

족집게 자료 분석 전략 START |

〈자료 1〉 갑국의 자녀 세대 계층 구성 현황

> 자녀 세대의 A 비율은 B 비율보다는 20%p 크고, C 비율보다는 30%p 크다. 세대의 계층 구조는 다이아몬드형이며, C는 B보다 높은 계층이다. └─→ 중층이 가장 많다.

*갑국의 모든 부모의 자녀는 1명이고, 계층은 상층, 중층, 하층으로만 구분하며, A~C는 각각 상층, 중층, 하층 중 하나임

〈자료 2〉 갑국의 세대 간 계층 이동 현황　　　　　　(단위 : %)

구분 \ 계층	A	B	C
자녀 세대 계층 대비 부모 세대와 자녀 세대의 계층 불일치 비율　일치 비율 →	90 / 10	50 / 50	40 / 60
부모 세대 계층 대비 부모 세대와 자녀 세대의 계층 일치 비율	25	30	40

*상층 부모를 둔 중층 자녀 인구는 하층 부모를 둔 상층 자녀 인구의 3배임

분석 1 | 〈자료 1〉에서 A~C 중 상층, 중층, 하층이 무엇인지 파악하자. A 비율은 B 비율보다 20%p 크고, C 비율보다는 30%p 크기에, B와 C에 비해 A의 비율이 가장 크다는 점을 알 수 있다. 그리고 자녀의 계층 구조가 다이아몬드형이기 때문에 A~C 중 비율이 가장 큰 A가 중층에 해당한다. C가 B보다 높다는 조건에서 C는 상층, B는 하층이 된다.

분석 2 | 〈자료 2〉를 통해 부모 세대와 자녀 세대 간 계층 이동 표를 완성하자. 〈자료 1〉을 통해 자녀 세대 상층, 중층, 하층 비율을 파악하였으며, 이 자료와 〈자료 2〉를 활용하여 세대 간 계층 일치 비율, 불일치 비율, 그리고 부모 세대의 상층, 중층, 하층을 파악할 수 있으며, '상층 부모를 둔 중층 자녀 인구는 하층 부모를 둔 상층 자녀 인구의 3배'라는 조건을 활용하여 계층 이동 표를 완성할 수 있다.

227 대표 문항　　　　　　　　　　　　|평가원 기출 |

다음 자료에 대한 분석으로 옳은 것은?

〈자료 1〉 갑국의 자녀 세대 계층 구성 현황

> 자녀 세대의 A 비율은 B 비율보다는 20%p 크고, C 비율보다는 30%p 크다. 자녀 세대의 계층 구조는 다이아몬드형이며, C는 B보다 높은 계층이다.

*갑국의 모든 부모의 자녀는 1명이고, 계층은 상층, 중층, 하층으로만 구분하며, A~C는 각각 상층, 중층, 하층 중 하나임
**%p : 백분율 간의 차이를 나타내는 단위임. 예를 들어, 20%는 10%보다 10%p 크다고 표현함

〈자료 2〉 갑국의 세대 간 계층 이동 현황　　　　　　(단위 : %)

구분 \ 계층	A	B	C
자녀 세대 계층 대비 부모 세대와 자녀 세대의 계층 불일치 비율	90	50	40
부모 세대 계층 대비 부모 세대와 자녀 세대의 계층 일치 비율	25	30	40

*상층 부모를 둔 중층 자녀 인구는 하층 부모를 둔 상층 자녀 인구의 3배임

① 하층 대비 상층의 비율은 부모 세대가 자녀 세대보다 높다.
② 세대 간 상승 이동한 비율이 세대 간 하강 이동한 비율보다 낮다.
③ 중층 부모를 둔 하층 자녀의 인구는 중층 부모를 둔 상층 자녀 인구의 4배이다.
④ 부모 세대의 계층 구조는 자녀 세대의 계층 구조에 비해 사회 통합에 유리하다.
⑤ 자녀 세대 계층 대비 세대 간 이동을 경험하지 않은 비율이 가장 높은 계층은 하층이다.

 한줄 Tip　계층 이동 문항은 제시된 모든 조건과 자료가 활용되어야 한다는 점을 명심하자.

228

표는 갑국과 을국의 계층 간 상대적 비를 나타낸 것이다. 이에 대한 분석으로 옳은 것은? (단, 갑국과 을국의 계층 구조는 상층, 중층, 하층으로만 구분한다.)

구분	갑국	을국
상층 / 하층	1/5	1/2
중층 / 하층	3/5	5/3

① 갑국에서는 사회 양극화가 심각하게 나타나고 있다.
② 을국의 계층 구조는 신분제 사회에서 주로 나타난다.
③ 갑국과 달리 을국은 계층의 개방성이 높다.
④ 갑국에 비해 을국의 계층 구조는 사회 통합에 유리하다.
⑤ 갑국에 비해 을국은 계층의 대물림 비율이 높게 나타나고 있다.

229

표는 갑국 ~ 병국의 세대 간 이동에 따른 계층 구성 비율을 나타낸 것이다. 이에 대한 옳은 분석을 〈보기〉에서 고른 것은? (단, A~C는 각각 상층, 중층, 하층 중 하나이며, 갑국의 계층 구조는 피라미드형이다.)

　　　　　　　　　　　　　　　　　　(단위 : %)

구분	갑국	을국	병국
A	30	60	10
B	10	20	40
C	60	20	50

〈보기〉
ㄱ. 을국에 비해 병국에서 사회 양극화가 심각하다.
ㄴ. 갑국~병국 중 병국이 가장 폐쇄적인 계층 구조이다.
ㄷ. 갑~병국의 인구가 동일하다면 상층 인구는 병국이 가장 많다.
ㄹ. 을국의 계층 구조는 다이아몬드형, 병국의 계층 구조는 피라미드형이다.

① ㄱ, ㄴ　　　　② ㄱ, ㄷ　　　　③ ㄴ, ㄷ
④ ㄴ, ㄹ　　　　⑤ ㄷ, ㄹ

230

표는 갑국의 계층 간 상대적 비의 변화를 나타낸 것이다. 이에 대한 옳은 분석을 〈보기〉에서 고른 것은? (단, 갑국의 계층 구조는 상층, 중층, 하층으로만 구분한다.)

구분	2010년	2018년
상층 / 중층	1/3	1/3
중층 / 하층	3	1/2

〈보기〉
ㄱ. 제시된 기간 중 중층의 하강 이동이 상승 이동보다 많이 나타났다.
ㄴ. 피라미드형 계층 구조에서 다이아몬드형 계층 구조로 변화하였다.
ㄷ. 2010년에 비해 2018년 갑국의 계층 구조는 사회 통합에 불리하게 변화하였다.
ㄹ. 2010년과 2018년의 전체 인구가 동일하다면 2010년 대비 2018년 중층 인구는 2배 증가하였다.

① ㄱ, ㄴ ② ㄱ, ㄷ ③ ㄴ, ㄷ
④ ㄴ, ㄹ ⑤ ㄷ, ㄹ

231

표는 갑국에서 세대 간 이동에 따른 계층 구성 비율을 나타낸 것이다. 이에 대한 옳은 분석을 〈보기〉에서 고른 것은? (단, A~C는 각각 상층, 중층, 하층 중 하나이며, 부모 세대의 계층 구조는 피라미드형이다. 모든 부모의 자녀는 1명씩이다.)

(단위 : %)

구분(%)		부모 세대 계층			
		A	B	C	계
자녀 세대 계층	A	18	27	5	
	B	3	28	2	100
	C	4	5	8	
	계		100		

〈보기〉
ㄱ. 자녀 세대의 계층 구조는 다이아몬드형이다.
ㄴ. 세대 간 계층이 대물림된 비율은 전체의 54%이다.
ㄷ. 세대 간 상승 이동보다 세대 간 하강 이동이 많다.
ㄹ. 부모 세대 대비 계층 대물림 비율은 상층이 가장 높다.

① ㄱ, ㄴ ② ㄱ, ㄷ ③ ㄴ, ㄷ
④ ㄴ, ㄹ ⑤ ㄷ, ㄹ

232

표는 갑국에서 T기 계층 구조 현황을 나타낸 것이다. 이에 대한 옳은 분석을 〈보기〉에서 고른 것은? (단, 모든 부모의 자녀는 1명씩이며, T+1기 자녀 중 계층을 유지한 비율은 상층의 경우 100%, 중층의 경우 80%, 하층의 경우 80%이다.)

〈부모와 자녀 세대의 계층 구성 비율 현황〉

(단위 : %)

구분		부모 세대 계층			계
		상층	중층	하층	
자녀 세대 계층	상층	6	4	0	10
	중층	7	28	5	40
	하층	2	13	35	50
계		15	45	40	100

〈보기〉
ㄱ. T기에 부모 세대 계층 대비 계층 대물림 비율은 상층이 가장 높다.
ㄴ. T기에 부모 세대보다 자녀 세대의 계층 구조에서 사회 통합이 보다 요구되고 있다.
ㄷ. T+1기 자녀 세대에서 중층은 전체의 32%, 하층은 전체의 40%이다.
ㄹ. T기에 중층이었던 자녀가 40명이라면, 그들 중 T+1기 상층이 된 사람은 8명 이하이다.

① ㄱ, ㄴ ② ㄱ, ㄷ ③ ㄴ, ㄷ
④ ㄴ, ㄹ ⑤ ㄷ, ㄹ

233

표는 갑국에서 부모 세대와 자녀 세대의 계층 구성을 나타낸 것이다. 이에 대한 옳은 분석을 〈보기〉에서 고른 것은? (단, 모든 부모의 자녀는 1명씩이며, 자녀 세대 계층 중 부모 세대와 계층 일치 비율은 상층 30%, 중층 40%, 하층 80%이다.)

(단위 : %)

구분	상층	중층	하층
부모 세대 계층	10	30	60
자녀 세대 계층	20	50	30

〈보기〉
ㄱ. 세대 간 계층이 대물림된 비율은 전체의 50%이다.
ㄴ. 세대 간 상승 이동한 자녀가 하강 이동한 자녀보다 많다.
ㄷ. 부모 세대에 비해 자녀 세대의 계층 구조가 보다 개방적이다.
ㄹ. 부모 세대 계층 대비 계층이 대물림된 비율은 상층이 가장 높다.

① ㄱ, ㄴ ② ㄱ, ㄷ ③ ㄴ, ㄷ
④ ㄴ, ㄹ ⑤ ㄷ, ㄹ

234

표는 갑국에서 부모 세대와 자녀 세대의 계층 구성을 나타낸 것이다. 이에 대한 설명으로 옳은 것은? (단, A~C는 각각 상층, 중층, 하층 중 하나이며, A는 하강 이동이 불가능한 계층, C는 상승 이동이 불가능한 계층이다.)

(단위 : %)

구분	A	B	C
부모 세대 계층	50	30	20
자녀 세대 계층	30	50	20

① 부모 세대에서 자녀 세대 상층으로 진입한 구성원은 없다.
② 부모 세대에 비해 자녀 세대에서 사회 통합의 필요성이 높아졌다.
③ 부모 세대에 비해 자녀 세대에서 상층 대비 하층의 비(比)가 낮아졌다.
④ 부모 세대에 비해 자녀 세대에서 중층 비율과 하층 비율의 합이 감소하였다.
⑤ 부모 세대의 계층 구조는 피라미드형, 자녀 세대의 계층 구조는 모래시계형이다.

235

표는 갑국과 을국의 계층 구성을 나타낸 것이다. 이에 대한 옳은 분석을 〈보기〉에서 고른 것은? (단, 계층은 상층, 중층, 하층으로만 구분되며, 갑국의 계층 구조는 피라미드형이고, A와 B는 각각 중층과 하층 중 하나이다.)

(단위 : %)

구분	상층	A	B
갑국	10	30	(가)
을국	20	(나)	20

〈보기〉
ㄱ. 을국은 모래시계형 계층 구조이다.
ㄴ. (가)에는 '60', (나)에는 '40'이 들어갈 수 있다.
ㄷ. A와 달리 B는 상승 이동만 가능한 계층이다.
ㄹ. B에 비해 A의 비율이 높을수록 사회 통합에 유리하다.

① ㄱ, ㄴ　　② ㄱ, ㄷ　　③ ㄴ, ㄷ
④ ㄴ, ㄹ　　⑤ ㄷ, ㄹ

236

표는 갑국에서 자녀 세대 계층 대비 계층 대물림 비율 및 세대 간 이동 비율을 나타낸 것이다. 이에 대한 옳은 분석을 〈보기〉에서 고른 것은? (단 A~C는 각각 상층, 중층, 하층 중 하나이고, A는 10%, B는 30%, C는 60%이며, 모든 부모의 자녀는 1명씩이다.)

(단위 : %)

자녀 세대 계층	계층 대물림 비율	세대 간 이동 비율	
		상승	하강
A	80	20	0
B	60	10	30
C	90	0	10

〈보기〉
ㄱ. 세대 간 상승 이동한 비율은 전체의 15%이다.
ㄴ. 세대 간 계층이 대물림된 비율은 전체의 80%이다.
ㄷ. 세대 간 계층이 대물림된 사람은 중층이 상층보다 많다.
ㄹ. 세대 간 상승 이동한 자녀가 하강 이동한 자녀보다 많다.

① ㄱ, ㄴ　　② ㄱ, ㄷ　　③ ㄴ, ㄷ
④ ㄴ, ㄹ　　⑤ ㄷ, ㄹ

237

그림은 시기별 갑국의 계층 구성을 나타낸 것으로, 계층은 상층, 중층, 하층으로만 구성되며, A~C는 각각 상층, 중층, 하층 중 하나이다. 이에 대한 옳은 분석을 〈보기〉에서 고른 것은? (단, T기 갑국의 계층 구조는 피라미드형이다.)

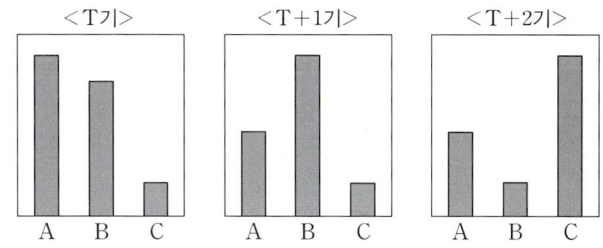

* 그림은 각 계층별 비율의 정도를 상대적으로 나타낸 것임

〈보기〉
ㄱ. T+1기에는 상층보다 하층의 인구가 많다.
ㄴ. 사회 통합의 필요성은 T+1기에서 가장 높게 나타난다.
ㄷ. T+1기보다 T+2기 사회 양극화 문제가 심각하게 나타난다.
ㄹ. T+1기는 다이아몬드형, T+2기는 타원형 계층 구조에 해당한다.

① ㄱ, ㄴ　　② ㄱ, ㄷ　　③ ㄴ, ㄷ
④ ㄴ, ㄹ　　⑤ ㄷ, ㄹ

238

표는 갑국의 계층 A~C가 현재와 비교하여 앞으로 어떻게 변화할 것인지를 예측하여 나타낸 것이다. 이에 대한 옳은 설명을 〈보기〉에서 고른 것은? (단, 계층은 상층, 중층, 하층으로만 구분되며, 갑국의 현재 계층 구조는 피라미드형이고, A~C는 각각 상층, 중층, 하층 중 하나이다.)

(단위 : %)

구분	현재	예측	
		(가)	(나)
A	30	+40p	−20p
B	10	+0p	+20p
C	60	−40p	+0p

* 예측의 수치는 현재와 비교하여 계층 비율의 변화 정도를 나타낸 것이다. 예를 들어 현재 중층의 비율이 10%이고 예측치가 +10p라면 앞으로 중층의 비율이 20%가 될 것임을 의미한다.

〈보기〉
ㄱ. (가)와 같이 변화한다면 계층 구조는 다이아몬드형이 된다.
ㄴ. (나)와 같이 변화한다면 하층 인구는 상층 인구의 2배가 된다.
ㄷ. (가)보다 (나)에서 사회 통합의 필요성은 낮게 나타날 것이다.
ㄹ. (가)와 달리 (나)는 상층~하층 중 중층의 비율이 가장 높다.

① ㄱ, ㄴ ② ㄱ, ㄷ ③ ㄴ, ㄷ
④ ㄴ, ㄹ ⑤ ㄷ, ㄹ

239

표는 갑국의 부모 세대와 자녀 세대의 계층을 비교한 것이다. 이에 대한 분석으로 옳은 것은? (단, 모든 부모의 자녀는 1명씩이다.)

(단위 : %)

계층	부모 세대의 계층 비율	부모 세대 대비 계층 대물림 비율	자녀 세대 대비 계층 대물림 비율
상층	20	20	20
중층	30	50	25
하층	50	10	25

① 자녀 세대의 계층 구조는 모래시계형이다.
② 세대 간 계층이 대물림된 비율은 25%이다.
③ 자녀 세대 상층의 비율은 하층 비율의 2배이다.
④ 세대 간 하강 이동한 자녀보다 상승 이동한 자녀가 많다.
⑤ 세대 간 계층이 대물림된 사람은 상층이 하층보다 많다.

240

표에 대한 옳은 분석을 〈보기〉에서 고른 것은? (단, 모든 부모의 자녀는 1명씩이다.)

〈세대별 계층 구성 비율〉

(단위 : %)

구분	상층	중층	하층
부모 세대 계층	15	30	55
자녀 세대 계층	20	50	30

〈부모와 자녀 계층 비교〉

(단위 : %)

구분	상층	중층	하층
계층 대물림 사례가 전체에서 차지하는 비율	10	20	20

〈보기〉
ㄱ. 세대 간 상승 이동 비율보다 하강 이동 비율이 더 높다.
ㄴ. 세대 간 계층이 대물림된 비율은 40%이다.
ㄷ. 부모 세대 계층 대비 계층 대물림 비율은 하층이 가장 낮다.
ㄹ. 자녀 세대 계층 대비 부모와 자녀 간 계층이 불일치하는 비율은 중층이 가장 높다.

① ㄱ, ㄴ ② ㄱ, ㄷ ③ ㄴ, ㄷ
④ ㄴ, ㄹ ⑤ ㄷ, ㄹ

241

표는 갑국에서 계층 A~C의 시기별 비율 변화를 나타낸 것으로 비율 변화로 갑국의 사회적 안정성은 높아졌으며, 하층 대비 상층 인구의 비는 높아졌다. 이에 대한 옳은 설명을 〈보기〉에서 고른 것은? (단, 계층은 상층, 중층, 하층으로만 구분되고, A~C는 각각 상층, 중층, 하층 중 하나이며, T기와 T+1기의 인구는 같다.)

(단위 : %)

구분	A		B		C	
	T기	T+1기	T기	T+1기	T기	T+1기
계층 비율의 변화	30	60	60	30	10	10

〈보기〉
ㄱ. 계층 간 서열은 A가 가장 높다.
ㄴ. T기의 상층은 모두 T+1기에도 상층이다.
ㄷ. T+1기 갑국의 계층 구조는 다이아몬드형이다.
ㄹ. 하강 이동한 인구보다 상승 이동한 인구가 많다.

① ㄱ, ㄴ ② ㄱ, ㄷ ③ ㄴ, ㄷ
④ ㄴ, ㄹ ⑤ ㄷ, ㄹ

242

표에 대한 옳은 분석을 〈보기〉에서 고른 것은? (단, 갑국은 도시와 농촌으로만 구성된다.)

〈갑국 지역별 계층 구성 비율〉

(단위 : %)

구분	상층	중층	하층
도시	20	50	30
농촌	20	30	50

〈갑국 지역별 인구〉

(단위 : 명)

구분	도시	농촌
인구	2,000	1,000

[보기]
ㄱ. 갑국 전체의 계층 구조는 다이아몬드형에 해당한다.
ㄴ. 도시 지역 상층 인구는 농촌 지역 하층 인구보다 많다.
ㄷ. 농촌 지역에 비해 도시 지역에서 사회 통합의 필요성이 낮다.
ㄹ. 하층 대비 상층 인구의 비는 도시 지역이 농촌 지역보다 낮다.

① ㄱ, ㄴ   ② ㄱ, ㄷ   ③ ㄴ, ㄷ
④ ㄴ, ㄹ   ⑤ ㄷ, ㄹ

243

| 평가원 기출 |

다음 자료는 갑국의 세대 간 계층 이동 현황을 나타낸 것이다. 이에 대한 분석으로 옳은 것은?

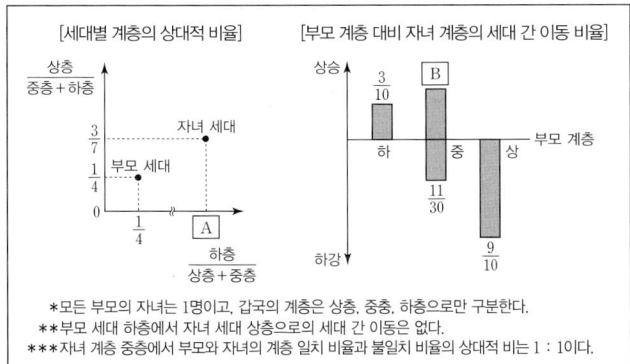

*모든 부모의 자녀는 1명이고, 갑국의 계층은 상층, 중층, 하층으로만 구분한다.
**부모 세대 하층에서 자녀 세대 상층으로의 세대 간 이동은 없다.
***자녀 계층 중층에서 부모와 자녀의 계층 일치 비율과 불일치 비율의 상대적 비는 1 : 1이다.

① 부모 세대보다 자녀 세대에서 사회 통합의 필요성이 낮아졌다.
② 자녀 세대 계층 대비 부모와 자녀의 계층 일치 비율은 하층이 가장 높다.
③ 부모 세대 계층 대비 자녀와 부모의 계층 불일치 비율은 상층보다 하층이 높다.
④ 부모 세대 상층과 하층의 합 대비 부모 세대 중층의 상대적 비율은 A보다 크다.
⑤ 부모 세대 상층 대비 부모 상층에서 자녀 하층으로의 세대 간 이동 비율은 B보다 작다.

244

표는 갑국~병국의 계층 구조를 나타낸 것이다. 이에 대한 설명으로 옳은 것은? (단, 갑~병국의 계층 구조는 상층, 중층, 하층으로만 구성된다.)

구분	갑국	을국	병국
상층 / 중층	1/3	1/2	2
중층 / 하층	1/2	2	1/2

① 상층의 비율은 갑국이 가장 높다.
② 을국은 상층과 하층의 인구가 같다.
③ 상층에 해당하는 인구는 병국이 가장 많다.
④ 세 나라 중 병국에서 사회 통합의 필요성이 가장 낮다.
⑤ 봉건적 신분 사회의 계층 구조는 갑국보다 을국의 계층 구조에 가깝다.

245

| 평가원 기출 |

다음 자료에 나타난 갑국의 세대 간 계층 이동에 대한 옳은 분석을 〈보기〉에서 고른 것은? (단, 계층은 상층, 중층, 하층으로만 구분하며, A~C는 각각 상층, 중층, 하층 중 하나이다.)

〈세대 간 계층별 구성 비율의 상대적 비〉

구분	A	B	C
부모 세대 해당 계층 대비 자녀 세대 해당 계층의 상대적 비	0.5	1	2

〈세대 간 계층 이동 현황〉

(단위 : %)

구분	A	B	C
부모 세대 해당 계층 대비 부모와 자녀의 계층 불일치 비율	75	0	50

* 모든 부모의 자녀는 1명이고, 부모 세대의 계층 구조는 다이아몬드형임
** A는 C보다 높은 계층이며, 부모 세대의 계층 구성비에서 A는 B와 C를 합한 것의 1.5배임

[보기]
ㄱ. 세대 간 상승 이동한 자녀가 세대 간 하강 이동한 자녀의 3배이다.
ㄴ. 자녀 세대 계층 대비 계층 대물림 비율은 상층이 가장 높고 하층이 가장 낮다.
ㄷ. 중층으로 세대 간 상승 이동한 자녀와 중층으로 세대 간 하강 이동한 자녀의 수는 같다.
ㄹ. 세대 간 계층 이동을 한 사람의 수는 중층 부모를 둔 자녀가 하층 부모를 둔 자녀의 3배이다.

① ㄱ, ㄴ   ② ㄱ, ㄷ   ③ ㄴ, ㄷ
④ ㄴ, ㄹ   ⑤ ㄷ, ㄹ

246

| 평가원 기출 |

다음 자료는 갑국의 세대 간 계층 이동 현황을 나타낸 것이다. 이에 대한 분석으로 옳은 것은?

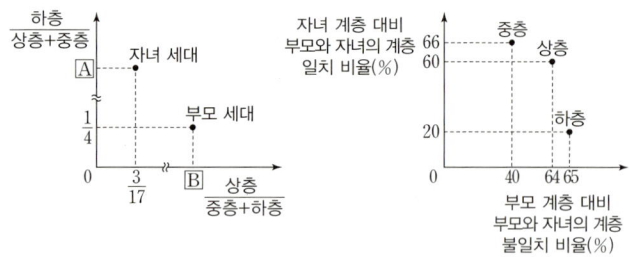

〈세대별 계층의 상대적 비율〉　　〈세대 간 계층 이동 현황〉

*모든 부모의 자녀는 1명이고, 갑국의 계층은 상층, 중층, 하층으로만 구분한다.
**부모 세대 상층에서 자녀 세대 중층으로 이동한 인구와 부모 세대 상층에서 자녀 세대 하층으로 이동한 인구는 같다.

① 세대 간 계층 유지 비율이 이동 비율보다 크다.
② 부모 세대 하층 대비 부모와 자녀가 모두 하층인 비율은 A보다 작다.
③ 부모 세대 중층 대비 부모 세대가 중층이고 자녀 세대가 하층인 비율은 B보다 작다.
④ 자녀 세대 계층 대비 부모와 자녀의 계층 불일치 비율은 상층이 가장 크다.
⑤ 부모 세대 상층에서 자녀 세대 하층으로 이동한 인구는 부모 세대 하층에서 자녀 세대 중층으로 이동한 인구보다 많다.

247

| 평가원 기출 |

다음 자료에 나타난 세대 간 계층 이동에 대한 옳은 분석을 〈보기〉에서 고른 것은? (단, A~C는 각각 상층, 중층, 하층 중 하나이다.)

〈★★ 지역의 세대별 계층 간 상대적 비〉

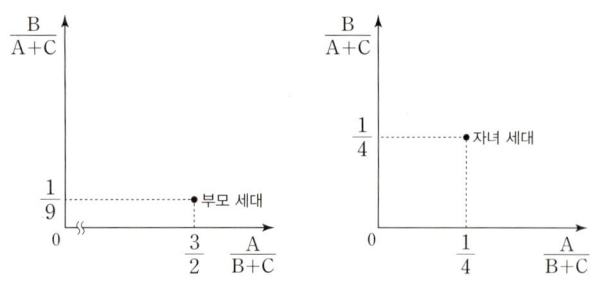

〈자녀 세대에서 부모와 계층이 일치하는 사람 대비 불일치하는 사람의 비〉

	자녀 세대 계층		
	A	B	C
	0.25	4	1.5

* 모든 부모의 자녀는 1명씩이고, 부모 세대의 계층 구조는 파리미드형임
** 부모 세대 상층에서 자녀 세대 하층으로의 세대 간 이동은 없음
*** 다른 계층에서 중층으로 세대 간 이동한 경우는 ★★ 지역의 산업 구조 변화로 인한 이동이며, 그 외의 이동은 모두 개인적 요인에 의한 것임

보기
ㄱ. 개인적 이동이 구조적 이동보다 많다.
ㄴ. 부모 세대 계층 대비 계층 대물림 비율은 하층에서 가장 낮다.
ㄷ. 중층으로의 세대 간 이동에서 상승 이동은 하강 이동의 5배이다.
ㄹ. 부모 세대와 자녀 세대 간에 계층 이동을 한 사람은 계층이 대물림된 사람보다 적다.

① ㄱ, ㄴ　　② ㄱ, ㄷ　　③ ㄴ, ㄷ
④ ㄴ, ㄹ　　⑤ ㄷ, ㄹ

248 고난도↑

다음 자료에 대한 옳은 분석을 〈보기〉에서 고른 것은?

다음은 성인 자녀 1명을 둔 가구주 100명을 대상으로 계층 구성 및 계층 이동의 현황을 조사한 결과이다. 사회 계층은 상층, 중층, 하층으로만 구분하며, A~C는 각각 상층, 중층, 하층 중 하나이다.

〈부모 세대와 자녀 세대의 계층 구성〉

계층	부모 세대 해당 계층 대비 자녀 세대 해당 계층의 상대적 비(比)
A	1.5
B	1
C	0.8

〈부모 세대와 자녀 세대 간 계층 이동 현황〉

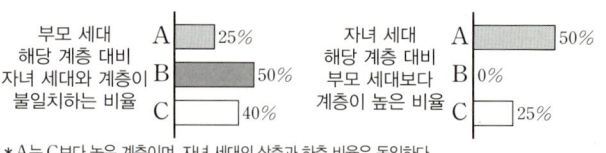

*A는 C보다 높은 계층이며, 자녀 세대의 상승과 하강 비율은 동일하다.

보기
ㄱ. 부모 세대는 다이아몬드형, 자녀 세대는 피라미드형 계층 구조이다.
ㄴ. 세대 간 계층을 대물림한 사람보다 세대 간 계층 이동한 사람이 많다.
ㄷ. 자녀 세대 계층 대비 부모 세대와 계층이 일치하는 비율은 중층이 가장 높다.
ㄹ. 세대 간 상승 이동한 사람은 세대 간 하강 이동한 사람의 2배를 넘지 않는다.

① ㄱ, ㄴ　　② ㄱ, ㄷ　　③ ㄴ, ㄷ
④ ㄴ, ㄹ　　⑤ ㄷ, ㄹ

249
| 평가원 기출 |

다음 자료는 갑국의 세대 간 계층 이동 현황을 나타낸 것이다. 이에 대한 분석으로 옳은 것은?

〈세대별 계층 간 상대적 비율〉

구분	부모 세대	자녀 세대
$\dfrac{상층+하층}{전체\ 계층}$	$\dfrac{1}{2}$	$\dfrac{4}{5}$
$\dfrac{상층}{중층+하층}$	$\dfrac{1}{4}$	$\dfrac{1}{3}$

〈자녀 세대 계층 대비 부모와 자녀 계층 일치의 상대적 비율〉

상층	중층	하층
$\dfrac{1}{5}$	$\dfrac{1}{2}$	$\dfrac{4}{11}$

* 모든 부모의 자녀는 1명이고, 갑국의 계층은 상층, 중층, 하층으로만 구분함
** 상층 부모를 둔 하층 자녀 인구와 하층 부모를 둔 중층 자녀 인구의 비는 2 : 1임

① 세대 간 계층 일치 비율이 세대 간 계층 이동 비율보다 크다.
② 부모 세대 계층 대비 부모와 자녀의 계층 일치 비율은 중층이 상층보다 크다.
③ 부모 세대 계층 대비 부모와 자녀의 계층 불일치 비율은 하층이 상층보다 크다.
④ 부모 세대 하층에서 자녀 세대 상층으로 이동한 인구와 자녀 세대 중층으로 이동한 인구는 같다.
⑤ 갑국에서 부모 세대의 계층 구조는 다이아몬드형이고, 자녀 세대의 계층 구조는 피라미드형이다.

250

표에 대한 옳은 분석을 〈보기〉에서 고른 것은? (단, 갑국의 계층은 상층, 중층, 하층으로만 구분된다.)

〈갑국 세대별, 계층 간 상대적 비〉

구분	중층 대비 상층	하층 대비 중층
부모 세대	1/3	1/2
자녀 세대	1/3	3

〈자녀 세대 계층 대비 부모와 자녀의 계층 일치 비율〉
(단위 : %)

구분	상층	중층	하층
일치 비율	30	40	80

보기
ㄱ. 세대 간 이동을 경험한 비율은 40%이다.
ㄴ. 부모 세대 계층 대비 계층 대물림 비율은 하층이 가장 낮다.
ㄷ. 부모 세대에 비해 자녀 세대에서 사회 통합의 필요성이 높다.
ㄹ. 세대 간 하강 이동 비율보다 세대 간 상승 이동 비율이 높다.

① ㄱ, ㄴ   ② ㄱ, ㄷ   ③ ㄴ, ㄷ
④ ㄴ, ㄹ   ⑤ ㄷ, ㄹ

251  고난도
| 평가원 기출 |

다음 자료에 대한 분석으로 옳은 것은?

다음은 갑국에서 가구주 1,000명을 대상으로 ㉠ 부모의 계층과 본인의 현재 계층 간 이동 및 ㉡ 부모로부터 독립 후 본인의 최초 계층과 현재 계층 간 이동을 조사한 결과이다. (단, 계층은 상층, 중층, 하층으로만 구성된다.)

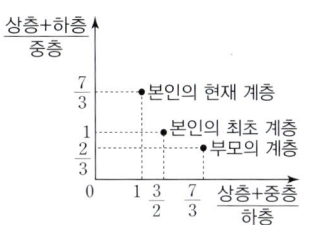

〈계층 일치 비율〉

구분	A	B
상층	80	100
중층	50	52
하층	80	90

* A : 부모 계층 대비 부모 계층과 본인 현재 계층의 일치 비율(%)
** B : 본인 최초 계층 대비 본인 최초 계층과 현재 계층의 일치 비율(%)

① ㉠과 ㉡을 모두 경험한 가구주가 ㉠과 ㉡ 중 어느 하나도 경험하지 않은 가구주보다 적다.
② ㉠을 경험하고 ㉡은 경험하지 않은 가구주가 ㉠은 경험하지 않고 ㉡을 경험한 가구주보다 적다.
③ 세대 내 하강 이동보다 세대 내 상승 이동이 많다.
④ 현재 계층이 중층인 가구주의 최초 계층은 모두 중층이었다.
⑤ 가구주의 현재 계층 구조가 부모의 계층 구조보다 사회 통합에 유리한 계층 구조이다.

252
| 평가원 기출 |

다음 자료에 대한 옳은 분석만을 〈보기〉에서 있는 대로 고른 것은?

갑국의 계층은 상층, 중층, 하층으로만 구분되며, A~C는 각각 상층, 중층, 하층 중 하나이다. 부모 세대의 계층 구성비는 A : B : C = 3 : 6 : 1이고, 모든 부모의 자녀는 1명씩이다.

〈부모 세대와 자녀 세대 간 계층 이동 현황〉
(단위 : %)

구분	A	B	C
부모 세대 계층 대비 부모 세대와 자녀 세대의 계층 일치 비율	50	25	50
자녀 세대 계층 대비 부모 세대와 자녀 세대의 계층 불일치 비율	25	50	90

* 자녀 세대 A는 부모 세대보다 계층이 낮을 수 없다.
** B는 다이아몬드형 계층 구조에서 가장 비율이 높은 계층이다.

보기
ㄱ. 세대 간 상승 이동 비율이 세대 간 하강 이동 비율보다 낮다.
ㄴ. 자녀 세대의 계층 구조는 부모 세대의 계층 구조보다 사회 통합에 유리하다.
ㄷ. 중층 부모를 둔 하층 자녀 인구는 상층 부모를 둔 중층 자녀 인구의 최대 3배이다.
ㄹ. 중층 대물림 인구 대비 상층 대물림 인구의 비는 하층 대물림 인구 대비 중층 대물림 인구의 비보다 낮다.

① ㄱ, ㄴ   ② ㄱ, ㄹ   ③ ㄴ, ㄷ   ④ ㄱ, ㄷ, ㄹ   ⑤ ㄴ, ㄷ, ㄹ

다양한 사회 불평등 현상

주제 1 사회적 소수자 및 성 불평등

1. 사회적 소수자

(1) 의미 및 특징

의미	신체적 또는 문화적 특징으로 인해 불평등한 차별적 처우를 받는 사람 또는 집단
특징	• 주류 집단에 비해 사회적 자원의 획득에서 불리한 위치에 있음 • 소수자 집단의 성원이라는 이유만으로 사회적 차별의 대상이 됨 • 자신들이 주류 집단으로부터 차별받는 집단의 구성원이라는 인식이 존재함 • 수적으로 반드시 소수(少數)를 의미하는 것은 아님 • 시대, 장소, 소속 집단의 범주 등에 따라 사회적 소수자 여부가 달라짐 └인종 차별이 극심하던 시절의 남아프리카 공화국의 흑인처럼 사회적 소수자 집단이 다수(多數)인 경우도 있다.
성립 요건	• 식별 가능성 : 신체적으로나 문화적으로 다른 집단과 구별되는 뚜렷한 차이가 있음 • 권력의 열세 : 정치권력을 포함한 사회적 권한의 행사에서 지배 집단보다 열세에 있음 • 사회적 차별 : 사회적 소수자 집단의 구성원이라는 이유만으로 사회적 차별의 대상이 됨 • 집합적 정체성 : 스스로 차별받는 집단의 구성원이라는 인식 또는 소속감이 있음

(2) 규정 기준 및 차별 양상

규정 기준	성, 연령, 국적, 민족, 인종, 종교, 사상, 취향, 장애, 가치관 등 다양한 기준에 의해 사회적 소수자가 규정될 수 있음
차별 양상	• 교육, 사회적 관계 등에서 배제되어 사회 적응에 어려움을 겪음 • 취업에 대한 정보 부족, 업무 능력에 대한 편견 등으로 경제적 어려움을 겪음 • 다원화, 인적 교류 증대 등으로 인해 다양한 유형의 사회적 소수자가 나타남 • 사회적 소수자를 비정상으로 규정하는 차별적 사고로 사회 갈등 야기 가능

(3) 해결 방안

제도적 측면	• 사회적 소수자를 차별하는 제도와 법을 개선하거나 폐지할 필요가 있음 • 적극적 차별 시정 조치와 같이 지원 정책의 마련
의식적 측면	자신과 다른 사람에 대한 편견을 버리고 공존하려는 자세와 사회의 다원화된 가치를 인정하는 관용 및 평등 의식을 가질 필요가 있음

자료로 살펴보기 🔍

■ 적극적 차별 시정 조치

오랜 기간 차별을 받아 온 집단에 대하여 진학이나 취업 등에 혜택을 줌으로써 우대하는 정책으로 대입 전형 시 농어촌 지역 출신을 별도로 선발하거나, 장애인과 같이 사회적 소수자 집단을 근로자의 일정 비율 이상 고용하도록 강제하는 제도 등이 있다. 적극적 차별 시정 조치로 인해 사회적 소수자가 아닌 국민들이 역차별의 상황에 놓이게 된다며 이를 반대하는 주장도 존재한다.

2. 성 불평등

(1) 의미 및 발생 요인

의미	성별의 차이를 이유로 특정 성이 차별 · 억압받는 현상
발생 요인	• 성별 분업 : 대부분의 사회에서 남성이 맡은 일을 여성이 맡은 일보다 더 중요하다고 평가하면서 사회적 권세와 권위가 남성에게 집중됨 • 차별적 사회화 과정 : 선입견과 편견을 토대로 남성과 여성이 서로 다른 성 정체성과 성 역할을 습득하는 사회화 과정을 거침 • 가부장제적 남성 중심의 사회 구조 : 남성에게 집중된 사회 진출 기회 등으로 인해 여성은 남성에 의존하는 수동적 존재로 간주됨

(2) 양상

사회 · 문화적 측면	일상생활의 성 차별적 관념과 언행, 대중문화에 의한 왜곡된 성 의식의 재생산 등
경제적 측면	성별에 따른 취업 및 승진 제한, 성별 임금 격차 등
정치적 측면	정치인, 고위 관리직 등 사회적 권한이 강한 직종에 여성의 진출 저조 등

(3) 해결 방안

제도적 측면	불합리한 성 차별에 대한 제재 강화, 양성평등 정착을 위한 법과 제도 마련, 양성평등 교육을 강화하는 학교의 교육 과정 마련 등
의식적 측면	성에 대한 고정관념을 버리고 양성평등 의식 함양, 성별의 차이를 인정하되 차별로 이어지지 않도록 상호 존중하는 태도 함양 등

그래프로 살펴보기 📊

대표적 성 불평등 : 유리 천장

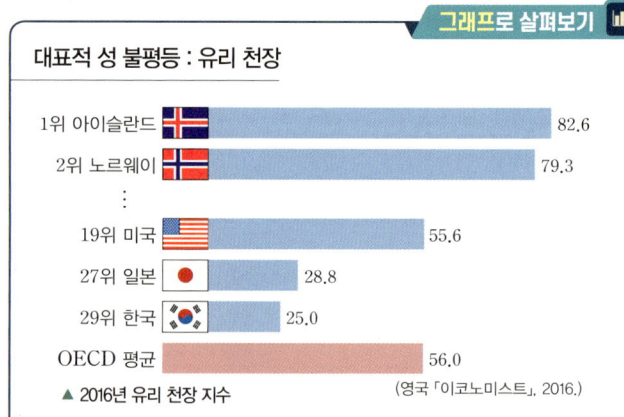

1위 아이슬란드	82.6
2위 노르웨이	79.3
⋮	
19위 미국	55.6
27위 일본	28.8
29위 한국	25.0
OECD 평균	56.0

▲ 2016년 유리 천장 지수　　(영국 「이코노미스트」, 2016.)

유리 천장(glass ceiling)이란 여성이라는 이유로 직장에서 고위직으로 승진하는 과정에서 보이지 않는 장벽에 부딪히는 현상을 의미한다. 각 나라별 여성들의 고위직 진출의 제한 정도를 수치화한 것을 유리 천장 지수라고 하며, 지수가 클수록 여성에 대한 장벽이 낮음을 의미한다. 우리나라는 여성들의 노동 환경을 평가해 발표하는 '유리 천장 지수'에서 OECD 전체 회원국 29개국 중 최하위를 기록했다.

주제 2 빈곤

1. 의미 : 인간의 기본적인 욕구를 충족하는 데 필요한 자원이나 소득의 결핍이 지속되는 상태

(2) 양상

① 개인적 측면 : 건강 악화, 상대적 박탈감 유발, 심리적 위축 등 초래

② 사회적 측면 : 범죄 증가, 사회 불안 및 갈등 유발 등이 나타남

2. 유형

(1) 절대적 빈곤

의미	최소한의 생활을 유지하는 데 필요한 자원이나 소득이 부족한 상태
특징	절대적 빈곤은 주로 저개발국에서 두드러지게 나타나며, 경제 성장을 통해 감소하는 경향이 있지만 선진국에서도 나타날 수 있음
빈곤선	일반적으로는 최저 생활에 소요되는 금액으로 정한 기준이 절대적 빈곤선으로 활용됨 → 절대적 빈곤선인 최저 생계비는 국가에 따라 다를 수 있다. 국가마다 인간다운 삶의 최저 수준에 대한 평가 기준이 다를 수 있기 때문이다.

(2) 상대적 빈곤

의미	다른 사람들보다 자원이나 소득을 상대적으로 적게 가져 사회 구성원 다수가 누리는 생활 수준을 누리지 못하는 상태
특징	상대적 빈곤은 급속한 경제 성장 과정에서 소득 격차가 심화된 국가에서 부각되며, 선진국과 같이 경제 성장을 이룬 국가에서도 나타날 수 있음
빈곤선	일반적으로 중위 소득의 일정 비율에 해당하는 금액으로 정한 기준이 상대적 빈곤율을 측정하는 상대적 빈곤선으로 활용됨 → 객관적인 소득 수준에 의해 결정되는 절대적 빈곤과 상대적 빈곤은 객관적인 빈곤에 해당한다.

그래프로 살펴보기 📊

상대적 빈곤선의 활용

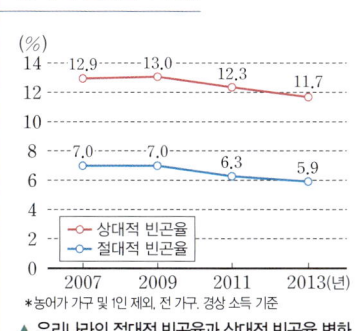

▲ 우리나라의 절대적 빈곤율과 상대적 빈곤율 변화

* 농어가 가구 및 1인 제외, 전 가구, 경상 소득 기준

우리나라의 빈곤층에 대한 대표적인 사회 보장 제도인 국민 기초 생활 보장 제도에서는 빈곤층의 기준으로 절대적 빈곤선이 아니라 상대적 빈곤선을 활용하고 있다. 이 제도에서 활용하는 상대적 빈곤선은 보건 복지부가 공고하는 중위 소득의 50% 금액인데, 2018년의 4인 가구의 기준 중위 소득은 4,519,202원이다.

3. 해결 방안

→ 과세 대상 금액이 많아질수록 높은 세율을 적용하는 조세 부과 제도이다.

개인적 측면	・빈곤층 스스로 빈곤에서 벗어나려는 자활 의지와 노력 ・빈곤층을 배려・지원하려는 공동체 의식 및 공존의 가치관
사회적 측면	・빈곤층의 자활 노력을 지원하기 위한 직업 훈련이나 일자리 창출 등의 정책 시행 ・최저 임금제, 소득 재분배 정책(누진세 제도, 사회 보장 제도), 기본 소득제 등을 통한 소득 분배의 형평성 제고

✏️ 다음 설명이 맞으면 'O', 틀리면 '×'에 표시하시오.

01 사회적 소수자의 규정 기준은 사회에 따라 상대적이다. ○ ×

02 사회적 소수자는 결정 기준은 집단의 크기 및 구성원의 수이다. ○ ×

03 함정 특정 사회 내에서의 소수자였던 사람이 다른 사회에서는 사회적 소수자가 아닐 수 있다. ○ ×

04 직장 내 양성평등 문화의 확산은 유리 천장 현상을 강화하는 데 기여한다. ○ ×

05 사회적 소수자는 사회적으로 불평등한 대우를 받는 집단이다. ○ ×

06 사회적 소수자에 대한 적극적 차별 시정 조치는 역차별을 초래할 수 있다. ○ ×

07 사회적 소수자에 대한 차별 해소를 위해서는 제도 개선뿐만 아니라 의식 개선도 필요하다. ○ ×

08 기본적 의식주가 충족된 사람이라도 상대적 빈곤층에 포함될 수 있다. ○ ×

09 상대적 빈곤은 소득의 불평등 현상을 설명하는 데 활용된다. ○ ×

10 우리나라에서 상대적 빈곤은 주관적 기준에 의해 분류된다. ○ ×

11 함정 우리나라에서 절대적 빈곤선과 상대적 빈곤선이 같을 경우 중위 소득의 50%는 최저 생계비와 일치한다. ○ ×

12 상대적 빈곤은 최저 생활을 유지하는 데 필요한 기준에 미치지 못한 경우이다. ○ ×

13 절대적 빈곤은 사회 구성원의 일반적 생활 수준과 비교하여 소득 수준이 낮은 경우이다. ○ ×

14 우리나라에서 상대적 빈곤선은 중위 소득의 50%이다. ○ ×

15 함정 절대적 빈곤율이 상대적 빈곤율보다 높을 경우 중위 소득의 50%는 최저 생계비보다 크다. ○ ×

16 상대적 빈곤 가구는 빈곤에 따른 상대적 박탈감을 느끼는 가구이다. ○ ×

17 절대적 빈곤 가구는 기본적인 의식주가 충족되지 않은 가구이다. ○ ×

18 저개발국에 비해 선진국에서 절대적 빈곤이 두드러지게 나타난다. ○ ×

19 일반적으로 최저 생계에 소요되는 금액이 절대적 빈곤선으로 활용된다. ○ ×

20 절대적 빈곤은 급속한 경제 성장 과정에서 소득 격차가 심화된 국가에서 부각된다. ○ ×

빈곤율을 통해 빈곤선과 빈곤 가구의 파악은 어떻게 할까?

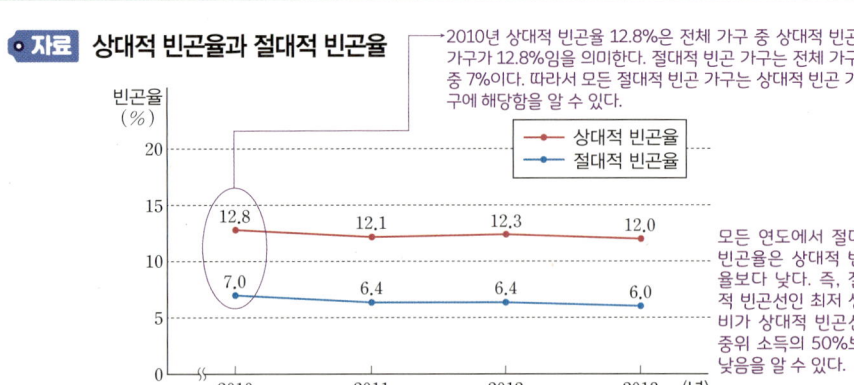

자료 상대적 빈곤율과 절대적 빈곤율

2010년 상대적 빈곤율 12.8%은 전체 가구 중 상대적 빈곤 가구가 12.8%임을 의미한다. 절대적 빈곤 가구는 전체 가구 중 7%이다. 따라서 모든 절대적 빈곤 가구는 상대적 빈곤 가구에 해당함을 알 수 있다.

모든 연도에서 절대적 빈곤율은 상대적 빈곤율보다 낮다. 즉, 절대적 빈곤선인 최저 생계비가 상대적 빈곤선인 중위 소득의 50%보다 낮음을 알 수 있다.

* 상대적 빈곤율(%) : 전체 가구 중 상대적 빈곤 가구(가구 소득이 중위 소득의 50% 미만의 가구)의 비율
** 절대적 빈곤율(%) : 전체 가구 중 절대적 빈곤 가구(가구 소득이 최저 생계비 미만인 가구)의 비율
*** 중위 소득(%) : 전체 가구를 소득순으로 나열했을 때 한가운데 위치한 가구의 소득

2010~2013년의 상대적 빈곤율과 절대적 빈곤율이 그래프로 제시되어 있으며, 각각 빈곤율의 의미를 제시하고 있다. ==모든 연도에서 절대적 빈곤율에 비해 상대적 빈곤율이 높게 나타나고 있다.==

❶ 상대적 빈곤 가구와 절대적 빈곤 가구의 규모 비교

제시된 조건에 따르면 빈곤율은 전체 가구에서 빈곤 가구가 차지하는 비율을 의미한다. 예를 들어 2010년 상대적 빈곤율 12.8%의 의미는 전체 가구에서 상대적 빈곤 가구에 해당하는 가구가 차지하는 비율이 12.8%임을 의미한다. 2010년 절대적 빈곤 가구는 전체 가구의 7.0%이다. 따라서 절대적 빈곤 가구 수보다 상대적 빈곤 가구 수가 많음을 알 수 있으며, 모든 절대적 빈곤 가구는 상대적 빈곤 가구임을 알 수 있다.

❷ 상대적 빈곤선과 절대적 빈곤선의 비교

상대적 빈곤선은 '중위 소득의 50%'이고, 절대적 빈곤선은 '최저 생계비'이다. 2010년의 경우 중위 소득의 50%에 미치지 못하는 가구가 전체의 12.8%이고, 최저 생계비에 미치지 못하는 가구가 전체의 7.0%이다. 따라서 중위 소득의 50% 금액이 최저 생계비보다 더 큼을 알 수 있다. 제시된 자료에 따르면 2010~2013년 모든 연도에서 상대적 빈곤율이 절대적 빈곤율보다 높다. 따라서 모든 연도에서 중위 소득의 50% 금액이 최저 생계비보다 크다.
그런데 ==2013년의 경우 상대적 빈곤율은 12%, 절대적 빈곤율은 6%이다. 상대적 빈곤 가구가 절대적 빈곤 가구보다 2배 많다.== 그렇다면 중위 소득의 50% 금액이 최저 생계비의 2배라고 할 수 있을까? 정답은 '아니요'이다. 예를 들어 전체 가구가 100가구이고, 중위 소득의 50%가 10,000원이고, 최저 생계비가 8,000원이라 가정해 보자. 가구 소득이 8,000원에 미치지 못하는 가구가 10가구이고, 가구 소득이 8,000원~10,000원인 가구가 10가구라면 절대적 빈곤율은 10%, 상대적 빈곤율은 20%가 된다. 즉, ==특정 가구 소득 구간에 가구가 집중될 수 있으므로 빈곤율이 2배라 하더라도 빈곤선은 2배가 아닐 수 있는 것이다.==

❸ 연도별 빈곤 가구 수의 변화

2011년과 비교하여 2012년의 상대적 빈곤율은 0.2%p 증가하였다. 반면, 절대적 빈곤율은 변함이 없다. 이 경우 2011년과 비교하여 2012년 상대적 빈곤 가구는 증가한 반면 절대적 빈곤 가구의 수는 변함이 없다고 할 수 있을까? 정답은 '아니요'이다. 각각 연도의 전체 가구 수에 따라 빈곤율의 증가에도 불구하고 빈곤 가구 수는 감소할 수 있는 것이다. ==연도별 빈곤 가구 수의 변화를 확인하려면 각각 연도별 전체 가구수를 먼저 확인해야 한다.==

Q1 빈칸에 알맞은 말을 쓰시오.

01 상대적 빈곤율은 전체 가구에서 (　　　)가 차지하는 비율을 의미한다.

02 우리나라에서 상대적 빈곤은 중위 소득의 (　　　) 미만 가구를 의미한다.

03 전체 가구를 소득순으로 나열했을 때 한가운데 위치한 가구의 소득을 (　　　)이라 한다.

04 절대적 빈곤율은 전체 가구에서 (　　　)가 차지하는 비율을 의미한다.

05 절대적 빈곤은 일반적으로 (　　　) 미만인 가구를 의미한다.

06 사회가 발전하면 (　　　)적 빈곤이 줄어드는 경향이 있다.

07 (　　　)적 빈곤은 특정 사회의 소득 분포를 파악하며 어느 사회에나 존재한다.

Q2 〈자료〉에 대한 설명이 맞으면 '○', 틀리면 '✕'에 표시하시오.

08 2011년 절대적 빈곤 가구보다 상대적 빈곤 가구가 더 많다. 　　　(○ / ✕)

09 2012년이 최저 생계비는 중위 소득의 50%보다 크다. 　　　(○ / ✕)

10 2013년 중위 소득은 최저 생계비의 2배보다 크다. 　　　(○ / ✕)

11 2013년은 전년과 비교하여 상대적 빈곤 가구 및 절대적 빈곤 가구 모두 감소하였다. 　　　(○ / ✕)

12 2010~2013년 중 절대적 빈곤 가구 규모는 2010년이 가장 크다. 　　　(○ / ✕)

주제 1 사회적 소수자 및 성 불평등

족집게 전략 | 사회적 소수자 및 성 불평등 관련 문항의 경우 제시된 자료에 나타난 사회 문제를 파악하는 형태로 주로 출제되고 있기 때문에, 제시된 자료에 대한 이해 능력이 우선적으로 필요하다.

족집게 자료 분석 전략 START | 두 가지 사례에 나타난 갑, 을의 상황을 파악해야 한다. 갑과 을 모두 다른 지역으로 이주한 후 이전과 다른 차별을 받고 있다. 즉, 특정 지역에서는 우월적 지위를 누렸으나, 특정 지역에서는 불이익을 받고 있는 것이다.

'이주'라는 공통점

○ 남성 우위 문화가 지배적인 A국에서 살던 갑은 여성 우위 문화가 지배적인 B국으로 이주하였다. 그 결과 갑은 남성으로서 누리던 우월한 지위를 상실하고 사회적 불이익을 받게 되었다.
○ C 지역의 다수 민족 출신인 을은 D 지역으로 이주하면서 소수 민족에 속하게 되었다. D 지역에 널리 퍼져 있는 소수 민족 차별의 사회적 관행으로 인해 을은 자신의 민족 언어와 문화를 포기해야 할 지경에 이르렀다.

분석 | 남성인 갑은 남성 우위 문화가 지배적인 사회에서는 우월한 지위를 누렸으나, 여성 우위 문화가 지배적인 사회로 이주한 후 불이익을 받고 있다. 즉, 사회적 소수자가 된 것이다.
C 지역의 다수 민족 출신인 을은 C 지역에서 특별한 차별을 받지 않았으나, D 지역으로 이주한 후 소수 민족의 처지가 되었으며, 차별을 받고 있다. 즉, D 지역으로의 이주 이후 사회적 소수자가 된 것이다.

253 대표 문항
| 평가원 기출 |

다음 두 사례를 종합하여 내린 결론으로 가장 적절한 것은?

○ 남성 우위 문화가 지배적인 A국에서 살던 갑은 여성 우위 문화가 지배적인 B국으로 이주하였다. 그 결과 갑은 남성으로서 누리던 우월한 지위를 상실하고 사회적 불이익을 받게 되었다.
○ C 지역의 다수 민족 출신인 을은 D 지역으로 이주하면서 소수 민족에 속하게 되었다. D 지역에 널리 퍼져 있는 소수 민족 차별의 사회적 관행으로 인해 을은 자신의 민족 언어와 문화를 포기해야 할 지경에 이르렀다.

① 사회적 소수자가 되는 기준은 상대적이다.
② 사회적 소수자는 수적으로 열세에 놓인 집단이다.
③ 성별에 따른 차별이 출신에 따른 차별보다 강하다.
④ 사회적 소수자에 대한 차별은 주류 집단의 정체성을 약화시킨다.
⑤ 사회적 소수자 집단에서 벗어나려면 성취 지위의 변화가 필수적이다.

✏️ **한줄 Tip** 사회적 소수자를 결정하는 기준은 사회와 시대에 따라 상대적이다.

254

다음에 나타난 성 불평등을 바라보는 관점에 부합하는 진술을 〈보기〉에서 고른 것은?

가정 내에서의 남성과 여성 사이의 역할 분담의 서로가 상대적으로 잘하는 일을 맡아서 하는 것이 아니라, 남성 중심의 가부장제적 질서 아래에서 남성이 여성을 통제하기 위한 방안으로 성별 분업이 이루어지고 있다. 남성은 주도적인 일을, 여성은 보조적인 일을 맡도록 함으로써 여성을 의존적이고 수동적인 존재로 만들어 성 차별을 합리화하고, 성 차별의 당위성을 부여하는 것이다.

〈보기〉
ㄱ. 남성 중심의 사회 질서가 성 불평등을 초래한다.
ㄴ. 성별 분업은 사회 전체적 효율성을 증대시킨다.
ㄷ. 성 불평등 문제의 개선을 위해서는 구조적 변화가 필요하다.
ㄹ. 남성과 여성의 사회적 기여 정도 차이로 인해 성별 임금 격차가 나타나고 있다.

① ㄱ, ㄴ   ② ㄱ, ㄷ   ③ ㄴ, ㄷ
④ ㄴ, ㄹ   ⑤ ㄷ, ㄹ

255

교사의 질문에 대한 학생의 응답으로 가장 적절한 것은?

오늘의 경험은 사회적 소수자의 의미 및 특징을 체험으로 경험해 보기 위한 것이었어요. 빛이 완전히 차단된 어둠의 공간에서 출입구를 찾기 노력해 보니 어떠했나요? 만약 시각 장애인과 함께 어둠의 공간에 들어선다면 여러분은 장애인이 되는 반면, 시각 이외의 다른 감각이 뛰어난 시각 장애인은 비장애인이 될 것이에요. 즉, 특정 공간에서는 장애인에 대한 규정이 바뀔 수가 있는 거죠. 이 경험을 통해 알게 된 사회적 소수자의 특징에 대해 이야기해 볼까요?

① 갑 : 사회적 소수자는 상대적으로 규정되어요.
② 을 : 사회적 소수자는 권력이 열세인 집단이에요.
③ 병 : 사회적 소수자는 수적으로 소수인 집단이에요.
④ 정 : 사회적 소수자에 대한 차별은 사회 통합을 저해해요
⑤ 무 : 사회적 소수자는 다른 집단과 구분되는 사람들이에요.

256

표는 갑국에서 남녀 간 임금 격차를 나타낸 것이다. 이에 대한 옳은 분석 〈보기〉에서 고른 것은?

구분	2016년	2017년	2018년
여성 정규직	80	85	90
여성 비정규직	55	50	45

* 표의 수치는 해당 연도의 남성 정규직의 평균 임금을 100이라 하였을 때 여성 정규직 및 여성 비정규직의 상대적 평균 임금을 나타낸 것이다.

〈보기〉
ㄱ. 2018년 여성 정규직 평균 임금은 여성 비정규직 평균 임금의 2배이다.
ㄴ. 2016년~2018년 사이 여성 정규직의 평균 임금은 지속적으로 증가하였다.
ㄷ. 제시된 기간에서 남성 정규직과 여성 정규직 사이의 임금 격차는 감소하였다.
ㄹ. 제시된 기간에서 남성 비정규직과 여성 비정규직 간의 임금 격차는 증가하였다.

① ㄱ, ㄴ　　　② ㄱ, ㄷ　　　③ ㄴ, ㄷ
④ ㄴ, ㄹ　　　⑤ ㄷ, ㄹ

257

밑줄 친 ㉠~㉣에 대한 옳은 설명을 〈보기〉에서 고른 것은?

S 대학은 농어촌 지역 학생 및 저소득층 가정 학생들을 정원의 10% 이내로 우선적으로 선발하는 ㉠ 기회 균등 전형 제도를 운영하고 있다. 이 제도로 인해 ㉡ 농어촌 지역 및 저소득층 가정 학생들은 일반 학생들에 비해 낮은 점수로 S 대학에 합격하고 있다. 그런데 ㉢ 농어촌 학생보다 높은 성적임에도 불구하고 불합격한 일반 학생 사이에서 ㉣ 기회 균등 전형 제도의 부당함을 주장하는 목소리가 나오고 있다.

〈보기〉
ㄱ. ㉠은 사회적 소수자 문제에 대한 제도적 해결 방안이다.
ㄴ. ㉡은 사회적 소수자에 대한 불합리한 차별의 결과이다.
ㄷ. ㉢은 사회적 소수자 배려에 따른 역차별 사례에 해당한다.
ㄹ. ㉣은 사회적 소수자에 대한 우선적 지원을 강조한다.

① ㄱ, ㄴ　　　② ㄱ, ㄷ　　　③ ㄴ, ㄷ
④ ㄴ, ㄹ　　　⑤ ㄷ, ㄹ

258

다음에서 추론할 수 있는 내용으로 가장 적절한 것은?

남성다움과 여성다움에 대해 우리는 오랫동안 자기 자신도 모르는 사이에 사회화되었다. 어린 시절부터 일상생활에서 성별에 따라 서로 다르게 요구되는 사회적 기대감을 경험하였으며, 그 결과 남성과 여성의 성적 정체성에 차이가 나타난 것이다. 즉, 성적 정체성 형성 과정에서 각 성별에 대한 해당 사회의 고정관념이 결정적인 역할을 하게 된다.

① 성 정체성은 선천적 요인에 의해 결정된다.
② 성 역할의 차이는 생물학적 차이에 기인한다.
③ 남성다움과 여성다움은 사회에 의해 규정된다.
④ 남성과 여성에게 요구되는 역할은 어디에서나 동일하다.
⑤ 남성과 여성 사이 차별적 사회화는 성 불평등 문제의 해결 방안이다.

259

| 평가원 기출 |

다음 글을 통해 도출할 수 있는 옳은 내용만을 〈보기〉에서 있는 대로 고른 것은?

'유리 천장'은 여성이 조직에서 상위 직급으로 승진할 때 겪는 '눈에 보이지 않는 장벽'을 의미한다. 유리 천장의 유형으로 여성의 업무 능력에 대한 근거 없는 의심, 비공식 자리에서의 의도적 배제 등을 들 수 있다. 한편 같은 직급이더라도 승진에 유리한 핵심 업무가 있을 수 있는데, 여성이 핵심 업무로부터 수평적으로 분리되는 현상을 '유리벽'으로 표현한다.

〈보기〉
ㄱ. 직장 내 양성평등 문화의 확산은 유리 천장 현상을 완화하는 데 기여한다.
ㄴ. 여성에 대한 사회적 차별은 남성과 여성의 개인적 능력 차이에서 기인한다.
ㄷ. 유리벽 현상은 조직 내에서 특정 성에 대한 차별이 구조적으로 나타나는 현상이다.
ㄹ. 유리 천장과 유리벽 현상이 제거되면 사회적 자원의 배분 과정에서 기회의 공정성이 제고될 것이다.

① ㄱ, ㄴ　　　② ㄴ, ㄷ　　　③ ㄴ, ㄹ
④ ㄱ, ㄴ, ㄹ　　　⑤ ㄱ, ㄷ, ㄹ

주제2 빈곤

족집게 전략 | 절대적 빈곤과 상대적 빈곤의 의미 및 특징을 묻는 문항이 최근 들어 자주 출제되고 있다. 개념의 의미를 정확하게 이해해야 한다.

족집게 자료 분석 전략 START | 제시된 자료에서 A와 B가 무엇인지 파악한 후 보기를 하나씩 대입하여 옳고 그림을 파악하자.

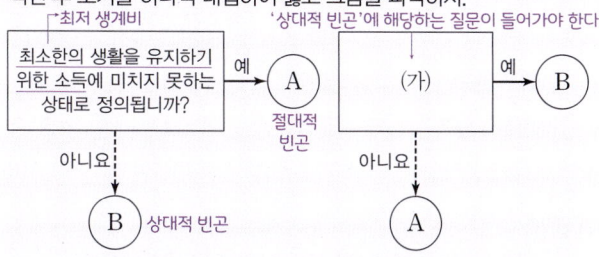

분석 | **❶** '최소한의 생활을 유지하기 위한 소득'은 최저 생계비를 의미한다. 소득이 최저 생계비 수준에도 미치지 못하는 경우는 절대적 빈곤이다. 따라서 A는 절대적 빈곤, B는 상대적 빈곤이다.
❷ 절대적 빈곤과 상대적 빈곤의 특징을 파악하자.
절대적 빈곤은 저개발국에서 두드러지게 나타나지만, 선진국에서도 나타날 수 있다. 상대적 빈곤은 다른 사람들보다 상대적으로 소득이 적은 상태로 해당 사회의 소득 분포 정도를 반영한다. 절대적 빈곤과 상대적 빈곤 모두 최저 생계비, 중위 소득이라는 객관화된 기준에 따라 분류되고 있다.

260 ◀ 대표 문항
평가원 기출

그림은 질문에 따라 빈곤의 유형을 구분한 것이다. 이에 대한 옳은 설명만을 〈보기〉에서 있는 대로 고른 것은? (단, A, B는 각각 절대적 빈곤, 상대적 빈곤 중 하나이다.)

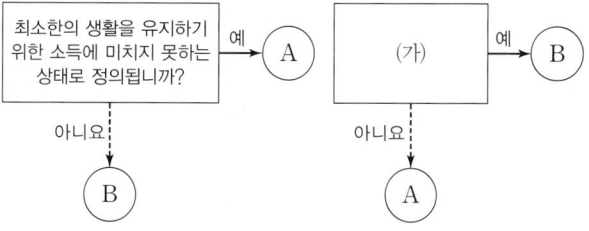

〈보기〉
ㄱ. A는 소득 수준이 높은 국가에서는 나타나지 않는다.
ㄴ. B는 해당 사회의 소득 분포를 고려하여 파악한다.
ㄷ. 우리나라에서는 A, B 모두 객관화된 기준에 따라 분류한다.
ㄹ. (가)에는 '실제 소득 규모와 상관없이 개인이 체감하는 빈곤 상태를 의미합니까?'가 적절하다.

① ㄱ, ㄴ   ② ㄱ, ㄹ   ③ ㄴ, ㄷ
④ ㄱ, ㄷ, ㄹ   ⑤ ㄴ, ㄷ, ㄹ

✏️ **한줄 Tip** 첫 번째 자료를 통해 절대적 빈곤과 상대적 빈곤을 파악한 후, 두 번째 자료에서 그 내용에 해당하는 〈보기〉를 고른다.

261

빈곤의 유형 A, B에 대한 설명으로 옳은 것은? (단, A, B는 각각 절대적 빈곤, 상대적 빈곤 중 하나이다.)

A는 전체 사회의 소득 분포와 관계없이 기본적 생계가 어려운 일정 수준을 정하고 소득이 이 수준에 미치지 못할 경우를 의미한다. 반면, B는 전체 사회의 소득 분포를 대표하는 소득의 일정 비율을 빈곤선으로 정하고 소득이 이 수준에 미치지 못하는 경우를 의미한다.

① 저개발국에서는 A와 달리 B는 문제가 되지 않는다.
② 어느 사회에서든지 A에 해당할 경우 B에도 해당하게 된다.
③ A와 달리 B는 경제적 측면의 상대적 박탈감을 초래한다.
④ A와 달리 B를 판단하는 기준은 사회에 따라 차이가 있다.
⑤ 저개발국에 비해 선진국에서는 A에 비해 B가 더 문제시된다.

262

표는 갑국의 빈곤율 현황을 나타낸 것이다. 이에 대한 옳은 분석을 〈보기〉에서 고른 것은? (단, 갑국에서 모든 가구의 구성원 수는 동일하다.)

(단위 : %)

구분	2016년	2017년	2018년
절대적 빈곤율	20	15	10
상대적 빈곤율	10	15	20

* 절대적 빈곤율 : 전체 가구에서 소득이 최저 생계비 미만인 가구의 비율
** 상대적 빈곤율 : 전체 가구에서 소득이 중위 소득의 50% 미만인 가구의 비율

〈보기〉
ㄱ. 2016년 상대적 빈곤 가구는 모두 절대적 빈곤 가구에 해당한다.
ㄴ. 2017년 최저 생계비는 중위 소득의 50%와 일치한다.
ㄷ. 2017년은 전년과 비교하여 절대적 빈곤 가구가 감소하였다.
ㄹ. 2018년 최저 생계비는 중위 소득의 25%와 일치한다.

① ㄱ, ㄴ   ② ㄱ, ㄷ   ③ ㄴ, ㄷ
④ ㄴ, ㄹ   ⑤ ㄷ, ㄹ

263

밑줄 친 ㉠, ㉡에 대한 설명으로 옳은 것은?

갑국은 불평등 및 빈곤 현황을 파악하기 위해 상대적 빈곤의 개념을 활용하고 있다. 갑국에서는 상대적 빈곤을 '㉠ 가구 소득이 중위 소득의 50%에 미만하는 경우'로 규정하여 매월 빈곤 현황을 조사하고 있는데, 보다 정확한 조사를 위해 상대적 빈곤의 기준을 '㉡ 소득 하위 10%에 해당하는 가구'로 변경하고자 한다.

① ㉠에 해당하는 가구 수는 매월 고정되어 있다.
② ㉡은 최저 생계비에 미치지 못하는 가구이다.
③ ㉠과 달리 ㉡은 객관적 기준으로 빈곤 가구를 분류할 수 있다.
④ ㉠에 비해 ㉡을 적용할 경우 상대적 빈곤 가구의 수가 많아진다.
⑤ 전체 가구 수가 일정하다면 ㉠과 달리 ㉡의 경우 상대적 빈곤율이 일정하다.

264

표는 갑국의 빈곤 관련 통계를 나타낸 것이다. 이에 대한 옳은 분석을 〈보기〉에서 고른 것은? (단, 갑국에서 모든 가구의 구성원 수는 동일하다.)

구분	T년	T+1년	T+2년
최저 생계비	$100	$110	$120
중위 소득 대비 최저 생계비의 비(比)	0.47	0.45	0.47

* 절대적 빈곤 가구 : 소득이 최저 생계비 미만인 가구
** 상대적 빈곤율 : 소득이 중위 소득의 50% 미만인 가구

보기
ㄱ. T년에 비해 T+2년의 중위 소득이 더 많다.
ㄴ. T년 절대적 빈곤 가구는 모두 상대적 빈곤에 해당한다.
ㄷ. T년에 비해 T+1년 절대적 빈곤 가구의 수가 증가하였다.
ㄹ. T+1년에 비해 T+2년 상대적 빈곤 가구의 수가 증가하였다.

① ㄱ, ㄴ　　② ㄱ, ㄷ　　③ ㄴ, ㄷ
④ ㄴ, ㄹ　　⑤ ㄷ, ㄹ

265

표는 갑국의 빈곤 관련 통계를 나타낸 것이다. 이에 대한 옳은 분석을 〈보기〉에서 고른 것은? (단, 제시된 기간에서 갑국의 전체 인구는 100만 명으로 변함이 없다.)

구분	T년	T+1년	T+2년
빈곤 인구	10만 명	8만 명	6만 명
빈곤 진입 인구	2만 명	1만 명	0명

* 빈곤 진입 인구 : 전년도에는 빈곤 인구가 아니었으나, 해당 연도에 빈곤 인구가 된 인구 규모

보기
ㄱ. T+1년의 빈곤층 중 7만 명은 빈곤이 지속되고 있다.
ㄴ. T+1년에 빈곤층인 사람은 T+2년에도 모두 빈곤층이다.
ㄷ. T+1년에 비해 T+2년 빈곤을 탈출한 인구가 감소하였다.
ㄹ. 제시된 기간에서 갑국의 빈곤율은 매년 20%씩 감소하고 있다.

① ㄱ, ㄴ　　② ㄱ, ㄷ　　③ ㄴ, ㄷ
④ ㄴ, ㄹ　　⑤ ㄷ, ㄹ

266

표는 갑국의 빈곤율 현황을 나타낸 것이다. 이에 대한 옳은 분석을 〈보기〉에서 고른 것은? (단, 갑국에서 모든 가구의 구성원 수는 동일하며, T년과 T+1년 전체 가구의 수는 같다.)

구분		T년	T+1년
절대적 빈곤율	농촌	42%	15%
	도시	55%	15%
상대적 빈곤율	농촌	20%	15%
	도시	25%	15%

* 절대적 빈곤율 : 전체 가구에서 소득이 최저 생계비 미만인 가구의 비율
** 상대적 빈곤율 : 전체 가구에서 소득이 중위 소득의 50% 미만인 가구의 비율

보기
ㄱ. T년 절대적 빈곤 가구는 농촌보다 도시가 많다.
ㄴ. T+1년 중위 소득의 크기는 최저 생계비보다 많다.
ㄷ. T년에 비해 T+1년에 절대적 빈곤 가구는 증가하였다.
ㄹ. T년에 비해 T+1년에 절대적 빈곤율과 상대적 빈곤율 모두 감소하였다.

① ㄱ, ㄴ　　② ㄱ, ㄷ　　③ ㄴ, ㄷ
④ ㄴ, ㄹ　　⑤ ㄷ, ㄹ

267

표는 갑국의 빈곤율 현황을 나타낸 것이다. 이에 대한 옳은 분석을 〈보기〉에서 고른 것은? (단, 갑국에서 모든 가구의 구성원 수는 동일하며, T년과 T+1년 전체 가구 수는 같다.)

구분		T년	T+1년
절대적 빈곤율	노인 가구	33%	34%
	여성 가구	21%	19%
상대적 빈곤율	노인 가구	45%	49%
	여성 가구	32%	30%

* 절대적 빈곤율 : 전체 가구에서 소득이 최저 생계비 미만인 가구의 비율
** 상대적 빈곤율 : 전체 가구에서 소득이 중위 소득의 50% 미만인 가구의 비율

〔보기〕

ㄱ. T년에 비해 T+1년 노인 가구에 적용되는 최저 생계비 수준이 상승하였다.
ㄴ. T년과 T+1년 모두 노인 가구의 평균 소득이 여성 가구의 평균 소득보다 작다.
ㄷ. 제시된 기간에서 두 가구 유형 모두 중위 소득의 50%가 최저 생계비보다 크다.
ㄹ. T+1년 여성 가구 중 절대적 빈곤에 해당하는 가구의 소득이 전체 여성 가구 소득에서 차지하는 비중은 19% 미만이다.

① ㄱ, ㄴ   ② ㄱ, ㄷ   ③ ㄴ, ㄷ
④ ㄴ, ㄹ   ⑤ ㄷ, ㄹ

268

그림은 갑국의 빈곤율을 나타낸 것이다. 이에 대한 설명으로 옳은 것은? (단, 갑국에서 모든 가구의 구성원 수는 동일하다.)

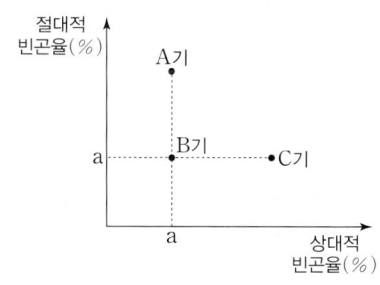

*절대적 빈곤율(%) : 전체 가구에서 소득이 최저 생계비 미만인 가구의 비율
**상대적 빈곤율(%) : 전체 가구에서 소득이 중위 소득의 50% 미만인 가구의 비율

① A~C기 중 최저 생계비는 A기에서 가장 높다.
② A~C기 중 절대적 빈곤 가구는 A기에 가장 많다.
③ A~C기 중 상대적 빈곤 가구는 C기에 가장 많다.
④ B기에서는 최저 생계비와 중위 소득의 50%가 일치한다.
⑤ 상대적 빈곤 가구와 절대적 빈곤 가구의 합은 B기에 비해 C기에 더 많다.

269

자료에 대한 옳은 설명을 〈보기〉에서 고른 것은? (단, 갑국에서 모든 가구의 구성원 수는 동일하며, 2017년과 2018년 전체 가구 수는 같다.)

〈갑국의 빈곤율〉

구분	2017년	2018년
A	5%	7%
B	5%	6%

* A는 최소한의 생활에 필요한 소득이 부족한 상태로, 갑국에서는 가구 소득이 최저 생계비에 미치지 못하는 가구를 A로 분류한다.
** B는 상대적으로 소득을 적게 가져 생활 수준이 상대적으로 어려운 경우로, 갑국에서는 중위 소득의 50%를 기준으로 이에 미치지 못하는 가구를 B로 분류한다.

〔보기〕

ㄱ. 2017년 절대적 빈곤 가구는 모두 상대적 빈곤 가구에 해당한다.
ㄴ. 2018년 절대적 빈곤선은 상대적 빈곤선보다 높다.
ㄷ. A와 달리 B에 해당하는 사람은 상대적 박탈감을 겪는다.
ㄹ. 절대적 빈곤이 아니라 상대적 빈곤에만 해당하는 가구 수는 2017년보다 2018년이 많다.

① ㄱ, ㄴ   ② ㄱ, ㄷ   ③ ㄴ, ㄷ
④ ㄴ, ㄹ   ⑤ ㄷ, ㄹ

270

다음 자료에 대한 설명으로 옳은 것은? (단, 2016년부터 2018년까지 갑국의 전체 가구 수에는 변동이 없다.)

빈곤 탈출률은 이전 연도에 빈곤층이었던 가구 중 조사 연도에 비빈곤층인 가구의 비율을 의미하고, 빈곤 진입률은 이전 연도에 비빈곤층이었던 가구 중 조사 연도에 빈곤층인 가구의 비율을 의미한다. 갑국의 2017년 빈곤 탈출율은 10%, 2018년 빈곤 탈출률은 20%이며, 빈곤 진입률은 2017년과 2018년 모두 2.5%로 동일하다. 단, 갑국의 2016년 전체 가구 수는 100만 가구, 빈곤율은 20%이다.

① 2017년 빈곤 가구 수는 2016년보다 많다.
② 2017년 빈곤 탈출 가구는 빈곤 진입 가구보다 많다.
③ 2016년 ~ 2018년 중 빈곤율은 2018년이 가장 높다.
④ 2016년 빈곤 가구는 2017년에도 모두 빈곤 가구이다.
⑤ 2017년 빈곤 가구 중 2018년에도 빈곤층인 가구의 비율은 80%이다.

271 | 평가원 기출 |

자료는 갑국의 빈곤율을 나타낸 것이다. 이에 대한 분석으로 옳은 것은? (단, 갑국 모든 가구의 구성원 수는 동일하다.)

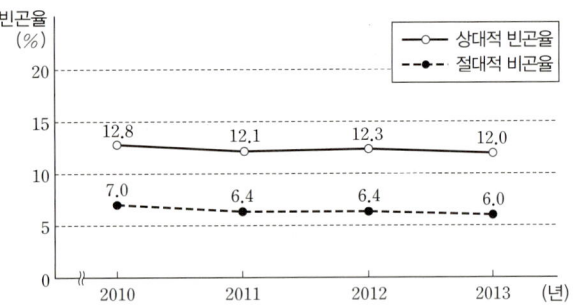

* 상대적 빈곤율(%) : 전체 가구 중 상대적 빈곤 가구(가구 소득이 중위 소득의 50% 미만인 가구)의 비율
** 절대적 빈곤율(%) : 전체 가구 중 절대적 빈곤 가구(가구 소득이 최저 생계비 미만인 가구)의 비율
*** 중위 소득 : 전체 가구를 소득순으로 나열했을 때 한가운데 위치한 가구의 소득

① 2010년에 상대적 빈곤 가구는 모두 절대적 빈곤 가구이다.
② 2011년에 상대적 빈곤 가구의 인구는 절대적 빈곤 가구의 인구보다 2배 이상 많다.
③ 전년과 대비하여 2012년에 상대적 빈곤 가구의 수는 증가했고 절대적 빈곤 가구의 수는 변함이 없다.
④ 2013년에 중위 소득은 같은 해 최저 생계비의 2배이다.
⑤ 제시된 모든 연도에서 중위 소득 대비 최저 생계비의 비율은 50% 미만이다.

272 | 평가원 기출 |

빈곤 유형 A, B에 대한 옳은 설명만을 〈보기〉에서 있는 대로 고른 것은? (단, A, B는 각각 절대적 빈곤과 상대적 빈곤 중 하나이다.)

○ A는 사회 구성원이 누리고 있는 일반적인 생활 수준과 비교하여 박탈 상태에 처한 경우를 말한다. A에 따르면 사회의 전반적인 소득 수준과 대비하여 낮은 소득의 계층이 빈곤층으로 정의된다.
○ B는 한 개인이나 가구의 소득 또는 지출이 최저 생활을 유지하는 데 필요한 기준에 미치지 못하는 경우를 말한다. B에 따르면 인간의 기본적인 욕구 충족을 위한 자원이 심각하게 박탈된 상태에 있는 계층이 빈곤층으로 정의된다.

〈보기〉
ㄱ. A의 기준을 적용하면 기본적인 의식주가 충족된 사람이라도 빈곤층에 포함될 수 있다.
ㄴ. B는 A와 달리 소득의 불평등 현상을 설명하는 데 활용된다.
ㄷ. A에 따른 빈곤율과 B에 따른 빈곤율을 더한 것이 그 나라의 전체 빈곤율이 된다.
ㄹ. 우리나라에서 A와 B에 해당하는 빈곤층은 객관화된 기준에 의해 분류된다.

① ㄱ, ㄴ   ② ㄱ, ㄹ   ③ ㄴ, ㄷ
④ ㄱ, ㄷ, ㄹ   ⑤ ㄴ, ㄷ, ㄹ

273 고난도↑ | 평가원 기출 |

그림에 대한 옳은 분석만을 〈보기〉에서 있는 대로 고른 것은? (단, 이 기간 동안 A~C국의 전체 가구 수와 절대적 빈곤 가구 수는 지속적으로 증가하였으며, 모든 가구의 구성원 수는 동일하다.)

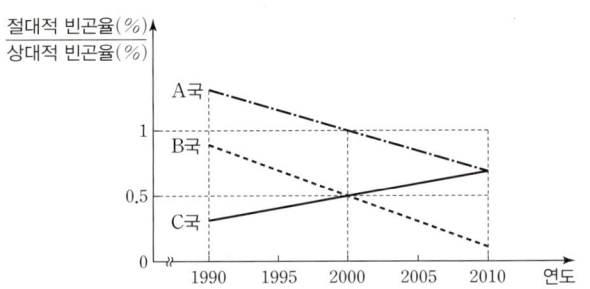

* 절대적 빈곤율 : 전체 가구 중 절대적 빈곤 가구(가구 소득이 최저 생계비 미만인 가구)의 비율
** 상대적 빈곤율 : 전체 가구 중 상대적 빈곤 가구(가구 소득이 중위 소득의 50% 미만인 가구)의 비율
*** 중위 소득 : 전체 가구를 소득순으로 일렬로 배열했을 때 한가운데 위치한 가구의 소득

〈보기〉
ㄱ. 1990년부터 2000년까지 B국의 상대적 빈곤 가구 수는 증가하였고, C국의 상대적 빈곤 가구 수는 감소하였다.
ㄴ. 1990년부터 2010년까지 A국에서 절대적 빈곤 가구 수의 증가율보다 상대적 빈곤 가구 수의 증가율이 더 낮다.
ㄷ. 1995년부터 2010년까지 B국에서 중위 소득의 1/2이 최저 생계비보다 크다.
ㄹ. 2005년부터 2010년까지 A국, B국, C국 모두에서 절대적 빈곤 가구는 모두 상대적 빈곤 가구에 속한다.

① ㄱ, ㄴ   ② ㄴ, ㄷ   ③ ㄷ, ㄹ
④ ㄱ, ㄴ, ㄹ   ⑤ ㄱ, ㄷ, ㄹ

274

표는 갑국의 빈곤 관련 지표를 나타낸 것이다. 이에 대한 분석으로 옳은 것은? (단, 갑국에서 모든 가구의 구성원 수는 동일하다.)

(단위 : 만 가구)

구분	2016년	2017년	2018년
상대적 빈곤 가구	100	120	130
절대적 빈곤 가구	100	90	80

* 절대적 빈곤 가구 : 전체 가구에서 소득이 최저 생계비 미만인 가구
** 상대적 빈곤율 : 전체 가구에서 소득이 중위 소득의 50% 미만인 가구

① 제시된 기간 중 최저 생계비는 하락하고 있다.
② 제시된 기간 중 상대적 빈곤율은 상승하고 있다.
③ 제시된 기간 중 중위 소득의 50% 금액은 상승하고 있다.
④ 모든 시기에서 상대적 빈곤율이 절대적 빈곤율보다 더 높다.
⑤ 2017년, 2018년 모두 중위 소득의 50%가 최저 생계비보다 크다.

275 고난도↗
| 평가원 기출 |

다음 자료에 대한 분석으로 옳은 것은?

표는 갑국과 을국의 절대적 빈곤 가구 수(A) 대비 상대적 빈곤 가구 수(B)의 변화를 나타낸 것이다. 두 국가 모두 2000년에서 2010년 사이에 최저 생계비는 지속적으로 증가하였다. (단, 갑국과 을국 각각 모든 가구의 구성원 수는 동일하다.)

구분	2000년	2005년	2010년
갑국(B / A)	0.25	1	1.5
을국(B / A)	2	1	0.5

* 절대적 빈곤 가구 : 소득이 절대적 빈곤선(최저 생계비) 미만의 가구
** 상대적 빈곤 가구 : 소득이 상대적 빈곤선(중위 소득의 50%) 미만인 가구
*** 중위 소득 : 전체 가구를 소득 순으로 나열했을 때 한가운데 위치한 가구의 소득

① 2000년에 갑국에서 절대적 빈곤선은 상대적 빈곤선의 4배이다.

② 2000년에 을국에서 상대적 빈곤 가구는 모두 절대적 빈곤 가구에 해당한다.

③ 2005년 대비 2010년에 갑국에서는 절대적 빈곤선과 상대적 빈곤선이 모두 높아졌다.

④ 2010년에 을국에서 중위 소득 대비 최저 생계비의 비율은 50% 미만이다.

⑤ 2010년에 갑국은 을국과 달리 상대적 빈곤 가구의 비율이 절대적 빈곤 가구의 비율보다 낮다.

276
| 평가원 기출 |

다음 자료에 대한 설명으로 옳은 것은? (단, A, B는 각각 상대적 빈곤과 절대적 빈곤 중 하나이다.)

A는 인간이 최소한의 생활을 유지하기 어려운 상태로서, 주로 자원이나 소득이 부족한 상태를 의미한다. 우리나라에서는 A를 측정하기 위한 기준선으로 [(가)]을/를 활용한다. B는 개인이 다른 사람에 비해 자원이나 소득이 결핍되어 사회 구성원 다수가 누리는 생활을 영위하지 못하는 상태를 의미한다. 우리나라에서는 B를 측정하기 위한 기준선으로 [(나)]을/를 활용한다.

① B는 개인이 빈곤 상태에 있다고 주관적으로 인식하는 개념이다.

② B의 기준을 적용하면 기본적인 의식주가 충족된 가구라도 빈곤 가구에 포함될 수 있다.

③ A는 B와 달리 소득의 불평등 정도를 측정하는 데 활용한다.

④ A에 따른 빈곤율과 B에 따른 빈곤율의 합이 그 나라 전체의 빈곤율이다.

⑤ (가)는 중의 소득의 50%, (나)는 최저 생계비이다.

277

표는 갑국의 빈곤 관련 지표를 나타낸 것이다. 이에 대한 옳은 설명을 〈보기〉에서 고른 것은? (단, 갑국에서 모든 가구의 구성원 수는 동일하며, 매년 최저 생계비 및 중위 소득은 상승하고 있다.)

구분	2016년	2017년	2018년
상대적 빈곤율 대비 절대적 빈곤율의 비(比)	0.8	1	1.2

* 절대적 빈곤율 : 전체 가구에서 소득이 최저 생계비 미만인 가구의 비율
** 상대적 빈곤율 : 전체 가구에서 소득이 중위 소득의 50% 미만인 가구의 비율

〈보기〉

ㄱ. 2016년 절대적 빈곤 가구는 모두 상대적 빈곤 가구에 해당한다.

ㄴ. 2017년 대비 2018년 최저 생계비 증가율보다 중위 소득 증가율이 작다.

ㄷ. 2018년 절대적 빈곤 가구 중 소득이 중위 소득의 50% 이상인 가구는 20%이다.

ㄹ. 2016년에서 2018년 사이 절대적 빈곤 가구는 지속적으로 증가하고 있다.

① ㄱ, ㄴ   ② ㄱ, ㄷ   ③ ㄴ, ㄷ

④ ㄴ, ㄹ   ⑤ ㄷ, ㄹ

278
| 평가원 기출 |

표는 갑국의 빈곤율을 나타낸 것이다. 이에 대한 옳은 분석을 〈보기〉에서 고른 것은? (단, 전체 가구는 도시 가구와 농촌 가구로 구성되며 구성비는 1 : 1이고, 모든 가구의 구성원 수는 동일하다.)

구분	연도	2010년	2011년
전체 가구	절대적 빈곤율(%)	7.5	8.0
	상대적 빈곤율(%)	10.0	12.0
도시 가구	절대적 빈곤율(%)	4.5	4.0
	상대적 빈곤율(%)	8.0	9.0

* 절대적 빈곤율(%) : 전체 가구 중 절대적 빈곤 가구(가구 소득이 최저 생계비 미만인 가구)의 비율
** 상대적 빈곤율(%) : 전체 가구 중 상대적 빈곤 가구(가구 소득이 중위 소득의 50% 미만인 가구)의 비율
*** 중위 소득 : 전체 가구를 소득순으로 일렬로 배열했을 때 한가운데 위치한 가구의 소득

〈보기〉

ㄱ. 2010년 전체 가구의 소득 중 절대적 빈곤 가구의 소득이 차지하는 비율은 7.5% 미만이다.

ㄴ. 2011년 농촌에서 절대적 빈곤 가구는 모두 상대적 빈곤 가구에 속한다.

ㄷ. 2010년 대비 2011년에 도시와 달리 농촌에서 소득 불평등이 완화되는 경향이 나타난다.

ㄹ. 2010년과 달리 2011년에 도시에서 가구 소득이 최저 생계비 이상이면서 중위 소득의 50% 미만인 가구 수는 절대적 빈곤 가구 수의 2배 이상이다.

① ㄱ, ㄴ   ② ㄱ, ㄷ   ③ ㄴ, ㄷ

④ ㄴ, ㄹ   ⑤ ㄷ, ㄹ

14강 사회 복지와 복지 제도

주제 1 | 사회 복지 제도

1. 사회 복지

(1) 의미 및 필요성

의미	사회 구성원의 안전하고 행복한 생활을 실현하기 위한 제도나 정책
필요성	• 예상치 못한 사회적 위험으로 최소한의 인간다운 삶을 누리지 못할 수 있음 • 사회 구성원의 삶의 질 개선을 위해서는 개인의 노력과 더불어 사회적 지원 필요 • 개개인의 생존이 보장되지 않는 상황에서는 공동체의 통합을 달성하기 어려움

(2) 복지에 대한 인식 변화

초기 자본주의 사회에는 빈곤의 원인이 당사자에게 있기에, 빈자에 대한 복지는 도덕적으로 우월한 자의 선행이라는 인식이 있었다. ←

초기 자본주의	• 주로 빈곤층의 빈곤 해결을 위한 사회적 대책으로 실시됨 • 빈곤의 원인으로 개인적 요인(무능력, 게으름 등)을 강조함 • 빈곤층에 한정된 사회 복지이며, 사후 처방적 성격, 국가 시혜적 성격을 가짐
현대 복지 사회	• 빈곤 해결뿐만 아니라 다양한 측면에서 삶의 질 개선까지도 목표로 함 • 빈곤의 원인으로 개인적 요인과 사회적 요인을 모두 강조함 • 삶의 질 향상을 목표로 하는 사회 복지로, 사전 예방적 성격을 지님

(3) 복지 국가의 형성 과정

의미	국민의 복지 증진과 행복 추구를 중요한 책무로 여기는 국가
배경	자본주의 발달 과정에서 빈부 격차 심화, 실업 증가, 노동 조건의 악화 등 국민의 안전한 삶을 위협하는 다양한 사회적 위험이 나타남
발달	19세기 후반 독일 비스마르크의 사회 보험 제도, 20세기 초 미국의 사회 보장법, 20세기 중반 영국의 베버리지 보고서에 의한 사회 보장 제도 등은 현대 복지 국가의 출발점이 됨

2. 사회 복지 제도

(1) 사회 보험

의미	국민에게 발생하는 사회적 위험을 보험의 방식으로 대처함으로써 국민의 건강과 소득을 보장하는 제도
특징	• 금전적 지원을 원칙으로 함 • 소득 재분배 효과가 나타남 ← 소득 재분배 효과는 사회 보험에 비해 공공 부조가 크게 나타난다. • 상호 부조의 원리를 기반으로 함 • 원칙적으로 수혜 정도와 무관하게 각자의 능력에 따라 비용을 부담 • 미래에 직면할 사회적 위험에 대처하는 사전 예방적 성격을 가짐 • 사(私) 보험과 달리 모든 국민을 대상으로 강제 가입을 원칙으로 함 ← 모든 국민을 대상으로 한다는 점에서 보편적 복지에 해당한다.
종류	국민연금, 산업 재해 보장 보험, 국민 건강 보험, 고용 보험 등

↳ 노령, 사망, 장애 등으로 인해 소득이 없어졌을 때 연금 등을 지급함으로써 국민의 생활 안정과 복지 증진을 도모하는 사회 보험 제도

(2) 공공 부조

의미	국가와 지방 자치 단체의 책임하에 생활 유지 능력이 없거나 생활이 어려운 국민의 최저 생활을 보장하고 자립을 지원하는 제도
특징	• 금전적 지원을 원칙으로 함 • 사회 보험보다 소득 재분배 효과가 크게 나타남 • 생활 유지 능력이 없거나 생활이 어려운 국민을 대상으로 함 • 현재 직면한 사회적 위험에 대응하는 사후 처방적 성격을 가짐 • 재원을 부담하는 자와 수혜자가 일치하지 않음(국가 및 지방 자치 단체가 전액 비용 부담) • 대상자 선정 과정에서 부정적인 낙인이 발생할 수 있음
종류	국민 기초 생활 보장 제도, 의료 급여, 기초 연금, 장애인 연금 제도 등

↳ 노인 세대의 안정된 노후 생활을 지원하기 위한 제도로, 65세 이상인 노인 중 가구의 소득 인정액이 선정 기준 이하인 노인에게 매월 연금을 지급하는 제도

그래프로 살펴보기 📊

맞춤형 급여 체계

개편 전 | 개편 후
선정 기준(지원 대상) / 최저 생계비 / 생계 급여, 주거 급여, 의료 급여, 교육 급여 등 7가지 급여 지원
선정 기준(지원 대상): 중위 소득 50% 이하 — 교육 / 중위 소득 43% 이하 — 교육, 주거 / 중위 소득 40% 이하 — 교육, 주거, 의료 / 중위 소득 30% 이하 — 교육, 주거, 의료, 생계 / 해당 급여

– 보건 복지부, 「기초 생활 보장 제도 맞춤형 급여 체계 개편 홍보 자료」 –

이전까지는 최저 생계비 이하의 소득 등 절대적 빈곤 가구를 대상으로 생계 급여, 의료 급여, 주거 급여, 교육 급여 등과 같은 공공 부조를 지원하였다. 그러나 2015년 7월부터 새롭게 도입된 맞춤형 급여 체계에서는 소득이 중위 소득의 50% 이하에 해당하는 가구를 소득 수준에 따라 4단계로 구분하고, 각 단계에 속하는 가구에게 필요한 급여를 제공하고 있다. 즉, 상대적 빈곤의 개념을 적용하여 공공 부조가 필요한 가구를 선별하여 제공하고 있다.

→ 사회 보험 및 공공 부조와 사회 서비스의 가장 큰 차이점은 금전적 제공을 원칙으로 하는지 여부이다.

(3) 사회 서비스

의미	상담, 재활, 돌봄, 정보의 제공, 관련 시설의 이용, 역량 개발, 사회 참여 지원 등을 통하여 국민의 삶의 질이 향상되도록 지원하는 제도
특징	• 금전 자체의 제공이 아닌 서비스의 제공을 원칙으로 함 • 공공 부문만이 아니라 민간 부문도 참여할 수 있음 • 국가, 지방 자치 단체 및 민간 부문의 도움이 필요한 모든 국민을 대상으로 함 • 부담 능력이 있는 국민은 수익자 부담을 원칙으로 하며, 일정 소득 수준 이하의 국민에 대한 비용의 전부 또는 일부를 국가와 지방 자치 단체가 부담함
사례	산모·신생아 건강 관리 지원 사업, 가사·간병 방문 지원 사업 등

자료로 살펴보기 🔍

■ 보편적 복지

복지 제도의 실시 이념에는 보편적 복지와 선별적 복지가 있다. 전 국민을 대상으로 한 사회 보험의 경우 보편적 복지의 이념을 바탕으로 하는 반면, 빈곤층을 대상으로 한 공공 부조의 경우 선별적 복지 이념을 바탕으로 한다. 보편적 복지의 경우 누구에게나 혜택을 제공한다는 점에서 형평성의 가치를 중시한다. 반면 선별적 복지의 실제 도움이 필요한 계층에게 집중적으로 지원할 수 있다는 점에서 효율성의 가치를 중시하고 있다.

주제 2 생산적 복지

1. 복지 제도의 역할과 한계

→ 영국에서 유래된 말로 '요람에서 무덤까지'라는 복지 제도를 유지하는 과정에서 근로자들은 나태해지고, 기업은 생산성이 떨어지며 국가 경쟁력이 약화된 현상을 비판한 말이다.

역할	• 개인적 측면 : 현재의 사회적 위험으로부터 구제해 주고 미래의 사회적 위험에 대비할 수 있게 함으로써 개인의 최저 생활과 삶의 질을 보장함 • 사회적 측면 : 사회 문제의 원인을 제공하는 사회적 환경을 개선하고, 사회 불평등 현상을 완화시켜 사회 통합에 기여함
한계	• 과도한 사회 보장이 오히려 근로 의욕을 감퇴시키고, 사회 전반의 생산성과 효율성을 떨어뜨리는 결과를 초래할 수 있음 → 복지병 • 1970년대 석유 파동을 바탕으로 복지 지출을 축소하고, 사회 문제의 해결을 시장에 맡기려는 신자유주의가 등장하면서 복지 국가의 이상이 후퇴함

→ 신자유주의는 복지의 강화가 기업과 정부의 부담을 가중시켜 경제 성장을 저해한다고 본다.

2. 생산적 복지

의미	소외 계층이 자활 사업에 참여하거나 노동을 하는 것을 조건으로 지원해 주는 새로운 형태의 복지로 복지와 경제 성장을 함께 실현하려는 새로운 복지 이념임
특징	• 복지와 경제적 생산성을 동시에 추구함 • 근로 능력이 있는 사람의 근로 의욕과 경제 활동 참여를 장려함 • 직업 교육 실시, 취업 지원, 근로 장려 세제 등을 통해 복지 수급자들의 자립을 지원함

그래프로 살펴보기 📊

생산적 복지의 사례 : 근로 장려금 제도

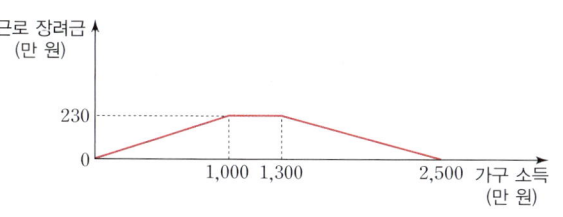

▲ 맞벌이 가구 대상 근로 장려금 지급 체계(2017년 기준)

근로 장려금 제도는 근로 소득 또는 사업 소득이 있는 가구로서 일정한 요건을 갖춘 저소득 가구를 대상으로 국가가 장려금을 지급함으로써 저소득 가구의 가처분 소득을 증가시켜 주는 제도이다. 근로 장려금 제도는 모든 구간에서 저소득 가구가 소득을 늘리면 가구 소득과 근로 장려금의 합이 커지도록 설계되어 있다. 이는 근로 장려금 제도가 저소득 가구의 자활 노력을 장려함으로써 복지와 생산성 향상을 함께 실현하려는 생산적 복지의 이념을 반영하고 있음을 보여 주는 것이다.

핵심 개념 CHECK!

✏️ 다음 설명이 맞으면 '○', 틀리면 '×'에 표시하시오.

01 사회 보험은 공공 부조에 비해 사전 예방적 성격이 강하다. ○ ×

02 사회 보험과 공공 부조는 모두 금전적 지원을 원칙으로 한다. ○ ×

03 💣함정 사회 보험은 수혜 정도에 따른 비용 부담을 원칙으로 한다. ○ ×

04 💣함정 빈곤층의 최소한의 삶의 질 보장을 목적으로 하는 사회 보장 제도는 사회 보험이다. ○ ×

05 상호 부조의 원리를 기반으로 하는 사회 보장 제도는 공공 부조이다. ○ ×

06 공공 부조는 사회 보험에 비해 소득 재분배 효과가 크게 나타난다. ○ ×

07 사회 서비스는 민간 부분의 참여가 가능한 사회 보장 제도이다. ○ ×

08 사회 보험은 보편적 복지, 공공 부조는 선별적 복지를 기반으로 한다. ○ ×

09 사회 보험은 강제 가입을 원칙으로 전 국민을 대상으로 하는 사회 보장 제도이다. ○ ×

10 수혜 대상자의 범위는 공공 부조에 비해 사회 보험이 넓다. ○ ×

11 사후 처방적 성격이 강한 사회 보장 제도는 사회 보험이다. ○ ×

12 국민 기초 생활 보장 제도는 공공 부조에 해당한다. ○ ×

13 대표적 사회 보험에는 국민연금, 기초 연금, 건강 보험 등이 있다. ○ ×

14 정부가 소요 비용을 전액 재정으로 부담하는 사회 보장 제도는 공공 부조이다. ○ ×

15 사회 보험은 수혜 정도가 아니라 능력 정도에 따라 비용을 부담한다. ○ ×

16 사회 서비스는 사회 보험과 달리 비금전적 지원을 원칙으로 한다. ○ ×

17 💣함정 맞춤형 급여 체계는 절대적 빈곤을 기준으로 수급자를 선정한다. ○ ×

18 생산적 복지는 복지와 경제적 생산성을 동시에 추구하는 제도이다. ○ ×

19 근로 장려금 제도는 저소득 가구의 근로 의욕을 장려하는 제도이다. ○ ×

20 복지병은 과도한 복지에 따라 근로 의욕이 고취되는 현상을 의미한다. ○ ×

How & WHAT 사회 복지 제도들의 공통점과 차이점은 무엇인가?

자료 1 사회 보험

→ 수혜자, 기업주 또는 국가가 공동 부담, 수혜자의 비용 부담 능력에 비례하여 보험료를 산출하는 것을 원칙으로 한다.

국민연금은 보험 가입 중에 발생한 질병 또는 부상이 완치되었지만 장애가 남은 사람에게 장애 정도에 따라 일정한 급여를 지급하는 제도이다. 재원은 개인과 기업이 부담하는 국민연금 보험 납입금과 정부 재정으로 마련된다.

사회 보험은 모든 국민들이 보험 방식을 통해 질병, 실업, 산업 재해, 은퇴 및 노령 등으로 인해 발생할 수 있는 사회적 위험에 대비함으로써 모든 국민이 안전한 삶을 누리는 데 필요한 소득과 건강을 보장하고자 한다.

자료 2 공공 부조

18세 이상의 일을 하기 어려운 중증 장애인 중 본인과 배우자의 소득과 재산이 정부가 정한 기준에 미치지 못하는 사람에 대하여 생활 안정을 위해 연금을 지급하는 제도이다. 재원은 정부 재원으로 마련된다.
공공 부조 ─ 국가와 지방 자치 단체가 전액 부담한다.

공공 부조는 생활 유지 능력이 없거나 생활이 어려운 국민들의 국가가 최소한의 인간다운 생활을 보장하고 자립을 지원한다.

자료 3 사회 서비스 ─ 부담 능력이 있는 국민에 대한 비용은 수익자가 부담함을 원칙으로 한다.

이 제도의 1차적 기능은 사회적 도움 없이는 생존에 위협을 받는 사람들에게 필수적으로 요구되는 시설이나 환경을 제공하는 것이다. 그리고 행동 장애나 사회적 고립을 겪고 있는 사람들에게 적절한 치료와 자립을 위한 도움을 제공하는 것은 2차적 기능이다. 한편, 오늘날에는 정상적인 사회생활을 영위하는 사람들이 보호가 필요한 상태에 빠지는 것을 방지하거나, 그들의 삶의 질을 향상시키기 위한 여가와 오락 프로그램을 제공하는 방향으로 이 제도의 역할이 확대되고 있다.

사회 서비스는 국가나 지방 자치 단체 및 민간 부문의 도움을 필요로 하는 모든 국민들이 복지, 보건 의료, 교육, 고용, 주거, 문화, 환경 등의 분야에서 인간다운 생활을 보장하고 상담, 재활, 돌봄 정보의 제공, 관련 시설의 이용, 역량 개발, 사회 참여 지원 등을 통하여 국민의 삶의 질이 향상되도록 지원한다.

개념 문제로 확인

Q1 빈칸에 알맞은 말을 쓰시오.

01 강제 가입을 원칙으로 하는 사회 보장 제도는 (　　　)이다.
02 사회 보험은 상호 부조의 성격과 (　　　) 예방적 성격을 가지고 있다.
03 빈곤층의 최저 생활 보장을 목적으로 하며 사후 처방적 성격이 강한 것은 (　　　)이다.
04 공공 부조는 사회 보험 또는 사회 서비스에 비해 수혜 대상자의 범위는 (　　　), 소득 재분배 효과는 (　　　).
05 비금전적 지원을 원칙으로 하는 사회 보장 제도는 (　　　)이다.

Q2 다음 설명이 맞으면 '○', 틀리면 '✕'에 표하시오.

06 사회 보험은 수혜 정도와 상관없이 능력에 따라 비용을 부담한다. (○ / ✕)
07 공공 부조는 국가와 지방 자치 단체가 비용을 전액 부담하는 것을 원칙으로 한다. (○ / ✕)
08 공공 부조는 사회 보험과 달리 상호 부조의 원칙이 적용된다. (○ / ✕)
09 사회 보험은 원칙적으로 모든 국민이 수급 대상이 된다. (○ / ✕)

개념 기출문제에 적용

10 연습하기 물음에 맞게 (가), (나), (다)에 표시하시오.

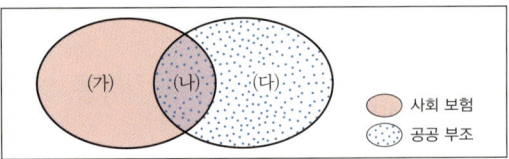

사회 보험 / 공공 부조

❶ 국가와 지방 자치 단체가 비용을 전액 부담하는 것을 원칙으로 한다. ((가) / (나) / (다))
❷ 상호 부조의 성격과 사전 예방적 성격이 강하다. ((가) / (나) / (다))
❸ 소득 재분배 효과가 나타난다. ((가) / (나) / (다))

11 적용하기 10번 그림은 사회 보험과 공공 부조의 공통점과 차이점을 도식화한 것이다. (가)~(다)에 해당되는 내용으로 옳은 것은?

① (가) – 수혜자의 수혜 정도에 따라 보험료가 산출된다.
② (가) – 빈곤층의 최저 생활 보장을 목적으로 한다.
③ (나) – 소득 재분배 효과가 나타난다.
④ (다) – 사전 예방적 성격을 갖는다.
⑤ (다) – 상호 부조의 성격을 갖는다.

HOW & WHAT 정답 Q1 01 사회 보험 02 사전 03 공공 부조 04 작고, 크다 05 사회 서비스 Q2 06 ○ 07 ○ 08 ✕ 09 ○ 10 ❶ (다) ❷ (가) ❸ (나) 11 ③

사회 복지 제도의 고난도 문항 어떻게 준비할까?

사회 복지 제도 관련 문항은 단순히 사회 보장 제도의 개념을 묻는 형태로도 출제될 수 있지만, 사회 보장 제도와 표 및 그래프 분석 문항이 함께 출제될 수도 있다. 이 경우 문항의 난도가 높아지기에 좀 더 유의할 필요가 있다.

자료 1 사회 복지 제도

① 우리나라 사회 복지 제도의 사례

구분	사례
(가) 사회 서비스	소득, 건강, 주거, 사회적 접촉 등의 수준을 평가하여 선정된 65세 이상의 독거 노인에게 정기적인 안전 확인 및 정서적 지원, 보건 서비스 연계·조정, 생활 교육 지원 등을 하는 제도 사회 서비스
(나) 사회 보험	사용자, 근로자 또는 자영업자 등이 공동으로 마련한 재원으로 노령에 따른 근로 소득 상실을 보전하기 위한 급여를 지급하는 제도
(다) 공공 부조	국가와 지방 자치 단체의 재정으로 65세 이상 노인 중 소득이 일정한 수준 이하인 사람에게 생활 안전에 필요한 연금을 지급하는 제도

② A 지역의 65세 이상 인구 중 (가)~(다)의 수혜자 현황

구분	2014년						2015년					
제도	(가)		(나)		(다)		(가)		(나)		(다)	
수혜자 비율(%)	12		40		60		12		40		60	
수혜자 중 남녀 비율(%)	남	여	남	여	남	여	남	여	남	여	남	여
	30	70	58	42	36	64	40	60	55	45	30	70

* 2014년 A 지역의 65세 이상 인구는 10,000명임
** 2015년 A 지역의 65세 이상 인구 증가율은 −5%임
*** 65세 이상 인구 증가율(%) = $\frac{\text{당해 연도 65세 이상 인구} - \text{전년도 65세 이상 인구}}{\text{전년도 65세 이상 인구}}$ ×100

자료 2 사회 복지 제도

① 우리나라 사회 보장 제도

(가) 가구 소득 인정액이 기준액 이하인 가구의 최저 생활을 보장하고 자활을 지원하기 위하여 국가나 지방 자치 단체가 생계, 의료 등 급여를 지급하는 제도 공공 부조

(나) 노령, 사망, 장애 등으로 인한 소득 상실을 보전하고 기본 생활을 지원하기 위해 가입자와 고용주 등이 분담해서 마련한 기금을 통해 연금 급여를 지급하는 제도 사회 보험

② A~C 지역별 전체 인구 중 (가), (나) 수급자 비율

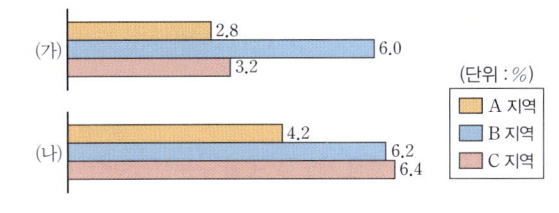

(가): 2.8 / 6.0 / 3.2
(나): 4.2 / 6.2 / 6.4
(단위 : %)
A 지역 / B 지역 / C 지역

---

❶ 제시된 자료에 해당하는 각각의 사회 복지 제도가 무엇인지 확인하자.

〈자료 1〉에서 (가)의 경우 '정서적 지원, 생활 교육 지원' 등의 서비스를 제공하고 있다는 점에서 사회 서비스, (나)의 경우 '공동으로 마련한 재원으로 급여를 지급'한다는 점에서 사회 보험, (다)의 경우 '일정 소득 이하 사람에게 생활 안정 자금을 지급'한다는 점에서 공공 부조에 해당한다. 〈자료 2〉에서 (가)는 '최저 생활을 보장'에서 공공 부조, (나)는 가입자가 비용을 부담하는 연금 급여라는 점에서 사회 보험임을 알 수 있다.

❷ 제시된 도표 및 그래프의 의미를 확인하자.

〈자료 1〉의 경우 연도별로 제도별로 수혜자 비율이 제시되어 있다. 각 연도별 인구가 제시되어 있기에 각각 제도의 수혜를 받는 사람의 수를 확인할 수 있다. 그리고 수혜자의 남녀 비율이 제시되어 있기에 각각 제도의 수혜를 받는 사람을 남녀로 구분할 수 있다. 예를 들어 2014년 사회 보험의 수혜자 비율은 40%이기에 수혜자 수는 4,000명이며, 4,000명 중 남자는 58%, 여자는 42%임을 알 수 있다.

〈자료 2〉의 경우 〈자료 1〉과 다르게 A~C 세 지역별로 (가), (나) 제도의 수급자 비율이 제시되어 있다. A 지역 전체 인구 중 공공 부조 수급자 비율은 2.8%이고, A 지역 전체 인구 중 사회 보험 수급자 비율은 4.2%가 되는 것이다.

❸ 〈보기〉나 선택지의 옳고 그름을 분석해 보자.

자료 1   사회 보험

ㄷ. 2015년에 상호 부조의 원리에 기반을 둔 제도의 여자 수혜자 수와 최저 생활 보장을 목적으로 하는 제도의 남자 수혜자 수는 동일하다.

상호 부조의 원리에 기반을 둔 제도는 사회 보험으로 (나)이다. 2015년 (나)의 수혜자 수는 9,950명×40%이며, 그중 여자의 비율은 45%이다. 최저 생활 보장을 목적으로 하는 제도는 공공 부조로 (다)이다. 2015년 (다)의 수혜자 중 남자의 비율은 9,950명×60%×30%이다. 9,950명은 동일하기에 40%×45% 와 60%×30%만 비교하면 되며, 두 수치가 동일함을 알 수 있다.

자료 2   공공 부조

④ 수혜자 부담 원칙이 적용되지 않는 제도의 경우, B 지역 수급자 수가 A 지역 수급자 수의 2배보다 많다.

수혜자 부담 원칙이 적용되지 않는 제도는 공공 부조로 (가)이다. (가)의 B 지역 수급자 비율은 6.0%이고, A 지역 수급자 비율은 2.8%이다. B 지역 수급자 비율이 A 지역 수급자 비율보다 2배 이상 많지만, A 지역의 전체 인구 및 B 지역의 전체 인구가 제시되어 있지 않기에 두 지역의 수급자 수를 비교할 수 없다. 즉, 선택지 ④의 옳고 그름은 알 수 없다.

주제 1 사회 복지 제도

족집게 전략 | 사회 보험, 공공 부조, 사회 서비스 세 가지 사회 복지 제도 각각의 특징을 정확히 구분하고 이해할 수 있어야 한다.

족집게 자료 분석 전략 START | 첫 번째 그림에서 '비금전적 지원 원칙'이라는 기준으로 A와 B, C가 구분되고 있다. 사회 보험과 공공 부조는 금전적 지원을 원칙으로 한다. 따라서 A는 사회 서비스, B, C는 각각 공공 부조 및 사회 보험 중 하나이다.

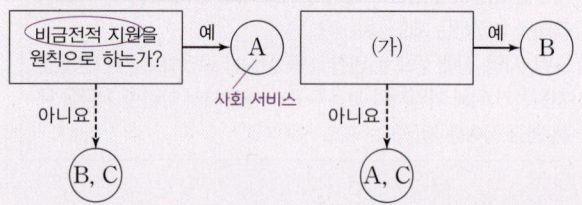

분석 | ❶ 첫 번째 그림을 통해 A가 사회 서비스임을 특정할 수 있으며, 사회 서비스의 특징을 활용하여 선지의 옳고 그름을 판단할 수 있다.
❷ B와 C는 어떤 사회 보장 제도인지 특정할 수 없기에, 두 번째 그림을 활용하여 선지의 옳고 그름을 판단해야 한다. (가)에 어떤 내용이 들어가는지에 따라 B와 C가 특정될 수 있으며, B와 C가 무엇인지에 따라 (가)에 어떤 내용이 들어갈 수 있는지 결정된다.

---

279 ◀ 대표 문항 | 평가원 기출 |

그림은 우리나라 사회 보장 제도 A~C를 구분한 것이다. 이에 대한 설명으로 옳은 것은? (단, A~C는 각각 공공 부조, 사회 보험, 사회 서비스 중 하나이다.)

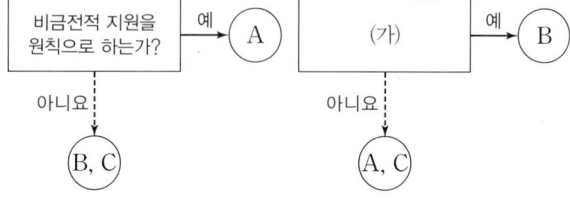

① A는 B, C와 달리 사전 예방적 성격이 강하다.
② B보다 C가 대상자의 범위가 넓다면, B는 A에 비해 소득 재분배 효과가 작다.
③ C가 사회 보험이면, (가)에는 '강제 가입을 원칙으로 하는가?'가 적절하다.
④ (가)가 '국가와 지방 자치 단체가 비용을 모두 부담하는가?'라면, A와 C의 대상자는 중복될 수 없다.
⑤ (가)가 '상호 부조의 원리를 기반으로 하는가?'라면, C는 생활 유지 능력이 없거나 생활이 어려운 사람을 대상으로 한다.

 한줄 Tip B, C가 어떤 사회 보장 제도인지 특정되지 않기 때문에 선택지의 조건을 반영하여 선택지의 옳고 그름을 파악해야 한다.

280

그림은 우리나라의 사회 보장 제도 A, B의 특징을 연결한 것이다. 이에 대한 옳은 설명을 〈보기〉에서 고른 것은? (단, A, B는 각각 사회 보험, 공공 부조 중 하나이다.)

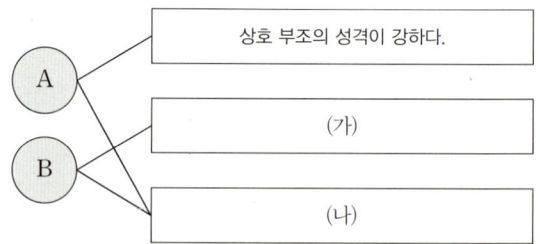

┌─ 보기 ─────────────────────────────┐
ㄱ. A는 B와 달리 임의 가입을 원칙으로 한다.
ㄴ. B는 A와 달리 선별적 복지에 해당한다.
ㄷ. (가)에는 '금전적 지원을 원칙으로 한다.'가 들어갈 수 있다.
ㄹ. (나)에는 '소득 재분배 효과가 나타난다.'가 들어갈 수 있다.
└────────────────────────────────┘

① ㄱ, ㄴ   ② ㄱ, ㄷ   ③ ㄴ, ㄷ
④ ㄴ, ㄹ   ⑤ ㄷ, ㄹ

281

그림은 우리나라의 사회 보장 제도 A, B의 특징을 질문 (가), (나)에 따라 분류한 것이다. 이에 대한 옳은 설명을 〈보기〉에서 고른 것은? (단, A, B는 각각 사회 보험, 공공 부조 중 하나이다.)

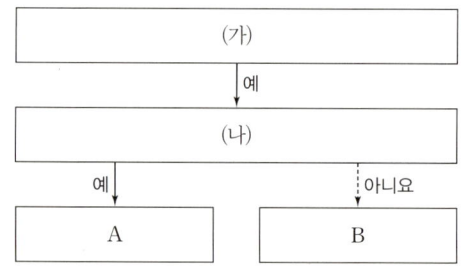

* A : 국민에게 발생하는 사회적 위험을 보험의 방식으로 대처함으로써 국민의 건강과 소득을 보장하는 제도
** B : 국가와 지방 자치 단체의 책임하에 생활 유지 능력이 없거나 생활이 어려운 국민의 기초 생활을 보장하는 제도

┌─ 보기 ─────────────────────────────┐
ㄱ. (가)에는 '소득 재분배 효과가 나타나는가?'가 들어갈 수 없다.
ㄴ. (가)에는 '수혜 정도에 따라 비용을 부담하는가?'가 들어갈 수 있다.
ㄷ. (나)에는 '강제 가입을 원칙으로 하는가?'가 들어갈 수 있다.
ㄹ. (나)에는 '능력에 따른 비용 부담을 원칙으로 하는가?'가 들어갈 수 있다.
└────────────────────────────────┘

① ㄱ, ㄴ   ② ㄱ, ㄷ   ③ ㄴ, ㄷ
④ ㄴ, ㄹ   ⑤ ㄷ, ㄹ

282

그림은 우리나라의 사회 보장 제도 A, B의 특징을 나타낸 것이다. (가), (나)에 들어갈 내용으로 옳은 것은? (단, A, B는 각각 사회 보험, 공공 부조 중 하나이며, A가 B에 비해 소요 비용 중 정부 재정이 차지하는 비중이 크다.)

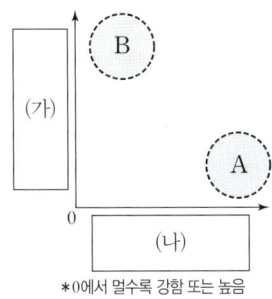

*0에서 멀수록 강함 또는 높음

	(가)	(나)
①	상호 부조의 성격	소득 재분배 효과
②	소득 재분배 효과	사후 처방적 성격
③	사전 예방적 성격	상호 부조의 성격
④	사후 처방적 성격	수혜 대상자의 범위
⑤	수혜 대상자의 범위	사전 예방적 성격

283

갑국 정부는 그림과 같이 공공 부조 지원 대상 기준을 변경하고자 한다. 제도 개편의 영향에 대한 옳은 분석을 〈보기〉에서 고른 것은?

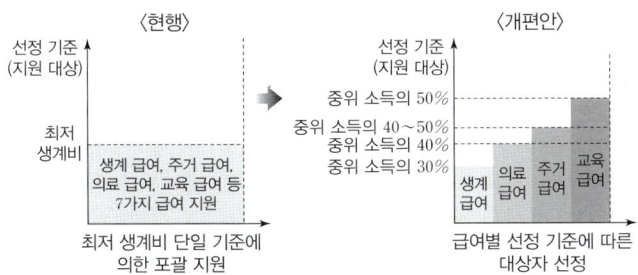

*중위 소득 : 총 가구를 소득의 순서대로 순위를 매겨 나열했을 때 정확히 한가운데를 차지한 가구의 소득
**절대적 빈곤율 : 전체 가구에서 소득이 최저 생계비 미만인 가구의 비율
***상대적 빈곤율 : 전체 가구에서 소득이 중위 소득의 50% 미만인 가구의 비율

〈보기〉
ㄱ. 전체 가구의 50%가 공공 부조 지원 대상이 된다.
ㄴ. 교육 급여를 받는 가구는 생계 및 의료 급여도 받게 된다.
ㄷ. 지원 대상 선정 기준이 절대적 빈곤층에서 상대적 빈곤층으로 변경된다.
ㄹ. 절대적 빈곤율보다 상대적 빈곤율이 높을 경우 교육 급여 지원 대상 가구가 증가하게 된다.

① ㄱ, ㄴ   ② ㄱ, ㄷ   ③ ㄴ, ㄷ
④ ㄴ, ㄹ   ⑤ ㄷ, ㄹ

284

그림은 우리나라의 사회 보장 제도 A, B의 특징을 벤 다이어그램으로 나타낸 것이다. (가)~(라)에 적절한 특징을 〈보기〉에서 고른 것은? (단, A, B는 각각 사회 보험, 공공 부조 중 하나이며, A와 달리 B는 빈곤층의 최저 생활 보장을 목적으로 한다.)

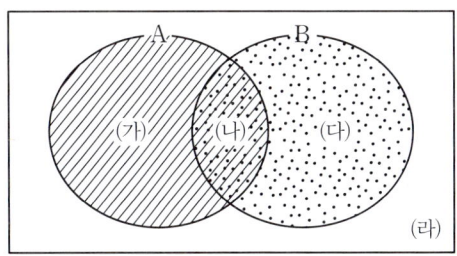

〈보기〉
ㄱ. (가) : 소득 재분배 효과가 나타난다.
ㄴ. (나) : 금전적 지원을 원칙으로 한다.
ㄷ. (다) : 상호 부조의 성격을 갖는다.
ㄹ. (라) : 수혜 정도에 따라 비용을 부담한다.

① ㄱ, ㄴ   ② ㄱ, ㄷ   ③ ㄴ, ㄷ
④ ㄴ, ㄹ   ⑤ ㄷ, ㄹ

285

그림은 우리나라의 사회 보장 제도 A, B, C를 질문 (가), (나)에 따라 구분한 것이다. 이에 대한 옳은 설명을 〈보기〉에서 고른 것은? (단, A~C는 각각 사회 보험, 공공 부조, 사회 서비스 중 하나이다.)

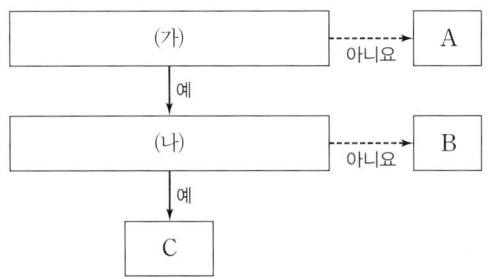

〈보기〉
ㄱ. (가)에는 '비금전적 지원을 원칙으로 하는가?'가 들어갈 수 없다.
ㄴ. (나)에는 '소득 재분배 효과가 나타나는가?'가 들어갈 수 있다.
ㄷ. B가 공공 부조라면, (나)에는 '의무 가입을 원칙으로 하는가?'가 들어갈 수 있다.
ㄹ. C가 사회 보험이라면, (가)에는 '민간 부문의 참여가 가능한가?'가 들어갈 수 있다.

① ㄱ, ㄴ   ② ㄱ, ㄷ   ③ ㄴ, ㄷ
④ ㄴ, ㄹ   ⑤ ㄷ, ㄹ

286

다음 사례에 대한 설명으로 것은?

> 개그맨 A씨는 최근 암에 걸려 활동을 중단하고 치료에 전념하였다. 암 완치 판단을 받고 연예계 복귀를 준비하고 있는 A씨는 자신의 암 치료비에 대해 소개하는 영상을 찍어 인터넷에 공개하였다. A씨에 따르면 암 치료비는 약 8천만 원가량 나왔으나, 국민 건강 보험의 적용으로 실제 A씨가 지출한 돈은 수 백만 원 수준에 불과하였다. 영상에서 A씨는 국민 건강 보험의 필요성 및 중요성에 대해 적극적으로 강조하였다.

① 공공 부조로 의료비 지원을 받았다.
② 치료비 지원액은 전액 재정에서 충원된다.
③ 사회 보험으로 국민의 의료비 부담이 경감되었다.
④ 과도한 사회 보장으로 인해 사회적 효율성이 낮아지고 있다.
⑤ 사후 처방적 성격을 가진 사회 보장 제도의 필요성이 강조되고 있다.

287

표는 갑국에서 1분위 가구와 10분위 가구의 가구 소득 구성을 비교한 것이다. 이에 대한 옳은 분석을 〈보기〉에서 고른 것은?

(단위 : 달러)

구분		1분위	10분위
시장 소득		50	5,000
사회 보장 혜택	연금 급여	200	50
	근로 장려금	50	0
	기초 생활 보장 급여	150	0
총소득		450	5,050
소득세		0	1,000
순소득		450	4,050

* 1분위 가구는 가구 소득이 가장 낮은 분위, 10분위 가구는 가구 소득이 가장 높은 분위이다.

┌ 보기 ┐
ㄱ. 사회 보장 혜택에는 공공 부조로 인한 수혜는 포함되지 않았다.
ㄴ. 시장 소득 대비 사회 보장 혜택은 1분위 가구에서 높게 나타난다.
ㄷ. 소득세 및 기초 생활 보장 급여는 소득 재분배에 기여하고 있다.
ㄹ. 총소득에서 시장 소득이 차지하는 비율은 분위가 높을수록 낮게 나타나고 있다.

① ㄱ, ㄴ   ② ㄱ, ㄷ   ③ ㄴ, ㄷ
④ ㄴ, ㄹ   ⑤ ㄷ, ㄹ

288

갑국 정부는 (가)에서 (나)로 특정 사회 보장 제도의 운영 방안을 변경하고자 한다. 이에 대한 옳은 설명을 〈보기〉에서 고른 것은? (단, 제도 변경 전·후 가구 수는 동일하며, 갑국 모든 가구의 구성원 수는 같다.)

> (가) 최저 생계비 미만 가구를 대상으로 최저 생계비의 50% 규모로 생계 급여를 지급하고, 최저 생계비의 20% 규모로 주거 급여를 지급한다.
> (나) 중위 소득의 50% 미만 가구를 대상으로 최저 생계비의 50% 규모로 생계 급여를 지급하고, 중위 소득의 40% 미만 가구를 대상으로 최저 생계비의 20% 수준으로 주거 급여를 지급한다.

┌ 보기 ┐
ㄱ. (가)와 달리 (나)는 절대적 빈곤에 근거하고 있다.
ㄴ. (가)에서 (나)로의 변경으로 인해 복지병의 확대가 초래될 수 있다.
ㄷ. 최저 생계비가 중위 소득의 50% 금액보다 클 경우 급여 대상 가구는 감소한다.
ㄹ. (가)에서 (나)로 기준이 변경될 경우 지급되는 급여가 감소하는 가구가 발생할 수 있다.

① ㄱ, ㄴ   ② ㄱ, ㄷ   ③ ㄴ, ㄷ
④ ㄴ, ㄹ   ⑤ ㄷ, ㄹ

289

| 평가원 기출 |

우리나라 사회 보장 제도 A, B의 일반적 특징에 대한 설명으로 옳은 것은?

> ○ 2008년 7월부터 시행된 이 제도는 A의 하나로서, 국민 건강 보험 가입자 또는 그 피부양자 가운데 고령이나 노인성 질병 등으로 일상생활을 혼자서 수행하기 어려운 사람들에게 신체 활동 또는 가사 활동 지원 등의 장기 요양 급여를 판정 등급에 따라 제공한다.
> ○ 2014년 7월부터 시행된 이 제도는 B의 하나로서, 국민연금의 혜택을 충분히 누리지 못하고 빈곤을 겪고 있는 노인을 위해 마련되었다. 만 65세 이상이며, 가구의 소득 인정액이 기준액 이하인 사람들을 수혜 대상으로 한다.

① A는 B에 비해 빈곤층 자활 지원의 성격이 강하다.
② A는 B와 달리 국가와 지방 자치 단체가 비용을 전액 부담하는 것을 원칙으로 한다.
③ B는 A에 비해 소득 재분배 효과가 크다.
④ B는 A에 비해 사전 예방적 성격이 강하다.
⑤ A, B는 모두 수혜자 부담의 원칙이 적용된다.

290

다음 사례에서 갑, 을에 대한 설명으로 옳지 않은 것은?

> A 기업에서 근무하고 있는 갑은 매달 300만 원의 급여를 받고 있으며, 이 중 국민연금으로 20만 원, 국민 건강 보험으로 8만 원을 매달 납입하고 있다. 무직으로 아무런 소득이 없는 을은 국민 기초 생활 보장 제도의 대상자로 매달 기초 생활 생계 급여 30만 원, 기초 연금 20만 원을 정부로부터 받고 있다.

① 갑은 노후 생활의 안정을 위해 사회 보험에 가입해 있다.
② 갑은 사전 예방적 성격이 강한 사회 보장 제도에 가입해 있다.
③ 을의 수입에는 사회 보험에 해당하는 연금이 포함되어 있지 않다.
④ 병원에서 진료를 받을 경우 을은 국민 건강 보험의 지원을 받게 된다.
⑤ 갑과 달리 을은 공공 부조에 해당하는 사회 보장 제도의 지원을 받고 있다.

291 | 평가원 기출

그림의 A~C는 우리나라 사회 보장 제도이다. 이에 대한 분석으로 옳은 것은? (단, A~C는 각각 공공 부조, 사회 보험, 사회 서비스 중 하나이다.)

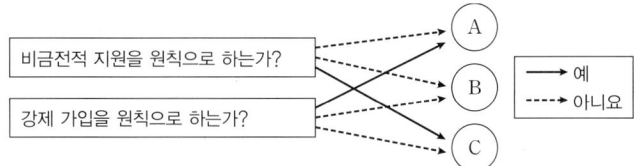

① '수혜 대상자에 대한 자립과 자활 보장을 목적으로 한다.'는 특징은 A에는 나타나고, B에는 나타나지 않는다.
② '수혜 정도와 상관없이 능력에 따라 비용을 부담한다.'는 특징은 A와 B에 공통으로 나타난다.
③ '국가와 지방 자치 단체가 비용을 전액 부담하는 것을 원칙으로 한다.'는 특징은 B에는 나타나고, A에는 나타나지 않는다.
④ '사전 예방적 성격이 강하다.'는 특징은 B와 C에 공통으로 나타난다.
⑤ '상호 부조의 성격이 강하다.'는 특징은 C에는 나타나고, A와 B에는 나타나지 않는다.

292

표는 사회 보장 제도의 유형 (가), (나)에 해당하는 제도들을 구분한 것이다. 이에 대한 옳은 설명을 〈보기〉에서 고른 것은? (단, (가), (나)는 각각 사회 보험과 공공 부조 중 하나이다.)

유형	(가)	(나)
해당 제도	고용 보험 건강 보험 A	의료 급여 기초 연금 B

> 〈보기〉
> ㄱ. (가)에 비해 (나)는 소득 재분배 효과가 크다.
> ㄴ. (나)에 비해 (가)는 사후 처방적 성격이 강하다.
> ㄷ. (가)와 달리 (나)는 소요 비용을 전액 국가가 부담한다.
> ㄹ. 국민 기초 생활 보장 제도는 A, 국민 연금은 B에 들어가기 적절하다.

① ㄱ, ㄴ   ② ㄱ, ㄷ   ③ ㄴ, ㄷ
④ ㄴ, ㄹ   ⑤ ㄷ, ㄹ

293 | 평가원 기출

자료는 우리나라 성별 노인 인구 중에서 사회 보장 제도 (가)~(다) 각자의 수급자 비율을 나타낸 것이다. 이에 대한 설명으로 옳은 것은?

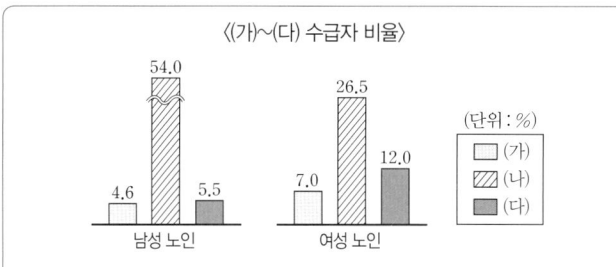

(가) 국가가 가구 소득 인정액이 기준액 이하인 가구의 기초 생활을 보장하기 위해 급여를 지급하고, 자활을 지원하는 제도
(나) 가입자와 고용주 등이 분담해서 마련한 기금을 통해 노령, 장애 등에 대한 연금 급여를 지급하여 생활 안정을 도모하는 제도
(다) 노인성 질병 등으로 인해 일상생활을 혼자서 수행하기 어려운 사람들에게 요양 급여를 지급하는 제도

① (나)는 (다)와 달리 상호 부조 원리가 적용된다.
② (다)는 (가)와 달리 사후 처방적 성격을 지닌다.
③ (가)~(다) 중 강제 가입 원칙이 적용되는 제도의 경우, 전체 노인 수급자 중에서 성별 비율은 남성이 여성의 2배 이상이다.
④ (가)~(다) 중 소득 재분배 효과가 있는 제도의 경우, 남성 노인 인구 중에서 수급자 비율과 여성 노인 인구 중에서 수급자 비율은 모두 10% 미만이다.
⑤ (가)~(다) 중 수혜자 비용 부담 원칙이 적용되지 않는 제도의 경우, 여성 노인 인구 중에서 수급자 비율이 남성 노인 인구 중에서 수급자 비율보다 높다.

294

표는 우리나라 ○○지역에서 65세 이상 인구 중 국민연금과 기초 연금을 수급하는 사람의 비율을 나타낸 것이다. 이에 대한 옳은 설명을 〈보기〉에서 고른 것은?

구분	국민연금	기초 연금
남성	60%	30%
여성	40%	30%
전체	52%	30%

┌ 보기 ┐
ㄱ. 기초 연금의 수급자 수는 남성이 여성보다 많다.
ㄴ. ○○지역 65세 이상 인구는 남성이 여성보다 많다.
ㄷ. 상호 부조의 원리가 적용되는 제도의 가입자는 전체 인구의 과반이다.
ㄹ. 수급자 비율은 사회 보험에 해당하는 제도보다 공공 부조에 해당하는 제도가 높다.
└─────┘

① ㄱ, ㄴ　　　　② ㄱ, ㄷ　　　　③ ㄴ, ㄷ
④ ㄴ, ㄹ　　　　⑤ ㄷ, ㄹ

295

| 평가원 기출 |

(가), (나)는 갑국의 사회 복지 제도 변화를 나타낸 것이다. 이에 대한 분석으로 옳은 것은?

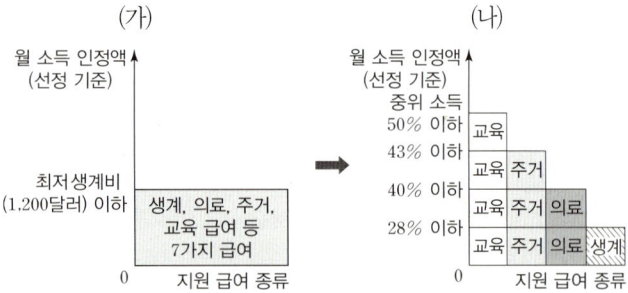

(가)
월 소득 인정액
(선정 기준)
최저 생계비
(1,200달러) 이하
생계, 의료, 주거, 교육 급여 등 7가지 급여
0　지원 급여 종류

(나)
월 소득 인정액
(선정 기준)
중위 소득
50% 이하 교육
43% 이하 교육 주거
40% 이하 교육 주거 의료
28% 이하 교육 주거 의료 생계
0　지원 급여 종류

＊최저 생계비는 중위 소득 40%와 동일함
＊＊개별 가구의 월 소득 인정액 이외의 다른 조건은 모두 동일함
＊＊＊중위 소득 : 전체 가구를 소득 순으로 나열했을 때 한가운데 위치한 가구의 소득

① (가)는 선별적 복지보다는 보편적 복지의 성격이 강하다.
② (나)에서 교육 급여를 받을 수 있는 기준은 월 소득 인정액 1,400달러 이하이다.
③ (나)에서 월 소득 인정액 1,000달러인 가구는 의료 급여를 받을 수 있다.
④ (가)는 (나)와 달리 상대적 생활 수준을 반영한 기준을 적용한다.
⑤ 월 소득 인정액 900달러인 가구는 (가)에서는 모든 급여를 받았으나 (나)에서는 교육 급여만 받을 수 있다.

296 고난도↑

| 평가원 기출 |

다음 자료에 대한 옳은 분석만을 〈보기〉에서 있는 대로 고른 것은?

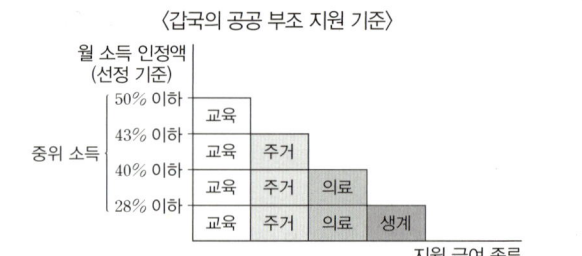

〈갑국의 공공 부조 지원 기준〉
월 소득 인정액
(선정 기준)
중위 소득
50% 이하 교육
43% 이하 교육 주거
40% 이하 교육 주거 의료
28% 이하 교육 주거 의료 생계
지원 급여 종류
＊중위 소득 : 전체 가구를 소득 순으로 일렬로 배열하였을 때 한가운데 위치한 가구의 소득

〈갑국의 공공 부조 지원 대상 가구 현황〉
(단위 : %)

구분	2000년	2005년	2010년	2015년
전체 가구 수 변화율	0	10	−10	0
중위 소득 50% 이하 가구 비율	35	35	35	35
중위 소득 43% 이하 가구 비율	27	28	29	30
중위 소득 40% 이하 가구 비율	15	15	15	15
중위 소득 28% 이하 가구 비율	5	5	5	5

＊ 갑국은 1995년부터 5년 단위로 공공 부조 지원 가구를 조사함

＊＊ 전체 가구 수 변화율 = $\dfrac{\text{당해 조사 연도의 전체 가구 수} - \text{직전 조사 연도의 전체 가구 수}}{\text{직전 조사 연도의 전체 가구 수}} \times 100$

┌ 보기 ┐
ㄱ. 전체 가구 중 교육 급여 한 가지만 지원받는 가구 비율은 2010년과 2015년이 같다.
ㄴ. 교육, 주거 급여 두 가지만 지원받는 가구 수는 2000년이 2015년보다 적다.
ㄷ. 전체 가구 중 교육, 주거, 의료, 생계 급여 모두를 지원받는 가구 비율은 2000년이 2010년보다 낮다.
ㄹ. 2005년 교육, 주거, 의료 급여 세 가지만 지원받는 가구 수는 2015년 교육, 주거, 의료, 생계 급여 모두를 지원받는 가구 수의 2배 이상이다.
└─────┘

① ㄱ, ㄷ　　　　② ㄴ, ㄷ　　　　③ ㄴ, ㄹ
④ ㄱ, ㄴ, ㄹ　　　　⑤ ㄱ, ㄷ, ㄹ

297 고난도↗
| 평가원 기출 |

다음 자료에 대한 옳은 분석만을 〈보기〉에서 있는 대로 고른 것은?
(단, (가)~(다)는 각각 사회 보험, 공공 부조, 사회 서비스 중 하나이다.)

〈자료 1〉 우리나라 사회 보장 제도의 사례

제도	사례
(가)	소득, 건강, 주거, 사회적 접촉 등의 수준을 평가하여 선정된 65세 이상의 독거 노인에게 정기적인 안전 확인 및 정서적 지원, 보건 서비스 연계·조정, 생활 교육 지원 등을 하는 제도
(나)	사용자, 근로자 또는 자영업자 등이 공동으로 마련한 재원으로 노령에 따른 근로 소득 상실을 보전하기 위한 급여를 지급하는 제도
(다)	국가와 지방 자치 단체의 재정으로 65세 이상 노인 중 소득이 일정한 수준 이하인 사람에게 생활 안정에 필요한 연금을 지급하는 제도

〈자료 2〉 A 지역의 65세 이상 인구 중 (가)~(다)의 수혜자 현황
(단위 : %)

구분	2014년			2015년		
제도	(가)	(나)	(다)	(가)	(나)	(다)
수혜자 비율	12	40	60	12	40	60
수혜자 중 남녀 비율	남 여	남 여	남 여	남 여	남 여	남 여
	30 70	58 42	36 64	40 60	55 45	30 70

* 2014년 A 지역의 65세 이상 인구는 10,000명임
** 2015년 A 지역의 65세 이상 인구 증가율은 −5%임
*** 65세 이상 인구 증가율(%) = $\frac{\text{당해 연도 65세 이상 인구} - \text{전년도 65세 이상 인구}}{\text{전년도 65세 이상 인구}} \times 100$

〔보기〕

ㄱ. 2014년에 소득 재분배 효과가 가장 큰 제도의 수혜자 수는 비금전적 지원이 원칙인 제도의 수혜자 수의 1.5배이다.

ㄴ. 2015년에 수혜 정도와 무관하게 능력에 따른 비용 부담이 원칙인 제도의 남자 수혜자 수는 여자 수혜자 수보다 많다.

ㄷ. 2015년에 상호 부조의 원리에 기반을 둔 제도의 여자 수혜자 수와 최저 생활 보장을 목적으로 하는 제도의 남자 수혜자 수는 동일하다.

ㄹ. 강제 가입이 원칙인 제도의 여자 수혜자 수는 2014년보다 2015년이 많다.

① ㄱ, ㄴ   ② ㄱ, ㄹ   ③ ㄴ, ㄷ
④ ㄱ, ㄷ, ㄹ   ⑤ ㄴ, ㄷ, ㄹ

298

표는 사회 보장 제도 A~C를 질문에 따라 구분한 것이다. A~C에 대한 설명으로 옳은 것은? (단, A~C는 각각 사회 보험, 공공 부조, 사회 서비스 중 하나이다.)

질문	A	B	C
금전적 지원을 원칙으로 하는가?	예	아니요	예
강제 가입의 원칙이 적용되는가?	아니요	아니요	예

① A는 민간 부분이 서비스 제공에 참여할 수 있다.
② B는 상호 부조의 원리에 따라 운영된다.
③ C는 빈곤층의 최저 생활 보장을 목적으로 한다.
④ A와 달리 C는 보편적 복지 이념을 추구한다.
⑤ B와 달리 A는 수혜자가 일정 비용을 부담한다.

299
| 평가원 기출 |

다음 자료에 대한 분석으로 옳은 것은?

〈자료 1〉 우리나라 사회 보장 제도

(가) 가구 소득 인정액이 기준액 이하인 가구의 최저 생활을 보장하고 자활을 지원하기 위해 국가나 지방 자치 단체가 생계, 의료 등 급여를 지급하는 제도

(나) 노령, 사망, 장애 등으로 인한 소득 상실을 보전하고 기본 생활을 지원하기 위해 가입자와 고용주 등이 분담해서 마련한 기금을 통해 연금 급여를 지급하는 제도

〈자료 2〉 A~C 지역별 전체 인구 중 (가), (나) 수급자 비율

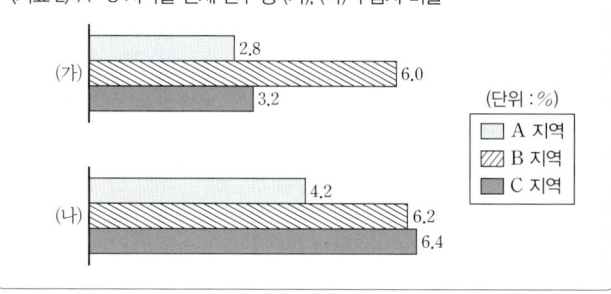

(단위 : %)
□ A 지역
▨ B 지역
■ C 지역

(가) : 2.8 / 6.0 / 3.2
(나) : 4.2 / 6.2 / 6.4

① 상호 부조의 원리가 적용되는 제도의 경우, A 지역 수급자 비율은 2.8%이다.
② 선별적 복지의 성격이 강한 제도의 경우, A~C 지역 중에서 B 지역 수급자 수가 가장 많다.
③ 소득 재분배 효과가 더 큰 제도의 경우, A~C 지역 중에서 수급자 비율이 가장 높은 지역의 수급자 비율은 6.0%를 초과한다.
④ 수혜자 부담 원칙이 적용되지 않는 제도의 경우, B 지역 수급자 수가 A 지역 수급자 수의 2배보다 많다.
⑤ 강제 가입 원칙이 적용되는 제도의 수급자 수 대비 사후 처방적 성격이 강한 제도의 수급자 수의 비는 A 지역이 C 지역보다 높다.

300

표는 사회 보장 제도 (가), (나)의 특징을 비교한 것이다. 이에 대한 설명으로 옳은 것은? (단, (가), (나)는 각각 기초 연금과 국민연금 중 하나이다.)

구분	(가)	(나)
지급 대상	가입자 중 연금 지급이 결정된 자	A
비용 부담	B	C

① A에는 '가입자 중 고령인 자'가 적절하다.
② B에는 '수혜 정도에 따라 부담'이 적절하다.
③ C에는 '부담 능력에 따라 부담'이 적절하다.
④ (가)와 달리 (나)는 사회 보험에 해당한다.
⑤ (나)와 달리 (가)는 강제 가입을 원칙으로 한다.

주제 2 생산적 복지

족집게 전략 | 그래프에 대한 분석을 요구할 경우 눈썰미로 답을 찾기 어려울 경우 바로 수식을 통해 값을 계산할 수 있어야 한다.

족집게 자료 분석 전략 START |

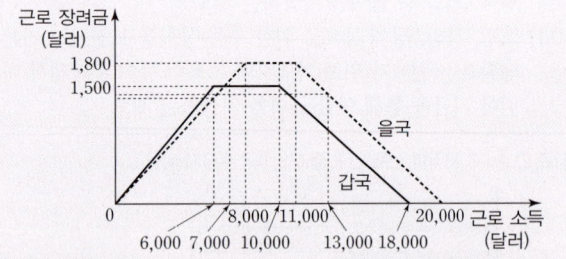

분석 1 | ❶ 을국에서 근로 소득이 6,000달러인 경우와 13,000달러인 경우 중 근로 장려금은 언제가 더 많은가? 위 그림과 같이 13,000달러인 경우 더 근로 장려금이 많음을 알 수 있다.
❷ 근로 소득이 7,000달러인 경우 갑국과 을국 중 근로 장려금이 많은 나라는 어디인가? 을국이 미세하게 더 많지만, 차이가 크지 않다.
분석 2 | 눈썰미로 판단히 정확하게 되지 않을 경우 수식을 통해 값을 구해야 한다. 근로 장려금이 증가하는 구간의 직선을 수식으로 나타내면 갑국의 경우 $y=5/20x$이고, 을국의 경우 $y=9/40x$이다. 근로 소득이 7,000달러인 경우 갑국은 근로 장려금이 1,500달러로 제시되어 있다. 을국의 근로 장려금은 수식을 통해 계산하면 1,575달러이다. 을국이 갑국에 비해 근로 장려금이 많음을 알 수 있다.

---

301 대표 문항 고난도↑
| 평가원 기출 |

다음 자료에 대한 옳은 분석 및 추론만을 〈보기〉에서 있는 대로 고른 것은?

> 그림은 갑국과 을국의 저소득층 단독 가구가 근로 소득에 따라 받을 수 있는 근로 장려금 지급 체계를 보여 준다. 단, 근로 소득과 근로 장려금 이외에 소득이나 조건은 고려하지 않는다.

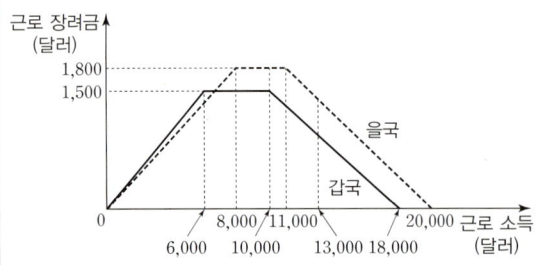

보기
ㄱ. 을국은 근로 소득이 6,000달러인 경우보다 13,000달러인 경우가 근로 장려금 지급액이 많다.
ㄴ. 근로 소득이 7,000달러인 경우, 근로 장려금 지급액은 갑국과 을국이 같다.
ㄷ. 갑국과 을국 모두 근로 의욕을 높이려는 생산적 복지 이념을 반영하고 있다.
ㄹ. 갑국과 을국 모두 근로 장려금 지급에 따른 소득 재분배 효과가 발생한다.

① ㄱ, ㄴ ② ㄱ, ㄷ ③ ㄴ, ㄹ
④ ㄱ, ㄷ, ㄹ ⑤ ㄴ, ㄷ, ㄹ

✎ **한줄 Tip** 주어진 그래프를 확인한 후 바로 수식을 세워서 계산하자.

302

다음은 우리나라 사회 보장 제도 중 하나의 특징을 나타낸 것이다. 이 제도에 대한 옳은 설명을 〈보기〉에서 고른 것은?

> • 개요 : 일정 소득 이하의 가구를 대상으로 생계비를 지급하는 제도
> • 선정 기준 : 대상자 선정을 위한 가구 소득 산정 시 근로 활동으로 발생하는 소득의 일부를 공제
> • 지급 조건 : 직업 훈련 참여, 구직 활동 참여 등의 조건을 충족한 경우에 한하여 생계비 지급

보기
ㄱ. 보편적 복지의 성격을 띠고 있다.
ㄴ. 수혜자 비용 부담을 원칙으로 한다.
ㄷ. 생산적 복지의 이념을 반영하고 있다.
ㄹ. 근로 의욕을 장려할 수 있는 요인을 갖추고 있다.

① ㄱ, ㄴ ② ㄱ, ㄷ ③ ㄴ, ㄷ
④ ㄴ, ㄹ ⑤ ㄷ, ㄹ

303

다음 A에 대한 설명으로 옳은 것은?

> 한때 '요람에서 무덤까지'의 복지를 강조했던 영국이지만, 1970년대 후반 경제 위기를 겪으면서 경제적 위기를 타개하기 위하여 **A** 을/를 도입하였다. **A** 의 도입 이후 직업 센터가 요구하는 직업 훈련을 거부하거나 직업 계획 프로그램에 불참하는 실업자의 경우 실업 급여가 감소하거나, 실업 급여의 지급이 중단되었다. 즉, 일할 의사가 없을 경우 복지의 대상에서도 제외된 것이다.

① 근로 의욕의 감퇴를 초래하였다.
② 복지 수급자의 자립을 강조하였다.
③ 보편적 복지의 가치를 추구하였다.
④ 사회 구성원의 자활 의지를 약화시켰다.
⑤ 과도한 사회 보장에 따른 부작용을 야기하였다.

304

밑줄 친 ㉠~㉢에 대한 옳은 설명을 〈보기〉에서 고른 것은?

> ㉠ 초기 자본주의 사회에서의 복지는 빈곤층에 한정된 복지로 시혜적 성격이 강조되었다. 그러나 ㉡ 현대 복지 사회에서의 복지는 국민 전체를 대상으로 삶의 질 개선 및 빈곤의 예방을 목적으로 하고 있으며, 복지가 국민의 당연한 권리로 인식되고 있다. 오늘날 등장한 또 다른 복지 개념으로는 ㉢ 생산적 복지가 있다. 이는 과도한 사회 보장에 따른 근로 의욕 감퇴를 예방하기 위해 근로 능력이 있는 사람의 경제 활동 참여를 장려하는 복지 제도이다.

> 〈보기〉
> ㄱ. ㉠은 소위 '복지병'의 등장 배경이다.
> ㄴ. ㉡은 보편적 복지의 개념을 바탕으로 한다.
> ㄷ. ㉢은 경제적 효율성 저하를 초래하였다.
> ㄹ. ㉠과 달리 ㉡은 사전 예방적 차원의 복지를 중시하였다.

① ㄱ, ㄴ ② ㄱ, ㄷ ③ ㄴ, ㄷ
④ ㄴ, ㄹ ⑤ ㄷ, ㄹ

305

다음은 어떤 사회 보장 제도를 그림으로 나타낸 것이다. 이 제도에 대한 옳은 설명을 〈보기〉에서 고른 것은?

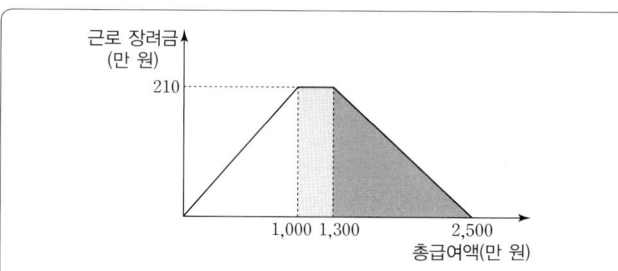

> 근로 장려금 제도는 가구 총급여액에 따라 장려금을 지급하는 제도로, 지급하는 장려금은 일정 구간까지는 근로 소득 금액에 비례하다가, 일정 금액부터는 근로 소득 금액이 커질수록 감소한다.

> 〈보기〉
> ㄱ. 근로 소득이 낮은 저소득 가구의 경제 활동 참여를 장려할 수 있다.
> ㄴ. 근로 소득이 없더라도 기본적으로 210만 원의 근로 장려금이 지급된다.
> ㄷ. 근로 소득 금액이 2,500만 원을 초과할 경우 근로 장려금을 받을 수 없다.
> ㄹ. 근로 소득이 금액이 1,300만 원을 초과할 경우 근로 소득이 증가할수록 가구 전체 소득은 낮아진다.

① ㄱ, ㄴ ② ㄱ, ㄷ ③ ㄴ, ㄷ
④ ㄴ, ㄹ ⑤ ㄷ, ㄹ

306

다음 빈칸에 들어갈 수 있는 옳은 진술을 〈보기〉에서 고른 것은?

> 사회 보험 중 하나인 고용 보험은 실업의 위험으로부터 국민을 보호하기 위한 사회 보장 제도이다. 그런데 단순히 일자리를 상실한 모든 사람에게 지급되는 것은 아니다. 비자발적 실업자 중에서 구직 활동을 하거나, 직업 훈련에 참여하는 등 적극적인 재취업 활동을 하는 것으로 인정된 경우에 한하여 실업 급여가 지급되고 있다. 이와 같이 고용 보험을 운영하는 이유는 _____.

> 〈보기〉
> ㄱ. 보편적 복지로서의 성격을 강화하기 위해서이다.
> ㄴ. 복지 제공의 시혜적 성격을 강조하기 위해서이다.
> ㄷ. 복지 수혜자의 근로 의욕을 고취하기 위해서이다.
> ㄹ. 과도한 복지에 따른 복지병 심화를 예방하기 위해서이다.

① ㄱ, ㄴ ② ㄱ, ㄷ ③ ㄴ, ㄷ
④ ㄴ, ㄹ ⑤ ㄷ, ㄹ

307

자료에 나타난 사회 보장 제도에 대한 설명으로 옳지 않은 것은?

> 근로 장려금을 신청하세요!!~
> 연간 최대 250만 원까지 지급합니다.
>
> ○ 대상 : 열심히 일하지만 소득이 적어 생활이 어려운 근로자 및 사업자 가구
> ○ 자격 : 부부 합산 연간 소득이 맞벌이 기준 2,500만 원 이하인 가구
> ○ 신청 방법 : 국세청 홈택스, ARS(1544-9944)
> ○ 지급 시기 : 심사를 거쳐 9월 말, 가구 소득에 따라 장려금 차등 지급

① 근로 연계 복지의 성격을 띠고 있다.
② 복지와 경제 성장을 함께 추구하고 있다.
③ 근로 능력이 없는 사람을 소외시킬 우려가 있다.
④ 복지 수혜자의 근로 의욕 고취를 목적으로 한다.
⑤ 사회 전반의 생산성과 효율성 저하를 초래할 수 있다.

V 현대의 사회 변동

V단원 PREVIEW – MIND MAP

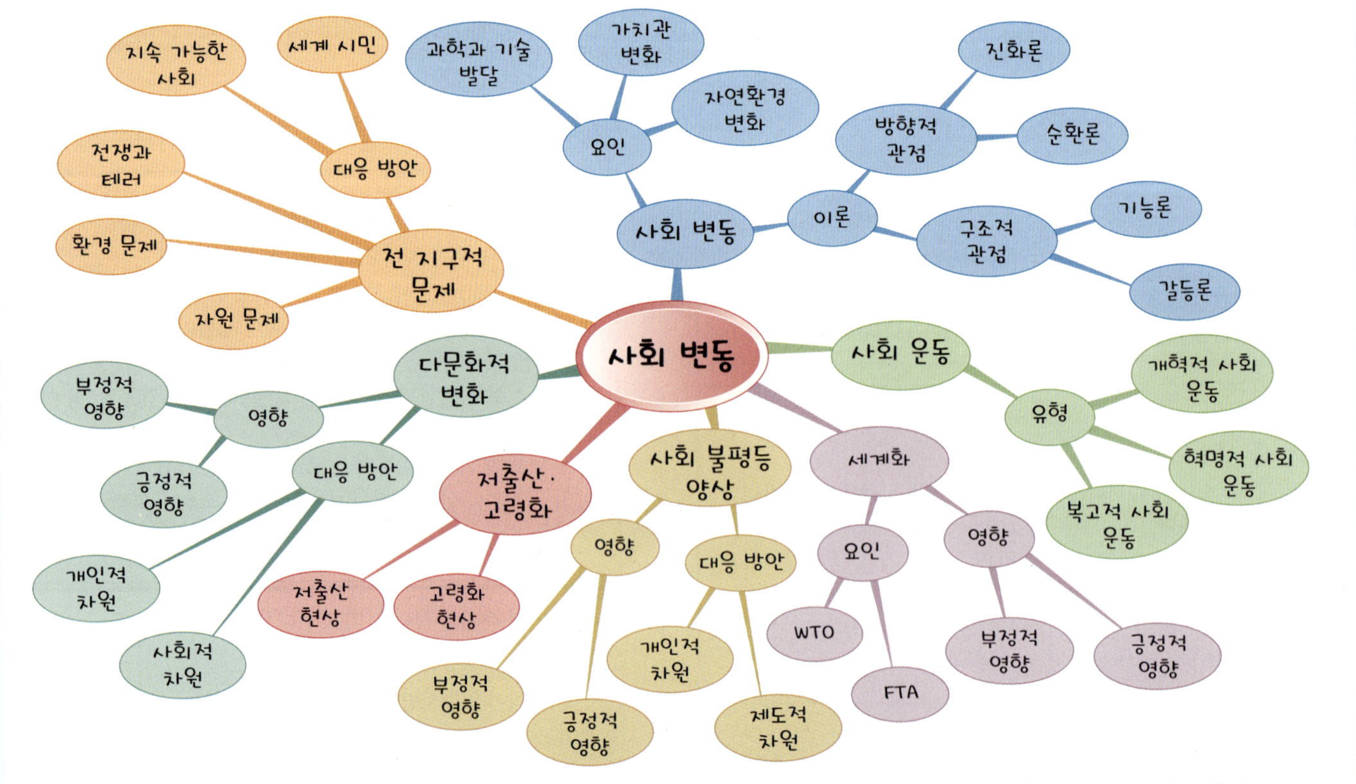

- 지속 가능한 사회
- 세계 시민
- 과학과 기술 발달
- 가치관 변화
- 자연환경 변화
- 진화론
- 방향적 관점
- 순환론
- 요인
- 이론
- 기능론
- 구조적 관점
- 갈등론
- 사회 변동
- 전쟁과 테러
- 환경 문제
- 대응 방안
- 전 지구적 문제
- 자원 문제
- 다문화적 변화
- **사회 변동**
- 사회 운동
- 개혁적 사회 운동
- 혁명적 사회 운동
- 유형
- 복고적 사회 운동
- 부정적 영향
- 영향
- 긍정적 영향
- 대응 방안
- 저출산·고령화
- 사회 불평등 양상
- 세계화
- 영향
- 요인
- 개인적 차원
- 저출산 현상
- 고령화 현상
- 영향
- 대응 방안
- WTO
- 부정적 영향
- 긍정적 영향
- 사회적 차원
- 부정적 영향
- 긍정적 영향
- 개인적 차원
- 제도적 차원
- FTA

V단원 출제 KEYWORD

15강 사회 변동과 사회 운동	**주제 1** 사회 변동	· 사회 변동 · 사회 변동의 요인 · 진화론 · 순환론 · 기능론 · 갈등론 · 개혁적 사회 운동 · 혁명적 사회 운동 · 복고적 사회 운동
16강 현대 사회의 변화와 전 지구적 수준의 문제	**주제 1** 현대 사회의 문제와 전 지구적 수준의 문제	· 세계화 · 세계 무역 기구(WTO) · 자유 무역 협정(FTA) · 정보화 · 저출산 · 고령화 · 다문화 · 지속 가능한 사회 · 세계 시민

V단원 학습 SOLUTION

▶ **각 이론을 비교하는 문제가 출제될 수 있으므로 문제 유형에 익숙해지자.**

진화론, 순환론 등의 특성을 표로 표현한 후 파악할 수 있는지를 묻는 문제가 출제되고 있다. 이론에 대해 명확하게 이해하고 있다면 어떤 유형이 출제되더라도 해결 가능하다. 농업 사회, 산업 사회, 정보 사회를 구분하는 문제도 마찬가지이다. 특성을 비교하고 구분하는 연습을 하도록 한다.

▶ **계산 문제에 대비하자.**

주로 출제되는 문제는 유형에 따라 문제를 해결하면 된다. 하지만 현대 사회 문제, 즉 인구 문제, 고령화와 저출산 등이 출제될 경우에는 표를 이해하고 분석하는 문제일 가능성이 높다. 따라서 비율을 통해 실제 수치를 계산해서 파악할 수 있어야 한다.

15강 사회 변동과 사회 운동

주제 1 사회 변동

1. 사회 변동

(1) 의미와 특징

의미	시간의 경과에 따라 생활 양식을 비롯하여 가치, 규범, 제도 등 사회 구조의 전반이 변화하는 양상
특징	• 변동의 형태와 방향, 속도 등은 사회마다 다양하게 나타남 • 어느 한 영역의 변화는 다른 영역의 변화를 초래하는 요인이 됨 • 물질문화의 변화 속도가 비물질문화의 변화 속도에 비해 빠르게 나타남

└ 물질문화의 변화 속도에 비해 비물질문화의 변화 속도가 느림에 따라 나타나는 사회 문제를 문화 지체 현상이라고 한다.

(2) 사회 변동의 요인

과학과 기술의 발전	• 기계화에 따른 산업 사회의 도래 • 정보화에 따른 정보 사회의 도래
인구의 변동	• 노인 인구 비중 증가에 따른 노인 복지 제도의 확대 • 1인 가구 증가에 따른 유통 산업 구조의 변화 • 외국인 인구 비중 증가로 인한 다문화 사회로의 변화 촉진
집단 갈등	• 독재 정권에 대한 저항으로 민주 사회의 실현 • 인종 차별에의 저항으로 인해 흑인의 인권 신장
가치관과 이념의 변화	• 자유주의와 민주주의 확산으로 시민의 정치 참여 증대 • 여성 인권 의식의 신장으로 양성평등 사회 도래 • 천부 인권과 자유주의 이념 확산으로 근대 시민 혁명 발생
자연환경	• 기후 변화에 적응하는 과정에서 사회 변화가 나타남 • 지구 온난화에 따른 기후 변화로 농경 문화의 변화 및 대체 에너지 기술의 발전

2. 사회 변동의 방향에 대한 관점

진화와 진보 : 진화란 생물이 환경에 적응하며 여러 세대를 거치는 가운데 점차 변화하는 것을 말한다. 진보란 정도나 수준이 나아지거나 높아지는 것을 말한다.

(1) 진화론

내용	• 사회 변동은 일정한 방향(진보와 발전)으로 나타남 • 사회 변동은 바람직한 방향으로의 변화(진보와 발전)를 의미함 • 사회 변동의 방향(진보와 발전)을 설명하는 데 유용함 • 사회는 단순한 상태에서 복잡하고 분화된 상태로 발전함 • 사회 변동은 긍정적인 현상이며 사회 변동 자체가 발전임
비판	• 서구 사회가 진보되고 발전된 사회임을 전제함으로써 서구의 제국주의를 정당화하는 수단으로 악용될 우려가 있음 • 현실적으로 모든 사회가 같은 방향으로 변화하지는 않으므로 다양한 경로의 사회 발전 양상을 설명하기 어려움 • 현실적으로 사회 변동이 항상 발전을 의미하지는 않음 • 사회의 퇴보 또는 멸망 가능성을 간과하고 있음
사례	동아시아 개발 도상국이 서구화의 과정을 거쳐 경제적으로 선진화된 국가로 진보와 발전한 경우

진화론은 서구 중심주의적, 서구의 자문화 중심주의적 가치가 전제되어 있다.

■ 진화론의 한계

영국의 사회학자 스펜서(Spencer, H.)는 '사회는 끊임없이 진보한다.'는 가설을 중심으로 사회 진화론을 체계화하였다. 그의 이론에 따르면, 인류도 다른 생명체들과 마찬가지로 '적자생존'의 상황에 놓여 있다. 그리고 이런 상황에서 살아남기 위한 경쟁이 인류의 진보를 가져왔다고 보았다.
– 라우어, 『사회 변동의 이론과 전망』 –

진화론은 사회 변동이 일정한 방향으로 나타난다고 주장하고 있으나 모든 사회 변동이 반드시 같은 방향으로 이루어지는 것은 아니라는 점에서 한계가 있다. 특히, 서구 사회가 밟아 왔던 변동의 과정이 반드시 최선의 것은 아니라는 점에서 비판을 받고 있다. 또한 서구 사회가 기술적·경제적으로 비서구 사회보다 진보되어 있는 것은 사실이지만, 비서구 사회에 비해 비물질적인 부분에서는 뛰어나지 못할 수도 있다는 점에서 진화론은 비판받고 있다.

(2) 순환론

숙명과 같은 불가사의한 힘을 너무 강조한 나머지 인간의 주체적 행동을 과소평가하고 있다는 비판을 받는다.

내용	• 사회는 시간의 흐름에 따라 생성, 성장, 쇠퇴, 소멸의 과정을 반복함 • 사회는 진보와 발전이라는 한 가지 방향으로 변동하는 것이 아니라 쇠퇴하고 소멸하는 운명을 가짐 • 지난 역사 속에서 성장과 쇠퇴가 반복되는 사회 변동을 설명하고 해석하는 데 유용함
비판	• 앞으로의 변동 방향을 예측하여 대응하기에는 적합하지 않음 • 순환론이 전제하는 순환 과정은 매우 오랜 시간에 걸쳐 일어나는 것이기 때문에 단기적인 사회 변동 과정을 설명하기 곤란함 • 사회 구조 자체의 변화를 논하지는 못하고 역사적 과정에서 각 국가의 생성과 쇠퇴를 설명하는 데 그침
사례	역사 속에 나타난 흥망성쇠를 거듭한 수많은 국가 및 문명

■ 순환론의 한계

토인비는 『역사의 연구』라는 저서에서 '도전과 응전의 원리'를 통해 순환론적 사회 변동을 설명하였다. 그는 열악한 자연환경이나 외부의 침략과 같은 '도전'에 성공적으로 '대응'하면 사회의 존속과 발전을 이룰 수 있지만, 그렇지 못하면 그 사회는 쇠퇴하거나 멸망한다고 주장하였다. 또한 문명은 생명체와 같이 주기(cycle)를 가지고 있지만, 모두 똑같은 과정을 밟는 것은 아니라고 보았다. 이러한 그의 주장은 숙명론적인 역사관으로 비판받는 순환론의 한계를 일부 극복하였다는 긍정적 평가를 받기도 한다.

순환론은 사회 변동 양상에 대해서는 설명하지만, 사회 구조 자체가 어떠한 이유로 어떻게 변해 왔는지에 대해서는 설명하기 어렵다. 또한 현 사회가 순환 과정 중 어디에 위치하는지에 대해서는 설명하지 못하며, 이에 따라 현 사회가 앞으로 어떤 방향으로 변동할 것인지에 대한 예측을 하지도, 이에 대해 대응하지도 못한다는 점에서 한계가 있다.

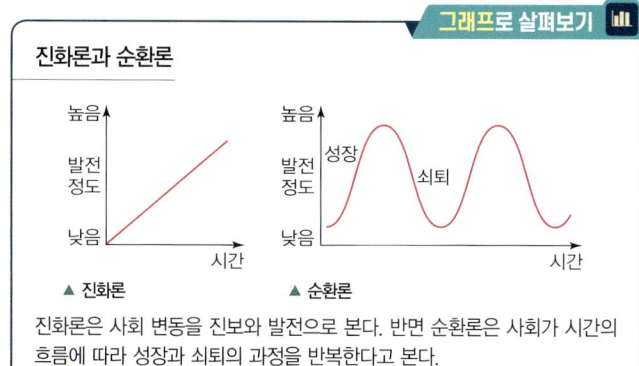

그래프로 살펴보기

진화론과 순환론

▲ 진화론

▲ 순환론

진화론은 사회 변동을 진보와 발전으로 본다. 반면 순환론은 사회가 시간의 흐름에 따라 성장과 쇠퇴의 과정을 반복한다고 본다.

(3) 사회 변동에 대한 구조적 관점

기능론	• 사회는 여러 부분들이 각각의 기능을 원활하게 수행함에 따라 균형을 이루고 안정을 유지함 → 사회 변동은 사회가 마찰을 극복하고 균형의 상태를 찾아가는 과정임 • 사회의 질서와 안정성을 바탕으로 점진적인 사회 변동 과정을 설명하는 데 용이한 반면, 급진적인 사회 변동 과정을 설명하기 곤란함
갈등론	• 사회를 지배 집단과 피지배 집단 간의 대립과 투쟁의 장으로 인식하며, 피지배 집단이 기득권을 가진 지배 집단에 저항하는 과정에서 사회가 변동한다고 설명함 • 사회 질서 이면에 숨어 있는 모순과 갈등을 통해 급격한 사회 변동을 설명하기에 용이한 반면, 사회 변동을 갈등 측면에서만 파악한다는 점에서 한계가 있음

자료로 살펴보기

■ 기능론이 바라보는 사회 변동

사회의 안정과 균형을 중시하는 기능론에서는 사회 문제를 일시적으로 균형이 깨어진 병리적 현상으로 바라본다. 병에 걸린 유기체가 다시 회복하듯이 사회 또한 일시적 불균형에서 다시 균형 상태로 회복되며, 균형이 회복되는 과정·사회 문제가 해결되는 과정에서 나타나는 사회 제도 및 구조의 변화를 기능론에서는 사회 변동이라 본다.

3. 사회 운동의 의미와 유형

(1) 의미와 특징

의미	사회 변동을 이끌어 내기 위한 지속적이면서 집단적인 노력
특징	• 운동의 목표가 뚜렷하고 활동 방법이 구체적임 • 목표와 활동을 정당화하는 구체적인 신념과 가치가 있음 • 각 사회가 처한 특수한 상황에 따라 다양한 모습으로 나타남 • 목표를 실행으로 옮길 수 있는 체계적인 조직 형태를 띠고 있음

(2) 유형

→ 임금 인상을 위한 시민 단체의 행동 등은 개혁적 사회 운동의 사례이다.

개혁적 사회 운동	• 사회 체제 내에서 제도의 부분적 변화를 추구하는 행위 • 사회 체계의 일부분을 바꾸려는 정도의 제한적 목표를 가짐
혁명적 사회 운동	• 사회 체제 자체의 변화를 추구하는 행위 • 기존 사회 질서에 불만을 가지고 급진적인 변동을 추구할 때 발생함
복고적 사회 운동	• 급격한 사회 변화에 저항하는 행위 • 기존 사회에 새로운 이질적 요소가 개입하면서 기존의 구성원이 위협을 느낄 때 발생하기 쉬움

기계 도입에 반대한 러다이트 운동은 복고적 사회 운동의 대표적 사례이다.

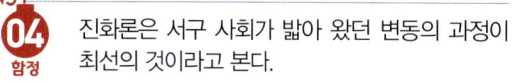

핵심 개념 CHECK!

• 정답 및 해설 062쪽

다음 설명이 맞으면 'O', 틀리면 'X'에 표시하시오.

01 순환론은 사회가 주기적으로 동일한 과정을 통해 변동한다고 본다. ○ ✕

02 진화론은 서구 제국주의 역사를 정당화하는 데 악용될 수 있다. ○ ✕

03 순환론은 모든 사회가 일정한 방향으로 변화한다고 본다. ○ ✕

04 (함정) 진화론은 서구 사회가 밟아 왔던 변동의 과정이 최선의 것이라고 본다. ○ ✕

05 진화론은 사회 변동이 항상 발전을 의미하지는 않는다고 본다. ○ ✕

06 기능론은 급격한 사회 변동을 설명하기 용이한 관점이다. ○ ✕

07 기능론은 사회가 안정과 균형을 되찾아 가는 과정을 사회 변동으로 본다. ○ ✕

08 갈등론은 점진적 사회 변동을 설명하기에는 적절하지 않은 관점이다. ○ ✕

09 갈등론은 사회 질서 이면의 모순과 갈등에 집중한다. ○ ✕

10 기능론은 운명론적 관점으로 사회 변동을 바라본다. ○ ✕

11 진화론은 대립과 갈등이라는 속성으로만 사회 변동을 설명한다. ○ ✕

12 (함정) 순환론은 사회 변동 방향을 예측하기 어려워 역동적 대응이 곤란하다. ○ ✕

13 진화론은 사회 변동 과정에서 나타나는 사회의 멸망을 설명하기 어렵다. ○ ✕

14 (함정) 진화론은 서구 중심적 사고라는 비판을 받는다. ○ ✕

15 기능론은 사회 변동 과정에서 문명이 퇴보할 수 있다고 본다. ○ ✕

16 갈등론은 사회 변동을 바람직한 방향의 변화인 사회 발전으로 인식한다. ○ ✕

17 순환론은 사회 구조 자체의 변동 원인에 대한 설명이 어렵다. ○ ✕

18 순환론은 사회가 단순한 상태에서 복잡하고 분화된 상태로 변동한다고 본다. ○ ✕

19 진화론은 모든 발전은 곧 서구화임을 전제하고 있다. ○ ✕

20 순환론은 사회 변동이 일정한 양상을 반복하며 나타난다고 본다. ○ ✕

사회 변동 방향에 대한 관점의 차이점은 무엇인가?

자료 1 진화론

- 인류 문명의 성장 과정을 미디어의 발달과 관련지어 설명할 수 있다. 인류 문명은 말(言)의 등장과 수렵·채취 사회, 문자의 등장과 농경 사회, 인쇄술의 등장과 산업 사회, 원격 통신의 등장과 정보 사회의 네 단계를 거쳐 왔다. **진화론은 일정한 단계를 거쳐 사회가 성장·발전한다고 본다.**
- 인류 사회는 사회 변동을 통해 특정한 방향으로 진보해 왔다. 방향을 갖는다는 것은 단순한 사회로부터 복잡하고 분화된 사회로, 진보한다는 것은 새롭고 보다 나은 문명의 사회로 나아감을 의미한다. **진화론이 전제하는 사회 변동은 발전, 진보의 과정이다.**

진화론은 모든 사회가 진보와 발전이라는 일정한 방향으로 단계적으로 진보 또는 발전하고 있다고 바라본다. 각각의 단계는 이전보다 더욱 복잡하고 분화된 단계이며, 현재의 사회는 과거의 사회보다 더 나은 사회라고 전제하고 있다. 위 제시문에서 이러한 진화론의 특징을 찾을 수 있어야 한다.

자료 2 순환론

→ **순환론은 사회 변동을 성장-쇠퇴의 과정의 반복으로 설명한다.**

- 유목민과 정착민 간의 갈등을 통해 120년 주기로 나타나는 문명의 변동 과정을 설명할 수 있다. 유목민은 기회가 오면 도시의 정착민을 공격하고 정복한다. 이렇게 정복에 성공한 유목민은 차츰 도시 생활에 안주하면서 정착민으로 변모한다. 하지만 이들 역시 안일한 삶과 부패가 만연해지면서 또 다른 강력한 유목민에게 정복당한다.
- 인류 사회는 일정한 방향으로 진보해 온 것이 아니라 시간의 흐름에 따라 생성, 성장, 쇠퇴, 소멸의 과정을 반복해 왔다. 사회 변동은 단선적 발전 과정이 아니라 주기적으로 반복되어 나타나는 것이다. **순환론이 주장하는 사회 변동 과정이다.**

순환론은 사회나 문명이 성장과 쇠퇴의 과정을 끊임없이 반복한다고 설명한다. 인류 역사가 단순한 상태에서 복잡한 상태로 변화한다는 진화론의 주장을 부정하고 사회 변동이나 문명의 발전이 성장과 쇠퇴를 반복한다고 보는 것이 순환론이다. 위 제시문에서 이러한 순환론의 특징을 찾을 수 있어야 한다.

개념 문제로 확인

Q1 빈칸에 알맞은 말을 쓰시오.

01 사회 변동의 (　　　)에 대한 관점에는 진화론과 순환론이 있다.

02 사회 변동이 일정한 방향으로 나타난다고 보는 관점은 (　　　)이다.

03 모든 사회가 같은 방향으로 변화한다고 보는 관점은 (　　　)이다.

04 사회가 단선적으로 진보하는 것이 아니라고 보는 관점은 (　　　)이다.

05 동아시아 개발 도상국의 발전 사례를 설명하는 데 용이한 이론은 (　　　)이다.

06 단기적 사회 변동을 설명하기 어려운 관점은 (　　　)이다.

07 역사에 나타난 국가의 흥망성쇠를 설명하기 용이한 관점은 (　　　)이다.

Q2 다음 설명이 맞으면 '○', 틀리면 '×'에 표시하시오.

08 순환론은 앞으로의 사회 변동을 예측하여 대응하기 용이하다. (○ / ×)

09 순환론은 운명론적 관점이라는 비판을 받는다. (○ / ×)

10 순환론은 현대 사회가 전통 사회보다 진보된 상태라고 본다. (○ / ×)

11 진화론은 서구 사회가 진보된 사회임을 전제한다. (○ / ×)

12 진화론은 사회의 발전 방향을 설명하는 데 유용하다. (○ / ×)

개념 기출문제에 적용

13 **연습하기** 그림은 진화론과 순환론을 나타낸 것이다. 물음에 맞게 (가), (나)를 표시하시오.

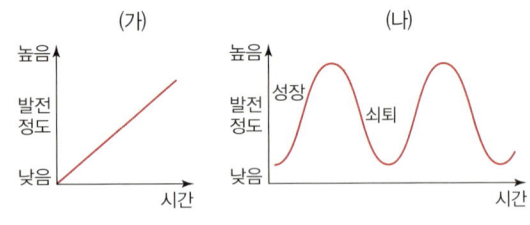

❶ 미래 사회에 대한 예측이 곤란하다는 비판을 받는다. ((가) / (나))
❷ 사회가 복잡하고 분화된 모습으로 변동한다고 본다. ((가) / (나))
❸ 사회 변동이 항상 진보를 의미하지 않는다고 본다. ((가) / (나))

14 **적용하기** 문제 13번 그림은 진화론과 순환론을 나타낸 것이다. (가), (나)에 대한 설명으로 옳은 것은?

① (가) – 사회 변동을 주기적 반복 과정으로 본다.
② (가) – 사회 변동이 일정한 방향으로 나타난다고 본다.
③ (나) – 서구 중심적 사고라는 비판을 받는다.
④ (나) – 사회 변동을 사회 발전으로 인식한다.
⑤ (나) – 서구 제국주의를 정당화하는 근거로 사용된다.

HOW & WHAT 정답 Q1 01 방향 02 진화론 03 진화론 04 순환론 05 진화론 06 순환론 07 순환론 Q2 08 × 09 ○ 10 × 11 ○ 12 ○ 13 ❶ (나) ❷ (가) ❸ (나) 14 ②

주제 1 사회 변동

족집게 전략 | 사회 변동 방향에 대한 관점은 '진화론'과 '순환론' 두 가지이다. 각각 관점의 주요 내용과 특징은 반드시 기억해 두도록 하자.

족집게 자료 분석 전략 START |

> (가) 인류 문명의 발전 속도는 지역에 따라 다르게 나타난다. 그렇지만 문명이 단순한 것에서 분화된 것으로, 미신적인 것에서 합리적인 것으로, 낡은 것에서 새로운 것으로 발전하는 경향은 일반적으로 나타난다. → 진화론
> (나) 인류 문명은 일정한 시간 동안에는 정해진 방향을 향해 나아가는 것 같지만 곧 한계에 부딪히게 되고, 문명에 내재한 힘을 따라 다시 반대 방향을 향해 움직이게 된다. 그러나 반대 방향의 움직임 역시 오래가지 못하고 문명은 다시 본래의 방향을 향하게 된다. → 순환론

분석 | (가) '문명이 단순한 것에서 분화된 것으로'라는 부분이 가장 핵심이다. 생물학적 측면의 진화론에 따르면 유기체는 단순한 존재에서 복잡하고 분화된 생명체로 진화하였다. 사회학적 측면의 진화론 또한 사회가 단순한 존재에서 분화된 존재로 진화·발전한다고 본다.
(나) '정해진 방향을 향해 나아가는', '다시 반대 방향을 향해', '다시 본래의 방향을 향하게' 이 문구들을 통해 인류의 문명이 마치 시계추의 진자 운동과 같이 순환함을 알 수 있다. 따라서 순환론에 해당한다.

308 ◀ 대표 문항 | 평가원 기출 |

사회 변동을 바라보는 관점 (가), (나)에 대한 옳은 설명을 〈보기〉에서 고른 것은? (단, (가), (나)는 각각 순환론, 진화론 중 하나이다.)

> (가) 인류 문명의 발전 속도는 지역에 따라 다르게 나타난다. 그렇지만 문명이 단순한 것에서 분화된 것으로, 미신적인 것에서 합리적인 것으로, 낡은 것에서 새로운 것으로 발전하는 경향은 일반적으로 나타난다.
> (나) 인류 문명은 일정한 시간 동안에는 정해진 방향을 향해 나아가는 것 같지만 곧 한계에 부딪히게 되고, 문명에 내재한 힘을 따라 다시 반대 방향을 향해 움직이게 된다. 그러나 반대 방향의 움직임 역시 오래가지 못하고 문명은 다시 본래의 방향을 향하게 된다.

┌ 보기 ┐
ㄱ. (가)는 (나)와 달리 사회 변동을 동일한 과정의 주기적 반복으로 설명한다.
ㄴ. (나)는 (가)와 달리 사회가 항상 진보하는 것은 아니라고 본다.
ㄷ. (가)는 (나)에 비해 개발 도상국의 서구식 근대화 과정을 설명하기에 적합하다.
ㄹ. (나)는 (가)에 비해 변동 방향을 예측하며 대응하기에 적합하다.

① ㄱ, ㄴ ② ㄱ, ㄷ ③ ㄴ, ㄷ ④ ㄴ, ㄹ ⑤ ㄷ, ㄹ

✎ **한줄 Tip** 제시된 자료에서 진화론과 순환론에 해당하는 부분을 찾을 수 있어야 해!

309

사회 변동의 방향을 바라보는 관점 A, B에 대한 옳은 설명을 〈보기〉에서 고른 것은?

> A는 우리 사회가 지향하는 이상점이 존재한다고 본다. 유토피아와 같이 이상적인 삶이 실현 가능한 지점을 향해 우리 사회는 달려가고 있으며, 언젠가 그 지점에 도착할 것이라 본다. 그리고 그 지점에의 도착을 발전과 진보의 실현으로 본다. 반면 B는 발전과 진보가 지속적으로 나타나는 것이 아니라 발전과 쇠퇴의 과정이 여러 차례 반복되어 나타난다고 본다.

┌ 보기 ┐
ㄱ. A는 운명론적 관점이라는 비판을 받는다.
ㄴ. B는 사회 변동을 대립과 갈등의 속성으로 바라본다.
ㄷ. A에 비해 B는 사회 변동의 방향에 대한 예측이 어렵다.
ㄹ. B와 달리 A는 서구의 식민 정책을 정당화하는 데 활용된다.

① ㄱ, ㄴ   ② ㄱ, ㄷ   ③ ㄴ, ㄷ
④ ㄴ, ㄹ   ⑤ ㄷ, ㄹ

310

사회 변동을 바라보는 갑, 을의 관점에 대한 설명으로 옳은 것은?

> 갑 : 사회 구조가 일시적인 마찰을 극복하고 사회 전체적으로 균형과 안정을 다시 찾아가는 과정에서 사회 변동이 나타나는 거야.
> 을 : 사회 변동은 균형을 회복하는 과정이 아니라 구조적 불평등에 따른 지배 집단과 피지배 집단 간의 갈등 과정에서 초래된 현상이야.

① 갑의 관점은 서구 중심적이라는 비판을 받는다.
② 갑의 관점은 역사 속 사회 변동을 설명하기 용이하다.
③ 을의 관점은 보수적 성향이라는 평가를 받는다.
④ 을의 관점은 사회 문제를 병리적 현상으로 본다.
⑤ 갑의 관점과 달리 을의 관점은 급진적 사회 변동을 설명하기 용이하다.

311

다음에 대한 옳은 설명을 〈보기〉에서 고른 것은?

사회 변동의 방향을 바라보는 관점 중 A는 사회가 사회 변동을 통해 더 나은 상태로 발전하게 된다고 본다. 반면, B는 사회가 일정 기간 성장기를 거쳐 발전하다가 일정 기간 쇠퇴기를 거쳐 소멸하는 과정을 반복한다고 본다. 이 둘 중 사회 변동이 시계추와 같이 진자 운동을 하는 과정으로 보는 관점은 (가) 에 해당하고, 사회도 생물 유기체와 같이 크기의 증대는 분화의 증가를 가져오고 복잡성을 증가시킨다고 보는 관점은 (나) 에 해당한다.

〈보기〉
ㄱ. (가)에는 'A'가, (나)에는 'B'가 적절하다.
ㄴ. A는 B와 달리 사회 변동이 단선적으로 나타난다고 본다.
ㄷ. A는 B에 비해 사회 변동의 방향에 대한 예측이 용이하다.
ㄹ. A는 B와 달리 역사 속의 사회 변동을 설명하는 데 유용하다.

① ㄱ, ㄴ   ② ㄱ, ㄷ   ③ ㄴ, ㄷ
④ ㄴ, ㄹ   ⑤ ㄷ, ㄹ

312

밑줄 친 '이 관점'의 일반적인 특징으로 가장 적절한 것은?

사회 변동 방향에 대해 설명하는 이 관점은 여러 면에서 한계를 가진다. 그중에서 특히 가장 결정적인 한계는 현재 우리 사회가 어디에 위치하고 있는지를 설명하지 못한다는 것이다. 이로 인해서 앞으로 우리 사회가 어떤 방향으로 나아갈지 또한 예측하지 못하며, 앞으로 어떻게 변화에 준비하고 대응해야 하는지도 설명하지 못한다. 즉, 이 관점은 지난 과거에 나타난 인류의 모습을 설명할 수 있으나, 현 시대를 살아가고 있는 인류에게 큰 도움이 되지 못한다는 점에서 근본적인 한계를 지닌다.

① 서구 중심주의적 사고를 전제로 한다.
② 사회 변동을 진보와 발전으로 이해한다.
③ 운명론적 관점에서 사회 변동을 바라본다.
④ 사회 질서 이면의 모순과 갈등에 집중한다.
⑤ 다양한 경로의 사회 변동을 설명하기 어렵다.

313

표는 질문 (가)~(라)에 따라 사회 변동의 방향에 대한 관점 A, B를 구분한 것이다. 이에 대한 옳은 설명을 〈보기〉에서 고른 것은?

질문	A	B
(가)	예	아니요
(나)	아니요	예
(다)	예	예
(라)	아니요	아니요

〈보기〉
ㄱ. (가)가 '서구 제국주의를 정당화한다는 비판을 받는가?'라면, B는 A에 비해 성장과 쇠퇴의 과정에 주목한다.
ㄴ. (나)가 '사회 구조 자체의 변화 이유를 설명하지 못하는가?'라면, A는 B와 달리 사회 변동을 단선적 진보로 바라본다.
ㄷ. (다)에는 '사회가 일정한 방향으로 변동한다고 보는가?'가 들어갈 수 있다.
ㄹ. (라)에는 '서구 사회를 발전되고 진보된 사회로 바라보는가?'가 들어갈 수 있다.

① ㄱ, ㄴ   ② ㄱ, ㄷ   ③ ㄴ, ㄷ
④ ㄴ, ㄹ   ⑤ ㄷ, ㄹ

314

그림은 사회 변동의 방향에 대한 관점 A, B를 질문에 따라 구분한 것이다. 이에 대한 옳은 설명을 〈보기〉에서 고른 것은?

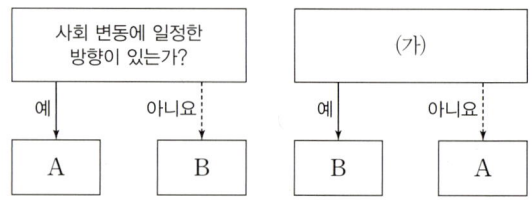

〈보기〉
ㄱ. A는 문화 상대주의에 기초하고 있다.
ㄴ. B는 모든 사회가 일정한 단계를 거쳐 발전한다고 본다.
ㄷ. A는 B와 달리 사회가 단순한 것에서 복잡한 것으로 분화된다고 본다.
ㄹ. (가)에는 '인류의 역사를 단선적 진화 과정으로 보지 않는가?'가 들어갈 수 있다.

① ㄱ, ㄴ   ② ㄱ, ㄷ   ③ ㄴ, ㄷ
④ ㄴ, ㄹ   ⑤ ㄷ, ㄹ

315

다음 글의 글쓴이의 관점에 대한 설명으로 옳은 것은?

> 우리 사회가 잘 통합되어 있고, 사회 각 부분은 전체 사회의 기능에 기여하고 있고, 모든 사회 제도는 구성원 간의 합의에 기초하고 있다고 보는 사람들이 있다. 그렇지만, 실제 우리 사회는 소수의 지배 계급이 다수의 피지배 계급에 행사하는 강제력에 기초하고 있으며, 그 불평등 관계 속에서 사회적 희소가치는 불공정하게 분배되고 있다. 이러한 상황에서 지배 계급은 현상 유지를 원하지만, 피지배 계급은 불평등한 사회 구조를 개선하기를 원하고 있으며 그러한 지배 계급과 피지배 계급 사이의 갈등 가운데 사회가 변동하는 것이다.

① 지배 집단의 입장을 대변한다는 비판을 받는다.
② 혁명과 같은 급격한 사회 변동을 설명하기 어렵다.
③ 사회 변동을 갈등과 대립이라는 속성으로 파악한다.
④ 인간의 역동성과 자율성을 중시한다는 평가를 받는다.
⑤ 사회 변동을 불균형으로부터의 회복 과정으로 이해한다.

316

| 평가원 기출 |

사회 변동의 방향을 보는 관점 (가), (나)에 대한 설명으로 옳은 것은?

> (가) 단순한 생물체가 점차 그 조직의 구조가 분화되고 통합되어 복합적인 생물체로 변화되듯이 사회 또한 사회를 구성하는 집단이 증가할 뿐만 아니라 집단 간 결합이 양적, 질적으로 강화되는 방향으로 변화될 것이다.
> (나) 한 사회가 일련의 도전에 어떻게 반응하는가에 따라 변동 방향이 좌우된다. 그 반응의 성공 여부에 의해 개별 사회가 성장하고 쇠퇴하는데, 결국 인류 문명에서 이러한 성장과 쇠퇴는 지속적으로 되풀이될 것이다.

① (가)는 사회가 주기적으로 동일한 과정을 통해 변동하는 것으로 본다.
② (나)는 서구의 제국주의 역사를 정당화하는 수단으로 악용될 수 있다는 비판을 받는다.
③ (가)는 (나)와 달리 모든 사회가 일정한 방향으로 발전한다고 본다.
④ (나)는 (가)와 달리 선진국과 후진국 간의 불평등한 힘의 관계에 주목한다.
⑤ (가), (나) 모두 서구 사회가 밟아 왔던 변동의 과정이 최선의 것은 아니라고 본다.

317

| 평가원 기출 |

사회 변동 이론 A, B에 대한 옳은 설명만을 〈보기〉에서 고른 것은? (단, A, B는 각각 순환론과 진화론 중 하나이다.)

질문 　　　　　　　　　　　　이론	A	B
사회는 생성과 몰락의 과정을 반복하는가?	예	아니요
사회 변동은 일정한 방향을 가지고 있는가?	㉠	㉡
(가)	아니요	예

〈보기〉
ㄱ. A는 B와 달리 사회 변동을 긍정적으로 바라본다.
ㄴ. B는 A와 달리 미래의 사회 변동에 대한 역동적 대응이 곤란하다는 비판을 받는다.
ㄷ. ㉠은 '아니요', ㉡은 '예'이다.
ㄹ. (가)에는 '서구 중심적 사고라는 비판을 받는가?'가 들어갈 수 있다.

① ㄱ, ㄴ　　　　② ㄱ, ㄷ　　　　③ ㄴ, ㄷ
④ ㄴ, ㄹ　　　　⑤ ㄷ, ㄹ

318

| 평가원 기출 |

사회 변동을 바라보는 (가)의 관점을 통해 (나)의 관점을 비판한 것으로 옳은 것은?

> (가) 인류 사회는 일정한 방향으로 진보해 온 것이 아니라 시간의 흐름에 따라 생성, 성장, 쇠퇴, 소멸의 과정을 반복해 왔다. 사회 변동은 단선적 발전 과정이 아니라 주기적으로 반복되어 나타나는 것이다.
> (나) 인류 사회는 사회 변동을 통해 특정한 방향으로 진보해 왔다. 방향을 갖는다는 것은 단순한 사회로부터 복잡하고 분화된 사회로, 진보한다는 것은 새롭고 보다 나은 문명의 사회로 나아감을 의미한다.

① 사회 변동을 운명론적 관점으로만 설명하고 있다.
② 사회 변동을 대립과 갈등이라는 속성으로만 파악한다.
③ 사회 변동을 질서와 안정을 추구하는 것으로만 파악한다.
④ 사회 변동의 방향을 예측하기 어려워 역동적 대응이 곤란하다.
⑤ 사회 변동 과정에서 나타나는 사회의 멸망을 설명하기 어렵다.

16강 현대 사회의 변화와 전 지구적 수준의 문제

주제 1 현대 사회의 변화와 전 지구적 수준의 문제

1. 세계화로 인한 변화

(1) 의미와 배경

> 세계 무역 기구. 기존의 관세 및 무역에 관한 일반 협정(GATT)을 흡수, 세계 무역 질서를 세우고 UR협정의 이행을 감시하는 역할을 하는 국제기구이다.

의미	국가 간 교류가 활발해지면서 상호 의존성이 심화되고 개인의 생활 영역이 국가의 경계를 넘어서 확장되는 현상
배경	• 교통 및 정보 통신 기술의 발달 • 자유 무역의 확대로 국가 간 교류의 증대 • 세계 무역 기구(WTO)의 출범 및 자유 무역 협정(FTA) 체결 확산 • 다국적 기업, 비정부 기구 등 다양한 국제 행위 주체의 등장

(2) 영향

> 국가 간 상품의 자유로운 이동을 위해 모든 무역 장벽을 완화하거나 제거하는 협정. 영문 머리글자를 따서 FTA로 약칭한다.

경제적 측면	• 국가 간 교역의 증대로 전 세계적 경제 활성화 • 더 넓은 소비 시장의 확보에 따라 기업의 생산 및 고용 증가 • 전 세계에서 생산된 다양한 상품을 저렴한 가격으로 소비 가능 • 경쟁력을 갖추지 못한 기업 및 개인의 도태 • 선진국과 개발 도상국 간의 빈부 격차 확대 • 특정 국가에서 발생한 경제적 위기의 전 세계적 확대
문화적 측면	• 전 세계적으로 다양한 사회의 문화를 경험할 수 있는 기회 확대 • 국가 간 교류 과정에서 새로운 문화의 형성, 문화적 다양성의 증대 • 선진국과의 교류 과정에서 약소국 문화 소멸, 문화적 획일화 초래 • 문화 간 교류 과정에서 문화 충돌 및 자문화 중심주의에 따른 갈등 발생
정치적 측면	• 자유 민주주의, 인권, 인간의 존엄과 같은 보편적 가치의 확산 • 강대국 중심의 의사 결정으로 약소국의 자율성 침해 • 다국적 기업 등 다양한 국제 행위 주체의 영향으로 개별 정부의 자율성 침해

2. 정보화로 인한 변화

(1) 의미와 요인

> 정보 사회의 특징을 산업 사회 및 농업 사회와 비교하는 형태로 문제가 주로 출제되고 있으므로 그 특징을 비교하여 이해할 수 있어야 한다.

의미	• 산업 사회에서 정보 사회로 변화하는 현상 • 사회 전반에서 지식과 정보의 가치가 차지하는 비중이 증대되는 현상
요인	• 정보 통신 기술의 발달 • 지식과 정보에 대한 사회적 인식의 변화 • 지식과 정보가 사회 활동 전반에서 차지하는 비중의 증가

(2) 정보화의 영향

> 소품종 대량 생산 방식은 산업 사회에서 일반적으로 나타나는 반면, 다품종 소량 생산 방식은 정보 사회에서 일반적으로 나타난다.

긍정적 영향	• 인터넷을 활용한 전자 상거래의 활성화 • 지식 및 정보와 관련된 서비스 산업의 가치 증대, 여성의 경제 활동 참여 증대 • 소비자의 생산 과정에의 참여 확대(프로슈머의 등장) • 소품종 대량 생산 방식에서 다품종 소량 생산 방식으로의 변화 • 재택근무 활성화로 업무의 편리성과 효율성 증대 • 다양한 가상 공동체 등장으로 사회적 관계의 범위 확대 • 정보 통신 기술을 통한 교류의 확대로 문화적 다양성 증대 • 의사 결정의 분권화, 관료제의 약화(탈관료제 확대) • 전자 민주주의의 발달로 인해 직접 민주 정치 실현 가능성 증대
부정적 영향	• 저질 정보의 확산, 잘못된 정보로 인한 폐해 증가 등 정보의 오남용 발생 • 새로운 정보 기술에 대한 접근·소유·활용의 측면에서 정보 불평등 현상 발생 • 불특정 다수의 정보를 소유하고 관리하는 개인(집단)에 의해 사생활 침해의 우려 증대 • 대면 접촉이 아닌 인터넷을 매개로 한 간접적 접촉의 확대로 피상적 인간관계의 확산 • 악성 댓글이나 유언비어 배포, 불법 복제 및 유포, 타인의 창작물을 무단으로 복제하거나 배포하는 등 정보 윤리 미확립에 따른 일탈 행동의 증가

> 재택근무의 활성화로 일터와 주거지의 결합 정도는 산업 사회에 비해 정보 사회에서 상대적으로 높게 나타난다.

> 물질 문화의 변화 속도에 비해 비물질 문화의 속도가 느림에 따라 나타나는 사회 문제로, 문화 지체에 해당한다.

자료로 살펴보기

■ 세계화의 두 얼굴

(가) 세계화로 자본 시장이 연결되면서 어느 한 나라의 경제적 부실은 다른 나라에도 치명상을 입힌다. 미국의 비우량 주택 담보 대출 문제로 시작된 미국 자본 시장의 부실 문제는 단순히 미국 내에서 끝나지 않고 유럽과 아시아에도 영향을 미쳐 세계 금융 위기를 불러왔다. 자본, 노동, 상품이 모두 국경을 넘나드는 시대에 이제 위험은 어디서 시작하여 어디서 끝날지 예측하기가 더욱 어려워졌다.

(나) 일부 문화권에서 벌어지는 가족의 명예를 더럽혔다는 이유로 남자 가족 구성원이 해당 여성을 살해하는 관습인 명예 살인에 대해 국제 인권 단체에서는 명예 살인은 범죄이며, 여성의 인권을 침해하는 문제라며 이를 막기 위한 노력을 하고 있다. 세계화로 일부 지역에서 일어나는 여성을 비롯한 다양한 소수 집단의 권리 문제가 이제는 세계적인 논의의 대상이 되고 있다.

— 구정화, 『청소년을 위한 사회학 에세이』 —

(가)는 세계화로 인해 세계가 하나의 시장으로 연결되어 국가 간 경제 상호 의존도가 높아지며, 한 나라의 경제 문제가 다른 나라에도 영향을 주는 사례이다. (나)는 특정 지역의 인류의 보편적인 가치를 무시하는 나쁜 풍습을 지구촌이 관심을 가지고 해결하기 위해 노력하는 모습을 보여 주고 있다.

자료로 살펴보기

■ 정보 격차

〈2014~2016년 우리나라 소외 계층의 디지털 정보화 수준〉

구분	장애인	장·노년층	저소득층	농어민	북한 이탈 주민	결혼 이민자
2014년	60.2	42.4	72.5	51.4	68.2	72.9
2015년	62.5	45.6	74.5	56.2	68.5	73.1
2016년	65.4	54.0	77.3	61.1	72.1	77.7

* 각 수치는 일반 국민의 디지털 정보화 수준을 100으로 가정했을 때 비교 수준임

– 과학 기술 정보 통신부, "2016년 디지털 정보 격차 실태 조사" –

정보 사회에서는 사회적 지위에 따라 정보에 접근·이용할 수 있는 조건과 능력에서 차이가 나타나며, 이를 정보 불평등 또는 정보 격차라고 한다. 정보 격차로 인해 불평등한 구조가 확대 재생산될 수 있다는 점에서 정보 격차의 해소는 중요하며, 정보 격차가 심화될 경우 정보 사회에서 양극화가 더욱 확대되어 모래시계형 계층 구조가 나타날 수 있다.

→ 고령화 사회, 고령 사회, 초고령 사회 : 전체 인구에서 차지하는 노인 인구(65세 이상 인구)의 비중이 7% 이상인 사회를 고령화 사회, 14% 이상인 사회를 고령 사회, 20% 이상인 사회를 초고령 사회라고 한다.

3. 저출산 · 고령화 · 다문화적 변화

(1) 저출산 : 합계 출산율이 지속적으로 낮아지는 현상

배경	• 초혼 연령의 상승 • 비혼 가구 및 아이를 갖지 않는 가구의 증가 • 자녀 양육비 및 교육비 부담의 증가 • 일과 육아의 양립이 어려운 사회적 분위기
영향	• 생산 가능 인구의 감소에 따른 경기 침체 • 생산력 저하에 따른 인구 부양의 문제 발생 • 인구 감소로 인해 사회의 지속 가능성 저하

(2) 고령화 : 전체 인구에서 65세 이상 인구가 차지하는 비율이 높아지는 현상

배경	• 의료 기술의 발달에 따른 평균 수명의 상승 • 출산율의 저하로 고령화 정도가 가속화됨
영향	• 노인 인구 증가에 따른 노년 부양비의 증가 →생산 가능 인구(15~64세 인구) 100명당 부양해야 하는 노인 인구(65세 이상 인구)의 수 • 청장년층과 노년층 간 세대 간 갈등의 증가 • 노후 대비 부족으로 인한 노인 문제 발생

(3) 다문화적 변화 : 다른 문화를 가진 사람들이 공존하는 사회

배경	• 국가 간 교류 및 국제 이동의 증가 • 결혼, 유학, 노동 등에 따른 국내 거주 외국인 증가
영향	• 이주민 증가로 저출산 · 고령화에 따른 노동력 부족 해소 • 서로 다른 문화 간 교류를 바탕으로 문화 발전 기회 증대 • 이질적인 집단 간 상호 이해의 부족으로 인한 갈등의 발생

4. 전 지구적 수준의 문제

(1) 환경 문제, 자원 문제, 전쟁과 테러

환경 문제	• 지구 온난화 : 지구의 평균 기온이 상승하는 현상으로 기상 이변의 발생, 생태계 교란 및 동식물의 서식지 변화 등의 문제 초래 • 사막화 : 사막 지역이 확대되는 현상으로 인간이 생활 가능한 공간의 감소, 황사 등의 대기 오염 초래 • 열대 우림 파괴 : 대규모 산림이 파괴되는 현상으로, 온실가스 증대로 인한 지구 온난화 가속화, 생태계 파괴 초래
자원 문제	• 에너지 부족 : 석유 등과 같은 화석 에너지 자원의 고갈 우려 • 식량 부족 : 지역에 따라 식량 부족에 따른 기아 문제 발생 • 물 부족 : 경제 성장 과정에서 물 수요의 증가로 인하여 물 부족 현상 발생
전쟁과 테러	• 전쟁 : 국가 간 전면적으로 발생하는 무력 행위 • 테러 : 불특정 다수에게 행사하는 폭력 행위

(2) 지속 가능한 사회와 세계 시민

지속 가능한 사회	• 의미 : 현 세대와 미래 세대의 삶이 함께 보장되는 사회 • 구현 방안 : 지속 가능한 개발의 실천, 전 지구적 수준의 문제에 대한 관심 제고, 국가 간 협력의 필요성에 대한 인식 제고, 친환경 제품의 사용 등
세계 시민	• 의미 : 세계 공동체 의식을 가지고 전 지구적 수준의 문제 해결을 위해 노력하는 사람 • 역할 : 전 지구적 수준의 문제에 대해 관심을 가지고 해결 방안 모색, 전 지구적 수준의 문제에 대해 주체적이고 능동적으로 참여 등

핵심 개념 CHECK!

• 정답 및 해설 063~064쪽

🖊 다음 설명이 맞으면 'O', 틀리면 'X'에 표시하시오.

01 농업 사회는 산업 사회에 비해 직업의 동질성이 높다. ○ ×

02 정보 사회는 산업 사회에 비해 구성원 간 익명성의 정도가 높다. ○ ×

03 대면 접촉의 정도는 산업 사회가 정보 사회보다 높다. ○ ×

04 가정과 일터의 결합 정도는 농업 사회가 가장 높다. ○ ×

05 관료제 조직의 비중은 정보 사회가 산업 사회에 비해 높다. ○ ×

06 다품종 소량 생산 비중은 산업 사회가 정보 사회에 비해 높다. ○ ×

07 전자 상거래 비중은 산업 사회에 비해 정보 사회가 높다. ○ ×

08 조직 내 의사 결정 권한의 분산 정도는 산업 사회가 정보 사회보다 높다. ○ ×

09 업무 방식의 표준화 정도는 산업 사회가 정보 사회보다 높다. ○ ×

10 정보 확산의 속도는 산업 사회에 비해 정보 사회가 빠르다. ○ ×

11 구성원 간 익명성의 정도는 산업 사회가 농업 사회보다 높다. ○ ×

12 사회적 관계의 공간적 범위는 산업 사회가 정보 사회보다 넓다. ○ ×

13 정보 확산의 공간적 제약은 산업 사회가 정보 사회보다 크다. ○ ×

14 양방향 소통 매체의 비중은 산업 사회가 정보 사회보다 높다. ○ ×

15 전 지구적 수준의 문제를 해결하기 위해서는 개별 국가 단위의 노력만이 중요하다. ○ ×

16 경제적 이해관계의 대립과 달리 종교, 민족, 인종 간 갈등은 전쟁의 요인이 될 수 있다. ○ ×

17 최근 정년 연장 등에 대한 논의는 사회 변동의 요인 중 고령화 현상에 따른 것이다. ○ ×

18 화석 연료의 사용으로 발생하는 이산화 탄소는 지구 온난화 현상의 주요 요인이다. ○ ×

19 의료 기술의 발달과 일과 양육의 양립이 어려운 사회적 분위기가 저출산 문제의 원인이다. ○ ×

20 세계 시민은 세계 공동체 의식을 가지고 지구촌 문제 해결을 위해 협력하는 사람을 말한다. ○ ×

농업·산업·정보 사회의 특징 비교는 어떻게 할까?

자료1 농업·산업·정보 사회의 특징

기준 \ 사회	(가) 산업 사회	(나) 정보 사회	(다) 농업 사회
가정과 일터의 결합 정도	+	++	+++
사회의 다원화 정도	++	+++	+
사회 조직의 관료제화 정도	+++	++	+

* +의 개수가 많을수록 강함 내지 높음을 나타냄

❶ 가정과 일터의 결합 정도 : 농업 사회 > 정보 사회 > 산업 사회
농업 사회는 일터가 농경지이며 대부분의 농경지는 주거지 인근에 위치하고 있다. 즉, 농업 사회는 가정과 일터의 분리되어 있지 않다. 반면 산업 사회의 경우 대규모 공장들이 산업 단지에 조성이 되면서 주거 지역과 생산을 담당하는 생산 지역이 구분된다. 따라서 산업 사회는 가정과 일터의 결합 정도가 낮아지게 된다. 정보 사회의 경우에도 산업 사회와 같이 가정과 일터가 떨어져 있는 경우가 많다. 그렇지만 IT 기술의 발전, 탈관료제의 확대 등으로 재택근무 등과 같이 보다 유연한 근무 형태가 증가하면서 산업 사회에 비해 상대적으로 가정과 일터의 분리 정도가 낮아진 것이다.

❷ 사회의 다원화 정도 : 정보 사회 > 산업 사회 > 농업 사회 사회의 다원화 정도는 '직업의 이질성 정도'와 동일하게 나타난다.
농업 사회는 사회 구성원 대다수가 농업에 종사하는 사회로 사회의 다원화 정도가 높지 않다. 반면 산업 사회의 경우 농업 사회에 비해 직업의 종류가 증가하고, 다양한 재화와 서비스가 생산 및 소비됨에 따라 사회의 다원화 정도가 상대적으로 높아졌다. 정보 사회의 경우 산업 사회에 비해 직업이 더욱 다양해지고, 다품종 소량 생산 방식이 일반화됨에 따라 사회의 다원화 정도는 더욱 높아지게 된다. 반면 '농업 사회 > 산업 사회 > 정보 사회 순으로 높게 나타나는 직업의 동질성 정도'와는 반대이다.

❸ 사회 조직의 관료제화 정도 : 산업 사회 > 정보 사회 > 농업 사회 사회 조직의 관료제화 정도는 '업무 방식의 표준화 정도'와 동일하게 나타난다.
산업 사회에서는 공장과 같은 대규모 조직이 등장함에 따라 이러한 조직의 효율적 운영을 위하여 표준화된 조직 관리 방식인 관료제가 보편화되기 시작한다. 산업 사회 이전에도 정부 기구, 군대와 같은 대규모 조직의 운영을 위해 관료제와 같은 조직 관리 방식은 있었으나, 산업 사회에서와 같이 보편화되지는 못하였다. 정보 사회에서는 탈관료제가 확대됨에 따라 산업 사회에 비해서는 조직의 관료제화 정도가 상대적으로 낮아지게 된다.

개념 문제로 확인

Q1 빈칸에 알맞은 말을 쓰시오.

01 가정과 일터의 결합 정도는 (　　　)에서 가장 높게 나타난다.
02 사회의 다원화 정도는 (　　　)에서 가장 높게 나타난다.
03 사회 조직의 관료제화 정도는 (　　　)에서 가장 높게 나타난다.
04 가정과 일터의 분리 정도는 (　　　)에서 가장 높게 나타난다
05 직업의 다양성 정도는 (　　　)에서 가장 높게 나타난다.
06 직업의 이질성 정도는 (　　　)에서 가장 높게 나타난다.
07 업무 방식의 표준화 정도는 (　　　)에서 가장 높게 나타난다.

Q2 다음 설명이 맞으면 '○', 틀리면 '✕'에 표하시오.

08 직업의 동질성 정도는 농업 사회가 산업 사회에 비해 높다. (○ / ✕)
09 업무 방식의 표준화 정도는 정보 사회가 산업 사회에 비해 높다. (○ / ✕)
10 다품종 소량 생산 방식은 산업 사회에서 일반적으로 나타난다. (○ / ✕)
11 표준화된 조직 관리 방식은 산업 사회에서 보편화되기 시작했다. (○ / ✕)

개념 기출문제에 적용

12 연습하기 물음에 맞게 A, B, C에 표시하시오.

> A : 산업 혁명의 확산으로 제조업이 중심이 되는 사회
> B : 지식과 정보를 기반으로 한 정보 산업이 중심이 되는 사회
> C : 신석기 혁명으로 전개되어 온 농업 위주의 전통적인 사회

❶ 가정과 일터의 결합 정도가 가장 높은 사회 (A / B / C)
❷ 산업에서 제조업의 비중이 가장 높은 사회 (A / B / C)
❸ 의사 결정의 분권화 정도가 가장 높은 사회 (A / B / C)

13 적용하기 12번 문제의 자료 A~C에 대한 설명으로 옳은 것은? (단, A~C는 각각 농업 사회, 산업 사회, 정보 사회 중 하나이다.)

① A는 사회 변화의 속도가 가장 빠른 사회이다.
② B는 사회의 다원화 정도가 가장 높은 사회이다.
③ C는 비대면 접촉의 가능성이 가장 높은 사회이다.
④ A는 C에 비해 정보 확산의 시공간적 제약이 크다.
⑤ B는 A에 비해 소품종 대량생산의 비중이 크다.

HOW & WHAT 정답 **Q1 01** 농업 사회 **02** 정보 사회 **03** 산업 사회 **04** 산업 사회 **05** 정보 사회 **06** 정보 사회 **07** 산업 사회 **Q2 08** ○ **09** ✕ **10** ✕ **11** ○
12 ❶ C **❷** A **❸** B **13** ②

주제 1 현대 사회의 변화

족집게 전략 | 제시된 A~C가 어떤 사회에 해당하는지, 그리고 각각 사회의 특징이 무엇인지 파악해야 한다.

족집게 자료 분석 전략 START | 각 사회의 특징을 키워드를 통해 파악하자.

구분	사회의 특징
A	농업 사회 1차 산업을 기반으로 하며, 혈연과 지연으로 맺어진 공동체 구성원 간의 전인격적 관계가 지배적이다.
B	정보와 지식이 중요한 자원으로 인식되고, 인간의 주요 활동이 디지털 기술을 기반으로 이루어진다. 정보 사회
C	기술과 조직의 합리성 원리를 도입하여 대량 생산과 대량 소비의 경제 체제가 중심이 된다. 산업 사회

❶ A : 1차 산업이란 농업을 의미한다. 2차 산업을 공업, 3차 산업은 서비스업이다. 1차 산업이 기반인 사회는 당연히 농업 사회이다.
B : 정보와 지식이 부가 가치 창출의 근원인 사회는 정보 사회이다. 참고로 산업 사회는 자본과 노동이, 농업 사회는 토지와 노동이 부가 가치의 근원이 된다.
C : 대량 생산과 대량 소비가 중심인 사회는 공업화로 대량 생산이 가능해진 산업 사회이다. 농업 사회는 대량 생산 자체가 불가능했으며, 정보 사회는 다품종 소량 생산 방식이 일반적으로 나타난다.
❷ 각각 사회의 특징을 비교하면 다음과 같다.
- 사회적 관계 형성의 공간적 제약의 정도 : 농업 > 산업 > 정보(기술이 발달할수록 공간적 제약의 정도는 작아진다.)
- 비대면 접촉에 의한 상호 작용 정도 : 정보 > 산업 > 농업(통신 기술이 발달할수록 직접 얼굴을 보지 않는 상호 작용이 많아진다.)
- 가정과 일터의 분리 정도 : 산업 > 정보 > 농업(농업 사회는 주거지와 일터인 농경지가 가까이 있었다.)

319 대표 문항 | 평가원 기출 |

다음 A~C에 대한 옳은 설명을 〈보기〉에서 고른 것은? (단, A~C는 각각 농업 사회, 산업 사회, 정보 사회 중 하나이다.)

구분	사회의 특징
A	1차 산업을 기반으로 하며, 혈연과 지연으로 맺어진 공동체 구성원 간의 전인격적 관계가 지배적이다.
B	정보와 지식이 중요한 자원으로 인식되고, 인간의 주요 활동이 디지털 기술을 기반으로 이루어진다.
C	기술과 조직의 합리성 원리를 도입하여 대량 생산과 대량 소비의 경제 체제가 중심이 된다.

〈보기〉
ㄱ. 사회적 관계를 맺는 공간적 제약은 A가 B보다 크다.
ㄴ. 비대면 접촉에 의한 상호 작용 정도는 A가 C보다 작다.
ㄷ. 정보의 생산자와 소비자 간 경계는 B가 C보다 분명하다.
ㄹ. 가정과 일터의 분리 정도는 C가 B보다 작다.

① ㄱ, ㄴ ② ㄱ, ㄷ ③ ㄴ, ㄷ ④ ㄴ, ㄹ ⑤ ㄷ, ㄹ

✎ **한줄 Tip** 각각의 특징에 대해 농업 사회, 산업 사회, 정보 사회 간의 정도의 차이를 비교할 수 있어야 한다.

320

표는 산업 사회와 정보 사회를 비교한 것이다. 이에 대한 설명으로 옳은 것은? (단, A, B는 각각 산업 사회, 정보 사회 중 하나이다.)

기준	특성의 비교
사회 조직의 관료제화 정도	A > B
(가)	A < B
(나)	A > B

〈보기〉
ㄱ. A는 B에 비해 전자 상거래의 비중이 높다.
ㄴ. B는 A에 비해 면대면 접촉의 비중이 낮다.
ㄷ. (가)에는 '가정과 일터의 결합 정도'가 들어갈 수 있다.
ㄹ. (나)에는 '양방향 소통 매체의 비중'이 들어갈 수 있다.

① ㄱ, ㄴ ② ㄱ, ㄷ ③ ㄴ, ㄷ
④ ㄴ, ㄹ ⑤ ㄷ, ㄹ

321

표는 일반 국민 대비 사회적 소수자 집단의 정보화 수준의 변동 추이를 나타낸 것이다. 이에 대한 옳은 설명을 〈보기〉에서 고른 것은? (단, 각각의 수치는 일반 국민의 정보화 수준을 100이라고 가정하였을 경우 상대적 정보화 수준을 나타낸 것이다.)

		2010년	2015년	2019년
종합 지수	접근 지수	86.5	91.8	93.4
	역량 지수	44.5	50.8	56.1
	활용 지수	51.4	56.5	59.5
		65.9	71.1	74.0

* 접근 지수 : 컴퓨터나 인터넷에 접근할 수 있는 정도
** 역량 지수 : 컴퓨터나 인터넷을 이용할 수 있는 정도
*** 활용 지수 : 컴퓨터나 인터넷의 이용 여부 및 일일 평균 활용 시간 등

〈보기〉
ㄱ. 사회적 소수자 집단과 일반 국민 간 정보 격차가 축소되고 있다.
ㄴ. 2019년 사회적 소수자 집단 중 93.4%는 컴퓨터 및 인터넷에 접근할 수 있다.
ㄷ. 일반인과 비교하여 사회적 소수자 집단의 경우 정보에의 접근 측면에서의 정보화 역량이 가장 높다.
ㄹ. 컴퓨터 및 인터넷을 사용하는 사회적 소수자의 수가 제시된 기간 중 지속적으로 증가하고 있다.

① ㄱ, ㄴ ② ㄱ, ㄷ ③ ㄴ, ㄷ
④ ㄴ, ㄹ ⑤ ㄷ, ㄹ

322

그림에 대한 옳은 설명을 〈보기〉에서 고른 것은? (단, A~C 는 각각 농업 사회, 산업 사회, 정보 사회 중 하나이다.)

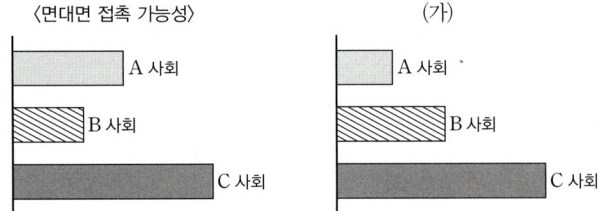

〈면대면 접촉 가능성〉 (가)

〈보기〉

ㄱ. 사회 변화 속도는 A 사회에 비해 B 사회가 느리다.
ㄴ. 직업의 동질성 정도는 B 사회에 비해 C 사회가 높다.
ㄷ. 사회의 다원화 정도는 C 사회에 비해 A 사회가 낮다.
ㄹ. (가)에는 '가정과 일터의 결합 정도'가 들어갈 수 있다.

① ㄱ, ㄴ ② ㄱ, ㄷ ③ ㄴ, ㄷ
④ ㄴ, ㄹ ⑤ ㄷ, ㄹ

323

다음 사례에 부각된 정보 사회의 특징으로 가장 적절한 것은?

과거에는 대규모 자본과 기술을 가진 집단이나 사람만이 생산의 주체가 될 수 있었다. 이는 제조업이 대규모 설비와 투자가 필요한 영역이었기 때문이며, 대규모 설비와 투자에 소요된 비용을 회수하기 위해 대량 생산이 요구되었다. 그런데 IT 기술의 발달로 인해 개인도 다양한 재화와 서비스의 생산 주체가 될 수 있는 기회가 증가하고 있다. 대표적 사례로 개인 방송을 들 수 있다. 대규모 방송 설비와 송출 장비를 갖추지 않은 개인도 이제는 인터넷을 통해 자신만의 방송을 손쉽게 제작하여 대중에게 제공할 수 있게 되었다.

① 소품종 대량 생산 방식이 확대된다.
② 생산자와 소비자의 경계가 모호해진다.
③ 지식과 정보가 부가 가치의 원천이 된다.
④ 생산자와 소비자 간의 직거래가 증가한다.
⑤ 사회적 관계를 맺는 공간적 범위가 확대된다.

324

다음에 나타난 사회 변화가 가져올 현상을 〈보기〉에서 고른 것은?

최근 들어 음식 주문 어플리케이션의 사용이 확대됨에 따라 배달 음식을 주문하기 위해 식당에 전화를 거는 경우가 빠르게 감소하고 있다. 예전에는 물건을 구매하기 위해서 가게에 직접 방문하여 물건을 고르고 주인에게 비용을 지불하고 물건을 소비하였지만, 이제는 음식 주문 어플리케이션의 사례와 같이 스마트폰을 이용하여 언제든 쉽게 상품을 구입할 수 있게 되었다. 심지어 판매자가 해외에 있더라도 스마트폰으로 바로 구매하여 배송받을 수 있는, 당장 내일 필요한 물건이라 하더라도 스마트폰으로 바로 구매하면 내일 새벽에 배송받을 수 있는 시대가 된 것이다.

〈보기〉

ㄱ. 소품종 대량 생산 방식이 확대된다.
ㄴ. 인터넷을 활용한 전자 상거래가 확산된다.
ㄷ. 판매자와 소비자 간의 대면 접촉이 감소한다.
ㄹ. 재화의 소비에 있어 공간적 제약이 확대된다.

① ㄱ, ㄴ ② ㄱ, ㄷ ③ ㄴ, ㄷ
④ ㄴ, ㄹ ⑤ ㄷ, ㄹ

325

표는 A~C의 특징을 구분한 것이다. 이에 대한 설명으로 옳은 것은? (단, A~C는 각각 농업 사회, 산업 사회, 정보 사회 중 하나이다.)

구분	A	B	C
사회의 다원화 정도	+	+++	++
(가)	++	+	+++
(나)	+++	++	+

* +의 개수가 많을수록 강함 내지 높음을 나타냄

① A는 B에 비해 면대면 접촉 가능성이 낮다.
② B는 C에 비해 사회 변화의 속도가 느리다.
③ C는 A에 비해 정보 확산의 공간적 제약이 크다.
④ (가)에는 '사회 조직의 관료제화 정도'가 들어갈 수 있다.
⑤ (나)에는 '가정과 일터의 결합 정도'가 들어갈 수 있다.

326

다음 사례에서 추론할 수 있는 정보 사회의 문제를 〈보기〉에서 고른 것은?

• 가족이 식당에서 식사를 하면서도 서로 간의 대화는 없다. 아빠와 엄마 자녀 모두 각자의 스마트폰을 들여다보며 식사를 할 뿐이다. 가족과 함께 한 공간에서 식사를 하고 있지만 각자 다른 세상에서 다른 사람들과 관계를 맺고 있는 것이다.
• SNS에서 수많은 친구를 가진 A씨는 인터넷 스타이다. A씨의 생일을 맞아 수많은 사람들이 A씨에게 생일을 축하한다는 메시지를 전하고 있지만 정작 A씨는 함께 얼굴을 보며 생일 축하 케이크를 함께 나누어 먹을 사람이 없는 형편이다.

┌─ 보기 ─┐
ㄱ. 경제적 계층에 따라 정보 격차가 확대된다.
ㄴ. 기술의 발달 과정에서 인간 소외 현상이 심화된다.
ㄷ. 면대면 접촉의 감소로 피상적 인간관계의 확산된다.
ㄹ. 저질 정보의 확산으로 인한 정보 오남용이 증가한다.
└─────┘

① ㄱ, ㄴ 　　② ㄱ, ㄷ 　　③ ㄴ, ㄷ
④ ㄴ, ㄹ 　　⑤ ㄷ, ㄹ

328

다음 사례에 공통적으로 나타난 정보 사회의 문제에 대한 옳은 설명을 〈보기〉에서 고른 것은?

• IT 기술이 발달함에 따라 정보의 복제와 재가공이 산업 사회에 비해 용이해지고 있다. 그런데 이로 인해 영화 및 드라마에 대한 무단 복제 및 대량 유포에 따른 피해가 증가하고 있다. 저작권 침해라는 인식 없이 무단 복제 및 불법 다운로드가 자행되고 있다.
• SNS가 확대됨에 따라 누구나 정보를 생산하거나, 타인이 생산한 정보를 전달할 수 있게 되었다. 그런데 사실이라는 확신 없음에도 불구하고 SNS를 통해 정보를 생산하거나 전달하는 경우가 증가하고 있다. 거짓 정보로 사회 다수가 피해를 볼 수 있음에도 불구하고 별다른 의식 없이 오늘도 거짓 정보가 생산되고 있다.

┌─ 보기 ─┐
ㄱ. 정보 기기에 대한 의존도 증가에 따른 중독 현상이다.
ㄴ. 정보 윤리의 미확립에 따른 일탈 및 병리적 현상이다.
ㄷ. 정보에의 접근 역량의 차이에 따른 정보 격차 현상이다.
ㄹ. 물질문화와 비물질문화 간의 변동 속도 차이에 따른 현상이다.
└─────┘

① ㄱ, ㄴ 　　② ㄱ, ㄷ 　　③ ㄴ, ㄷ
④ ㄴ, ㄹ 　　⑤ ㄷ, ㄹ

327

그림은 정보 사회와 산업 사회의 특징을 비교한 것이다. 이에 대한 설명으로 옳은 것은? (단, A, B는 각각 산업 사회, 정보 사회 중 하나이다.)

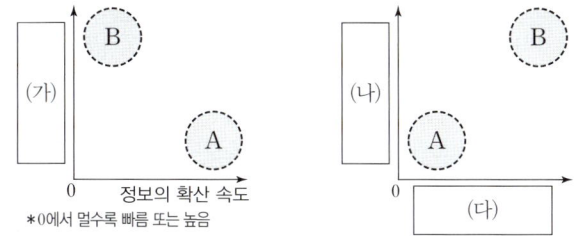

*0에서 멀수록 빠름 또는 높음

① A는 B에 비해 지식 관련 산업의 비중이 낮다.
② B는 A에 비해 소비자의 생산 참여 기회가 많다.
③ (가)에는 '구성원 간의 익명성'이 들어갈 수 있다.
④ (나)에는 '업무 방식의 표준화 정도'가 들어갈 수 있다.
⑤ (다)에는 '사회적 관계의 공간적 범위'가 들어갈 수 있다.

329

다음에 대한 설명으로 옳은 것은? (단, A 사회, B 사회는 각각 산업 사회, 정보 사회 중 하나이다.)

A 사회에서는 대규모 조직을 효율적으로 관리할 수 있는 조직 운영 방식으로 　(가)　 이/가 일반적으로 나타나고 있으며, 이로 인해 업무 방식의 표준화 정도가 높다. 반면, B 사회에서는 과학 기술의 발달로 인해 새로운 조직 형태의 출현이 가능해지고, 유연하고 창의적인 조직 형태의 필요성이 증가함에 따라 조직 운영 방식으로 　(나)　 이/가 확대되고 있다.

① A 사회는 지식이 부가 가치의 원천인 사회이다.
② B 사회에서는 조직 내 중간 관리층의 역할이 중시된다.
③ A 사회에 비해 B 사회에서는 구성원 간 면대면 소통 비중이 낮다.
④ B 사회에 비해 A 사회에서는 다품종 소량 생산 방식이 주를 이룬다.
⑤ (가)에는 '탈관료제', (나)에는 '관료제'가 들어갈 수 있다.

330

다음에서 을이 자신의 주장에 대한 근거로 제시할 적절한 자료를 〈보기〉에서 고른 것은?

사회학자 갑은 정보화의 진전으로 우리 사회의 계층 구조가 (가)와 같은 형태로 변화할 것이라고 본 반면, 을은 정보화로 인해 우리 사회의 계층 구조가 (나)와 같은 형태로 변화할 것이라고 전망하였다.

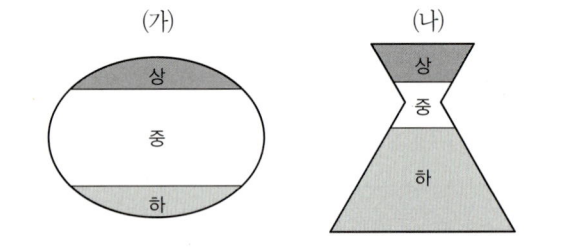

보기
ㄱ. 스마트 기기에 대한 과몰입 현상의 심화
ㄴ. 개인 생활에 대한 관찰과 감시의 확대
ㄷ. 소득 수준에 따른 정보 접근성의 격차 확대
ㄹ. 계층별 정보 격차에 따른 소득 격차의 심화

① ㄱ, ㄴ ② ㄱ, ㄷ ③ ㄴ, ㄷ
④ ㄴ, ㄹ ⑤ ㄷ, ㄹ

331

자료에 대한 옳은 설명을 〈보기〉에서 고른 것은? (단, A, B는 각각 TV와 SNS 중 하나이다.)

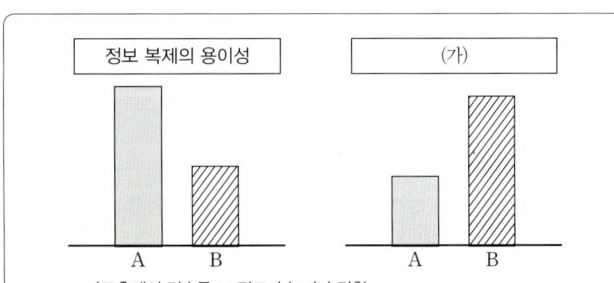

* 가로축에서 멀수록 그 정도가 높거나 강함

그림은 대중 매체 A, B의 특징을 비교한 것이다. ⓐ A가 보편적으로 사용되기 시작한 사회에 비해 ⓑ B가 보편적으로 사용되기 시작한 사회는 [(나)]와/과 같은 특징을 가진다.

보기
ㄱ. ⓐ은 ⓑ에 비해 업무 방식의 표준화 정도가 높다.
ㄴ. ⓑ은 ⓐ에 비해 대면 접촉 방식의 비중이 높다.
ㄷ. (가)에는 '정보 전달의 양방향성'이 들어갈 수 있다.
ㄹ. (나)에는 '직업의 분화 정도가 낮음'이 들어갈 수 있다.

① ㄱ, ㄴ ② ㄱ, ㄷ ③ ㄴ, ㄷ
④ ㄴ, ㄹ ⑤ ㄷ, ㄹ

332

| 평가원 기출 |

표와 같이 A~C를 비교할 때, 이에 대한 설명으로 옳은 것은? (단, A~C는 각각 농업 사회, 산업 사회, 정보 사회 중 하나이다.)

구분	A	B	C
표준화된 조직 관리 방식이 보편화되기 시작하였는가?	○	×	×
양방향 대중 매체가 보편적으로 사용되는 사회인가?	×	○	×
(가)	×	×	○

(예 : ○, 아니요 : ×)

① A는 B에 비해 전체 산업에서 지식 정보 산업이 차지하는 비중이 높다.
② B는 C에 비해 면대면 접촉의 비중이 높다.
③ C는 A에 비해 가정과 일터의 결합 정도가 높다.
④ A는 다품종 소량 생산 체제, B는 소품종 대량 생산 체제가 지배적이다.
⑤ (가)에는 '2차 산업 중심의 사회인가?'가 적절하다.

333

| 평가원 기출 |

그림은 A~C를 일반적인 특징에 따라 분류한 것이다. 이에 대한 옳은 설명을 〈보기〉에서 고른 것은? (단, A~C는 각각 농업 사회, 산업 사회, 정보 사회 중 하나이다.)

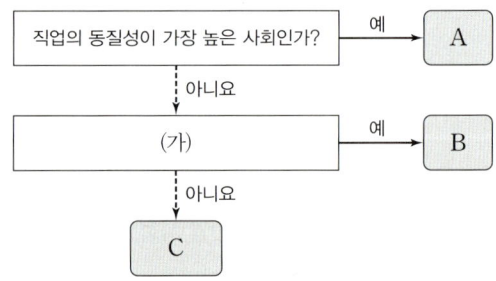

보기
ㄱ. (가)가 '전자 상거래 비중이 더 높은 사회인가?'라면, 기술의 발전 속도는 B>A>C로 나타난다.
ㄴ. (가)가 '면대면 접촉의 비중이 더 높은 사회인가?'라면 일터와 가정의 분리 정도는 B>C>A로 나타난다.
ㄷ. (가)가 '소품종 대량 생산 방식이 더 보편적인 사회인가?'라면, 구성원 간 익명성의 정도는 B>A>C로 나타난다.
ㄹ. (가)가 '조직 내 의사 결정 권한의 분산 정도가 더 높은 사회인가?'라면, 사회적 관계 형성의 공간적 제약 정도는 A>C>B로 나타난다.

① ㄱ, ㄴ ② ㄱ, ㄷ ③ ㄴ, ㄷ
④ ㄴ, ㄹ ⑤ ㄷ, ㄹ

334
| 평가원 기출 |

표는 A~C의 일반적인 특징을 비교한 것이다. 이에 대한 설명으로 옳은 것은? (단, A~C는 각각 농업 사회, 산업 사회, 정보 사회 중 하나이다.)

구분	비교 결과
A	정보 이용의 시공간적 제약성이 B, C에 비해 크다.
B	2차 산업 비중이 C에 비해 낮다.
C	(가)

① A는 C에 비해 직업의 이질성이 높다.
② B는 A에 비해 가정과 일터의 결합 정도가 낮다.
③ A는 B, C에 비해 비대면적 의사소통의 비중이 높다.
④ C는 A, B에 비해 관료제 조직의 비중이 낮다.
⑤ (가)에는 '다품종 소량 생산 비중이 B에 비해 높다.'가 들어갈 수 있다.

335
| 평가원 기출 |

A~C의 일반적 특징에 대한 설명으로 옳은 것은? (단, A~C는 각각 농업 사회, 산업 사회, 정보 사회 중 하나이다.)

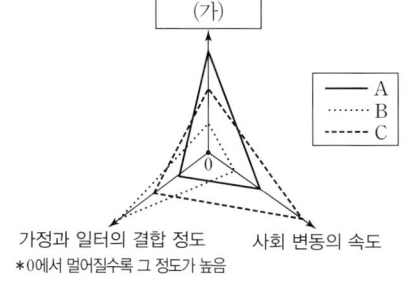

*0에서 멀어질수록 그 정도가 높음

① A는 B보다 구성원 간 익명성 정도가 높다.
② A는 C보다 다품종 소량 생산의 비중이 크다.
③ B는 C보다 지식 산업을 통한 부가 가치 창출이 유리하다.
④ C는 B보다 직업의 동질성이 강하다.
⑤ (가)에는 '비대면 접촉의 정도'가 들어갈 수 있다.

336 고난도 ↑
| 평가원 기출 |

밑줄 친 ㉠~㉢에 해당하는 그래프를 (가)~(다)에서 고른 것은?

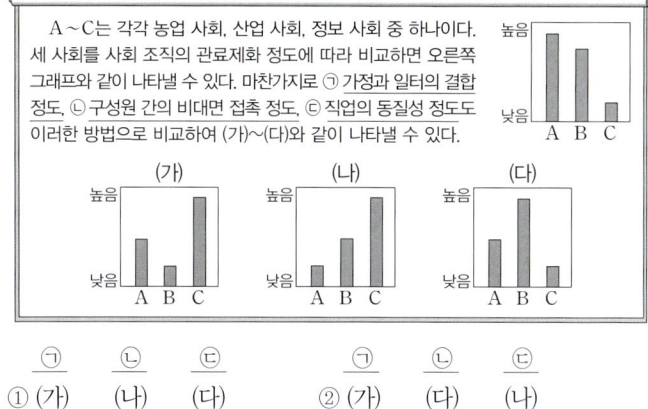

A~C는 각각 농업 사회, 산업 사회, 정보 사회 중 하나이다. 세 사회를 사회 조직의 관료제화 정도에 따라 비교하면 오른쪽 그래프와 같이 나타낼 수 있다. 마찬가지로 ㉠ 가정과 일터의 결합 정도, ㉡ 구성원 간의 비대면 접촉 정도, ㉢ 직업의 동질성 정도도 이러한 방법으로 비교하여 (가)~(다)와 같이 나타낼 수 있다.

	㉠	㉡	㉢		㉠	㉡	㉢
①	(가)	(나)	(다)	②	(가)	(다)	(나)
③	(나)	(가)	(다)	④	(나)	(다)	(가)
⑤	(다)	(나)	(가)				

337
| 평가원 기출 |

그림은 A~C의 일반적인 특징을 비교한 것이다. (가), (나)에 들어갈 내용으로 옳은 것은? (단, A~C는 각각 농업 사회, 산업 사회, 정보 사회 중 하나이다.)

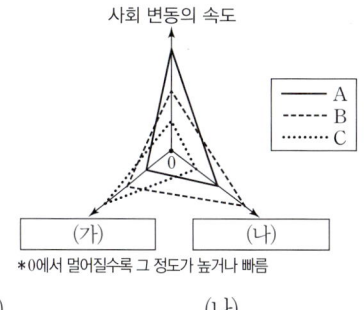

*0에서 멀어질수록 그 정도가 높거나 빠름

	(가)	(나)
①	면대면 접촉 비중	가정과 일터의 결합 정도
②	면대면 접촉 비중	직업의 동질성 정도
③	사회의 다원화 정도	면대면 접촉 비중
④	직업의 동질성 정도	의사 결정의 분권화 정도
⑤	직업의 동질성 정도	의사 가정과 일터의 분리 정도

338

(가), (나)를 통해 설명할 수 있는 탐구 주제로 적절한 것은?

> (가) "아이 한 명이 감당하기엔 힘이 듭니다. 한 자녀보다는 둘, 둘 보다는 셋이 더 행복합니다."
> (나) "동남아시아가 고향인 엄마와 한국인 아빠 사이에 태어난 저 는 한국 문화를 배우고 있습니다."

	(가)	(나)
①	저출산	인구 고령화
②	저출산	다문화 가정의 증가
③	성비 불균형	다문화 가정의 증가
④	인구 고령화	저출산
⑤	인구 고령화	성비 불균형

339

다음 글의 내용과 관련된 실천 방안을 적절하게 제시한 학생을 고른 것은?

> 우리는 우리뿐만 아니라 다음 세대도 쾌적한 환경 속에서 자신들 의 삶을 스스로 꾸려 갈 권리가 있음을 인정하고 배려하는 자세가 필요하다. 그러므로 현재 세대는 삶의 질을 충족시키면서도 자원 을 낭비하지 않아야 하며, 개발과 환경 보전이 조화와 균형을 이 루도록 노력해야 한다.

① 갑, 을   ② 갑, 병   ③ 을, 병
④ 을, 정   ⑤ 병, 정

340

다음 수행평가에서 각 모둠의 활동 내용에 대한 옳은 분석을 〈보기〉에 서 고른 것은?

수행평가 과제 : 모둠별로 미래 사회의 문제와 구체적 문 제 상황을 설정하고 그 대책에 대한 보고서를 제출하시오.

〈모둠별 활동 내용〉

모둠	미래 사회의 문제	구체적 문제 상황	대책
모둠 1	정보화에 따른 부작용	개인 정보 유출 및 사생활 침해	(가)
모둠 2	고령화에 따른 문제	젊은 층의 노인 부양 부담 증가 로 인한 세대 갈 등 발생	세대 간 상호 이 해 증진 및 노인 복지 제도의 합 리화
모둠 3	환경 오염의 심화	생태계 파괴로 인 한 삶의 질 악화	환경 오염 방지 를 위한 세계적 협력 기구 설치
모둠 4	남북통일 과정에서의 문제	남북 간의 격차 확대로 인한 통 일 시기 지연	통일에 대한 국 민적 공감대 형 성 및 남북 경제 협력법 제정

〈보기〉
ㄱ. '기업 간 고객 정보의 공유 확대'는 (가)에 들어갈 내용으로 적절하다.
ㄴ. 모둠 2가 제시한 미래 사회의 문제와 구체적 문제 상황은 관련성이 떨어진다.
ㄷ. 모둠 3은 환경 오염이 전 지구적 차원의 문제가 될 수 있음 을 인식하고 있다.
ㄹ. 모둠 2와 모둠 4는 제도적 차원과 의식적 차원의 대책을 모 두 제시하고 있다.

① ㄱ, ㄴ   ② ㄱ, ㄷ   ③ ㄴ, ㄷ
④ ㄴ, ㄹ   ⑤ ㄷ, ㄹ

341

빈칸에 들어갈 결론으로 가장 적절한 것은?

최근 후쿠시마 원전 사고가 일본 내부의 문제로 끝나지 않듯이 현대 사회의 위험은 특정 지역이나 집단에 한정되지 않고 국경을 넘어 전 세계로 퍼져 나간다. 이와 같은 위험 상황이 모든 인류에게 닥칠 경우 기존의 집단이나 국가 간 대립 구도는 지양되어야 한다. 더 많은 부나 권력을 얻기 위해 경쟁하기보다는 모두가 직면한 치명적 위험에 함께 대처해야 하기 때문이다. 그러므로 현대 사회의 위험을 해결하기 위해서는 _____.

① 개별 국가의 주권을 국제기구에 위임해야 한다.
② 자국의 이익보다 타국의 이익을 우선시해야 한다.
③ 국제 사회에서 시민적 연대와 국가 간 협력을 강화해야 한다.
④ 지구적 위험보다는 지역적 위험을 우선적으로 고려해야 한다.
⑤ 부와 권력이 특정 집단이나 국가에 편중되지 않도록 해야 한다.

342

표는 갑국의 인구 부양비를 나타낸 것이다. 이에 대한 분석으로 옳은 것은? (단, 전국은 A 지역과 B 지역으로만 구성된다.)

(단위 : %)

구분	구분	1960	1980	2000
총부양비*	A	77.9	53.8	37.0
	B	89.5	70.4	50.0
	전국	85.9	60.5	39.4
유소년 부양비**	A	74.0	49.9	29.5
	B	82.4	60.8	28.0
	전국	79.9	54.3	29.2
노년 부양비***	A	3.9	3.9	7.5
	B	7.1	9.6	22.0
	전국	6.0	6.2	10.2

*총부양비=[(유소년 인구+노년 인구)/부양 인구]×100
**유소년 부양비=(유소년 인구/부양 인구)×100
***노년 부양비=(노년 인구/부양 인구)×100

① 1960년 유소년 인구는 A가 B보다 적다.
② 1980년 A에서는 유소년 인구와 노년 인구의 합이 부양 인구보다 크다.
③ 2000년 B에서는 노년 인구가 유소년 인구보다 많다.
④ 1960년 대비 2000년에 A에서 부양 인구의 증가율은 노년 인구의 증가율보다 더 크다.
⑤ 1980년 대비 2000년에 유소년 부양비의 감소율은 A가 B보다 크다.

memo

memo

memo

BON. N제

BON.본 N제

사회·문화

정답 및 해설

이투스북

BON. 본 N제

정답 및 해설

빠른 정답

I. 사회·문화 현상의 탐구

본문 009쪽 01 × 02 × 03 ○ 04 ○ 05 × 06 ○ 07 × 08 ○ 09 × 10 ○
11 ○ 12 × 13 × 14 × 15 ○ 16 ○ 17 × 18 ○

본문 011~017쪽 001 ④ 002 ④ 003 ⑤ 004 ④ 005 ② 006 ⑤ 007 ③ 008 ④
009 ⑤ 010 ① 011 ② 012 ③ 013 ④ 014 ⑤ 015 ⑤ 016 ④ 017 ⑤ 018 ④
019 ⑤ 020 ④ 021 ③ 022 ② 023 ③ 024 ① 025 ④

본문 019쪽 01 × 02 ○ 03 × 04 × 05 × 06 ○ 07 ○ 08 × 09 ○ 10 ○
11 ○ 12 ○ 13 ○ 14 × 15 ○ 16 ○ 17 ○

본문 021~023쪽 026 ⑤ 027 ② 028 ③ 029 ① 030 ② 031 ③ 032 ⑤ 033 ③
034 ③ 035 ④ 036 ④

본문 025쪽 01 × 02 ○ 03 ○ 04 ○ 05 ○ 06 × 07 ○ 08 ○ 09 ○ 10 ○
11 × 12 ○ 13 ○ 14 ○ 15 × 16 ○ 17 ○ 18 × 19 ○ 20 ×

본문 027~031쪽 037 ② 038 ③ 039 ① 040 ④ 041 ② 042 ② 043 ④ 044 ②
045 ③ 046 ① 047 ② 048 ③ 049 ③ 050 ⑤ 051 ⑤ 052 ③ 053 ④ 054 ③

본문 033쪽 01 ○ 02 × 03 × 04 × 05 ○ 06 ○ 07 ○ 08 ○ 09 ○ 10 ×
11 × 12 ○ 13 × 14 × 15 × 16 ○ 17 ○ 18 ○ 19 ×

본문 035~039쪽 055 ② 056 ⑤ 057 ⑤ 058 ③ 059 ⑤ 060 ② 061 ② 062 ⑤
063 ③ 064 ⑤ 065 ④ 066 ③ 067 ⑤ 068 ② 069 ① 070 ⑤ 071 ③

II. 개인과 사회 구조

본문 044쪽 01 ○ 02 ○ 03 × 04 × 05 ○ 06 ○ 07 × 08 ○ 09 × 10 ×
11 ○ 12 ○ 13 ○ 14 ○ 15 ○ 16 ○ 17 ○ 18 ○ 19 ○ 20 ×

본문 047~051쪽 072 ③ 073 ⑤ 074 ③ 075 ① 076 ⑤ 077 ⑤ 078 ① 079 ③
080 ② 081 ⑤ 082 ⑤ 083 ④ 084 ④ 085 ④ 086 ⑤ 087 ② 088 ⑤ 089 ④

본문 054쪽 01 ○ 02 ○ 03 ○ 04 ○ 05 ○ 06 ○ 07 ○ 08 ○ 09 ○ 10 ○
11 × 12 × 13 ○ 14 ○ 15 ○ 16 ○ 17 ○ 18 ○ 19 ○ 20 ○ 21 × 22 ×
23 ○ 24 ○ 25 ○ 26 × 27 × 28 ○ 29 ○ 30 ○ 31 × 32 × 33 ○ 34 ○
35 ○ 36 × 37 ○ 38 ○ 39 × 40 ×

본문 056~061쪽 090 ⑤ 091 ④ 092 ① 093 ② 094 ④ 095 ③ 096 ② 097 ⑤
098 ⑤ 099 ② 100 ① 101 ② 102 ④ 103 ① 104 ⑤ 105 ② 106 ④ 107 ②
108 ① 109 ② 110 ③ 111 ①

본문 063쪽 01 ○ 02 ○ 03 × 04 × 05 × 06 ○ 07 ○ 08 ○ 09 ○ 10 ×
11 ○ 12 × 13 × 14 ○ 15 ○ 16 × 17 ○ 18 ○ 19 ○

본문 065~067쪽 112 ⑤ 113 ③ 114 ③ 115 ⑤ 116 ③ 117 ④ 118 ① 119 ②
120 ⑤ 121 ②

III. 문화와 일상생활

본문 071쪽 01 × 02 × 03 ○ 04 × 05 ○ 06 × 07 × 08 ○ 09 × 10 ○
11 × 12 ○ 13 × 14 ○ 15 ○ 16 × 17 ○ 18 × 19 × 20 ○

본문 074~079쪽 122 ④ 123 ④ 124 ① 125 ② 126 ① 127 ④ 128 ④ 129 ⑤
130 ④ 131 ④ 132 ④ 133 ④ 134 ④ 135 ① 136 ① 137 ④ 138 ⑤ 139 ④
140 ⑤ 141 ① 142 ④ 143 ③ 144 ④ 145 ④ 146 ② 147 ④ 148 ④ 149 ①
150 ⑤

본문 083쪽 01 ○ 02 ○ 03 × 04 ○ 05 × 06 ○ 07 ○ 08 ○ 09 × 10 ○
11 × 12 ○ 13 ○ 14 ○ 15 ○ 16 × 17 × 18 ○ 19 ○ 20 ○

본문 085~091쪽 151 ④ 152 ① 153 ⑤ 154 ④ 155 ① 156 ① 157 ④ 158 ⑤
159 ⑤ 160 ② 161 ④ 162 ② 163 ⑤ 164 ④ 165 ④ 166 ⑤ 167 ⑤ 168 ⑤
169 ③ 170 ④ 171 ⑤ 172 ⑤ 173 ④ 174 ⑤ 175 ① 176 ④ 177 ②

본문 093쪽 01 ○ 02 × 03 ○ 04 ○ 05 ○ 06 ○ 07 × 08 × 09 ○ 10 ○
11 × 12 ○ 13 ○ 14 ○ 15 ○ 16 ○ 17 × 18 ○ 19 × 20 ○

본문 095~101쪽 178 ④ 179 ② 180 ⑤ 181 ③ 182 ③ 183 ② 184 ④ 185 ①
186 ⑤ 187 ② 188 ① 189 ② 190 ④ 191 ② 192 ④ 193 ③ 194 ② 195 ③
196 ④ 197 ② 198 ④ 199 ④ 200 ⑤

IV. 사회 계층과 불평등

본문 105쪽 01 × 02 ○ 03 × 04 × 05 ○ 06 × 07 ○ 08 × 09 ○ 10 ○
11 ○ 12 ○ 13 ○ 14 ○ 15 ○ 16 ○ 17 ○ 18 ○ 19 ○ 20 ×

본문 107~113쪽 201 ② 202 ② 203 ② 204 ③ 205 ② 206 ④ 207 ④ 208 ③
209 ① 210 ⑤ 211 ② 212 ① 213 ① 214 ③ 215 ② 216 ① 217 ⑤ 218 ③
219 ④ 220 ② 221 ② 222 ① 223 ② 224 ① 225 ⑤ 226 ②

본문 115쪽 01 ○ 02 ○ 03 × 04 ○ 05 ○ 06 ○ 07 ○ 08 ○ 09 × 10 ○
11 × 12 ○ 13 ○ 14 ○ 15 × 16 ○ 17 ○ 18 ○ 19 × 20 ○

본문 117~123쪽 227 ③ 228 ④ 229 ② 230 ③ 231 ① 232 ④ 233 ① 234 ⑤
235 ⑤ 236 ③ 237 ② 238 ① 239 ④ 240 ⑤ 241 ⑤ 242 ② 243 ④ 244 ②
245 ④ 246 ② 247 ② 248 ⑤ 249 ④ 250 ④ 251 ① 252 ②

본문 125쪽 01 ○ 02 × 03 ○ 04 × 05 ○ 06 ○ 07 ○ 08 ○ 09 × 10 ○
11 ○ 12 × 13 ○ 14 ○ 15 × 16 × 17 ○ 18 ○ 19 ○ 20 ×

본문 127~133쪽 253 ① 254 ② 255 ① 256 ① 257 ④ 258 ③ 259 ⑤ 260 ③
261 ⑤ 262 ① 263 ② 264 ① 265 ② 266 ④ 267 ⑤ 268 ④ 269 ① 270 ⑤
271 ⑤ 272 ② 273 ③ 274 ④ 275 ② 276 ② 277 ① 278 ①

본문 135쪽 01 ◯ 02 ◯ 03 × 04 × 05 × 06 × 07 ◯ 08 ◯ 09 ◯ 10 ◯
11 × 12 ◯ 13 × 14 ◯ 15 ◯ 16 ◯ 17 × 18 ◯ 19 ◯ 20 ×

본문 138~145쪽 279 ⑤ 280 ④ 281 ⑤ 282 ① 283 ⑤ 284 ④ 285 ② 286 ③
287 ③ 288 ⑤ 289 ③ 290 ④ 291 ③ 292 ② 293 ⑤ 294 ① 295 ⑤ 296 ③
297 ⑤ 298 ④ 299 ⑤ 300 ⑤ 301 ④ 302 ⑤ 303 ② 304 ④ 305 ② 306 ⑤
307 ⑤

V. 현대의 사회 변동

본문 149쪽 01 ◯ 02 ◯ 03 × 04 ◯ 05 × 06 × 07 ◯ 08 ◯ 09 ◯ 10 ×
11 × 12 ◯ 13 ◯ 14 ◯ 15 × 16 × 17 ◯ 18 × 19 ◯ 20 ◯

본문 151~153쪽 308 ③ 309 ⑤ 310 ⑤ 311 ③ 312 ③ 313 ① 314 ⑤ 315 ③
316 ③ 317 ⑤ 318 ⑤

본문 155쪽 01 ◯ 02 ◯ 03 ◯ 04 ◯ 05 × 06 × 07 ◯ 08 × 09 ◯ 10 ◯
11 ◯ 12 × 13 ◯ 14 × 15 × 16 × 17 ◯ 18 ◯ 19 × 20 ◯

본문 157~163쪽 319 ① 320 ③ 321 ② 322 ④ 323 ② 324 ③ 325 ⑤ 326 ③
327 ④ 328 ④ 329 ③ 330 ⑤ 331 ④ 332 ③ 333 ④ 334 ② 335 ① 336 ④
337 ⑤ 338 ② 339 ④ 340 ⑤ 341 ③ 342 ①

I. 사회 · 문화 현상의 탐구

01강 사회 · 문화 현상의 이해

핵심 개념 CHECK!
▶ 본문 009쪽

01 ×	02 ×	03 ○	04 ○	05 ×	06 ○	07 ×	08 ○
09 ×	10 ○	11 ○	12 ×	13 ×	14 ×	15 ○	16 ○
17 ×	18 ○						

○|× 문장 바로 알기

01 인간의 의지와 가치 판단이 개입되어 발생한 현상은 ~~자연~~ 현상이다.
　　　　　　　　　　　　　　　　　　　　　　　　사회 · 문화

02 나이가 들어 주름이 생기는 현상은 ~~사회 · 문화~~ 현상이다.
　　　　　　　　　　　　　　　　자연

03 자연 현상과 사회 · 문화 현상은 모두 인간 생활에 영향을 미친다.

04 노후된 경유차 운행으로 인한 공기 질의 저하 현상은 사회 · 문화 현상이 촉발시킨 자연 현상으로 볼 수 있다.

05 몰가치성이라는 개념은 가치 함축성이라는 개념과 ~~같은~~ 의미로 사용된다.
　　　　　　　　　　　　　　　　　　　　　　　　　반대되는

06 존재 법칙이란 있는 그대로를 받아들일 수밖에 없다는 의미로 자연 현상에 적용된다.

07 사회 · 문화 현상은 시대와 장소에 따라 서로 다른 모습이 나타날 수 있으므로 ~~보편성~~이 있다.
　　　　　　　　　　　　특수성

08 개연성이란 예외가 존재함을 의미하므로 사회 · 문화 현상의 특징이다.

09 자연 현상은 사회 · 문화 현상과 ~~달리~~ 경험적 자료를 통한 과학적 탐구가 가능하다.
　　　　　　　　　　　　　함께

10 다양한 분야의 학문적 성과를 통합적으로 활용하는 사회 과학 연구의 흐름을 간학문적 연구라고 한다.

11 사회 · 문화 현상을 이해하고자 할 때, 사회 구조를 중심으로 바라보는 관점을 거시적 관점이라고 한다.

12 사회 유기체론은 ~~갈등론~~의 학문적 배경이 된다.
　　　　　　　　　기능론

13 사회 구조는 사회 구성원들 간의 합의에 의한 산물이라고 보는 입장은 ~~갈등론~~이다.
　　　　　　　　　　　　　　　　　　기능론

14 사회 문제의 원인은 문제를 일으킨 개인이며, 사회 체계는 잘못된 것이 없다고 주장하는 입장은 ~~상징적 상호 작용론~~이다.
　　　　　　　　　　　　　　　　　　　　　　　기능론

15 기득권 계층의 입장을 옹호한다는 비판을 받는 관점은 기능론이다.

16 사회 문제는 불평등한 사회 구조로 인해 발생하는 필연적인 현상이라고 주장하는 입장은 갈등론이다.

17 사회 문제의 원인을 분석함에 있어 사회 구조적 차원에서 바라보는 것은 ~~기능론이 아닌 갈등론~~이다.
　　　　　　　　　　　　　　　　기능론과 갈등론

18 사회 · 문화 현상의 의미는 그것을 바라보는 개인에 따라 달라진다고 보는 입장은 상징적 상호 작용론이다.

---

001 ④	002 ④	003 ⑤	004 ④	005 ②	006 ⑤
007 ③	008 ④	009 ⑤	010 ①	011 ②	012 ⑤
013 ④	014 ⑤	015 ⑤	016 ④	017 ③	018 ④
019 ⑤	020 ④	021 ③	022 ②	023 ③	024 ③
025 ④					

001 자연 현상과 사회·문화 현상의 특징　　　　정답 ④

문제 분석 ㉠은 자연 현상, ㉡은 사회 · 문화 현상입니다.

정답 찾기 ④ 당위 법칙은 사회 · 문화 현상에만 해당합니다.

오답 피하기 ①, ②, ③ 가치 함축적, 확률의 원리, 보편성과 특수성의 공존은 사회 · 문화 현상의 특징이며, ⑤ 동일 조건하에서 항상 동일한 결과가 발생하는 것은 자연 현상의 특징입니다.

002 자연 현상과 사회·문화 현상의 특징　　　　정답 ④

문제 분석 ㉠과 ㉣은 사회 · 문화 현상, ㉡과 ㉢은 자연 현상입니다.

정답 찾기 ④ 사회 · 문화 현상은 보편성과 특수성이 공존하지만, 자연 현상은 보편성이 주로 나타납니다.

오답 피하기 ① 사회 · 문화 현상은 개연성의 원리, 자연 현상은 확실성의 원리가 적용됩니다. ② 인간의 가치가 반영되어 나타나는 것은 사회 · 문화 현상입니다. ③ 사회 · 문화 현상과 자연 현상 모두 경험적 자료로 연구가 가능합니다. ⑤ 존재 법칙의 지배를 받는 것은 자연 현상입니다.

003 자연 현상과 사회·문화 현상의 특징　　　　정답 ⑤

고난도 평가원 기출

합정	①	②	③	④	❺
	15%	2%	1%	3%	76%

🔍 눈으로 보는 해설

밑줄 친 ㉠~㉣과 같은 현상의 일반적인 특징에 대한 질문에 모두 옳게 응답한 학생은?

> ㉠ 바닷물에서 소금을 얻기는 의외로 까다롭다. 3.5% 정도의 염분이 들어 있는 바닷물에서 소금을 얻으려면, ㉡ 염전을 조성해야 한다. 이를 위해서는 풍부한 일조량과 적당한 ㉢ 조수 간만의 차가 필요하다. 이러한 조건들을 모두 갖춘 우리나라 서해안은 ㉣ 천일염 생산의 최적지로 유명하다.

질문	갑	을	병	정	무
㉠과 같은 현상은 개연성의 원리가 적용되는가?	×	○	×	○	×
㉡과 같은 현상은 존재 법칙의 지배를 받는가?	×	○	×	×	×
㉢과 같은 현상은 몰가치적인 현상인가?	○	×	○	○	○
㉣과 같은 현상은 보편성과 특수성이 공존하는가?	○	○	×	○	○

(○ : 예, × : 아니요)

① 갑　　　　② 을　　　　③ 병
④ 정　　　　⑤ 무

문제 분석 ㉠, ㉡, ㉣은 사회 · 문화 현상, ㉢은 자연 현상입니다.

정답 찾기 ⑤ ㉠과 같은 사회 · 문화 현상은 반드시 발생할 것이라고 단정할 수 없지만 발생할 가능성을 갖고 있는 개연성의 원리가 적용됩니다. ㉡과 같은 사회 · 문화 현상은 당위 법칙을 따릅니다. 존재 법칙의 지배를 받는 것은 자연 현상입니다. ㉢과 같은 자연 현상은 인간의 의지나 가치와 무관한 몰가치성을 지닙니다. ㄹ과 같은 사회·문화 현상은 보편성과 특수성이 공존하지만, 자연 현상은 보편성을 갖습니다.

> **⭐함정 피하기**
> 사회·문화 현상과 자연 현상을 구분하기 위해서는 특징에 대한 정확한 암기가 필요해요. 특히 이 유형은 옳은 답변을 보기 옆에 적어 두는 게 중요해. 그러면 함정에 빠지지 않을 거야.

004 자연 현상과 사회·문화 현상의 특징　　정답 ④

문제 분석 자연 현상과 사회·문화 현상의 특징을 이해하는 문제입니다. ㄱ, ㄴ은 자연 현상, ㄷ, ㄹ은 사회·문화 현상입니다.

정답 찾기 ④ 사회·문화 현상은 가치 함축적인 데 반해 자연 현상은 몰가치적입니다.

오답 피하기 ① 자연 현상은 존재 법칙의 지배를 받습니다. ② 사회·문화 현상은 확률성의 원리가 적용됩니다. ③ 자연 현상은 사회·문화 현상에 비해 인과 관계가 분명합니다. ⑤ 사회·문화 현상은 특수성을 지닙니다.

005 자연 현상과 사회·문화 현상의 특징　　정답 ②

문제 분석 자연 현상과 사회·문화 현상의 특징을 이해하는 문제입니다. ㄱ은 사회·문화 현상, ㄴ은 자연 현상입니다.

정답 찾기 갑, 병. 당위 법칙은 사회·문화 현상의 특징이며, 자연 현상은 사회·문화 현상과는 달리 옳고 그름을 판단할 수 없습니다.

오답 피하기 을, 정. 인과 법칙과 보편성의 원리는 자연 현상과 사회·문화 현상 모두의 특성으로 볼 수 있습니다.

006 자연 현상과 사회·문화 현상의 특징　　정답 ⑤

문제 분석 사회·문화 현상과 자연 현상의 특징을 비교하는 문제입니다.

정답 찾기 ㄱ, ㄷ, ㄹ은 사회·문화 현상, ㄴ은 자연 현상이므로 ⑤ 무가 모두 옳은 답변을 했습니다. 몰가치적인 현상은 자연 현상의 특징이므로 첫 번째 질문에는 '아니요', 동일한 조건하에서는 항상 동일한 결과가 발생하는 것은 자연 현상의 특징이므로 두 번째 질문에는 '예', 보편성과 특수성이 공존하는 것은 사회·문화 현상의 특징이므로 세 번째 질문에는 '예', 당위 법칙을 따르는 것은 사회·문화 현상의 특징이므로, 네 번째 질문에는 '예'라고 답변해야 합니다.

007 자연 현상과 사회·문화 현상의 특징　　정답 ③

문제 분석 자연 현상과 사회·문화 현상의 특징을 구분하는 문제입니다. ㄹ은 사회·문화 현상, ㄱ, ㄴ, ㄷ은 자연 현상입니다.

정답 찾기 '자외선을 흡수'하는 ㄱ과 '살균 작용을 하는' ㄴ, 그리고 '질병을 유발'하는 ㄷ은 자연 현상이며, '예상'하는 ㄹ은 사회·문화 현상입니다. ③의 확실성의 원리는 자연 현상에, 확률의 원리는 사회·문화 현상에 적용됩니다.

오답 피하기 ① 자연 현상은 존재 법칙, 사회·문화 현상은 당위 법칙의 지배를 받습니다. ② 보편성과 특수성이 공존하는 것은 사회·문화 현상입니다. ④ 자연 현상과 사회·문화 현상 모두 경험적 자료로 연구가 가능합니다. ⑤ 자연 현상은 몰가치적, 사회·문화 현상은 가치 함축적입니다.

008 자연 현상과 사회·문화 현상의 특징　　정답 ④

문제 분석 사회·문화 현상과 자연 현상의 특징을 비교하는 문제입니다. ㄱ은 사회·문화 현상, ㄴ, ㄷ, ㄹ은 자연 현상입니다.

정답 찾기 ④ 자연 현상과 사회·문화 현상은 모두 공통적으로 경험적 자료를 통해 연구할 수 있습니다.

오답 피하기 ① 사회·문화 현상은 자연 현상에 비해 인과 관계가 약합니다. ② 사회·문화 현상은 특수성과 보편성이 공존합니다. ③ 자연 현상은 존재 법칙의 지배를 받습니다. ⑤ 사회·문화 현상은 개연성의 원리, 자연 현상은 필연성의 원리에 의해 설명됩니다.

009 자연 현상과 사회·문화 현상의 특징　　정답 ⑤

문제 분석 자연 현상과 사회·문화 현상 특징을 비교하는 문제로, ㄱ은 자연 현상, ㄴ, ㄷ은 사회·문화 현상입니다.

정답 찾기 ⑤ 자연 현상은 사회·문화 현상에 비해 예측이 용이한 특징이 있습니다.

오답 피하기 ①, ②, ③ 사회·문화 현상은 개연성, 가치 함축성, 보편성과 특수성을 가지며, ④ 자연 현상과 사회·문화 현상은 모두 과학적인 연구의 대상이 될 수 있습니다.

010 자연 현상과 사회·문화 현상의 특징　　정답 ①

문제 분석 사회·문화 현상의 특징을 이해하는 문제입니다. A는 '존재 법칙'의 지배를 받는 자연 현상이고, B는 '당위 법칙'의 지배를 받는 사회·문화 현상입니다.

정답 찾기 ① 반복과 재현 가능성은 사회·문화 현상이 자연 현상에 비해 낮습니다.

오답 피하기 ② 필연성은 자연 현상만의 특징으로 볼 수 있습니다. ③ 고령 사회에 의한 노동 생산성 하락은 사회·문화 현상입니다. ④ 사회·문화 현상의 특징입니다. ⑤ 자연 현상의 특징입니다.

011 자연 현상과 사회·문화 현상의 특징　　정답 ②

문제 분석 사회·문화 현상과 자연 현상의 특징을 비교하는 문제로, ㄴ은 인간의 가치가 개입되지 않은 자연 현상이며, ㄱ, ㄷ, ㄹ은 현상의 주체가 인간이고 이에 대한 옳고 그름의 가치 판단이 가능하므로 사회·문화 현상이라고 볼 수 있습니다.

정답 찾기 몰가치적이고 확실성의 원리가 적용되는 것은 자연 현상이고, 당위 법칙이 적용되고 보편성 및 특수성이 공존하는 것은 사회·문화 현상이며, 경험적 자료에 의해 연구할 수 있는 것은 자연 현상과 사회·문화 현상의 공통적인 특징입니다. 그러므로 ② 을이 모든 현상에 대해 잘 응답했습니다.

오답 피하기 ① 가치 함축적 현상은 사회·문화 현상입니다. ③ 확실성의 원리는 자연 현상에 적용됩니다. ④ 보편성과 특수성이 공존하는 현상은 사회·문화 현상입니다. ⑤ 경험적 자료에 의한 연구는 자연 현상과 사회·문화 현상 모두에 적용할 수 있습니다.

012 사회 과학의 연구 경향　　정답 ③

문제 분석 제시된 상황은 간학문적 연구의 경향을 보여 줍니다.

정답 찾기 ㄴ, ㄷ. 간학문적 연구 경향은 사회·문화 현상이 복잡하고 다양해짐에 따라서 개별 학문의 탐구 방법을 종합하여 총체적으로 이해하려는 것입니다.

오답 피하기 ㄱ, ㄹ. 단일 학문의 관점에서 연구하거나 개별 학문의 경계를 강화하는 경향은 간학문적 경향과 거리가 멉니다.

013 사회 과학의 연구 경향　　정답 ④

문제 분석 현대 사회학의 세분화 및 전문화 과정에 대한 글입니다.

정답 찾기 지문의 내용은 학문의 세분화 및 전문화 과정을 보여 주고 있지만 ④의 내용은 학문 간 경계가 사라지는 간학문적 연구의 경향을 설명하고 있습니다.

오답 피하기 ①, ②, ③, ⑤ 복잡한 현대 사회를 구체적으로 이해하기 위한 학문의 세분화, 전문화 과정을 설명하고 있습니다.

014 사회 과학의 연구 경향 　　　　　정답 ⑤

문제 분석 제시된 글의 내용은 간학문적 경향이 중요함을 강조하고 있습니다.

정답 찾기 ㄷ, ㄹ. 사회 현상의 복잡성과 다양성이 커지면서 사회 문제 해결을 위해 여러 학문의 성과들을 종합하는 간학문적 관점의 연구 경향이 강화되고 있습니다.

오답 피하기 ㄱ, ㄴ. 학문의 전문화·세분화 경향에 대한 설명입니다.

015 사회·문화 현상을 바라보는 관점 　　　정답 ⑤

문제 분석 사회·문화 현상을 바라보는 관점을 파악하는 문제입니다. 첫 번째 그림에 의해 A는 상징적 상호 작용론입니다. B와 C는 (가)에 따라 기능론과 갈등론 가운데 하나가 됩니다.

정답 찾기 ㄷ. (가)에 '사회 유기체설을 바탕으로 하는가?'가 들어가면 B는 기능론이므로 옳은 설명입니다. ㄹ. (가)에 '사회 질서가 지배 집단의 필요를 반영하여 형성된다고 보는가?'가 들어가면 B는 갈등론, C는 기능론이므로 옳은 설명입니다.

오답 피하기 ㄱ. 상징적 상호 작용론은 미시적 관점에서 사회·문화 현상을 분석합니다. ㄴ. 상호 의존성은 기능론의 특징이므로 사회 문제를 병리적 현상으로 보는가에 대하여 '예'라고 답해야 합니다.

016 사회·문화 현상을 바라보는 관점 　　　정답 ④

고난도 평가원 기출				
①	②	③ 함정	❹	⑤
3%	5%	25%	55%	9%

🔍 **눈으로 보는 해설**

사회·문화 현상을 바라보는 관점을 활용한 다음 게임에 대한 설명으로 옳은 것은?

〈게임의 규칙〉
- A 상자 안에 총 7장의 카드가 있다. 카드마다 점수를 부여하는데, 각 카드의 내용이 기능론, 갈등론, 상징적 상호 작용론 중 하나에만 해당하면 1점, 두 개에만 해당하면 2점, 세 개 모두에 해당하면 3점을 부여한다.
- A 상자에서 갑과 을은 카드를 3장씩 뽑는다. 단, 한 번 뽑은 카드는 A 상자에 다시 넣지 않는다.
- 3장의 카드로 획득한 총점이 높은 사람이 이긴다.

① 카드 3장의 조합으로 얻을 수 있는 최소 점수는 4점이다. 3점
② 카드 3장의 조합으로 얻을 수 있는 최대 점수는 8점이다. 7점
③ 기능론에 해당하는 내용이 있는 3장의 카드로 얻을 수 있는 최대 점수는 6점이다. 7점
④ 상징적 상호 작용론에 해당하는 내용이 없는 3장의 카드로 얻을 수 있는 최대 점수는 5점이다.
⑤ 갑이 카드 1, 카드 5, 카드 6을 뽑았다면 을이 이길 수 있는 카드의 조합은 1가지이다. – 을은 갑을 이길 수 없다.

문제 분석 사회·문화 현상을 바라보는 관점에 대한 이해가 필요한 문제입니다. 〈카드 1〉은 세 관점에 모두 해당하므로 3점, 〈카드 2〉와 〈카드 7〉은 갈등론에만 해당하므로 1점, 〈카드 3〉과 〈카드 6〉은 기능론과 갈등론에 공통적으로 해당하므로 2점, 〈카드 4〉는 기능론에만 해당하므로 1점, 〈카드 5〉는 상징적 상호 작용론에만 해당하므로 1점이 부여됩니다.

정답 찾기 ④ 〈카드 3〉과 〈카드 6〉, 그리고 〈카드 2〉 등 3장의 카드를 뽑으면 5점을 얻을 수 있습니다.

오답 피하기 ① 〈카드 2〉, 〈카드 5〉, 〈카드 7〉의 조합으로 최소 3점을 얻을 수 있습니다. ② 〈카드 1〉, 〈카드 3〉, 〈카드 6〉의 조합으로 최대 7점을 얻을 수 있습니다. ③ 〈카드 1〉, 〈카드 3〉, 〈카드 6〉은 모두 기능론에 해당하므로 최대 7점을 얻을 수 있습니다. ⑤ 갑이 〈카드 1〉, 〈카드 5〉, 〈카드 6〉으로 얻은 점수는 6점입니다. 갑이 뽑은 카드를 다시 상자에 넣지 않으므로, 을은 최대 4점만을 얻을 수 있어 갑을 이길 수 없습니다.

💣 **함정 피하기**

카드 유형은 신유형으로 사고력을 요하는 문항이야. 관점에 대한 이해는 물론이고 문제에서 주어진 게임의 조건을 이해하는 것이 중요해. 그러면 최대, 최소 점수를 구할 수 있을 거야.

017 사회·문화 현상을 바라보는 관점 　　　정답 ③

문제 분석 사회·문화 현상을 바라보는 관점의 비교하는 문제로, A는 갈등론, B는 상징적 상호 작용론, C는 기능론입니다.

정답 찾기 ③ 기능론에 따르면, 사회는 유기체와 유사한 특징을 지니고 있습니다.

오답 피하기 ① 사회의 각 부분이 상호 의존적인 관계라고 보는 것은 기능론입니다. ② 사회의 안정보다 변동을 중시하는 것은 갈등론입니다. ④ 사회 제도의 영향력을 중시하는 것은 기능론과 갈등론입니다. ⑤ 개인의 행동이 상황에 대한 주관적 해석에 기초하여 이루어진다고 보는 것은 상징적 상호 작용론입니다.

018 사회·문화 현상을 바라보는 관점 　　　정답 ④

문제 분석 사회·문화 현상을 바라보는 관점을 비교하는 문제로, 갑, 을은 기능론, 병은 갈등론의 관점에서 스마트폰 중독 현상을 바라보고 있습니다.

정답 찾기 ④ 기능론은 사회·문화 현상을 유기체에 비유하여 설명합니다.

오답 피하기 ① 행위 주체인 인간이 부여하는 의미를 중시하는 것은 상징적 상호 작용론입니다. ② 미시적 관점은 상징적 상호 작용론입니다. ③ 다양한 제도들의 상호 의존 관계에 주목하는 것은 기능론입니다. ⑤ 사회적 희소가치 배분의 불평등 구조에 주목하는 것은 갈등론입니다.

019 사회·문화 현상을 바라보는 관점 　　　정답 ⑤

문제 분석 상징적 상호 작용론을 이해하는 문제로 제시문에 나타난 관점은 '타인에 대한 존중'이라는 사회·문화 현상을 법과 제도 등의 거시적 관점이 아닌, 개인 간의 관계에 초점을 두고 분석하고 있으므로 상징적 상호 작용론에 가깝습니다.

정답 찾기 ⑤ 상징적 상호 작용론은 일상적인 상호 작용에서 상황에 대한 주관적 의미 부여와 해석을 중시합니다.

오답 피하기 ①, ② 기능론, ③ 갈등론, ④ 거시적 관점에 대한 설명입니다.

020 사회·문화 현상을 바라보는 관점 　　　정답 ④

문제 분석 사회·문화 현상을 바라보는 관점을 묻는 문제로, A는 상징적 상호 작용론, B는 갈등론, C는 기능론입니다.

정답 찾기 ④ C는 기능론이므로 사회가 스스로 균형을 유지하려는 속성을 지닌다고 봅니다.

오답 피하기 ① A는 미시적 관점으로 사회 구조와 체계보다는 개인 간의 관계를 강조합니다. ② 사회 문제 해결을 위해 사회 제도의 개선을 강조하는 것은 기능론입니다. ③ 기존 사회 질서가 지배 집단의 이익 보호와 계급 재생산의 수단이 된다고 보는 것은 갈등론입니다. ④ 사회가 스스로 균형을 유지하려는 속성을 가졌다고 보는 관점은 기능론입니다. ⑤ 개인을 독립적인 존재가 아니라고 보는 입장은 모든 관점에 해당합니다.

021 사회·문화 현상을 바라보는 관점 정답 ③

문제 분석 사회화를 바라보는 관점을 이해하는 문제로 A는 기능론, B는 상징적 상호 작용론, C는 갈등론입니다.

정답 찾기 ㄴ, ㄷ 상징적 상호 작용론은 타인과의 상호 작용을 강조하며, 갈등론은 사회화를 불평등한 사회 구조의 재생산 과정으로 봅니다.

오답 피하기 ㄱ. 미시적 관점에서 사회화를 바라보는 관점은 상징적 상호 작용론입니다. ㄹ. 상징적 상호 작용론은 개인의 자율성과 능동성을 강조합니다.

022 사회·문화 현상을 바라보는 관점 정답 ②

문제 분석 (가)는 기능론이며, (나)와 (다)는 갈등론인지 상징적 상호 작용론인지 알 수 없는 상황입니다.

정답 찾기 ㄱ. 기능론의 입장이므로 옳은 보기로 판별 가능합니다. ㄷ. 기능론의 입장이므로 옳지 않은 보기로 판별 가능합니다.

오답 피하기 ㄴ. 상징적 상호 작용론에 대한 설명이며, ㄹ. 갈등론에 대한 설명이지만 주어진 제시문만으로는 어느 관점인지 알 수 없습니다.

023 사회·문화 현상을 바라보는 관점 정답 ③

문제 분석 사회 불평등 현상을 바라보는 기능론과 갈등론을 비교하는 문제입니다. 제시된 자료에 나와 있는 관점은 갈등론입니다.

정답 찾기 갈등론은 사회 불평등 현상을 희소 자원의 불공정한 분배의 결과로 보고 피해야 하는 대상으로 여깁니다.

오답 피하기 ㄱ. 개인 간 상호 작용을 강조하는 관점은 상징적 상호 작용론에 가깝습니다. ㄹ. 그래프에 따르면 자녀의 소득 증가율은 지위가 높아질수록 낮아집니다.

024 사회·문화 현상을 바라보는 관점 정답 ③

문제 분석 사회·문화 현상의 바라보는 관점을 비교하는 문제입니다.

정답 찾기 ㄴ. 갑이 얻은 답변이 거짓이고 을이 얻은 답변이 진실이라면 A와 B 중에 하나는 상징적 상호 작용론이므로 을의 질문에 의해 ㉠과 ㉡은 각각 '예'와 '아니요'의 답변을 얻게 됩니다. ㄷ. ㉠이 '예', ㉡이 '아니오'라면 B가 상징적 상호 작용론이 됩니다. 이 경우 갑, 병은 진실일 수 없고, 정은 진실일 수 있습니다.

오답 피하기 ㄱ. 갑이 얻은 답이 진실이라면 C는 미시적 관점이어야 하지만 병은 C가 거시적 답변이라는 답을 얻었으므로 둘은 양립할 수 없습니다. ㄹ. 정이 진실의 답을 얻었다면 B와 C는 각각 기능론과 상징적 상호 작용론 중 하나이므로 을의 질문을 통해 구분할 수 있습니다.

025 사회·문화 현상을 바라보는 관점 정답 ④

문제 분석 A는 상징적 상호 작용론이고, B와 C는 (가)에 따라 각각 기능론과 갈등론이 들어갈 수 있습니다.

정답 찾기 ④ 사회 제도를 지배 집단의 이익을 위한 것으로 보는 관점은 갈등론이며, 기능론은 사회를 유기체와 같은 존재로 인식합니다.

오답 피하기 ① 사회의 각 부분이 상호 의존적으로 연관되어 있다고 보는 관점은 기능론입니다. ② 인간을 자율성을 지닌 능동적 존재로 보는 관점은 상징적 상호 작용론이기 때문에 A에 해당합니다. ③ '사회 구조를 지배와 피지배의 관계로 설명하는가?'는 갈등론에 해당하는 질문입니다. 그

렇다면 C가 갈등론이 됩니다. 집단 간의 대립을 균형 회복을 위한 일시적 과정으로 보는 관점은 기능론입니다. ⑤ 사회는 스스로 균형을 유지하려는 속성을 지닌다고 보는 관점은 기능론입니다. (가)에는 기능론에 해당하는 질문이 들어가야 합니다.

02강 사회·문화 현상의 연구 방법

핵심 개념 CHECK! ▶ 본문 019쪽

01 ×	02 ○	03 ×	04 ×	05 ×	06 ○	07 ○	08 ×
09 ○	10 ○	11 ○	12 ×	13 ○	14 ×	15 ×	16 ○
17 ○							

O⨯ 문장 바로 알기

01 사회·문화 현상에 대한 과학적 탐구는 ~~불가능하다.~~
  가능

02 사회·문화 현상을 수치화하여 분석할 수 있다고 보는 입장은 방법론적 일원론에 해당한다.

03 방법론적 이원론은 사회·문화 현상 연구에 ~~실증적~~ 연구 방법을 활용한다.
  해석적

04 ~~귀납적~~ 탐구 방법이란 가설을 설정하여 검증하는 방법을 말한다.
  연역적

05 양적 연구 방법를 단계별로 진행하다 보면 ~~연역적 탐구 방법만을~~ 활용하게 된다.
  과 귀납적 탐구 방법을

06 사회·문화 현상의 보편성에 집중하여 법칙을 발견하고 일반화를 하고자 하는 연구 방법은 양적 연구 방법이다.

07 일반적으로 양적 연구 방법은 양적 자료를, 질적 연구 방법은 질적 자료를 주로 수집하여 연구를 진행한다.

08 사회·문화 현상 연구의 과정에서 사실과 가치의 문제는 구분할 수 있다고 보는 입장은 ~~질적~~ 연구에 해당한다.
  양적

09 사회·문화 현상들 간의 인과 관계 분석이 가능하다고 보고 관계성 연구에 집중하는 방법은 양적 연구이다.

10 연구자와 연구 대상을 분리하여 객관적인 연구가 진행될 수 있다고 보는 입장은 양적 연구를 주된 연구 방법으로 인식한다.

11 양적 연구는 질적 연구에 비해 연구자의 주관이 개입될 가능성이 낮다.

12 질적 연구는 현상의 심층적인 내면을 ~~수치화~~하여 깊이 있는 분석을 진행한다.
  해석

13 사회·문화 현상은 상황 맥락 속에서 의미를 갖는다고 보는 입장은 양적 연구보다 질적 연구 방법을 선택할 것이다.

14 같은 상황이 주어지더라도 개인마다 다르게 정의 내릴 수 있다고 보는 입장은 ~~양적~~ 연구 방법을 선호할 것이다.
  질적

15 질적 연구 방법은 ~~연구자의 가치 개입을 용인하는 방법이다.~~
  객관적인 연구를 지향한다.

16 면접법과 참여 관찰법은 질적 연구의 대표적인 자료 수집 방법이다.

17 양적 연구와 질적 연구는 모두 과학적 탐구 방법이므로 상호 보완적으로 활용하여 현상을 연구할 수 있다.

026 ⑤	027 ②	028 ③	029 ①	030 ②	031 ③
032 ⑤	033 ③	034 ③	035 ④	036 ④	

026 사회·문화 현상을 연구하는 방법   정답 ⑤

문제 분석 사회·문화 현상의 연구 방법을 이해하는 문제로, A는 질적 연구 방법, B는 양적 연구 방법입니다.

정답 찾기 ㄷ. 질적 연구 방법은 비공식적 자료의 수집과 감정 이입적 이해 기법을 중시합니다. ㄹ. 양적 연구 방법과 질적 연구 방법은 모두 경험적 관찰을 통해 자료를 수집합니다.

오답 피하기 ㄱ, ㄴ. 사실과 가치의 분리는 양적 연구 방법의 특징이며, 일반화나 법칙 발견을 목적으로 하는 것은 양적 연구 방법이므로 (가)에 들어갈 수 있습니다.

027 사회·문화 현상을 연구하는 방법   정답 ②

문제 분석 사회·문화 현상의 연구 방법을 구분하는 문제로, A는 양적 연구 방법, B는 질적 연구 방법입니다.

정답 찾기 ㄱ, ㄷ. 양적 연구 방법은 객관적이고 정밀한 연구에 적합하며 방법론적 일원론을 특징으로 합니다. 이에 반해 질적 연구 방법은 방법론적 이원론을 특징으로 합니다.

오답 피하기 ㄴ. 양적 연구 방법과 질적 연구 방법 모두 경험적 자료를 바탕으로 연구를 진행합니다. ㄹ. 질적 연구 방법은 연구 대상자의 내적 동기를 해석하기 위해 연구 대상자에 대한 연구자의 감정 이입적 이해를 중시합니다.

028 사회·문화 현상을 연구하는 방법   정답 ③

문제 분석 사회·문화 현상의 연구 방법을 구분하는 문제로, A는 질적 연구 방법, B는 양적 연구 방법에 해당합니다.

정답 찾기 ③ 질적 연구 방법, 양적 연구 방법 모두 경험적 자료를 바탕으로 연구를 진행합니다.

오답 피하기 ①, ②, ④, ⑤ 주관적 상황 인식, 직관적 통찰, 감정 이입적 이해 등은 질적 연구 방법에만 해당하는 특징이며, 변수 간의 관계 파악, 현상과 행위자의 동기 및 가치와의 엄격한 분리 등은 양적 연구 방법에만 해당하는 특징입니다.

029 사회·문화 현상을 연구하는 방법   정답 ①

문제 분석 양적 연구 방법의 특징을 이해하는 문제입니다.

정답 찾기 ㄱ, ㄴ. 양적 연구 방법은 방법론적 일원론을 주장하며 개념을 조작적으로 정의하여 수치화 및 계량화를 통해 상관 관계를 분석합니다.

오답 피하기 ㄴ. 질적 연구 방법은 연구자의 직관적 통찰을 통해 사회·문화 현상을 이해하고자 합니다. ㄷ. 질적 연구 방법은 상황 맥락 속에서 사회·문화 현상이 지닌 의미를 해석합니다.

030 사회·문화 현상을 연구하는 방법   정답 ②

문제 분석 사회·문화 현상의 연구 방법을 이해하는 문제로, 제시문의 갑은 사회학자를 대상으로 인터뷰를 진행하고 있으므로 질적 연구 방법을 사용하고 있습니다.

정답 찾기 ㄱ. 질적 연구 방법은 연구자의 감정 이입적 이해가 필요하므로 자칫 주관이 개입될 위험이 있습니다. ㄷ. 질적 연구 방법은 면접이나 참여 관찰법과 같이 비구조화된 조건하에서 더 질 좋은 자료를 수집할 수 있습니다.

오답 피하기 ㄴ. 현상의 내면을 심층적으로 이해하기 힘든 연구 방법은 양적 연구 방법입니다. ㄹ. 보편화할 수 있는 법칙 발견은 양적 연구 방법의 목적입니다.

031 사회·문화 현상을 연구하는 방법   정답 ③

문제 분석 제시된 자료는 양적 연구 방법과 질적 연구 방법을 함께 서술하고 있습니다. 이 때, ㉠은 설문 조사를 통해 상관 관계를 연구하고 있으므로 양적 연구 방법을, ㉡은 인식을 인터뷰를 통해 조사하고 있으므로 질적 연구 방법을 사용하고 있습니다.

정답 찾기 ㄴ. 연구 대상자의 인식은 양적 연구와 질적 연구 모두를 통해 규명될 수 있습니다. ㄷ. 설문 조사는 양적 연구의 대표적인 연구 방법에 해당합니다.

오답 피하기 ㄱ. 관계성을 규명하는 연구는 설문 조사와 같이 양적 자료를 수집하는 방법이 더 적절합니다. ㄹ. 인터뷰는 질적 연구의 자료 수집 방법으로 질적 연구는 자연 현상과 사회·문화 현상의 본질이 다르다고 봅니다.

032 사회·문화 현상을 연구하는 방법   정답 ⑤

문제 분석 양적 연구와 질적 연구의 기본 입장 및 특징을 비교하는 문제로, (가)는 양적 연구, (나)는 질적 연구입니다.

정답 찾기 ⑤ 'SNS 사용 빈도와 학업 성취도의 상관 관계'는 양적 연구로 진행하기에 적합한 연구 주제라고 할 수 있으므로 A에 적절합니다.

오답 피하기 ②, ④ 양적 연구는 사회·문화 현상 연구에 자연 과학적 연구 방법을 사용하고, 계량화된 자료의 통계적 분석을 중시합니다. 반면 질적 연구는 ① 감정 이입과 직관적 통찰을 강조합니다. ③ 경험적 자료는 질적·양적 연구 모두 필요로 합니다.

033 사회·문화 현상을 연구하는 방법   정답 ③

문제 분석 빅데이터 연구 방법론을 통해 양적 연구 방법과 질적 연구 방법의 특징을 유지하면서 서로의 장점을 혼합한 통합적 연구 방법론의 예시를 보여 주고 있습니다. 이 글을 통해 양적 연구 방법과 질적 연구 방법의 특징을 비교하고 글 내용에 대한 이해 정도를 묻는 문제입니다.

정답 찾기 ㄴ. 연구자는 빅데이터를 통해 양적 연구가 질적 연구의 특징을, 질적 연구가 양적 연구의 특징을 보이며 연구가 진행된다고 봅니다. ㄷ. 마지막 문장을 통해 빅데이터를 통해 얻은 자료의 신뢰성에 대해 주의하고 있습니다.

오답 피하기 ㄱ. 빅데이터 연구는 양적 연구와 질적 연구의 성질을 모두 갖고 있습니다. ㄹ. 연역적 접근과 귀납적 접근의 성질이 변화한다는 내용은 찾을 수 없습니다.

034 사회·문화 현상을 연구하는 방법   정답 ③

문제 분석 연구 목차를 질적 연구와 양적 연구를 추론할 수 있는가를 묻는 문제입니다. 각각의 자료 수집 방법을 통해 (가), (다)는 질적 연구가 적용된 논문, (나)는 양적 연구가 적용된 논문임을 알 수 있습니다.

정답 찾기 ③ (가), (다)는 모두 질적 연구 방법이므로 모두 연구자와 연구 대상자 간의 상호 주관적 이해가 강조됩니다.

오답 피하기 ①, ② 질적 연구는 연구자의 직관적 통찰을 강조하며 양적 연구는 변수 간의 관계 검증을 목적으로 합니다. ④, ⑤ 양적 연구는 자연 현상과 사회·문화 현상을 하나의 방법으로 연구할 수 있다는 방법론적 일원론에 기반을 두고 있으며 양적·질적 연구 모두 과학적 연구 방법이라 할 수 있습니다.

035 사회·문화 현상을 연구하는 방법　정답 ④

문제 분석 사회·문화 현상의 연구 방법을 이해하는 문항으로 A, B는 각각 양적 연구 방법 또는 질적 연구 방법입니다.

정답 찾기 ㄴ. 심층적 이해는 질적 연구 방법의 특징이므로 양적 연구에 비해 객관적이고 정확한 연구가 어렵습니다. ㄹ. A가 방법론적 이원론을 주장한다면 질적 연구이므로 양적 연구에 비해 비공식적 자료를 더 중시할 것입니다.

오답 피하기 ㄱ. 법칙 발견을 목적으로 하는 것은 양적 연구이므로 계량화된 자료 수집은 ㄹ보다는 ㄷ에 어울립니다. ㄷ. '일반화 및 법칙 발견'은 질문지법의 장점에 해당하는 특징으로 질문지법의 한계에 들어가기에는 부적절합니다.

036 사회·문화 현상을 연구하는 방법　정답 ④

🔍 눈으로 보는 해설

사회·문화 현상의 연구 방법에 대한 아래 과제에서 갑~무가 속한 팀이 얻을 수 있는 최고의 점수는 몇 점인가?

> 과제 : 사회·문화 현상을 연구하는 방법을 구분할 수 있는 질문을 만드세요.
>
> 〈규칙〉
> • 양적 연구 방법인가를 묻는 질문은 1점
> • 질적 연구 방법인가를 묻는 질문은 2점
> • 두 연구 방법을 구분할 수 없는 질문은 −1점

질문	질문
갑	사회·문화 현상의 규칙성을 발견하는 데 유용한가? – 양적 연구 방법 1점
을	인간 행동의 주관적인 의미를 이해하는 데 적합한가? – 질적 연구 방법 2점
병	과학적 방법을 통해 연구를 진행하는가? – 구분할 수 없음 −1점
정	자료 분석 과정에서 연구자의 주관을 최대한 배제함으로써 객관성을 높이는가? – 양적 연구 방법 1점
무	문화 기술지 연구에 적합한 방법인가? – 질적 연구 방법 2점

① 2점　　② 3점　　③ 4점
④ 5점　　⑤ 6점

문제 분석 양적 연구와 질적 연구의 특징을 비교하는 문항으로 특징을 점수로 연결하는 것이 핵심입니다.

정답 찾기 ④ 5점. 갑, 정은 양적 연구를 찾는 질문이므로 1점씩, 을, 무는 질적 연구를 찾는 질문이므로 2점씩입니다. 이때 병의 질문은 두 연구 방법 모두에 해당하므로 −1점을 받아 결과적으로 5점을 얻게 됩니다.

💣 함정 피하기

이 문항을 풀어내기 위해서는 우선 게임의 규칙을 이해해야 해. 그리고 갑~무가 하는 말이 어떤 연구 방법에 해당하는지 찾고 보기 옆에 적어두는 것이 좋아. 그러면 함정에 빠지지 않을 거야.

03강 자료 수집 방법

핵심 개념 CHECK!　▶ 본문 025쪽

01 ×	02 ×	03 ○	04 ○	05 ○	06 ×	07 ×	08 ○
09 ○	10 ×	11 ×	12 ○	13 ○	14 ○	15 ×	16 ×
17 ○	18 ×	19 ○	20 ×				

O/X 문장 바로 알기

01 수치로 표현되어 측정이 용이한 자료를 ~~질적~~ 자료라고 한다. (양적)

02 ~~양적~~ 자료는 ~~질적~~ 자료에 비해 심층적 연구에 유리하다. (질적 / 양적)

03 설문을 통해 자료를 수집하고 통계 처리하는 방법은 질문지법이다.

04 의사소통이 불가능한 연구 대상자에게는 질문지법 활용이 불가능하다.

05 질문지법에서는 표본의 대표성이 연구 결과 전체의 신뢰도에 영향을 미친다.

06 질문지법에서 연구자는 자신의 가치관을 ~~포함하여 바람직한~~ 응답이 나올 수 있도록 질문을 구성한다. (배제하고 연구 대상의 솔직한)

07 실험법은 ~~종속~~ 변인이 ~~독립~~ 변인에 미친 영향을 파악하는 방법이다. (독립 / 종속)

08 실험법은 법칙 발견과 일반화에 장점이 있다.

09 실험법에서 사전 검사는 실험 집단과 통제 집단 모두에게 시행된다.

10 질문지법에 비해 면접법은 연구자의 통제 정도가 더 ~~높다.~~ (낮다.)

11 ~~면접법~~의 경우 무성의한 답변에 대해 대응하기 힘든 단점이 있다. (질문지법)

12 실험법과 달리 면접법은 연구 대상에 대한 심층적 이해가 가능하다.

13 면접을 통해 진솔한 응답을 얻기 위해서는 면접자와 대상자 간의 신뢰 관계(라포) 형성이 중요하다.

14 자료의 실제성은 참여 관찰법의 장점이다.

15 참여 관찰법의 경우 시간과 비용의 측면에서 ~~효율적이다.~~ (비효율적이다.)

16 문헌 연구는 ~~1차~~ 자료를 활용하는 자료 수집 방법이다. (2차)

17 양적 자료와 질적 자료 모두를 수집할 수 있는 방법은 문헌 연구법이다.

18 연구자의 주관이 개입될 가능성이 더 높은 자료 수집 방법은 ~~질문지법과 면접법이다.~~ (참여 관찰법 / 과 문헌 연구법이다.)

19 질문지법, 면접법의 공통점은 언어를 사용한다는 데 있다.

20 한 연구에는 ~~하나의~~ 자료 수집 ~~방법만~~을 활용할 수 있다. (이상의 / 방법을)

037 ②	038 ③	039 ①	040 ④	041 ②	042 ②
043 ④	044 ②	045 ③	046 ①	047 ②	048 ③
049 ③	050 ⑤	051 ⑤	052 ③	053 ④	054 ③

037 자료 수집 방법 정답 ②

문제 분석 자료 수집 방법에 대한 이해가 필요한 문제로, 주로 계량화된 자료를 수집하는 데 활용되는 것은 질문지법과 실험법이므로 A와 C는 각각 질문지법과 실험법 중 하나이고, B와 D는 각각 면접법과 참여 관찰법 중 하나입니다.

정답 찾기 ② 언어적 상호 작용에 의한 자료 수집이 필수적인 것은 면접법과 질문지법이므로, A는 질문지법이고 D는 참여 관찰법입니다.

오답 피하기 ① 인위적으로 통제된 상황에서 변수의 효과를 관찰하는 것은 실험법만의 특징으로, 이를 가지고는 면접법과 참여 관찰법을 구분할 수 없습니다. ③ 자료 수집 시 연구자 대상자의 응답이 필수적인 것은 면접법과 질문지법이므로, B는 면접법이고 C는 실험법입니다. ④ 다수를 대상으로 한 자료 수집에 주로 사용되는 것은 질문지법만의 특징으로, 이를 가지고는 면접법과 참여 관찰법을 구분할 수 없습니다. ⑤ 연구자가 현상이 실제로 발생한 현지에 가서 연구해야 하는 것은 참여 관찰법만의 특징으로, 이를 가지고는 실험법과 질문지법을 구분할 수 없습니다.

038 자료 수집 방법 정답 ③

문제 분석 자료 수집 방법에 대한 이해가 필요한 문제로, A는 효과에 대한 측정이므로 실험법, B는 대량의 자료를 수집해야 하므로 질문지법, C는 가출 청소년의 동기를 조사해야 하므로 면접법입니다.

정답 찾기 ㄴ. 시간과 비용 측면에서 가장 효율적인 것은 질문지법입니다. ㄷ. 면접법은 질문지법에 비해 조사자의 주관적 가치가 개입될 가능성이 큽니다.

오답 피하기 ㄱ. 실험법과 질문지법 모두 양적 자료를 수집하기에 용이합니다. ㄹ. 자료 수집 상황에 대한 통제 정도는 실험법이 가장 높습니다.

039 자료 수집 방법 정답 ①

문제 분석 양적 자료 수집 방법 가운데 실험법에 대한 문항입니다.

정답 찾기 ㄱ. 현상의 원인이 되는 것은 독립 변수, 결과가 되는 것은 종속 변수이므로 SNS 활용이 독립 변수, 자존감의 변화가 종속 변수가 됩니다. ㄴ. 실험 전과 후에 종속 변수의 값을 측정한 후 실험 후에 얻어지는 값과 비교하여 결과를 도출합니다.

오답 피하기 ㄷ. 실험을 위해 대상 전체를 비슷한 수준의 자존감을 가진 집단으로 구성하는 것이 좋습니다. ㄹ. 연구자의 가설은 (나) 집단에서 자존감이 상승할 때 인용되는 것입니다.

040 자료 수집 방법 정답 ④

문제 분석 자료 수집 방법의 특징을 비교하는 문제로, A는 문헌 연구법, B는 면접법, C는 질문지법, D는 실험법입니다.

정답 찾기 ④ 문헌 연구법은 실험법에 비해 시간과 비용이 적게 들어 더 경제적인 자료 수집 방법이라 할 수 있습니다.

오답 피하기 ① 문헌 연구법과 면접법은 모두 조사 과정에서 언어가 활용됩니다. ② 면접법은 질적 자료를 수집하는 방법이고 질문지법은 양적 자료를 수집하는 방법이므로 면접법이 감정 이입적 이해를 더 중시합니다. ③ 표본의 대표성 확보는 양적 연구인 질문지법과 실험법 모두에 중요합니다. ⑤ 면접법은 질적 자료를 수집하는 데 유리한 방법이지만 문헌 연구법은 양적, 질적 자료를 모두 수집할 수 있는 방법입니다.

041 자료 수집 방법 정답 ②

①	❷	③ 함정	④	⑤
3%	47%	25%	11%	11%

눈으로 보는 해설

교사가 제시한 과제에 대해 옳게 검토한 학생을 고른 것은?

고등학생의 여가 활동 실태 조사

다음은 A 학생이 작성한 질문지 초안입니다. 지난 시간에 배운 질문지 작성법에 따라 이 질문지를 검토해 볼까요?

1. 부모님 중 학력이 높은 분의 최종 학력은 무엇입니까?
   ① 중졸 이하 ② 고졸 ③ 대졸 ④ 대학원졸
2. 여가 활동에 쓰는 시간은 얼마나 됩니까? – 명확성이 부족
   ① 0시간~1시간 미만 ② 1시간 이상~2시간 미만
   ③ 2시간 이상 ~3시간 미만 ④ 3시간 이상
3. 여가 시간에는 주로 어떤 활동을 합니까? → 배타성이 부족, 답변 간 중복
   ① 공연 관람 ② 동호회 활동 ③ SNS 활동
   ④ 독서 ⑤ 여행 ⑥ 없음 → 구체적이지 않음
4. 최근에 새롭게 접해 봤거나 앞으로 해보고 싶은 여가 활동은 무엇입니까? (1가지만 적어 주십시오.)
   ( )

학생	문항	검토 내용
갑	1	특정 응답을 유도하고 있어요.
을	2	응답에 필요한 정보가 빠져 있어요.
병	3	선택지가 상호 배타적이에요. ← 여러 안 중 하나를 선택 시 다른 선택을 할 수 없을 것이다.
정	1, 4	한 질문에서 두 가지 사항을 묻고 있어요.
무	2, 3	선택지가 포괄적이지 않아요.

① 갑 ② 을 ③ 병
④ 정 ⑤ 무

문제 분석 설문 문항을 평가하는 문제로 자료 수집 방법 가운데 질문지법에 대한 구체적인 지식이 필요한 문항입니다.

정답 찾기 ② '여가 활동에 쓰는 시간은 얼마나 됩니까?'라는 질문의 경우 하루에 쓰는 여가 활동 시간을 묻는 것인지, 일주일에 쓰는 여가 활동 시간을 묻는 것인지 알 수 없습니다. 즉, 질문에 응답에 필요한 정보가 빠져 있습니다.

오답 피하기 ① 문항 1의 경우, 특정 응답을 유도하고 있다고 볼 수 없습니다. ③ 문항 3의 선택지를 보면, 동호회 활동으로 여행하는 사람이 있다면 어떤 선택지에 응답을 해야 할지 혼란에 빠질 수 있다. 응답 항목 간에 배타성이 없기 때문입니다. ④ 문항 1은 문항 4와 달리 두 가지 사항을 묻고 있지 않습니다. ⑤ 문항 2는 조사 대상자가 응답 항목 중에서 하나를 선택할 수 있으므로 포괄적입니다. 그러나 문항 3은 예를 들어 등산하는 사람은 선택지를 고를 수 없으므로 포괄적이지 않습니다.

함정 피하기
질문지법에서 문항을 만들 때에는 명확성, 배타성, 포괄성, 유도 가능성 등을 따져서 해야 해. '동호회'라는 개념 안에는 수많은 것들이 들어갈 수 있다는 점을 이해하면 금방 풀어낼 수 있을 거야.

042 자료 수집 방법 정답 ②

문제 분석 양적 자료 수집 방법 가운데 실험법에 대한 문항입니다.

정답 찾기 ② '우울증의 개선' 여부를 우울증 발현 빈도수로 표현하며 조

작적 정의의 과정을 보여 줍니다.

오답 피하기 ① '주기적인 운동'은 독립 변인입니다. ③ ⓒ은 독립 변인 처치 없이 사전에 종속 변인을 측정한 모습을 보여 줍니다. ④ 모집단은 우울증 환자 전체가 됩니다. ⑤ ⑩은 실험 집단, ⑭은 통제 집단입니다.

043 자료 수집 방법   정답 ④

문제 분석 양적 연구에 대한 분석 및 이해 정도를 알아보는 문항입니다.

정답 찾기 ㄴ. A 지역의 남학생만을 대상으로 진행한 연구는 표본의 대표성이 낮아 신뢰도가 함께 낮아질 수 있습니다. ㄹ. 질문지법은 연구 대상의 주관적 인식을 수치화된 자료로 수집할 수 있습니다.

오답 피하기 ㄱ. 연구 결과를 보면 사교육비 지출이 늘어난다고 하더라도 성취도가 반드시 높아지는 것은 아니므로 가설을 인용할 수 없습니다. ㄷ. ⓒ 내용은 종속 변인과 함께 독립 변인에 대한 조작적 정의도 함께 하고 있습니다.

044 자료 수집 방법   정답 ②

문제 분석 자료 수집 방법의 특징을 비교하는 문제로, 연구 대상이 가장 많은 A는 질문지법, 조작 및 통제의 정도가 가장 낮은 C는 참여 관찰법, 질적 자료를 수집하는 B는 면접법입니다.

정답 찾기 ㄱ. 질문지법과 면접법 모두 연구자가 미리 질문을 준비하는 것은 공통점입니다. ㄷ. 참여 관찰법은 의사소통이 필수적인 조건이 아니지만 질문지법과 면접법은 의사소통을 기반으로 한 자료 수집 방법입니다.

오답 피하기 ㄴ. A, B, C 모두 경험적 자료 수집 방법이므로 ㄱ과 ㄴ 모두에 해당하는 진술입니다. ㄹ. 면접법의 경우 참여 관찰법보다는 경제적이지만 질문지법보다는 시간과 비용이 많이 드는 것이 일반적입니다.

045 자료 수집 방법   정답 ③

문제 분석 자료 수집 방법을 구분하는 문제로, 설문 조사를 진행한 갑이 사용한 자료 수집 방법은 질문지법이며, 을이 사용한 방법은 문헌 연구법과 참여 관찰법입니다.

정답 찾기 ㄴ. 질문지법은 구조화된 도구로 자료를 직접 수집하는 방법입니다. ㄷ. 참여 관찰법은 1차 자료를, 문헌 연구법은 2차 자료를 수집하여 활용하는 방법입니다.

오답 피하기 ㄱ. 실제성이 높은 자료를 수집하기에 용이한 방법은 참여 관찰법입니다. ㄹ. 질문지법이 참여 관찰법에 비해 법칙 발견과 일반화가 용이한 장점이 있습니다.

046 자료 수집 방법   정답 ①

문제 분석 자료 수집 방법의 특징을 구분하는 문제로, A는 참여 관찰법, B는 문헌 연구법, C는 실험법, D는 질문지법입니다.

정답 찾기 ① 참여 관찰법은 문헌 연구법과는 달리 1차 자료를 수집하는 데 사용됩니다.

오답 피하기 ② 자료의 실제성이 높은 생생한 자료를 수집하기에 용이한 방법은 참여 관찰법입니다. ③ 실험법과 질문지법 모두 조사자의 주관적 가치가 개입될 우려가 적습니다. ④ 참여 관찰법에 비해 실험법이 수집된 자료를 통계적으로 처리하기에 용이합니다. ⑤ 질문지법보다 문헌 연구법이 시간과 비용의 측면에서 더 효율적입니다.

047 자료 수집 방법   정답 ②

문제 분석 자료 수집 방법을 구분하는 문제로 심층적 자료를 수집하고 언어가 필수적이지 않은 A는 참여 관찰법, 주로 질적 자료를 수집하는 B는 면접법입니다.

정답 찾기 ㄴ. 면접법은 다른 연구 방법들에 비해 연구 주제에 부합하는 대상자를 찾기 힘든 단점이 있습니다. ㄷ. 연구자의 주관이나 가치관 개입 우려가 더 큰 방법은 문헌 연구법에 해당합니다. 그러므로 C(문헌 연구법)는 2차 자료를 수집하는 방법이라는 보기의 내용은 적절합니다.

오답 피하기 ㄱ. 참여 관찰법과 면접법은 모두 비구조화된 도구를 사용하여 자료를 수집하는 특징이 있습니다. ㄹ. 질문지법과 문헌 연구법 모두 양적 자료를 수집하는 데 활용될 수 있기 때문에 C와 D를 구분할 수 없습니다.

048 자료 수집 방법   정답 ③

문제 분석 자료 수집 방법의 특징을 비교하는 문제입니다. 각 질문에 따라 자료 수집 방법이 달라지는 것이 중요합니다.

정답 찾기 ㄴ. 세 번째 질문에 의해 C는 실험법이 되고, A와 B는 면접법과 참여 관찰법 중 하나이므로 (가)에 언어의 필요성을 묻는 질문에 A만 '예'라고 답변할 수 있습니다. ㄷ. 세 번째 질문에 의해 C는 실험법인데, (나)에 질적 자료 수집 여부가 들어간다면 C는 '예'가 아닌 '아니요'로 답해야 하므로 모순이 됩니다.

오답 피하기 ㄱ. 주관 개입 가능성은 질적 연구가 높으므로 세 번째 질문에서는 두 개의 '예'와 하나의 '아니요'라는 답변이 나와야 합니다. 그러므로 ㄱ과 ㄴ은 모두 '예'라는 답변이 나와야 합니다. ㄹ. (가)에 예상하지 못한 상황에 대한 대처의 어려움은 참여 관찰법이므로 A는 참여 관찰법이고, 세 번째 질문에 의해 C는 실험법이므로 B는 면접법이 됩니다. 그러므로 '자료의 실제성'에 대한 질문에 A는 '예'라고 답해야 합니다.

049 연구 과정과 자료 수집 방법   정답 ③

고난도 평가원 기출				
①	②	❸	④	⑤ 함정
4%	2%	52%	12%	31%

🔍 **눈으로 보는 해설**

밑줄 친 ⊙~⑭에 대한 옳은 설명만을 <보기>에서 있는 대로 고른 것은?
   ↳사전 검사 ↳독립 변수(원인)   ↳종속 변수

연구자 갑은 타인의 기대가 있으면 이에 부응하는 쪽으로 행동이 변할 것이라는 가설을 세웠다. 이를 검증하기 위해 ○○기업 사원을 대상으로 ⊙ 업무 수행 능력 검사를 한 후, 각 부서에서 무작위로 ⓒ 20%의 사원을 선정하였다. 그 명단을 부장에게 주면서 ⓒ '업무 수행 능력 점수가 높은 사원들'이라고 믿게 하였고, 부장은 이들을 지속적으로 격려하였다. 1년이 지난 후 @ 동일한 전체 사원을 대상으로 업무 수행 능력 검사를 실시하였다. 그 결과 명단에 속한 사원 집단이 ⑩ 다른 사원 집단보다 ⑭ 업무 수행 능력 점수의 향상 정도가 높았다.
        ↳표본 집단   ↳통제 집단
      ↳종속 변수(결과)   ↳사후 검사

[보기]
ㄱ. ⊙은 사전 검사를 통해 2차 자료를 수집하는 방법이다. ─1차
ㄴ. @은 위의 가설을 검증하기 위해 필요한 과정이다.
ㄷ. ⓒ은 실험 집단, ⑩은 통제 집단이다.
ㄹ. ⓒ은 독립 변인, ⑭은 종속 변인이다.
     ↳타인의 기대   ↳업무 수행 능력 향상

① ㄱ, ㄷ   ② ㄱ, ㄹ   ③ ㄴ, ㄷ
④ ㄱ, ㄴ, ㄹ   ⑤ ㄴ, ㄷ, ㄹ

문제 분석 갑은 ○○기업 사원을 대상으로 하여 타인의 기대, 즉 지속적인 격려가 업무 성과에 미치는 효과를 알아보기 위해 20% 사원을 대상으로 하여 실험법을 사용하여 연구를 진행하였습니다.

정답 찾기 ㄴ. ⊙은 사전 검사이고 실험 처치를 한 후 @ 사후 검사를 하는 것은 가설을 검증하기 위해 필요한 과정입니다. 사전 검사와 사후 검사 결과를 비교하여 가설의 수용과 기각이 결정됩니다. ㄷ. ⓒ 20%의 사

원에게만 독립 변수인 타인의 기대를 처치, 즉 ⓒ이라고 믿게 한 후 업무를 수행하도록 하였으므로 ⓛ은 실험 집단이고, ⓗ 다른 사원 집단에게는 이러한 처치를 행하지 않았으므로 ⓗ은 통제 집단입니다.

오답 피하기 ㄱ. 사원들을 대상으로 하여 연구자가 직접 수집한 자료이므로 1차 자료에 해당합니다. ㄹ. 갑의 가설에서 원인에 해당하는 독립 변인은 타인의 기대입니다. 즉, 업무 수행 능력 점수가 높은 사원들이 독립 변인이 아니라 업무 수행 능력이 높은 사원이라고 믿게 하는 것이 독립 변인입니다.

> **함정 피하기**
> 독립 변인은 원인, 종속 변인은 결과에 해당한다는 점을 기억해야 해. 가설에서 타인의 기대에 부응하는 방향으로 행동이 변할 것이라고 보았기 때문에 행동이 변하는 것이 결과이고, 이에 영향을 주는 원인이 타인의 기대라는 점을 알 수 있어. 따라서 '업무 수행 능력 점수가 높은 사원들이라고 믿게 하였고, 부장은 이들을 지속적으로 격려하였다.'가 독립 변인이라고 할 수 있어.

050 자료 수집 방법   정답 ⑤

문제 분석 자료 수집 방법을 구분하는 문제로, 제시된 그림의 자료 수집 방법 가운데 경제성이 높은 방법은 질문지법과 문헌 연구법입니다. 그러므로 A, B는 (가)에 따라 질문지법과 문헌 연구법 중 하나가 되며, 나머지 3개의 방법 중 양적 자료를 수집하는 C는 실험법, D는 면접법 또는 참여 관찰법이 됩니다.

정답 찾기 ⑤ 문헌 연구법은 연구자의 가치가 개입될 수 있지만, 질문지법은 연구자의 가치 개입이 적은 자료 수집 방법입니다.

오답 피하기 ① 무성의한 답변이라는 키워드는 질문지법과 문헌 연구법을 구분해 줄 수 있는 질문이 됩니다. ② (가)에 2차 자료 수집이 들어간다면 B는 질문지법이 됩니다. C는 실험법, D는 면접법 또는 참여 관찰법이므로 질문지법과 실험법은 면접법이나 참여 관찰법에 비해 인과 법칙 발견이 용이합니다. ③ 실험법은 5가지 자료 수집 방법 가운데 통제의 정도가 가장 큰 방법입니다. ④ 면접법이나 참여 관찰법은 질문지법이나 실험법에 비해 대상에 대한 심층적 이해가 가능합니다.

051 연구 과정과 자료 수집 방법   정답 ⑤

고난도 평가원 기출				
①	② 함정	③ 함정	④	❺
4%	23%	24%	3%	43%

> **눈으로 보는 해설**
>
> 다음 연구에 대한 설명으로 옳은 것은?
>
> 야간 대학원을 다니며 석사 학위 논문을 준비하던 직장인 갑은 자신의 직장 동호회 활동 경험에서 아이디어를 얻어 직장인들의 ㉠ 회사 생활 만족도에 ㉡ 사내 동호회 활동이 미치는 영향을 알아보기 위한 연구를 진행하였다. 먼저 갑은 ㉢ 자신이 속한 직장의 전체 직원들 중 ㉣ 500명을 성별, 연령별, 직급별 비율에 따라 추출하였다. 그리고 이들을 대상으로 구조화된 질문지를 활용하여 급여 수준, 근무 환경, 직장 내 인간관계 등에 대한 만족도를 조사한 후, ㉤ 동호회 참여 집단과 ㉥ 미참여 집단으로 구분하여 자료를 분석하였다. 그 결과, 동호회 참여 집단의 만족도가 더 높게 나타났다.
>
> (종속 변수 / 독립 변수 / 표본 / 회사 생활 만족도에 대한 개념의 조작적 정의 / 질문지법 / 직장인 전체 / 실험법에서 사용됨)
>
> ① ㉠은 독립 변수, ㉡은 종속 변수이다.
> ② ㉢은 모집단, ㉣은 표본 집단이다.
> ③ ㉤은 실험 집단, ㉥은 통제 집단이다.

④ 주제 설정 및 자료 수집 단계에서 연구자의 가치가 배제되었다.
⑤ 연구 대상의 주관적 가치를 측정하여 규칙성을 도출할 수 있는 연구 방법이 사용되었다. → 연구자의 가치 개입

문제 분석 갑은 구조화된 설문지를 사용하여 자료를 분석하였으므로 양적 연구를 진행하였습니다. 독립 변수는 사내 동호회 활동이며, 종속 변수는 회사 생활 만족도입니다. 모집단은 직장인, 표본 집단은 자신이 속한 직장의 직원 500명입니다. 만족도를 조사한 후 동호회 참여 집단과 미참여 집단으로 구분하여 자료를 분석한 결과 동호회 참여 집단의 만족도가 높았음을 확인하였습니다.

정답 찾기 ⑤ 연구 대상자의 주관적 가치라고 할 수 있는 회사 생활 만족도를 급여 수준, 근무 환경, 직장 내 인간관계 등으로 개념의 조작적 정의를 한 후 측정하였습니다. 그 결과를 통해 동호회 참여 집단과 미참여 집단으로 구분하여 분석하였으므로 양적 연구 방법을 사용하였음을 알 수 있습니다.

오답 피하기 ① 독립 변수는 현상에 영향을 미치는 원인에 해당하므로 이 연구에서는 사내 동호회 활동이며, 종속 변수는 결과에 해당하므로 회사 생활 만족도입니다. ② 모집단은 연구 대상 전체인데, 여기서는 직장인 전체입니다. 표본 집단은 실제 연구를 진행한 집단으로 자신이 속한 직장 내 직원 500명입니다. ③ 갑은 질문지법을 사용했습니다. 실험 집단과 통제 집단은 각각 실험법에서 독립 변수를 처치한 집단과 통제한 집단을 말합니다. ④ 갑은 주제 설정 단계에서 자신의 직장 동호회 활동 경험으로부터 아이디어를 얻었기 때문에 연구자의 가치가 개입되었다고 할 수 있습니다.

> **함정 피하기**
> ②에 응답한 경우 모집단과 표본 집단에 대해 혼동한 거야. 모집단은 연구 주제에 해당하는 구성원 전체야. 여기서는 직장인이지. 표본 집단은 모집단 중 연구자가 실제로 자료를 수집하는 대상으로 여기서는 자신이 속한 직장의 직원 중 500명인 거야.
> ③에 응답한 경우 실험 집단과 통제 집단이 실험법에서 사용되는 개념이라는 점을 생각해야 해. 제시문의 구조화된 질문지를 활용했다는 부분을 잘 읽었다면 실수하지 않았겠지.

052 자료 수집 방법의 특징   정답 ③

문제 분석 갑의 말에 따르면 실험법과 참여 관찰법을 사용해야 하며, 을의 말에 의하면 질문지법을 사용해야 합니다. 그리고 병의 말은 질문지법, 실험법, 참여 관찰법을 사용해야 한다는 의미입니다.

정답 찾기 ㄴ. 갑의 말이 진실이라면 실험법과 참여 관찰법이 남고, 을과 병의 말이 모두 거짓이라면 면접법이 남게 되므로 결과적으로 선택 가능한 자료 수집 방법이 존재하지 않습니다. ㄷ. 갑의 말이 거짓이라면 질문지법과 면접법이 남고, 을과 병의 말이 진실이라면 둘의 질문지법이 남게 되므로 결과적으로 질문지법을 선택하게 됩니다. 질문지법은 통계 처리에 용이한 양적 자료를 수집하는 방법이므로 옳은 보기가 됩니다.

오답 피하기 ㄱ. 갑, 을, 병의 이야기 모두에 적합한 자료 수집 방법은 존재하지 않습니다. ㄹ. 을은 거짓을, 갑과 병은 진실을 말한다면 사용 가능한 자료 수집 방법은 실험법과 참여 관찰법이 됩니다. 이 경우 자료의 실제성이 높은 참여 관찰법이 포함되어 있으므로 ㄹ은 옳지 않은 보기가 됩니다.

053 자료 수집 방법의 특징   정답 ④

문제 분석 자료 수집 방법의 특징을 실제 연구 사례 분석을 통해 알아낼 수 있는가를 묻는 문제입니다. '계량화'라는 점에서 A는 질문지법임을 알

수 있고, 남은 두 방법 가운데 '언어'가 필수적인 면접법이 B, 그리고 '자료의 실제성'이 높은 C는 참여 관찰법임을 알 수 있습니다.

정답 찾기 ④ 참여 관찰법은 조사 대상자의 일상생활 세계에 참여하여 대상자를 관찰하므로 질문지법에 비해 일상을 심층적으로 파악하기에 용이합니다.

오답 피하기 ① 질문지법은 문맹자에게 사용하기 어렵습니다. ② 면접법은 자료 수집 과정에서 연구자의 주관이 개입될 가능성이 높습니다. ③ 참여 관찰법은 예상치 못한 상황을 통제하기 곤란합니다. ⑤ 면접법과 참여 관찰법은 모두 질적 연구에서 주로 활용됩니다.

054 연구 과정과 자료 수집 방법 　　　　　　　정답 ③

문제 분석 자료 수집 방법에서 더 나아가 적절한 자료를 수집했는가를 묻고 있는 문제입니다. 논리적 사고력이 필요합니다.

정답 찾기 ㄴ. '가구 소득'은 가정의 경제적 요인이고, '자녀 교육비에서 사교육비의 비중'을 통해 자녀 교육에 대한 부모의 지원을 일정 부분 확인할 수 있습니다. 따라서 B 모둠의 가설은 가정의 경제적 요인이 자녀 교육에 미치는 영향을 확인하는 데 활용될 수 있습니다. ㄷ. 도시 지역과 농촌 지역의 고등학교 졸업생들의 대학 진학률, 수도권 고등학교 비수도권 고등학교의 교사 1인당 학생 수를 통해 교육적 측면에서 나타난 지역 간 차이를 파악할 수 있습니다.

오답 피하기 ㄱ. 농촌 지역과 도시 지역 각각의 고등학교 졸업생 수는 가설 검증에 적합한 자료입니다. ㄹ. 수집된 자료에서 '수도권 지역의 교사 수'는 고등학교의 교사인지 불확실하므로 가설 검증에 적합하지 않은 자료입니다. 따라서 (가)에는 '비수도권 지역의 교사 수' 가 아니라 수도권 또는 비수도권의 고등학교 교사 수를 파악해야 합니다.

04강 사회 · 문화 현상의 탐구 절차와 태도

핵심 개념 CHECK!　　　　　　　▶ 본문 033쪽

01 ○	02 ×	03 ×	04 ×	05 ○	06 ○	07 ×	08 ○
09 ○	10 ×	11 ×	12 ×	13 ×	14 ×	15 ×	16 ○
17 ○	18 ×	19 ×					

○|× 문장 바로 알기

01 수치화된 자료를 수집하여 변인 간의 관계성을 탐구하는 절차는 양적 연구이다.

02 양적 연구 단계에서 연구 주제에 대한 잠정적인 결론 제시는 ~~자료 분석~~ 단계에 진행된다.
　　　　　　　　　　　　　　　가설 설정

03 양적 연구 단계에서는 주로 질문지법이나 ~~참여 관찰법~~ 등이 활용된다.
　　　　　　　　　　　　　　　실험법

04 ~~수치화된 개념을 주제에 맞게 포괄적인 의미로 다시~~ 정의하는 과정을 개념의 조작적 정의라고 한다.
　　　포괄적인 개념을 구체적으로 수치화
　　　할 수 있는 개념으로 다시

05 객관적 이해보다는 심층적 이해가 필요할 때에는 질적 연구 절차를 따른다.

06 직관적 통찰과 감정 이입적 이해는 질적 연구의 주요한 특징이다.

07 가설 설정 단계는 연구 ~~대상자가 주어진 상황에 부여한 의미를 파악하기~~ 위해 존재한다.
　　　　　　연구의 잠정적인 결론을 제시하기

08 양적 연구와 다르게 질적 연구는 가설 설정 및 일반화의 단계가 존재하지 않는다.

09 문제 인식 및 주제 선정 단계에서는 연구자의 가치가 개입될 수 있다.

10 가설을 ~~설정하고 검증하는~~ 단계에는 연구자의 가치가 개입되지 않아야 한다.
　　　검증하는

11 결론을 ~~도출하고 일반화하는~~ 단계는 연구자의 가치 중립이 필요하다.
　　　　도출하는

12 베버는 가치 중립의 의미를 사실과 가치의 분리로 보았다.

13 사회 · 문화 현상은 연구자와 연구 대상을 엄격히 분리할 수 있는 ~~장점이 있다.~~
　　　　　　　　　　　　　　　없는 특징

14 사회 · 문화 현상에는 특수성이 존재하므로 법칙 발견하여 다양한 사회에 적용하기에 ~~용이하다.~~ 어렵다.

15 자신의 연구 과정을 되돌아보는 태도는 ~~객관적~~ 태도이며, 연구자의 주관을 배제하는 태도는 ~~성찰적~~ 태도이다. 성찰적
　　　　　　　　　　　　　　객관적

16 개방적 태도는 과학적 연구 결과라고 할지라도 반증 가능성을 인정하는 태도이다.

17 사회 · 문화 현상은 제3자의 시각이 아닌, 해당 현상이 발생한 사회의 맥락에서 연구되어야 한다.

18 연구 대상자에게는 ~~반드시~~ 연구 시작 전에 연구의 주제와 목적을 알려야 한다.
　　　가능하다면

19 연구 과정에서 자신의 가설과 맞지 않는 ~~자료는 어느 정도 배제할 수 있다.~~
　　　　　　　　　　　　　라도 자료를 배제할 수 없다.

기출+예상 문제로 주제 정복하기　　　　▶ 본문 035~039쪽

055 ②	056 ⑤	057 ⑤	058 ③	059 ⑤	060 ②
061 ②	062 ⑤	063 ③	064 ⑤	065 ④	066 ③
067 ⑤	068 ②	069 ①	070 ⑤	071 ③	

055 연구 절차 및 연구자의 가치 개입 　　　　　　정답 ②

문제 분석 양적 연구 절차와 연구자의 가치 개입 가능성에 대해 종합적으로 묻고 있는 문제입니다. (가)는 연구 주제 선정, (나)는 연구 가설 설정, (다)는 연구 설계, (라)는 자료 수집, (마)는 자료 분석 단계에 해당합니다.

정답 찾기 ㄱ. 주제 선정 단계에서는 연구자의 가치 개입이 가능합니다. ㄷ. 개념의 조작적 정의는 연구 설계 단계에 나타나므로 주제 선정 이후, 자료 수집 이전이 맞는 단계가 됩니다.

오답 피하기 ㄴ. 모집단은 청소년이므로 고등학생으로만 선정된 표본 집단은 대표성을 갖지 못합니다. ㄹ. 대표성이 없는 표본 집단을 대상으로 한 연구 결과이므로 일반화하기 어렵습니다.

056 양적 연구 방법 정답 ⑤

문제 분석 양적 연구에 대한 분석 문제로, 자료 분석 결과를 통해 〈가설 1〉에서 드러나지 않은 '게임과 친구와의 대화 간의 관계'가 (가)에 들어갈 것이라고 추측할 수 있습니다. 또한 A~C 값은 제시문에서 보듯이 A+B+C=3A이고, 총 연구 대상 1000명 가운데 A~C를 제외한 인원의 합은 820이 됩니다. 결과적으로 A+B+C의 값은 180이 되는데, 수식에 따라 2C=180이므로 C는 90이 되고, C=3A이므로 A는 30, 나머지 B는 60입니다. 이를 통해 보기의 옳고 그름을 찾아야 하는 문제입니다.

정답 찾기 ㄷ. 부모와 대화 정도가 적다는 응답자의 수는 500명이고, 친구와 대화 정도가 적다는 응답자의 수는 400명입니다. ㄹ. 게임 시간 정도가 적을수록 친구와 대화 많음의 수가 감소하는 것으로 보아, '게임을 적게 할수록 친구와 대화는 많을 것이다.'라는 가설은 기각됩니다.

오답 피하기 ㄱ. 실험법을 사용하지 않았으므로, 실험 집단과 통제 집단이 나타나지 않습니다. ㄴ. 게임 시간 정도와 부모와 대화 정도는 음(-)의 관계를 보이고 있습니다.

057 연구 절차 및 연구자의 가치 개입 정답 ⑤

문제 분석 가치 중립과 가치 개입을 정확히 이해하고 있는가를 묻는 질문입니다. (가)는 가치 중립, (나)는 가치 개입이 됩니다.

정답 찾기 ㄴ. 가설 검증 단계에서는 가치 중립이 요구됩니다. ㄷ. 자료 수집 방법을 선택을 할 때에는 가치 개입이 용인됩니다. ㄹ. 독립 변수와 종속 변수 간의 잠정적 관계, 즉 가설을 설정할 때에는 가치 개입이 용인됩니다.

오답 피하기 ㄱ. 개념을 조작적으로 정의할 때에는 가치 개입이 용인됩니다.

058 양적 연구 방법 정답 ③

문제 분석 양적 연구 방법에 대한 이해 정도를 묻는 질문입니다. 연구 방법과 자료 수집 방법, 그리고 연구 절차에 대한 이해가 필요합니다.

정답 찾기 제시된 사례는 다문화 교육 실시라는 인위적인 처치가 행해진 집단과 그렇지 않은 집단 간 다문화 수용성에 유의미한 차이가 있는지를 파악한 연구입니다. ③ A 집단은 다문화 교육 실시라는 인위적인 처치가 행해졌으므로 실험 집단, B 집단은 다문화 교육 실시라는 인위적인 처치가 행해지지 않았으므로 통제 집단입니다.

오답 피하기 ① ㉠에서 독립 변인은 다문화 교육의 실시입니다. ② ㉢과 ㉣ 모두 연구자가 직접 수집한 1차 자료입니다. ④ 가설이 채택되었으므로, 독립 변인이 처치된 ㉣의 다문화 수용성이 유의미하게 높아지고 독립 변인이 처치되지 않은 ㉤의 다문화 수용성은 큰 변화를 보이지 않았음을 알 수 있습니다. ⑤ 자료를 수집하고 이를 분석하여 결론을 도출하는 과정은 귀납적입니다.

059 연구 절차 및 연구자의 가치 개입 정답 ⑤

문제 분석 양적 연구 보고서를 분석함으로써 연구 절차와 가치 개입의 가능성을 묻는 문제입니다.

정답 찾기 ⑤ 결론을 통해 '청소년의 민주 시민 의식'은 종속 변인이고 '사회 참여의 기회'는 독립 변인임을 알 수 있습니다. 그러므로 가설은 '사회 참여 경험이 많은 청소년일수록 민주 시민 의식이 높을 것이다.'가 되어야 합니다.

오답 피하기 ① 표본 집단이 대표성을 확보하지 못하였기 때문에 연구 결과를 일반화할 수 없습니다. ② 양적 연구 절차이므로 방법론적 일원론을 적용하였습니다. ③ 청소년의 '민주 시민 의식', '사회 참여의 경험' 등은 조작적 정의를 통해 조사했을 것으로 예상할 수 있습니다. ④ 주제 선정 단계에서는 연구자의 가치가 개입될 수 있습니다.

060 연구 절차 및 연구자의 가치 개입 정답 ②

문제 분석 양적 연구 절차와 자료 수집 방법을 이해하고 있는가를 묻고 있습니다.

정답 찾기 ㄱ. 갑의 연구 결과는 가설을 설정하고 질문지법과 실험법을 사용하며 진행하였으므로 양적 연구라고 할 수 있습니다. ㄷ. 사람들은 자신의 행동에 영향을 주는 요인을 잘 파악하지 못한다고 했으므로 질문지법과 실험법의 결론을 통해 얻은 결과는 서로 다를 것입니다.

오답 피하기 ㄴ. 갑의 연구는 특정 A 지역을 대상으로 하고 있기 때문에 일반화할 수 있다고 단정하기 힘듭니다. ㄹ. ㉠ 가설 설정 단계의 경우에는 연구자의 가치가 개입될 수 있지만, ㉯ 결론 도출 단계에서는 연구자의 가치는 개입될 수 없습니다.

061 연구 절차 및 연구자의 가치 개입 정답 ②

정답 찾기 ② 쓰레기 무단 투기의 변화를 통해 개인의 행동 변화를 측정하였다는 점에서, '행동의 변화'는 '쓰레기 무단 투기 감소'로 조작적 정의되었습니다.

오답 피하기 ① ㉯을 통해 설문 조사 결과에서는 행동의 변화에 가치 판단의 결과가 더 큰 영향을 미칠 것이라고 응답했음을 알 수 있습니다. ③ ㉢이 종속 변수, ㉣이 독립 변수를 조작적으로 정의하였습니다. ④ ㉡과 ㉲ 모두 표본입니다. ㉲은 앞에 나오는 "쓰레기 무단 투기를 하지 말아 주세요."라는 문구를 본 집단과 더불어 실험 집단에 해당합니다. ⑤ ㉯과 ㉠을 뒷받침하지 않는다는 점에서, ㉯이 ㉠을 일반화하는 진술이 아닙니다.

062 연구 절차 및 연구자의 가치 개입 정답 ⑤

🔍 눈으로 보는 해설

다음 연구에 대한 옳은 설명만을 〈보기〉에서 있는 대로 고른 것은?

- 연구 주제 : 청소년의 가정 내 책 보유와 국어 능력의 상관 관계
- 연구 가설
  〈가설 1〉 가정에 책을 많이 갖고 있는 학생이 적은 학생들보다 더 많은 책을 읽을 것이다.
  〈가설 2〉 책을 많이 읽는 학생이 적게 읽는 학생보다 수능 시험 국어 영역의 등급이 높을 것이다.
  〈가설 3〉 가정에 책을 많이 갖고 있는 학생이 적은 학생들보다 수능 시험 국어 영역의 등급이 높을 것이다.
- 자료 수집
  - 조사 방법 : ㉠ 수능을 치른 고등학교 3학년생 1,000명을 무작위로 선정하여 질문지를 통한 조사 실시 → 가정에서 책 보유의 조작적 정의
  - 조사 내용 : ㉡ 가정 내 책 보유 권수, ㉢ 한 달 평균 읽은 책의 수, ㉣ 수능 시험 국어 영역의 등급 → 국어 능력의 조작적 정의
- 자료 분석 결과 : 분석 결과는 아래 표와 같고, 가정 내 책 보유 정도와 국어 영역 학업 성취도는 통계적으로 유의미한 차이가 있는 것으로 나타남

(단위 : %)

가정 내 책 보유 권수	책을 많이 읽음		책을 적게 읽음	
	국어 등급 높음	국어 등급 낮음	국어 등급 높음	국어 등급 낮음
많음	28	A	B	4
적음	10	14	C	23

*A=4C=2B

보기

ㄱ. 구조화된 도구를 활용하여 자료를 수집하였다. → 질문지법
ㄴ. ㉠으로 인하여 표본의 대표성이 확보되었다. → 확보되지 않았다
ㄷ. ㉡~㉣은 모두 개념의 조작적 정의에 해당한다.

ㄹ. 분석 결과는 〈가설 1〉, 〈가설 2〉, 〈가설 3〉을 지지하는 근거가
   된다. ─ 모두 지지된다.

① ㄱ, ㄷ   ② ㄴ, ㄷ   ③ ㄴ, ㄹ
④ ㄱ, ㄴ, ㄹ   ⑤ ㄱ, ㄷ, ㄹ

문제 분석 양적 연구에 대한 이해의 정도를 묻는 질문입니다.

정답 찾기 ㄱ. 구조화된 도구인 질문지를 통해 자료를 수집하고 있습니다. ㄷ. 가정 내 책 보유는 책 보유 권수, 국어 능력은 한달 평균 읽은 책의 수와 수능 시험 국어 영역의 등급으로 조작적 정의를 내렸습니다. ㄹ. A, B, C는 각각 12%, 6%, 3%가 됩니다. 가정 내 책을 많이 보유한 50% 가운데 40%는 책을 많이 읽었지만 책을 많이 보유하지 못한 50% 가운데 책을 많이 읽은 비율은 24%이므로 〈가설 1〉은 지지됩니다. 또한 책을 많이 읽은 64% 가운데 38%가 국어 영역 등급이 높은데 반해 책을 적게 읽은 36% 가운데 9%만이 국어 영역의 높은 등급을 받았으므로 〈가설 2〉도 지지됩니다. 마지막으로 가정 내 책을 많이 보유한 50% 가운데 34%가 높은 국어 등급을 받은 반면, 책을 많이 보유하지 못한 50% 가운데 13%만이 높은 국어 등급을 받았으므로 〈가설 3〉까지 지지된다고 할 수 있습니다.

오답 피하기 ㄴ. 연구 대상은 청소년이 되어야 하는데, 고등학교 3학년생만을 대상으로 자료를 수집하였습니다. 청소년의 범위를 한정하였으므로 표본의 대표성이 확보되었다고 보기 힘듭니다.

> 💣 **함정 피하기**
> 모든 비율의 합이 100%이고, A=4C=2B이므로 모든 기호를 A로 치환하면 A, B, C 값이 각각 구해지지. 이렇게만 해두면 문제를 틀릴 일은 없을 거야.

063 연구 절차 및 연구자의 가치 개입   정답 ③

문제 분석 양적 연구와 질적 연구의 특징을 묻는 문제입니다.

정답 찾기 ㄴ. 갑의 연구에서 자존감은 종속 변인, 소득 수준과 선한 삶의 태도는 독립 변인입니다. 월 평균 수입 정도는 소득 수준, 봉사 활동 횟수는 선한 삶의 태도를 측정하기 위한 것으로, 독립 변인에 대한 조작적 정의에 해당합니다. ㄷ. 갑이 어떤 가설을 설정하였느냐가 나타나 있지 않기 때문에 가설의 수용 여부는 알 수 없지만 가설을 세워 가설이 수용되는 결과가 나오든지 또는 기각되는 결과가 나오든지 가설이 검증된 것은 맞습니다.

오답 피하기 ㄱ. 자존감은 갑의 연구에서는 종속 변수이나 을의 연구에서는 종속 변수가 아닙니다. ㄹ. 두 연구 결과에 대한 자료를 수집하고 이를 토대로 결론에 도달하였다는 점에서, 귀납적 추론을 통해 도출한 결론이며, 결론이 을의 연구와는 무관하다는 점에서 타당한 결론으로 볼 수 없습니다.

064 연구 절차 및 연구자의 가치 개입   정답 ⑤

문제 분석 질적 연구 과정에 대한 이해의 정도를 묻는 문제입니다.

정답 찾기 ㄷ. 면접법을 실시하여 계량화가 어려운 '기대감'에 대한 주관적 의식을 직관적 통찰을 통해 파악했습니다. ㄹ. D 주제 선정 - B 연구 대상 선정 - A 자료 수집 - C 결론 도출의 순서로 연구가 진행되었습니다.

오답 피하기 ㄱ. 면접법을 통해 주관적인 기대감을 기록하였으므로 옳지 않은 보기입니다. ㄴ. 질적 연구이므로 실험 집단과 통제 집단의 용어는 적절하지 않습니다.

065 연구 절차 및 연구자의 가치 개입   정답 ④

문제 분석 양적 연구의 절차적 특징과 그래프에 대한 이해 정도를 묻는

문제입니다.

정답 찾기 ④ 수집된 자료는 구체적인 사실이며, 결론은 일반화된 진술입니다. 구체적인 사실을 토대로 일반화된 원리를 추론하는 과정은 귀납적입니다.

오답 피하기 ① 규칙적인 식사가 학업 성취도에 미치는 영향을 알아보려 한다는 점에서, 규칙적인 식사가 독립 변수이고 학업 성취도는 종속 변수입니다. ② 두 변수 간의 관계 파악, 질문지법을 통한 자료 수집, 일반화의 도출 등에서 양적 연구 방법에 기초한 연구임을 알 수 있습니다. ③ 모집단은 전체 중학교 학생들이지만, 표본 집단은 ○○지역 중학생들입니다. ○○지역 중학생들이 전체 중학생들을 대표하지 못한다는 점에서 연구 결과를 모집단에 일반화하기에는 한계가 있습니다. ⑤ 그래프에 따르면 규칙적인 식사와 학업 성취도는 관계가 없습니다.

066 연구 절차 및 연구자의 가치 개입   정답 ③

문제 분석 양적 연구 과정에 대한 이해와 함께 문헌 연구법을 이해해야 합니다.

정답 찾기 ㄴ. 범죄율은 ⊙ 가설에서는 종속 변수, ⓒ 가설에서는 독립 변수입니다. ㄷ. 갑이 활용한 자료 수집 방법은 문헌 연구법으로 이는 질적 연구와 양적 연구 모두에 활용할 수 있는 방법입니다.

오답 피하기 ㄱ. 전국의 시 규모 지역만을 대상으로 했으므로 대표성이 부족한 것은 옳으나 이는 실험 집단이라고 볼 수 없습니다. ㄹ. 결론에 갑의 주장이 담기는 것은 자연스러우나 두 가설 가운데 전자만이 수용되었으므로 결론은 '범죄율을 낮추기 위해서 경제 성장을 시켜야 한다.'가 더 적절합니다.

067 연구 태도 및 연구 윤리   정답 ⑤

문제 분석 연구 윤리에 대한 이해 정도를 확인하는 문항입니다.

정답 찾기 ⑤ 자신의 예상에 부합하는지의 여부와 상관없이 모든 기록과 동영상을 분석하였다는 점에서 자료를 자의적으로 선별하지 않았습니다.

오답 피하기 ①, ③ 언론사의 요청으로 원본 영상을 제공하였다는 점에서, 연구 대상자의 사적인 정보를 보호하지 않았을 뿐만 아니라 수집한 자료를 연구 이외의 목적으로 사용하였습니다. ② 연구 대상자의 동의를 얻지 않았다는 점에서, 연구 대상자의 자발적 참여 기회를 보장한 것은 아닙니다. ④ 해외 연구자가 개발한 연구 설계를 자신이 만든 것처럼 기술하였다는 점에서, 다른 연구자가 수행한 연구를 활용하면서 출처를 밝히지 않았습니다.

068 연구 태도 및 연구 윤리   정답 ②

문제 분석 사회·문화 현상의 탐구 태도에 대한 이해가 필요한 문제로, 제시된 자료에 공통적으로 나타나는 탐구 태도는 객관적 태도입니다.

정답 찾기 ② 객관적 태도란 탐구 과정에서 연구자가 자신의 주관적 가치나 편견, 이해관계 등을 배제하고 사회·문화 현상이 가진 사실로서의 특성만을 파악하는 태도를 의미합니다.

오답 피하기 ① 개방적 태도를 의미하는 진술입니다. ③ 상대주의적 태도를 의미하는 진술입니다. ④ 성찰적 태도를 의미하는 진술입니다. ⑤ 연구자에게 요구되는 사회적 책임을 의미하는 진술입니다.

069 연구 태도 및 연구 윤리   정답 ①

문제 분석 연구 윤리에 대한 분석해야 하는 문항입니다.

정답 찾기 ㄱ, ㄴ. 갑은 평균 몸무게를 가진 시민들만 조사하였고 수집한 자료에 대해서는 면밀하게 분석하였습니다. 자료 수집 단계에서 의도적으로 왜곡된 자료를 수집하였으나 자료 분석 단계에서 자료를 선별하여

분석한 것은 아닙니다. 이와는 달리 을은 SNS 관련 어플을 사용하는 모든 청소년의 자료를 수집한 후 ◇◇앱에 대한 긍정적인 답변만 분석하였다는 점에서 자료 수집이 아닌 자료 분석 단계에서 고의로 자료를 선별하여 분석하였습니다.

오답 피하기 ㄷ. 갑은 분석 결과의 일부를 은폐하여 발표하지 않았습니다. 을은 ◇◇앱에 대한 긍정적인 답변만을 근거 자료로 제시하였다는 점에서 분석 결과의 일부를 은폐하여 발표하였습니다. ㄹ. 갑은 많은 항공사에게 연구 대상의 개인 정보를 제공하였다는 점에서 수집한 자료를 연구 외의 목적으로 유출하였습니다.

---

070 연구 태도 및 연구 윤리 　　　　　　　　　　　정답 ⑤

문제 분석 사회·문화 현상의 탐구 태도에 대한 이해 정도를 묻는 문제로, 제시문에서 강조하는 사회·문화 현상의 탐구 태도는 개방적 태도입니다.

정답 찾기 ㄷ. 케인즈의 이론이 신자유주의 이론으로 변해가듯이 사회과학적 연구 결과는 시대 상황에 따라 비판과 지적을 받을 수 있음을 인정하는 것이 개방적 태도입니다. ㄹ. 경제학적 논리에 합당하다 하더라도 환경이 변화되었다면 새로운 반증이 나타날 수 있음을 인정하는 것이 개방적 태도입니다.

오답 피하기 ㄱ, ㄴ. 성찰적 태도나 상대주의적 태도는 제시문이 강조하는 태도와는 거리가 멉니다.

---

071 연구 태도 및 연구 윤리 　　　　　　　　　　　정답 ③

문제 분석 연구 윤리에 대한 이해를 확인하는 문항입니다.

정답 찾기 ㄴ. 갑은 연구 대상자에게 연구 목적과 절차, 연구가 미칠 수 있는 영향 등을 알려주고 연구 대상자에게 연구 참여에 대한 동의를 받을 것을 강조하고 있습니다. ㄷ. 을은 정직한 방법으로 자료를 수집하고 수집한 자료를 왜곡하여 분석해서는 안 된다는 것을 강조하고 있습니다. 따라서 연구 의뢰자의 이익을 위하여 자료를 조작하여 분석하는 것은 을이 강조하는 연구 윤리에 어긋납니다.

오답 피하기 ㄱ. 공동 연구 성과를 단독 연구로 발표하는 것은 연구 윤리에 어긋나지만, 연구 대상자에게 연구에 대한 자발적 참여 보장을 강조하는 갑의 연구 윤리에 어긋나는 것은 아닙니다. ㄹ. 갑은 연구에 들어가기 전에 있어 연구자가 연구 대상자에게 지켜야 할 윤리를, 을은 자료를 수집하고 분석하는 단계에서 연구자가 지켜야 할 윤리를 강조하고 있습니다.

II. 개인과 사회 구조

05강 사회적 존재로서의 인간

▶ 본문 044쪽

핵심 개념 CHECK!

01 ○	02 ○	03 ×	04 ×	05 ○	06 ○	07 ×	08 ○
09 ×	10 ×	11 ○	12 ○	13 ○	14 ×	15 ×	16 ○
17 ×	18 ○	19 ×	20 ×				

○|× 문장 바로 알기

01 사회 구조는 지속적인 사회적 상호 작용의 산물이다.

02 안정성은 사회 구성원들이 사회적 상호 작용 과정에서 예측 가능성을 높여 준다.

03 사회 현상은 개인의 자유 의지에 의해 발생한다는 입장은 ~~기능론적~~ 관점으로 볼 수 있다. (상징적 상호 작용론적)

04 사회 구조가 사회적 합의에 의해 형성되었다고 보는 입장은 ~~상징적 상호 작용론~~이다. (기능론)

05 사회 유기체설은 개인보다 사회가 우위에 있다는 사회 실재론의 배경 이론이 되었다.

06 사회 현상을 바라볼 때 개인 간의 상호 작용보다는 사회 구조를 바라보아야 한다는 입장은 사회 실재론에 가깝다.

07 사회 명목론적 관점에서 볼 때, 사회는 개인으로 환원할 수 ~~없는~~ 성질이 있다. (있는)

08 전체주의적 사고에 빠질 수 있는 위험이 있는 논리는 사회 명목론보다는 사회 실재론이다.

09 팀 스포츠에서 개인의 기량이 뛰어난 팀이 이길 것이라고 말하는 사람은 사회 ~~실재론자~~로 볼 수 있다. (명목론자)

10 현대 사회를 설명함에 있어 ~~사회 실재론보다는 사회 명목론이 더 적절하다.~~ (사회 실재론과 사회 명목론 모두가 필요하다.)

11 사회화는 태어남과 동시에 시작되어 평생에 걸쳐 진행된다.

12 모방과 동일시는 사회화의 주요한 형태이다.

13 사회화는 문화를 전승함으로써 사회를 유지시키고 통합시키는 데 기여한다.

14 1차적 사회화는 재사회화와 같은 개념으로 활용될 수 ~~있다.~~ (없다.)

15 재사회화와 탈사회화는 동시에 진행될 수 ~~없는~~ 특징이 있다. (있는)

16 사회화 내용은 지배 계급의 이익 재생산에 유리한 것이라는 주장은 갈등론적 관점에 가깝다.

17 학교는 ~~1차적~~, 공식적 사회화 기관에 해당한다. (2차적)

18 한 개인은 둘 이상의 지위와 둘 이상의 역할을 가질 수 있다.

19 근대 이후 현대 사회는 ~~귀속 지위가 사라지고 성취 지위가 개인들을 규정한다.~~ (전통 사회에 비해 귀속 지위의 중요성은 낮아지고 성취 지위의 중요성이 확대된다.)

20 보상과 제재는 ~~사회적 역할~~에 대한 긍정과 부정 평가에 따라 주어진다.
역할 행동

기출+예상 문제로 주제 정복하기 ▸ 본문 047~051쪽

072 ③	073 ⑤	074 ③	075 ①	076 ⑤	077 ⑤
078 ①	079 ③	080 ②	081 ⑤	082 ⑤	083 ④
084 ④	085 ④	086 ⑤	087 ②	088 ⑤	089 ④

072 개인과 사회를 바라보는 관점 정답 ③

문제 분석 개인과 사회를 바라보는 관점에 대한 이해 정도를 묻는 문제로, A는 사회 실재론, B는 사회 명목론입니다.

정답 찾기 ㄴ. 사회 명목론은 개인을 자율성을 지닌 주체로 인식합니다. ㄷ. 개인의 사고와 행동에 미치는 사회 구조의 영향력을 강조하는 관점은 사회 실재론, 개인의 자율성을 강조하는 관점은 사회 명목론이므로 적절한 보기가 됩니다.

오답 피하기 ㄱ. 사회가 개인의 총합에 불과하다고 보는 관점은 사회 명목론입니다. ㄹ. 사회 문제의 발생 원인을 개인적 측면보다 제도적 측면에서 찾는 관점은 사회 실재론입니다.

073 개인과 사회를 바라보는 관점 정답 ⑤

문제 분석 개인과 사회의 관계를 바라보는 관점의 공통점과 차이점을 이해하는 문항입니다. (가)의 관점은 사회 명목론, (나)의 관점은 사회 실재론입니다.

정답 찾기 ⑤ A 학자는 '우리가 세상을 있는 그대로 보고 있다.'는 것의 예시로 사회 실재론과 사회 명목론을 들며 반론을 제기합니다. 그는 사회를 개인의 해석을 통해 결정된다고 보는 입장으로 개인의 의식과 사회를 유기적으로 이해해야 한다고 주장하고 있습니다. 하지만 사회 실재론과 사회 명목론은 그렇지 않으므로 사회 구조와 개인을 독립적으로 이해한다는 비판이 가능할 것입니다.

오답 피하기
① 사회에 대한 개인의 불가항력성을 강조하는 것은 사회 실재론입니다. ② 사회를 개인의 외부에 존재하는 독자적 실체로 보는 것은 사회 실재론입니다. ③ 사회 실재론은 개인에게 영향을 끼치는 사회 제도의 힘을 중시합니다. ④ 사회 실재론은 사회 현상을 개인 행위로 환원하여 설명할 수 없다고 봅니다.

074 개인과 사회를 바라보는 관점 정답 ③

문제 분석 제시글은 개인의 인식 개선을 통해 기업 문화를 개선하고 이를 통해 직장 내 괴롭힘 문제를 개선할 수 있다고 보고 있으므로 사회 명목론이라고 할 수 있습니다.

정답 찾기 ㄴ. 사회는 개인의 자율적 의지에 의해 형성된다고 보는 입장은 사회 명목론입니다. ㄷ. 사회는 개인의 총합이므로 개인으로 다시 환원될 수 있다고 보는 입장은 사회 명목론입니다.

오답 피하기 ㄱ. 사회가 개인의 외부에 실제로 존재한다고 보는 입장은 사회 실재론입니다. ㄹ. 직장 내 괴롭힘 문제 해결을 위해 인식 개선을 강조하지만 법적 개선 역시 찬성하는 기업이 많았습니다.

075 개인과 사회를 바라보는 관점 정답 ①

문제 분석 개인과 사회의 관계를 바라보는 관점들의 특징을 비교할 수 있는가를 묻는 문항입니다. 제시문에는 개인은 사회 구조에 영향을 받게 된다는 사회 실재론이 나타나 있습니다.

정답 찾기 ㄱ, ㄴ. 사회 실재론에 따르면, 개인의 의식은 사회에 구속되어 구조화된 행동을 하게 되며, 이에 개인의 속성은 사회의 속성이 반영되어 나타납니다.

오답 피하기 ㄷ, ㄹ. 사회 명목론에 부합하는 진술입니다.

076 개인과 사회를 바라보는 관점 정답 ⑤

문제 분석 개인과 사회의 관계를 바라보는 관점을 이해하고 있는지 묻는 질문으로, A는 사회 실재론, B는 사회 명목론입니다.

정답 찾기 ⑤ 사회 실재론은 사회를 개인으로 환원할 수 없다고 보는 입장이고, 사회 명목론은 사회를 개인으로 환원할 수 있다고 보는 입장입니다.

오답 피하기 ① ㉠은 '예', ㉡은 '아니요'가 적절합니다. ② 사회 명목론에 대한 설명입니다. ③ 사회 실재론에 대한 설명입니다. ④ 사회 문제의 해결책으로 사회 명목론은 의식 개혁, 사회 실재론은 제도 개선을 강조합니다.

077 개인과 사회를 바라보는 관점 정답 ⑤

문제 분석 제시문의 '전류는 사람들을 평상시와 다르게 행동하게 하고 생각하게 만드는 외적인 힘으로 작용한다.'에서 제시문에는 사회 실재론의 관점이 나타나 있음을 알 수 있습니다.

정답 찾기 ㄷ. 사회 실재론에 따르면, 사회는 개인보다 우위에 있으며 개인은 오직 사회 속에서 존재의 의미를 갖게 됩니다. ㄹ. 사회 실재론에 따르면, 인간의 사고와 행동은 사회에 영향을 받아 이루어지기 때문에 개인적 요인보다 사회적 요인으로 사회 현상을 설명해야 합니다.

오답 피하기 ㄱ, ㄴ. 모두 사회 명목론에 부합하는 진술입니다.

078 개인과 사회를 바라보는 관점 정답 ①

문제 분석 사회 구조를 바라보는 관점과 개인과 사회의 관계를 바라보는 관점을 사례에 적용하여 이해할 수 있는가를 묻는 질문입니다. 이 때, 갑은 저출산의 원인을 개인의 의식 변화에서 찾고 있으므로 상징적 상호 작용론 또는 사회 명목론의 관점으로 볼 수 있고, 을은 저출산의 원인을 가족 제도라는 사회 제도의 기능 약화에 따른 것으로 이해하고 있으므로 기능론적 관점이자 사회 실재론이라 할 수 있습니다. 병은 을과 함께 사회 구조적인 면에 대해 강조하므로 사회 실재론으로 볼 수 있지만, 사회 제도의 역할과 기능을 강조하기보다는 계급별 격차를 부각하며 사회 구조적인 불합리성을 강조하므로 갈등론으로 볼 수도 있습니다. 정의 경우 병의 의견에 동조하며 높은 주택 가격과 낮은 취업률이 저출산의 원인으로 보고 있으므로 사회 실재론이자 갈등론적 관점에 가깝다고 할 수 있습니다.

정답 찾기 ㄱ. 사회 문제의 해결책으로 갑은 개인의 의식 개선을 주장할 것이고, 을은 사회 제도의 개선을 주장할 것이므로 둘을 구분할 수 있는 질문입니다. ㄴ. 사회 구조가 개인의 행위를 구속하는가에 대한 질문에 을과 병은 모두 사회 실재론을 주장하고 있으므로 같은 답변을 할 것입니다. 그러므로 둘을 구분할 수는 없습니다.

오답 피하기 ㄷ. 사회를 개인으로 환원할 수 없다고 보는 입장은 사회 실재론인데, 위 토론자 가운데 을, 병, 정 세 사람이 사회 실재론에 가까우므로 잘못된 진술입니다. ㄹ. 사회 문제 해결 과정에서 기능론은 사회 구조의 유지, 갈등론은 사회 구조의 변혁을 지향할텐데, 을은 기능론, 정은 갈등론에 가까우므로 둘을 구분할 수 있는 질문이 됩니다.

079 인간의 사회화　　　　　정답 ③

문제 분석 사회화와 관련한 개념에 대한 이해 정도를 묻는 문제입니다.

정답 찾기 ㄷ. 갑은 첫 출산을 앞두고 예비 부모 교실에서 사회화를 경험하였고 을은 입사 전 신입 사원 연수를 받았습니다. 갑, 을 모두 예기 사회화를 경험하였습니다. ㄹ. 갑의 IT 회사와 을의 회사는 비공식적 사회화 기관입니다.

오답 피하기 ㄱ. 갑이 개발한 앱으로 많은 부와 명예를 누리고 있는 것이나 을이 경영인 상을 수상한 것은 모두 역할 수행에 따른 보상입니다. ㄴ. 자녀 양육을 둘러싸고 갑이 경험한 남편과의 갈등, 회사를 계속 다닐지에 대한 을의 고민 모두 한 사람의 2개 이상의 역할이 충돌되어 나타난 상황이 아닙니다. 즉 갑과 을 모두 역할 갈등을 경험하지 않았습니다.

080 인간의 사회화　　　　　정답 ②

문제 분석 사회화를 바라보는 관점을 이해하는 문항으로, 갑은 미시적 관점, 을은 기능론적 관점에서 사회화를 바라보고 있습니다.

정답 찾기 ㄱ. 개인의 능동성을 강조하는 것은 미시적 관점입니다. ㄷ. 사회화의 내용이 사회적으로 합의되었다고 보는 것은 기능론적 관점입니다.

오답 피하기 ㄴ. 사회화가 기존의 권력 구조를 재생산한다고 보는 것은 갈등론적 관점입니다. ㄹ. 기능론적 관점은 거시적 관점에 해당합니다.

081 인간의 사회화　　　　　정답 ⑤

고난도 평가원 기출				
①	②	③	④ 함정	❺
2%	4%	11%	15%	66%

🔍 눈으로 보는 해설

밑줄 친 ⊙~ⓐ에 대한 설명으로 옳은 것은?

> 부부 소방관인 갑과 갑의 ⊙ 남편은 큰 화재를 진압한 공로가 인정되어 정부로부터 ⓛ 표창을 받았고, 여러 ⓒ 방송사로부터 출연 요청도 받았다. 방송 출연을 원했던 갑의 남편과 달리 세간의 이목이 집중되는 것이 부담스러웠던 갑은 남편과 ⓔ 갈등을 겪기도 했으나, ⓜ 막내딸의 중재로 화해하고 결국 부부가 방송에 출연하였다. 현재 갑은 남편의 정년퇴직을 기념하기 위해 부부 동반 해외여행을 준비 중이고, 막내딸은 오랜 시간 준비해 온 ⓑ 소방 공무원 채용 면접 시험을 앞두고 있다. 갑은 자신의 응원을 기대하는 막내딸의 면접일과 해외여행 기간이 겹쳐 어떻게 해야 할지 ⓐ 고민 중이다.

① ⊙과 ⓜ은 모두 귀속 지위이다. - 성취 지위
② ⓛ은 ⊙으로서의 역할 행동에 대한 보상이다. - 소방관으로서의 역할 활동
③ ⓒ은 2차적 사회화 기관이자 공식적 사회화 기관이다.
④ ⓑ은 ⓜ의 예기 사회화에 해당한다. - 비공식적
⑤ ⓐ은 ⓔ과 달리 갑의 역할 갈등에 해당한다.
　└ 예기 사회화란 미래에 속하게 될 집단에 적응하기 위해 실시한다.

문제 분석 사회학적 개념에 대한 이해의 정도를 묻는 질문입니다.

정답 찾기 ⑤ ⓔ에는 두 가지 이상의 역할 간 충돌이 나타나지 않으므로, ⓔ은 역할 갈등에 해당하지 않습니다. 그러나 ⓐ에는 어머니로서의 역할과 아내로서의 역할 간 충돌로 인한 갈등 상황이므로, ⓐ은 역할 갈등에 해당합니다.

오답 피하기 ① 남편은 성취 지위, 막내딸은 귀속 지위입니다. ② 표창은 남편이 아닌 소방관으로서의 역할 행동에 대한 보상입니다. ③ 방송사는 2차적 사회화 기관이지만 공식적 사회화 기관은 아닙니다. ④ 소방 공무원 채용은 사회화에 해당하지 않습니다.

🔥 함정 피하기

'소방 공무원 채용'이라는 말은 예기 사회화로 볼 수 없어. 소방 공무원이 되기 위해 노력하는 과정이 묘사되었다면 생각해 볼 여지가 있지만 이 자체는 사회화 과정이라고 보기 힘들어.

082 인간의 사회화　　　　　정답 ⑤

문제 분석 사회화에 대한 다양한 관점을 파악하는 문제로, 해당 학자의 관점은 교육이 노동자를 사용하는 계층, 즉 자본가를 위해 봉사한다는 것이므로 갈등론에 가깝습니다.

정답 찾기 ⑤ 갈등론적 관점에서의 사회화는 지배 집단의 이익 재생산에 기여하는 과정입니다.

오답 피하기 ①, ② 기능론적 시각에서 바라보고 있습니다. ③ 학자의 관점에 따르면 교육은 노동자의 요구라기보다는 기업 자본가의 요구라고 보는 것이 더 적절합니다. ④ 산업 사회의 학교는 기업의 인재상에 맞는 학생을 길러내고 있으므로 창의성과 자율성 증진과는 거리가 멉니다.

083 인간의 사회화　　　　　정답 ④

문제 분석 사회화를 바라보는 이론은 기능론, 갈등론, 상징적 상호 작용론이 있습니다. 이 문제의 학자 A는 지식을 가진 계층과 가지지 못한 계층을 지배와 피지배의 관계로 인식하고 사회 안정은 그 권력의 차이에 의해 강압적으로 유지되고 있다고 보고 있으므로 사회화를 갈등론적 관점에서 바라본 것입니다. 반면, 학자 B는 대중이 사회화되어 지식을 스스로 습득할 수 있고 이를 통해 사회는 안정된다고 보고 있으므로 사회화를 기능론적 관점에서 바라볼 것입니다.

정답 찾기 ㄴ. 사회화가 사회 통합에 기여하는 역할을 긍정하는 입장은 기능론입니다. ㄹ. 사회화를 개인 간 관계의 산물로 보는 입장은 미시적 관점인 상징적 상호 작용론으로 거시적 관점인 A와 B는 모두 '아니요'라고 답할 것이므로 구분할 수 없습니다.

오답 피하기 ㄱ. 사회 전체 구성원의 합의에 의해 사회화의 내용이 결정되었다고 보는 입장은 기능론입니다. ㄷ. 사회화를 현재의 불평등한 구조를 정당화하는 수단으로 간주하는 입장은 갈등론입니다.

084 인간의 사회화　　　　　정답 ④

문제 분석 사회화를 바라보는 관점에 대한 문제로, 첫 문장에서 사회화는 집 안에서 이루어진다고 주장하며 부모의 양육 태도를 언급하고 있으므로 이는 상징적 상호 작용론에 가까운 주장입니다.

정답 찾기 ㄴ. 갑은 상징적 상호 작용을 통해 아이가 사회화된다고 주장하고 있으므로 자율성을 키워줄 수 있는 양육 문화에 대해서는 동의할 것입니다. ㄹ. 갑의 주장에 따르면 집 밖의 규칙보다 직접 아이를 조절하거나 통제하는 부모의 영향이 더 크다고 보고 있으므로 동의할 수 있는 진술입니다.

오답 피하기 ㄱ. 부유한 정도와 자녀 양육 방법 간의 관계는 제시되어 있지 않으므로 부유한 계층의 자녀가 자신감을 갖는 데 더 유리한지 여부는 알 수 없으므로 ㄱ은 답이 될 수 없습니다. ㄷ. 갑의 주장에 학교 교육이 아이들의 성장에 영향을 미치는가에 대해서는 언급이 없고 오히려 가정 내 교육에 비해 영향이 적다고 보고 있으므로 동의할지 확실하지 않습니다.

085 인간의 사회화　　　　　정답 ④

문제 분석 사회화와 관련한 개념에 대한 문항입니다.

정답 찾기 ④ 사업체를 운영하는 갑의 역할 행동에 대한 보상으로 '대통령 표창'을 받았습니다. 하지만 '사업 확장'의 경우 보상이 아닌 역할 행동의 연속이므로 보상이라고 부르기는 힘듭니다. 더구나 갑은 사업 확장을

아직 시작하지도 않았습니다. **오답 피하기** ① ㉠은 예기 사회화에 활용된 것이 아닙니다. ② '노숙자'는 후천적으로 획득한 지위입니다. ③ '기업'과 'TV 프로그램' 모두 2차적, 비공식적 사회화 기관입니다. ⑤ 2개의 상충된 역할에 따른 고민이 아니기에 역할 갈등이라고 부를 수 없습니다.

086 인간의 사회화　　　　　　　　정답 ⑤

문제 분석 사회화 기관을 구분할 수 있는가를 묻는 문항입니다. ㉠, ㉢, ㉣은 2차적, 비공식적 사회화 기관, ㉡은 2차적, 공식적 사회화 기관, ㉤은 1차적, 비공식적 사회화 기관입니다.

정답 찾기 ㄹ. ㉠에서 ㉤ 가운데 1차적이며 공식적인 사회화 기관은 존재하지 않습니다.

오답 피하기 ㄱ. ㉠은 (나)에, ㉡은 (다)에 해당합니다.

087 지위와 역할, 그리고 사회화　　　　정답 ②

고난도 평가원 기출

함정	①	❷	③	④	⑤
	39%	49%	3%	4%	3%

눈으로 보는 해설

밑줄 친 ㉠~㉗에 대한 설명으로 옳은 것은?
　　　　　　　　　　　　성취 지위　　　　　영화배우의 지위에 따른 역할 행동

> ㉠ 영화배우 갑은 극중 인물과의 동일시를 위해 극중 인물의 삶을 직접 체험하는 것으로 유명하다. 몸이 불편한 화가 역할을 위해 촬영 전부터 휠체어에서 생활하거나 북미 지역의 원주민 역할을 위해 ㉡ 직접 사냥한 고기만으로 식사를 하기도 하였다. 한번은 영화 속 원수인 상대 배우에게 실제로 적대감을 드러내 동료에게 ㉢ 비난을 받기도 하였다. ㉣ 배역에 대한 지나친 몰입으로 촬영이 끝난 후에 극심한 ㉤ 정체성의 혼란을 겪은 갑은 돌연 은퇴를 선언하였다. 그는 ㉥ 영화 제작사 임원 자리 제안을 거절하고 화가가 되겠다며 ㉗ 예술 대학원에 입학하였다.

① ㉠, ㉣은 모두 갑의 성취 지위이다. ─ 성취 지위가 아니다.
② ㉡은 ㉠으로서 갑의 역할 행동이다.
③ ㉢은 갑의 역할에 대한 제재이다. ─ 역할 행동
④ ㉤은 갑이 경험한 역할 갈등이다. ─ 역할 간의 충돌에 의한 상황이 아니다.
⑤ ㉥, ㉗은 모두 공식적 사회화 기관이다. ─ 비공식적 사회화 기관이다.

문제 분석 지위와 역할, 그리고 사회화에 대한 이해 정도를 종합적으로 묻는 문제입니다. 이때 '배역'에 대한 판단이 중요한 문제입니다.

정답 찾기 ② ㉡은 영화배우로서 배역을 수행하기 위한 갑의 구체적인 행동이므로, 영화배우로서 갑의 역할 행동입니다.

오답 피하기 ① 영화배우는 갑의 성취 지위입니다. 영화배우라는 지위에서 맡은 배역은 지위라고 볼 수 없습니다. ③ 비난을 받은 것은 갑의 역할 행동에 대한 제재입니다. ④ ㉤에는 2개 이상의 역할 간 충돌이 발생하지 않으므로, 역할 갈등이 아닙니다. ⑤ 영화 제작사는 예술 대학원과 달리 비공식적 사회화 기관입니다.

함정 피하기
①을 골랐다면 영화배우인 갑이 맡은 배역도 지위라고 생각했을 거야. 배역은 단지 갑이 연기하는 상황으로 지위라고 생각할 수 없어.

088 인간의 사회화　　　　　　　　정답 ⑤

문제 분석 사회화에 관련된 개념을 이해하고 있는지를 묻는 문항입니다.

정답 찾기 ㄷ. '입학 사정관'은 '삼촌'과 달리 후천적으로 획득되는 성취

지위입니다. ㄹ. 병은 조카로서의 역할과 진로를 고민하는 학생으로서의 역할 가운데 고민하고 있기 때문에 역할 갈등으로 볼 수 있습니다.

오답 피하기 ㄱ. '대학'은 공식적, 2차적 사회화 기관이지만 '방송국'의 경우 비공식적 사회화 기관입니다. ㄴ. '보상'은 역할이 아닌 역할 행동에 주어지는 것입니다. '회장'에 당선된 것으로 보상이라고 한다면 이는 을이 회장 후보로서의 역할 행동을 잘 수행한 결과입니다.

089 지위, 역할, 사회화　　　　　　정답 ④

문제 분석 사회화에 따른 개념을 사례를 통해 확인하는 문제입니다.

정답 찾기 ④ 올해의 예능 PD상을 수상한 것은 갑의 역할 행동에 대한 보상입니다.

오답 피하기 ① 예능국 PD와 작가는 모두 성취 지위입니다. ② ㉢은 갑이 수행한 행동으로 재사회화로 보기 어렵습니다. ③ 역할 갈등은 한 개인이 서로 다른 역할이 충돌하는 상황에서 발생하는 것으로 역할 갈등으로 보기 어렵습니다. ⑤ 방송국과 인터넷 서점 모두 비공식적 사회화 기관입니다.

06강 사회 집단과 사회 조직

핵심 개념 CHECK!　　　　　　▶ 본문 054쪽

01 ○	02 ×	03 ○	04 ×	05 ×	06 ○	07 ○	08 ×
09 ○	10 ○	11 ×	12 ○	13 ○	14 ○	15 ○	16 ○
17 ×	18 ○	19 ×	20 ○	21 ○	22 ○	23 ○	24 ○
25 ○	26 ×	27 ○	28 ○	29 ○	30 ○	31 ×	32 ×
33 ○	34 ○	35 ○	36 ○	37 ○	38 ○	39 ×	40 ×

○× 문장 바로 알기

01 사회 집단은 반드시 둘 이상의 사람으로 구성되어야 한다.

02 가족과 또래 집단은 사회 집단이 될 수 ~~없다.~~
　　　　　　　　　　　　　　　　　　있다.

03 2차 집단은 과업을 위한 간접적이고 수단적인 만남이 중심이 되는 집단이다.

04 1차 집단은 2차 집단에 비해 가입과 탈퇴가 ~~자유롭다.~~
　　　　　　　　　　　　　　　　　자유롭지 못하다.

05 1차 집단에서는 ~~공식적~~ 제재가 일반적으로 적용된다.
　　　　　　　비공식적

06 내집단이 되려면 반드시 해당 집단에 대한 소속감과 공동체 의식을 느껴야 한다.

07 외집단으로 인해 내집단 구성원의 결속력이 강화되는 효과가 나타날 수 있다.

08 쿨리는 구성원의 결합 의지에 따라 사회 집단을 구분했다.
　　~~쿨리~~ 퇴니스

09 공동 사회는 구성원의 본능적 의지에 의해 자연 발생적으로 형성된 집단이다.

10 이익 사회는 협동심보다 경쟁심이 보편적으로 강하게 나타난다.

11 공동 사회는 이익 사회에 비해 가입과 탈퇴가 상대적으로 ~~자유로운 편이다.~~
자유롭지 못하다.

12 ~~섬너~~는 구성원 간의 접촉 방식과 친밀도에 따라 사회 집단을 구분했다.
쿨리

13 1차 집단은 직접적인 대면 접촉과 친밀감을 바탕으로 결합한 집단이다.

14 2차 집단은 1차 집단에 비해 ~~비공식적~~ 통제가 주로 나타난다.
공식적

15 학교, 회사, 정당 등은 1차 집단보다는 2차 집단의 사례에 가깝다.

16 준거 집단은 반드시 현재의 소속 집단이 ~~아니어야만 한다.~~
일치할 수 있다.

17 준거 집단과 소속 집단이 일치하게 되면 상대적 박탈감을 ~~느낄 수 있다.~~
느끼기 어렵다.

18 이익 집단은 자발적 결사체의 사례로 볼 수 있다.

19 자발적 결사체 중 공식 조직의 성격을 동시에 지니고 있는 사례는 ~~없다.~~
있다

20 직장 내에 있는 등산 모임은 ~~공식 조직~~에 해당한다.
비공식 조직

21 비공식 조직은 공식 조직의 효율성을 저해하는 데에만 ~~영향을 준다.~~
이끌기도 한다.

22 시민 단체는 ~~공동 사회~~이면서 공식 조직에 해당한다.
이익 사회

23 1차 집단은 전인격적 인간관계를 바탕으로 형성된다.

24 비공식 조직은 친밀감과 공통의 관심사를 중심으로 생겨난다.

25 자발적 결사체는 1차 집단과 2차 집단의 성격이 공존한다.

26 ~~비공식~~ 조직은 구성원의 지위와 책임이 명확하게 정해져 있다.
공식

27 ~~이익~~ 사회는 집단의 결합 자체가 집단 형성의 목적이라고 볼 수 있다.
공동

28 노동조합은 사회 집단 중 과업 지향적인 조직에 해당한다.

29 이익 사회의 대표적 사례로 기업과 정당을 들 수 있다.

30 공동 사회는 공동의 신념 및 관습이 집단 구성의 바탕이다.

31 모든 자발적 결사체는 ~~사회의 보편적~~ 이익 달성을 목적으로 한다.
공통의 관심사와 이익

32 ~~공동 사회~~는 선택적 의지에 따라 인위적으로 형성된다.
이익 사회

33 소속 집단과 준거 집단이 불일치하면 소속 집단에 비협조적인 태도를 보인다.

34 관료제와 탈관료제는 모두 효율적인 업무 처리를 지향하는 조직 운영 원리이다.

35 탈관료제는 관료제에 비해 상대적으로 수평적 조직 체계를 지향하는 조직 운영 원리이다.

36 탈관료제의 의사 결정 방식은 ~~하향식~~ 의사 결정 방식을 따른다.
상향식

37 탈관료제의 조직 운영 원리는 정보 사회의 특성을 반영하고 있다.

38 업무의 표준화, 부서 간 경계의 엄격화 등은 관료제의 특징이다.

39 조직에서 업무 능력이 높지 않고 무능한 사람이 승진하는 사례가 나타날 수 있는 가능성은 ~~탈관료제가 관료제보다~~ 높다.
관료제가 탈관료제보다

40 관료제는 탈관료제에 비해 환경 변화에 유연하게 ~~대처할 수 있다.~~
대처하기 힘들다.

기출+예상 문제로 주제 정복하기 ▶ 본문 056~061쪽

090 ⑤	**091** ④	**092** ①	**093** ②	**094** ④	**095** ③
096 ②	**097** ②	**098** ⑤	**099** ①	**100** ②	**101** ②
102 ④	**103** ③	**104** ⑤	**105** ③	**106** ④	**107** ③
108 ①	**109** ②	**110** ③	**111** ①		

090 사회 집단   정답 ⑤

문제 분석 A는 1차 집단, B는 2차 집단, C는 이익 사회, D는 공동 사회, E는 자발적 결사체입니다.

정답 찾기 ⑤ 시민 단체와 이익 집단은 특정 목적을 달성하기 위해 구성원들이 자발적으로 만들었다는 점에서 이익 사회이자 자발적 결사체입니다.

오답 피하기 ① 특정 목적을 달성하기 위한 인간관계가 주로 나타나는 것은 2차 집단입니다. ② 구성원의 가입과 탈퇴가 자유로운 것은 자발적 결사체입니다. ③ 형식적 인간관계가 주로 나타나는 것은 2차 집단과 이익 사회입니다. ④ 법적 제재보다 관습적 제재가 주로 적용되는 것은 1차 집단과 공동 사회입니다.

091 사회 집단   정답 ④

문제 분석 자료의 ㉠~㉭과 선지를 대조하여 정답을 찾아야 합니다.

정답 찾기 ④ 국세청과 대학교 총학생회는 특정 목적을 달성하기 위해 형성된 조직으로 구성원의 역할과 책임이 명확히 구별되므로 공식 조직입니다. 이와는 달리 소속된 기획사의 봉사 동아리는 비공식 조직입니다.

오답 피하기 ① ㉠은 갑의 내집단이나 ㉡은 갑이 소속된 집단이 아니기 때문에 내집단이 될 수 없습니다. ② 연예인 야구단은 자발적 결사체이나 국세청은 자발적 결사체가 아닙니다. ③ 가족은 1차 집단이나 총동창회는 1차 집단이 아닙니다. ⑤ 가족은 공동 사회이나 방송국과 연예인 야구단은 이익 사회입니다.

092 사회 집단   정답 ①

문제 분석 A는 내집단, B는 외집단, C는 공동 사회, D는 이익 사회, E는 1차 집단, F는 2차 집단입니다.

정답 찾기 ① 소속 집단이라고 하더라도 소속감이 없으면 내집단이 될 수 없습니다.

오답 피하기 ② 내집단과 외집단 간의 갈등은 내집단 안에서의 결속을 강화시키기도 합니다. ④ 2차 집단에 해당하는 집단은 모두 선택적 의지에 의해 결합된 집단이므로 이익 사회에 해당합니다. ⑤ 구성원에 대해 1차 집단에서는 비공식적 통제, 2차 집단에서는 공식적 통제가 일반적입니다.

093 사회 집단의 분류   정답 ②

문제 분석 첫 번째 항목에 나온 퇴니스는 결합 의지에 따라 사회 집단을 공동 사회와 이익 사회로 구분하였으므로 ㉠은 '결합 의지', (가)와 (나)는 각각 공동 사회와 이익 사회 중 하나가 됩니다. 또한 두 번째 항목의 사회 집단의 종류가 1차 집단과 2차 집단으로 분류되어 있는데, 이것은 쿨리가 구성원들의 접촉 방식에 따라 사회 집단을 나눈 것입니다. 따라서 ⓐ는 쿨리, ㉡은 접촉 방식이 됩니다. 그리고 세 번째 항목에 소속감을 기준으로 사회 집단이 내집단과 외집단으로 분류되어 있는데, 이것은 섬너의 분류입니다. 따라서 ⓑ는 섬너가 됩니다.

정답 찾기 ㄱ. 나뉘어진 사회 집단의 종류를 보고 해당 학자를 유추해 본다면, ⓐ와 ⓑ는 각각 쿨리와 섬너입니다. ㄷ. 퇴니스의 분류법에 따라 (가)의 예시를 회사로 본다면, (가)는 이익 사회가 됩니다. 따라서 (나)는 공동 사회에 해당하는 예시가 등장해야 하는데, 가족은 이에 적절한 예시입니다.

오답 피하기 ㄴ. 퇴니스의 분류법에 따르면 ㉠은 결합 의지가 맞으나, 쿨리의 구분법에 따르면 ㉡은 사회화 기능 유무가 아닌 구성원들의 접촉 방식입니다. ㄹ. 2차 집단에서는 주로 공식적 제재 방식을 통한 통제가 이루어집니다.

094 사회 집단   정답 ④

🔍 눈으로 보는 해설

다음 자료를 읽고 ㉠~㉣에 대한 옳은 설명만을 〈보기〉에서 있는 대로 고른 것은? (단, ○○기업의 구성원은 한 개의 동아리에만 소속될 수 있다.)

> ┌─ 비공식 조직
> 직장인들의 사내 동아리 활동을 연구하는 갑은 ○○기업의 ㉠ △△동아리 부원 10명을 대상으로 동아리 활동에 대해 어떤 생각을 가지고 있는지 조사하였다. 스스로 지원해서 △△동아리에 들어온 10명의 부원 중 ㉡ 8명은 △△동아리 활동에 만족하고 있었지만, ㉢ 2명은 △△동아리에 대해 '우리 동아리'라는 느낌을 가지고 있지 않으며 △△동아리를 지원한 것을 후회하고 있고 동아리 모임에도 불참하고 있었다. 대신 2명은 같은 기업의 ㉣ ◇◇동아리를 심리적으로 동일시하면서 ◇◇동아리의 동아리 모임을 모방하고 있었는데 이들의 이러한 행동은 △△동아리와 ◇◇동아리 구성원 모두로부터 배척당하고 있었다. └─ 2명의 현재 준거 집단

[보기]
ㄱ. ㉠은 ㉡, ㉢에게 소속 집단이다.
ㄴ. ㉡에게 ㉠은 내집단이다.
ㄷ. ㉢에게 ㉠과 ㉣은 모두 준거 집단으로 작용했을 것이다. ─ 과거 사실
ㄹ. ㉣은 ㉡에게 외집단이지만 ㉢에게는 내집단이다.

① ㄱ, ㄴ   ② ㄱ, ㄹ   ③ ㄷ, ㄹ
④ ㄱ, ㄴ, ㄷ   ⑤ ㄴ, ㄷ, ㄹ

문제 분석 ㉠의 △△동아리는 ○○기업의 구성원들이 조직한 사회 집단이므로 비공식 조직에 속합니다. 또한 자발적 결사체의 성격을 동시에 가지고 있다고 볼 수 있습니다. ㉡의 8명과 ㉢의 2명은 모두 ㉠의 △△동아리 부원이며, 이 중 ㉢의 2명은 현재 이곳에 소속감을 느끼고 있지 않음을 알 수 있습니다. 오히려 현재는 ㉣의 ◇◇동아리를 심리적으로 동일시하고 있다는 부분에서 이 동아리를 준거 집단으로 삼고 있음을 알 수 있습니다.

정답 찾기 ㄱ. 현재 ㉡의 8명, ㉢의 2명 모두 △△동아리에 속해 있으므로 모두 ㉠이 소속 집단임을 알 수 있습니다. ㄴ. ㉡의 8명은 현재까지도 △△동아리 활동에 만족감을 가지고 있으므로 내집단이라고 할 수 있습니다. ㄷ. ㉢의 2명은 현재 △△동아리 활동에 회의적이지만, 과거에는 이를 스스로 지원해서 들어왔기 때문에 준거 집단으로 작용했었을 것입니다. 또한 현재는 ㉣의 ◇◇동아리를 심리적으로 동일시하고 있기 때문

에 준거 집단으로 작용했음을 알 수 있습니다.

오답 피하기 ㄹ. 같은 사내 동아리이긴 하지만 ㉣의 ◇◇동아리가 ㉡의 8명에게 외집단이라고 볼 수는 있습니다. 그러나 ㉢의 2명이 ㉣의 ◇◇동아리를 준거 집단으로만 삼고 있을 뿐, 현재 여기에 소속되어 있지 않기 때문에 내집단이라고 보기는 어렵습니다.

💥 함정 피하기

ㄷ을 고르지 않았다면, ㉢의 2명이 현재 ㉣의 ◇◇동아리만을 준거 집단으로 삼고 있다는 점에 초점을 맞췄을 거야. 그러나 보기 ㄷ의 마지막 문장이 '작용하고 있다.'가 아닌 '작용했을 것이다.'로 되어 있기 때문에, 과거에 이들에게 영향을 미쳤던 부분까지도 포함해서 답을 골라 줘야 해. 따라서 지금은 아니겠지만, ㉢의 2명이 한때 ㉠의 △△동아리를 스스로 지원해서 가입했다는 점에서 과거에는 이 동아리를 준거 집단으로 삼았다는 것을 알 수 있지.

095 사회 집단의 분류   정답 ③

문제 분석 다양한 사회 집단 중 ㉠의 형제는 '가족'에 해당하므로 1차 집단 혹은 공동 사회로 분류된다고 볼 수 있습니다. ㉡의 '가족' 또한 마찬가지입니다. ㉢은 갑이 동경하고 있는 대상이므로 갑에게 준거 집단으로 작용하고 있습니다. ㉣은 현재 갑이 하늘을 나는 법을 배우기 위해 입학한 곳으로 갑의 소속 집단에 해당합니다.

정답 찾기 ㄱ. 인간관계 자체를 목적으로 하는 집단이라는 의미는 쿨리의 사회 집단 구분 중 '1차 집단'에 해당합니다. ㉠은 가족이므로 1차 집단에 해당하지만, ㉣은 학교이므로 2차 집단에 해당하기 때문에 타당한 설명이라고 볼 수 있습니다. ㄹ. ㉣의 비행 학교는 현재 갑이 입학한 곳이며, 공군이 되고자 스스로 원해서 입학한 곳이기 때문에 내집단에도 해당한다고 볼 수 있습니다.

오답 피하기 ㄴ. ㉡은 할머니에게 입양되어 잠시나마 갑에게 내집단으로 작용하였지만, 수단적 만남과 간접적 접촉을 바탕으로 형성되는 2차 집단으로 작용하지는 않았습니다. ㄷ. ㉢은 갑이 동경하는 대상이므로 준거 집단에는 해당되지만, 아직 공군이 되지는 않았기 때문에 소속 집단이라고는 볼 수 없습니다.

096 사회 집단의 분류   정답 ②

문제 분석 ㉠은 사내 노동조합으로, 자발적 결사체와 공식 조직의 성격을 동시에 가지고 있습니다. ㉡의 시민 연대는 시민 단체에 해당하며, ㉠과 마찬가지로 자발적 결사체와 공식 조직의 성격을 동시에 가지고 있습니다. ㉢은 회사의 총무 부서로, 회사와 마찬가지로 공식 조직에 해당합니다. ㉣의 학부모 친목 모임은 자발적 결사체에 해당합니다. ㉤의 학급은 공식 조직인 학교 내의 정식 편제로서 마찬가지로 공식 조직에 해당합니다. ㉥의 가족은 공동 사회 혹은 1차 집단에 해당합니다.

정답 찾기 ㄱ. ㉠은 노동조합 중에서도 사내 노동조합에 해당하기 때문에 자발적 결사체이지만, 친목의 목적이 없는 공식 조직으로 보아야 합니다. ㉤의 학급 또한 공식 조직인 학교에서 정식으로 편성하고 배치한 것이므로 마찬가지로 공식 조직으로 보아야 합니다. ㄷ. ㉡은 시민 단체인데, 2차 집단, 자발적 결사체, 공식 조직, 이익 사회의 성격을 모두 가지고 있습니다.

오답 피하기 ㄴ. ㉢과 ㉣ 모두 선택 의지에 의해 인위적으로 형성되는 이익 사회입니다. ㄹ. ㉣이 ㉥에 비해 가입과 탈퇴가 자유롭습니다.

097 사회 집단   정답 ②

문제 분석 ㉠~㉥을 선지의 설명과 대조하여 올바른 설명을 찾아야 합니다.

정답 찾기 ② ☆☆☆의 팬클럽은 아이돌 그룹 ☆☆☆을 응원하고자 팬들이 자발적으로 만들었다는 점에서, 자발적 결사체이자 이익 사회입니다.

오답 피하기 ① 갑이 아이돌 그룹의 멤버가 되기를 꿈꾸어 왔다는 점에서, 아이돌 그룹은 갑의 준거 집단이 될 수 있으나, 갑이 소속된 적이 없기 때문에 내집단은 아닙니다. ③ ◇◇ 단체는 공식 조직으로, 전인격적 인간관계를 바탕으로 하지 않습니다. ④ △△ 기획사는 2차 집단이자 공식 조직이지만, 댄스 모임은 1차 집단의 성격이 강한 비공식 조직입니다. ⑤ 역할이 아니라 역할 행동에 대한 제재와 보상입니다.

098 사회 집단 　　　　　정답 ⑤

문제 분석 선지에서 제시한 상황을 자료에 대입하여 정답을 찾아야 합니다.
정답 찾기 ⑤ B가 친목 집단이면, A와 C는 각각 이익 집단과 시민 단체 중 하나입니다. 이익 집단과 시민 단체는 특정 과업을 달성하기 위한 공식 조직에 해당합니다.
오답 피하기 ① 자발적 결사체는 종류와 관계없이 가입과 탈퇴가 자유롭습니다. ② 자발적 결사체는 종류와 관계없이 선택 의지에 의해 결합된 이익 사회입니다. ③ 자발적 결사체는 종류와 관계없이 공통의 관심사나 목표를 가지고 있습니다. ④ 자발적 결사체는 종류와 관계없이 사회의 다원화에 기여합니다.

099 사회 집단 　　　　　정답 ②

문제 분석 보기에서 제시한 상황을 자료에 대입하여 정답을 찾아야 합니다.
정답 찾기 ㄱ. 시민 단체와 학급은 특정 목적을 위해 만들어진 이익 사회입니다. ㄹ. 갑~병 모두 한 가족의 구성원이므로 공동 사회에 속해 있습니다. 그리고 갑이 속한 학교와 대학원 및 시민 단체, 을이 속한 회사와 노동조합, 병이 속한 학교는 공식 조직입니다.
오답 피하기 ㄴ. 갑이 속한 시민 단체, 을이 속한 사내 야구 동호회와 노동조합, 병이 속한 청소년 봉사 단체는 자발적 결사체입니다. 즉, 갑~병 모두 자발적 결사체에 소속되어 있습니다. ㄷ. 을이 속한 사내 야구 동호회만이 비공식 조직입니다.

100 다양한 사회 집단의 구분 　　　　　정답 ②

문제 분석 ㉠은 공식 조직인 회사에서 설치하고 운영하는 하나의 정식 부서로서, 공식 조직에 해당합니다. ㉡은 공식 조직 내부에서 공통의 관심사와 친목을 목적으로 형성된 자발적 결사체인 비공식 조직에 해당합니다. ㉢에 가입하려면 부계 친족 중 성과 본이 같은 사람들이어야 한다는 점에서 이를 가족과 같은 1차 집단이나 공동 사회로 오해할 수 있지만 공동 사회에는 해당하지 않습니다. 오히려 구성원들이 자발적인 의지로 만들었다는 점에서 자발적 결사체로, 그 설립 목적과 운영 방식 등이 체계적이므로 공식 조직으로 볼 수 있습니다. ㉣은 공통의 관심사와 친목을 목적으로 형성된 자발적 결사체에 해당하며 ㉤은 1차 집단이자 공동 사회에 해당합니다.
정답 찾기 ㄴ. ㉡과 ㉣은 모두 구성원들의 공통의 관심사를 통해 자발적으로 형성되었다는 점에서 이익 사회이자 자발적 결사체라고 볼 수 있습니다. ㄹ. 일요일에는 비공식 조직 모임이 없으나, 토요일에는 ㉡의 사내 미술 동호회가 비공식 조직에 해당하기 때문에 활동이 예정되어 있습니다.
오답 피하기 ㄱ. ㉠은 회사의 영업부로서 공식 조직이지만, 1차 집단이 아닌 2차 집단의 성격을 지닙니다. ㄷ. ㉣과 달리 ㉤은 공동 사회에 해당되기 때문에 본질 의지에 따라 구성됩니다.

101 다양한 사회 집단의 구분 　　　　　정답 ②

문제 분석 (가)는 공식 조직과 자발적 결사체의 교집합 부분으로서, 두 집단의 특성을 모두 가지고 있는 시민 단체, 이익 집단, 노동조합 등이 이에 해당합니다. (나)는 자발적 결사체 중에서도 비공식 조직의 특성이 나타

나지 않는 순수한 부분으로, 동호회, 조기 축구회 등이 이에 해당합니다. (다)는 이익 사회의 바깥 부분으로, 가족이나 친족 같은 공동 사회가 이에 해당합니다.
정답 찾기 ② (가)는 공식 조직과 자발적 결사체의 교집합 부분으로, 시민 단체는 이에 적합합니다. (나)는 자발적 결사체 중에서도 비공식 조직의 특성이 나타나지 않는 순수한 부분으로, 지역 산악회는 이에 적합합니다. (다)는 이익 사회의 바깥 부분인 공동 사회이므로, 가족은 이에 적합합니다.
오답 피하기 ① 회사는 자발적 결사체의 속성이 없으므로 (가)에 적합지 않으며, 교내 동호회는 비공식 조직에 해당하기 때문에 (나)에 적합지 않습니다. ③ 사내 동아리는 비공식 조직에 해당하기 때문에 (나)에 적합하지 않으며, 동호회는 (다)가 아닌 (나)에 적합합니다. ④ 종친회는 자연 발생적이거나 본질 의지로 형성되는 것이 아니라 선택적 의지로 만들어지는 이익 사회이며, 공식 조직과 자발적 결사체의 성격을 모두 가지고 있기 때문에 (가)에 적합합니다. ⑤ 학교는 공식 조직에 해당하기 때문에 (가)에 적합하지 않으며, 군대 역시 공식 조직이기 때문에 (나)에 적합지 않습니다. 향우회는 일반적으로 (나)로 볼 수 있습니다.

102 다양한 사회 집단의 구분 　　　　　정답 ④

문제 분석 첫 번째 질문인 '구성원들의 선택적 의지에 따라 결합되었는가?'라는 부분에 '아니요'라고 대답한 A는 공동 사회에 해당하며, 두 번째 질문인 '공통의 관심사나 목표를 가진 사람들이 공식 조직 외에 자발적으로 결성한 집단인가?'라는 질문에 '아니요'라고 대답한 B는 공식 조직에 해당합니다. 세 번째 질문인 '공식 조직에 속한 구성원들이 친밀한 인간관계에 바탕을 두고 형성하였는가?'라는 질문에 '예'라고 대답한 D는 비공식 조직, '아니요'라고 대답한 C는 자발적 결사체에 해당합니다.
정답 찾기 ㄴ. A는 공동 사회이고, C는 자발적 결사체입니다. 두 조직 모두 전인격적 인간관계가 나타날 수 있습니다. ㄹ. A는 공동 사회이고, D는 비공식 조직, C는 자발적 결사체입니다. 공동 사회는 이들 중 구성원의 가입과 탈퇴가 가장 어렵습니다.
오답 피하기 ㄱ. A는 공동 사회이고, B는 공식 조직, D는 비공식 조직입니다. A에 비해 B와 D는 수단적 가치를 중시하지만, 목적적 가치를 중시하는 것은 A입니다. ㄷ. D는 비공식 조직으로, 2차 집단보다는 1차 집단의 성격이 두드러지게 나타난다는 특징이 있습니다.

103 다양한 사회 집단의 구분 　　　　　정답 ③

정답 찾기 A는 공동 사회이므로 친족이 이에 들어갈 수 있고, B는 공식 조직이므로 대학교가 들어갈 수 있습니다. C는 자발적 결사체이므로 친목 집단이 이에 들어갈 수 있고, D는 비공식 조직이므로 시청 내 산악회가 이에 들어갈 수 있습니다.
오답 피하기 ① 인권 단체는 공식 조직이자 자발적 결사체이기 때문에 B뿐 아니라 C에도 해당됩니다. 주식 회사는 공식 조직이기 때문에 D보다는 B에 위치해야 합니다. ② 노동조합은 공식 조직과 자발적 결사체의 성격을 함께 띠기 때문에 C에는 적합하지 않습니다. ④ 시민 단체는 공식 조직과 자발적 결사체의 성격을 함께 띠기 때문에 D에는 적합하지 않으며, 고등 학교의 총동문회는 절차와 규약, 조직 등이 체계적인 공식 조직에 해당하기에 C가 아닌 B에 적합합니다. ⑤ 고등학교 교무부는 공식 조직인 학교의 정식 편제에 해당하므로 공식 조직이며, 주식 회사도 공식 조직이므로 둘 다 B에 적합합니다.

104 사회 집단 및 조직의 유형 　　　　　정답 ⑤

고난도 평가원 기출				
①	②	③	④	❺
4%	7%	16%	6%	65%

사회 집단 및 조직의 유형 A~F에 대한 설명으로 옳은 것은?

• 사회 집단은 사회 구성원의 결합 의지에 따라 A, B로 구분되고, 접촉 방식에 따라 C, D로 구분된다. 모든 C는 B에 해당하며, D에서의 인간관계는 전인격적이다.
  ↳퇴니스의 기준 ↳공동 사회, 이익 사회
  ↳쿨리 ↳1차, 2차

• E는 목표가 명확하고 구조화된 상호 작용이 이루어지는 사회 조직이다. F는 E를 전제로만 존재하며, E의 효율성을 높이는 순기능이 있지만 파벌을 조성하는 역기능도 있다.
  ↳비공식 조직의 순기능

① A에서는 형식적 · 수단적 인간관계가 일반적이다. — 공동 사회
② C에서는 비공식적 제재가 일반적이다. 2차 집단
③ B에 해당하는 모든 사회 집단은 E에도 해당한다.
  ↳공식적
④ 모든 자발적 결사체는 F에 해당한다.
⑤ A~F에 해당하는 집단은 모두 준거 집단이 될 수 있다.

문제 분석 사회 구성원의 결합 의지에 따라 구분되는 A, B는 퇴니스의 분류로서 공동 사회와 이익 사회로 나뉠 수 있다. 접촉 방식에 따라 구분되는 C, D는 쿨리의 분류로서 1차 집단과 2차 집단으로 나뉠 수 있습니다. 그런데, 그 중 D에서의 인간관계가 전인격적이라 했으므로 D가 1차 집단, C는 2차 집단에 해당합니다. 또한 모든 C는 B에 해당한다고 하였으므로 C를 모두 포함하고 있는 B는 이익 사회, 그리고 이에 따라 A는 공동 사회가 됩니다. 한편, 목표가 명확하고 구조화된 상호 작용이 이루어지는 사회 조직인 E는 '공식 조직', 이를 전제로 존재하며 효율성과 파벌 조성의 양면성을 지니고 있는 F는 '비공식 조직'입니다.

정답 찾기 ⑤ 준거 집단은 한 개인이 자신의 신념이나 태도 등을 정하는 기준으로 삼거나 행동이나 판단의 근거로 여기는 집단으로, 어느 집단이던 준거 집단이 될 수 있습니다.

오답 피하기 ① 형식적 · 수단적 인간관계가 일반적인 것은 공동 사회(A)가 아닌 이익 사회(B)입니다. ② 비공식적 제재가 일반적인 것은 2차 집단(C)이 아닌 1차 집단(D)입니다. ③ 이익 사회(B)의 모든 집단이 공식 조직(E)에도 해당되는 것은 아닙니다. 공식 조직 바깥에 있는 '자발적 결사체'와 같은 사례도 있습니다. ④ 모든 자발적 결사체가 비공식 조직(F)인 것이 아니라, 모든 비공식 조직이 자발적 결사체입니다.

⭐ **함정 피하기**

모든 2차 집단은 이익 사회에 해당한다는 부분을 이해하는 것이 중요해. 이 부분은 실제로 기출된 적이 있는 선지야. 그러나 모든 이익 사회가 공식 조직인 것은 아니야. 단적인 예로, '시민 단체'라는 이익 사회는 자발적 결사체면서 공식 조직일 수 있지만, '조기 축구회'나 '동호회'와 같은 순수한 자발적 결사체도 이익 사회로 분류되는데 공식 조직은 아니지.

105 관료제와 탈관료제   정답 ③

문제 분석 권한과 책임의 명확성이 강한 A는 관료제이고, 이를 통해 B는 탈관료제에 해당함을 알 수 있습니다.

정답 찾기 ③ 관료제와 탈관료제 모두 효율성을 추구합니다.

오답 피하기 ① 업적에 따른 보상을 더 중시하는 것은 탈관료제입니다. ② 정보 사회의 특성을 반영하는 것은 탈관료제입니다. ④ 조직 운영의 유연성은 탈관료제가 더 강하게 나타나므로 (나)에 들어가야 합니다. ⑤ 업무의 표준화는 관료제가 더 강하게 나타나므로 (가)에 들어가야 합니다.

106 관료제와 탈관료제   정답 ④

문제 분석 경력보다 업무 성과를 고려한 차등적 보상은 탈관료제에서 중시됩니다. 따라서 (가)는 관료제, (나)는 탈관료제입니다.

정답 찾기 ㄴ. 의사 결정 권한의 집중보다 분산의 지향은 탈관료제의 특

성입니다. B에 들어갈 수 있는 질문입니다. ㄷ. 조직의 운영에서 유연성보다 안정성을 중시하는 것은 관료제의 특성입니다. A에 들어갈 수 있는 질문입니다. ㄹ. 규약에 따른 과업 수행은 관료제, 창의적 과업 수행은 탈관료제에서 중시됩니다. B에 들어갈 수 있는 질문입니다.

오답 피하기 ㄱ. 효율적인 과업 수행의 지향은 관료제와 탈관료제 모두가 갖는 특성입니다.

107 관료제와 탈관료제   정답 ③

문제 분석 A 기업의 조직 운영 방식에서 나타난 (가)는 관료제이고, B 기업의 조직 운영 방식에서 나타난 (나)는 탈관료제입니다.

정답 찾기 ③ 관료제와 탈관료제 모두 공식적 통제 방식으로 갈등을 해결합니다.

오답 피하기 ① 관료제는 무사안일주의로 인한 비효율성이 나타날 가능성이 크다는 비판을 받습니다. ② 탈관료제는 외부 환경 변화에 유연하게 대처하기가 용이합니다. ④ 관료제에 비해 탈관료제에서 상향식 의사 결정과 수평적 의사소통이 더 중시됩니다. ⑤ 관료제에 비해 탈관료제에서 업무 결정권이 분산되며 구성원의 창의성이 발휘되기가 더 용이합니다.

108 관료제와 탈관료제   정답 ①

문제 분석 ㉠의 근대 산업화 이후 대규모 조직을 효율적으로 관리할 수 있는 조직 운영 방식은 관료제를 의미하고, 그의 역기능인 ㉡은 관료제의 역기능을 의미합니다. 그리고 새로운 사회에 발맞추어 나타난 새로운 조직 형태인 ㉢은 탈관료제를 의미합니다.

정답 찾기 ㄱ. 위계의 서열화는 조직 구성원들의 창의력 저하를 가져올 수 있습니다. ㄷ. 목적 전치 현상은 지나친 규약과 절차의 강조로 인해 오히려 본래의 조직 목표 달성이 방해받는 현상입니다.

오답 피하기 ㄴ. 관료제는 과업의 전문화를 통해 전체 업무가 아닌 개개인의 업무에 대한 이해 정도만을 높입니다. ㄹ. 탈관료제는 의사 결정 권한을 분산시켰다는 특징이 있습니다.

109 관료제와 탈관료제   정답 ②

문제 분석 첫 번째 질문인 '연공서열에 따른 승진과 보수를 중시하는가?'에 '아니요'라고 대답한 A는 탈관료제, '예'라고 대답한 B는 관료제가 됩니다.

정답 찾기 ㄱ. 관료제와 탈관료제 모두 공식 조직의 운영 원리에 해당하기 때문에 두 번째 질문인 '공식적인 통제 방식으로 갈등을 해결하는가?'라는 질문에 모두 '예'라고 대답할 것입니다. 따라서 ㉠, ㉡은 모두 '예'가 맞습니다. ㄷ. 탈관료제는 관료제보다 외부 환경 변화에 유연하게 대처할 수 있습니다.

오답 피하기 ㄴ. 상명하복식 의사 결정 구조를 보이는 것은 관료제입니다. ㄹ. '조직 운영의 효율성을 강조하는가?'라는 질문이 (가)에 들어간다면, 관료제와 탈관료제 모두 나름의 효율성을 강조하는 입장이기에 모두 '예'라고 대답할 것입니다.

110 관료제와 탈관료제   정답 ③

문제 분석 A는 하향식 의사 결정에 규칙 중심의 관리 방식을 원리로 하고 있으므로 관료제에 해당합니다. 반면 B는 상향식 의사 결정에 과업 중심의 관리 방식을 원리로 하고 있으므로 탈관료제에 해당합니다.

정답 찾기 ㄷ. 탈관료제는 관료제에 비해 조직의 결성과 해체가 신축적이기 때문에 조직 운영의 안정성이 저하될 수 있습니다. ㄹ. 탈관료제는 수평적으로 기능상 분업 체계를 이루면서 효율성이 높습니다.

오답 피하기 ㄱ. A, B 모두 공식 조직의 운영 원리이기 때문에 2차적 인

간관계가 지배적으로 나타납니다. ㄴ. 관료제는 탈관료제에 비해 업적보다는 연공서열이 중시됩니다.

111 관료제와 탈관료제 정답 ①

문제 분석 '위계의 서열화가 뚜렷한가?'라는 첫 번째 질문에 '아니요'라고 대답한 A는 탈관료제, '예'라고 대답한 B는 관료제가 됩니다.

정답 찾기 ㄱ. '인간관계가 수단적 만남과 간접적 접촉이 이루어지는 조직인가?'라는 질문에는 A와 B 모두 '예'라고 대답해야 합니다. ㄷ. '환경 변화에 유연한 대처와 신속한 의사 결정이 가능한가?'라는 질문에 A는 '예', B는 '아니요'가 들어가야 합니다.

오답 피하기 ㄴ. '개인의 창의성과 자율성을 최대한 보장하려고 노력하는가?'라는 질문에 A는 '예', B는 '아니요'라고 대답해야 합니다. ㄹ. 관료제와 탈관료제 모두 정해진 절차에 따라 특정 목적을 달성하기 위한 공식조직에 해당합니다.

07강 일탈 행동의 원인과 대책

핵심 개념 CHECK! ▸본문 063쪽

01 ◯	02 ◯	03 ✕	04 ✕	05 ✕	06 ◯	07 ◯	08 ◯
09 ◯	10 ✕	11 ◯	12 ✕	13 ◯	14 ◯	15 ◯	16 ✕
17 ◯	18 ◯	19 ◯					

◯✕ 문장 바로 알기

01 뒤르켐의 아노미 이론은 지배적인 규범의 약화 혹은 붕괴 상태에서 일탈 행동이 발생한다고 보았다.

02 같은 행동일지라도 일탈 행동으로 판단되는 기준은 시대와 사회에 따라 달라질 수 있다.

03 일탈 행동은 비난, 처벌 등 사회적 제재의 대상이 ~~되지는 않는다.~~
된다.

04 선거에 이기기 위한 금품 지급, 시험에서의 부정 행위 등은 ~~낙인 이론~~의 사례이다.
머튼의 아노미 이론

05 ~~뒤르켐~~의 아노미 이론은 문화적 목표와 제도적 수단 간의 괴리를 아노미라고 본다.
머튼

06 차별 교제 이론은 일탈자와의 상호 작용을 통해 일탈 행동의 학습이 일어난다고 본다.

07 낙인 이론은 신중한 낙인의 중요성을 강조함으로써 일탈을 해결할 수 있다고 본다.

08 뒤르켐의 아노미 이론은 무규범 상태를 일탈 행동의 원인으로 강조한다.

09 낙인 이론은 부정적 자아의 형성이 일탈 행동의 원인이라고 본다.

10 ~~차별 교제 이론~~은 차별적 제재를 일탈 행동의 원인이라고 본다.
낙인 이론

11 낙인 이론은 범죄 이해를 위해 사람들에 의해 특정 행동이 범죄로 간주되는 맥락을 파악해야 한다고 본다.

12 일탈의 원인으로 과거에는 ~~사회적인~~ 요인을 강조했으나 오늘날에는 ~~개인적인~~ 요인을 강조한다.
개인적인 / 사회적인

13 ~~머튼의 아노미 이론~~은 타인들과의 상호 작용을 통해 일탈이 발생한다고 본다.
차별 교제 이론

14 2차적 일탈 행동 발생에 초점을 두는 것은 낙인 이론이다.

15 차별 교제 이론은 일탈 집단과의 교류를 일탈의 원인으로 본다.

16 일탈 행동이 사회화 과정을 거친다고 보는 것은 ~~낙인 이론~~의 입장이다.
차별 교제 이론

17 사회적 합의를 통한 결속력 강화를 해결 방안으로 제시하는 것은 기능론의 입장이다.

18 낙인 이론은 타인의 부정적 시선을 내면화한 결과 일탈 행동을 반복한다고 본다.

19 불법적인 방법을 통해서라도 목표를 달성하고자 하는 사례는 머튼의 아노미 이론에 가까운 사례이다.

기출+예상 문제로 주제 정복하기 ▸본문 065~067쪽

| 112 ⑤ | 113 ③ | 114 ③ | 115 ⑤ | 116 ④ | 117 ④ |
| 118 ① | 119 ② | 120 ⑤ | 121 ② | | |

112 일탈을 설명하는 이론 정답 ⑤

문제 분석 제시된 자료에 따르면 A는 아노미 이론, B는 차별 교제 이론, C는 낙인 이론이 됩니다.

정답 찾기 ⑤ 차별 교제 이론에서는 일탈 행동의 원인을 일탈 집단과의 차별적인 교류에서 찾기 때문에, 일탈 행동에 대한 대책으로 정상적인 사회 집단과의 교류 촉진을 제시합니다.

오답 피하기 ① 법 위반에 대한 우호적 가치의 습득은 차별 교제 이론에서 보는 일탈 행동의 원인입니다. ② 불평등한 사회 구조와 그로 인한 집단 간의 갈등은 갈등 이론에서 보는 일탈 행동의 원인입니다. ③ 사소한 무질서를 방치하는 것이 더 큰 일탈 행동을 초래한다고 보는 것은 '깨진 유리창 이론'에 해당합니다. '깨진 유리창 이론(Broken Window Theory)'이란, 주인이 깨진 유리창에 관심을 기울이지 않고 방치하면 자기 물건에 대해 신경 쓰지 않고 있다는 인식을 주게 되어 더 큰 파괴나 범죄를 유발할 수 있다는 이론입니다. ④ 일탈 행동에 대한 규정을 신중하게 할 필요가 있음은 낙인 이론에서 보는 일탈 행동의 해결책입니다.

113 일탈을 설명하는 이론 정답 ③

고난도 평가원 기출				
①	②	❸	④	⑤
4%	2%	52%	12%	31%

표는 일탈 이론 A~C를 질문에 따라 구분한 것이다. 이에 대한 옳은 설명만을 〈보기〉에서 있는 대로 고른 것은? (단, A~C는 각각 낙인 이론, 아노미 이론, 차별 교제 이론 중 하나이다.)

질문 이론	(가)	(나)	(다)
A	예	아니요	아니요
B	아니요	아니요	예
C	아니요	예	아니요

〈보기〉

ㄱ. A가 아노미 이론, B가 차별 교제 이론이라면, "타인들과의 상호 작용이 일탈 발생 과정에 미치는 영향을 중시하는가?"는 (다)에 적절하다.
　　↳미시적 관점(차별 교제 이론 낙인 이론)　↳차별 교제 이론

ㄴ. B가 낙인 이론, C가 아노미 이론이라면, "일탈자와의 접촉 차단을 일탈에 대한 대책으로 보는가?"는 (가)에 적절하다.

ㄷ. (가)가 "사회 규범의 통제력 회복을 일탈에 대한 대책으로 보는가?"라면, "일탈의 원인으로 구조적인 요인을 강조하는가?"는 (나)에 적절하다.
　　↳아노미 이론　↳거시적 관점　↳낙인 이론

ㄹ. (가)가 "일탈 행동에 대한 부정적 반응을 일탈의 원인으로 보는가?"이고, (다)가 "문화적 목표에 도달할 기회 제공을 일탈에 대한 대책으로 보는가?"라면, C는 차별 교제 이론이다.
　　↳아노미 이론

① ㄱ, ㄴ　　② ㄴ, ㄷ　　③ ㄴ, ㄹ
④ ㄱ, ㄴ, ㄹ　　⑤ ㄱ, ㄷ, ㄹ

문제 분석 제시된 자료는 선지의 상황에 따라 질문과 답이 달라지는 유형이기 때문에, 각각의 상황과 대조해 가며 정답을 찾아야 합니다.

정답 찾기 ㄴ. A는 차별 교제 이론, B는 낙인 이론, C는 아노미 이론이 됩니다. 일탈자와의 접촉 차단을 일탈에 대한 대책으로 보는 것은 차별 교제 이론으로, 여기에 '예'라고 대답할 수 있는 것은 A뿐입니다. ㄹ. 일탈 행동에 대한 부정적 반응을 일탈의 원인으로 보는 것은 낙인 이론입니다. 그리고 문화적 목표에 도달할 기회 제공을 일탈에 대한 대책으로 보는 것은 아노미 이론입니다. 따라서 전자에 (가), 후자에 (다)를 위치시키면 여기에 각각 '예'라고 대답할 수 있는 A가 낙인 이론, B가 아노미 이론이 되며 자연스럽게 C가 차별적 교제 이론이 됩니다.

오답 피하기 ㄱ에 따르면 A는 아노미 이론, B는 차별 교제 이론, C는 낙인 이론이 됩니다. 타인들과의 상호 작용이 일탈 발생 과정에 미치는 영향을 중시하는 것은 미시적 관점에서 '예'라고 대답할 수 있는 질문으로서 차별 교제 이론과 낙인 이론이 이에 해당하므로 (다)에는 적절하지 않습니다. ㄷ. 사회 규범의 통제력 회복을 일탈에 대한 대책으로 보는 것은 아노미 이론입니다. (가)에 이 질문이 들어간다면, A는 아노미 이론이 됩니다. 그러나 일탈의 원인으로 구조적인 요인을 강조하는 것도 아노미 이론의 특징이기 때문에 이 질문은 (나)가 아니라 (가)에 적절합니다.

💣 **함정 피하기**

일반적으로 일탈 이론 중 타인과의 상호 작용이 일탈에 미치는 영향이라 하면 차별 교제 이론만을 떠올리기 쉬워. 그러나 낙인 이론 또한 주위 사람들이 부정적 인식이 이에 따른 부정적 자아의 형성이라는 상호 작용이 일탈에 중요한 영향을 미치고 있다고 봐. 특히 표에 〈보기〉를 대입하여 풀어야 하는 형태였기 때문에, 〈보기〉 ㄱ을 대입하여 (다)의 B가 옳음에도 불구하고 (다)의 C가 틀렸기 때문에 〈보기〉 ㄱ이 틀린 진술임을 파악하는 것은 쉽지 않았을 거야.

114 일탈을 설명하는 이론　　정답 ③

문제 분석 제시문에서 주장하는 일탈 행동의 이론은 낙인 이론입니다. 따

라서 이를 주장한 갑 역시 낙인 이론의 관점을 가지고 있다고 볼 수 있습니다.

정답 찾기 ㄴ. 낙인 이론에서는 일탈이 행위 자체보다 행위 발생의 상황과 여건에 따라 규정된다고 봅니다. ㄷ. 낙인 이론은 개인이 낙인을 받아들인 이후에 생긴 새로운 자아에 의한 일탈 행동은 습관화되기 쉽다고 봅니다.

오답 피하기 ㄱ. 낙인 이론에서는 1차적 일탈이 대부분 무의식적으로 이루어진다고 봅니다. ㄹ. 해당 내용은 기능론에 대한 설명입니다. 낙인 이론은 미시적 관점인 상징적 상호 작용론을 기반하여 일탈을 설명하는 이론입니다.

115 일탈을 설명하는 이론　　정답 ⑤

문제 분석 제시된 자료에 따르면 (가)는 머튼의 아노미 이론, (나)는 낙인 이론, (다)는 차별 교제 이론입니다.

정답 찾기 ⑤ 차별 교제 이론은 아노미 이론과 달리 일탈자와의 상호 작용 과정에서 일탈이 학습된다고 주장합니다.

오답 피하기 ① 불평등한 사회 구조와 계급 간 갈등을 일탈 행동의 근본 원인이라고 보는 것은 갈등 이론입니다. 갈등 이론은 불평등한 사회 구조와 계급 간 갈등으로 인해 일탈 행동이 발생한다고 보는 이론으로 일탈은 일시적인 현상이 아니라 구조적 모순에서 나타나는 불평등의 결과라고 봅니다. ② 일탈 행동이 비행 집단과의 교류로 인해 비롯된다고 보는 것은 차별 교제 이론입니다. ③ 사회의 지배적인 규범이 약화되거나 해체될 때 일탈 행동이 증가한다고 보는 것은 뒤르켐의 아노미 이론입니다. ④ 일탈 행동을 거시적 관점에서 바라보는 것은 아노미 이론입니다.

116 일탈을 설명하는 이론　　정답 ④

문제 분석 제시된 자료는 선지의 상황에 따라 질문과 답이 달라지는 유형이기 때문에, 각각의 상황과 대조해가며 정답을 찾아야 합니다.

정답 찾기 ④ 선지의 상황을 자료에 대입해 보면, A는 낙인 이론, B는 아노미 이론, C는 차별 교제 이론이 됩니다. 일탈 행동이 급격한 사회 변동으로 야기된다고 보는 관점은 아노미 이론이므로, B가 여기에 '예'라고 대답하는 것은 적절합니다.

오답 피하기 ① 선지의 상황을 자료에 대입해 보면 A는 아노미 이론, B는 차별 교제 이론, C는 낙인 이론이 됩니다. 그러나 '일탈에 대한 객관적인 기준이 없다고 보는 것'은 낙인 이론에 대한 설명이므로 B가 아닌 C에 해당합니다. ② 선지의 상황을 자료에 대입해 보면 A는 차별 교제 이론, B는 아노미 이론, C는 낙인 이론이 됩니다. 그러나 목표와 수단의 괴리가 초래한 일탈 행동을 설명하는 데 용이한 것은 아노미 이론에 대한 설명이므로 C가 아닌 B에 해당합니다. ③ 선지의 상황을 자료에 대입해 보면 A는 차별 교제 이론, B는 낙인 이론, C는 아노미 이론입니다. 그러나 일탈자에 대한 재사회화를 강조하는 것은 아노미 이론에 대한 설명이므로 해당 질문은 (나)가 아닌 (가)에 들어가는 것이 적절합니다. ⑤ 선지의 상황을 자료에 대입해 보면 A는 차별 교제 이론, B는 아노미 이론, C는 낙인 이론이 됩니다. 그러나 목표 달성을 위한 수단 제공이 일탈의 해결책이 되는 것은 아노미 이론에 대한 설명이므로 해당 질문은 (나)가 아닌 (가)에 들어가는 것이 적절합니다.

117 일탈 이론의 비교　　정답 ④

문제 분석 갑은 차별 교제 이론, 을은 아노미 이론, 병은 낙인 이론의 입장에서 일탈을 보고 있습니다.

정답 찾기 ④ 차별 교제 이론에서는 일탈 집단과의 차별적인 교제에서, 낙인 이론에서는 주위 사람들의 부정적인 낙인에서 일탈의 원인을 찾습니다. 두 이론 모두 타인과의 상호 작용을 중시합니다.

오답 피하기 ① 차별 교제 이론은 일탈의 원인을 일탈 집단과의 접촉에서 찾습니다. 사회 통제 강화는 기능론에서 일탈의 해결책으로 제시합니다. ② 아노미 이론은 일탈의 구조적 원인에 초점을 둡니다. ③ 낙인 이론은 특정 행위를 일탈 행동으로 규정하는 객관적인 기준이 없다고 봅니다. ⑤ 낙인 이론에 따르면 최초의 일탈에 대한 주위 사람들의 부정적인 반응이 이차적 일탈을 초래한다고 봅니다.

118 일탈을 설명하는 이론 　　　　　　　　 정답 ①

문제 분석 (가)는 차별 교제 이론에 대한 설명이고, (나)는 머튼의 아노미에 대한 설명입니다.

정답 찾기 ① 차별 교제 이론은 상징적 상호 작용론을 바탕으로 한 일탈 이론으로서 일탈 행위에 대해 사회 구조가 미치는 영향력을 간과할 수 있다는 한계점이 있습니다.

오답 피하기 ②, ④, ⑤ 낙인 이론에 대한 설명입니다. ③ 기능론을 전제로 하는 이론은 아노미 이론입니다.

119 일탈을 설명하는 이론 　　　　　　　　 정답 ②

문제 분석 제시된 자료에 부각되고 있는 일탈 행동들은 낙인 이론과 머튼의 아노미 이론입니다.

정답 찾기 ㄱ. 낙인 이론에 대한 해결책에 해당합니다. ㄷ. 머튼의 아노미 이론에 대한 해결책에 해당합니다.

오답 피하기 ㄴ. 낙인 이론에서는 일탈을 방지하기 위해 일탈 혹은 낙인에 대한 신중한 접근을 요합니다. ㄹ. 뒤르켐의 아노미 이론에 대한 해결책에 해당합니다.

120 일탈 행동을 설명하는 다양한 이론 　　　　 정답 ⑤

문제 분석 A는 낙인 이론이고, B와 C는 (가)에 따라 달라집니다.

정답 찾기 ⑤ 뒤르켐의 아노미 이론은 급격한 사회 변동으로 일탈이 야기된다고 보며, 차별 교제 이론과 낙인 이론 모두 일탈 행동의 발생 과정에 타인과의 상호 작용이 영향을 미친다고 봅니다.

121 일탈 행동의 이론 　　　　　　　　　　 정답 ②

문제 분석 갑이 근거한 이론인 A는 일탈 행동이 주변 일탈자와의 상호 작용 속에서 '학습되는' 것이라고 보는 이론으로, 차별 교제 이론에 해당합니다. 을이 근거한 이론인 B는 '일탈자에 대한 사회적 반응'에 주목하여 일탈 행동의 반복 현상을 설명하는 이론으로, 낙인 이론에 해당합니다. 병이 근거한 이론인 C는 일탈 행동이 문화적 목표와 적법한 수단 사이에 '괴리'가 존재할 때 발생한다고 보았으므로 머튼의 아노미 이론에 해당합니다.

정답 찾기 ② 낙인 이론은 최초의 일탈에 대한 사회적 반응을 중요시하는 이론입니다. 즉, 최초의 일탈에 대해 해당 사회에서 '일탈'로 규정되면 이것이 2차적 일탈로 이어지는데, 낙인 이론의 경우에는 일탈을 규정하는 객관적 기준이 존재하지 않기 때문에 모든 최초의 일탈이 일탈로 규정되는 것은 아닙니다.

오답 피하기 ① 갈등 이론에 대한 설명입니다. ③ 낙인 이론에 대한 설명이나, C는 아노미 이론에 해당합니다. ④ 일탈 행동을 사회적 병리 현상으로 보는 것은 아노미 이론이다. 즉, 'B는 C와 달리'가 아니라 'C는 B와 달리'로 기술되어야 합니다. ⑤ 일탈 행동이 사회화되는 과정에 주목하는 것은 차별적 교제 이론이다. 따라서 'C는 A와 달리'가 아니라 'A는 C와 달리'로 기술되어야 합니다.

Ⅲ. 문화와 일상생활

08강　문화의 이해

핵심 개념 CHECK! 　　　　　　　▶ 본문 071쪽

01 ×	02 ×	03 ○	04 ×	05 ○	06 ×	07 ×	08 ○
09 ×	10 ○	11 ×	12 ○	13 ×	14 ×	15 ○	16 ×
17 ×	18 ×	19 ×	20 ○				

○× 문장 바로 알기

01 좁은 의미의 문화란 한 사회 구성원이 공유하는 ~~모든~~ 생활 양식을 말한다.
　　넓은

02 넓은 의미의 문화는 후천적으로 학습한 **모든** 것을 의미한다.
　　　　　　　　　　　　　　　개인적 습관 등은 제외

03 좁은 의미의 문화는 평가적 의미를 내포하고 있다.

04 문화생활의 '문화'는 **넓은** 의미이다.
　　　　　　　　　　좁은

05 문화는 보편성과 특수성을 모두 가지고 있다.

06 나라마다 다른 결혼 문화는 문화의 **보편성**의 사례이다.
　　　　　　　　　　　　　　　특수성

07 문화의 **변동성**은 문화는 한 사회 구성원 다수가 가지는 공통적인 생활 양식이라는 의미이다.
　　　공유성

08 문화의 변동성은 기존 문화 요소가 사라지거나 새로운 요소가 만들어진다는 것이다.

09 결혼 이민자가 다문화 가정을 지원하는 기관을 통해 우리나라의 전통 예절을 배우는 것은 문화의 **축적성**에 속한다.
　　　　　　　　　　　　　　　　　　학습성

10 문화의 공유성은 특정 상황에서 상대방이 어떻게 행동할지 예측하게 해준다.

11 문화의 학습성은 문화가 사회화 과정을 통해 **선천적**으로 습득된다고 본다.
　　　　　　　　　　　　　　　후천적

12 문화의 축적성은 문화가 다음 세대로 전승되어 쌓인다고 본다.

13 ~~상대론적~~ 관점은 자문화의 장단점을 객관적으로 파악하게 해준다.
　　비교론적

14 ~~비교론적~~ 관점은 문화를 부분이 아닌 전체로 파악해야 한다고 본다.
　　총체론적

15 상대론적 관점은 모든 문화는 고유한 가치를 지닌다고 본다.

16 ~~총체론적~~ 관점은 문화가 가진 보편성과 특수성을 이해하는 데 용이하다.
　　비교론적

17 ~~문화 사대주의~~는 국수주의를 불러일으킬 수 있다는 역기능이 있다.
　　자문화 중심주의

18 문화 상대주의는 **자신의** 문화를 기준으로 다른 문화를 평가한다.
　　　　　　　　　　각 해당 사회의

19 ~~자문화 중심주의~~는 문화 향유자 입장에서 문화를 이해하고자 한다.
　　문화 상대주의

20 문화 절대주의는 문화의 우열을 정하는 기준이 존재한다고 본다.

122 ④	123 ④	124 ①	125 ②	126 ①	127 ④
128 ④	129 ⑤	130 ④	131 ④	132 ④	133 ④
134 ③	135 ①	136 ①	137 ④	138 ⑤	139 ④
140 ⑤	141 ①	142 ③	143 ③	144 ①	145 ④
146 ②	147 ①	148 ④	149 ①	150 ⑤	

122 문화의 의미 　　　　　　　　　　　정답 ④

문제 분석 갑은 문화를 좁은 의미로, 을은 문화를 넓은 의미로 바라보고 있습니다.

정답 찾기 ㄴ. 문화를 정신적, 예술적으로 높은 수준에 도달한 것으로 인식하는 것은 좁은 의미의 문화에 해당합니다. ㄹ. 을은 문화를 넓은 의미로 바라보고 있기 때문에 '청소년 문화'에서의 문화와 같이 넓은 의미의 문화에 해당합니다.

오답 피하기 ㄱ. 문화를 평가의 대상이 아닌 이해의 대상으로 보는 것은 문화 상대주의적 태도에 해당합니다. 물론 좁은 의미의 문화는 문화를 '고급스러운 것', '세련된 것'이라는 의미로 문화를 사용해 평가의 대상으로 보는 의미도 있습니다. ㄷ. 인간의 행동 중 생물학적 본능에 의한 것이나 개인적인 습관에 해당하는 것 등은 문화에 포함되지 않기 때문에 인간의 모든 행동이 넓은 의미의 문화에 포함되는 것은 아닙니다.

123 문화의 의미 　　　　　　　　　　　정답 ④

문제 분석 제시문의 상황에 맞게 〈보기〉의 선지와 대조하며 진위 여부를 파악하는 문제입니다.

정답 찾기 ㄴ. ㉠의 이민자 집단의 문화에서 '문화'는 생활 양식이라는 넓은 의미로, ㉢의 문화인에서 '문화'는 교양이라는 좁은 의미로 사용되었습니다. ㄹ. ㉥에서는 저속하다고 여기던 재즈와 블루스가 주류 음악과 융합하여 변형되면서 갑국의 대중음악이 된 것은 문화가 변화하고 있음을 보여 줍니다.

오답 피하기 ㄱ. ㉠의 이민자 집단의 문화가 반드시 주류 문화에 대항하는 반문화인 것은 아닙니다. ㄷ. ㉡의 음악은 비물질문화, ㉣의 요리는 물질문화입니다.

124 문화의 의미 　　　　　　　　　　　정답 ①

문제 분석 청소년들끼리 공유하는 언어 문화인 '급식체'라는 신조어를 통해 현대 사회의 문화 현상을 분석하는 문제입니다.

정답 찾기 ① 갑은 ㉡이 '급식체를 사용함으로써 그들만의 집단 연대 의식을 형성하고 강화합니다.'라고 하였으므로 해당 문화를 공유하는 집단 구성원의 소속감 고취에 기여한다고 봅니다.

오답 피하기 ② 을은 급식체의 확산과 스마트폰의 사용이 상호 연관되어 있다고 봅니다. ③ 갑이 급식체를 반문화로 인식하는지 여부는 알 수 없습니다. ④ ㉠에서 '문화'는 넓은 의미, ㉣에서 '문화'는 좁은 의미로 사용되었습니다. ⑤ ㉡은 비물질문화입니다.

125 문화의 의미 　　　　　　　　　　　정답 ②

문제 분석 문화의 의미에 대해 ㉠은 넓은 의미로, ㉡은 좁은 의미로 사용되었습니다.

정답 찾기 ㄱ. 기침할 때 손으로 입을 가리는 행위에 '생활 양식'에 해당하기 때문에 넓은 의미의 문화라고 볼 수 있습니다. ㄹ. 좁은 의미의 문화는 넓은 의미의 문화와 달리 특별한 의미의 생활 양식을 의미합니다.

오답 피하기 ㄴ. '문명'은 문화를 평가적 의미에서 본 좁은 의미의 문화입

니다. 그러나 사회에 따라 문명이 존재하지 않는 경우도 있습니다. ㄷ. 좁은 의미의 문화나 넓은 의미의 문화 모두 보편성과 특수성을 함께 갖고 있습니다.

126 문화의 의미 　　　　　　　　　　　정답 ①

문제 분석 문화에 대해 ㉠은 좁은 의미로, ㉡과 ㉢은 넓은 의미로 사용되었습니다.

정답 찾기 ㄱ. 좁은 의미의 문화는 평가의 의미를 포함하고 있습니다. ㄴ. ㉡과 ㉢은 넓은 의미로 사용되었습니다.

오답 피하기 ㄷ. 문화를 지식이나 기술의 발전 단계로 본다는 것은 문화를 '평가'한다는 의미가 있기 때문에 좁은 의미의 문화에 대한 설명입니다. 따라서 문화를 지식이나 기술의 발전 단계로 보는 것은 ㉡, ㉢보다는 ㉠입니다. ㄹ. 문화에 대한 일반적인 특징을 이야기하는 것으로, ㉠~㉢ 모두에 해당합니다.

127 문화의 의미 　　　　　　　　　　　정답 ④

문제 분석 문화에 대해 갑이 이야기한 ㉠ 문화는 '청소년 문화'로서 넓은 의미의 문화를 의미합니다. 반면 을이 이야기한 ㉡ 문화는 '문화생활'로서 좁은 의미의 문화를 의미합니다.

정답 찾기 ④ 좁은 의미의 문화는 '세련된 것'과 같은 의미로 사용합니다.

오답 피하기 ① 넓은 의미의 문화는 좁은 의미의 문화를 포함합니다. ② '문화 상품권'은 좁은 의미의 문화입니다. ③ '동양 문화'는 넓은 의미의 문화입니다. ⑤ 생활 양식의 총체를 의미하는 것은 넓은 의미의 문화입니다.

128 문화의 의미 　　　　　　　　　　　정답 ④

문제 분석 (가)에서 나타난 문화는 갑국 학생들의 생활 양식을 의미하므로 넓은 의미의 문화의 사례에 해당합니다. 반면 (나)에 나타난 문화는 미개와 대비되는 의미로 사용되거나 공연 예술 등의 분야만을 한정적으로 지칭하므로 좁은 의미의 문화의 사례에 해당합니다.

정답 찾기 ④ (가)가 (나)보다 넓은 의미의 문화에 해당하므로 (가)는 (나)를 포함한다고 보아야 합니다.

오답 피하기 ① 대중문화에서의 '문화'와 같은 의미로 사용된 것은 (가)입니다. ② 고급스럽고 세련된 의미의 문화는 좁은 의미의 문화입니다. ③ (나)가 (가)보다 더 좁은 의미의 문화로 사용되었습니다. ⑤ 좁은 의미와 넓은 의미의 문화 모두 인간 행위의 결과입니다.

129 문화의 속성 　　　　　　　　　　　정답 ⑤

문제 분석 제시문에서 문화의 속성, 문화의 의미를 파악하고 상황에 맞게 〈보기〉의 선지와 대조하며 진위 여부를 파악하는 문제입니다.

정답 찾기 ㄱ. 파르테논 신전이 아테네인들의 지혜가 오랜 기간 집약되어 형성된다는 것은 문화는 전수되면서 더욱 풍부해진다는 문화의 축적성을 보여 줍니다. ㄷ. 기술은 물질문화이고, 예술은 비물질문화에 해당합니다. ㄹ. 파르테논 신전이 아테네의 국력과 기술력, 그리고 뛰어난 예술 정신이 결합되어 만들어졌다는 것은 문화의 총체성을 보여 주는 사례입니다.

오답 피하기 ㄴ. '건축 문화'에서 문화는 생활 양식이라는 넓은 의미로 사용된 것이지만, '문화 시설'에서 문화는 고상하거나 세련된 것이라는 좁은 의미로 사용된 것입니다.

130 문화의 속성 　　　　　　　　　　　정답 ④

문제 분석 ㉠은 자신이 임신했을 때는 없던 임산부 카드가 최근에는 생겼다고 했으므로 문화의 새로운 생성을 의미하는 '문화의 변동성', ㉡은 임산부 카드 착용함으로서 오해를 받지 않는다는 부분에서 원활한 의사소통을 의미하는 '문화의 공유성'에 해당합니다.

정답 찾기 ㄴ. 문화의 변동성이란 문화는 시간이 흐르면서 그 형태나 내용, 의미가 변화해 간다는 것으로, 이에 따르면 기존의 문화 요소가 소멸되거나 새로운 문화 요소가 나타나기도 하기 때문에 ㉠에 대한 설명으로 적절합니다. ㄹ. 문화를 공유함으로써 사고와 행동의 동질성이 형성되며, 이는 타인의 행동을 예측하고 이해할 수 있게 해 줌으로써 사회 질서 유지에 기여하기에 ㉡에 대한 설명으로 적절합니다.

오답 피하기 ㄱ. 문화의 각 요소가 상호 연관되어 있다는 것은 문화의 총체성에 대한 진술입니다. ㄷ. 문화가 세대 간 전승을 통해 복잡하고 다양해진다는 것은 문화의 축적성에 대한 진술입니다.

131 문화의 속성
정답 ④

문제 분석 제시된 자료에 따라 빈칸의 (가)~(마)를 채워나가는 문제입니다. (가)~(다)는 조사 주제를 통해 그 속성을 확인할 수 있는데, (가)는 전체성(총체성), (나)는 공유성, (다)는 축적성에 해당합니다.

정답 찾기 ④ '서로 다른 나라에서 자란 일란성 쌍둥이 형제의 사고 방식 차이 비교'는 문화의 학습성을 조사하는 주제로 적절합니다.

오답 피하기 ① (가)에는 전체성(총체성)이며, 문화의 각 부분들은 상호 밀접한 관련을 맺고 있어 한 부분의 변화는 다른 부분에 연쇄적인 변동을 초래합니다. ② (나)에는 공유성이며, 한 사회 구성원들이 문화를 공유하기 때문에 서로의 행동을 이해하고 예측할 수 있습니다. ③ (다)에는 축적성이며, 문화의 축적은 인류 문명의 발달을 가능하게 합니다. ⑤ 결혼 이주 여성들의 거주 지역에 따라 이들이 사용하는 사투리가 다르다면, 이는 문화의 학습성을 보여 주는 적절한 사례가 됩니다.

132 문화의 속성
정답 ④

문제 분석 첫 번째 사례는 외국에서 활약하는 운동 선수가 '현지 언어'라는 문화를 현지인들과 공유하지 못해 어려움을 겪었다는 이야기, 그리고 이를 추후 습득하여 현재는 원활한 의사소통이 이루어졌다는 부분에서 '문화의 공유성'을 찾을 수 있으며, 현지 언어가 갑에게 후천적 학습을 통해 이루어졌다는 점에서 '문화의 학습성' 찾을 수 있습니다. 한편 두 번째 사례는 스마트폰의 보편화로 인해 정치, 경제, 문화 등의 변화가 나타났다는 점에서 '문화의 전체성'을 찾을 수 있으며, 을이 이 스마트폰의 사용법을 친구에게 배워 잘 활용하게 되었다는 점에서는 '문화의 학습성'을 찾을 수 있습니다. 따라서 위의 두 사례에서 공통적으로 찾아볼 수 있는 문화의 속성은 바로 '학습성'입니다.

정답 찾기 ㄴ. 문화의 학습성은 사회화 과정을 통해 개인의 사회적 행동이 형성됨을 보여 줍니다. ㄹ. 문화의 학습성은 문화가 선천적인 것이 아니라 후천적 학습을 통해 형성되는 생활 양식이라는 것을 보여 줍니다.

오답 피하기 ㄱ. 문화의 축적성을 나타내는 진술입니다. ㄷ. 문화의 변동성을 나타내는 진술입니다.

133 문화의 속성
정답 ④

문제 분석 제시문에 등장한 사례는 제임스 와트가 토머스 세이버리 - 토머스 뉴커먼으로 축적되어 오는 증기 기관을 바탕으로 새로운 증기 기관을 창출해 내었다는 이야기입니다. 이를 통해 알 수 있는 문화의 속성은 축적성과 변동성입니다.

정답 찾기 ㄴ. 문화의 축적성에 해당하는 설명입니다. ㄹ. 문화의 변동성에 해당하는 설명입니다.

오답 피하기 ㄱ. 문화의 학습성에 대한 설명이나 제시문에는 학습성에 해당하는 사례는 등장하지 않습니다. ㄷ. 문화의 공유성에 대한 설명이나 제시문에는 공유성에 해당하는 사례는 등장하지 않습니다.

134 문화의 속성
정답 ③

문제 분석 ㉠ 소금 절임 김치가 고춧가루가 전해져 더욱 풍부하고 다양해졌다는 부분을 통해 문화의 축적성과 변동성을 알 수 있습니다. ㉡ 아마존 남비콰라족들은 씻지 않은 채로 지내는 부부를 보고 아이가 태어났음을 짐작할 수 있다는 부분을 통해 문화의 공유성을 알 수 있습니다. ㉢ 인도에서 소를 잡아먹지 않는 이유가 대해 종교적 이유 및 농경적인 이유가 관계되어 있음을 통해 문화의 전체성을 알 수 있습니다.

정답 찾기 ㄱ. 문화의 축적성에 대한 설명으로 ㉠에 해당하는 사례입니다. ㄴ. 문화의 공유성에 대한 설명으로 ㉡에 해당하는 사례입니다. ㄷ. 문화의 전체성에 대한 설명으로 ㉢에 해당하는 사례입니다.

오답 피하기 ㄹ. ㉠~㉢을 막론하고 문화는 모두 보편성과 특수성을 함께 가지고 있는데, 위와 같은 상황들은 모두 문화의 특수성에 초점을 맞추고 있는 사례라고 볼 수 있습니다.

135 문화의 속성
정답 ①

🔍 **눈으로 보는 해설**

다음 사례에서 찾아볼 수 있는 문화의 속성에 대한 옳은 설명만을 <보기>에서 있는 대로 고른 것은?
공유성 →

2015년 케이블 채널에서 격동의 1980년대 후반, 대한민국의 여러 가정의 이야기를 다룬 드라마가 반영되면서 할머니부터 손주까지 TV 앞으로 불러 모으고 있다. 특히 극중 찰떡궁합 개그 콤비였던 A양과 B씨의 "반갑구만 반가워요"라는 인사법은 대중들의 새로운 인사법으로 대부분의 사람들이 새로운 인사법으로 사용될 정도로 이슈가 되고 있다. 또 그 외에도 1980년대 당시 유행했던 유행어들을 보여 주며 시청자들이 그 시절을 떠올릴 수 있도록 하는 매개체가 됐다. 한편 1980년대를 직접 살아가지 않았던 오늘날의 청소년들도 해당 드라마를 보며 그때의 유행어를 따라해보는 모습도 활발히 나타나고 있다.
└학습성

보기
ㄱ. 본능에 따른 행동은 문화가 될 수 없다. - 학습성
ㄴ. 문화는 사회 구성원의 사고와 행동의 동질성을 형성한다. - 공유성
ㄷ. 한 문화 요소의 변동은 다른 문화 요소의 연쇄적인 변동을 초래한다. - 전체성
ㄹ. 문화는 세대 간 전승되면서 점점 더 풍부해지는 생활 양식이다.
- 축적성

① ㄱ, ㄴ   ② ㄴ, ㄹ   ③ ㄷ, ㄹ
④ ㄱ, ㄴ, ㄷ   ⑤ ㄱ, ㄷ, ㄹ

문제 분석 드라마로 인해 특정 시대에만 공유되었던 인사법이 전 세대가 함께 즐기는 문화로 거듭났다는 점에서 문화의 공유성, 이를 당시에 공유하지 않았던 세대들도 현재 이 인사법을 따라해 보는 문화가 생겼기 때문에 문화의 변동성도 알 수 있습니다. 또한 그들이 이 인사법을 따라하기 전에 이를 학습했을 것이므로 문화의 학습성 또한 알 수 있습니다.

정답 찾기 ㄱ. 문화의 학습성에 대한 설명입니다. ㄴ. 문화의 공유성에 대한 설명입니다.

오답 피하기 ㄷ. 문화의 전체성에 대한 설명입니다. ㄹ. 문화의 축적성에 대한 설명입니다. 해당 인사법이 매체의 발전으로 후대까지 전해온 것은 맞지만, 여기에 무언가 가미되어 더 풍부해졌다는 내용은 나타나있지 않습니다.

💣 **함정 피하기**
문화의 속성 파트는 개념 자체는 어렵지 않지만, 실제로 문제에 적용하려고 할 때면 '어느 부분에서 이러한 속성이 나타난 것인지'를 많이 어려워하는 경우가 많아. 다양한 문제를 풀어보면서, 문화의 속성이 어떤 사례에 해당되는 것인지를 정리해가며 유형을 정복하려는 노력이 필요해!

136 문화의 속성　　　　　　　　　정답 ①

문제 분석 '신구간'이라는 기간이 제주도민들에게만 전해져 오는 풍습이라는 점에서 문화의 공유성을 알 수 있고, '신구간'으로 인해 제주도민들의 이삿짐 센터 이용, 집값 변동과 같은 연쇄적인 변동이 있었다는 점에서 문화의 전체성을 알 수 있습니다.

정답 찾기 ㄱ. 문화의 전체성에 대한 설명입니다. ㄴ. 문화의 공유성에 대한 설명입니다.

오답 피하기 ㄷ. 문화의 축적성에 대한 설명입니다. ㄹ. 문화의 학습성과 변동성에 대한 설명입니다.

137 문화를 이해하는 태도　　　　　　정답 ④

문제 분석 갑은 문화 상대주의, 을은 자문화 중심주의, 병은 문화 사대주의 태도를 갖고 있습니다.

정답 찾기 ④ 특정 문화를 기준으로 문화의 우열을 판단하는 것은 자문화 중심주의와 문화 사대주의입니다. 이에 반해 문화 상대주의는 모든 문화가 동등한 가치를 지닌다고 봅니다.

오답 피하기 ① 문화 제국주의로 변질될 가능성이 높은 것은 을이 가지고 있는 자문화 중심주의입니다. ② 모든 문화가 동등한 가치를 지닌다고 보는 것은 갑이 가지고 있는 문화 상대주의입니다. ③ 자기 문화에 대한 객관적 이해를 가능하게 하는 것은 비교론적 관점의 장점입니다. ⑤ 을이 가지고 있는 자문화 중심주의는 다문화 사회에서 문화 갈등을 초래할 가능성이 높습니다.

138 문화를 이해하는 태도　　　　　　정답 ⑤

문제 분석 제시된 자료에 따르면 갑은 문화 상대주의, 을은 자문화 중심주의, 병은 문화 사대주의적 태도를 지니고 있습니다.

정답 찾기 ⑤ 자문화 중심주의나 문화 사대주의 모두 특정 사회의 문화를 기준으로 타 문화를 평가할 수 있다고 봅니다.

오답 피하기 ① 문화 간에 우열이 존재한다고 보는 것은 자문화 중심주의나 문화 사대주의입니다. ② 자문화 중심주의는 자기 문화의 우월성을 내세우며 타 문화를 저평가하기 때문에 타 문화 수용에는 배타적입니다. ③ 자문화 중심주의는 타 문화 수용에 배타적이기 때문에 문화 다양성 확보에 유리하지 않습니다. ④ 집단 구성원의 결속력을 높이는 데 기여하는 것은 자문화 중심주의입니다.

139 문화를 이해하는 태도　　　　　　정답 ④

문제 분석 제시된 자료에 따르면 A는 문화 상대주의, B는 자문화 중심주의입니다.

정답 찾기 ④ 자문화 중심주의는 자기 문화에 대한 정체성과 집단 내의 일체감을 강화합니다.

오답 피하기 ① 문화 제국주의로 이어질 우려가 있는 것은 B인 자문화 중심주의입니다. ② 자문화 중심주의와 문화 사대주의에 해당하는 설명입니다. ③ 문화 상대주의에 해당하는 설명입니다. ⑤ 문화 상대주의와 달리 자문화 중심주의는 자기 문화의 우수성을 고집하면서 다른 문화를 무시하거나 배척하므로 문화의 다양성 보존에 기여한다고 볼 수 없습니다.

140 문화를 이해하는 태도　　　　　　정답 ⑤

문제 분석 A국 국민 갑은 B국의 음식 문화에 대해 야만 행위라는 평가를 했으며, 동시에 A국의 고상한 음식 문화를 배워야 한다고 주장했으므로 자문화 중심주의적 태도를 지니고 있다고 볼 수 있습니다. B국 국민인 을은 오히려 A국의 음식 문화에 대해 야만적이라고 반박하며 평가하고 있음과 동시에 B국의 음식 문화가 더 고상하다고 주장했으므로 마찬가지로 자문화 중심주의적 태도를 지니고 있다고 볼 수 있습니다. 한편 C국 국민 병은 특정 음식 문화를 함부로 비난해서는 안 되며, 그러한 문화를 갖게 된 데에는 그 나라만의 고유한 이유가 있다고 했으므로 문화 상대주의적 태도를 지니고 있다고 볼 수 있습니다.

정답 찾기 ⑤ 문화 상대주의적 태도와 달리 자문화 중심주의적 태도는 문화 다양성을 저해할 수 있습니다.

오답 피하기 ① 자문화 중심주의는 자국 문화에 대한 자부심을 갖고 있습니다. ② 자문화 중심주의는 문화 간 우열 평가가 가능하다고 봅니다. ③ 문화 상대주의는 극단적 문화 상대주의로 치달을 위험성이 있지만, 제시된 병의 태도가 극단적 문화 상대주의라고 보긴 어렵습니다. ④ 을 역시 같은 자문화 중심주의의 입장에서 갑의 자문화 중심주의를 비판하고 있습니다.

141 문화를 이해하는 태도　　　　　　정답 ①

문제 분석 TV에서 소개한 '○○국의 태형'이라는 문화에 대해 갑은 이러한 문화를 갖고 있는 ○○국이 미개하다고 저평가했으며, 동시에 우리나라의 문화를 선진 문화라고 높게 평가했으므로 자문화 중심주의적 태도를 지니고 있다고 볼 수 있습니다. 을은 태형에 대해 ○○국의 역사적 맥락에서 이어져 온 고유한 문화이며, 있는 그대로 이해하고 존중해 주어야 한다고 했으므로 문화 상대주의적 태도를 지니고 있다고 볼 수 있습니다. 병은 문화 상대주의를 인정하면서도 ○○국의 태형은 보편적 가치인 인권을 침해한다고 보았으며 용인되어서는 안 된다고 했기에 극단적 문화 상대주의를 경계하는 입장이라고 볼 수 있습니다.

정답 찾기 ㄱ. 갑은 자문화 중심주의적 태도를 지니고 있습니다. ㄴ. 을은 문화를 상대적인 것으로 보고 있습니다.

오답 피하기 ㄷ. 을의 태도는 극단적 문화 상대주의를 용인할 우려가 있습니다. 을보다는 인류의 보편적 가치를 중시하는 병의 태도가 세계화 시대에 어울린다고 할 수 있습니다. ㄹ. 을은 문화 상대주의적 입장을 가지고 있으므로 갑보다는 문화 다양성 보존에 긍정적일 것입니다.

142 문화를 이해하는 태도　　　　　　정답 ③

문제 분석 제시문에서 갑은 '할로윈 데이'에 대해 '시끄럽고 저속한 문화'라고 평가하기도 하고 '사라져야 한다'라는 판단을 내림으로써 이를 저평가하고 있는 것을 확인할 수 있습니다. 이와 동시에 우리나라의 '정월 대보름'과 같은 명절에 대해 '품격있다.'라고 높게 평가하고 있는데, 이는 갑이 자문화 중심주의적 태도를 가지고 있음을 알 수 있습니다. 한편 을은 기존의 전통문화가 고리타분하고 재미없다며 오히려 이를 저평가하고 있고, 동시에 할로윈 데이에 대해 즐거운 서양의 문화라고 고평가하고 있기에 문화 사대주의적 태도를 가지고 있음을 알 수 있습니다. 따라서 갑과 다른 을의 문화 이해의 태도라고 했으므로 정답을 고르려면 문화 사대주의적 태도에 대한 것을 골라야 합니다.

정답 찾기 ㄴ. 문화 사대주의는 자문화를 타 문화에 비해 낮게 평가하기 때문에 다른 국가의 제국주의적 문화 이식 시도를 받아들이기 쉬울 것입니다. ㄷ. 문화 사대주의는 자기 문화의 낙후성을 개선할 수도 있으나 주체성을 상실할 수도 있습니다.

오답 피하기 ㄱ. 문화 절대주의적 태도로서, 을뿐만이 아닌 갑에서도 나타나고 있습니다. ㄹ. 문화 사대주의는 적극적으로 선진 문물을 받아들여 문화 발전에 기여할 수도 있겠지만, 이를 통해 사회 통합을 이루기보다는 타 문화에 대한 문화적 종속이 우려되는 태도입니다.

143 문화를 이해하는 태도　　　　　　정답 ③

문제 분석 제시문에 언급된 특정 문화는 중국에서 과거 행해진 '전족 문화'입니다. 전족에 대해 오랜 기간 중국 여성의 삶에 큰 부정적 영향을 끼쳐왔다는 평가를 함으로써 이를 바라보는 저자는 극단적 문화 상대주의를 경계하는 태도를 지니고 있다고 볼 수 있습니다.

정답 찾기 ③ 문화 상대주의적 태도는 문화적 다양성을 증진시키는 데 기여할 수 있으나, 인류의 보편적 가치를 훼손하는 정도로 나타나게 되면 안 됩니다. 따라서 가치 판단의 대상에서 배제될 수 없습니다.

오답 피하기 ① 저자는 문화 상대주의의 입장에서도 전족 문화는 정당화될 수 없다고 볼 것입니다. ② 문화 상대주의에 대한 설명이나, 문화에 대한 평가를 온전히 그 문화 자체의 기준에 맡긴다면, 극단적 문화 상대주의로 치닫게 될 수도 있습니다. ④ 보편적 가치는 해당 사회의 역사적 경험과 문화적 환경에 의해 형성되는 것이 아니라 인간의 존엄성이나 생명 등 본래 모든 사회가 공통적으로 가지고 있는 것을 말합니다. ⑤ 아무리 그 나름의 가치가 있는 문화라고 해서 어떠한 판단도 내리지 않는다면, 마찬가지로 극단적 문화 상대주의로 치닫을 가능성이 높습니다.

144 문화를 바라보는 관점 　　　　　　　　 정답 ①

문제 분석 제시된 자료에 따르면 갑은 문화 연구의 비교론적 관점, 을은 문화 연구의 총체론적 관점을 가지고 있습니다.

정답 찾기 ㄱ. 비교론적 관점은 서로 다른 문화 간의 공통점과 차이점에 대한 파악을 통해 문화를 객관적으로 이해하고자 합니다. ㄴ. 총체론적 관점에 따르면, 문화의 각 구성 요소는 상호 유기적인 관계를 맺으면서 하나로서의 전체를 이루고 있으므로 다양한 문화 요소를 전체적인 맥락에서 이해해야 합니다.

오답 피하기 ㄷ. 모든 문화는 고유한 가치를 지닌다고 보는 것은 상대론적 관점에 대한 진술입니다. ㄹ. 자문화를 객관적으로 인식하는 데 효과적인 것은 비교론적 관점에 대한 진술입니다.

145 문화를 바라보는 관점 　　　　　　　　 정답 ④

문제 분석 제시문에서 강조하고 있는 문화 이해의 관점은 상대론적 관점입니다.

정답 찾기 ④ 상대론적 관점은 해당 문화를 향유하는 사회 구성원의 관점에서 문화 고유의 의미를 파악고자 하는 관점입니다.

오답 피하기 ① 비교론적 관점에 대한 설명입니다. ② 문화 절대주의적 관점에 해당하는 문화 진화론의 입장입니다. ③ 상대론적 관점은 문화를 문명과 동일시하지 않으며, 문화 요소 간의 연관성을 강조하는 관점은 총체론적 관점입니다. ⑤ 상대론적 관점은 문화의 특수성과 상대성을 중시합니다.

146 문화 이해의 관점 　　　　　　　　 정답 ②

문제 분석 제시된 자료에 따르면 갑은 문화 이해의 비교론적 관점, 을은 문화 연구의 총체론적 관점을 바탕으로 하고 있습니다.

정답 찾기 ② 을의 관점은 총체론적 관점으로, 특정 문화 요소의 의미를 전체와의 관련 속에서 파악하고자 합니다.

오답 피하기 ① 갑의 관점은 비교론적 관점으로, 자기 문화의 관점에서 다른 사회의 문화를 이해하는 것이 아닌 자기 문화를 객관적으로 이해하는 데 도움을 줍니다. ③ 문화 향유자의 입장에서 문화를 이해하고자 하는 것은 상대론적 관점에 해당합니다. ④ 자기 문화를 객관적으로 이해하는 데 기여하는 것은 문화 연구의 비교론적 관점으로, 을이 아닌 갑의 관점에 해당합니다. ⑤ 제시된 자료에 따르면 갑은 문화 연구의 비교론적 관점, 을은 문화 연구의 총체론적 관점을 바탕으로 하고 있습니다.

147 문화 연구의 관점 　　　　　　　　 정답 ①

문제 분석 제시문에 등장한 사례는 한국과 중국, 그리고 일본 간의 젓가

락 문화를 비교한 것입니다. 젓가락을 사용하고 있다는 점에서는 모두 보편성이 드러나지만, 젓가락의 모양이나 용도가 조금씩 다르다는 점에서 각 문화가 가진 특수성 또한 드러납니다. 이렇듯 문화가 가진 보편성과 특수성 탐구에 용이한 관점은 '비교론적 관점'에 해당합니다.

정답 찾기 ① 비교론적 관점은 자문화와 타 문화의 비교를 통해 문화가 가진 보편성과 특수성을 알고 자문화를 조금 더 객관적으로 바라보는 목적이 있으나, 문화 간의 우열을 가리려는 관점은 아닙니다.

오답 피하기 ② 비교론적 관점은 자문화 중심주의적 입장을 방지하는 데 기여합니다. ③ 비교론적 관점은 문화적 다양성이 각 문화가 가진 특수성 때문에 생겨난다고 봅니다. ④ 문화 연구의 상대론적 관점에 대한 설명입니다. ⑤ 문화 연구의 총체론적 관점에 대한 설명입니다.

148 문화 연구의 관점 　　　　　　　　 정답 ④

문제 분석 '한국의 장례 문화'에 대해 갑은 한국과 미국의 장례 문화를 비교함으로서 장례 문화의 공통점과 차이점을 비교한다는 부분이 있으므로 문화 연구의 비교론적 관점을 갖고 있다고 볼 수 있습니다. 을은 한국의 장례 문화 중 '무덤'과 관련된 자연환경적 요인과 민간 신앙 등을 알아본다는 부분이 있으므로 문화 연구의 총체론적 관점을 갖고 있다고 볼 수 있습니다.

정답 찾기 ④ 을은 문화 연구의 총체론적 관점을 갖고 있으므로 특정 문화 요소의 의미를 전체와의 관련 속에서 파악하고자 할 것입니다.

오답 피하기 ① 문화의 전체와 부분을 비교하며 연구하는 것은 문화 연구의 총체론적 관점에 해당합니다. 따라서 갑이 아닌 을의 관점에 해당합니다. ② 다른 사회의 문화를 이해하고자 하는 것은 문화 연구의 상대론적 관점이나, 그렇다고 자기 문화의 관점에서 이해하고자 하지는 않습니다. 또한 갑은 문화 연구의 비교론적 관점을 갖고 있습니다. ③ 한국의 장례 문화에 대해 미국 문화와의 공통점과 차이점을 분석하여 문화의 보편성과 특수성을 이해하려는 관점은 갑의 연구 관점입니다. ⑤ 한국의 장례 문화를 객관적 이해를 가능하게 하는 것은 갑의 연구 관점입니다.

149 문화 연구의 관점 　　　　　　　　 정답 ①

정답 찾기 〈자료 1〉은 문화 연구의 세 관점을 도식화한 것이고, 〈자료 2〉는 결혼 제도에 대해 우리나라와 갑·을국의 제도를 비교하여 분석했다는 점에서는 비교론적 관점을, 갑국의 일부다처제와 을국의 일처다부제를 여러 상황들과의 관련 속에서 파악했다는 점에서 총체론적 관점을, 각각의 제도들이 발생한 역사적, 환경적, 사회적 맥락 등을 고려했다는 점에서 상대론적 관점이 각각 나타나 있음을 알 수 있습니다.

150 문화 연구의 관점 　　　　　　　　 정답 ⑤

정답 찾기 ㄱ. ⊙ 상대론적 관점은 한 사회의 문화를 그 사회의 자연환경, 사회적 상황 역사적 맥락 등을 고려하여 이해하려는 관점으로 특정 기준에 따라 문화를 평가하지 않기 때문에 다른 문화를 편견없이 이해할 수 있습니다. ㄴ. ⓒ 비교론적 관점은 서로 다른 문화 간의 유사성과 차이점을 분석하여 문화의 보편성과 특수성을 이해하려는 관점으로 자기 문화의 특징을 객관적으로 이해할 수 있으며, 다른 문화에 대한 이해의 폭을 넓힐 수 있습니다. ㄷ. ⓒ 총체론적 관점은 특정 문화 현상의 의미를 다른 문화 요소나 전체 문화와의 관련성 속에서 이해하려는 관점으로 개별 문화 요소만을 분리하여 바라볼 경우 해당 문화가 지닌 의미를 제대로 이해하기 어려울 수 있기 때문에 필요한 관점입니다. ㄹ. 상대론적 관점, 비교론적 관점과 총체론적 관점은 한 사회의 문화 요소의 특성을 다른 나라와 자기 나라의 개별 문화 요소 간에 관련성 안에서 찾기 때문에 특수성 파악에 용이합니다.

핵심 개념 CHECK!

▶ 본문 083쪽

01 ○	02 ○	03 ×	04 ○	05 ×	06 ○	07 ○	08 ○
09 ×	10 ○	11 ×	12 ○	13 ×	14 ○	15 ○	16 ×
17 ×	18 ×	19 ○	20 ○				

○× 문장 바로 알기

01 주류 문화는 한 사회 구성원 대부분이 공유하는 문화를 의미한다.

02 하위문화는 한 사회 내의 일부 구성원만이 공유하는 문화이다.

03 하위문화의 총합은 주류 문화가 ~~된다.~~
되지 않는다.

04 하위문화는 주류 문화에 다양성과 역동성을 부여한다.

05 청소년 문화와 노인 문화는 ~~주류 문화~~의 대표적 사례이다.
하위문화

06 급격한 사회 변동은 하위문화를 더욱 다양하고 풍부하게 하는 데 영향을 미친다.

07 비슷한 일정 범위의 연령층이 공유하는 문화를 세대 문화라고 한다.

08 청소년 문화는 충동적이고 모방적인 성향이 드러나기도 한다.

09 반문화는 사회 갈등의 원인이라는 ~~부정적 특성~~만 존재한다.
긍정적인 측면도

10 반문화는 주류 문화의 변동을 유도하여 새로운 문화 형성의 계기를 마련하기도 한다.

11 급격한 사회 변동에 따라 세대를 구분하는 연령의 범위가 ~~넓어지고~~ 있다.
좁아지고

12 대중문화는 다수의 사람들이 즐기고 누리는 문화를 말한다.

13 대중문화는 대중 매체의 보급과 관련이 ~~없다.~~
있다.

14 대중문화는 기존 상류층들만이 누릴 수 있었던 고급문화를 일반인들도 누릴 수 있게 해주었다는 긍정적 측면이 있다.

15 대중문화는 점점 생산자와 소비자 간의 경계가 약화되고 있다.

16 대중문화를 비판적으로 수용하되, 대중문화의 상업성은 경계 ~~할 필요가 없다.~~
해야 한다.

17 대중 매체 중 정보 전달의 신속성은 인쇄 매체가 가장 ~~높다.~~
낮다.

18 대중문화는 사람들의 사고나 행동을 ~~다양화~~할 수 있다는 비판을 받는다.
획일화

19 영상 매체는 인쇄 매체 및 음성 매체와 일정 특징을 공유하고 있다.

20 반문화나 하위문화는 시대와 사회에 따라 상대적으로 규정된다는 성격을 지니고 있다.

기출+예상 문제로 주제 정복하기

▶ 본문 085~091쪽

151 ④	152 ①	153 ⑤	154 ④	155 ①	156 ①
157 ④	158 ③	159 ⑤	160 ②	161 ④	162 ②
163 ⑤	164 ④	165 ④	166 ②	167 ⑤	168 ⑤
169 ③	170 ④	171 ⑤	172 ⑤	173 ④	174 ⑤
175 ①	176 ④	177 ②			

151 주류(전체) 문화와 하위문화　　정답 ④

문제 분석 (가)는 전체가 공유하고 있는 문화이기 때문에 주류 문화이고, (나)는 전체 사회 중 특정 집단만 향유하고 있는 문화이기 때문에 하위문화입니다.

정답 찾기 ④ 한 사회 내에 있는 하위문화들 중에서 공통적인 요소만이 주류 문화에 해당합니다. 주류(전체) 문화는 하위문화의 총합으로 볼 수 없습니다.

오답 피하기 ① 사회가 다원화되고 복잡해질수록 하위문화에 대한 욕구가 커집니다. ② 하위문화를 통한 하위 집단 내의 결속력이 지나칠 경우 사회 통합을 저해합니다. ③ 시민 혁명 전에는 하위문화였던 부르주아 계급의 문화가 시민 혁명 후에는 결국 주류(전체) 문화가 되었다는 점에서, 하위문화가 주류(전체) 문화가 되기도 합니다. ⑤ 하위문화는 하위 집단에서 독자적으로 나타난 문화입니다.

152 주류(전체) 문화와 하위문화　　정답 ①

문제 분석 제시된 자료를 보면 음식 문화 요소 a~c는 시기에 따라 존재 유무가 달라집니다. 〈보기〉와 제시문의 표를 대조해가며 적절히 정답을 찾아야 합니다.

정답 찾기 ㄱ. T 시기에 a는 A국의 갑, 을, 병 지역 모두에 존재하므로 주류(전체) 문화 요소로 볼 수 있습니다. ㄴ. T+1 시기에 b는 A국 중에서 갑 지역에만 존재하므로 A국의 하위문화 요소로 볼 수 있습니다.

오답 피하기 ㄷ. T 시기나 T+1 시기나 A 국의 문화 요소는 a~d의 네 가지로 동일합니다. ㄹ. T 기에는 갑~병 지역에서 a만 공통적으로 향유되었지만, T+1 기는 a뿐만 아니라 c도 공통적으로 향유되고 있습니다. 따라서 T+1 기가 음식 문화의 동질성이 더욱 강하다고 볼 수 있습니다.

153 주류(전체) 문화와 하위문화　　정답 ⑤

문제 분석 ㉠, ㉡은 모두 하위문화에 해당합니다. 하위문화는 한 사회 내의 일부 구성원들에 의해 공유되는 문화로, 그 사회의 문화적 다양성을 보여 줍니다.

정답 찾기 ⑤ 하위문화는 한 사회의 문화적 다양성을 보여 줍니다.

오답 피하기 ① 하위문화는 전체가 아닌 특정 집단만의 일체감을 높이는 데 기여합니다. ② 모든 하위문화의 총합이 주류(전체) 문화라고 볼 수 없습니다. ③ 독특한 방언과 다양한 방언 모두 사회 집단을 구분하는 기준이 될 수 있습니다. ④ 지배적인 문화에 저항하는 문화에 해당하는 것은 반문화입니다. 그러나 ㉠, ㉡은 반문화의 성격이 없는 하위문화에 해당합니다.

154 주류(전체) 문화와 하위문화　　정답 ④

문제 분석 제시문에서는 한국 사회의 청소년 문화와 그 특징에 대해 설명하고 있습니다. 제시문의 맥락으로 보아 청소년 문화는 한국 사회의 하위문화로 볼 수 있으며 청소년들은 남과 다른 특별함을 추구함과 동시에 그들끼리의 연대를 중시하는 모습으로 묘사되어 있습니다.

정답 찾기 ④ 하위문화라고 해서 주류(전체) 문화를 향유하고 있지 않은 것은 아닙니다. 예를 들어 한국 사회의 청소년들은 '한글' 혹은 '한국어'라는 주류(전체) 문화를 공유하고 있습니다.

오답 피하기 ① 청소년 문화도 세대 문화의 일종으로 볼 수 있습니다. ② 하위문화는 주류(전체) 문화와 구별되는 독자성이 있습니다. ③ 하위문화는 비슷한 연령층 집단의 영향을 받습니다. ⑤ 청소년 문화는 또래 집단을 통해 준거 집단을 형성하려는 경향이 있습니다.

155 주류(전체) 문화와 하위문화 　　　　정답 ①

문제 분석 제시된 자료를 추론해 보면 '집단 간 갈등을 조장할 수 있다.'는 특징과 '비행 청소년 문화'의 사례를 통해 (라)가 '반문화'임을 알 수 있습니다. 나머지 (가)~(다)는 〈보기〉와 대조하여 진위를 가려야 합니다.

정답 찾기 ㄱ. '주류 문화와 다른 문화를 향유함으로써 정체성을 강화해 나간다.'는 점은 지역 문화가 가진 특징에 해당합니다. ㄴ. '축제 문화, 방언 문화' 등은 지역 문화의 사례에 해당합니다.

오답 피하기 ㄷ. '과거에 비해 오늘날 더욱 다양하게 나타난다.'는 점은 세대 문화뿐 아니라 모든 하위문화의 특징입니다. ㄹ. 반문화와 주류 문화는 상호 영향을 주고받을 수는 있습니다. 물론 반문화를 통해 주류 문화에 자극을 주고 이를 더 풍부하게 할 수 있다는 점도 있겠지만, 사회 통합을 저해하거나 집단 간 갈등을 초래하는 경우도 많기 때문에 상호 보완적 관계라고 단정짓기는 어렵습니다.

> ⚠ **함정 피하기**
> 하위문화의 일종인 지역 문화, 세대 문화, 반문화의 특징과 사례를 정확히 알고 있어야 해! 그리고 보기나 선지의 상황에 맞게 이를 분석하는 훈련도 꾸준히 해야 해!

156 주류(전체) 문화와 하위문화 　　　　정답 ①

문제 분석 (가)에는 블루스, (나)에는 탱고를 통해 하위문화의 사례를 소개하고 있습니다.

정답 찾기 ㄱ. 제시문의 사례로 볼 때 블루스와 탱고는 각각 미국과 아르헨티나의 하위문화로 작용했음을 알 수 있습니다.

오답 피하기 ㄴ. 제시문의 사례에서는 블루스와 탱고가 반문화의 속성을 띠고 있다고 보기 어렵습니다. ㄷ, ㄹ. 물론 블루스와 탱고가 각자의 지역에서 점점 자리 매김하고 발전한다는 내용이 있지만, 제시문의 사례만 보았을 때는 그것들이 대중문화나 주류 문화가 되었다고 추론하긴 어렵습니다.

157 주류(전체) 문화와 하위문화 　　　　정답 ④

문제 분석 (가)는 2030세대의 소비 및 삶의 전반적인 경향을 알 수 있으며, (나)는 유년 시절의 추억과 향수를 느끼는 키덜트족과 그들을 겨냥한 마케팅의 사례를 알 수 있습니다.

정답 찾기 ④ 키덜트족 또한 세대 문화의 사례로 볼 수 있습니다.

오답 피하기 ① 주류 문화와 하위문화의 정의 및 범주는 상대적입니다. YOLO라는 삶의 방식이 2030세대 전체의 문화로 인식될 수도 있습니다. ② 한국 사회를 주류 문화로 정의한다면, (가), (나) 사례 모두가 하위문화가 될 수 있습니다. ③ 물론 하위문화가 기존의 주류 문화를 대체하는 경우도 있지만, 제시된 사례로는 이와 같은 현상이 일어났다고 보긴 어렵습니다. ⑤ 주류 문화에 대한 비판적 태도를 중시하는 것은 '반문화'의 특징입니다. 그러나 (가), (나)는 반문화의 사례로 보기는 어렵습니다.

158 반문화의 성격을 띤 하위문화 　　　　정답 ③

함정	①	②	❸	④	⑤
	18%	12%	**56%**	2%	9%

> 고난도 평가원 기출

밑줄 친 A, B 문화의 일반적인 특징에 대한 설명으로 옳은 것은?

> 문화는 사회마다 다를 뿐 아니라 같은 사회 내에서도 다양한 양상으로 나타난다. 한 사회 내의 특정 집단 구성원들만이 공유하는 문화가 있는데, 이를 A 문화라고 한다. 또한, 주류 문화에 반대하고 적극적으로 도전하는 양상을 보이는 B 문화도 있다. B 문화는 때로는 지배 집단에 의해 일탈로 규정되기도 한다.
> 　　　　　　　　　　　　└반문화
> 　　　　　　　└하위문화

① 모든 A 문화의 총합은 전체 문화이다.
② 사회가 복잡해질수록 A 문화는 전체 문화로 수렴되는 경향을 보인다.
　　　　　　　　　　　　　　　　　└다양한 하위문화
③ B 문화는 전체 문화와 공통 요소를 가지고 있다.
④ A 문화는 사회의 변동을, B 문화는 사회의 안정을 지향한다.
⑤ A 문화는 사회에 따라 상대적으로, B 문화는 사회에 상관없이 절대적으로 규정된다.
　　　　　　　　　　　　└상대적으로 규정한다.

문제 분석 제시문을 분석하면 A 문화는 하위문화, B 문화는 반문화라는 것을 알 수 있습니다.

정답 찾기 ③ 반문화를 갖고 있는 집단 구성원들도 한 사회의 구성원이라는 점에서, 반문화에서도 주류(전체) 문화와 공통적인 요소를 찾을 수 있습니다.

오답 피하기 ① 모든 하위문화의 총합이 주류(전체) 문화가 되는 것은 아닙니다. ② 사회가 복잡해질수록 다양한 하위문화가 나타나지만, 하위문화가 주류(전체) 문화로 수렴되는 것은 아닙니다. 오히려 다양한 하위문화의 발산이 일어날 수도 있습니다. ④ 반문화는 주류(전체) 문화에 반대하고 적극적으로 도전하는 양상을 보인다는 점에서 사회 변동을 지향합니다. ⑤ 하위문화와 반문화 모두 시대와 상황에 따라 상대적으로 규정됩니다.

> ⚠ **함정 피하기**
> ①번을 정답으로 생각했다면 주류(전체) 문화는 구성원 대다수가 공유하는 문화로 하위문화의 총합이라 할 수 없다는 것을 몰랐을 거야.

159 반문화의 성격을 띤 하위문화 　　　　정답 ⑤

문제 분석 제시문의 청년 문화는 히피 문화로, 1960년대의 미국 히피 문화는 대표적인 반문화에 해당합니다.

정답 찾기 ⑤ 전체 사회 구성원의 문화 공유성을 높이는 것은 주류(전체) 문화가 가진 기능에 해당합니다.

오답 피하기 ① 절대 왕정 시대의 신흥 부르주아 문화가 시민 혁명을 이끌어 낸 것에서 알 수 있듯이, 반문화는 사회 변화를 견인하기도 합니다. ② 반문화는 한 사회의 지배적인 문화에 저항하고 대립하는 하위문화로, 지배 집단에 의해 일탈 문화로 규정되기도 합니다. ③, ④ 반문화는 하위문화의 하나로, 전체 사회의 문화에 다양성과 역동성을 제공하기도 하고 해당 집단 구성원의 욕구 해결에 기여하기도 합니다.

160 반문화의 성격을 띤 하위문화 　　　　정답 ②

문제 분석 제시문은 우리나라에 들어온 '할랄 음식'과 그 확대의 사례입니다.

정답 찾기 ㄱ. 주류 문화와 하위문화는 그 범주와 정의가 상대적입니다. 상황에 따라 하위문화인 할랄 음식 문화가 주류 문화가 될 수도 있을 것입니다. ㄷ. A 대학에서는 주류 문화인 우리나라의 음식 문화와 하위문화인 할랄 음식 문화를 모두 인정하는 모습이 나타나 있습니다.

오답 피하기 ㄴ, ㄹ. 제시된 사례만 보아서는 할랄 음식 문화나 무슬림들이 돼지고기를 먹지 않는 것이 우리나라에서 반문화로 작용한다고 보기는 어렵습니다.

161 반문화의 성격을 띤 하위문화   정답 ④

문제 분석 제시문의 사례를 통해 A 음악 장르가 소수 뮤지션들의 전유물이면서 '인기 없고 팔리지 않는 괴상한 음악'으로 치부되었다는 점에서 A 음악이 우리 사회에서 그동안 하위문화로 인식되었다는 사실을 알 수 있습니다.

정답 찾기 ㄴ. A가 '소수의 마니아층 사이의 끈끈한 동질성과 연대 의식'을 보였다는 점에서 하위문화가 가진 연대성이나 특정 집단의 정체성 유지 등의 특징을 알 수 있습니다. ㄹ. 하위문화는 전체 사회의 문화적 다양성에 기여하는 긍정적 효과를 가지고 있습니다.

오답 피하기 ㄱ. 하위문화 중 반문화의 성향을 가지고 있는 것도 있지만, 제시문에 등장한 사례는 반문화의 성격이 없는 하위문화라고 볼 수 있습니다. ㄷ. 하위문화가 기존의 주류 문화를 대체하는 경우도 있지만, 제시문에 등장한 사례는 그러한 사례로 보기 어렵습니다.

162 반문화의 성격을 띤 하위문화   정답 ②

문제 분석 제시된 자료의 질문을 보면, 첫 번째 질문인 '사회 구성원 다수가 공유하는 문화인가?'라는 질문에 '예'라고 대답한 A는 주류 문화이며, '한 사회의 지배적인 문화에 저항하거나 대립하는 문화인가?'라는 질문에 '예'라고 대답한 C는 반문화에 해당합니다. 그리고 질문들에 모두 '아니요'라고 대답한 B는 반문화의 성격이 없는 하위문화에 해당합니다.

정답 찾기 ② 하위문화와 반문화의 증가는 주류 문화의 다양성을 증진시킨다는 영향을 미칠 수 있습니다. 단, 하위문화와 반문화의 증가가 산술적으로 전체 문화의 규모를 키운다고 단정지을 수 없습니다.

오답 피하기 ① 마찬가지로 주류 문화와 하위문화는 산술적인 관계가 아니기 때문에, 하위문화들의 총합이 주류 문화는 아닙니다. ③ 지역 문화와 세대 문화는 반문화의 성격이 없는 하위문화로서, B의 사례에 해당합니다. ④ A~C 모두 상대적으로 규정되는 개념입니다. ⑤ 1960년대의 히피 문화는 C에 가까울 수 있겠으나, 오늘날의 히피 문화는 반전과 평화 운동, 공동체 생활을 지향하는 하나의 하위문화로 인식될 수도 있습니다. 따라서 상황에 따라 B에 가장 가까울 수도 있습니다.

163 반문화의 성격을 띤 하위문화   정답 ⑤

정답 찾기 ㄱ. 반문화의 성격이 있든 없든, 시대와 상황에 따라 주류 문화로 변동할 수 있습니다. ㄴ. 반문화의 성격이 있든 없든 모두 주류 문화와 공통의 문화 요소를 가집니다. ㄷ. 반문화의 성격이 있든 없든 해당 집단 구성원들의 소속감을 강화시킵니다. ㄹ. 반문화의 성격이 있든 없든 전체 사회의 문화적 다양성과 역동성을 높일 수 있습니다.

164 반문화와 하위문화   정답 ④

문제 분석 (가) 사례에서 청소년들이 자신들만의 은어와 속어를 사용하는 데에 기성세대에 대한 '저항감'이 숨어 있다는 점, 기성세대가 만들어 놓은 문화적 환경에 대해 '거부하고 있다'는 점 등에서 반문화적 성격을 찾아볼 수 있으며, 이를 함께 사용하는 또래 간에도 유대감이 강화된다는 특성을 보이고 있으므로 '하위문화'와 '반문화'의 속성을 찾아볼 수 있습니다. (나) 사례에서도 청소년들의 언어 사용에 대한 이야기가 등장하지만, 여기서의 청소년 언어는 기성세대나 주류 문화에 대한 저항의 의미가 담겨있지는 않습니다. 따라서 '반문화'의 성격이 있다고 보긴 어렵습니다. 다만, 청소년의 언어는 '또래만의 문화적 특징이 반영된 것'이라는 진술에서 이 언어가 '하위문화'의 성격을 지니고 있음을 알 수 있습니다.

정답 찾기 ④ (가)에는 하위문화의 반문화적 성격이 부각되어 있지만, (나)는 그렇지 않습니다.

오답 피하기 ① ㉠은 '언어'의 일종으로 비물질문화에 해당하지만, ㉢은 '기술'로서 비록 형태는 없지만 물질문화에 해당합니다. ② ㉡은 '문화적 환경'으로서 넓은 의미의 문화로 사용되었고, ㉤도 청소년의 언어문화로서 넓은 의미의 문화로 사용되었습니다. ③ 또래만의 문화적 특징인 ㉣이 강화되면 청소년의 언어문화인 ㉤은 더욱 공고해지고 더욱 하위문화적 성격을 지니게 됩니다. ⑤ (나)에는 청소년의 언어가 기성세대의 언어문화로 변화된다는 점에서 하위문화가 주류(전체) 문화로 대체되는 과정이 나타나 있지만, (가)에는 그런 과정이 나타나있지 않습니다.

165 대중문화   정답 ④

문제 분석 첫 번째 사례는 부족 고유의 생활을 담고 있던 문화 요소가 상품화되었다는 내용이며, 두 번째 사례는 원주민 고유 문화가 복합 문화 기업이 주도하는 음악 산업의 한 상품으로 변화되었다는 내용입니다. 두 사례를 통해 특정 지역의 삶을 담아내던 문화가 대중을 위한 문화 상품으로 변화되고 있음을 파악할 수 있습니다.

정답 찾기 ④ 특정 지역의 삶을 담아내던 문화가 대중을 위한 상품으로 변화되고 있음을 알 수 있습니다.

오답 피하기 ① 오히려 전통문화의 고유성이 사라지고 있음을 확인할 수 있습니다. ② 제시된 글로부터 도출하기 어렵습니다. ③ 대중문화의 상업화가 아니라 고유 문화의 대중문화로의 전환을 찾아볼 수 있습니다. ⑤ 제시글과는 관련이 없는 진술입니다.

166 대중문화   정답 ⑤

문제 분석 첫 번째 제시문에는 '스왜그(swag)'로 표현되는 청년층의 하위문화, 두 번째 제시문에는 '스낵 컬처(snack culture)'로 표현되는 일부 소비자들의 하위문화에 대해 언급하고 있습니다.

정답 찾기 ⑤ 제시문에 나타난 것처럼 일부 구성원이 공유하는 생활 양식인 하위문화는 문화 다양성을 형성하는 요인으로 작용합니다.

오답 피하기 ① 한 사회의 구성원 전체가 따르는 지배적인 문화에 대한 저항이 나타나 있지 않습니다. ② 제시된 사례에서는 문화 지체 현상을 찾아보기는 어렵습니다. ③ 대중문화를 언급하고 있으나, 질적 저하에 대해서는 언급하고 있지 않습니다. ④ 다양한 하위문화에 대해서만 언급할 뿐, 주류 문화의 대체까지는 언급하고 있지 않습니다.

167 대중문화   정답 ⑤

문제 분석 제시문은 대중문화가 가진 상업성을 비판하며 이에 대해 부정적인 입장을 보여 주고 있습니다.

정답 찾기 따라서 제시문과의 견해가 다른 진술로 적절한 것은 대중문화에 대한 긍정적 입장을 보여 주는 ㄷ과 ㄹ입니다.

오답 피하기 ㄱ, ㄴ. 대중문화가 가진 부정적 입장을 보여 줍니다.

168 대중문화   정답 ⑤

문제 분석 제시문은 드라마의 품격 저하라는 주제로 시청률과 상업성을 고려한 대중문화의 질적 저하를 비판하고 있습니다. 이는 대중문화가 가진 역기능 중 하나로 지적받습니다.

정답 찾기 ⑤ 제시된 사례와 가장 가까운 대중문화의 역기능은 자본에 의한 문화의 질적 저하를 초래할 가능성이 높다는 것입니다.

오답 피하기 ① 대중문화가 대중 조작 수단으로 악용되는 것은 대중 매체로 하여금 대중에게 정치적 무관심을 초래하게 하거나 특정 정치 사상을 심어 주는 것 등을 의미합니다. 그러나 제시된 사례와는 거리가 멉니다. ② 제시된 사례가 대중 매체의 상업주의라는 역기능을 설명하고 있는 것은 맞지만, 선정적인 문화가 양산된다는 내용은 나타나지 않습니다. ③ 제시된 사례로는 대중 매체가 왜곡된 정보를 제공하여 대중에게 편견을 갖게 한다는 것을 알 수 없습니다. ④ 대중 매체가 가진 대중 조작 및 정치적 무관심의 역기능에 대한 설명이나, 제시된 사례에서는 이와 같은 내용이 나타나지는 않습니다.

169 대중문화　　　　　　　　　　　　정답 ③

문제 분석 (가)는 대중문화를 통해 예전에는 귀족들만 향유했던 고급문화가 대중 매체를 통해 일반인들도 널리 이용할 수 있게 대중화되었다는 긍정적 측면이 제시되어 있습니다. (나)는 대중문화를 통해 젊은이들이 유행을 좇느라 획일화되어 있다는 대중문화의 부정적 측면이 제시되어 있습니다. (다)는 대중문화를 통해 대중들이 현실에서 도피하거나 정치적 무관심 혹은 대중 조작의 현상이 일어날 수 있음을 지적하는 부정적 측면이 제시되어 있습니다.

정답 찾기 ㄴ. (나)는 대중문화가 가진 문화의 획일화를 역기능으로 지적하고 있습니다. ㄷ. (다)는 대중문화를 통한 정치적 무관심이나 탈정치화를 조장하는 것을 역기능으로 지적하고 있습니다.

오답 피하기 ㄱ. (가)는 오히려 대중문화를 통해 고급문화를 누구나 누릴 수 있게 되는 대중화를 긍정적 측면으로 분석하고 있습니다. ㄹ. (가)는 대중문화의 순기능에 해당합니다.

170 대중문화　　　　　　　　　　　　정답 ④

문제 분석 (가)는 생산자와 소비자가 결합된 신조어 '프로슈머'를 통해 대중이 생산에 적극적으로 참여하기 시작했다는 순기능에 대해 설명하고 있으며, (나)는 대중 매체가 특정 생산층의 의도에 의해 임의로 생산되며 상업주의로 이어질 수 있다는 역기능에 대해 설명하고 있습니다.

정답 찾기 ④ 대중 매체의 순기능을 설명한 (가)의 입장에서 대중 매체의 역기능을 설명한 (나)를 비판한다면, 뉴 미디어의 발달을 통해 생산자와 소비자 간 소통의 장이 더욱 다양해졌다는 것을 근거로 할 것입니다.

오답 피하기 ① 대중문화가 가진 순기능에 대한 설명이나, (가)의 사례에는 해당하지 않습니다. ② 대중문화의 역기능을 설명한 것으로, (가)의 입장으로 적합하지 않습니다. ③ 고급문화의 대중화라는 대중문화의 순기능에 대한 설명이나, (가)의 사례에는 해당하지 않습니다. ⑤ 대중문화가 가진 순기능에 대한 설명이나, (가)의 사례에는 해당하지 않습니다.

171 대중문화　　　　　　　　　　　　정답 ⑤

문제 분석 대중 매체의 발달로 인한 문화 소비와 향유의 변화를 나타낸 제시문입니다.

정답 찾기 ⑤ 대중 매체의 발달로 인해 전 세계 사람들이 동시 다발적인 문화를 향유하며, 문화 변동도 빠르게 이루어지고 있다는 내용입니다.

오답 피하기 ①, ② 제시문은 오히려 대중 매체의 발달로 인해 문화가 동질화 및 획일화되어가고 있음을 보여 주고 있습니다. ③ 제시문을 통해 대중 매체의 발달이 대중문화의 형성에 크게 기여했음을 알 수 있습니다. ④ 제시문에는 문화의 세계화에 대한 부분은 언급되어 있으나, 문화의 동질화나 획일화에 대한 언급만 있을 뿐 질적 저하에 대한 부분은 나타나 있지 않습니다.

172 대중 매체　　　　　　　　　　　　정답 ⑤

문제 분석 첫 번째 자료에서 정보의 확산 속도가 높게 나타나는 A가 뉴 미디어이고, 이에 따라 B는 인쇄 매체임을 알 수 있습니다.

정답 찾기 ⑤ 인쇄 매체는 정보 생산자와 소비자 간 경계가 명확하지만, 뉴 미디어는 그 경계가 명확하지 않습니다. 따라서 '정보 생산자와 소비자 간 경계의 명확성'은 (다)에 들어가기 적절합니다.

오답 피하기 ① 인쇄 매체가 뉴 미디어에 비해 정보 확산의 시·공간적 제약이 큽니다. ② 인쇄 매체는 뉴 미디어와 달리 정보를 동시적으로 전

달할 수 없습니다. ③ 뉴 미디어가 오히려 인쇄 매체에 비해 정보 재가공이 용이합니다. 따라서 '정보 재가공의 용이성'은 (가)에 들어가기 적절하지 않습니다. ④ 뉴 미디어는 시청각 정보를 제공할 수 있지만, 인쇄 매체는 청각 정보를 제공할 수 없습니다. 따라서 '시청각 정보 제공의 용이성'은 (나)에 들어가기 적절하지 않습니다.

173 대중문화　　　　　　　　　　　　정답 ④

눈으로 보는 해설

다음 자료에 대한 설명으로 옳은 것은? (단, A와 B는 각각 신문과 뉴 미디어 중 하나이다.) 인쇄 매체　인터넷, SNS 등

표는 시민들을 대상으로 매체의 이용률과 신뢰도를 조사한 결과와 각 매체의 특징을 제시한 것이다. 각 매체별 이용률은 뉴스를 접하기 위해 이용한다고 응답한 사람의 비율(복수 응답 가능)이며, 신뢰도는 매체에 대한 신뢰도 점수(100점 만점)의 평균값이다.

매체	특징	이용률(%)	신뢰도(점)
신문 Ⓐ	심층적인 정보 전달에 유리함	31	49
텔레비전	(가) 인쇄 매체	94	66
뉴 미디어 Ⓑ	양방향 정보 전달에 유리함	75	25
라디오	(나) 쌍방향 뉴 미디어	20	38

49점
① Ⓐ는 시각 정보 또는 청각 정보를 활용하는 다른 모든 매체들보다 신뢰도가 높다. 텔레비전(66점)　라디오(38점)
② Ⓑ는 텔레비전보다 정보의 생산자와 소비자 간의 경계가 뚜렷하다. 뚜렷하지 않다.
③ (가)에는 '정보 전달의 동시성이 높음', (나)에는 '시각 정보를 제공할 수 있음'이 적절하다. 텔레비전의 특징
④ 이용률 대비 신뢰도는 청각 정보만 전달하는 매체가 인쇄 매체보다 높다. 라디오(38/20)　신문(49/31)
⑤ 뉴 미디어를 이용한다고 응답한 비율에 비해 나머지 세 가지 매체를 함께 이용한다고 응답한 비율이 높다. 75%　최대 20%(중복 응답이 가능하기 때문)

문제 분석 심층적인 정보 전달에 유리한 A는 인쇄 매체인 신문이고, 양방향 정보 전달에 유리한 B는 뉴 미디어입니다.

정답 찾기 ④ 청각 정보만 전달하는 매체는 음성 매체인 라디오를 말합니다. 라디오의 이용률 대비 신뢰도는 38/20이며, 신문의 이용률 대비 신뢰도는 49/31입니다. 따라서 라디오가 더 높습니다.

오답 피하기 ① A인 신문은 시각 정보와 청각 정보를 활용하는 텔레비전에 비해 신뢰도가 낮습니다. ② B인 뉴 미디어는 정보 생산자와 소비자 간의 경계가 명확하게 구분되지 않습니다. ③ 텔레비전은 정보 전달의 동시성이 높기 때문에 (가)에는 '정보 전달의 동시성이 높음'이 적절하나, 라디오는 시각 정보를 제공할 수 없기 때문에 (나)에는 '시각 정보를 제공할 수 있음'이 적절치 않습니다. ⑤ 뉴 미디어를 이용한다고 응답한 비율은 75%인데, 나머지 세 가지 매체를 함께(중복) 이용한다고 응답한 비율은 가장 낮은 이용률인 라디오의 비율로 보아야 하므로 최대 20%입니다. 따라서 뉴미디어를 이용한다고 응답한 비율이 더 높습니다.

함정 피하기
복수 응답이 가능하기 때문에 신문(31%) 텔레비전(94%), 라디오(20%)를 동시에 이용한다고 응답한 비율은 이용률이 가장 낮은 라디오(20%)를 초과할 수 없다. 따라서 세 가지 매체를 함께 이용한다고 응답한 비율은 최대 20%인 것을 몰랐을 거야.

174 대중 매체
정답 ⑤

문제 분석 B는 정보 수용자와 생산자 간의 경계가 모호하다는 특징을 가지고 있으므로 B가 뉴 미디어라는 것을 알 수 있습니다. 이에 따라 A는 음성 매체에 해당함을 알 수 있습니다.

정답 찾기 ⑤ A는 음성 매체이기 때문에 영상 정보의 제공이 불가능합니다.

오답 피하기 ① A는 음성 매체이기 때문에 시각 정보의 전달이 불가능합니다. ② 정보의 복제와 재가공이 쉬운 것은 오히려 뉴 미디어인 B입니다. ③ 정보의 비동시적 소비가 더 용이한 것은 오히려 뉴 미디어인 B입니다. ④ 뉴 미디어는 기존 매체에 비해 정보 유통의 신속성이 높습니다. 따라서 정보 유통에 소요되는 시간이 더 긴 것은 음성 매체인 A입니다.

175 대중 매체
정답 ①

문제 분석 문맹자의 정보 접근 가능성이 높은 B가 영상 매체이며, 이에 따라 A는 인쇄 매체임을 알 수 있습니다.

정답 찾기 ㄱ. 정보 전달의 동시성은 정보가 대중 매체를 통해서 동일한 시기에 전달되는 정도를 말합니다. 인쇄 매체에 비해 영상 매체는 전파를 통해 일시에 같은 정보를 전달하므로 정보 전달의 동시성이 높다고 할 수 있습니다. ㄴ. 인쇄 매체는 영상 매체에 비해 정보의 심층성이 큽니다.

오답 피하기 ㄷ. (가)는 영상 매체인 B가 높게 나타나는 부분입니다. 영상 매체는 인쇄 매체에 비해 광범위하고 신속한 정보 전달이 가능하기 때문에 오히려 정보 확산의 시공간적 제약이 작다고 볼 수 있습니다. ㄹ. 소비자의 정보 획득의 동시성은 오히려 인쇄 매체가 낮게 나타나는 부분입니다.

176 대중 매체
정답 ④

문제 분석 첫 번째 구분인 '복합 감각 정보 제공이 용이한가?'라는 질문에 '아니요'라고 대답한 A는 시각 정보 전달만 가능한 신문입니다. 두 번째 구분인 '정보 전달 및 수용의 동시성이 높은가?'라는 질문에 '예'라고 대답한 B는 TV입니다. 인터넷은 정보 전달의 동시성은 높으나, 정보 수용의 동시성은 낮은 편입니다. 따라서 A가 신문이므로 C는 인터넷이 됩니다. 또한 신문과 인터넷은 모두 정보 수용의 동시성이 낮은 매체이므로 ⓒ과 ⓒ은 모두 '아니요'입니다. 마지막 구분인 '정보 사회에서 새롭게 등장한 매체인가?'라는 질문에는 인터넷인 C만 '예'라고 대답할 것이므로 ⓒ은 '아니요' ⓔ은 '예'입니다.

정답 찾기 첫 번째 질문은 '신문은 다른 매체들보다 정보 전달의 심층성'이 가장 높으므로 질문의 대답은 ○입니다. 두 번째 질문은 '신문과 인터넷은 모두 정보 수용의 동시성'이 낮은 매체이므로 ⓒ과 ⓒ은 모두 '아니요'입니다. 따라서 질문의 대답은 ×입니다. 세 번째 질문은 정보의 복제와 재가공이 쉬운 매체는 인터넷이므로 질문의 대답은 ×입니다. 네 번째 질문은 마지막 구분인 '정보 사회에서 새롭게 등장한 매체인가?'라는 질문에는 인터넷인 C만 '예'라고 대답할 것이므로 ⓒ은 '아니요', ⓔ은 '예'입니다. 따라서 질문의 대답은 ×입니다.

177 대중 매체
정답 ②

문제 분석 대중 매체 A, B에 대해 '정보 복제 및 재가공이 가장 유리한 매체인가?'라는 질문으로 구분할 수 있다면, 이는 뉴 미디어의 특징이므로 A와 B 중 하나가 뉴 미디어입니다. 대중 매체 B, C에 대해 '심층적인 정보 전달에 가장 유리한 매체인가?'라는 질문으로 구분할 수 있다면, 이는 인쇄 매체의 특징이므로 B와 C 중 하나가 인쇄 매체입니다. 그리고 대중 매체 C, D에 대해 '청각 정보의 전달이 가능한가?'라는 질문으로 구분할 수 없다면, 둘 다 청각 정보를 사용하는 매체입니다. 그런데 뉴 미디어는 A, B 중 하나에 속할 것이므로 결국 C와 D는 음성 매체와 영상 매체가 됩니다. 그리고 B는 인쇄 매체가 되며, A는 뉴 미디어가 됩니다.

정답 찾기 ㄱ. A는 뉴 미디어, B는 인쇄 매체이기 때문에 둘 다 시각 정

보 제공이 가능합니다. ㄷ. C가 아직 음성 매체인지 영상 매체인지 알 수는 없지만, 뉴 미디어는 다른 매체들보다 정보 확산의 신속성이 높은 것은 확실하기 때문에 적절함을 알 수 있습니다.

오답 피하기 ㄴ. D가 아직 음성 매체인지 영상 매체인지 알 수는 없지만, 인쇄 매체인 B가 다른 매체들보다 문맹자의 정보 접근이 낮다는 것은 확실하기 때문에 적절하지 않음을 알 수 있습니다. ㄹ. 음성 매체와 영상 매체 모두 정보 수용의 동시성이 높기 때문에 이 질문은 (가)가 아닌 이 둘을 구분할 수 없는 질문으로 배치해야 적절합니다.

10강 문화 변동의 양상과 대응

핵심 개념 CHECK!
▶ 본문 093쪽

01 ○	02 ×	03 ×	04 ○	05 ○	06 ○	07 ×	08 ×
09 ○	10 ○	11 ×	12 ×	13 ×	14 ×	15 ×	16 ○
17 ×	18 ○	19 ×	20 ○

○·× 문장 바로 알기

01 발명은 문화 변동의 내재적 요인이다.

02 자극 전파는 문화 변동의 외재적 요인으로, 발견의 속성을 포함하고 있다. _{발명}

03 발명은 이미 존재하고 있는 문화 요소를 찾아내는 것을 말한다. _{발견}

04 문화 전파는 한 사회가 다른 사회와 교류하거나 접촉하는 과정에서 나타난다.

05 인쇄물, 텔레비전 등과 같은 매체를 매개로 일어나는 전파는 간접 전파에 해당한다.

06 목화솜이 중국에서 우리나라로 전해진 것은 직접 전파에 해당한다.

07 이미 존재하던 문화 요소를 응용해 새 문화 요소를 만드는 것은 1차 적 발견에 해당한다. _{2차}

08 발명과 발명으로 인해 일어나는 문화 변동을 외재적 변동이라고 한다. _{내재적}

09 외재적 변동은 두 문화 체계가 장기간에 걸쳐 접촉함으로써 일어나며, 문화 접변이라고도 한다.

10 무력에 의한 정복이나 식민 통치로 인한 문화 변동은 강제적 문화 접변의 사례에 해당한다.

11 자발적 문화 접변은 수용자가 수동적으로 외래 문화를 받아들이는 것을 말한다. _{자연스럽게}

12 문화 동화는 서로 다른 문화가 한 사회 문화 체계 속에서 고유한 성격을 잃지 않고 함께 존재하는 것을 말한다. _{공존}

13 문화 동화는 강제적 문화 접변의 결과로만 나타날 수 있다. _{없는 것이 아니다.}

14 고려 시대 원나라 사실들에 의해 원의 풍속이 들어오게 된 것은 간접 전파의 사례에 해당한다. _{직접}

15 김치 파스타, 라이스 버거의 사례는 문화 공존에 해당한다. _{융합}

16 전통 혼례와 서양식 결혼식이 우리 문화 안에 함께 존재하는 것은 문화 공존의 사례에 해당한다.

17 문화 융합은 자기 문화의 문화적 정체성이 상실될 우려가 있다.
~~동화는~~

18 비물질문화의 변동 속도가 물질문화의 변동 속도를 따라잡지 못하는 것을 문화 지체라고 한다.

19 문화 동화 현상은 문화의 다양성을 실현하는 데 도움이 ~~된다.~~
되지 않는다.

20 세계화로 인해 문화 변동이 전 세계적으로 확산되어 이루어지고 있다.

기출+예상 문제로 주제 정복하기 ▶ 본문 095~101쪽

178 ④	179 ②	180 ⑤	181 ③	182 ③	183 ②
184 ④	185 ①	186 ⑤	187 ②	188 ①	189 ②
190 ④	191 ②	192 ④	193 ③	194 ②	195 ③
196 ④	197 ②	198 ④	199 ④	200 ⑤	

178 문화 변동의 양상　　정답 ④

문제 분석 〈자료 1〉을 살펴보면, (가)는 발견, (나)는 직접 전파, (다)는 발명임을 알 수 있습니다. 또한 〈자료 2〉는 갑~병국의 문화 변동 과정이 나타나 있는데, 〈보기〉의 상황에 맞추어 진위 여부를 가려야 합니다.

정답 찾기 ㄱ. A에서는 ◇라는 문화 요소가 소멸되고 △와 □라는 새로운 문화 요소가 추가되었습니다. B에서는 □라는 문화 요소가 소멸되고 ☆라는 새로운 문화 요소가 추가되었습니다. ㄴ. 갑국에서 발명을 통해 나타난 문화 요소는 ◇입니다. 병국에서도 발명을 통해 ◇가 나타났습니다. ㄷ. 갑국에서 발견을 통해 나타난 문화 요소는 △입니다. 병국에서는 직접 전파를 통해 문화 요소 △이 나타났습니다.

오답 피하기 ㄹ. 을국에서는 자국의 문화 요소 ☆과 갑국의 문화 요소 △가 공존하고 있으며, 병국에서도 자국의 문화 요소 ◇와 갑국의 문화 요소 △가 공존하고 있습니다.

179 문화 변동의 요인　　정답 ②

문제 분석 첫 번째 질문인 '변동의 요인이 외부로부터 왔는가?'에 '아니요'라고 대답한 (가)는 문화 변동의 내재적 요인입니다. 따라서 ㉠과 ㉡은 각각 발명과 발견 중 하나입니다. 한편 첫 번째 질문에 '예'라고 대답함과 동시에 두 번째 질문인 '외부 사회의 문화 요소에서 아이디어를 얻어 새로운 문화 요소를 만들었는가?'라는 질문에 '아니요'라고 대답한 (나)는 문화 변동의 외재적 요인 중 직접 전파 혹은 간접 전파에 해당합니다. 따라서 ㉢과 ㉣은 각각 직접 전파와 간접 전파 중 하나입니다. 한편 두 번째 질문에 '예'라고 대답한 ㉤은 자극 전파입니다.

정답 찾기 ② (나)가 "문화 요소가 매체에 의해 전달되었는가?"이면, ㉣은 간접 전파입니다. 통신 기술이 발달할수록 간접 전파를 통한 문화 변동이 더 용이하게 나타날 수 있습니다.

오답 피하기 ① 존재하지 않던 문화 요소를 새롭게 만들어 낸 것은 발명이므로 ㉡은 발견입니다. 인쇄술은 발명의 사례입니다. ③ 활은 발명의 사례인데, 존재하고 있으나 알려지지 않았던 문화 요소를 찾아낸 것은 발견입니다. ④ 전쟁을 통해 유럽에 전파된 설탕은 직접 전파의 사례입니다. ⑤ 외국인 선교사에 의해 외래 종교가 전개된 것은 직접 전파의 사례입니다.

180 문화 변동의 요인　　정답 ⑤

문제 분석 (가)에서 갑의 뮤직 비디오가 세계적으로 유행을 일으키는 데에는 뮤직 비디오와 방송으로 묘사되는 '매체'의 영향이 가장 컸을 것입니다. 따라서 (가)는 문화 변동의 내재적 요인 중 간접 전파의 사례에 해당합니다. (나)에서 을이 들여온 화장품, 의복 등의 A국 문화가 B국 내에서 유행하게 된 것은 문화 변동의 외재적 요인 중 직접 전파의 사례에 해당합니다.

정답 찾기 ㄷ. 산업화 이전에는 (나)의 직접 전파의 사례가 가장 일반적인 문화 전파였습니다. ㄹ. (나)의 을은 직접 A국의 문화 요소를 B국에 가져왔습니다.

오답 피하기 ㄱ. (가)는 자극 전파가 아닌 간접 전파의 사례에 해당합니다. ㄴ. 교역을 통한 문화의 전파는 직접 전파의 사례입니다. 그러나 (가)는 간접 전파의 사례에 해당합니다.

181 문화 변동의 요인　　정답 ③

문제 분석 제시문에서 A 교수는 정보 통신 기술의 발달로 인해 문화의 교류가 활발해지는 현상을 우려하고 있습니다. 왜냐하면 미국, 유럽, 일본이라는 세 주체가 주도하는 형태의 문화 변동이 일어나고 있으며, 이 국가들이 중심이 된 초국적 문화 복합 기업이 대량으로 문화를 생산해 문화의 획일화를 유발하고 소비자들에게는 다양한 문화를 누릴 수 있는 권리를 침해하고 있기 때문입니다.

정답 찾기 ③ A 교수는 위와 같은 현상으로 일어나는 문화의 획일화를 우려하고 있습니다.

오답 피하기 ①, ②, ④, ⑤ 제시문을 통해 알 수 있는 내용에 해당하지 않습니다.

182 문화 변동의 요인　　정답 ③

문제 분석 유럽의 금속 활자 이전에 만들어진 고려의 금속 활자에 대한 설명입니다. 제시문에 따르면 유럽의 금속 활자는 문화 변동을 초래했지만, 고려에서는 큰 사회적 변화를 일으키진 못했기 때문에 문화 변동으로까지 이어지지는 못했습니다.

정답 찾기 ㄴ. 제시문에 따르면, 13세기 고려에서 만든 금속 활자가 세계 최초의 것이기 때문에 이는 존재하지 않았던 문화 요소를 만들어낸 '발명'에 해당합니다. ㄹ. 당시 고려에서는 금속 활자를 통한 사회적 변화가 크게 나타나지 않았기 때문에 문화 변동이 나타났다고 보기는 어려울 것입니다. 물론 변동 '요인'으로서 '발명'이 이루어지긴 했으나, 그것이 '변동 자체'로 까지 이어지지는 못했던 것입니다.

오답 피하기 ㄱ. 제시문에서 유럽의 금속 활자가 고려의 금속 활자에 영향을 받았다는 부분은 찾아볼 수 없습니다. 따라서 문화 전파가 일어났다고 보기는 어렵습니다. ㄷ. 새로운 문화에 대한 거부는 강제적 문화 접변 시도의 경우에 나타날 수 있는 현상인데, 여기서 그러한 모습을 찾아보기는 어렵기 때문에 새로운 문화에 대한 거부 또한 나타났다고 보기 어렵습니다.

183 문화 변동의 요인　　정답 ②

🔍 **눈으로 보는 해설**

표는 문화 변동 요인의 유형을 구분한 것이다. (가)~(라)에 대한 옳은 설명만을 〈보기〉에서 있는 대로 고른 것은?

창조 여부　　문화 변동 소재	창조	비(非)창조
외부	(가)-자극 전파	(나)-직접 전파, 간접 전파
내부	(다)-발명	(라)-발견

문제 분석 제시된 표에 따르면, 문화 변동 소재가 외부에 있으면서 창조가 이루어진 (가)는 '자극 전파'에 해당하고 창조가 이루어지지 않은(비창조), (나)는 '직접 전파' 혹은 '간접 전파'에 해당합니다. 한편 문화 변동의 소재가 내부에 있으면서 창조가 이루어진 (다)는 '발명'에 해당하고 창조가 이루어지지 않은 (라)는 '발견'에 해당합니다.

정답 찾기 ㄱ. 훈민정음의 사례는 기존에 존재하지 않았던 한글을 새로이 만들어 낸 '발명'의 사례에 해당합니다. 체로키 문자의 사례는 체로키 부족이 기존의 영어에 아이디어를 얻어 만들어 낸 '자극 전파'의 사례에 해당합니다. 따라서 (가)에 가까운 것은 체로키 문자의 사례입니다. ㄷ. (다)는 '발명'으로 한 사회 내부에서 일어나는 내재적 변동의 요인이기 때문에 타문화 요소에 대한 아이디어 획득 없이도 이루어질 수 있습니다.

오답 피하기 ㄴ. 인터넷 방송 영상을 보고 세계 음식 제조법을 학습하는 것은 '간접 전파'의 사례에 해당합니다. (나)는 간접 전파의 사례에 해당하기 때문에 적합한 사례라고 볼 수 있습니다. ㄹ. 에디슨의 전구는 '발명'의 사례로서 (다)에 해당하고, 탈레스의 전기는 '발견'의 사례로서 (라)에 해당합니다.

함정 피하기
문화 변동의 요인과 그 특징을 정확히 알고 있어야 해. 특히 자극 전파의 경우에는 문화 변동의 요인이 외부에 있는 '문화 전파'에 해당하지만, '직접 전파'나 '간접 전파'와는 다르게 자신들만의 문화를 새로 만들어 낸다는 맥락에서 '창조' 내지는 '발명'의 의미를 포함하고 있음을 기억해야 해!

184 문화 변동의 요인　　　　　정답 ④

문제 분석 제시된 자료의 변동 후 부분을 살펴보면 A국에서는 문화 병존, B국에서는 문화 동화, C국에서는 문화 융합이 나타났다는 것을 알 수 있습니다.

정답 찾기 ④ A국에서는 갑국과 A국의 문화 요소가 공존하는 문화 병존(공존)이 일어났고, C국에서는 갑국의 문화 요소와 C국의 문화 요소가 결합된 문화 융합이 일어났기 때문에 두 국가 모두 변동 후에도 자문화 요소가 유지됩니다.

오답 피하기 ① 서양의 결혼 예식과 전통 폐백 의례가 결합된 우리의 결혼식은 문화 융합을 보여 주는 사례로서 C국의 사례에 해당합니다. ② 문화 동화는 강제적 문화 접변은 물론 자발적 문화 접변을 통해서도 나타납니다. ③ 전통 시장과 온라인 쇼핑몰이 자리 잡은 것은 문화 병존을 보여 주는 사례이기 때문에 A국의 사례에 해당합니다. ⑤ C국 또한 외래문화 요소를 수용하여 제3의 새로운 문화 요소를 만들었습니다.

185 문화 변동의 요인　　　　　정답 ①

문제 분석 제시된 자료를 분석하면 A는 발명, B는 발견, C는 자극 전파, D는 간접 전파, E는 직접 전파임을 알 수 있습니다.

정답 찾기 ① 물질문화, 비물질문화 모두 발명을 통해 만들어질 수 있습니다.

오답 피하기 ② 특정 종교의 창시는 발명의 사례입니다. ③ 상호 인적 교류가 없는 집단들 간에도 대중 매체를 통한 간접 전파가 이루어져 문화는 변동할 수 있습니다. ④ 직접 전파 또는 간접 전파된 문화 요소가 발명을 자극할 수 있습니다. ⑤ 모든 문화 변동의 요인은 문화 지체 현상을 초래할 수 있습니다.

186 문화 변동의 요인　　　　　정답 ⑤

문제 분석 (가) 지역의 문화가 (나) 지역에 전파된 자료에 따르면, A와 B 및 C는 자발적 문화 접변, D와 E는 강제적 문화 접변에 해당합니다. 그리고 A는 문화 융합, B는 문화 공존, C는 문화 동화이며, D는 문화 정체성 유지, E는 문화 정체성 상실을 의미합니다.

정답 찾기 ⑤ E는 강제적 문화 접변이 이루어지는 과정에서 (나) 지역이 (가) 지역의 문화에 동화됨으로써 자문화의 정체성을 상실한 경우에 해당합니다.

오답 피하기 ① A가 아니라 C입니다. ② B는 문화 공존입니다. (가) 지역 문화 요소보다 (나) 지역 문화 요소가 우수하다고 인식할 경우 자기 지역 문화가 그대로 유지됩니다. ③ C는 문화 동화이므로 외래문화에 전통문화가 흡수된 경우입니다. ④ D에서는 (가) 지역 문화 요소가 (나) 지역에서 전혀 발견되지 않습니다.

187 문화 변동의 요인　　　　　정답 ②

문제 분석 제시된 자료에 따르면 A국이 B국을 정복했고, 그 후 B국의 언어는 사라지고 A국의 언어가 널리 쓰이게 되었다는 점에서 문화 동화가 나타나 있습니다. 또한 그 과정에서 A국이 자국 언어를 퍼뜨리는 과정에서 문화 이식 정책이 시행되었기 때문에 강제적 문화 접변이 나타났다고도 볼 수 있습니다. 한편 C국 상류층 자녀들이 A국으로 유학을 와서 A국의 언어를 습득했고 그 후 그것이 C국 내에 퍼져 본래의 C국 언어뿐 아니라 A국의 언어도 널리 쓰이게 되었다는 점에서 문화 병존(공존)이 나타나 있습니다. 또한 A국의 언어가 C국에 들여오게 된 과정을 살펴보았을 때 자발적 문화 접변이 나타났다고도 볼 수 있습니다.

정답 찾기 ㄱ. A국 언어가 B국에 들어와 문화 변동이 일어났다는 점에서, 외재적 요인에 의한 문화 변동이 일어났습니다. ㄷ. A국 언어가 널리 쓰이고 B국 언어가 사용하지 않게 되었다는 점에서, B국에서는 문화 동화가 나타났습니다. C국에서는 A국 언어와 C국 언어가 함께 사용되었다는 점에서 문화 병존(공존)이 나타났습니다.

오답 피하기 ㄴ. A국에서는 강제적 문화 접변, C국에서는 자발적 문화 접변이 나타났습니다. ㄹ. B국과 C국 모두 직접 전파로 인한 문화 변동이 일어났습니다.

188 문화 변동의 양상　　　　　정답 ①

문제 분석 영화의 사례에서는 강제적 문화 접변이 나타나 있습니다.

정답 찾기 ㄱ. 강제적 문화 접변은 그에 대한 반작용으로 문화적 복고 운동이나 저항이 일어날 수 있습니다. ㄴ. 식민 지배 상황에서 강제적인 힘에 의해 일어난 문화 변동입니다.

오답 피하기 ㄷ. 사례에서는 우리나라의 민족성을 말살하기 위해 일본식 성명만을 사용하게 한 내용이 나와 있으므로 문화 공존의 사례보다는 문화 동화의 사례에 더 가깝다고 볼 수 있습니다. ㄹ. 한류 문화는 강제성 유무로 그 양상을 따져 보았을 때 자발적 문화 접변에 해당합니다.

189 문화 변동의 양상　　　　　정답 ②

문제 분석 (가)는 커피가 서아시아를 지나 유럽, 미국, 우리나라까지 전파되게 된 과정을 보여 줍니다. 특히 우리나라의 커피가 보급되게 된 계기로 한국 전쟁 때 미군이 마시던 커피의 영향을 받았으므로 직접 전파의 사례라고 볼 수 있습니다. 또한 우리 국민들이 이를 애호하게 되었다는 부분에서 자발적 문화 접변의 사례도 찾아볼 수 있습니다. (나)는 아랍인들이 사산조 페르시아를 멸망시킨 후 오히려 그들의 제도와 지식들을 수용했다는 부분에서 직접 전파의 사례라고 볼 수 있습니다. 그리고 아랍인들의 문화를 사산조 페르시아에 주입시킨 것이 아니라 오히려 아랍인들이 필요에 의해 피정복민들의 문화를 수용했으므로 자발적 문화 접변의 사례도 찾아볼 수 있으며, 이를 통해 기존의 생활 방식을 버리고 그들의 것을 전면 수용했으므로 문화 동화가 일어났다고도 볼 수 있습니다.

정답 찾기 ㄱ. (가)와 (나)는 모두 직접 전파라는 외재적 요인에 의해 문화 변동이 일어났으므로 문화 접변의 사례로 볼 수 있습니다. ㄹ. (나)에서는 아랍인들이 사산조 페르시아의 생활 양식을 수용함으로서 그들의 생활 양식이 바뀌었기 때문에 문화 동화가 일어났다고 볼 수 있습니다.

오답 피하기 ㄴ. (가)와 (나) 모두 외재적 문화 변동에 해당합니다. ㄷ. (나)의 문화 변동은 문화 요소 제공자의 필요에 의한 것이 아닌, 그들을 정복한 아랍의 필요에 의한 것이었습니다.

190 문화 변동의 양상   정답 ④

문제 분석 제시된 자료의 질문에 따르면 '제3의 문화 요소가 새롭게 형성되는가?'라는 질문에 '예'라고 대답한 (가)는 '문화 융합'에 해당합니다. 두 번째 질문인 '자기 문화의 정체성을 상실하는가?'라는 질문에 '예'라고 대답한 (다)는 '문화 동화'에 해당합니다. 세 번째 질문인 '서로 다른 문화 요소가 한 사회 안에서 나란히 공존하는가?'라는 질문에 '예'라고 대답한 (나)는 '문화 병존'에 해당합니다.

정답 찾기 ㄴ. 자문화의 정체성이 약한 경우 문화 융합보다 문화 동화가 일어날 가능성이 높습니다. ㄹ. 문화 접변 자체가 문화 변동의 외재적 요인을 통해 이루어지는 문화 변동이므로 (가)~(다) 모두가 해당합니다.

오답 피하기 ㄱ. 문화 융합도 문화 다양성 보존에 기여합니다. ㄷ. (가)는 문화 융합이 맞지만, (나)는 문화 공존(병존), (다)는 문화 융합이므로 적절하지 않습니다.

191 문화 변동의 요인 및 양상   정답 ②

문제 분석 첫 번째 질문인 '제3의 문화 요소가 나타났는가?'는 문화 융합의 특징입니다. 그러나 이것으로 A와 B를 구분할 수 없다는 것은 A와 B가 문화 동화와 문화 공존 중 각각 하나라는 것을 의미합니다. 두 번째 질문인 '자국의 고유한 문화의 정체성을 상실하였는가?'는 문화 동화의 특징입니다. 그러나 이것으로 A와 C를 구분할 수 없다는 것은 A와 C가 문화 공존과 문화 융합 중 각각 하나라는 것을 의미합니다. 여기서 두 질문에 공통적으로 등장하는 것은 A와 문화 공존인데, 결국 A는 문화 공존(병존), B는 문화 동화, C는 문화 융합을 의미합니다.

정답 찾기 ㄱ. 주어진 자료에 따르면 A는 문화 공존(병존)에 해당합니다. ㄷ. A~C는 문화 변동의 결과와 관련된 양상이기 때문에 직접 전파와 간접 전파 모두에 의해 나타날 수 있습니다.

오답 피하기 ㄴ. A~C 모두 외래문화의 자발적 수용을 통해서 나타날 수 있습니다. ㄹ. '서로 다른 문화 요소 간의 접촉으로 한 나라의 문화 요소가 완전히 상실되었는가?'는 문화 동화의 사례입니다. B는 문화 동화이고 C는 문화 융합이기 때문에 이 질문은 (가)에 들어갈 수 없습니다.

192 문화 변동의 요인   정답 ④

문제 분석 제시된 자료를 분석하면 A는 발명, B는 자극 전파, C는 간접 전파, D는 직접 전파임을 알 수 있습니다.

정답 찾기 ④ 커피가 서아시아 지역에서 유럽으로 전파된 것은 직접 전파의 사례입니다.

오답 피하기 ① 다른 사회의 종교로부터 아이디어를 얻어 신흥 종교가 나타났으므로 이는 자극 전파의 사례입니다. ② 드라마를 통한 문화 요소의 전파는 간접 전파에 해당합니다. ③ 인쇄 기술의 등장으로 독일 문화에 변동이 나타난 것은 내재적 요인으로서 발명에 의한 변동입니다. ⑤ 미국에서 배구가 처음 생겨난 것은 발명의 사례이고, 미국인 선교사에 의한 한국으로의 배구 전파는 직접 전파의 사례입니다.

193 문화 변동의 양상   정답 ③

문제 분석 A와 B라는 음식의 전래 및 전파 과정을 통해 문화 변동의 양상을 이해하는 자료입니다.

정답 찾기 ㄴ. A는 갑국 수도사들이 을국에 유학을 갔다가 들여온 음식이고, 그 결과 갑국에 A 문화가 많이 퍼지게 되었으므로 직접 전파에 의한 자발적 문화 접변의 사례로 볼 수 있습니다. ㄹ. 갑국에서는 기존의 B 대신 을국에서 들어온 A만 남아 있는 상황입니다. 이는 자발적인 문화 접변이었으나, 현재 A만 남아 있는 상황이므로 문화 동화가 일어났다고 볼 수 있습니다.

오답 피하기 ㄱ. 갑국의 문화 변동 요인은 직접 전파로 알 수 있지만, 을국의 문화 변동 사실과 그 요인은 ㉠에서 알 수 없습니다. ㄷ. 갑국의 B는 병국의 강제적 문화 접변 시도에도 불구하고 대체되지 않은 문화 요소입니다.

194 문화 변동   정답 ②

문제 분석 〈자료 1〉에서 기존에 없었던 문화 요소가 창조된다는 점으로 미루어보아 B와 D는 각각 '발명'과 '자극 전파' 중 하나입니다. 반면 A와 C는 창조의 의미가 없으므로 각각 '발견'과 '직접 전파' 중 하나입니다. 그리고 B, C는 타 문화와 접촉으로 발생한다는 점에서 '문화 변동의 외재적 요인(직접 전파, 자극 전파)'을 의미하는데, 외재적 변동이면서 창조의 속성을 지니고 있는 B가 자극 전파, 외재적 변동이면서 창조의 의미가 없는 C는 직접 전파가 됩니다. 또한 A, D는 타 문화와의 접촉 없이 발생한다는 점에서 '문화 변동의 내재적 요인(발명, 발견)'을 의미하는데, 내재적 요인 중 창조의 의미가 있는 D가 발명, 내재적 요인 중 창조의 의미가 없는 A는 발견이 됩니다. 〈자료 2〉에서 갑국의 선조들이 자연에서 광물을 '발견'한 것이므로 (가)는 발견, 이를 활용해 금속 그릇을 '발명'한 것이므로 (나)는 발명, 이 금속 그릇이 을국에 '직접 전파'된 것이므로 (다)는 직접 전파, 이 금속 그릇이 을국 사람들의 새로운 금관 악기 개발의 아이디어가 되었으므로 (라)는 자극 전파가 됩니다.

정답 찾기 ② (가)는 발견이므로 A, (나)는 발명이므로 D, (다)는 직접 전파이므로 C, (라)는 자극 전파이므로 B가 와야 합니다.

195 문화 변동의 양상   정답 ③

문제 분석 제시된 자료를 분석해 보면 (가)는 발견, (나)는 발명, (다)는 간접 전파, (라)는 직접 전파임을 알 수 있습니다.

정답 찾기 ③ 문화 변동 후 을국에서는 갑국 의상 C와 을국 의상 D가 결합된 제3의 의상 E가 등장하였습니다. 문화 융합이 나타났음을 알 수 있습니다.

오답 피하기 ① (가)는 발명이 아닌 발견, (나)는 발견이 아닌 발명에 해당합니다. ② 변동 후 음식 분야에서 갑국은 A와 B가 병존하는 문화 병존이 나타났습니다. A가 존재하는 것으로 보아, 자문화의 정체성이 상실되지 않았습니다. ④ 의복 분야에서 갑국은 변동 전의 C가 그대로 유지되고 있습니다. 문화 변동이 일어나지 않았습니다. 그리고 음식 분야에서 을국에서는 갑국의 문화 요소 A의 전파가 이루어졌습니다. ⑤ 주거 분야에서 갑국에서만 문화 전파로 인한 문화 동화가 이루어졌습니다.

196 문화 변동의 양상

정답 ④

눈으로 보는 해설

자료를 통해 문화 변동 사례를 분석한 것으로 옳은 것은? (단, A~C는 각각 간접 전파, 자극 전파, 직접 전파 중 하나이고, (가)~(다)는 각각 문화 공존, 문화 동화, 문화 융합 중 하나이다.)

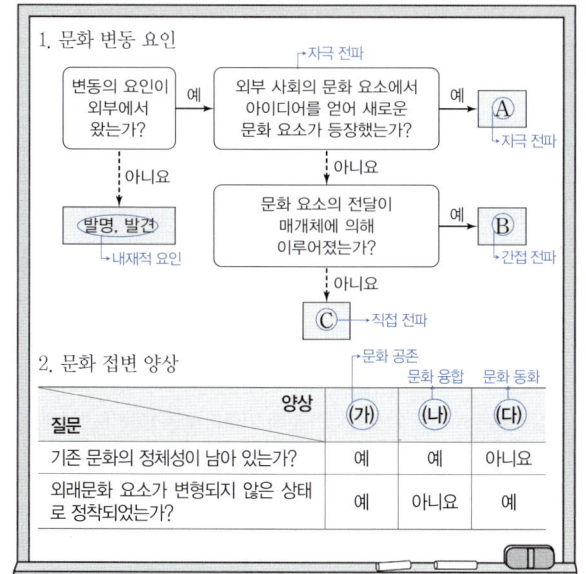

① 다른 나라의 종교 교리와 체계를 응용하여 만든 신흥 종교가 기존 종교를 대체한 사례는 A에 의한 (가)에 해당한다. → 문화 동화
② 새로운 정보 통신 기술을 개발하여 자국의 첨단 매체 발달에 기여한 사례는 B에 의한 (나)에 해당한다. → (다) → 발명
③ 케이팝(K-Pop)의 인기로 외국인이 한국어를 배우러 한국에 와서 정착하는 사례는 B에 의한 (다)에 해당한다. → 주로 간접 전파
④ 자국을 식민 지배한 나라의 언어와 자국의 전통 언어를 공용어로 사용하는 사례는 C에 의한 (가)에 해당한다. → 식민 지배 → 직접 전파 → 문화 공존
⑤ 이웃 나라의 특정 음료가 교역을 통해 들어와 자국민이 즐겨 마시는 음료 중 하나가 된 사례는 C에 의한 (나)에 해당한다. → 직접 전파 → 문화 공존 → (가)

문제 분석 제시된 자료를 분석해 보면 A는 자극 전파, B는 간접 전파, C는 직접 전파임을 알 수 있습니다. 그리고 (가)는 문화 공존, (나)는 문화 융합, (다)는 문화 동화임을 알 수 있습니다.

정답 찾기 ④ 식민 지배 과정에서 나타난 문화 변동이므로 그 요인은 직접 전파이고, 식민 지배한 나라의 언어와 자국의 전통 언어를 공용어로 사용하는 것은 문화 공존에 해당합니다.

오답 피하기 ① 다른 나라의 종교 교리와 체계를 응용하여 만든 신흥 종교는 자극 전파에는 해당하지만, 그 신흥 종교가 기존 종교를 대체한 것은 문화 공존이 아닌 문화 동화에 해당합니다. ② 새로운 정보 통신 기술을 개발한 것은 문화 변동의 요인 중 발명에 해당합니다. ③ 외국인이 한국어를 배우러 한국에 와서 정착한 것이 문화 동화의 사례는 아닙니다. 정착해 살지만 자기 나라의 문화를 유지할 수도 있기 때문입니다. ⑤ 이웃 나라의 특정 음료가 교역을 통해 들어와 자국민이 즐겨 마시는 음료가 된 것은 문화 융합의 사례가 아닙니다.

함정 피하기

문화 변동은 수능에 거의 빠지지 않고 출제되는 주제이다. 만약 ③번을 정답으로 생각했다면 케이팝은 주로 대중 매체를 통해 전달되는 간접 전파의 사례임을 몰랐을 것이다.

197 문화 변동의 요인 및 양상

정답 ②

문제 분석 제시된 자료의 문화 교류 및 문화 변동 결과 A국에서는 문화 공존(병존), B국에서는 문화 동화, C국에서는 문화 동화, D국에서는 문화 융합이 나타났습니다. 다만, 다른 국가들과 달리 C국은 갑국의 문화를 거부했음에도 불구하고 나타난 문화 동화이기에 강제적 문화 접변의 결과로 나타났다고 볼 수 있습니다.

정답 찾기 ㄱ. A국에서는 문화 공존(병존)의 형태로, B국에서는 문화 동화의 형태로 갑국의 문화 요소가 그대로 정착하였습니다. ㄷ. C국은 갑국의 문화를 거부했음에도 불구하고 갑국의 문화로 대체된 점을 보아 강제적 문화 접변이 시도되었을 가능성이 큽니다. 그러나 A국은 갑국의 문화를 수용했기 때문에 자발적 문화 접변이 일어났다고 보는 것이 적절합니다.

오답 피하기 ㄴ. B국과 C국 모두 갑국의 문화 체계로 흡수된 문화 동화의 사례입니다. ㄹ. 자극 전파에 대한 설명입니다.

198 문화 접변의 양상

정답 ④

문제 분석 A는 문화 공존, B는 문화 융합, C는 문화 동화입니다.

정답 찾기 ④ 문화 융합도 서로 다른 사회의 문화 요소가 결합하여 기존 문화의 정체성을 잃지 않으면서도 새로운 문화 요소가 나타나는 현상입니다.

오답 피하기 ① 인도의 불교문화와 서양의 문화가 만나 인도의 간다라 지방에 나타난 간다라 미술은 문화 공존이 아닌 문화 융합의 사례입니다. ② '외래문화 요소가 기존 문화 요소와는 독립성을 가지면서 동시에 존재하는 현상'은 문화 공존(병존)입니다. ③ (다)의 사례는 문화 공존(병존)의 사례입니다. ⑤ 문화 융합과 문화 동화, 문화 공존 모두 매개체에 의한 문화 전파의 결과로만 나타나는 것은 아닙니다.

199 문화 변동의 요인 및 양상

정답 ④

문제 분석 〈자료 1〉에서 첫 번째 질문인 '문화 변동의 외재적 요인인가?'라는 질문에 '아니요'라고 대답한 (가)는 문화 변동의 내재적 요인인 '발견'입니다. 두 번째 질문인 '타 문화로부터 아이디어를 얻어 새로운 문화 요소가 만들어졌는가?'라는 질문에 '예'라고 대답한 (다)는 문화 변동의 외재적 요인인 '자극 전파'입니다. 따라서 (나)는 문화 변동의 외재적 요인인 '직접 전파'입니다.

정답 찾기 ④ (가)는 발견입니다. 발명이나 발견은 문화 변동의 중요한 요인이지만, 사람들의 삶에 수용되지 않으면 문화 변동을 유발한다고 볼 수 없습니다.

오답 피하기 ① 불은 '발견'이기에 (가)의 사례가 맞지만, 자동차는 문화 변동의 또다른 내재적 요인인 '발명'에 해당합니다. ② 자극 전파는 창조의 의미를 내포하고 있기에 발명이 필수적이라고 볼 수 있습니다. 그러나 (가)는 발명이 아닌 발견에 해당합니다. ③ (가)~(다) 모두 물질문화의 변동에 영향을 줍니다. ⑤ (나)는 직접 전파이므로 다른 국가와의 직접적인 접촉을 통해 일어나지만, (가)는 문화 변동의 내재적 요인인 '발견'에 해당하므로 한 사회의 내부에서 일어납니다.

200 문화 변동의 요인 및 양상

정답 ⑤

문제 분석 〈자료 2〉에서는 〈자료 1〉의 문화 변동의 요인인 (가)~(다)를 바탕으로 각 시기에 일어난 문화 변동의 양상을 추론하는 문제입니다. 자료들을 바탕으로 문화 변동의 양상을 추론하면 다음과 같습니다.

정답 찾기 ⑤ 1차 변동에서 자극 전파된 문화 요소는 병국의 ■에서 아이디어를 얻은 을국의 □입니다. 그러나 갑국의 자극 전파(☆)에 영향을 준 것은 을국의 ●입니다. □은 2차 변동에서 병국의 문화 융합(▧)에 영향을 주었습니다.

오답 피하기 ① T기의 갑국 문화 요소인 ○은 1차 변동에서 병국으로 직접 전파되었고, 이것이 2차 변동에서 을국의 문화 융합(◎)에 영향을 주었습니다. ② 을국은 1차 변동에서는 병국의 ■에 영감을 받아 자극 전파(□)가 일어났고, 2차 변동에서는 병국의 ○가 직접 전파되어 문화 융합(◎)에 영향을 주었습니다. ③ 갑국에서는 1차 변동에서 발명으로 △가 만들어졌습니다. 이것이 2차 변동에서 병국으로 직접 전파되었습니다. ④ T+1기의 ●는 을국의 문화 요소입니다. 이것은 갑국의 자극 전파(☆)에 영향을 주었습니다. 한편 이것이 을국에 그대로 남아 2차 변동에서 병국의 ○을 직접 전파받아 문화 융합(◎)을 일으키기도 했습니다.

Ⅳ. 사회 계층과 불평등

11강 사회 불평등 현상의 이해

핵심 개념 CHECK!

▶ 본문 105쪽

01 ✕	02 ◯	03 ◯	04 ✕	05 ◯	06 ✕	07 ◯	08 ✕
09 ◯	10 ◯	11 ◯	12 ✕	13 ✕	14 ◯	15 ◯	16 ◯
17 ✕	18 ◯	19 ◯	20 ✕				

O✕ 문장 바로 알기

01 ~~기능론~~ _{갈등론}은 사회적 희소가치가 개인의 사회적 기여도와 무관하게 분배된다고 본다.

02 기능론은 성취 동기와 차등 분배 사이에 정(+)의 관계가 있다고 본다.

03 기능론은 개인의 능력과 차등 분배 사이에 정(+)의 관계가 있다고 본다.

04 ~~갈등론~~ _{기능론}은 차등적인 보상이 사회 유지를 위해 필요하다고 본다.

05 갈등론은 사회적 희소가치의 분배 기준이 불공정하다고 본다.

06 ~~갈등론~~ _{기능론}은 직업의 중요성이 사회 전체적 합의를 바탕으로 한다고 본다.

07 기능론은 개인의 귀속적 요인이 불평등에 미치는 영향이 작다고 본다.

08 ~~갈등론과 달리 기능론~~ _{기능론과 갈등론 모두}은 사회 불평등 현상을 보편적 현상으로 본다.

09 계급론은 사회·경제적 위치에 따른 집단 내 연대 의식을 강조한다.

10 계층론은 사회 불평등 현상을 연속선상에 서열화된 것으로 본다.

11 계급론은 사회 계층 구조가 궁극적으로 양분화된다고 본다.

12 ~~계급론~~ _{계층론}은 개인이 가진 권력이나 사회적 위신이 서로 불일치할 수 있다고 본다.

13 ~~계급론~~ _{계층론}은 다차원적 측면에서 사회 불평등 현상을 파악한다.

14 계급론과 계층론 모두 사회 불평등 현상의 원인으로 경제적 요인을 고려한다.

15 계급론은 생산 수단의 소유 여부에 따른 차이를 강조한다.

16 계층론은 사회 불평등 현상을 연속적으로 구분되어 있는 상태로 본다.

17 ~~계급론~~ _{계층론}은 사회 불평등 현상의 발생 원인을 다원론적 관점으로 본다.

18 계급론은 동일한 계층적 위치에 속한 구성원 간의 귀속 의식을 강조한다.

19 계급론은 수직 이동이 극히 제한적으로 나타난다고 본다.

20 ~~계층론~~ _{계급론}은 이분화된 계급 구조를 설명하기 용이하다.

201 사회 불평등을 바라보는 관점 　　　　　 정답 ②

문제 분석 제시문에 나타난 사회 불평등을 바라보는 관점은 기능론입니다. 기능론은 효율적 인력 배치를 위해 차등 보상이 필요함을 강조합니다.

정답 찾기 ② 기능론은 직업별 사회적 중요도 및 기여도에 차이가 존재하며 이에 따른 사회적 희소 자원의 차등 분배가 불가피하다고 봅니다.

오답 피하기 ① 갈등론은 사회 불평등을 제거해야 할 대상으로 보는 반면, 기능론은 불가피한 현상으로 봅니다. ③ 갈등론은 기본적으로 지배 집단과 피지배 집단 간 대립 관계로 사회를 바라봅니다. ④ 갈등론은 부모의 경제적 지위가 높을수록 자녀의 성공 가능성이 높다고 봅니다. ⑤ 기능론은 희소가치의 차등 분배 수준이 높을수록 개인의 성취 동기가 높아진다고 봅니다.

202 사회 불평등을 바라보는 관점 　　　　　 정답 ②

문제 분석 기능론은 직업별 기여도의 차이에 따라 사회 불평등이 나타난다고 봅니다. 따라서 A는 기능론, B는 갈등론에 해당합니다.

정답 찾기 ㄱ. 기능론은 사회 불평등의 불가피성을 강조하는 반면, 갈등론은 사회 불평등을 제거해야 할 대상으로 봅니다. ㄷ. 기능론은 개인의 능력 및 노력에 따라 희소가치가 차등 분배된다고 보는 반면, 갈등론은 가정 배경 등의 영향으로 지배 집단과 피지배 집단 간 희소가치가 차등 분배된다고 봅니다.

오답 피하기 ㄴ. 기능론은 갈등론과 달리 사회적 희소가치의 분배 기준이 사회적 합의의 결과임을 강조합니다. ㄹ. 기능론은 개인의 역량과 노력에 따라 희소가치가 분배됨을 강조하나, 현실적으로 가정 배경 등이 영향을 미치고 있다는 점에서 한계가 있습니다.

203 사회 불평등을 바라보는 관점 　　　　　 정답 ②

문제 분석 ㉠은 기여도에 따라 성과급을 차등 분배함으로써 업무 능력이 향상될 것으로 보고 있습니다. 이는 기능론에 부합합니다.

정답 찾기 ㄱ. 기능론은 차등 분배를 통해 구성원의 성취 동기가 자극되어 업무 능력이 향상된다고 봅니다. ㄷ. 기능론은 가치의 분배 기준이 사회 전체적 합의의 결과라 봅니다.

오답 피하기 ㄴ. 기능론은 개인의 능력에 따라 희소가치가 분배된다고 보는 반면, 갈등론은 부모의 지위 등에 따라 희소가치가 분배된다고 봅니다. ㄹ. 갈등론은 사회적 희소가치가 지배 집단의 이익에 부합하는 방식으로 분배된다고 봅니다.

204 사회 불평등을 바라보는 관점 　　　　　 정답 ③

문제 분석 기능론은 사회적 중요도가 사회 전체적 합의에 따라 결정된다고 보는 반면, 갈등론은 지배 집단의 이익에 따라 결정된다고 봅니다. 따라서 A는 기능론, B는 갈등론입니다.

정답 찾기 ③ 기능론은 사회 기여도에 따라 희소가치가 차등 분배됨에 따라 구성원의 성취 동기가 자극된다고 봅니다.

오답 피하기 ① 기능론은 사회 불평등이 불가피한 대상, 갈등론은 제거 및 극복해야 할 대상으로 봅니다. ② 기능론은 사회적 기여 정도에 따라 희소가치가 분배된다고 봅니다. ④ 기능론은 능력의 차이에 따라 희소가치가 차등적으로 분배된다고 보는 반면, 갈등론은 능력과 관계없이 지배 집단의 이익에 따라 희소가치가 분배된다고 봅니다. ⑤ 기능론과 갈등론 모두 사회 불평등을 보편적 현상으로 봅니다.

205 사회 불평등을 바라보는 관점 　　　　　 정답 ②

문제 분석 을은 개인의 능력과 노력에 따라 차별적 보상이 이루어진다고 본다는 점에서 기능론의 관점에서 사회 불평등을 바라보고 있습니다.

정답 찾기 ㄱ. 어려운 가정 환경에도 불구하고 CEO가 된 경우는 사회적 희소가치가 개인의 능력에 따라 분배된 경우에 해당합니다. ㄷ. 경영 미숙으로 기업이 부도가 나게 되어 노숙자가 된 CEO의 사례는 사회적 희소가치가 배제된 경우로, 개인의 능력에 따른 것이라는 점에서 기능론에 부합합니다.

오답 피하기 ㄴ. 능력과 관계없이 여성이라는 이유로 승진에 누락한 경우는 남성이라는 지배 집단에 의해 희소가치가 분배된 경우로 갈등론에 부합합니다. ㄹ. 가난으로 인해 교육의 기회가 균등하게 분배되지 않은 경우는 희소가치의 분배에 개인의 능력이 충분히 반영되지 않았기에 갈등론에 부합합니다.

206 사회 불평등을 바라보는 관점 　　　　　 정답 ④

문제 분석 갑국은 개인의 능력과 노력에 관계없이 신분에 따라 계층이 결정되는 반면, 을국은 개인의 능력과 노력에 따라 계층이 결정되고 있습니다.

정답 찾기 ㄴ. 갑국에서는 어느 집단에서 태어나느냐가 지위를 결정하고 있습니다. 즉, 귀속 지위가 중시되고 있습니다. 반면, 을국에서 개인의 지위는 노력에 따른 결과물이라는 점에서 성취 지위가 중시되고 있습니다. ㄹ. 능력에 따른 희소가치의 분배 가능성은 성취 지위가 중시되는 을국이 더 높습니다.

오답 피하기 ㄱ. 갑국의 사례는 개인의 능력과 노력이 희소가치의 배분과 무관하다는 점에서 갈등론에 부합합니다. ㄷ. 갑국과 을국의 사회 불평등 정도는 제시된 자료에서 확인할 수 없습니다.

207 사회 불평등을 바라보는 관점 　　　　　 정답 ④

문제 분석 (가)는 직업별 중요도에 따라 보상이 나타난다고 본다는 점에서 기능론에 해당하며, (나)는 (가)에 반대하는 입장이라는 점에서 갈등론에 해당합니다.

정답 찾기 ④ 갈등론은 직업별 중요도가 사회 전체적 필요에 의한 것이 아니라, 필요와 무관하게 지배 계급의 이익에 따라 결정된다고 봅니다.

오답 피하기 ① 기능론은 개인의 능력과 노력에 따라 불평등이 나타난다고 봅니다. 즉, 구조보다 개인에 의해 불평등이 형성된다고 봅니다. ② 기능론은 가정 환경과 같은 귀속적 요인보다 능력과 노력과 같은 성취적 요인이 불평등에 크게 영향을 미친다고 봅니다. ③ 갈등론은 희소가치의 분배 기준이 지배 집단의 이익을 반영한다고 봅니다. ⑤ 차등 분배의 장점을 강조하는 기능론은 균등 분배 수준이 높아질수록 사회 발전 가능성이 낮아진다고 봅니다.

208 사회 불평등을 바라보는 관점 　　　　　 정답 ③

문제 분석 개인의 노력과 능력에 따라 경제적 부를 성취한 사례는 기능론을 설명하기 적절합니다.

정답 찾기 ③ 기능론은 희소가치의 차등 분배 정도가 높아질수록 성취 동기가 높아진다고 봅니다. 즉 둘 사이에 양의 상관 관계, 즉 정(+)의 관계가 있다고 봅니다.

오답 피하기 ① 기능론은 사회 불평등의 긍정적 측면에 집중합니다. ② 기능론은 사회 불평등을 보편적이고 불가피한 현상으로 봅니다. ④ 능력과 노력보다 가정 환경의 영향을 중시하는 갈등론은 부모의 계층 수준이 높을수록 자녀의 경제적 지위가 높을 것이라고 봅니다. ⑤ 기능론은 불평등으로 인해 구성원의 성취 동기가 자극되고, 사회의 기능이 최대한 발휘된다고 봅니다.

209 사회 불평등을 바라보는 관점 　　　정답 ①

문제 분석 갑의 관점은 성 역할의 분담을 남성 중심적인 가부장적인 질서의 결과로 본다는 점에서 갈등론, 을의 관점은 성 역할의 사회적 필요에 의한 현상으로 본다는 점에서 기능론에 해당합니다.

정답 찾기 ① 갈등론은 사회 규범이 지배 집단의 기득권 유지를 위한 가치 반영이라고 보는 반면, 기능론은 사회 질서 및 규범의 사회 전체적 합의의 결과라 봅니다.

오답 피하기 ② 사회적 상호 작용을 통한 의미 부여는 상징적 상호 작용론에서 중시합니다. ③ 기능론은 사회의 균형과 안정을 중시하는 관점으로, 사회가 일시적 불균형 상태가 되더라도 다시 균형으로 돌아가려는 속성을 지닌다고 봅니다. ④ 갈등론은 사회화 과정을 통해 불평등한 구조가 정당화된다고 봅니다. ⑤ 기능론과 갈등론 모두 거시적 관점으로 사회 구조의 영향을 중시합니다.

210 사회 불평등을 바라보는 관점 　　　정답 ⑤

문제 분석 갑의 관점은 사회 구성원의 요구에 따른 변동을 강조한다는 점에서 상징적 상호 작용론, 을의 관점은 사회 전체적 효용을 강조한다는 점에서 기능론, 병의 관점은 지배 집단인 기업가의 이익을 강조한다는 점에서 갈등론에 해당합니다.

정답 찾기 ⑤ 거시적 관점에 해당하는 갈등론은 미시적 관점인 상징적 상호 작용론에 비해 사회 구조의 영향력을 중시합니다.

오답 피하기 ① 기능론에 대한 설명입니다. ② 갈등론은 사회를 지배 집단과 피지배 집단 간의 갈등과 대립의 장으로 이해합니다. ③ 인간 행위의 의미와 동기를 중시하는 관점은 상징적 상호 작용론입니다. ④ 인간이 이익을 추구하는 존재라는 주장은 상징적 상호 작용론 및 기능론과 모두 직접적 관련이 없습니다.

211 사회 불평등을 바라보는 관점 　　　정답 ②

문제 분석 A는 노력 수준과 계층 이동 가능성을 정(+)의 관계로 본다는 점에서 기능론, B는 하층의 경우 노력 수준에 관계없이 계층 이동 가능성이 낮다고 본다는 점에서 갈등론에 해당합니다.

정답 찾기 ② 기능론은 불균등한 분배로 인해 구성원의 성취 동기가 높아진다고 봅니다. 따라서 균등하게 분배될수록 사회적 효율성이 낮아질 것이라 볼 것입니다.

오답 피하기 ① 갈등론은 개인의 기여 정도와 관계없이 지배 집단의 이익에 따라 희소가치가 분배된다고 봅니다. ③ 기능론은 차등적으로 분배될수록 구성원의 성취 동기가 높아진다고 봅니다. ④ 갈등론은 차등 분배 정도가 높을수록 사회 구성원 간의 갈등 정도가 높아질 것이라 볼 것입니다. ⑤ 기능론은 부모의 계층과 관계없이 자녀의 노력 정도에 따라 사회적 성공이 따른다고 봅니다.

212 사회 계층화에 대한 이론 　　　정답 ①

문제 분석 A는 불연속적 관계로 계층화 현상을 바라본다는 점에서 계급론, B는 연속적 관계로 계층화 현상을 바라본다는 점에서 계층론에 해당합니다. (가)에는 계급론에만 해당하는 특징이, (나)에는 계층론과 계급론에 공통적으로 해당하는 특징이, (다)에는 계층론에만 해당하는 특징이 들어가야 합니다.

정답 찾기 ① 계급론은 지배 계급 및 피지배 계급과 같이 동일 계층 집단

구성원 간의 계급 의식을 중시합니다.

오답 피하기 ② 지위 불일치 현상과 같이 현대 사회의 다양한 계층 분화를 설명하기 용이하다는 점은 계층론에만 해당하는 특징입니다. ③ 계급론은 경제적 요인이 다른 모든 불평등을 결정한다고 봅니다. ④ 계급론은 경제적 요인 하나로 사회 계층화 현상을 설명합니다. ⑤ 귀속적 요인이 사회 계층화 현상에 미치는 영향을 중시하는 관점은 갈등론에 해당합니다.

213 사회 계층화에 대한 이론 　　　정답 ①

문제 분석 A는 생산 수단의 소유 여부를 기준으로 계층을 구분한다는 점에서 계급론, B는 연속적으로 사회 계층을 구분한다는 점에서 계층론에 해당합니다.

정답 찾기 ㄱ. 계급론에 비해 계층론은 지위 불일치 현상을 설명하기 용이합니다. ㄴ. 계급 의식을 강조하는 계급론은 동일 계층 구성원 간의 귀속 의식을 강조합니다.

오답 피하기 ㄷ. 계급론은 지배 계급과 피지배 계급으로 계층 구조가 양분된다고 봅니다. ㄹ. 계급론과 계층론 모두 사회 불평등의 원인으로 경제적 요인을 고려합니다.

214 사회 계층화에 대한 이론 　　　정답 ③

🔍 눈으로 보는 해설

사회 계층화 현상을 설명하는 이론 A, B에 대한 설명으로 옳은 것은?

A는 경제 결정론적 시각이라는 평가를 받는 B에 대비되는 이론으로 경제적·사회적·정치적 요인 등 다양한 요인으로 계층을 구분하고 있다. 반면, B는 　(가)-계층론　 (이)라는 평가를 받는 A에 대비되는 이론으로 　(나)-계급론

① A는 일원론적 관점에서 사회 계층을 바라본다. ─ 다원론적 관점
② B는 경제적 요인이 사회적 요인에 종속된다고 본다. ─ 모든 요인이 경제적 요인에 종속
③ A는 B와 달리 계층을 서열적으로 구분한다.
④ (가)에는 '불평등한 분배 상태를 이분법적으로 구분한다.'가 들어갈 수 있다. ─ 계급론
⑤ (나)에는 '현대 사회의 지위 불일치 현상을 설명하기 적절하다.'가 들어갈 수 있다. ─ 계층론

문제 분석 B는 경제 결정론적 시각이라는 평가를 받는다는 점에서 계급론, A는 B에 대비되는 이론이라는 점에서 계층론에 해당합니다.

정답 찾기 ③ 계층론은 사회 계층화 현상을 상층 - 중층 - 하층과 같이 연속적이고 서열적 관계로 바라봅니다.

오답 피하기 ① 계층론은 다원론적 관점에서 사회 계층을 구분합니다. ② 계급론은 다른 모든 불평등이 경제적 요인에 종속된다고 봅니다. ④ (가)에는 계층론에 해당하는 진술이 들어갈 수 있습니다. 불평등한 상태를 이분법적으로 구분하는 이론은 계급론입니다. ⑤ (나)에는 계급론에 해당하는 진술이 들어갈 수 있습니다. 지위 불일치 현상을 설명하기 용이한 이론은 계층론입니다.

⚠ 함정 피하기

만약 ①번을 선택했다면, A가 경제 결정론적 시각이라는 평가를 받는다고 생각했을 수 있다. 마찬가지로 (가)와 (나)에 들어갈 문장이 계급론에 해당하는지 계층론에 해당하는지 문장 구조를 이해해야 하는 문항이다.

215 사회 계층화에 대한 이론 　　　정답 ②

문제 분석 계급론, 계층론 중 생산 수단의 소유 여부를 기준으로 계층을 구분하는 이론은 계급론입니다. 따라서 A는 계급론, B는 계층론입니다.

정답 찾기 ㄱ. 계급론은 생산 수단의 소유 여부를 기준으로 계층을 구분하는 반면, 계층론은 여러 가지 기준으로 계층을 구분합니다. ㄷ. 계층론은 계급론과 달리 연속적으로 서열적으로 계층을 구분합니다.

오답 피하기 ㄴ. 계층론과 계급론 모두 경제적 요인을 계층 형성의 원인으로 봅니다. ㄹ. 계급론은 일원론적 관점으로, 계층론은 다원론적 관점으로 사회 계층화 현상을 바라봅니다.

216 사회 계층화에 대한 이론　　　　　　　　정답 ①

문제 분석 교사의 질문에 대해 갑, 병은 대답을 정확하게 하지 못한 반면, 을은 정확하게 응답하였습니다.

정답 찾기 ㄱ. 계층론은 지위 불일치 현상과 같은 현대 사회의 불평등을 설명하기 용이합니다. ㄴ. 계급론은 사회 계층화 현상을 이분법적으로 바라보는 반면, 계층론은 다원론적으로 바라봅니다. 갑은 계급의 특징을 계층의 특징으로 이해하고 있습니다.

오답 피하기 ㄷ. 을은 현대 사회의 대표적 불평등인 지위 불일치의 의미를 정확히 이해하고 있다고 볼 수 있습니다. ㄹ. 병은 계급 의식의 의미를 정확히 이해하지 못하였기에, 계층론이 계급론에 비해 동일 계층 내 귀속 의식을 강조한다고 응답한 것입니다.

217 사회 계층화에 대한 이론　　　　　　　　정답 ⑤

문제 분석 갑의 관점은 생산 수단의 소유 여부를 기준으로 계층을 설명한다는 점에서 계급론, 을의 관점은 여러 가지 요인이 계층 형성에 영향을 미친다고 본다는 점에서 계층론에 부합합니다.

정답 찾기 ⑤ 계급론과 계층론 모두 사회적 희소가치의 차등 분배로 인해 사회 계층이 발생한다고 봅니다.

오답 피하기 ① 계급론은 일원론적 관점으로 사회 계층을 설명합니다. ② 계급론은 갈등론에 기초한 이론으로 사회 계층화를 지배 계급에 의해 형성된 현상으로 변혁해야 할 대상으로 봅니다. ③ 계층론은 다원론적 관점에서 사회 계층화 현상을 설명합니다. ④ 계급 의식을 강조하는 계급론은 동일 집단 구성원 간의 연대 의식을 강조합니다.

218 사회 계층화에 대한 이론　　　　　　　　정답 ③

문제 분석 ㉠은 계층론, ㉡은 계급론에 부합하며, A는 생산 수단에 따른 구분이기에 계급, B는 다양한 요인에 따른 구분이라는 점에서 계층에 해당합니다.

정답 찾기 ㄴ. 계층론은 계급론과 달리 서로 다른 계층 구성원 간에 적대감이 약하다고 봅니다. ㄷ. 계급론은 동일한 계급 구성원 간의 연대 의식을 중시합니다.

오답 피하기 ㄱ. 계층론은 사회 계층화 현상을 다원론적 관점으로 바라봅니다. ㄹ. 계급론은 계층이 아니라 서로 다른 계급 간의 관계를 지배와 피지배 관계로 바라봅니다.

219 사회 계층화에 대한 이론　　　　　　　　정답 ④

정답 찾기 ㄴ. 계층론은 경제적·정치적·사회적 요인과 같이 다원론적 관점에서 사회 계층화 현상을 설명합니다. ㄹ. 계급론은 지배 계급과 피지배 계급으로 계층을 불연속적 관계로 바라보는 반면, 계층론은 '상층-중층-하층'과 같이 계층을 연속적 관계로 바라봅니다.

오답 피하기 ㄱ. 계급론과 계층론 모두 경제적 요인에 의해 사회 계층화 현상이 나타난다고 봅니다. 단, 계급론은 경제적 요인이 모든 사회 불평등을 결정한다고 봅니다. ㄷ. 계층론은 지위 불일치 현상을 설명하기에 적절합니다.

220 사회 계층화에 대한 이론　　　　　　　　정답 ②

문제 분석 갑국은 지배-피지배로 사회 계층이 구분된다는 점에서 계급론으로 설명하기 적절하며, 을국은 다양한 기준으로 연속적으로 사회 계층이 나타난다는 점에서 계층론으로 설명하기 적절합니다.

정답 찾기 ② 계급론은 경제적 위치, 즉 동일 계급 구성원에 대한 계급 의식을 강조합니다.

오답 피하기 ①, ③ 계급론은 생산 수단의 소유 여부를 불평등의 기준으로 강조합니다. 반면 계층론은 다양한 요인에 의해 불평등이 나타난다고 봅니다. ④ 계급론은 생산 수단의 소유 여부에 의해 모든 불평등이 결정된다고 봅니다. ⑤ 계급론은 지배 계급과 피지배 계급으로 사회 계층을 이분법적으로 구분합니다.

221 사회 계층화에 대한 이론　　　　　　　　정답 ②

문제 분석 (가)는 생산 수단에 따라 계층을 구분한다는 점에서 계급론, (나)는 다양한 요인으로 계층을 구분한다는 점에서 계층론에 해당합니다. A는 계급론에만 해당하는 특징, B는 계층론과 계급론에 모두 해당하는 특징, C는 계층론에만 해당하는 특징이 제시되어야 합니다.

정답 찾기 ㄱ. 계급론은 생산 수단의 소유 여부라는 한 가지 기준으로 사회 계층을 설명한다는 점에서 일원론적 관점에 해당합니다. ㄷ. 계급론과 계층론 모두 경제적 요인을 계층화 현상의 원인으로 봅니다.

오답 피하기 ㄴ. 계급론과 달리 계층론은 지위 불일치 현상을 설명하기 용이합니다. ㄹ. 계급론은 지배-피지배로 사회 계층을 이분법적으로 구분합니다.

222 사회 계층화에 대한 이론　　　　　　　　정답 ①

문제 분석 A 이론은 생산 수단의 소유 여부 뿐만 아니라 다양한 요인에 의해 사회 계층이 형성된다고 보고 있습니다. A 이론은 계층론에 해당합니다.

정답 찾기 ㄱ. 계층론은 지위 불일치 현상을 설명하기 용이합니다. ㄴ. 계급론은 일원론적 측면에서, 계층론은 다차원적 측면에서 사회 불평등을 바라봅니다.

오답 피하기 ㄷ. 계급 의식을 강조하는 계급론은 동일 집단 구성원 간의 연대 의식을 중시합니다. ㄹ. 사회 계층화 현상을 계층론은 연속적으로, 계급론은 불연속적으로 바라봅니다.

223 사회 계층화에 대한 이론　　　　　　　　정답 ②

문제 분석 (가)에는 계급론과 계층론에 공통적으로 해당하는 질문이 제시되어야 합니다. 반면, (나)와 (다)에는 계급론과 계층론 중 하나에만 해당하는 질문이 제시되어야 합니다.

정답 찾기 ㄱ. 계급론과 계층론 모두 사회 불평등의 원인으로 경제적 요인을 고려합니다. ㄷ. A가 계급론이라면 B는 계층론입니다. 계급론은 일원론적 관점으로 계층론은 다원론적 관점으로 사회 불평등 현상을 바라봅니다.

오답 피하기 ㄴ. 사회 불평등 현상을 계층론은 연속적인 위계화로, 계급론은 불연속적인 위계화로 파악합니다. ㄹ. 계층론은 지위 불일치 현상을 설명하기 용이합니다.

224 사회 계층화에 대한 이론　　　　　　　　정답 ①

문제 분석 A는 생산 수단의 소유 여부를 기준으로 한다는 점에서 계급론, B는 다양한 측면에서 불평등을 바라본다는 점에서 계층론에 해당합니다.

정답 찾기 ① 계급론은 불연속적으로 사회 계층을 바라보는 반면, 계층론은 사회 계층이 연속적으로 서열화되어 있다고 봅니다.

오답 피하기 ② 계급론은 다른 계급으로의 이동이 극히 제한적으로 나타난다고 봅니다. ③ 계급론과 계층론 모두 경제적 요인에 의해 사회 계층이 발생한다고 봅니다. ④ 계급론은 동일 집단 구성원 내의 연대 의식을 강조합니다. ⑤ 한 사람의 지위가 계층화의 여러 차원에 따라 달라지는 현상은 지위 불일치 현상입니다. 지위 불일치 현상을 설명하기 용이한 이론은 계층론입니다.

225 사회 계층화에 대한 이론　　　　　　정답 ⑤

문제 분석 제시문에 따르면 생산 수단의 소유 여부뿐만 아니라 다양한 요인이 사회 불평등 현상의 발생 요인으로 기능하고 있습니다. 이는 계층론에 부합합니다.

정답 찾기 ㄷ. 계층론은 다원론적 관점으로 다양한 요인에 의해 사회 불평등이 형성된다고 봅니다. ㄹ. 사회 계층을 계급론은 불연속적 현상으로, 계층론은 연속적 서열화로 이해합니다.

오답 피하기 ㄱ. 지배-피지배로 사회 계층으로 바라보는 계급론은 중간 계급의 존재를 부정합니다. ㄴ. 계급론은 동일 계급 구성원 간의 연대 의식을 강조합니다.

226 사회 계층화에 대한 이론　　　　　　정답 ②

고난도 평가원 기출

①	❷	③	④	⑤ 함정
2%	54%	10%	8%	26%

🔍 눈으로 보는 해설

표는 베버의 계층론을 근거로 갑~병의 주관적 계층 의식과 실제 계층을 조사한 결과이다. 이에 대한 분석으로 옳은 것은?

병은 실제 재산, 권력, 위신 측면에서 모두 상층에 해당한다.
〈주관적 계층 의식〉 즉, 지위 불일치에 해당하지 않는다.〈실제 계층〉

구분	재산	권력	위신
상층	을	갑, 병	갑
중층	갑, 병	–	을, 병
하층	–	을	–

구분	재산	권력	위신
상층	을, 병	갑, 병	갑, 병
중층	–	을	–
하층	갑	–	을

① 을은 주관적 계층 의식과 실제 계층이 ~~모두 일치한다.~~ 권력과 위신에서 다르다.
② 병은 경제적, 사회적 측면 모두에서 자신의 계층적 위치를 실제보다 낮게 평가한다.
③ 갑과 을은 계급적 연대 의식을 ~~공유하고 있다.~~
④ 실제 계층에서 갑과 을의 권력 차이는 재산 차이에서 비롯된다. – 권력은 갑>을 재산은 을>갑
⑤ 실제 계층에서 갑~병 ~~모두에게~~ 지위 불일치 현상이 나타난다. 병은 아니다

문제 분석 〈주관적 계층 의식〉과 〈실제 계층 의식〉 두 가지 표가 무엇을 의미하는지 파악한 후 선지를 하나씩 표에 대입하여 옳고 그름을 파악해야 합니다.

정답 찾기 ② 병은 실제 계층 기준으로 경제적, 사회적 측면에서 상층에 해당하나, 주관적 계층 기준으로 경제적, 사회적 측면에서 중층에 해당합니다. 즉, 자신의 계층 위치를 실제보다 낮게 평가하고 있습니다.

오답 피하기 ① 을의 경우 권력과 위신에서 주관적 계층 의식과 실제 계층에 차이가 있습니다. ③ 갑과 을은 주관적 계층 및 실제 계층 모두 재산, 권력, 위신 모든 측면에서 계층이 일치하지 않고 있습니다. 계급적 연대 의식을 공유하고 있다고 볼 근거가 없습니다. ④ 실제 계층 표에서 권력은 갑이 을보다 높은 계층이나, 재산은 을이 갑보다 높은 계층입니다. 권력의 차이가 재산 차이에 기인한 것이라 볼 근거가 없습니다. ⑤ 지위 불일치는 재산, 권력, 위신 측면에서의 계층이 일치하지 않는 것을 의미합니다. 병의 경우 재산, 권력, 위신 모두 상층으로 지위 불일치 현상이 나타나지 않고 있습니다.

💣 함정 피하기

⑤ 지위 불일치 현상의 의미를 알고 있다고 하더라도 제시된 표를 정확히 이해하지 못한다면 정답을 찾기 어려울 수 있다. 갑~병을 한 명씩 재산, 권력, 위신 측면의 계층을 파악하며 각각 계층의 일치 여부를 따져본다면 병의 계층이 재산, 권력, 위신에서 모두 일치함을 파악할 수 있다.

12강　사회 이동과 사회 계층 구조

핵심 개념 CHECK!
▶ 본문 115쪽

01 ○	02 ○	03 ×	04 ○	05 ○	06 ○	07 ×	08 ○
09 ×	10 ○	11 ×	12 ○	13 ×	14 ○	15 ×	16 ○
17 ×	18 ○	19 ×	20 ○				

○× 문장 바로 알기

01 폐쇄적 계층 구조는 계층 간 이동이 엄격하게 제한된 계층 구조이다.

02 개방적 계층 구조에 비해 폐쇄적 계층 구조는 귀속 지위가 중시된다.

03 ~~폐쇄적 계층 구조~~ 는 오늘날 민주 사회에서 주로 나타난다.
개방적 계층 구조

04 하층의 비율이 높고 상층의 비율이 가장 낮은 계층 구조는 피라미드형 계층 구조이다.

05 피라미드형 계층 구조에 비해 다이아몬드형 계층 구조는 사회 통합에 유리하다.

06 근대 이후 산업 사회에서는 다이아몬드형 계층 구조가 주로 나타나고 있다.

07 피라미드형 계층 구조에 비해 다이아몬드형 계층 구조는 개방적 계층 구조에 ~~해당한다.~~ 해당 여부를 알 수 없다.

08 정보 사회에 대하여 비관하는 사람들은 모래시계형 계층 구조의 등장을 예상한다.

09 타원형 계층 구조는 모래시계형 계층 구조에 비해 사회 안정 실현에 ~~불리하다.~~ 유리하다.

10 모래시계형 계층 구조는 심각한 사회 양극화 문제를 초래할 수 있다.

11 타원형 계층 구조에 비해 모래시계형 계층 구조는 계층 간 소득 격차가 ~~작다.~~ 크다.

12 동일 계층 내에서 나타나는 사회 이동을 수평 이동이라고 한다.

13 개인적 요인에 의해 개인의 계층적 위치가 변화하는 이동은 **구조적** 이동이라 한다.
개인적

14 전쟁, 혁명 등에 따른 사회 이동은 구조적 이동에 해당한다.

15 이동 ~~방향~~ 에 따라 사회 이동은 구조적 이동과 개인적 이동으로 구분된다.
원인

16 한 개인의 생애 내에서 나타나는 사회 이동을 세대 내 이동이라고 한다.

17 부모의 계층과 자녀의 계층이 다른 경우는 ~~세대 내~~ 이동에 해당한다.

세대 간

18 개방적 계층 구조와 다이아몬드형 계층 구조는 바람직한 계층 구조에 해당한다.

19 ~~선천적~~ 요인에 의한 사회 이동 가능성이 높아야 구성원의 성취 동기가 유발된다.

후천적

20 사회 통합과 안정의 가능성이 높아지기 위해서는 다이아몬드형 계층 구조가 적절하다.

기출+예상 문제로 주제 정복하기
▶ 본문 117~123쪽

227 ③	228 ④	229 ②	230 ②	231 ①	232 ④
233 ①	234 ③	235 ⑤	236 ③	237 ②	238 ①
239 ④	240 ⑤	241 ⑤	242 ②	243 ④	244 ②
245 ④	246 ②	247 ③	248 ⑤	249 ④	250 ④
251 ①	252 ②				

227 부모와 자녀 간 계층 이동
정답 ③

문제 분석 〈자료 1〉을 통해 A는 중층, B는 하층, C는 상층임을 알 수 있으며, A+B+C가 100%이기에 A는 50%, B는 30%, C는 20%임을 알 수 있습니다. 〈자료 2〉를 통해 세대 간 계층 일치 비율 및 불일치 비율을 도출할 수 있으며, 부모 세대의 계층 비율도 확인할 수 있습니다. '상층 부모를 둔 중층 자녀 인구는 하층 부모를 둔 상층 자녀 인구의 3배'라는 조건을 활용하면 계층 이동 표를 아래와 같이 완성할 수 있습니다.

구분(%)		부모 세대 계층			
		상층	중층	하층	계
자녀 세대 계층	상층	12	3	5	20
	중층	15	5	30	50
	하층	3	12	15	30
	계	30	20	50	100

정답 찾기 ③ 중층 부모를 둔 하층 자녀 비율은 전체의 12%, 중층 부모를 둔 상층 자녀 비율은 전체의 3%로 4배 차이가 납니다.

오답 피하기 ① 하층 대비 상층의 비율은 부모 세대 3/5, 자녀 세대 2/3으로 자녀 세대가 큽니다. ② 세대 간 상승 이동한 비율은 38%, 하강 이동한 비율은 30%입니다. ④ 부모 세대의 계층 구조는 모래시계형으로 사회 통합에 유리하지 않습니다. ⑤ 자녀 세대 대비 계층 대물림 비율은 상층 12/20, 중층 5/50, 하층 15/30으로 상층이 가장 높습니다.

228 국가 간 계층 구조의 비교
정답 ④

문제 분석 갑국과 을국의 계층 구조는 상층, 중층, 하층으로만 구성되어 있으며, 제시된 자료를 통해 아래 표와 같이 각 국가별 상층, 중층, 하층 계층 간 비를 확인할 수 있습니다.

구분	갑국	을국
상층	1	3
중층	3	10
하층	5	6

정답 찾기 ④ 다이아몬드형 계층 구조는 중층의 비율이 높기에 사회 통합에 유리합니다.

오답 피하기 ① 갑국은 피라미드형 계층 구조로 사회 양극화가 심각하게 나타난다고 보기 어렵습니다. ② 을국의 계층 구조는 피라미드형 계층 구조로 산업화된 사회에서 일반적으로 나타납니다. ③ 계층 구조의 개방성 여부는 단순히 상층, 중층, 하층의 비율을 통해 확인할 수 없습니다. ⑤ 제시된 자료에서는 계층 간 구성 비율만 확인할 수 있기에 대물림 비율은 알 수 없습니다.

229 국가 간 계층 구조의 비교
정답 ②

문제 분석 갑국의 계층 구조가 피라미드형이기에 A는 중층, B는 상층, C는 하층입니다. 따라서 을국의 계층 구조는 다이아몬드형, 병국의 계층 구조는 모래시계형입니다.

정답 찾기 ㄱ. 모래시계형 계층 구조는 다이아몬드형 계층 구조에 비해 사회 양극화가 심각합니다. ㄷ. 병국은 전체 인구의 40%가 상층으로 갑국 및 을국에 비해 상층의 비율이 높습니다.

오답 피하기 ㄴ. 폐쇄적 계층 구조는 세대 간 이동이 제한된 계층 구조로 제시된 자료로 확인할 수 없습니다.

230 계층 구성 비율의 변화
정답 ②

문제 분석 표는 계층 간 상대적 비를 나타낸 것입니다. 상층+중층+하층이 100%이므로 각 계층의 비율을 아래와 같이 계산할 수 있습니다.

구분(%)	2010년	2018년
상층	20	10
중층	60	30
하층	20	60

정답 찾기 ㄱ. 2010년에서 2018년 사이 중층의 상승 이동은 최소 0%, 최대 10%, 중층의 하강 이동은 최소 40%, 최대 60% 나타났습니다. ㄷ. 2018년의 계층 구조는 피라미드형으로 다이아몬드형에 비해 사회 통합에 불리합니다.

오답 피하기 ㄴ. 2010년은 다이아몬드형, 2018년은 피라미드형 계층 구조입니다. ㄹ. 전체 인구가 동일하다면 중층의 비율이 절반으로 감소하였기에 중층 인구 또한 절반으로 감소하였습니다.

231 부모와 자녀 간 계층 이동
정답 ①

문제 분석 부모 세대의 계층 구조가 피라미드형이기에 C는 상층, A는 중층 B는 하층입니다. 이에 따라 계층 이동 표를 나타내면 다음과 같습니다.

구분(%)		부모 세대 계층			
		상층	중층	하층	계
자녀 세대 계층	상층	8	4	5	17
	중층	5	18	27	50
	하층	2	3	28	33
	계	15	25	60	100

정답찾기 ㄱ. 자녀 세대의 계층 구조는 다이아몬드형입니다. ㄴ. 세대 간 계층이 대물림된 비율은 전체의 54%(8%+18%+28%)입니다.

오답 피하기 ㄷ. 세대 간 상승 이동은 36%(4%+5%+27%)이고, 세대 간 하강 이동은 10%(5%+2%+3%)입니다. ㄹ. 부모 세대 대비 계층 대물림 비율은 상층 8/15, 중층 18/25, 하층 28/60으로 중층이 가장 높습니다.

232 시기별 계층 구조의 비교 　　　　　　　정답 ④

문제 분석 T기의 계층 구조가 제시되어 있으며, 제시된 조건을 활용하여 T+1기 계층 구조 중 자녀 세대의 각 계층별 비율의 일부를 확인할 수 있습니다.

정답찾기 ㄴ. T기 부모 세대의 계층 구조는 다이아몬드형, 자녀 세대의 계층 구조는 피라미드형으로 자녀 세대의 계층 구조에서 사회 통합의 필요성이 보다 요구될 것입니다. ㄹ. T기 중층 40명 중 20%인 8명은 수직 이동을 하게 됩니다. 수직을 이동을 한 전원이 상승 이동을 할 경우 T기 중층인 자녀 중 최대 8명이 T+1기 상층이 됩니다.

오답피하기 ㄱ. 부모 세대 계층 대비 계층 대물림 비율은 상층 6/15, 중층 28/45, 하층 35/40으로 하층이 가장 높습니다. ㄷ. T기 자녀 중층 비율 40% 중 32%는 T+1기에도 여전이 중층입니다. 그런데 상층 및 하층에서 수직 이동이 나타날 수 있으므로 T+1기 중층의 비율이 전체의 32%인 것은 아닙니다.

233 부모와 자녀 간 계층 이동 　　　　　　　정답 ①

문제 분석 자녀 세대 계층 중 부모 세대와 계층이 일치하는 비율 조건을 활용하여 아래 표와 같이 계층 이동 표를 작성할 수 있습니다.

구분(%)		부모 세대 계층			
		상층	중층	하층	계
자녀 세대 계층	상층	6	a	b	20
	중층	d	20	c	50
	하층	e	f	24	30
	계	10	30	60	100

정답찾기 ㄱ. 계층이 대물림된 비율은 상층 6%, 중층 20%, 하층 24%로 전체의 50%입니다. ㄴ. 세대 간 상승 이동한 경우는 a+b+c이고, 세대 간 하강 이동한 경우는 d+e+f입니다. d+e는 4이고, b+c는 36이기에 상승 이동 비율이 하강 이동 비율보다 크며, 모든 부모의 자녀가 1명이기에 상승 이동한 자녀 수가 더 많습니다.

오답피하기 ㄷ. 계층 구조의 개방성 여부는 계층 구성 비율만으로는 알 수 없습니다. ㄹ. 부모 세대 계층 대비 계층이 대물림된 비율은 상층 6/10, 중층 20/30, 하층 24/60으로 중층이 가장 높습니다.

234 부모와 자녀 간 계층 이동 　　　　　　　정답 ③

문제 분석 A는 하강 이동이 불가능하다는 점에서 하층, C는 상승 이동이 불가능하다는 점에서 상층임을 알 수 있으며, 부모와 자녀의 계층 구성을 표로 나타내면 다음과 같습니다.

구분(%)	상층	중층	하층
부모	20	30	50
자녀	20	50	30

정답찾기 ③ 상층 대비 하층의 비는 부모 세대 5/2, 자녀 세대 3/2으로 낮아졌습니다.

오답 피하기 ① 부모 세대와 자녀 세대의 상층의 비율은 같으나, 수직 이동이 나타났는지 여부는 알 수 없습니다. 부모 세대 상층 중 일부가 하강 이동, 자녀 세대 중층 및 하층 중 일부가 상승 이동할 경우에도 부모 세대의 상층과 자녀 세대의 상층의 비율이 동일할 수 있습니다. ② 자녀 세대는 다이아몬드형 계층 구조로 부모 세대에 비해 사회 통합의 필요성이 낮습니다. ④ 중층과 하층의 비율의 합은 부모 세대와 자녀 세대가 동일합니다. ⑤ 부모 세대는 피라미드형, 자녀 세대는 다이아몬드형 계층 구조입니다.

235 국가 간 계층 구조의 비교 　　　　　　　정답 ⑤

문제 분석 계층이 상층, 중층, 하층으로만 구분되므로 (가)는 60, (나)는 60입니다. 갑국이 피라미드형 계층 구조이기 때문에 A는 중층, B는 하층입니다.

정답찾기 ㄷ. 중층은 상승과 하강 이동이 모두 가능하지만, 하층은 상승 이동만 가능합니다. ㄹ. 하층에 비해 중층의 비율이 높을수록 사회가 보다 안정적이며 사회 통합에 유리합니다.

오답피하기 ㄱ. 을국은 중층의 비율이 가장 높은 다이아몬드형 계층 구조입니다. (가)와 (나) 모두 60입니다.

236 부모와 자녀 간 계층 이동 　　　　　　　정답 ③

문제 분석 부모 세대에서 자녀 세대로 하강 이동이 나타나지 않은 A는 상층, 상승 이동이 나타나지 않은 C는 하층입니다. 이를 계층 이동 표로 나타내면 다음과 같습니다.

구분(%)		부모 세대 계층			
		상층	중층	하층	계
자녀 세대 계층	상층	8	2		10
	중층	9	18	3	30
	하층		6	54	60
	계				100

정답찾기 ㄴ. 세대 간 계층이 대물림된 비율은 상층 8%, 중층 18%, 하층 54%로 전체의 80%입니다. ㄷ. 세대 간 계층이 대물린 된 경우는 중층이 18%로 상층 8%에 비해 많습니다. 모든 부모의 자녀가 1명씩이기에 중층이 상층보다 더 많습니다.

오답피하기 ㄱ. 세대 간 상승 이동한 비율은 2% + 3% 로 5%입니다. ㄹ. 세대 간 하강 이동한 비율은 9% + 6%로 15%입니다. 모든 부모의 자녀가 1명씩이기에 세대 간 하강 이동한 자녀가 더 많습니다.

237 시기별 계층 구조의 비교 　　　　　　　정답 ②

문제 분석 T기의 계층 구조가 피라미드형이기에 A는 하층, B는 중층, C는 상층에 해당합니다. 따라서 T+1기의 계층 구조는 다이아몬드형, T+2기의 계층 구조는 모래시계형에 해당합니다.

정답찾기 ㄱ. T+1기에는 상층보다 하층의 비율이 높습니다. 따라서 상층보다 하층의 인구가 많습니다. ㄷ. 모래시계형 계층 구조에서 사회 양극화가 심각하게 나타납니다.

오답피하기 ㄴ. 다른 시기에 비해 중층의 비율이 높은 T+1기에 사회 통합의 필요성이 가장 낮습니다. ㄹ. T+2기는 타원형이 아니라 모래시계형에 해당합니다.

238 시기별 계층 구조의 비교 　　　　　　　정답 ①

문제 분석 현재의 계층 구조가 피라미드형이기에 A는 중층, B는 상층, C

는 하층입니다. 예측치 (가), (나)에 따른 계층별 비율은 다음 표와 같습니다.

구분(%)	현재	예측	
		(가)	(나)
상층	10	10	30
중층	30	70	10
하층	60	20	60

정답 찾기 ㄱ. (가)와 같이 계층이 변화한다면 중층의 비율이 가장 높은 다이아몬드형이 나타나게 됩니다. ㄴ. (나)의 경우 상층의 비율이 30%, 하층의 비율이 60%로 하층 인구가 상층 인구의 2배가 됩니다.

오답 피하기 ㄷ. 사회 통합의 필요성은 중층의 비율이 높은 (가)가 (나)에 비해 낮게 나타날 것입니다. ㄹ. (나)는 중층의 비율이 가장 높은 계층 구조입니다.

239 부모와 자녀 간 계층 이동   정답 ④

문제 분석 부모 세대의 계층 비율이 제시되어 있으며, 부모 세대 계층 대비 계층 대물림 비율, 자녀 세대 계층 대비 계층 대물림 비율을 통해 아래와 같이 계층 이동 표를 작성할 수 있습니다.

구분(%)		부모 세대 계층			
		상층	중층	하층	계
자녀 세대 계층	상층	4	a	b	20
	중층	d	15	c	60
	하층	e	f	5	20
	계	20	30	50	0

정답 찾기 ④ 세대 간 상승 이동은 a+b+c이고, 세대 간 하강 이동은 d+e+f입니다. b+c가 45이고 d+e가 16이기에 상승 이동이 하강 이동보다 항상 더 많습니다.

오답 피하기 ① 자녀 세대의 계층 구조는 다이아몬드형입니다. ② 세대 간 계층이 대물림된 비율은 전체의 24%입니다. ③ 자녀 세대 상층 비율과 하층 비율은 같습니다. ⑤ 세대 간 계층이 대물림된 비율은 상층보다 하층이 높습니다.

240 부모와 자녀 간 계층 이동   정답 ⑤

문제 분석 제시된 자료를 활용하여 아래와 같이 계층 이동 표를 작성할 수 있습니다. a+b+c는 세대 간 상승 이동한 경우, d+e+f는 세대 간 하강 이동한 경우이며, b+c가 35, d+e가 5이기에 상승 이동이 하강 이동보다 많습니다.

구분(%)		부모 세대 계층			
		상층	중층	하층	계
자녀 세대 계층	상층	10	a	b	20
	중층	d	20	c	50
	하층	e	f	20	30
	계	15	30	55	100

정답 찾기 ㄷ. 부모 세대 대비 계층 대물림 비율은 상층 2/3, 중층 2/3, 하층 20/55로 하층이 가장 낮습니다. ㄹ. 자녀 세대 계층 대비 계층 불일

치 비율은 상층 1/2, 중층 3/5, 하층 1/3으로 중층이 가장 높습니다.

오답 피하기 ㄱ. 세대 간 상승 이동 비율이 세대 간 하강 이동 비율보다 더 높습니다. ㄴ. 세대 간 계층이 대물림된 비율은 50%입니다.

241 시기별 계층 구조의 변화   정답 ⑤

문제 분석 사회적 안정성이 높아졌다는 단서를 통해 중층의 비율이 늘었음을 A가 중층임을 알 수 있습니다. 하층 대비 상층 인구의 비가 높아졌다는 단서를 통해 B는 하층, C는 상층임을 알 수 있습니다. 이를 표로 나타내면 다음과 같습니다.

구분(%)	T기	T+1기
상층	10	10
중층	30	60
하층	60	30

정답 찾기 ㄷ. T+1기의 계층 구조는 중층의 비율이 가장 높은 다이아몬드형입니다. ㄹ. 하층의 비율이 줄고 중층이 비율이 증가하였기에 하강 이동한 인구보다 상승 이동한 인구가 많아야 합니다.

오답 피하기 ㄱ. 계층 간 서열은 C가 가장 높습니다. ㄴ. T기와 T+1기의 상층 비율은 같으나 수직 이동이 나타났을 수 있으므로 T기의 상층이 모두 T+1기의 상층이라 단정할 수 없습니다.

242 지역별 계층 구조의 비교   정답 ②

문제 분석 제시된 자료를 활용하여 도시, 농촌 및 갑국 전체의 계층별 인구를 나타내면 다음과 같습니다.

구분(명)	도시	농촌	전체
상층	400	200	600
중층	1,000	300	1,300
하층	600	500	1,100

정답 찾기 ㄱ. 갑국 전체적으로 중층의 인구가 가장 많기에 다이아몬드형 계층 구조에 해당합니다. ㄷ. 농촌 지역에 비해 도시 지역의 경우 중층의 비율이 높기에 사회 통합의 필요성이 낮습니다.

오답 피하기 ㄴ. 도시 지역 상층 인구보다 농촌 지역 하층 인구가 많습니다. ㄹ. 하층 대비 상층 인구의 비는 도시 지역 4/6, 농촌 지역 2/5으로 농촌 지역이 더 낮습니다.

243 부모와 자녀 간 계층 이동   정답 ④

문제 분석 첫 번째 자료 세대별 계층의 상대적 비율에서 부모 세대의 계층이 상층 20%, 중층 60%, 하층 20%임을 확인할 수 있으며, 자녀 세대에서 상층이 30%, 중층과 하층의 합이 70%임을 알 수 있습니다.

구분(%)		부모 세대 계층			
		상층	중층	하층	계
자녀 세대 계층	상층	a=2	b=28	c=0	30
	중층	d=4	e=10	f=6	j
	하층	g	h=22	i=14	k
	계	20	60	20	100

두 번째 자료 부모 세대 계층 대비 세대 간 이동 비율에서, 세대 간 계층

이 대물림된 비율, 세대 간 계층 이동 비율을 확인할 수 있습니다. 부모 세대 상층의 경우 계층 대물림이 1/10이므로 a가 2임을 알 수 있습니다. 부모 세대 하층의 경우 계층 대물림 비율이 7/10이므로 i가 14임을 알 수 있으며, c+f가 6임을 알 수 있습니다. 그런데 부모 세대 하층에서 자녀 세대 상층 간 이동이 없다는 전제를 통해 c=0, f=6임을 알 수 있으며, 따라서 b는 28이 됩니다. 부모 세대 계층 대비 중층의 하강 이동 비율이 11/30임으로 h=22가 되며, e는 10임을 알 수 있습니다. 자녀 세대 중층에서 부모와 자녀의 계층 일치 비율과 불일치 비율의 상대적 비가 1:1이라는 조건을 통해 d+f=e임을 알 수 있으며, 이를 통해 d=4임을 g=14임을 알 수 있습니다. 이를 종합하면 아래와 같습니다.

구분(%)		부모 세대 계층			
		상층	중층	하층	계
자녀 세대 계층	상층	2	28	0	30
	중층	4	10	6	20
	하층	14	22	14	50
	계	20	60	20	100

정답 찾기 ④ 부모 세대 상층과 하층의 합 대비 중층의 비는 6/4이고, A는 1입니다.

오답 피하기 ① 부모 세대에서 사회 통합의 필요성이 더 낮습니다. ② 자녀 세대 계층 대비 계층 대물림 비율은 상층 2/30, 중층 10/20, 하층 14/50으로으로 중층이 가장 높습니다. ③ 부모 세대 계층 대비 계층 불일치 비율은 상층 18/20, 중층 50/60, 하층 6/20으로 하층이 가장 낮습니다. ⑤ 부모 세대 상층 대비 부모 세대 상층에서 하층으로의 이동 비율은 14/20이고, B는 28/60입니다.

244 국가별 계층 구조의 비교 정답 ②

문제 분석 갑~병국의 계층 구조가 상층, 중층, 하층으로 구성되어 있기에 상층, 중층, 하층의 합은 100%이며, 각 계층별 상대적 비를 비율로 나타내면 아래와 같습니다.

구분(%)	갑국	을국	병국
상층	10	25	40
중층	30	50	20
하층	60	25	40

정답 찾기 ② 을국에서는 상층과 하층의 비율이 같습니다. 즉, 상층과 하층의 인구가 같습니다.

오답 피하기 ① 상층의 비율은 병국이 40%로 가장 높습니다. ③ 상층의 비율은 병국이 가장 높으나, 갑국~병국의 전체 인구가 제시되어 있지 않기에 병국 상층의 인구가 가장 많은지 여부는 알 수 없습니다. ④ 사회 통합의 필요성은 중층의 비율이 가장 높은 을국에서 가장 낮습니다. ⑤ 봉건적 신분 사회의 계층 구조는 을국보다 갑국에 가깝습니다.

245 부모와 자녀 간 계층 이동 정답 ④

문제 분석 1) 부모 세대의 계층 구조가 다이아몬드형이고, A=1.5(B+C)라는 점에서 A는 중층, A가 C보다 높은 계층이라는 점에서 C는 하층, B는 상층임을 알 수 있습니다. 그리고 A+B+C가 100이기에 A는 60임을 알 수 있습니다. 부모 세대 해당 계층 대비 자녀 세대 해당 계층의 상대적 비가 중층의 경우 0.5이기에 h=30임을 알 수 있습니다.

구분(%)		부모 세대 계층			
		상층	중층	하층	계
자녀 세대 계층	상층	a=10	b=0	c=0	d=10
	중층	e=0	f=15	g=15	h=30
	하층	i=0	j=45	k=15	l=60
	계	m=10	60	n=30	100

2) 부모 세대 해당 계층 대비 자녀 세대 해당 계층의 상대적 비가 상층은 1, 하층은 2이기에 d=m이고, l=2n이 됩니다. 이를 통해 m+n=40, m+2n=70임을 알 수 있고 n=30, m=10, d=10, l=60임을 알 수 있습니다.

3) 부모 세대 해당 계층 대비 부모와 자녀의 계층 불일치 비율 자료를 활용하여 나머지 빈칸을 채울 수 있습니다. 상층의 경우 계층 일치 비율이 100%이기에 a=10, b, c, e, i는 0이며, 하층과 중층의 경우에도 대입하여 구할 수 있습니다.

정답 찾기 ㄴ. 자녀 세대 계층 대비 계층 대물림 비율은 상층 10/10, 중층 15/30, 하층 15/60으로 상층이 가장 높고 하층이 가장 낮습니다. ㄹ. 중층 부모를 둔 경우 중 계층 이동을 한 비율은 전체의 45%, 하층 부모를 둔 경우 중 계층 이동을 한 비율은 전체의 15%로 3배 차이가 납니다.

오답 피하기 ㄱ. 세대 간 상승 이동은 전체의 15%, 세대 간 하강 이동은 전체의 45%입니다. ㄷ. 중층으로 세대 간 상승 이동한 자녀는 전체의 15%, 중층으로 세대 간 하강 이동한 자녀는 전체의 0%입니다.

246 부모와 자녀 간 계층 이동 정답 ②

문제 분석 1) 부모 세대에서 하층/상층+중층 = 1/4이므로 부모 세대 하층은 20%, 상층+중층은 80%입니다. 자녀 세대에서 상층/중층+하층 = 3/17 이므로 자녀 세대 상층은 15%, 중층+하층은 85%입니다.

구분(%)		부모 세대 계층			
		상층	중층	하층	계
자녀 세대 계층	상층	a=9	b=2	c=4	15
	중층	d=8	e=33	f=9	j=50
	하층	g=8	h=20	i=7	k=35
	계	l=25	m=55	20	100

2) 자녀 계층 대비 부모와 자녀의 계층 일치 비율이 상층의 경우 60%입니다. 따라서 a는 9가 되며, 부모 계층 대비 부모와 자녀 계층의 일치 비율이 하층의 경우 35%입니다. 따라서 i는 7이 되며, 자녀 세대 하층 대비 부모와 자녀 계층의 일치 비율이 20%이기에 k는 35가 되며, j는 50이 됩니다. j를 통해 e가 33임을 알 수 있으며, 이를 통해 m이 55, l가 25임을 알 수 있습니다. 그리고 '부모 세대 상층에서 자녀 세대 중층으로 이동한 인구와 부모 세대 상층에서 자녀 세대 하층으로 이동한 인구는 같다.'라는 단서 조항을 통해 d와 g가 각각 8임을 알 수 있으며, 나머지 빈칸 또한 채워지게 됩니다.

정답 찾기 ② 부모 세대 하층 대비 계층이 대물림된 비율은 하층 7/20으로, A=35/65보다 작습니다.

오답 피하기 ① 세대 간 계층 유지 비율은 9+33+7으로 49%, 계층 이동 비율은 51%입니다. ③ 부모 세대 중층 대비 부모 세대가 중층이고 자녀 세대가 하층인 경우 20/55이며, B는 25/75입니다. ④ 자녀 세대 계층 대비 부모와 자녀의 계층 불일치 비율은 상층 6/15, 중층 17/50, 하층 28/35으로 하층이 가장 큽니다. ⑤ 부모 세대 상층에서 자녀 세대 하층으로 이동한 인구는 전체의 8%이고 부모 세대 하층에서 자녀 세대 중층으로 이동한 인구는 전체의 9%입니다.

247 부모와 자녀 간 계층 이동 정답 ③

문제 분석 1) 부모 세대에서 A : B : C가 60 : 10 : 30임을 알 수 있습니다. 부모 세대의 계층 구조가 피라미드형이기에 B는 상층, C는 중층 A는 하층임을 알 수 있으며, 이를 통해 자녀 세대의 경우 상층 : 중층 : 하층이 20:60:20임을 알 수 있습니다.

구분(%)		부모 세대 계층			
		상층	중층	하층	계
자녀 세대 계층	상층	a=4	b=2	c=14	20
	중층	d=6	e=24	f=30	60
	하층	g=0	h=4	i=16	20
	계	10	30	60	100

2) 조건 중 부모 세대 상층에서 자녀 세대 하층으로의 세대 간 이동이 없음을 통해 g=0임을 알 수 있습니다. 하층(A)의 경우 자녀 세대에서 부모와 계층이 일치하는 사람 대비 불일치하는 사람의 비가 0.25이며, 이를 통해 h=4, i=16임을 알 수 있습니다.

3) a+b+c=20이고, (b+c)/a=4이므로 이를 통해 a=4, d=6임을 알 수 있습니다. 마찬가지로 e+f=54, (d+f)/e=1.5이므로 이를 통해 e=24, f=30임을 알 수 있으며, 나머지 빈칸까지 모두 채울 수 있습니다.

정답 찾기 ㄴ. 부모 세대 대비 계층 대물림 비율은 상층 4/10, 중층 24/30, 하층 16/60으로 하층에서 가장 낮습니다. ㄷ. 중층으로의 세대 간 하강 이동은 d=6이고 상승 이동은 f=30입니다.

오답 피하기 ㄱ. 구조적 이동은 중층으로 이동한 경우로 전체의 36%이며, 개인적 이동은 나머지 이동인 경우로 전체의 20%입니다. ㄹ. 계층이 대물림된 경우는 전체의 44%, 계층이 이동한 경우는 전체의 56%입니다.

248 부모와 자녀 간 계층 이동 정답 ⑤

🔍 눈으로 보는 해설

다음 자료에 대한 옳은 분석을 〈보기〉에서 고른 것은?

다음은 성인 자녀 1명을 둔 가구주 100명을 대상으로 계층 구성 및 계층 이동의 현황을 조사한 결과이다. 사회 계층은 상층, 중층, 하층으로만 구분하며, A~C는 각각 상층, 중층, 하층 중 하나이다.

〈부모 세대와 자녀 세대의 계층 구성〉

계층	부모 세대 해당 계층 대비 자녀 세대 해당 계층의 상대적 비(比)
A	1.5
B	1
C	0.8

〈부모 세대와 자녀 세대 간 계층 이동 현황〉

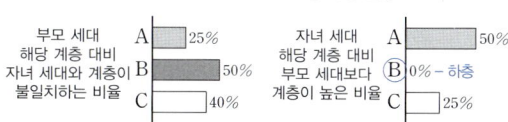

부모 세대
해당 계층 대비
자녀 세대와 계층이
불일치하는 비율
A 25%
B 50%
C 40%

자녀 세대
해당 계층 대비
부모 세대보다
계층이 높은 비율
A 50%
B 0% – 하층
C 25%

*A는 C보다 높은 계층이며, 자녀 세대의 상층과 하층 비율은 동일하다.
↳A는 상층, C는 중층이다.

〈보기〉
ㄱ. 부모 세대는 다이아몬드형, 자녀 세대는 <u>피라미드형</u> 계층 구조이다. 다이아몬드형 계층 구조
ㄴ. 세대 간 계층을 대물림한 사람보다 세대 간 계층 이동한 사람이 많다. 60% 40%
ㄷ. 자녀 세대 계층 대비 부모 세대와 계층이 일치하는 비율은 중층이 가장 높다. 상 15/30, 중 3/4, 하 15/30

ㄹ. 세대 간 상승 이동한 사람은 세대 간 하강 이동한 사람의 2배를 넘지 않는다. 25% 15%

① ㄱ, ㄴ   ② ㄱ, ㄷ   ③ ㄴ, ㄷ
④ ㄴ, ㄹ   ⑤ ㄷ, ㄹ

문제 분석 1) 두 번째 그래프에서 자녀 세대 해당 계층 대비 부모 세대보다 계층이 높은 비율이 B의 경우 0%입니다. 부모 세대보다 계층이 높은 경우가 존재하지 않는 경우는 하층이기에 B는 하층입니다. A는 C보다 높은 계층이라 전제되어 있기에 A는 상층, C는 중층, B는 하층입니다. 부모 세대의 상층, 중층, 하층을 a, b, c라고 한다면 자녀 세대의 상층, 중층, 하층은 1.5a, 0.8b, c입니다.

구분(%)		부모 세대 계층			
		상층	중층	하층	계
자녀 세대 계층	상층				1.5a
	중층				0.8b
	하층				c
	계	a	b	c	100

2) a+b+c=100이고, 1.5a+0.8b+c=100이고 자녀 세대 상층과 하층의 비율이 동일하기에 c=1.5a를 적용하면 아래와 같이 표를 작성할 수 있습니다.

구분(%)		부모 세대 계층			
		상층	중층	하층	계
자녀 세대 계층	상층	d=15	e=10	f=5	30
	중층	g=0	h=30	i=10	40
	하층	j=5	k=10	l=15	30
	계	20	50	30	100

3) 부모 세대 해당 계층 대비 자녀 세대와 계층이 불일치하는 비율 자료를 통해 d=15, h=30, l=15임을 알 수 있습니다.
4) 자녀 세대 해당 계층 대비 부모 세대보다 계층이 높은 비율이 중층의 경우 25%입니다. 즉, i=10임을 알 수 있으며, 이를 통해 나머지 빈칸도 채울 수 있습니다.

정답 찾기 ㄷ. 자녀 세대 계층 대비 계층 일치 비율은 상층 15/30, 중층 3/4, 하층 15/30으로 중층이 가장 높습니다. ㄹ. 세대 간 상승 이동한 경우는 전체의 25%, 세대 간 하강 이동한 경우는 전체의 15%입니다.

오답 피하기 ㄱ. 부모 세대와 자녀 세대 모두 다이아몬드형 계층 구조에 해당합니다. ㄴ. 계층이 대물림된 경우는 전체의 60%, 계층이 이동한 경우는 전체의 40%로, 계층을 대물림한 사람이 더 많습니다.

💣 함정 피하기

계층이 제시되지 않은 문항의 경우 해당되는 계층을 먼저 특정할 수 있어야 한다. 이 문항의 경우 두 번째 그래프의 0%에서 B가 하층임을 알아낼 수 있어야 한다. A~C를 특정한 이후에는 제시된 자료를 활용하여 계층 이동 표를 완성해 나가야 하는데, 표가 완성되지 않을 때는 제시된 모든 자료 중 활용하지 않은 것이 있는지 꼭 확인해 봐야 한다.

249 부모와 자녀 간 계층 이동 정답 ④

문제 분석 1) 상층+중층+하층의 합이 100이므로 세대별 계층 간 상대적

비율 자료를 통해 부모 세대와 자녀 세대의 계층 비율을 아래와 같이 도출할 수 있습니다.

구분(%)		부모 세대 계층			
		상층	중층	하층	계
자녀 세대 계층	상층	a=5	b=15	c=5	25
	중층	d=5	e=10	f=5	20
	하층	g=10	h=25	i=20	55
	계	20	50	30	100

2) 자녀 세대 대비 부모와 자녀 계층 일치 비율을 통해 a=5, e=10, i=20 임을 알 수 있습니다.

3) 상층 부모를 둔 하층 자녀 인구와 하층 부모를 둔 중층 자녀 인구의 비가 2 : 1이라는 조건에서 g=2f임을 알 수 있으며, d+f=10, d+2f=15이기에 f=5, g=10, d=5임을 알 수 있습니다. 그리고 나머지 빈칸도 채울 수 있습니다.

정답 찾기 ④ 부모 세대 하층에서 자녀 세대 상층으로 이동한 인구는 전체의 5%, 자녀 세대 중층으로 이동한 인구는 전체의 5%로 같습니다.

오답 피하기 ① 세대 간 계층 일치 비율은 35%, 세대 간 계층 이동 비율은 65%입니다. ② 부모 세대 대비 계층 일치 비율은 상층 5/20, 중층 10/50으로 상층이 중층보다 큽니다. ③ 부모 세대 계층 대비 부모와 자녀의 계층 불일치 비율은 상층 15, 중층 40/50, 하층 10/30으로 하층이 상층보다 작습니다. ⑤ 자녀 세대의 계층 구조는 모래시계형입니다.

---

250 부모와 자녀 간 계층 이동   정답 ④

문제 분석 상층, 중층, 하층 간 상대적 비를 통해 각 계층별 비율을 확인할 수 있으며, 자녀 세대 계층 대비 계층 일치 비율을 통해 세대 간 계층이 대물림된 비율을 알 수 있습니다. 이를 활용하여 아래와 같이 계층 이동 표를 작성할 수 있습니다.

구분(%)		부모 세대 계층			
		상층	중층	하층	계
자녀 세대 계층	상층	6	a	b	20
	중층	d	24	c	60
	하층	e	f	16	20
	계	10	30	60	100

정답 찾기 ㄴ. 부모 세대 계층 대비 계층 대물림 비율은 상층 6/10, 중층 24/30, 하층 16/60으로 하층이 가장 낮습니다. ㄹ. b+c가 44%이기에 세대 간 하강 이동(d+e+f)보다 세대 간 상승 이동(a+b+c) 비율이 더 높습니다.

오답 피하기 ㄱ. 세대 간 계층이 대물림된 비율이 6%+24%+16%이기에 세대 간 계층이 이동한 비율은 54%입니다. ㄷ. 부모 세대에 비해 자녀 세대의 경우 중층의 비율이 높기에 사회 통합의 필요성이 낮습니다.

---

251 부모와 자녀 간 계층 이동   정답 ①

고난도 평가원 기출				
❶	②합정	③합정	④	⑤
21%	31%	25%	13%	10%

🔍 눈으로 보는 해설

다음 자료에 대한 분석으로 옳은 것은?

다음은 갑국에서 가구주 1,000명을 대상으로 ㉠ 부모의 계층과 본인의 현재 계층 간 이동 및 ㉡ 부모로부터 독립 후 본인의 최초 계층과 현재 계층 간 이동을 조사한 결과이다. (단, 계층은 상층, 중층, 하층으로만 구성된다.)

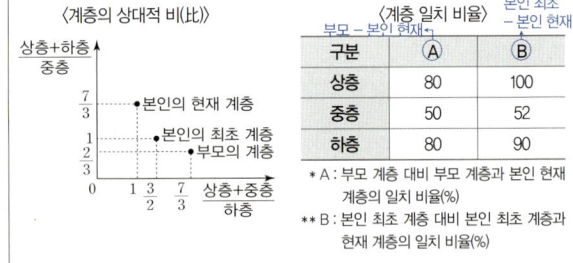

〈계층의 상대적 비(比)〉

〈계층 일치 비율〉		
구분	부모 – 본인 현재 Ⓐ	본인 최초 – 본인 현재 Ⓑ
상층	80	100
중층	50	52
하층	80	90

＊A : 부모 계층 대비 부모 계층과 본인 현재 계층의 일치 비율(%)

＊＊B : 본인 최초 계층 대비 본인 최초 계층과 현재 계층의 일치 비율(%)

① ㉠과 ㉡을 모두 경험한 가구주가 ㉠과 ㉡ 중 어느 하나도 경험하지 않은 가구주보다 적다. – 34%p 적다

② ㉠을 경험하고 ㉡은 경험하지 않은 가구주가 ㉠은 경험하지 않고 ㉡을 경험한 가구주보다 적다. – 10%p 많다

③ 세대 내 하강 이동보다 세대 내 상승 이동이 많다. 14%   10%

④ 현재 계층이 중층인 가구주의 최초 계층은 모두 중층이었다. – 하층도 있다

⑤ 가구주의 현재 계층 구조가 부모의 계층 구조보다 사회 통합에 유리한 계층 구조이다. 피라미드형   다이아몬드형

문제 분석 1) 이 문항의 경우 계층 이동 표를 '부모와 본인의 현재 계층 간', '본인의 최초 계층과 현재 계층 간'으로 두 가지를 만들어야 합니다. 계층의 상대적 비 자료 및 '상층+중층+하층=100'이라는 점을 활용하여 아래와 같이 두 가지 표를 완성할 수 있습니다.

〈표 1〉

구분(%)		부모 세대 계층			
		상층	중층	하층	계
본인 현재 계층	상층	a=8	b=6	c=6	20
	중층	d=0	e=30	f=0	30
	하층	g=2	h=24	i=24	50
	계	10	60	30	100

〈표 2〉

구분(%)		본인 최초 계층			
		상층	중층	하층	계
본인 현재 계층	상층	j=10	k=10	l=0	20
	중층	m=0	n=26	o=4	30
	하층	p=0	q=14	r=36	50
	계	10	50	40	100

2) 계층 일치 비율 자료를 활용하여 a=8, e=30= i=24 임을, 이를 통해 d와 f가 0임을 그리고 나머지를 확인할 수 있습니다. j=10, n=26, r=36이기에 m과 p는 0임을 이를 통해 q=14, o=4임을 그리고 나머지를 확인할 수 있습니다.

정답 찾기 ① ㉠을 경험한 사람은 〈표 1〉에서 세대 간 이동을 한 경우로 전체의 38%이고, ㉠을 경험하지 않은 사람은 전체의 62%입니다. ㉡을 경험한 사람은 〈표 2〉에서 계층 이동을 한 경우로 28%, ⓒ을 경험하지 않은 경우는 72%입니다. 세대 간 이동을 한 경우를 세대 내 이동을 한 경우를 표로 나타내면 다음과 같습니다.

구분(%)		세대 간 이동		계
		경험함	경험하지 않음	
세대 내 이동	경험함	A	B	28
	경험하지 않음	C	D	72
계		38	62	100

A+B=28이고 B+D=62이므로 A=D−34가 됩니다. 즉, 두 가지 이동을 모두 경험한 가구주의 비율은 두 가지 이동을 모두 경험하지 않은 가구주 비율에 비해 34%p 작습니다.

오답 피하기 ② A+B=28이고, A+C=38이므로 C−B는 10이 됩니다. 즉, 세대 간 이동을 경험하고 세대 내 이동을 경험하지 않은 가구주의 비율은 세대 간 이동을 경험하지 않고 세대 내 이동을 경험한 가구주의 비율에 비해 10%p 많습니다. ③ 세대 내에서 상승 이동은 14%, 세대 내에서 하강 이동은 14%로 동일합니다. ④ 현재 계층이 중층인 가구 중 26%는 최초 계층이 중층이었으나, 4%는 최초 계층이 하층이었습니다. ⑤ 현재 계층 구조는 피리미드형, 부모의 계층 구조는 다이아몬드형으로 부모의 계층 구조가 사회 통합에 보다 유리합니다.

★함정 피하기
세대 간 이동과 세대 내 이동 두 가지 계층 이동 표를 완성하더라도, 두 표의 관계를 이해하거나 간단히 나타내지 못한다면 선택지 ①과 선택지 ②, ③에 대해 옳고 그름을 찾을 수 없는 문항이다. 제시된 자료를 어떻게 하면 도식화하여 쉽게 나타낼 수 있을까를 끊임없이 고민해야 함을 알려 주는 문항이다.

252 부모와 자녀 간 계층 이동   정답 ②

문제 분석 1) A는 부모 세대보다 계층이 낮을 수 없다는 점에서 상층임을, B는 다이아몬드형 계층 구조에서 비율이 가장 높다는 점에서 중층임을, C는 하층임을 알 수 있습니다. 부모 세대에서 상층 : 중층 : 하층 =30 : 60 : 10%임을 제시된 조건에서 확인할 수 있으며, 이를 나타내면 아래와 같습니다.

구분(%)		부모 세대 계층			
		상층	중층	하층	계
본인 현재 계층	상층	a=15	b	c	d=20
	중층	e	f=15	g	h=30
	하층	i	j	k=5	l=50
	계	30	60	10	100

2) 부모 세대의 계층 구조를 알고 있기에 '부모 세대 계층 대비 부모 세대와 자녀 세대의 계층 일치 비율' 자료를 통해서 계층 대물림 비율 a, f, k를 도출할 수 있습니다.
3) '자녀 세대 계층 대비 부모 세대와 자녀 세대의 계층 불일치 비율' 자료를 통해서 d, h, l를 구할 수 있습니다.
정답 찾기 ㄱ. 세대 간 상승 이동은 b+c+g이고, 세대 간 하강 이동은 e+i+j입니다. b+c가 5이고 i+j가 45이기에 하강 이동이 항상 더 많습니다. ㄹ. 중층 대물림 인구 대비 상층 대물림 인구의 비는 1이고, 하층 대물림 인구 대비 중층 대물림 인구의 비는 3입니다.

오답 피하기 ㄴ. 자녀 세대의 계층 구조는 피라미드형, 부모 세대의 계층 구조는 다이아몬드형으로 부모 세대의 계층 구조가 사회 통합에 유리합니다. ㄷ. 중층 부모를 둔 하층 자녀 인구는 j이고, 상층 부모를 둔 중층 자녀 인구는 e입니다. i=45−j이고 i+e=15이므로 e+30=j입니다. j에는 40에서 45까지 들어갈 수 있으며, 이에 따라 e는 10에서 15까지 가능합니다. 즉, 최대 4배입니다.

13강 다양한 사회 불평등 현상

핵심 개념 CHECK!   ▶ 본문 125쪽

01 ◯	02 ✕	03 ◯	04 ✕	05 ◯	06 ◯	07 ◯	08 ◯
09 ◯	10 ✕	11 ◯	12 ✕	13 ✕	14 ◯	15 ✕	16 ◯
17 ◯	18 ✕	19 ◯	20 ✕				

◯✕ 문장 바로 알기

01 사회적 소수자의 규정 기준은 사회에 따라 상대적이다.

02 사회적 소수자는 결정 기준은 ~~집단의 크기 및 구성원의 수~~이다.
권력 관계

03 특정 사회 내에서의 소수자였던 사람이 다른 사회에서는 사회적 소수자가 아닐 수 있다.

04 직장 내 양성평등 문화의 확산은 유리 천장 현상을 ~~강화~~하는 데 기여한다.
완화

05 사회적 소수자는 사회적으로 불평등한 대우를 받는 집단이다.

06 사회적 소수자에 대한 적극적 차별 시정 조치는 역차별을 초래할 수 있다.

07 사회적 소수자에 대한 차별 해소를 위해서는 제도 개선뿐만 아니라 의식 개선도 필요하다.

08 기본적 의식주가 충족된 사람이라도 상대적 빈곤층에 포함될 수 있다.

09 상대적 빈곤은 소득의 불평등 현상을 설명하는 데 활용된다.

10 우리나라에서 상대적 빈곤은 ~~주관적~~ 기준에 의해 분류된다.
객관적

11 우리나라에서 절대적 빈곤선과 상대적 빈곤선이 같을 경우 중위 소득의 50%는 최저 생계비와 일치한다.

12 ~~상대적~~ 빈곤은 최저 생활을 유지하는 데 필요한 기준에 미치지 못한 경우이다.
절대적

13 ~~절대적~~ 빈곤은 사회 구성원의 일반적 생활 수준과 비교하여 소득 수준이 낮은 경우이다.
상대적

14 우리나라에서 상대적 빈곤선은 중위 소득의 50%이다.

15 절대적 빈곤율이 상대적 빈곤율보다 높을 경우 중위 소득의 50%는 최저 생계비보다 ~~크다~~.
작다.

16 상대적 빈곤 가구는 빈곤에 따른 ~~상대적 박탈감을 느끼는 가구이다.~~
상대적 박탈감을 느낀다고 단정할 수 없다.

17 절대적 빈곤 가구는 기본적인 의식주가 충족되지 않은 가구이다.

18 저개발국에 비해 선진국에서 절대적 빈곤이 두드러지게 ~~나타난다.~~
나타나지 않는다.

19 일반적으로 최저 생계에 소요되는 금액이 절대적 빈곤선으로 활용된다.

20 상대적 ~~절대적~~ 빈곤은 급속한 경제 성장 과정에서 소득 격차가 심화된 국가에서 부각된다.

기출+예상 문제로 주제 정복하기
▶ 본문 127~133쪽

253 ①	254 ②	255 ①	256 ②	257 ②	258 ③
259 ⑤	260 ③	261 ⑤	262 ①	263 ⑤	264 ①
265 ②	266 ④	267 ⑤	268 ④	269 ①	270 ⑤
271 ⑤	272 ②	273 ③	274 ⑤	275 ③	276 ②
277 ①	278 ①				

253 사회적 소수자 **정답 ①**

문제 분석 갑은 A국에서는 우월한 지위를 누렸으나, B국에서는 사회적 불이익을 받고 있습니다. 을은 D 지역으로 이주하면서 소수 민족으로의 차별을 받고 있습니다.

정답 찾기 ① 제시된 사례를 통해 특정 사회에서는 사회적 소수자가 아니지만 다른 사회에서는 사회적 소수자가 될 수 있음, 즉 사회적 소수자가 되는 기준이 상대적임을 알 수 있습니다.

오답 피하기 ② 사회적 소수자는 수의 적음이 아니라 차별을 받는 집단입니다. ③ 제시된 사례와 관련 없는 내용입니다. ④ 주류 집단의 정체성에 대해서는 확인할 수 없습니다. ⑤ 성취 지위의 변화에 대해 제시되어 있지 않습니다.

254 성 불평등 **정답 ②**

문제 분석 제시문에 따르면 가정 내에서의 성별 역할 분담은 남성 중심의 가부장제적 질서 아래에서 여성을 통제하기 위한 방안입니다. 남성을 지배 계급, 여성을 피지배 대상으로 구분한다는 점에서 제시문에 나타난 관점을 갈등론에 부합합니다.

정답 찾기 ㄱ. 갈등론은 남성 중심의 사회 구조로 인해 성 불평등이 초래된다고 봅니다. ㄷ. 갈등론은 성 불평등이 남성 중심의 구조로 인해 발생하기에 사회 구조의 변화가 필요하다고 봅니다.

오답 피하기 ㄴ. 기능론은 성별 분업을 통해 각자가 잘할 수 있는 일에 특화함으로써 사회적 효율성이 증대된다고 봅니다. ㄹ. 기능론은 사회적 기여 정도에 따라 희소가치가 배분된다고 봅니다.

255 사회적 소수자 **정답 ①**

문제 분석 어둠의 공간에서는 시각 장애인이 일반인에 비해 길을 잘 찾을 것이며, 이 경우 시각 장애인에 비해 일반인이 장애로 규정될 수 있는 것입니다.

정답 찾기 ① 어둠의 공간과 같이 상황에 따라 사회적 소수자에 대한 규정이 바뀔 수 있음을 알 수 있습니다.

오답 피하기 ②, ③, ④, ⑤ 모두 사회적 소수자에 대한 옳은 설명이나 제시문과 관련이 없습니다.

256 성 불평등 **정답 ②**

문제 분석 제시된 표는 남성 정규직의 임금 대비 여성 정규직 및 여성 비정규직의 임금을 나타내고 있으며, 100과 제시된 표의 수치만큼이 임금 격차입니다.

정답 찾기 ㄱ. 2018년 남성 정규직의 평균 임금을 100이라 할 경우 여성 평균 임금은 정규직이 90, 여성 비정규직이 45입니다. ㄷ. 남성 정규직과 여성 정규직 간의 임금 격차는 20, 15, 10으로 감소하고 있습니다.

오답 피하기 ㄴ. 각 연도별 남성 정규직의 임금 수준이 제시되어 있지 않으므로 연도별 임금 크기를 비교할 수 없습니다. ㄹ. 남성 비정규직의 임금이 제시되어 있지 않으므로 알 수 없습니다.

257 사회적 소수자 **정답 ②**

문제 분석 제시된 자료에 나타난 기회 균등 제도는 농어촌 지역 학생 및 저소득층 학생들에게 교육의 기회를 실질적으로 보장하는 제도입니다.

정답 찾기 ㄱ. 저소득층, 농어촌 지역 학생과 같이 사회적 소수자의 교육 문제 해결을 위한 제도입니다. ㄷ. 사회적 소수자에 대한 배려로 인해 일반인이 상대적으로 피해를 보는 경우는 역차별에 해당합니다.

오답 피하기 ㄴ. 낮은 점수로 합격하는 경우는 사회적 소수자에 대한 차별이 아니라 배려에 해당합니다. ㄹ. ⓔ은 사회적 소수자에 대한 우선적 지원에 대한 부당함을 강조하고 있습니다.

258 성 불평등 **정답 ③**

문제 분석 남성과 여성의 성적 정체성의 차이는 어린 시절부터 진행된 차별적 사회화의 결과임을 알 수 있습니다.

정답 찾기 ③ 남성다움과 여성다움은 개인적 특성이 아니라 사회적 기대감을 바탕으로 한 사회화의 결과물이라는 점에서 사회에 의해 규정된다고 할 수 있습니다.

오답 피하기 ①, ② 성 역할 및 성 정체성은 생물학적인 차이에 따른 선천적인 것이 아니라 사회의 특성이 반영된 후천적인 결과물에 해당합니다. ④ 성 정체성은 해당 사회의 고정관념이 영향을 미치고 있습니다. 즉, 사회마다 다름을 알 수 있습니다. ⑤ 차별적 사회화로 인해 성 불평등 문제가 나타나고 있으므로 차별적 사회화의 개선이 성 불평등 문제의 해결 방안입니다.

259 성 불평등 **정답 ⑤**

문제 분석 유리 천장은 직장 내 여성에 대한 차별 사례에 해당하며, 유리벽 현상 또한 직장 내에서 남성에 비해 여성이 차별받는 사례에 해당합니다.

정답 찾기 ㄱ. 유리 천장 현상을 여성에 대한 차별 사례입니다. 양성평등 문화의 확산은 성 차별 완화에 기여할 것입니다. ㄷ. 유리벽 현상은 여성이라는 특정 성에 차별이 나타나고 있음을 보여 줍니다. ㄹ. 유리벽 및 유리 천장 현상이 제기되면 여성과 남성 사이 승진 및 핵심 업무 배정과 같은 자원의 배분 과정에서 기회의 공정성이 제고될 수 있습니다.

오답 피하기 ㄴ. 제시문에 따르면 능력에 대한 근거없는 의심과 같이 개인의 능력과 관계없이 성 차별이 나타나고 있습니다.

260 절대적 빈곤, 상대적 빈곤 **정답 ③**

문제 분석 최저 생활을 유지하기 위한 소득에 미치지 못하는 상태는 절대적 빈곤입니다. 따라서 B는 상대적 빈곤입니다.

정답 찾기 ㄴ. 상대적 빈곤은 다른 사람들보다 소득을 상대적으로 적게 가진 상태를 의미합니다. 즉, 해당 사회의 소득 분포를 고려한 빈곤에 해당합니다. ㄷ. 상대적 빈곤은 중위 소득의 50%, 절대적 빈곤은 최저 생계비라는 객관적 기준으로 측정됩니다.

오답 피하기 ㄱ. 소득 수준이 높은 국가의 경우 저개발국에 비해 일반적으로 절대적 빈곤은 감소하지만, 소득 수준이 높은 국가라 하더라도 절대적 빈곤은 나타날 수 있습니다. ㄹ. 상대적 빈곤과 절대적 빈곤 모두 체감이 아니라 실제 소득을 바탕으로 한 객관적 기준으로 측정됩니다.

261 절대적 빈곤, 상대적 빈곤   정답 ⑤

문제 분석 A는 기본적 생계가 어려운 수준 이하라는 점에서 절대적 빈곤, B는 사회 전체 소득을 대표하는 일정 소득 이하라는 점에서 상대적 빈곤에 해당합니다.

정답 찾기 ⑤ 일반적으로 절대적 빈곤은 선진국에 비해 저개발국에서 두드러지게 나타나며, 상대적 빈곤의 경우 선진국이라 하더라도 소득 격차가 심화된 국가일 경우 문제될 수 있습니다.

오답 피하기 ① 저개발국이라고 하더라도 소득 격차가 심화된 경우 상대적 빈곤이 문제가 될 수 있습니다. ② 사회에 따라 절대적 빈곤에 해당하는 사람이 상대적 빈곤에 해당하지 않을 수 있습니다. ③ 절대적 빈곤, 상대적 빈곤과 상대적 박탈감이 연계되는 것은 아닙니다. 절대적 또는 상대적 빈곤 상태이나 상대적 박탈감을 느끼지 않을 수도 있고, 빈곤 상태가 아니지만 상대적 박탈감을 느낄 수도 있는 것입니다. ④ 절대적 빈곤과 상대적 빈곤 모두 판단 기준은 사회에 따라 다를 수 있습니다.

262 절대적 빈곤, 상대적 빈곤   정답 ①

문제 분석 각 연도별 절대적 빈곤율과 상대적 빈곤율이 제시되어 있으며, 이를 활용하여 각 연도별 빈곤 가구와 빈곤선 현황을 비교할 수 있습니다.

정답 찾기 ㄱ. 2016년 절대적 빈곤 가구는 전체 가구의 20%, 상대적 빈곤 가구는 전체 가구의 10%입니다. 따라서 상대적 빈곤 가구는 모두 절대적 빈곤 가구에 해당합니다. ㄴ. 2017년 절대적 빈곤율과 상대적 빈곤율은 일치합니다. 따라서 절대적 빈곤선인 최저 생계비와 상대적 빈곤선인 중위 소득의 50%가 일치합니다.

오답 피하기 ㄷ. 각 연도별 전체 가구 수가 제시되어 있지 않기에 절대적 빈곤 가구 수의 감소 여부는 알 수 없습니다. ㄹ. 상대적 빈곤율이 절대적 빈곤율의 2배이지만, 상대적 빈곤선이 절대적 빈곤선보다 2배 큰 것은 아닙니다.

263 상대적 빈곤선   정답 ⑤

문제 분석 ㉠은 중위 소득의 50%를 기준으로 상대적 빈곤 가구를 분류하므로 전체 가구가 일정하더라도 가구 소득의 변화에 따라 빈곤율이 달라질 수 있습니다. 반면 ㉡은 하위 10% 가구를 상대적 빈곤 가구로 분류하므로 전체 가구가 일정할 경우 빈곤율은 일정합니다.

정답 찾기 ⑤ 전체 가구 수가 일정하다면 개별 가구의 소득 변화에 관계없이 10%는 항상 상대적 빈곤 가구가 되며, 상대적 빈곤율은 항상 10%가 됩니다.

오답 피하기 ① 개별 가구의 소득 변화에 따라 상대적 빈곤 가구 수는 변화합니다. ② 최저 생계비와 관련없이 소득 하위 10%에 해당하는 가구입니다. ③ ㉠, ㉡ 모두 객관적 기준으로 분류되고 있습니다. ④ 어느 경우에 빈곤 가구가 많은지는 경우에 따라서 달라질 수 있습니다.

264 절대적 빈곤 가구   정답 ①

문제 분석 중위 소득의 50%가 상대적 빈곤선이므로 중위 소득 대비 최저 생계비의 비가 0.5에 미치지 못할 경우 상대적 빈곤선이 절대적 빈곤선보다 높습니다. 즉, 절대적 빈곤 가구가 상대적 빈곤 가구에 해당하는 것입니다.

정답 찾기 ㄱ. 중위 소득 대비 최저 생계비의 비가 일정한 상황에서 최저 생계비가 증가하였기에 중위 소득은 더 많을 것입니다. ㄴ. T년의 경우 중위 소득 대비 최저 생계비의 비가 0.5에 미치지 못하고 있습니다.

오답 피하기 ㄷ. 최저 생계비가 증가하였지만, 최저 생계비에 미치지 못하는 가구 수가 증가하였는지 여부는 알 수 없습니다. ㄹ. 중위 소득 금액이 상승하였지만, 상대적 빈곤 가구의 증가 여부는 알 수 없습니다.

265 빈곤의 탈출   정답 ②

문제 분석 전년도와의 빈곤 인구의 차이에서 빈곤 진입 인구를 제할 경우 빈곤을 탈출한 인구를 계산할 수 있습니다.

정답 찾기 ㄱ. T+1년의 빈곤 인구 8만 명 중 1만 명은 새로이 빈곤층이 된 경우입니다. T년의 빈곤 인구가 10만 명이기에 3만 명이 빈곤을 탈출하였고, 7만 명은 여전히 빈곤에 머무르고 있습니다. ㄷ. T+2년의 경우 새로이 빈곤으로 진입한 인구가 0명이고, 전년도와의 빈곤 인구 차이가 2만 명입니다. 즉, 2만 명이 빈곤을 탈출하였습니다.

오답 피하기 ㄴ. T+1년에 빈곤층이었던 사람 중 2만 명이 빈곤을 탈출하였습니다. ㄹ. 제시된 기간에서 빈곤율은 10%, 8%, 6%로 감소하고 있으나, T+1년과 T+2년 사이 감소율은 20%가 아닙니다.

266 절대적 빈곤, 상대적 빈곤   정답 ④

문제 분석 T년과 T+1년의 절대적 빈곤율과 상대적 빈곤율을 도시와 농촌으로 구분하여 제시하고 있습니다.

정답 찾기 ㄴ. T+1년 절대적 빈곤율과 상대적 빈곤율이 일치합니다. 이는 중위 소득의 50% 크기가 최저 생계비와 일치함을 의미하며, 따라서 중위 소득 크기는 최저 생계비보다 많습니다. ㄹ. 전체 지역의 빈곤율은 농촌의 빈곤율과 도시의 빈곤율 사이에서 결정될 것입니다. T년 전체 지역의 절대적 빈곤율은 42%~55% 사이가 될 것입니다. 따라서 절대적 빈곤율 및 상대적 빈곤율 모두 T년에 비해 T+1년 감소하였음을 알 수 있습니다.

오답 피하기 ㄱ. T년의 경우 농촌과 도시 지역 가구 수가 제시되어 있지 않습니다. 따라서 알 수 없습니다. ㄷ. T년과 T+1년의 전체 가구 수가 같기에 빈곤 가구 수는 감소하였습니다.

267 절대적 빈곤, 상대적 빈곤   정답 ⑤

문제 분석 각 연도별로 가구 유형별로 절대적 빈곤율과 상대적 빈곤율이 제시되어 있습니다.

정답 찾기 ㄷ. 제시된 기간에서 두 가구 유형 모두 절대적 빈곤율이 상대적 빈곤율보다 낮습니다. 이는 상대적 빈곤선인 중위 소득의 50%가 절대적 빈곤선인 최저 생계비보다 크다는 것을 의미합니다. ㄹ. T+1년 여성 가구의 절대적 빈곤율은 19%입니다. 이는 전체 여성 가구 중 19%가 절대적 빈곤 가구임을 의미합니다. 따라서 전체 여성 가구 소득 중 19%의 빈곤 가구가 차지하는 소득은 19%보다는 작을 것입니다.

오답 피하기 ㄱ. 절대적 빈곤율이 상승하였다고 하더라고 최저 생계비 수준이 상승하였다고 단정할 수 없습니다. ㄴ. 노인 가구의 빈곤율이 여성 가구 보다 높다고 하더라도 평균 소득이 낮은지 여부는 알 수 없습니다.

268 절대적 빈곤, 상대적 빈곤   정답 ④

문제 분석 A기는 상대적 빈곤율에 비해 절대적 빈곤율이 높은 시기, C기는 절대적 빈곤율에 비해 상대적 빈곤율이 높은 시기입니다.

정답 찾기 ④ B기는 상대적 빈곤율과 절대적 빈곤율이 일치합니다. 이는 상대적 빈곤선인 중위 소득의 50%와 절대적 빈곤선인 최저 생계비가 일치함을 의미합니다.

오답 피하기 ① 최저 생계비의 높고 낮음과 절대적 빈곤율의 높고 낮음은 관련이 없습니다. ②, ③, ⑤ 각 기별 전체 가구가 제시되어 있지 않기에 각 기별 빈곤 가구는 비교할 수 없습니다.

---

269 절대적 빈곤, 상대적 빈곤   정답 ①

문제 분석 A는 최소한의 생활에 필요한 소득이 부족한 상태로 절대적 빈곤에 해당합니다. B는 생활 수준이 상대적으로 어려운 경우 상대적 빈곤에 해당합니다.

정답 찾기 ㄱ. 2017년 절대적 빈곤율과 상대적 빈곤율이 같습니다. 따라서 상대적 빈곤 가구의 수와 절대적 빈곤 가구의 수는 같습니다. ㄴ. 2018년은 절대적 빈곤율이 상대적 빈곤율보다 높습니다. 따라서 절대적 빈곤선이 상대적 빈곤선보다 높음을 알 수 있습니다.

오답 피하기 ㄷ. 상대적 박탈감은 절대적 빈곤, 상대적 빈곤과 직접적 관련이 없습니다. 빈곤 상태가 아니지만 상대적 박탈감을 가질 수 있고, 상대적 박탈감을 느끼지만 객관적 기준으로 분류하였을 때 빈곤이 아닐 수 있습니다. ㄹ. 상대적 빈곤 가구에만 해당하는 비율은 2017년과 2018년 모두 0입니다.

---

270 빈곤 탈출율   정답 ⑤

문제 분석 갑국의 빈곤 가구 수는 2016년 20만 가구, 2017년 2만 가구가 빈곤을 탈출하고 2만 가구가 새로이 빈곤에 진입하여 20만 가구, 2018년 4만 가구가 빈곤을 탈출하고, 2만 가구가 새로이 빈곤에 진입하여 18만 가구입니다.

정답 찾기 ⑤ 2017년 빈곤 가구 중 2018년에도 빈곤인 가구는 16만 가구입니다. '16/20 × 100 = 80'입니다.

오답 피하기 ① 2016년과 2017년의 빈곤 가구 수는 같습니다. ② 2017년 빈곤 탈출 가구 수와 빈곤 진입 가구 수는 같습니다. ③ 빈곤율은 2016년 및 2017년이 20%, 2018년이 18%입니다. ④ 2016년 빈곤 가구 중 18만 가구가 2017년에도 빈곤 가구입니다.

---

271 절대적 빈곤, 상대적 빈곤   정답 ⑤

문제 분석 제시된 모든 연도에서 상대적 빈곤율이 절대적 빈곤율보다 높으며 이는 상대적 빈곤선이 절대적 빈곤선보다 더 높음을 의미합니다.

정답 찾기 ⑤ 상대적 빈곤선은 중위 소득의 50%이고 절대적 빈곤선은 최저 생계비이며, 중위 소득의 50% 금액이 최저 생계비보다 크기에, 중위 소득 대비 최저 생계비의 비율은 50% 미만입니다.

오답 피하기 ① 상대적 빈곤율이 절대적 빈곤율보다 높으므로, 절대적 빈곤 가구는 모두 상대적 빈곤 가구에 해당합니다. ② 상대적 빈곤율은 12.1%이고 절대적 빈곤율은 6.4%이므로, 상대적 빈곤 가구 수는 절대적 빈곤 가구 수의 2배가 되지 않습니다. 각 가구별 구성원 수가 동일하기에 상대적 빈곤 가구 인구는 절대적 빈곤 가구 인구의 2배가 되지 않습니다. ③ 각각 연도의 전체 가구 수가 제시되어 있지 않기에 2011년과 2012년의 빈곤 가구의 수를 비교할 수 없습니다. ④ 2013년 상대적 빈곤 가구는 전체 가구의 12%, 절대적 빈곤 가구는 전체 가구의 6%입니다. 따라서 상대적 빈곤선인 중위 소득의 50% 금액은 절대적 빈곤선인 최저 생계비보다 큽니다. 즉, 중위 소득이 최저 생계비의 2배를 초과함을 알 수 있습니다.

---

272 절대적 빈곤, 상대적 빈곤   정답 ②

문제 분석 A는 사회 구성원의 일반적인 생활 수준과 비교한 빈곤이라는 점에서 상대적 빈곤, B는 최저 생활 유지와 관련된 빈곤이라는 점에서 절대적 빈곤에 해당합니다.

정답 찾기 ㄱ. 의식주가 충족된 사람의 경우 절대적 빈곤은 아닐 수 있지만 상대적 빈곤에는 해당될 수 있습니다. ㄹ. 우리나라에서 상대적 빈곤과 절대적 빈곤은 모두 객관화된 기준에 의해 분류되고 있습니다. 현재 상대적 빈곤은 중위 소득의 50%가 기준입니다.

오답 피하기 ㄴ. 사회 전반적인 소득 수준을 기준으로 소득의 높고 낮음을 구분하는 상대적 빈곤은 소득 불평등 정도를 설명하는 데 활용됩니다. ㄷ. 빈곤율은 성격에 따라 상대적 빈곤율과 절대적 빈곤율로 구분하는 것이지, 상대적 빈곤과 절대적 빈곤을 더한다고 그 나라 전체 빈곤율이 되는 것은 아닙니다.

---

273 절대적 빈곤, 상대적 빈곤   정답 ③

고난도 평가원 기출				
①	②	❸	④	⑤ 함정
12%	8%	46%	12%	20%

🔍 **눈으로 보는 해설**

그림에 대한 분석으로 옳은 것만을 〈보기〉에서 있는 대로 고른 것은? (단, 이 기간 동안 A~C국의 전체 가구 수와 절대적 빈곤 가구 수는 지속적으로 증가하였으며, 모든 가구의 구성원 수는 동일하다.)

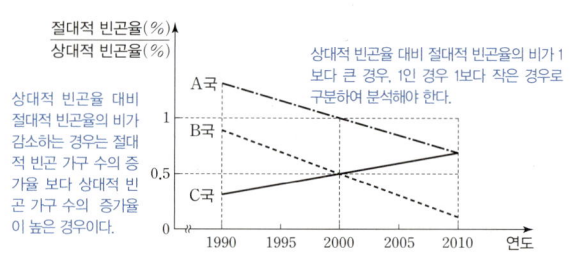

상대적 빈곤율 대비 절대적 빈곤율의 비가 감소하는 경우는 절대적 빈곤 가구 수의 증가율 보다 상대적 빈곤 가구 수의 증가율이 높은 경우이다.

상대적 빈곤율 대비 절대적 빈곤율의 비가 1 보다 큰 경우, 1인 경우 1보다 작은 경우로 구분하여 분석해야 한다.

* 절대적 빈곤율 : 전체 가구 중 절대적 빈곤 가구(가구 소득이 최저 생계비 미만인 가구)의 비율
** 상대적 빈곤율 : 전체 가구 중 상대적 빈곤 가구(가구 소득이 중위 소득의 50% 미만인 가구)의 비율
*** 중위 소득 : 전체 가구를 소득순으로 일렬로 배열했을 때 한가운데 위치한 가구의 소득

〈보기〉
ㄱ. 1990년부터 2000년까지 B국의 상대적 빈곤 가구 수는 증가하였고, C국의 상대적 빈곤 가구 수는 감소하였다. 단정할 수 없다
ㄴ. 1990년부터 2010년까지 A국에서 절대적 빈곤 가구 수의 증가율보다 상대적 빈곤 가구 수의 증가율이 더 낮다. 높다
ㄷ. 1995년부터 2010년까지 B국에서 중위 소득의 1/2이 최저 생계비보다 크다. 상대적 빈곤 / 절대적 빈곤
ㄹ. 2005년부터 2010년까지 A국, B국, C국 모두에서 절대적 빈곤 가구는 모두 상대적 빈곤 가구에 속한다. 절대적 빈곤율(%)/상대적 빈곤율(%) 이 1 미만이다.

① ㄱ, ㄴ ② ㄴ, ㄷ ③ ㄷ, ㄹ ④ ㄱ, ㄴ, ㄹ ⑤ ㄱ, ㄷ, ㄹ

문제 분석 상대적 빈곤율 대비 절대적 빈곤율의 비가 1보다 큰 경우, 1인 경우 1보다 작은 경우로 구분하여 분석해야 합니다. 비가 1보다 큰 경우는 상대적 빈곤 가구 수 보다 절대적 빈곤 가구 수가 많은 경우, 비가 1보다 작은 경우는 상대적 빈곤 가구 수 보다 절대적 빈곤 가구 수가 적은 경우입니다.

정답 찾기 ㄷ. 1995년부터 2010년까지 B국에서 상대적 빈곤율 대비 절대적 빈곤율의 비는 1 미만입니다. 이는 상대적 빈곤 가구 수보다 절대적 빈곤 가구 수가 적음을 의미하며, 따라서 상대적 빈곤선인 중위 소득의 1/2이 절대적 빈곤선인 최저 생계비보다 큽니다. ㄹ. 2005년부터 2010년까

지 A국, B국, C국 모두 상대적 빈곤율 대비 절대적 빈곤율의 비가 1 미만입니다. 이는 상대적 빈곤 가구 수 보다 절대적 빈곤 가구 수가 적음을 의미하며, 따라서 절대적 빈곤 가구는 모두 상대적 빈곤 가구에 속합니다.

오답 피하기 ㄱ. 1990년부터 2000년까지 C국에서 상대적 빈곤율 대비 절대적 빈곤율의 비가 증가하였습니다. 이는 상대적 빈곤 가구 수가 감소하거나, 절대적 빈곤 가구 수의 증가율보다 상대적 빈곤 가구 수의 증가율이 더 작을 때 나타납니다. 따라서 C국의 상대적 빈곤 가구 수가 감소했다고 단정할 수 없습니다. ㄴ. 1990년부터 2010년까지 A국에서 상대적 빈곤율 대비 절대적 빈곤율의 비가 감소하였습니다. 이는 절대적 빈곤 가구 수의 증가율보다 상대적 빈곤 가구 수의 증가율이 더 클 때 나타납니다.

★ **함정 피하기**

ㄱ. 문두에 제시된 절대적 빈곤 가구 수가 지속적으로 증가하였다는 조건이 중요하다. C국의 경우 상대적 빈곤율 대비 절대적 빈곤율의 비가 감소하고 있다. 절대적 빈곤 가구의 수는 증가하고 있기에, 비가 감소하기 위해서는 상대적 빈곤 가구의 수가 감소하거나 또는 상대적 빈곤 가구 수의 증가율이 절대적 빈곤 가구 수의 증가율보다 낮은 경우이다. 즉, 경우가 두 가지이기에 상대적 빈곤 가구의 수가 감소하였다고 단정할 수 없는 것이다.

274 절대적 빈곤, 상대적 빈곤   정답 ⑤

문제 분석 각 연도별 절대적 빈곤 가구 수와 상대적 빈곤 가구 수가 제시되어 있습니다. 이를 통해 각 연도별로 어떤 빈곤율이 더 높은지, 어떤 빈곤선 금액이 더 큰지 비교할 수 있습니다.

정답 찾기 ⑤ 2017년과 2018년 모두 상대적 빈곤 가구가 절대적 빈곤 가구보다 많습니다. 이는 상대적 빈곤선인 중위 소득의 50%가, 절대적 빈곤선인 최저 생계비보다 큼을 의미합니다.

오답 피하기 ① 최저 생계비의 상승, 하락 여부는 알 수 없습니다. 최저 생계비가 일정하더라도 절대적 빈곤율은 하락할 수 있습니다. ② 각 연도별 전체 가구 수가 제시되어 있지 않기에 연도별로 상대적 빈곤율을 비교할 수 없습니다. ③ 중위 소득의 50% 금액의 상승, 하락 여부는 알 수 없습니다. ④ 2016년의 경우 상대적 빈곤율과 절대적 빈곤율이 일치합니다. 따라서 모든 시기에 상대적 빈곤율이 절대적 빈곤율보다 큰 것은 아닙니다.

275 절대적 빈곤, 상대적 빈곤   정답 ③

고난도 평가원 기출

함정 ①	②	❸	④	⑤
24%	12%	**40%**	14%	8%

🔍 **눈으로 보는 해설**

다음 자료에 대한 분석으로 옳은 것은?

B / A가 1보다 크다는 것은 상대적 빈곤 가구 수가 절대적 빈곤 가구 수보다 많음, 즉 상대적 빈곤선이 절대적 빈곤선보다 높음을 의미한다.

표는 갑국과 을국의 절대적 빈곤 가구 수(A) 대비 상대적 빈곤 가구 수(B)의 변화를 나타낸 것이다. 두 국가 모두 2000년에서 2010년 사이에 최저 생계비는 지속적으로 증가하였다. (단, 갑국과 을국 각각 모든 가구의 구성원 수는 동일하다.

구분	2000년	2005년	2010년
갑국(B / A)	0.25	1	1.5
을국(B / A)	2	1	0.5

* 절대적 빈곤 가구 : 소득이 절대적 빈곤선(최저 생계비) 미만의 가구
** 상대적 빈곤 가구 : 소득이 상대적 빈곤선(중위 소득의 50%) 미만인 가구
*** 중위 소득 : 전체 가구를 소득순으로 나열했을 때 한가운데 위치한 가구의 소득

---

① 2000년에 갑국에서 절대적 빈곤선은 상대적 빈곤선의 4배이다. 빈곤 가구 수
② 2000년에 을국에서 상대적 빈곤 가구는 모두 절대적 빈곤 가구에 해당한다. 절대적 빈곤 가구는 상대적 빈곤 가구 수에 포함된다
③ 2005년 대비 2010년에 갑국에서는 절대적 빈곤선과 상대적 빈곤선이 모두 높아졌다.
④ 2010년에 을국에서 중위 소득 대비 최저 생계비의 비율은 50% 미만이다. 초과
⑤ 2010년에 갑국은 을국과 달리 상대적 빈곤 가구의 비율이 절대적 빈곤 가구의 비율보다 낮다. → 을국

문제 분석 조건에 따르면 최저 생계비는 지속적으로 증가하였으며, 이를 통해 제시된 기간에서 절대적 빈곤선이 높아졌음을 알 수 있습니다. 그리고 2005년에는 절대적 빈곤 가구와 상대적 빈곤 가구의 수가 같으며, 이를 통해 2005년 절대적 빈곤선과 상대적 빈곤선이 일치함을 알 수 있습니다. B/A가 1보다 큰 경우는 상대적 빈곤 가구가 절대적 빈곤 가구보다 더 많은 경우로 상대적 빈곤선인 중위 소득 50% 금액이 절대적 빈곤선인 최저 생계비보다 더 높은 경우입니다.

정답 찾기 ③ 최저 생계비가 지속적으로 증가하였기에 절대적 빈곤선은 2005년 대비 2010년 높아졌을 것입니다. 갑국의 경우 B / A가 2005년 1에서 2010년 1.5로 커졌습니다. 이는 상대적 빈곤선이 절대적 빈곤선보다 높음을 의미하며, 상대적 빈곤선 또한 높아졌음을 알 수 있습니다.

오답 피하기 ① B / A가 0.25라는 것은 절대적 빈곤 가구 수가 상대적 빈곤 가구 수의 4배라는 것을 의미합니다. 그렇지만 절대적 빈곤 가구 수가 상대적 빈곤 가구보다 4배 많다 하더라도, 절대적 빈곤선이 상대적 빈곤선의 4배라고 단정할 수 없습니다. ② 2000년 을국의 B / A가 2이므로 상대적 빈곤 가구 수가 절대적 빈곤 가구 수의 2배입니다. 따라서 절대적 빈곤 가구는 모두 상대적 빈곤 가구에 해당합니다. ④ 2010년 을국의 B / A가 0.5이므로 절대적 빈곤 가구 수가 상대적 빈곤 가구 수의 2배입니다. 이는 최저 생계비가 중위 소득 50% 금액보다 더 높음을 의미합니다. 따라서 2010년에 을국에서 중위 소득 대비 최저 생계비의 비율은 50% 이상입니다. ⑤ 2010년 갑국의 B / A가 1.5이므로 상대적 빈곤 가구 수가 절대적 빈곤 가구 수보다 많습니다. 따라서 2010년 갑국은 상대적 빈곤 가구의 비율이 절대적 빈곤 가구의 비율보다 높습니다.

★ **함정 피하기**

① 갑국의 전체 가구 수를 100, 절대적 빈곤 가구를 40, 상대적 빈곤 가구를 10, 상대적 빈곤선을 10만 원, 절대적 빈곤선을 15만 원이라고 가정해보자. 가구 소득이 10만 원에 미치지 못하는 가구가 10, 가구 소득이 15만 원에 미치지 못하는 가구가 40이기에 절대적 빈곤 가구 수가 상대적 빈곤 가구 수의 4배이지만, 빈곤선은 4배가 되지 않는다. 이는 특정 소득 구간 내에 가구가 집중될 수 있기 때문이다.

276 절대적 빈곤, 상대적 빈곤   정답 ②

문제 분석 A는 최소한의 생활을 유지하기 어렵다는 점에서 절대적 빈곤, B는 구성원 다수가 누리는 생활을 영위하지 못한다는 점에서 상대적 빈곤입니다.

정답 찾기 ② 의식주가 충족된 가구인 경우 절대적 빈곤에는 해당하지 않지만 상대적 빈곤에는 해당할 수 있습니다.

오답 피하기 ① 절대적 빈곤과 상대적 빈곤 모두 객관적 기준으로 측정된 빈곤으로 주관적 인식하는 빈곤에 해당하지 않습니다. ③ 사회 전반적인 소득 수준을 기준으로 소득의 높고 낮음을 구분하는 상대적 빈곤은 소득 불평등 정도를 설명하는 데 활용됩니다. ④ 빈곤율은 성격에 따라 상대적 빈곤율과 절대적 빈곤율로 구분하는 것이지, 상대적 빈곤과 절대적 빈곤을 더한다고 그 나라 전체 빈곤율이 되는 것은 아닙니다. ⑤ 우리나라에

서 상대적 빈곤의 측정 기준은 중위소득의 50%입니다.

277 절대적 빈곤, 상대적 빈곤　　　　　정답 ①

정답 찾기 ㄱ. 상대적 빈곤율 대비 절대적 빈곤율이 1보다 작음은 상대적 빈곤 가구보다 절대적 빈곤 가구가 작음을 의미합니다. ㄴ. 2017년은 절대적 빈곤율과 상대적 빈곤율이 같으나, 2018년은 절대적 빈곤율이 상대적 빈곤율보다 큽니다. 이를 통해 절대적 빈곤선인 최저 생계비의 증가율이 중위 소득의 증가율보다 크다는 것을 알 수 있습니다.

오답 피하기 ㄷ. 2018년의 경우 상대적 빈곤 가구에 비해 절대적 빈곤 가구가 많습니다. 상대적 빈곤 가구를 100가구라 할 경우 절대적 빈곤 가구는 120가구이며, 절대적 빈곤 가구 중 상대적 빈곤 가구에 해당하지 않는 20가구로 '20/120×100' 약 16.7%입니다. ㄹ. 각 연도별 전체 가구 수가 제시되어 있지 않기 때문에 연도별 빈곤 가구 수의 변화는 확인할 수 없습니다.

278 절대적 빈곤, 상대적 빈곤　　　　　정답 ①

문제 분석 조건에서 전체 가구가 도시 가구와 농촌 가구로 구성되었으며, 구성비가 1:1이라고 제시하고 있습니다. 즉, 도시 가구와 농촌 가구 빈곤율의 평균이 전체 가구의 빈곤율인 것입니다. 이를 바탕으로 농촌 가구의 빈곤율을 계산하면 다음과 같습니다.

구분(%)	2010년	2011년
절대적 빈곤율	10.5	12.0
상대적 빈곤율	12.0	15

정답 찾기 ㄱ. 2010년 전체 가구의 절대적 빈곤율은 7.5%입니다. 따라서 절대적 빈곤 가구 수는 전체 가구 수의 7.5%에 해당합니다. 절대적 빈곤 가구는 다른 가구에 비해 소득이 적은 가구이므로 가구 수는 7.5%이나, 차지하는 소득은 전체 가구의 소득의 7.5%보다 작습니다. ㄴ. 2011년 농촌의 경우 절대적 빈곤율보다 상대적 빈곤율이 더 높습니다. 따라서 2011년 농촌에서 절대적 빈곤 가구는 모두 상대적 빈곤 가구에 속합니다.

오답 피하기 ㄷ. 도시와 농촌 모두 2010년보다 2011년의 상대적 빈곤율이 더 높습니다. 따라서 2010년 대비 2011년 농촌에서 소득 불평등이 완화되는 경향이 나타났다고 할 수 없습니다. ㄹ. 가구 소득이 최저 생계비 이상이면서 중위 소득의 50% 미만인 가구는 상대적 빈곤 가구 중 절대적 빈곤 가구에 해당하지 않는 경우입니다. 2011년의 전체 가구를 1,000가구라 할 경우 절대적 빈곤 가구는 40가구, 상대적 빈곤 가구는 90가구, 가구 소득이 최저 생계비 이상이면서 중위 소득의 50% 미만인 가구는 50가구입니다. 즉, 절대적 빈곤 가구 수의 2배 이상이 아님을 알 수 있습니다.

14강 사회 복지와 복지 제도

▶ 본문 135쪽

핵심 개념 CHECK!

01 ○	02 ○	03 ×	04 ×	05 ×	06 ○	07 ○	08 ○
09 ○	10 ○	11 ×	12 ○	13 ×	14 ○	15 ○	16 ○
17 ×	18 ○	19 ○	20 ×				

○|× 문장 바로 알기

01 사회 보험은 공공 부조에 비해 사전 예방적 성격이 강하다.

02 사회 보험과 공공 부조는 모두 금전적 지원을 원칙으로 한다.

03 사회 보험은 ~~수혜~~ 정도에 따른 비용 부담을 원칙으로 한다.
　　능력

04 빈곤층의 최소한의 삶의 질 보장을 목적으로 하는 사회 보장 제도는 ~~사회 보험~~이다.
　　공공 부조

05 상호 부조의 원리를 기반으로 하는 사회 보장 제도는 ~~공공 부조~~이다.
　　　　　　　　　　　　　　사회 보험

06 공공 부조는 사회 보험에 비해 소득 재분배 효과가 크게 나타난다.

07 사회 서비스는 민간 부분의 참여가 가능한 사회 보장 제도이다.

08 사회 보험은 보편적 복지, 공공 부조는 선별적 복지를 기반으로 한다.

09 사회 보험은 강제 가입을 원칙으로 전 국민을 대상으로 하는 사회 보장 제도이다.

10 수혜 대상자의 범위는 공공 부조에 비해 사회 보험이 넓다.

11 사후 처방적 성격이 강한 사회 보장 제도는 ~~사회 보험~~이다.
　　　　　　　　　　　　　　　　　공공 부조

12 국민 기초 생활 보장 제도는 공공 부조에 해당한다.

13 대표적 사회 보험에는 국민 연금, ~~기초 연금~~, 건강 보험 등이 있다.
　　　　　　　　　　　기초 연금은 공공 부조에 해당한다.

14 정부가 소요 비용을 전액 재정으로 부담하는 사회 보장 제도는 공공 부조이다.

15 사회 보험은 수혜 정도가 아니라 능력 정도에 따라 비용을 부담한다.

16 사회 서비스는 사회 보험과 달리 비금전적 지원을 원칙으로 한다.

17 맞춤형 급여 체계는 ~~절대적 빈곤~~을 기준으로 수급자를 선정한다.
　　　　　　　　　상대적 빈곤

18 생산적 복지는 복지와 경제적 생산성을 동시에 추구하는 제도이다.

19 근로 장려금 제도는 저소득 가구의 근로 의욕을 장려하는 제도이다.

20 복지병은 과도한 복지에 따라 근로 의욕이 ~~고취~~되는 현상을 의미한다.
　　　　　　　　　　　　　　　　　저하

279 ⑤	280 ④	281 ⑤	282 ①	283 ⑤	284 ④
285 ②	286 ③	287 ③	288 ⑤	289 ③	290 ④
291 ③	292 ②	293 ⑤	294 ①	295 ③	296 ③
297 ⑤	298 ④	299 ⑤	300 ⑤	301 ④	302 ⑤
303 ②	304 ④	305 ②	306 ⑤	307 ⑤	

279 사회 보장 제도   정답 ⑤

문제 분석 A는 비금전적 지원을 원칙으로 한다는 점에서 사회 서비스이고, B와 C는 각각 사회 보험 및 공공 부조 중 하나입니다.

정답 찾기 ⑤ 상호 부조의 원리를 기반으로 하는 복지 제도는 사회 보험입니다. 따라서 (가)에 '상호 부조'와 관련된 질문이 들어갈 경우 B는 사회 보험, C는 공공 부조가 됩니다. 공공 부조는 생활이 어려운 사람을 대상으로 하는 사회 보장 제도입니다.

오답 피하기 ① 사전 예방적 성격이 강한 사회 보장 제도는 사회 보험입니다. ② 전 국민을 대상으로 하는 사회 보험은 저소득층을 대상으로 하는 공공 부조에 비해 대상자 범위가 넓습니다. 공공 부조는 전액 재정으로 비용을 충당한다는 점에서 사회 서비스에 비해 소득 재분배 효과가 큽니다. ③ 전 국민을 대상으로 강제 가입을 원칙으로 하는 복지 제도는 사회 보험입니다. ④ 국가와 지방 자치 단체가 전액 비용을 부담하는 복지 제도는 공공 부조입니다. 사회 보험의 수혜를 받는 사람이 사회 서비스를 이용할 수 있기에 대상은 중복될 수 있습니다.

280 사회 보장 제도   정답 ④

문제 분석 A는 상호 부조의 성격이 강하다는 점에서 사회 보험에 해당하며, B는 공공 부조에 해당합니다.

정답 찾기 ㄴ. 사회 보험은 전 국민을 대상으로 한다는 점에서 보편적 복지, 공공 부조는 소득이 낮은 일부를 대상으로 한다는 점에서 선별적 복지에 해당합니다. ㄹ. 사회 보험과 공공 부조 모두 소득 재분배 효과가 나타납니다. 다민, 그 정도는 사회 보험에 비해 공공 부조가 큽니다.

오답 피하기 ㄱ. 사회 보험은 강제 가입을 원칙으로 합니다. ㄷ. 금전적 지원을 원칙으로 한다는 공공 부조와 사회 보험 모두에 해당하는 공통된 특징입니다.

281 사회 보장 제도   정답 ⑤

문제 분석 제시된 자료에서 A는 사회 보험, B는 공공 부조임을 알 수 있습니다. (가)에는 A, B에 모두에 적용되는 특징이, (나)에는 A에만 해당하는 특징이 적절합니다.

정답 찾기 ㄷ. 사회 보험은 전 국민을 대상으로 강제 가입을 원칙으로 합니다. 반면, 공공 부조는 저소득층을 대상으로 합니다. ㄹ. 사회 보험은 수혜 정도가 아니라 비용을 부담할 능력 정도에 따라 비용을 부담합니다.

오답 피하기 ㄱ. 소득 재분배 효과는 사회 보험, 공공 부조에 모두 해당하는 특징으로 (가)에 들어갈 수 있습니다. ㄴ. 수혜 정도에 따른 비용 부담은 사회 보험과 공공 부조 모두에 해당하지 않는 특징입니다.

282 사회 보장 제도   정답 ①

문제 분석 소요 비용 중 정부 재정이 차지하는 비중이 큰 사회 보장 제도는 공공 부조입니다. 따라서 A는 공공 부조, B는 사회 보험입니다.

정답 찾기 ① (가)에는 사회 보험이 공공 부조보다 강한 특징이 들어가야 합니다. 사회 보험은 상호 부조를 기반으로 한 사회 보장 제도입니다. (나)에는 공공 부조가 사회 보험보다 강한 특징이 들어가야 합니다. 공공

부조는 사회 보험에 비해 소득 재분배 효과가 강합니다.

오답 피하기 사회 보험은 사후 처방적 성격이 강한 반면, 공공 부조는 사전 예방적 성격이 강합니다. 수혜 대상자의 범위는 전 국민을 대상으로 하는 사회 보험이 더 넓습니다.

283 기초 생활 보장 제도의 개편   정답 ⑤

문제 분석 최저 생계비에서 중위 소득의 일정 범주로 공공 부조의 지원 대상 선정 기준이 변경되고 있습니다.

정답 찾기 ㄷ. 중위 소득을 기준으로 공공 부조 대상자를 선정하고 있다는 점에서 지원 대상이 절대적 빈곤층에서 상대적 빈곤층으로 변경됨을 알 수 있습니다. ㄹ. 절대적 빈곤율보다 상대적 빈곤율이 높을 경우 최저 생계비에 미치지 못하는 가구보다 중위 소득의 50%에 미치지 못하는 가구가 더 많습니다. 따라서 중위 소득의 50%를 기준으로 지급되는 교육 급여 대상 가구는 증가하게 됩니다.

오답 피하기 ㄱ. 전체 가구의 50%가 아니라 중위 소득의 50%에 미치지 못하는 가구가 지원 대상이 됩니다. ㄴ. 교육 급여를 받는 가구 중 소득이 중위 소득의 45%에 미치지 못하는 가구는 주거 급여를, 중위 소득의 40%에 미치지 못하는 가구는 의료 급여의 지급 대상이 됩니다.

284 사회 보장 제도   정답 ④

문제 분석 B는 빈곤층의 최저 생활 보장을 목적으로 한다는 점에서 공공 부조, A는 사회 보험입니다.

정답 찾기 ㄴ. 사회 보험과 공공 부조 모두 사회 서비스와 달리 금전적 지원을 원칙으로 합니다. ㄹ. 사회 보험은 능력 정도에 따라 비용을 부담하고, 공공 부조는 재정으로 전액 비용을 부담합니다. 수혜 정도에 따른 비용 부담은 사회 보험과 공공 부조 모두에 해당하지 않습니다.

오답 피하기 ㄱ. 소득 재분배 효과는 사회 보험과 공공 부조에 모두 나타나는 특징으로 (나)에 적절합니다. ㄷ. 상호 부조의 성격은 사회 보험의 특징으로 (가)에 적절합니다.

285 사회 보장 제도   정답 ②

문제 분석 (가)에서 '예'를 응답한 이후 B와 C로 구분되기 때문에, (가)에는 두 가지 사회 보장 제도에 공통적으로 해당하는 질문만이 들어갈 수 있습니다.

정답 찾기 ㄱ. 비금전적 지원을 원칙으로 하는 사회 보장 제도는 사회 서비스 하나입니다. 따라서 이 질문을 (가)에 들어갈 수 없습니다. ㄷ. 의무 가입을 원칙으로 하는 사회 보장 제도는 사회 보험입니다.

오답 피하기 ㄴ. 소득 재분배 효과는 정도의 차이가 있을 뿐이지 사회 보험, 공공 부조, 사회 서비스 모두에서 나타납니다. 따라서 소득 재분배 효과는 '예' 또는 '아니요'로 구분될 수 없습니다. ㄹ. 민간 부문의 참여가 가능한 가능한 사회 보장 제도는 사회 서비스 하나입니다. 따라서 이 질문은 (가)에 들어갈 수 없습니다.

286 사회 보장 제도   정답 ③

문제 분석 국민 건강 보험의 적용으로 암질환 치료 관련하여 병원비 부담이 크게 감소한 사례입니다.

정답 찾기 ③ 국민 건강 보험은 전 국민을 대상으로 하는 사회 보험에 해당하며, 이를 통해 국민들의 의료비 부담이 크게 줄었음을 알 수 있습니다.

오답 피하기 ① 공공 부조가 아니라 사회 보험으로 의료비 지원을 받았습니다. ② 건강 보험의 비용은 보험 가입자가 납부하는 보험료로 충원됩니다. 전액 재정으로 충원되는 경우는 공공 부조입니다. ④ 사회 복지의 부작용이나 제시된 내용과 관련 없습니다. ⑤ 건강 보험은 사전 예방적 성

격이 강한 사회 보장 제도입니다.

287 소득 재분배 효과 　　　　　정답 ③
문제 분석 가구 소득은 시장 소득과 사회 보장 혜택으로 구성되어 있으며, 소득이 낮은 가구의 경우 시장 소득보다 사회 보장 혜택의 규모가 더 크게 나타나고 있습니다.
정답 찾기 ㄴ. 시장 소득 대비 사회 보장 혜택은 1분위의 경우 400/50, 10분위의 경우 50/5,000으로, 1분위 가구에서 높게 나타나고 있습니다. ㄷ. 저소득 가구의 경우 기초 생활 보장 급여가 많은 반면, 소득세의 경우 고소득 가구가 많습니다. 즉, 소득 재분배 효과가 나타나고 있습니다.
오답 피하기 ㄱ. 사회 보장 혜택 중 기초 생활 보장 급여는 공공 부조에 해당합니다. ㄹ. 총소득에서 시장 소득이 차지하는 비율은 1분위 50/450, 10분위 5,000/5,050으로 분위가 높을수록 높게 나타나고 있습니다.

288 사회 보장 제도 　　　　　정답 ⑤
문제 분석 (가)는 최저 생계비 미만인 가구는 모두 사회 보장 제도의 대상인 반면, (나)는 중위 소득의 수준에 따라 사회 보장 제도의 지원 항목이 달라지고 있습니다.
정답 찾기 ㄷ. 최저 생계비가 중위 소득 50% 금액보다 클 경우 제도 운영 방안 변경으로 인해 지원 기준선이 낮아지게 되며, 이로 인해 지원 가구의 수가 감소하게 됩니다. ㄹ. 예를 들어 최저 생계비가 중위 소득 50% 금액과 같을 경우 중위 소득 40~50%에 해당하는 가구의 경우 예전에는 주거 급여를 받았으나 제도 변경으로 주거 급여 대상자에서 제외되며, 이로 인해 급여가 감소하게 됩니다.
오답 피하기 ㄱ. (나)는 중위 소득을 기준으로 한다는 점에서 상대적 빈곤에 근거하고 있습니다. ㄴ. 복지병은 지나친 복지에 따른 부작용으로 (나)로 제도가 변경된다고 복지병의 확대가 초래된다고 볼 근거는 없습니다.

289 사회 보장 제도 　　　　　정답 ③
문제 분석 A는 노인 장기 요양 보험 제도로 사회 보험에 속하며, B는 기초 연금 제도로 공공 부조에 해당합니다.
정답 찾기 ③ 소득 재분배 효과는 사회 보험에 비해 공공 부조가 큽니다.
오답 피하기 ① 빈곤층을 대상으로 하는 사회 보장 제도는 공공 부조입니다. ② 공공 부조는 소요 비용 전액을 국가 재정으로 부담합니다. ④ 사전 예방적 성격이 강한 것은 사회 보험입니다. ⑤ 사회 보험은 수혜자가 능력에 따라 비용을 부담합니다.

290 사회 보장 제도 　　　　　정답 ④
문제 분석 갑은 국민연금 및 국민 건강 보험에 가입되어 있는 반면, 을은 국민 기초 생활 보장 제도, 즉 공공 부조의 수혜를 받고 있습니다.
정답 찾기 ④ 을은 국민 기초 생활 보장 제도의 수혜를 받고 있으며, 국민 건강 보험에 보험료를 납입하고 있지 않다. 따라서 병원 진료를 받을 시 건강 보험의 지원을 받을 것이라 보기 어렵습니다.
오답 피하기 ① 갑이 가입한 국민연금과 국민 건강 보험은 사회 보험에 해당합니다. ② 사회 보험은 사전 예방적 성격이 강합니다. ③ 을의 수급하고 있는 기초 연금은 공공 부조에 해당합니다. ⑤ 기초 연금 및 국민 기초 생활 보장 제도 모두 공공 부조에 해당합니다.

291 사회 보장 제도 　　　　　정답 ③
문제 분석 A는 강제 가입을 원칙으로 한다는 점에서 사회 보험, C는 비금전적 지원을 원칙으로 한다는 점에서 사회 서비스, B는 공공 부조입니다.
정답 찾기 ③ 공공 부조는 원칙적으로 제도 운영에 소요되는 비용을 정부

가 재정으로 전액 부담합니다. 이와 달리 사회 보험은 수혜자가 능력에 따라 비용을 부담합니다.
오답 피하기 ① 공공 부조는 빈곤자의 자립과 자활을 지원을 목적으로 합니다. ② 수혜 정도와 상관없이 능력에 따라 비용을 부담하는 것은 사회 보험만의 특징입니다. ④ 공공 부조는 사후 처방적인 성격이 강합니다. ⑤ 상호 부조의 성격이 강한 것은 사회 보험의 특징입니다.

292 사회 보장 제도 　　　　　정답 ②
문제 분석 고용 보험과 건강 보험은 사회 보험에 해당하며, 의료 급여와 기초 연금은 공공 부조에 해당합니다. (가)는 사회 보험, (나)는 공공 부조입니다.
정답 찾기 ㄱ. 소득 재분배 효과는 사회 보험에 비해 공공 부조에서 더 크게 나타납니다. ㄷ. 사회 보험과 달리 공공 부조는 국가의 재정으로 소요 비용을 충당합니다.
오답 피하기 ㄴ. 사회 보험은 사전 예방적 성격이, 공공 부조는 사후 처방적 성격이 강합니다. ㄹ. 국민 기초 생활 보장 제도는 공공 부조, 국민 연금은 사회 보험에 해당합니다.

293 사회 보장 제도 　　　　　정답 ⑤
문제 분석 (가)는 국민 기초 생활 보장 제도로 공공 부조, (나)는 국민 연금으로 사회 보험, (다)는 노인 장기 요양 보험 제도로 사회 보험에 해당합니다.
정답 찾기 ⑤ 수혜자 비용 부담의 원칙이 적용되지 않는 제도는 공공 부조입니다. (가)의 경우 여성 노인 중 수급자 비율은 7.0%, 남성 노인 중 수급자 비율은 4.6%로, 여성 노인의 수급자 비율이 더 높습니다.
오답 피하기 ① 상호 부조의 원리는 사회 보험에 적용됩니다. ② 사후 처방적 성격은 공공 부조에 해당합니다. ③ 사회 보험은 강제 가입의 원칙이 적용됩니다. 사회 보험에 해당하는 (나)와 (다) 중 (나)의 경우 남성 수급자의 비율이 여성 수급자 비율의 2배 이상이나, (다)의 경우 남성 수급자 비율에 비해 여성 수급자 비율이 더 높습니다. 따라서 2배 이상이라고 단정하기 어렵습니다. ④ 소득 재분배 효과는 (가)~(다)에서 모두 나타나며, (나) 및 (다)의 경우 수급자 비율이 10% 이상입니다.

294 사회 보장 제도 　　　　　정답 ①
문제 분석 ○○지역 65세 이상 남성의 수를 a, 여성의 수를 b라고 할 경우 $0.6a + 0.4b = 0.52(a+b)$이며, $0.08a = 0.12b$로 a가 b보다 큽니다.
정답 찾기 ㄱ, ㄴ. 남성의 수가 여성의 수보다 많기에 기초 연금의 수급자 수 또한 남성이 여성보다 많습니다.
오답 피하기 ㄷ. 상호 부조의 원리가 적용되는 제도는 사회 보험입니다. 사회 보험의 수급자 수는 65세 이상 인구의 과반이나, 전체 인구 중 가입자 수는 제시된 자료에서 알 수 없습니다. ㄹ. 수급자 비율은 국민연금이 기초 연금보다 높습니다. 즉, 사회 보험에 해당하는 제도의 수급자 비율이 공공 부조에 해당하는 제도의 수급자 비율보다 더 높습니다.

295 사회 보장 제도 　　　　　정답 ③
문제 분석 최저 생계비가 1,200달러이며, 최저 생계비가 중위 소득의 40%와 같기에 중위 소득은 3,000달러입니다.
정답 찾기 ③ 의료 급여의 지급 기준은 중위 소득 40%, 월 소득 인정액이 1,200달러 이하입니다. 따라서 월 소득 인정액이 1,000달러인 가구는 의료 급여를 받을 수 있습니다.
오답 피하기 ① (가), (나) 모두 일정 소득 이하 가구를 대상으로 한다는 점에서 선별적 복지의 성격이 강합니다. ② 교육 급여를 받을 수 있는 기준은 중위 소득 50%(1,500달러) 이하입니다. ④ (나)는 중위 소득을 기준

으로 지원 대상을 선정한다는 점에서 상대적 생활 수준을 반영하고 있습니다. ⑤ 월 소득 인정액 900달러는 중위 소득의 30%에 해당합니다. 따라서 중위 소득의 28% 이하가 지원 대상인 생계 급여는 받지 못합니다.

296 사회 보장 제도   정답 ③

🔍 **눈으로 보는 해설**

다음 자료에 대한 옳은 분석만을 〈보기〉에서 있는 대로 고른 것은? [3점]

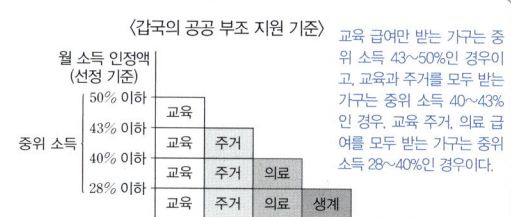

〈갑국의 공공 부조 지원 기준〉

월 소득 인정액
(선정 기준)

교육 급여만 받는 가구는 중위 소득 43~50%인 경우이고, 교육과 주거를 모두 받는 가구는 중위 소득 40~43%인 경우, 교육, 주거, 의료 급여를 모두 받는 가구는 중위 소득 28~40%인 경우이다.

지원 급여 종류

* 중위 소득 : 전체 가구를 소득 순으로 일렬로 배열하였을 때 한가운데에 위치한 가구의 소득

〈갑국의 공공 부조 지원 대상 가구 현황〉

전체 가구 수 변화율에 유의해야 한다.   (단위 : %)

구분	2000년	2005년	2010년	2015년
전체 가구 수 변화율	0	10	-10	0
중위 소득 50% 이하 가구 비율	35	35	35	35
중위 소득 43% 이하 가구 비율	27	28	29	30
중위 소득 40% 이하 가구 비율	15	15	15	15
중위 소득 28% 이하 가구 비율	5	5	5	5

* 갑국은 1995년부터 5년 단위로 공공 부조 지원 가구를 조사함

$$**\text{전체 가구 수 변화율} = \frac{\text{당해 조사 연도의 전체 가구 수} - \text{직전 조사 연도의 전체 가구 수}}{\text{직전 조사 연도의 전체 가구 수}} \times 100}$$

〈보기〉

ㄱ. 전체 가구 중 교육 급여 한 가지만 지원받는 가구 비율은 2010년과 2015년이 같다.   5%(35-30)   중위 소득 43% 초과 - 50% 이하   6%(35-29)

ㄴ. 교육, 주거 급여 두 가지만 지원받는 가구 수는 2000년이 2015년보다 적다.   중위 소득 40% 초과 - 43% 이하   12   14.85

ㄷ. 전체 가구 중 교육, 주거, 의료, 생계 급여 모두를 지원받는 가구 비율은 2000년이 2010년보다 낮다.   중위 소득 28% 이하   11   5%   5%

ㄹ. 2005년 교육, 주거, 의료 급여 세 가지만 지원받는 가구 수는 2015년 교육, 주거, 의료, 생계 급여 모두를 지원받는 가구 수의 2배 이상이다.   중위 소득 28% 초과 - 40% 이하   중위 소득 28% 이하   4.95

① ㄱ, ㄷ   ② ㄴ, ㄷ   ③ ㄴ, ㄹ
④ ㄱ, ㄴ, ㄹ   ⑤ ㄱ, ㄷ, ㄹ

문제 분석 2000년 전체 가구의 수를 100이라고 가정할 경우, 2005년은 110, 2010년은 99, 2015년은 99가 됩니다.

정답 찾기 ㄴ. 교육, 주거 두 가지만 지원받는 가구는 가구 소득이 중위 소득 40% 초과 43% 이하인 가구로, 2000년에는 전체 가구의 12%이고 2015년에는 전체 가구의 15%입니다. 교육, 주거 두 가지만 지원받는 가구의 수는 2000년에는 12%×100, 2015년에는 15%×99이므로, 교육과 주거 급여 두 가지만 지원받는 가구 수는 2000년이 2015년보다 적습니다. ㄹ. 2005년 교육, 주거, 의료 급여 세 가지만 지원받는 가구는 중위 소득 28% 초과 40% 이하인 가구로 전체 가구의 10%입니다. 2015년 교육, 주거, 의료, 생계 급여 모두를 지원받는 가구는 중위 소득 28% 이하인 가구로 전체 가구의 5%입니다. 2005년이 2015년의 가구 수보다 많으

므로, 2005년 교육, 주거, 의료 급여 세 가지만 지원받는 가구의 수는 2015년 교육, 주거, 의료, 생계 급여 모두를 지원받는 가구 수의 2배 이상입니다.

오답 피하기 ㄱ. 교육 급여 한 가지만 지원받는 가구는 가구는 중위 소득 43% 초과 50% 이하인 가구입니다. 2010년에는 전체 가구 중 6%, 2015년에는 전체 가구 중 5%의 가구가 교육 급여 한 가지만 지원받습니다. ㄷ. 전체 가구 중 교육, 주거, 의료, 생계 급여 모두를 지원받는 가구 비율은 모든 연도에서 5%입니다.

💣 **함정 피하기**

ㄱ. 교육 급여 한 가지만 지원받는 가구 비율은 중위 소득 43~50%인 경우로 2010년에는 6%, 2015년에는 5%이다. 즉 중위 소득 50% 이하 가구 비율에서 43% 이하 가구 비율을 제해야 하나, 중위 소득 50% 이하 가구 비율로 착각할 경우 2010년과 2015년이 모두 35%이기에 정답으로 착각할 수 있다. 제시된 자료를 정확히 이해할 수 있어야 한다.

297 사회 보장 제도   정답 ⑤

🔍 **눈으로 보는 해설**

다음 자료에 대한 옳은 분석만을 〈보기〉에서 있는 대로 고른 것은? (단, (가)~(다)는 각각 사회 보험, 공공 부조, 사회 서비스 중 하나이다.)

〈자료 1〉 우리나라 사회 보장 제도의 사례

구분	사례
(가) 사회 서비스	소득, 건강, 주거, 사회적 접촉 등의 수준을 평가하여 선정된 65세 이상의 독거 노인에게 정기적인 안전 확인 및 정서적 지원, 보건 서비스 연계·조정, 생활 교육 지원 등을 하는 제도
(나) 사회 보험	사용자, 근로자 또는 자영업자 등이 공동으로 마련한 재원으로 노령에 따른 근로 소득 상실을 보전하기 위한 급여를 지급하는 제도
(다) 공공 부조	국가와 지방 자치 단체의 재정으로 65세 이상 노인 중 소득이 일정한 수준 이하인 사람에게 생활 안정에 필요한 연금을 지급하는 제도

〈자료 2〉 A 지역의 65세 이상 인구 중 (가)~(다)의 수혜자 현황

(단위 : %)

구분		2014년			2015년		
제도	(가)	(나)	(다)	(가)	(나)	(다)
수혜자 비율	12	40	60	12	40	60
수혜자 중 남녀 비율	남 여	남 여	남 여	남 여	남 여	남 여
	30 70	58 42	36 64	40 60	55 45	30 70

* 2014년 A 지역의 65세 이상 인구는 10,000명임
** 2015년 A 지역의 65세 이상 인구 증가율은 -5%임
*** 65세 이상 인구 증가율(%) = $\frac{\text{당해 연도 65세 이상 인구} - \text{전년도 65세 이상 인구}}{\text{전년도 65세 이상 인구}} \times 100$

〈보기〉

ㄱ. 2014년에 소득 재분배 효과가 가장 큰 제도의 수혜자 수는 비금전적 지원이 원칙인 제도의 수혜자 수의 1.5배이다.   공공 부조(60%)   사회 서비스(12%)   5배

ㄴ. 2015년에 수혜 정도와 무관하게 능력에 따른 비용 부담이 원칙인 제도의 남자 수혜자 수는 여자 수혜자 수보다 많다.   사회 보험   55%   45%

ㄷ. 2015년에 상호 부조의 원리에 기반을 둔 제도의 여자 수혜자 수와 최저 생활 보장을 목적으로 하는 제도의 남자 수혜자 수는 동일하다.   1710명   사회 보험

ㄹ. 강제 가입이 원칙인 제도의 여자 수혜자 수는 2014년보다 2015년이 많다.   사회 보험   1680명   1710명

① ㄱ, ㄴ   ② ㄱ, ㄹ   ③ ㄴ, ㄷ
④ ㄱ, ㄷ, ㄹ   ⑤ ㄴ, ㄷ, ㄹ

문제 분석 (가)는 다양한 서비스를 제공한다는 점에서 사회 서비스, (나)는 공동으로 마련한 재원으로 급여를 지급한다는 점에서 사회 보험, (다)는 소득 수준 일정 이하를 대상으로 한다는 점에서 공공 부조입니다.

정답 찾기 ㄴ. 수혜 정도와 무관하게 능력에 따른 비용 부담이 원칙인 제도는 사회 보험입니다. 2015년 사회 보험의 수혜자 중 남자의 비율은 55%, 여자의 비율은 45%로 남자 수혜자 수가 더 많습니다. ㄷ. 상호 부조에 기반을 둔 제도는 사회 보험이고, 최저 생활 보장을 목적으로 하는 제도는 공공 부조입니다. 사회 보험의 수혜자 비율은 2015년 65세 이상 인구 중 40%이고 그중 여자의 비율은 45%입니다. 공공 부조의 수혜자 비율은 65세 이상 인구 중 60%이고 그중 남자의 비율은 30%입니다. 따라서 그 수는 동일합니다. ㄹ. 강제 가입이 원칙인 제도는 사회 보험입니다. 2014년 사회 보험의 여자 수혜자 수는 10,000명×40%×42%이고, 2015년 사회 보험의 여자 수혜자 수는 9,500명×40%×45%로 2015년이 더 많습니다.

오답 피하기 ㄱ. 소득 재분배 효과가 가장 큰 제도는 공공 부조이고, 비금전적 지원이 원칙인 제도는 사회 서비스입니다. 공공 부조의 수혜자 비율은 65세 이상 인구 중 60%, 사회 서비스의 수혜자 비율은 12%로 5배입니다.

> **함정 피하기**
> 표에서 '수혜자 비율'과 '수혜자 중 남녀 비율'의 의미를 정확히 이해하고 계산까지 할 수 있어야 정답을 찾을 수 있는 문항이다. '수혜자 비율'은 65세 이상 인구 중에서의 비율, '수혜자 중 남녀 비율'은 수혜를 받는 사람 중에서의 비율이라는 점을 구분할 수 있어야 한다.

298 사회 보장 제도   정답 ④

문제 분석 금전적 지원을 원칙으로 하지 않는 제도는 사회 서비스이며, 금전적 지원을 원칙으로 하는 제도 중 강제 가입의 원칙이 제공되는 제도는 사회 보험입니다. 따라서 A는 공공 부조, B는 사회 서비스, C는 사회 보험입니다.

정답 찾기 ④ 빈곤층을 대상으로 하는 공공 부조와 달리 전 국민을 대상으로 하는 사회 보험은 보편적 복지 이념을 추구합니다.

오답 피하기 ① 민간 부분이 참여할 수 있는 사회 보장 제도는 사회 서비스입니다. ② 상호 부조의 원리가 적용되는 사회 보장 제도는 사회 보험입니다. ③ 빈곤층의 최저 생활 보장을 목적으로 하는 사회 보장 제도는 공공 부조입니다. ⑤ 공공 부조는 전액 정부 재정으로 부담합니다.

299 사회 보장 제도   정답 ⑤

문제 분석 (가)는 최저 생활 보장을 목적으로 한다는 점에서 공공 부조, (나)는 소득 상실을 예방하기 위해 기금을 마련한다는 점에서 사회 보험에 해당합니다.

정답 찾기 ⑤ 강제 가입 원칙이 적용되는 사회 보장 제도는 사회 보험이고, 사후 처방적 성격이 강한 사회 보장 제도는 공공 부조입니다. A, C 지역의 전체 인구를 각각 1,000명이라 가정할 경우 (나) 수급자 수 대비 (가) 수급자 수의 비는 A 지역 28/42, C 지역 32/64로 A 지역이 더 높습니다.

오답 피하기 ① 상호 부조의 원리가 적용되는 제도는 사회 보험입니다. ② 선별적 복지의 성격이 강한 제도는 공공 부조입니다. (가)의 경우 B 지역의 수급자 비율이 가장 높지만, 각 지역별 인구가 제시되어 있지 않기에 B 지역의 수급자 수가 가장 많은지는 알 수 없습니다. ③ 소득 재분배 효과가 더 큰 제도는 공공 부조이며, (가)의 경우 수급자 비율이 가장 높은 지역이 6.0%입니다. ④ 수혜자 부담 원칙이 적용되지 않는 제도는 공공 부조입니다. 각 지역의 전체 인구가 제시되어 있지 않기에 지역별 수

급자 수는 비교할 수 없습니다.

300 사회 보장 제도   정답 ⑤

문제 분석 국민연금은 연금가입자 중 연금 지급이 결정된 자에게 연금이 지급된다는 점에서 (가)는 국민 연금이고, (나)는 기초 연금입니다. 기초 연금은 공공 부조로 가입자의 개념이 없습니다.

정답 찾기 ⑤ 국민연금은 사회 보험, 기초 연금은 공공 부조에 해당합니다. 공공 부조와 달리 사회 보험은 강제 가입을 원칙으로 합니다.

오답 피하기 ① A에는 '고령인 자 중 일정 소득 이하인 자'가 적절합니다. ② 국민연금의 비용은 능력 정도에 따라 부담합니다. ③ 기초 연금은 공공 부조로 전액 정부 재정으로 부담합니다. ④ (가)는 사회 보험, (나)는 공공 부조에 해당합니다.

301 생산적 복지   정답 ④

고난도 평가원 기출				
①	②	③	❹	⑤ 함정
4%	6%	10%	**54%**	27%

🔍 **눈으로 보는 해설**

다음 자료에 대한 옳은 분석 및 추론만을 〈보기〉에서 있는 대로 고른 것은?

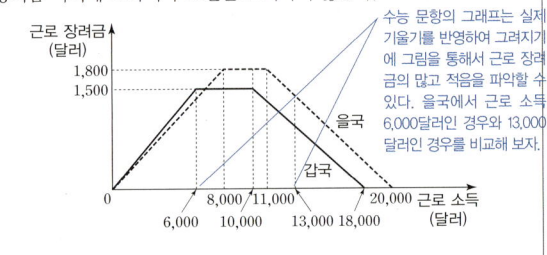

그림은 갑국과 을국의 저소득층 단독 가구가 근로 소득에 따라 받을 수 있는 근로 장려금 지급 체계를 보여 준다. 단, 근로 소득과 근로 장려금 이외에 소득이나 조건은 고려하지 않는다.

수능 문항의 그래프는 실제 기울기를 반영하여 그려지기에 그림을 통해서 근로 장려금의 많고 적음을 파악할 수 있다. 을국에서 근로 소득 6,000달러인 경우와 13,000달러인 경우를 비교해 보자.

〈보기〉
ㄱ. 을국은 근로 소득이 6,000달러인 경우보다 13,000달러인 경우가 근로 장려금 지급액이 많다. → 근로 장려금 1350달러 / 근로 장려금 1400달러
ㄴ. 근로 소득이 7,000달러인 경우, 근로 장려금 지급액은 갑국과 을국이 같다. → 1500달러
ㄷ. 갑국과 을국 모두 근로 의욕을 높이려는 생산적 복지 이념을 반영하고 있다. → 1675달러
ㄹ. 갑국과 을국 모두 근로 장려금 지급에 따른 소득 재분배 효과가 발생한다. → 저소득층에 소득 증대 효과

① ㄱ, ㄴ   ② ㄱ, ㄷ   ③ ㄴ, ㄹ
④ ㄱ, ㄷ, ㄹ   ⑤ ㄴ, ㄷ, ㄹ

문제 분석 근로 장려금은 근로 소득에 따라 지급받게 되며, 일정 범위까지는 근로 장려금이 증가하나, 일정 범위 이후부터는 근로 장려금이 감소하고 있습니다.

정답 찾기 ㄱ. 근로 소득이 6,000달러인 경우의 근로 장려금과 근로 소득이 13,000달러인 경우의 근로 장려금을 비교하면 13,000달러인 경우의 근로 장려금이 더 많습니다. 직선의 기울기를 구하여 근로 장려금을 계산하면 소득이 6,000달러인 경우 1,350달러, 소득이 13,000달러인 경우 1,400달러입니다. ㄷ. 근로 장려금 제도는 근로 의욕을 장려한다는 점에서 생산적 복지에 해당합니다. ㄹ. 근로 장려금은 저소득 가구의 소득이 증대된다는 점에서 소득 재분배 효과가 발생합니다.

오답 피하기 ㄴ. 근로 소득이 7,000달러인 경우 갑국의 근로 장려금은 1,500달러이지만, 을국의 경우 1,575달러입니다.

> 💣 **함정 피하기**
>
> 수능 문항의 그래프는 실제 기울기를 반영하기에 눈썰미를 가지고 정답을 찾을 수 있는 문항이기도 하나, 〈보기〉 ㄴ의 경우 거의 비슷해 보이기에 수식 계산을 통해 값을 찾아야 하는 문제이다. 제시된 자료를 통해 기울기를 도출하여 각각 소득에서의 근로 장려금을 빠르게 계산할 수 있는 능력이 필요하다. 그래프 분석의 바탕은 수학이라는 점을 알려 주는 문항이다.

302 생산적 복지 　　　　　정답 ⑤

문제 분석 가구 선정 시 근로 활동으로 인한 소득 일부를 공제하고 있으며, 구직 참여를 지급 조건으로 제시하고 있습니다.

정답 찾기 ㄷ. 구직 참여를 조건으로 한다는 점에서 생산적 복지 이념을 반영하고 있습니다. ㄹ. 근로 소득의 일부를 공제하고, 구직 참여를 조건화한다는 점에서 근로 의욕을 장려하고 있습니다.

오답 피하기 ㄱ. 일정 소득 이하를 대상으로 한다는 점에서 선별적 복지에 해당합니다. ㄹ. 제시된 사회 보장 제도는 공공 부조에 해당하며, 공공 부조는 정부가 전액 비용을 부담합니다.

303 생산적 복지 　　　　　정답 ②

문제 분석 A의 도입 이후 일할 의사가 없는 경우 복지의 대상에서도 제외하고 있습니다. 즉, A는 근로 의욕과 경제 활동 참여를 장려하고 있습니다.

정답 찾기 ② 복지 수급자의 근로 의욕과 경제 활동 참여를 강조하는 것에서 복지 수급자의 자립을 중시함을 알 수 있습니다.

오답 피하기 ① 근로 의욕의 장려가 초래될 수 있습니다. ③ 일부 대상자를 복지 수급자에서 제외한다는 점에서 보편적 복지의 가치를 추구한다고 보기 어렵습니다. ④ 구성원의 자활 의지를 강화시키고 있습니다. ⑤ 과도한 사회 보장에 따른 문제를 해결하기 위한 방안입니다.

304 생산적 복지 　　　　　정답 ④

문제 분석 전통적 복지는 빈곤층만을 대상으로 한다는 점에서 선별적 복지의 성격을 띠는 반면, 현대적 복지는 국민 전체를 대상으로 한다는 점에서 보편적 복지의 성격을 띱니다.

정답 찾기 ㄴ. 제시문에 따르면 현대 사회의 복지는 국민 전체를 대상으로 한다는 점에서 보편적 복지의 개념을 바탕으로 합니다. ㄹ. 초기 자본주의 복지는 빈곤층을 대상으로 한다는 점에서 사후 처방적, 현대 사회의 복지는 빈곤의 예방을 목적으로 한다는 점에서 사전 예방적 성격을 띠고 있습니다.

오답 피하기 ㄱ. 현대 복지 사회의 지나친 복지로 인해 복지병이 초래되었으며 이에 대한 대안으로 생산적 복지가 등장하였습니다. ㄷ. 생산적 복지는 경제적 효율성 향상을 추구하고 있습니다.

305 근로 장려금 　　　　　정답 ②

문제 분석 근로 장려금 제도는 일을 하여 소득이 있을 경우 거기에 대해 장려금을 지급하는 제도로 경제 활동 참여를 장려합니다.

정답 찾기 ㄱ. 근로 소득이 2,500만 원에 미치지 못하는 경우는 장려금을 받을 수 있습니다. 즉, 저소득 가구의 경제 활동 참여를 장려하는 제도입니다. ㄷ. 근로 소득이 2,500만 원을 초과할 경우 근로 장려금이 0원으로 지급되지 않습니다.

오답 피하기 ㄴ. 근로 소득이 없을 경우 근로 장려금이 지급되지 않습니다. 즉, 일을 해서 소득이 있어야지만 근로 장려금을 받을 수 있습니다.

ㄹ. 근로 소득이 1300만 원을 초과하더라도 수령하는 근로 장려금이 있기에 가구 전체 소득은 증가합니다.

306 생산적 복지 　　　　　정답 ⑤

문제 분석 제시문에 따르면 구직 활동을 하거나 직업 훈련에 참여하는 경우 등에 한하여 실업 급여가 지급되고 있습니다. 즉, 근로 능력이 있는 사람의 근로 의욕과 경제 활동 참여를 장려하고 있으며, 이는 생산적 복지의 성격에 부합합니다.

정답 찾기 ㄷ. 구직 활동을 하는 경우에 한하여 급여를 지급함으로써 근로 의욕 고취가 가능합니다. ㄹ. 생산적 복지의 성격을 띠고 있다는 점에서 과도한 복지에 따른 부작용 예방이 기대됩니다.

오답 피하기 ㄱ. 일자리를 상실한 사람을 대상으로 한 복지라는 점에서 보편적 복지의 성격이 강하다고 보기 어렵습니다. ㄴ. 실업의 위험으로부터 국민을 보호하기 위한 복지라는 점에서 시혜적 성격으로 보기 어렵습니다.

307 생산적 복지 　　　　　정답 ⑤

문제 분석 연간 소득이 일정 이하인 가구를 대상으로 장려금을 지급한다는 점에서, 근로 능력이 있는 저소득 가구를 지원하는 제도임을 알 수 있으며, 이를 통해 생산적 복지에 해당함을 알 수 있습니다.

정답 찾기 ⑤ 과도한 사회 보장으로 인해 근로 의욕이 낮아지고 사회 전반의 생산성과 효율성이 떨어지는 부작용이 발생하였으며, 이에 대한 대안으로 생산적 복지가 등장하게 되었습니다.

오답 피하기 ① 소득이 있는 가구를 대상으로 한다는 점에서 근로 연계 복지의 성격을 띠고 있음을 알 수 있습니다. ② 근로 능력이 있는 사람의 경제 활동을 장려한다는 점에서 복지와 경제 성장을 함께 추구하고 있습니다. ③ 근로 능력이 없는 사람은 복지 대상에서 배제된다는 문제점이 있습니다. ④ 일을 하여 소득이 있을 경우 복지 대상이 된다는 점에서 근로 의욕 고취가 가능합니다.

V. 현대의 사회 변동

15강 사회 변동과 사회 운동

▸ 본문 149쪽

핵심 개념 CHECK!

01 ○	02 ○	03 ×	04 ○	05 ×	06 ×	07 ○	08 ○
09 ○	10 ×	11 ×	12 ○	13 ○	14 ○	15 ×	16 ×
17 ○	18 ×	19 ○	20 ○				

O|X 문장 바로 알기

01 순환론은 사회가 주기적으로 동일한 과정을 통해 변동한다고 본다.

02 진화론은 서구 제국주의 역사를 정당화하는 데 악용될 수 있다.

03 ~~순환론~~ (진화론)은 모든 사회가 일정한 방향으로 변화한다고 본다.

04 진화론은 서구 사회가 밟아 왔던 변동의 과정이 최선의 것이라고 본다.

05 ~~진화론~~ (순환론)은 사회 변동이 항상 발전을 의미하지는 않는다고 본다.

06 ~~기능론~~ (갈등론)은 급격한 사회 변동을 설명하기 용이한 관점이다.

07 기능론은 사회가 안정과 균형을 되찾아가는 과정을 사회 변동으로 본다.

08 갈등론은 점진적 사회 변동을 설명하기에는 적절하지 않은 관점이다.

09 갈등론은 사회 질서 이면의 모순과 갈등에 집중한다.

10 ~~기능론~~ (순환론)은 운명론적 관점으로 사회 변동을 바라본다.

11 ~~진화론~~ (갈등론)은 대립과 갈등이라는 속성으로만 사회 변동을 설명한다.

12 순환론은 사회 변동 방향을 예측하기 어려워 역동적 대응이 곤란하다.

13 진화론은 사회 변동 과정에서 나타나는 사회의 멸망을 설명하기 어렵다.

14 진화론은 서구 중심적 사고라는 비판을 받는다.

15 ~~기능론~~ (순환론)은 사회 변동 과정에서 문명이 퇴보할 수 있다고 본다.

16 ~~갈등론~~ (진화론)은 사회 변동을 바람직한 방향으로의 변화인 사회 발전으로 인식한다.

17 순환론은 사회 구조 자체의 변동 원인에 대한 설명이 어렵다.

18 ~~순환론~~ (진화론)은 사회가 단순한 상태에서 복잡하고 분화된 상태로 변동한다고 본다.

19 진화론은 모든 발전은 곧 서구화임을 전제하고 있다.

20 순환론은 사회 변동이 일정한 양상을 반복하며 나타난다고 본다.

기출+예상 문제로 주제 정복하기

▸ 본문 151~153쪽

308 ③	309 ⑤	310 ⑤	311 ③	312 ③	313 ①
314 ⑤	315 ③	316 ③	317 ⑤	318 ⑤	

308 진화론, 순환론   정답 ③

문제 분석 (가)는 문명이 단순한 것에서 복잡한 것으로 발전한다고 본다는 점에서 진화론, (나)는 문명의 나아가는 방향이 순환된다고 본다는 점에서 순환론에 해당합니다.

정답 찾기 ㄴ. 진화론은 사회가 단선적으로 진보한다고만 보는 반면, 순환론은 사회가 성장과 쇠퇴의 과정을 반복한다고 봅니다. ㄷ. 진화론은 서구 사회를 진화된 사회로 전제하고 있으며, 서구화라는 일정한 단계를 통해 사회가 성장·발전할 수 있다고 봅니다.

오답 피하기 ㄱ. 사회 변동을 성장─쇠퇴 과정의 반복으로 바라보는 관점은 순환론입니다. ㄹ. 순환론은 현 사회가 순환 과정 중 어디에 위치하는지 설명하기 어려우며, 이로 인해 앞으로의 예측 및 대응이 어렵다는 한계를 지닙니다.

309 진화론, 순환론   정답 ⑤

문제 분석 A는 진보와 발전을 거쳐 이상향에 도달할 것으로 본다는 점에서 진화론, B는 발전과 진보의 과정이 반복적으로 나타난다고 본다는 점에서 순환론에 해당합니다.

정답 찾기 ㄷ. 순환론은 현 사회가 순환 과정 중 어디에 위치하는지 설명하지 못하기에 미래에 대한 예측이 어렵습니다. ㄹ. 진화론은 서구 사회가 진보된 사회로 보고 있으며, 이로 인해 서구 제국주의를 정당화한다는 비판을 받습니다.

오답 피하기 ㄱ. 순환론은 모든 사회가 결국 쇠퇴한다고 전제한다는 점에서 운명론적 관점이라는 비판을 받습니다. ㄴ. 사회 변동을 대립과 갈등의 속성으로 바라보는 관점은 갈등론입니다.

310 기능론, 갈등론   정답 ⑤

문제 분석 갑의 관점은 균형의 회복 과정을 사회 변동으로 본다는 점에서 기능론, 을의 관점은 지배 집단과 피지배 집단 간의 갈등 과정에서 사회 변동이 초래된다고 본다는 점에서 갈등론에 해당합니다.

정답 찾기 ⑤ 기능론은 점진적 사회 변동을 설명하기 용이한 반면, 갈등론은 급격한 사회 변동을 설명하기 용이합니다.

오답 피하기 ① 서구 중심적이라는 비판을 받는 관점은 진화론입니다. ② 역사 속 사회 변동을 설명하기 용이한 관점은 순환론입니다. ③ 기능론은 안정을 중시한다는 점에서 보수적 성향이라는 평가를 받습니다. ④ 균형을 강조하는 기능론은 사회 문제를 병리적 현상으로 보며, 사회 문제의 해결 과정에서 사회 변동이 나타난다고 봅니다.

311 진화론, 순환론   정답 ③

문제 분석 A는 사회가 변동을 통해 더 나은 상태로 발전한다고 보는 점에서 진화론, B는 성장기와 쇠퇴기를 반복한다고 보는 점에서 순환론에 해당합니다.

정답 찾기 ㄴ. 진화론은 사회 변동으 발전과 진보라는 한 가지 방향으로만 나타난다고 봅니다. ㄷ. 진화론은 사회가 항상 진보 발전한다고 보기에 사회 변동의 방향에 대한 예측이 용이합니다.

오답 피하기 ㄱ. 진자 운동은 반복하는 과정이기에 순환론에 부합하며, 사회가 복잡해지는 단계로 성장한다고 보는 관점은 진화론에 부합합니다. ㄹ. 순환론은 지난 역사 속에 나타난 여러 사회의 흥망성쇠를 설명하기 용이합니다.

312 순환론 정답 ③

문제 분석 순환론은 현 사회가 순환 과정 중 어디에 위치하는지 설명하지 못하기에, 앞으로의 사회 변동의 방향 또한 예측하지 못한다는 한계를 지닙니다. 제시문의 이 관점은 순환론입니다.

정답 찾기 ③ 순환론은 모든 사회가 결국 소멸하게 된다고 본다는 점에서 운명론적 관점이라는 평을 받습니다.

오답 피하기 ① 서구 중심주의적 사고를 전제로 함은 진화론에 해당합니다. ② 진화론은 사회가 진보와 발전이라는 방향으로 변동한다고 봅니다. ④ 갈등론은 지배 계급과 피지배 계급 간의 갈등과 대립 과정에서 사회 변동이 나타난다고 봅니다. ⑤ 진화론은 사회 변동이 단선적으로 나타난다고 보며, 이로 인해 다양한 경로의 사회 변동을 설명하지 못합니다.

313 진화론, 순환론 정답 ①

문제 분석 (가), (나)의 질문에 따라 A, B에 해당하는 관점이 달라질 수 있으며, (다)와 (라)는 A, B가 무슨 관점인지와 관계없이 적절한 질문을 찾을 수 있습니다.

정답 찾기 ㄱ. 서구 제국주의를 정당화한다는 비판을 받는 관점은 진화론입니다. 순환론은 성장과 쇠퇴의 과정을 설명하기에 적합합니다. ㄴ. 순환론은 사회 구조 자체가 어떠한 이유로 어떻게 변해 왔는지에 대해서는 설명하지 못합니다. 진화론은 모든 사회의 변동이 단선적 진보의 형태로 나타난다고 봅니다.

오답 피하기 ㄷ. 진화론은 사회가 진보와 발전이라는 일정한 형태로 변동한다고 봅니다. ㄹ. 진화론은 서구 사회를 진보된 사회로 전제한다는 점에서 서구 중심주의적 사고를 바탕으로 하고 있습니다.

314 진화론, 순환론 정답 ⑤

문제 분석 진화론은 사회 변동이 발전, 진보라는 일정한 방향으로 나타난다고 봅니다. 따라서 A는 진화론, B는 순환론입니다.

정답 찾기 ㄷ. 진화론은 사회가 유기체의 진화와 같이 단순한 것에서 복잡한 것으로 발전한다고 봅니다. ㄹ. 순환론은 인류의 역사를 단선적 진보라고 보는 진화론적 관념을 부정하고 사회 변동을 성장과 쇠퇴의 반복으로 이해합니다.

오답 피하기 ㄱ. 진화론은 서구 중심주의적 사고를 전제를 한다는 점에서 자문화 중심주의에 기초합니다. ㄴ. 진화론은 사회가 야만, 미개, 문명과 같이 일정한 단계를 거쳐 발전한다고 봅니다.

315 기능론, 갈등론 정답 ③

문제 분석 사회를 지배 계급과 피지배 계급 간의 갈등의 장으로 바라보고 있다는 점에서 글쓴이의 관점은 갈등론에 해당합니다.

정답 찾기 ③ 갈등론은 지배 계급과 피지배 계급 간의 갈등과 대립 과정에서 사회 변동이 나타난다고 봅니다.

오답 피하기 ① 기능론은 안정을 중시한다는 점에서 지배 계급의 입장을 대변한다는 비판을 받습니다. ② 일시적 불균형의 회복을 사회 변동으로 바라보는 기능론은 급격한 사회 변동을 설명하기 어렵습니다. ④ 미시적 관점에 해당하는 상징적 상호 작용론은 인간의 역동성과 자율성을 중시한다는 평가를 받습니다. ⑤ 기능론은 일시적 불균형의 회복 과정을 사회 변동으로 봅니다.

316 진화론, 순환론 정답 ③

문제 분석 (가)는 사회 집단 간 결합이 강화되는 방향으로 사회가 변화한다고 본다는 점에서 진화론, (나)는 성장과 쇠퇴가 지속적으로 되풀이된다고 본다는 점에서 순환론에 해당합니다.

정답 찾기 ③ 진화론은 모든 사회가 성장·발전이라는 한 가지 방향으로 변화한다고 보고 있습니다.

오답 피하기 ① 순환론은 사회가 성장−쇠퇴의 과정을 주기적으로 반복하며 변화한다고 봅니다. ② 진화론은 서구를 진화된 사회로 전제하고 있으며, 이로 인해 서구 제국주의를 정당화한다는 비판을 받기도 합니다. ④ 진화론과 순환론 모두 선진국과 후진국 간의 불평등한 관계에 대해서는 주목하지 않습니다. ⑤ 진화론은 서구 사회를 진화된 사회로 전제하고 있기에 서구화를 바람직한 사회 변동 과정으로 바라봅니다.

317 진화론, 순환론 정답 ⑤

문제 분석 A는 생성과 몰락의 과정이 반복을 중시한다는 점에서 순환론이고, 따라서 B는 진화론이 됩니다.

정답 찾기 ㄷ. 진화론은 사회가 성장·발전이라는 일정한 방향으로 변화한다고 봅니다. ㄹ. 진화론은 서구 사회를 진화된 사회로 전제하고 있으며, 이로 인해 서구 중심적 사고라는 비판을 받습니다.

오답 피하기 ㄱ. 진화론은 사회 변동을 발전·진보로만 인식하며, 이로 인해 사회 변동을 긍정적 현상으로 바라봅니다. ㄴ. 순환론은 현 사회가 순환 과정 중 어디에 위치하는지 설명하지 못하며, 이로 인해 앞으로 어떻게 변화할지 또한 예측하지 못합니다. 따라서 미래 사회에 대한 대응 또한 어렵습니다.

318 진화론, 순환론 정답 ⑤

문제 분석 (가)의 관점은 순환론, (나)의 관점은 진화론에 해당합니다.

정답 찾기 ⑤ 순환론과 달리 진화론은 사회 변동 과정에서 나타나고 있는 여러 사회의 멸망에 대해 설명하기 어렵다는 한계를 가집니다.

오답 피하기 ① 순환론은 모든 사회는 결국 쇠퇴한다고 바라본다는 점에서 운명론적 관점이라는 한계를 가집니다. ② 갈등론은 대립과 갈등이라는 속성으로만 사회 변동을 바라본다는 점에서 비판을 받습니다. ③ 기능론은 사회 변동을 질서와 안정이라는 측면에서만 바라본다는 점에서 비판을 받습니다. ④ 순환론은 현 시점이 순환 과정 중 어디에 위치하는지 알 수 없다는 점에서 미래에 대한 예측 및 대응이 곤란하다는 한계를 가집니다.

16강 현대 사회의 변화와 전 지구적 수준의 문제

핵심 개념 CHECK! ▶본문 155쪽

01 ○	02 ○	03 ○	04 ○	05 ×	06 ×	07 ○	08 ×
09 ○	10 ○	11 ○	12 ×	13 ○	14 ×	15 ×	16 ×
17 ○	18 ○	19 ×	20 ○				

O|X 문장 바로 알기

01 농업 사회는 산업 사회에 비해 직업의 동질성이 높다.

02 정보 사회는 산업 사회에 비해 구성원 간 익명성의 정도가 높다.

03 대면 접촉의 정도는 산업 사회가 정보 사회보다 높다.

04 가정과 일터의 결합 정도는 농업 사회가 가장 높다.

05 관료제 조직의 비중은 정보 사회가 산업 사회에 비해 ~~높다~~. 낮다.

06 다품종 소량 생산 비중은 산업 사회가 정보 사회에 비해 ~~높다~~. 낮다.

07 전자 상거래 비중은 산업 사회에 비해 정보 사회가 높다.

08 조직 내 의사 결정 권한의 분산 정도는 산업 사회가 정보 사회보다 ~~높다~~. 낮다.

09 업무 방식의 표준화 정도는 산업 사회가 정보 사회보다 높다.

10 정보 확산의 속도는 산업 사회에 비해 정보 사회가 빠르다.

11 구성원 간 익명성의 정도는 산업 사회가 농업 사회보다 높다.

12 사회적 관계의 공간적 범위는 산업 사회가 정보 사회보다 ~~넓다~~. 좁다.

13 정보 확산의 공간적 제약은 산업 사회가 정보 사회보다 크다.

14 양방향 소통 매체의 비중은 산업 사회가 정보 사회보다 ~~높다~~. 낮다.

15 전 지구적 수준의 문제를 해결하기 위해서는 ~~개별 국가 단위의 노력만이~~ 중요하다. 개별 국가와 전 지구적 협력

16 ~~경제적 이해관계의 대립과 달리~~ 종교, 민족, 인종 간 갈등은 전쟁의 요인이 될 수 있다. 경제적 이해관계도

17 최근 정년 연장 등에 대한 논의는 사회 변동의 요인 중 고령화 현상에 따른 것이다.

18 화석 연료의 사용으로 발생하는 이산화탄소는 지구 온난화 현상의 주요 요인이다.

19 ~~의료 기술의 발달과~~ 일과 양육의 양립이 어려운 사회적 분위기가 저출산 문제의 원인이다. 의료 기술의 발달이 저출산 문제를 야기했다고 볼 수 없다.

20 세계 시민은 세계 공동체 의식을 가지고 지구촌 문제 해결을 위해 협력하는 사람을 말한다.

기출+예상 문제로 주제 정복하기
▸ 본문 157~163쪽

319 ①	320 ③	321 ②	322 ④	323 ②	324 ③
325 ⑤	326 ③	327 ④	328 ④	329 ③	330 ⑤
331 ④	332 ③	333 ④	334 ②	335 ①	336 ④
337 ⑤	338 ②	339 ④	340 ⑤	341 ③	342 ①

319 농업 사회, 산업 사회, 정보 사회   정답 ①

문제 분석 A는 1차 산업을 기반으로 한다는 점에서 농업 사회, B는 지식과 정보가 중요한 자원이라는 점에서 정보 사회, C는 대량 생산 대량 소비의 사회라는 점에서 산업 사회에 해당합니다.

정답 찾기 ㄱ. 기술이 발달할수록 공간적 제약은 작아지게 됩니다. 공간적 제약은 농업 사회 > 산업 사회 > 정보 사회 순으로 높게 나타납니다. ㄴ. 통신 기술이 발달할수록 직접 얼굴을 보지 않고 상호 작용할 수 있는 정도가 높아지게 됩니다. 비대면 접촉의 정도는 정보 사회 > 산업 사

회 > 농업 사회 순으로 높게 나타납니다.

오답 피하기 ㄷ. 정보 사회의 경우 양방향 매체의 등장으로 정보의 생산자와 소비자 간의 경계가 불명확해집니다. ㄹ. 가정과 일터의 분리 정도는 대규모 공장의 등장으로 주거 지역과 공업 지역이 분리된 산업 사회에서 가장 크게 나타납니다.

320 농업 사회, 산업 사회, 정보 사회   정답 ③

문제 분석 사회 조직의 관료제화 정도는 산업 사회가 정보 사회보다 높다. 따라서 A는 산업 사회, B는 정보 사회입니다.

정답 찾기 ㄴ. 정보 통신 기술이 발달할수록 면대면 접촉의 기회가 줄어듦에 따라 면대면 접촉의 비중은 농업 사회 > 산업 사회 > 정보 사회 순으로 높게 나타납니다. ㄷ. 가정과 일터의 결합 정도는 농업 사회 > 정보 사회 > 산업 사회 순으로 높게 나타납니다. 산업 사회에서는 공업의 발달로 공장 지대와 주거 지역으로 일터와 가정이 분리되나, 정보 사회에서는 재택근무로 인해 일터와 가정이 산업 사회에 비해서는 가까워집니다.

오답 피하기 ㄱ. 전자 상거래의 비중은 정보 사회에서 가장 높게 나타납니다. ㄹ. 양방향 소통 매체는 인터넷을 기반으로 한 뉴미디어로 정보 사회에서 비중이 확대되고 있습니다.

321 정보 격차   정답 ②

문제 분석 제시된 자료는 일반 국민의 정보화 수준 대비 사회적 소수자 집단의 정보화 수준을 상대적 수치로 나타낸 것입니다.

정답 찾기 ㄱ. 모든 측면에서 수치가 높아지고 있습니다. 이는 일반 국민과 사회적 소수자 집단 간의 정보 격차가 줄어들고 있음을 의미합니다. ㄷ. 수치가 높다는 것은 일반 국민과의 정보 격차가 적음을 의미합니다. 종합 지수 중 접근 지수가 가장 높게 나타나고 있습니다.

오답 피하기 ㄴ. 수치는 일반 국민의 정보화 수준을 100이라 가정했을 때의 상대적 정보화 수준을 의미합니다. ㄹ. 종합 지수 중 활용 지수의 증가는 사회적 소수자 집단의 인터넷 및 컴퓨터 활용 정도가 높아졌음을 의미합니다. 2010~2019년 사회적 소수자의 수가 제시되지 않았기 때문에 컴퓨터 및 인터넷을 사용하는 사회적 소수자의 수가 제시된 기간에 지속적으로 증가했는지는 알 수 없습니다.

322 농업 사회, 산업 사회, 정보 사회   정답 ④

문제 분석 면대면 접촉 가능성은 농업 사회 > 산업 사회 > 정보 사회 순으로 높게 나타납니다. C는 농업 사회, A는 산업 사회, B는 정보 사회입니다.

정답 찾기 ㄴ. 직업의 동질성 정도는 농업 사회 > 산업 사회 > 정보 사회 순으로 높게 나타납니다. 사회가 다원화될수록 직업의 동질성 정도는 낮아집니다. ㄹ. 가정과 일터의 결합 정도는 농업 사회 > 정보 사회 > 산업 사회 순으로 높게 나타납니다.

오답 피하기 ㄱ. 사회 변화 속도는 정보 사회 > 산업 사회 > 농업 사회 순으로 높게 나타납니다. ㄷ. 사회의 다원화 정도는 정보 사회 > 산업 사회 > 농업 사회 순으로 높게 나타납니다.

323 정보 사회의 특징   정답 ②

문제 분석 IT 기술의 발달로 인해 개인이 생산의 주체로 기능할 수 있는 기회가 증가하고 있습니다.

정답 찾기 ② 과거에는 생산자와 소비자가 명확히 구분되었으나, 누구나 손쉽게 생산에 참여할 수 있게 됨에 따라 생산자와 소비자의 경계가 모호해지고 있습니다.

오답 피하기 ① 정보 사회에서는 수많은 개인이 생산에 참여함에 따라 다

품종 소량 생산 방식이 확대됩니다. ③ 정보 사회에서는 지식과 정보가 부가 가치의 원천이 되나 제시문에 부각된 내용에 해당하지 않습니다. ④ 정보 사회에서는 생산자와 소비자가 직접 거래할 수 있는 기회가 증가할 수 있으나 제시문에 부각된 내용에 해당하지 않습니다. ⑤ 정보 사회에서는 인터넷을 활용하여 사회적 관계를 맺는 범위가 확대되나 제시문에 부각된 내용에 해당하지 않습니다.

324 정보 사회의 변화 　　　　　　　　　　정답 ③

문제 분석 스마트폰의 등장으로 인해 소비자들은 이전에 비해 보다 손쉽게 다양한 방식으로 소비 활동에 참여하고 있습니다.

정답 찾기 ㄴ. 음식 주문 어플리케이션을 통한 소비 활동, 스마트폰을 통한 물건 구매 등은 모두 전자 상거래에 해당합니다. ㄷ. 어플리케이션을 통해 물건을 구매하는 비중이 증가함에 따라 판매자와 소비자 간의 대면 접촉의 기회는 감소하게 됩니다.

오답 피하기 ㄱ. 소품종 대량 생산 방식은 산업 사회에서 일반적인 생산 양식이며, 제시된 사례에서 소품종 대량 생산 방식이 확대될 것이라고 추론하기 힘듭니다. ㄹ. 해외 물건을 스마트폰으로 주문하는 경우와 같이 공간적 제약이 극복될 것입니다.

325 농업 사회, 산업 사회, 정보 사회 　　　　　　정답 ⑤

문제 분석 사회의 다원화 정도는 정보 사회 > 산업 사회 > 농업 사회 순으로 높게 나타납니다. 따라서 A는 농업 사회, B는 정보 사회, C는 산업 사회에 해당합니다.

정답 찾기 ⑤ 농업 사회에서 가장 높고 산업 사회에서 가장 낮은 특성으로는 '가정과 일터의 결합 정도'가 적절합니다.

오답 피하기 ① 면대면 접촉 가능성은 농업 사회 > 산업 사회 > 정보 사회 순으로 높게 나타납니다. ② 사회 변화의 속도는 정보 사회 > 산업 사회 > 농업 사회 순으로 빠르게 나타납니다. ③ 정보 통신 기술이 발달할수록 정보 확산의 공간 제약이 약해집니다. ④ 사회 조직의 관료제화 정도는 산업 사회 > 정보 사회 > 농업 사회 순으로 높게 나타납니다.

326 정보 사회의 문제 　　　　　　　　　　정답 ③

문제 분석 제시문에 따르면 스마트폰의 등장 이후 가족 간 대화가 사라지고 있으며, 온라인 상에서의 사회적 관계 확대에 따라 대면 접촉이 감소하고 있습니다.

정답 찾기 ㄴ. 스마트폰이라는 기술의 발달로 인해 서로 간의 대화가 줄어들며 인간적 소외감을 느끼는 구성원이 증가할 것입니다. ㄷ. 대면 접촉을 통한 관계를 대신하여 온라인상에서의 간접적이고 피상적인 인간관계가 증가하고 있습니다.

오답 피하기 ㄱ, ㄹ. 정보 격차의 확대 및 정보 오남용의 증가는 정보 사회의 문제에 해당하나 제시된 사례와는 관련이 없습니다.

327 산업 사회, 정보 사회 　　　　　　　　정답 ④

문제 분석 정보의 확산 속도는 산업 사회보다 정보 사회에서 빠르게 나타납니다. 따라서 A는 정보 사회, B는 산업 사회입니다.

정답 찾기 ④ 업무 방식의 표준화 정도는 관료제가 일반화된 산업 사회가 탈관료제가 확대되는 정보 사회에 비해 높게 나타납니다.

오답 피하기 ① 지식 관련 산업의 비중은 정보 사회가 산업 사회에 비해 높게 나타납니다. ② 소비자의 생산 참여 기회는 IT기술이 발달한 정보 사회가 산업 사회에 비해 많습니다. ③ IT기술이 발달할수록 구성원 간 익명성은 높아지게 됩니다. ⑤ 통신 기술의 발달할수록 사회적 관계를 맺는 공간적 범위는 넓어지게 됩니다.

328 정보 사회의 문제 　　　　　　　　　　정답 ④

문제 분석 무단 복제 및 불법 다운로드, 거짓 정보의 생산 및 전달은 모두 정보 윤리 미확립에 따른 사회 문제입니다.

정답 찾기 ㄴ. 정보를 어떻게 활용할 것인지에 대한 바람직한 윤리 의식이 확립되지 못함에 따라 일탈 현상이 나타나고 있습니다. ㄹ. 정보 기술이라는 물질문화의 변동 속도에 비해 정보 윤리라는 비물질 문화의 변동 속도가 느림에 따라 나타나는 문화 지체 현상입니다.

오답 피하기 ㄱ, ㄷ. 정보 기기에 대한 중독 및 정보 격차 현상 또한 정보 사회의 문제에 해당하나 제시된 사례와는 관련이 없습니다.

329 산업 사회, 정보 사회 　　　　　　　　정답 ③

문제 분석 A 사회는 업무 방식의 표준화 정도가 높다는 점에서 산업 사회, B 사회는 과학 기술이 발달하였다는 점에서 정보 사회에 해당합니다.

정답 찾기 ③ 산업 사회에 비해 정보 사회에서는 정보 통신 기술의 발달로 인해 구성원 간 비대면 접촉의 기회가 증가하며, 이로 인해 면대면 접촉의 비중은 낮아지게 됩니다.

오답 피하기 ① 산업 사회는 자본과 노동이 부가 가치의 원천이 됩니다. ② 탈관료제 조직에서 중간 관리층의 역할이 감소합니다. ④ 산업 사회는 소품종 대량 생산 방식이, 정보 사회에서는 다품종 소량 생산 방식이 일반적입니다. ⑤ (가)에는 관료제, (나)에는 탈관료제가 적절합니다.

330 정보 사회의 문제 　　　　　　　　　　정답 ⑤

문제 분석 을은 정보화의 진전으로 양극화가 심화되어 모래시계형 계층 구조가 나타날 것이라고 보고 있습니다.

정답 찾기 ㄷ. 소득 수준에 따라 정보 접근성의 격차가 심화될 경우 소득 불평등이 정보 격차로 나타나게 되며, 이는 소득 격차의 심화로 이어질 수 있습니다. ㄹ. 계층에 따른 정보 접근성의 차이가 소득 격차로 이어지게 될 경우 사회 양극화 현상은 더욱 심화될 것입니다.

오답 피하기 ㄱ, ㄴ. 스마트 기기에 대한 과몰입 현상, 사생활 침해 현상 등은 모두 정보 사회의 문제에 해당하나 양극화 문제와는 직접적인 관련이 없습니다.

331 산업 사회, 정보 사회 　　　　　　　　정답 ④

문제 분석 정보 복제의 용이성은 SNS가 TV에 비해 높습니다. 따라서 A는 SNS, B는 TV입니다. SNS가 보편적으로 사용되기 시작한 사회는 정보 사회에 가깝고, TV가 보편적으로 사용되기 시작한 사회는 산업 사회에 가깝습니다.

정답 찾기 ㄴ. 산업 사회는 정보 사회에 비해 상대적으로 대면 접촉 방식의 비중이 높습니다. 기술이 발달할수록 비대면 접촉 방식이 증가합니다. ㄹ. 직업의 분화 정도는 산업 사회에 비해 정보 사회에서 높게 나타납니다.

오답 피하기 ㄱ. 업무 방식의 표준화 정도는 정보 사회에 비해 산업 사회에서 높게 나타납니다. ㄷ. 정보 전달의 양방향성은 TV에 비해 SNS가 높게 나타납니다.

332 농업 사회, 산업 사회, 정보 사회 　　　　　정답 ③

문제 분석 양방향 매체가 보편적으로 사용된 사회는 정보 사회이고, 표준화된 조직 관리 방식인 관료제가 보편화되기 시작한 사회는 산업 사회입니다. 따라서 A는 산업 사회, B는 정보 사회, C는 농업 사회입니다.

정답 찾기 ③ 가정과 일터의 결합 정도는 농업 사회 > 정보 사회 > 산업 사회 순으로 높게 나타납니다.

오답 피하기 ① 지식 정보 산업의 비중은 산업 사회에 비해 정보 사회에서 높게 나타납니다. ② 면대면 접촉의 비중은 기술의 발전 정도가 낮은 농업 사회에서 가장 높게 나타납니다. ④ 산업 사회는 소품종 대량 생산 방식, 정보 사회는 다품종 소량 생산 방식이 일반적입니다. ⑤ 농업 사회는 1차 산업 중심의 사회입니다.

333 농업 사회, 산업 사회, 정보 사회   정답 ④

문제 분석 직업의 동질성이 가장 높은 사회는 구성원 대부분이 농업에 종사한 농업 사회입니다. 따라서 A는 농업 사회, B와 C는 (가)에 따라 특정되게 됩니다.

정답 찾기 ㄴ. 면대면 접촉의 비중은 산업 사회 > 정보 사회 순으로 B는 산업 사회, C는 정보 사회가 됩니다. 일터와 가정의 분리 정도는 산업 사회 > 정보 사회 > 농업 사회 순입니다. ㄹ. 의사 결정 권한의 분산 정도는 탈관료제화 정도를 의미하며, 이 경우 B는 정보 사회, C는 산업 사회가 된다. 관계 형성의 공간적 제약 정도는 농업 사회 > 산업 사회 > 정보 사회 순입니다.

오답 피하기 ㄱ. 전자 상거래 비중이 높은 사회는 정보 사회 > 산업 사회이며, 기술의 발달 속도는 정보 사회 > 산업 사회 > 농업 사회 순으로 빠르게 나타납니다. ㄷ. 소품종 대량 생산 방식은 산업 사회에서 보편적으로 나타나며, 구성원 간 익명성의 정도는 정보 사회 > 산업 사회 > 농업 사회 순으로 높게 나타납니다.

334 농업 사회, 산업 사회, 정보 사회   정답 ②

문제 분석 정보 이용 시 제약성이 큰 A는 농업 사회입니다. 따라서 B와 C는 정보 사회와 산업 사회 중 하나가 되며, 2차 산업의 비중이 C에 비해 B가 낮기에 C는 산업 사회, B는 정보 사회가 됩니다.

정답 찾기 ② 가정과 일터의 결합 정도는 농업 사회 > 정보 사회 > 산업 사회 순으로 높게 나타납니다.

오답 피하기 ① 구성원 간 직업이 서로 다른 정도는 정보 사회 > 산업 사회 > 농업 사회 순으로 높게 나타납니다. ③ 비대면적 의사소통의 비중은 정보 사회 > 산업 사회 > 농업 사회 순으로 높게 나타납니다. ④ 관료제 조직의 비중은 산업 사회 > 정보 사회 > 농업 사회 순으로 높게 나타납니다. ⑤ 산업 사회에서는 소품종 대량 생산 방식이, 정보 사회에서는 다품종 소량 생산 방식이 일반적입니다.

335 농업 사회, 산업 사회, 정보 사회   정답 ①

문제 분석 사회 변동의 속도는 정보 사회 > 산업 사회 > 농업 사회 순으로, 가정과 일터의 결합 정도는 농업 사회 > 정보 사회 > 산업 사회 순으로 높게 나타납니다. 따라서 C는 정보 사회, B는 농업 사회, A는 산업 사회입니다.

정답 찾기 ① 구성원 간 익명성의 정도는 정보 사회 > 산업 사회 > 농업 사회 순으로 높게 나타납니다.

오답 피하기 ② 다품종 소량 생산의 비중은 정보 사회가 산업 사회보다 높습니다. ③ 지식 산업이 부가 가치 창출의 근원인 사회는 정보 사회입니다. ④ 직업의 동질성은 농업 사회 > 산업 사회 > 정보 사회 순으로 높게 나타납니다. ⑤ 비대면 접촉 정도는 정보 사회 > 산업 사회 > 농업 사회 순으로 높게 나타납니다.

336 농업 사회, 산업 사회, 정보 사회   정답 ④

고난도 평가원 기출			함정	
①	②	③	❹	⑤
9%	12%	15%	60%	4%

🔍 **눈으로 보는 해설**

밑줄 친 ㉠~㉢에 해당하는 그래프를 (가)~(다)에서 고른 것은?

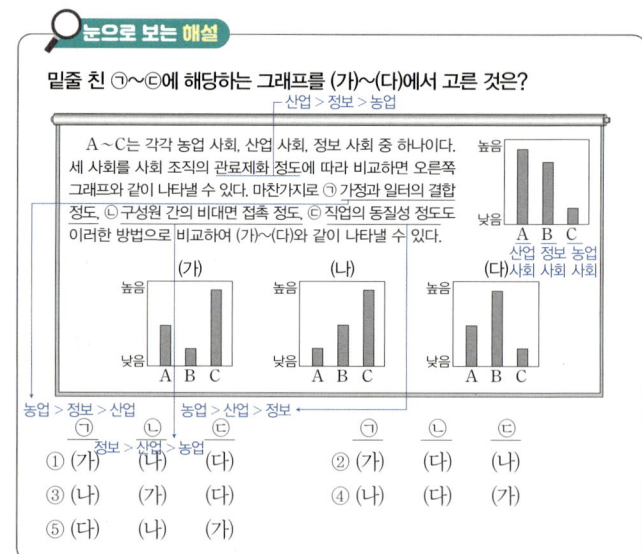

문제 분석 제시된 그래프는 조직의 관료제화 정도를 나타낸 것입니다. 관료제화 정도는 산업 사회에서 가장 높게 나타나며, 탈관료제가 확대되는 정보 사회에서 그 다음으로 높게, 대규모 조직 자체가 많지 않았던 농업 사회에서 가장 낮게 나타납니다. 따라서 A는 산업 사회, B는 정보 사회, C는 농업 사회입니다.

정답 찾기 ㉠ 가정과 일터의 결합 정도는 농업 사회 > 정보 사회 > 산업 사회 순입니다. 따라서 C가 가장 높고, A가 가장 낮은 그래프로 (나)입니다. ㉡ 구성원 간 비대면 접촉 정도는 정보 사회 > 산업 사회 > 농업 사회 순입니다. 따라서 B가 가장 높고, C가 가장 낮은 그래프로 (다)입니다. ㉢ 직업의 동질성 정도는 농업 사회 > 산업 사회 > 정보 사회 순입니다. 따라서 C가 가장 높고, B가 가장 낮은 (가)입니다.

💣 **함정 피하기**

그래프가 복잡하게 제시되어 있어 문제가 무엇을 의미하는지 파악하는 데 한참의 시간이 소요될 수 있는 문항이며, 이로 인해 정보 사회의 특징 관련 기출 문항 중 가장 오답률이 높게 나타났다. 문항이 복잡할수록 천천히 각각의 제시된 자료가 무엇인지 파악한다면 정답을 찾을 수 있을 것입니다.

337 농업 사회, 산업 사회, 정보 사회   정답 ⑤

문제 분석 사회 변동의 속도는 정보 사회 > 산업 사회 > 농업 사회 순으로 빠르게 나타납니다. 따라서 A는 정보 사회, B는 산업 사회, C는 농업 사회입니다.

정답 찾기 ⑤ 직업의 동질성은 농업 사회 > 산업 사회 > 정보 사회 순으로 높게 나타나며, 가정과 일터의 분리 정도는 산업 사회 > 정보 사회 > 농업 사회 순으로 높게 나타납니다.

오답 피하기 ① 면대면 접촉 정도와 가정과 일터의 결합 정도는 농업 사회 > 산업 사회 > 정보 사회 순으로 높게 나타납니다. ③ 사회의 다원화 정도는 정보 사회 > 산업 사회 > 농업 사회 순으로 높게 나타납니다. ④ 의사 결정의 분권화 정도는 정보 사회 > 산업 사회 > 농업 사회 순으로 높게 나타납니다.

338 현대 사회의 변화   정답 ②

정답 찾기 (가)는 저출산의 문제점을 제시하고 있으며, (나)는 국제결혼으로 많이 생겨나고 있는 다문화 가정을 나타내고 있습니다.

339 지속 가능한 발전을 위한 실천 방안   정답 ④

정답 찾기 지속 가능한 발전을 일상생활 속에서 실천하기 위해서는 대중 교통이나 자전거 이용을 활성화해야 하며, 여름이나 겨울에 적정 실내 온도를 유지하여 에너지를 절약해야 합니다.

340 전 지구적 수준의 문제　　　　　정답 ⑤

정답 찾기 자료에서 모둠 3은 환경 문제를 전 지구적 차원에서 인식하고 대책을 마련하고 있습니다. 모둠 2와 4는 의식적 차원의 대책뿐만 아니라 제도적인 차원에서의 대책도 제시합니다.

오답 피하기 ㄱ. 기업 간 고객 정보의 공유가 확대될 경우 개인 정보가 유출될 위험은 커집니다.

341 전 지구적 수준의 문제　　　　　정답 ③

정답 찾기 현대 사회의 위험은 전 지구적으로 확산될 가능성이 크기 때문에, 부와 권력의 분배를 둘러싼 기존의 경쟁, 갈등을 지양하고 국제적 차원의 협력과 연대를 강화해야 합니다.

342 현대 사회 문제　　　　　　　　정답 ①

문제 분석 인구 부양비는 피부양 인구, 즉 부양을 받아야 할 인구(유소년 인구와 노년 인구)를 부양 인구(일반적으로 생산 가능 인구)가 담당해야 하는 비중을 말합니다. 따라서 부양비가 증가한다는 것은 부양 인구에 비해 피부양 인구가 많아진다는 것을 의미합니다. 그리고 두 지역만 있고 두 지역의 평균값(표에서는 전국)이 제시될 경우 절대 수(이 문제에서는 인구수)를 모르더라도 두 지역의 비율만을 통해 두 지역의 절대 수의 규모를 비교할 수 있습니다. 평균값에 가까운 지역의 절대 수가 크다는 점을 이해해야 합니다.

정답 찾기 ① 1960년 유소년 부양비는 전국 평균값이 79.9%입니다. 전국이 A 지역과 B 지역으로만 구성되어 있고 전국 평균값이 제시되어 있습니다. 이는 전국 평균값에 가까운 지역의 해당 인구 규모가 더 크다는 것을 의미합니다. 따라서 전국 평균값 79.9에 가까운 것은 B 지역(82.4%)이므로 A 지역의 유소년 인구수에 비해 B 지역의 유소년 인구수가 더 많음을 알 수 있습니다.

오답 피하기 ② 총인구는 유소년 인구, 부양 인구, 노인 인구로 구성되어 있습니다. 그리고 총부양비가 부양 인구 대비 피부양 인구(유소년 인구+노인 인구)인데, 1980년 A 지역의 총부양비가 53.8%라는 것은 분자(피부양 인구)에 비해 분모(부양 인구)가 더 많음을 의미합니다. 만약 더 적었다면 그 값이 100%를 넘었을 것입니다. ③ 2000년 B 지역의 유소년 부양비는 28.0이고, 노년 부양비는 22.0입니다. 두 값의 계산 공식을 제시된 표에서 확인해 보면 분모가 부양 인구로 동일하므로 두 부양비의 크기만을 보고서도 분자에 해당하는 유소년 인구수와 노년 인구수의 크기를 비교할 수 있습니다. 즉, 동일 연도에 동일 지역에서 유소년 부양비가 노년 부양비에 더 크다면 유소년 인구수가 더 많음을 알 수 있습니다. ④ 1960년에 비해 2000년 A 지역에서 노년 부양비는 3.9%에서 7.5로 증가하였습니다. 이는 분모인 부양 인구의 증가율에 비해 분자에 해당하는 노년 인구의 증가율이 더 크다는 것을 의미합니다. ⑤ 감소 폭이 아닌 감소율임에 유의해야 합니다. A 지역의 유소년 부양비 감소율은 (29.5-49.9)/49.9=20.4/49.9이고, B 지역의 유소년 부양비 감소율은 (28.0-60.8)/60.8=32.8/60.8입니다. 이를 계산하지 않더라도 직관적으로 보았을 때 A 지역은 50%가 안 되고, B 지역은 50%가 넘습니다. 따라서 부양비의 감소율은 A 지역이 더 작다는 것을 알 수 있습니다.

memo

memo

BON. N제

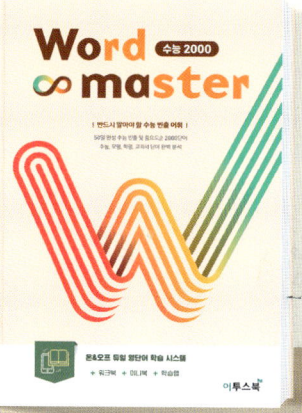

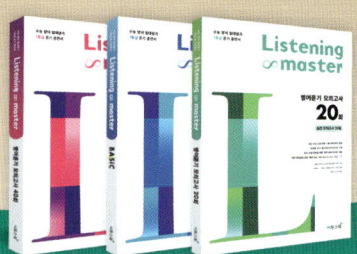

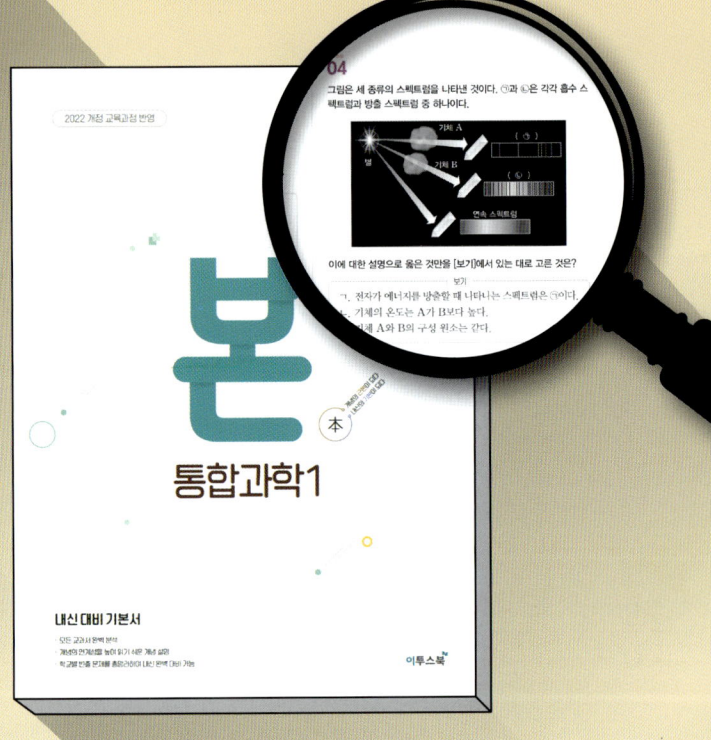